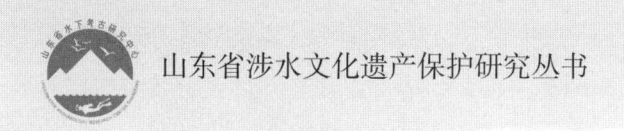

山东省涉水文化遗产保护研究丛书

考古学视野下港口与码头

学术研讨会论文集

山东省水下考古研究中心　垦利博物馆　编

上海古籍出版社

编委会

主　任：刘延常

副主任：杨　勇　王泽冰　楚鲁鹏

主　编：古笑雷

副主编：杨小博

序　言

一

古代海上丝绸之路是古代人们借助季风与洋流,利用传统航海技术开展东西方交流的海上通道,也是东西方不同文明板块之间经济、文化、科技、宗教和思想相互传输的纽带。丝绸之路在经济文化交流同时,也充满了战争、征服、殖民与奴役。

近代以来,随着蒸汽机轮船取代帆船,海上贸易规模进一步扩大,种类逐步增多,海洋贸易与海洋资源的开发利用成为世界经济文化发展的重要内容。由此也引起更大规模海上与内陆的侵略与战争。有的学者也将近代海上贸易作为海上丝绸之路研究的内容。

现代社会,和平发展已经成为世界发展的主流。2013年习近平总书记先后提出共建"丝绸之路经济带"和"21世纪海上丝绸之路"(以下简称"一带一路")倡议。"丝绸之路"和"海上丝绸之路"是中国和邻国人民一起,在悠久的历史中自发形成的经济、文化、政治交流通道。共建"一带一路"倡议旨在借用古代丝绸之路的历史符号,高举和平发展的旗帜,积极发展与沿线国家的经济伙伴合作关系,共同打造"政治互信,经济融合,文化包容"的利益共同体、命运共同体和责任共同体。习近平总书记赋予海上丝绸之路新的时代特征,并由此提出建设海洋强国的奋斗目标。

二

山东水域环境多样,地处中国东部沿海,海洋资源得天独厚;地跨黄河、淮河、海河、小清河和胶东五大水系,河流湖泊湿地众多;京杭大运河、巨野泽等历史水域变迁剧烈,复杂而众多的水域,在海域及内水留下了丰富的水下文化遗产。

为加强山东水下文化遗产保护利用,在山东省委、省政府的大力支持下,2015年成立了全国首家省级水下文化遗产保护研究机构——山东省水下考古研究中心。水下中心成立后,积极开展水下文化遗产调查,不断加强队伍建设和学科建设,在山东海域及海岸线资源调查、明清海防遗产保护利用、运河文化资源调查、东平湖等内水文化遗产调查、古代沉船发掘打捞、盐业考古等方面取得重要进展。出版了《海岱遗珍——山东出水文物汇编》《海岱丝语——"一带一路"与山东研讨会论文集》及大量水下调查、考古发掘报告。在水下考古研究领域取得重要进展,自身的影响力不断扩大。

三

海港与码头是构架内陆和海洋的桥梁,是进出口物资的集散地,是海上丝绸之路的起点和终点。

根据文献记载,山东长达三千多公里的海岸线上,明代"可湾点"不少于97处,清代港口、海口和税口合计90余处。近年来,山东省水下考古研究中心对滨州、东营、潍坊、烟台沿海及威海、青岛、日照部分沿海区域进行调查,共发现沿海港口6处、沿海码头39处、内河码头12处(与海运相关)、相关遗址4处。山东省相关考古单位对利津铁门关、垦利海北、蓬莱小海沉船、昌邑廒里沉船、荣成成山头、青岛琅琊台、板桥镇等遗址进行的考古发掘,都与古代港口与码头有关。这些调查和发掘工作,为山东古代港口与码头研究提供了丰富的资料,也为海上丝绸之路申遗提供了实物支撑。

为加强渤海及中国东部沿海港口与码头研究,在山东省文化和旅游厅(省文物局)的支持下,山东省水下考古研究中心、东营市文化和旅游局、东营市垦利区人民政府联合在垦利县召开"考古学视野下港口与码头学术研讨会",来自全国各地的专家学者和文物考古工作者代表122人参加了会议。

会议认真学习了习近平总书记关于考古工作的重要讲话精神,围绕海洋强国、黄河流域生态保护和高质量发展、大运河国家考古遗址公园建设等国家发展战略,就港口、码头、运河、黄河、海丝、海疆、盐业考古等考古学课题,充分利用考古调查、发掘资料,结合相关文献记载,对有关历史问题和考古问题做了深入的探讨和交流,对一些重要遗址的保护利用及水下考古今后的发展提出了意见和建议。

会议之后,山东省水下考古中心对会议发表的论文进行了收集和整理,以"考古学视野下港口与码头学术研讨会论文集"为题予以出版。这些学术成果反映了我国北方地区,尤其是山东地区,近年来涉水考古所取得的最新成果,反映了这一领域今后学术发展的趋势,是本次会议的重要学术成果,也是与会代表辛勤和智慧的结晶。

王守功

2021年11月22日

目 录

序言 ··· 王守功　1

山东涉水文化遗产保护研究的实践与思考 ··············· 刘延常　1

海上丝绸之路的考古发现与研究 ··························· 姜　波　11

论北方海上丝绸之路 ··· 朱亚非　36

环渤海南岸商周时期肉食消费情况研究 ········· 丁方婕　古笑雷　50

潍坊地区海洋历史文化遗产资源调查 ········ 李宝垒　王伟波　崔永胜　王德明　61

寿光北部沿海地区十年来盐业考古成果综述 ············ 王德明　80

青岛板桥镇遗址相关考古发现的认识与思考 ····· 石玉兵　彭　峪　林玉海　88

河北黄骅海丰镇遗址考古发现与初步认识 ··············· 雷建红　98

考古学视野下清代天津港市的发展——以天津卫故城东城墙遗址
　出土闽南地区瓷器为中心 ··············· 甘才超　江美琪　朱煜龙　112

周代琅邪邑与中国古代早期近海航线 ············ 郭长波　杨　易　132

东周秦汉时期原始瓷器的生产与交流 ····················· 刘　昕　141

文物考古维度下的青岛航海文化浅析 ············ 薛广平　尹锋超　146

青岛地区海洋性聚落变迁及港市发展浅析	魏　超	154
成山头与北方海上丝绸之路	张云涛	159
浅谈城市化进程中涉水文物的保护利用 ——以日照沿海为例	刘红军　苏红波　王娟	168
日照市涉海文物古迹保护与研究概述	李　玉	171
潍坊区域与唐五代时期东方海上丝绸之路的繁荣	徐晓宁　王伟涛	179
周村——古丝绸之路旱码头	闫文静　闫涛	188
浅析明清利津海防、海运及盐运 ——以铁门关遗址为中心的考察	杨小博　马绪红	191
渤海明珠龙口港	王志萍	201
烟台开埠与潍坊区域近代化的发端	王伟波	205
大嵩卫相关海防设施探索与研究	张春明	213
甲午战后日本对定远舰的打捞	周　强	217
甲午战争中的国产海防利器：地阱炮	刘文杰	233
陈干与中英交收威海卫交涉	王伟涛　徐晓宁	241
刍论济水尾闾的东夷文化	宋鹤翔	247
菏泽地区堌堆遗址考古及其收获	孙　明	255
菏泽境内古"四泽"考	马　静	263
单县黄河故道文化遗存的调查与研究	曹广法	276
文亭山、文亭湖与郜国故城关系分析	郭　立	290
前王庄"石头寨"防御型聚落浅析	张慧敏	303
德州运河考古回顾与展望——以大运河德州段为例	张立明	308
浅谈苏禄文化与大运河文化的融合	艾激光　刘天宇	316

考古学视野下的聊城大运河文化遗产……………………………杨　燕　张召刚　321

聊城运河文化保护利用工作浅析……………………………………………吴明新　328

大运河泰安段遗产保护及文化带建设思考………………………邢向前　魏　国　335

东平段京杭大运河与"东平运河文化"……………………………杨　浩　刘桂林　341

沉睡在东平湖底的隋唐著名桥梁——清水石桥……………………………赵　苹　362

京杭大运河济宁段文化记忆的载体………………………………张中华　王京传　367

汶运河的历史渊源——兼议大运河中河台儿庄段的水文化遗产……………尹秀娇　381

陈介祺藏石述论……………………………………………………………崔永胜　391

田野考古发掘中的文物保护技术要点探讨…………………………………祝延峰　421

浅谈考古勘探中平面地图数字化校准及应用……………………孟　杰　王　月　428

后记……………………………………………………………………………刘延常　441

山东涉水文化遗产保护研究的实践与思考

刘延常

山东省水下考古研究中心

文化遗产、水下考古、水下文化遗产、涉水文化遗产等概念的嬗变,体现了考古学科发展、转型和提升的历程,反映了我国文化遗产保护传承利用体系建设不断完善,彰显了文化遗产在经济文化社会发展和满足新时代人民群众文化生活需求方面的重要作用。我们立足涉水文化遗产保护研究平台和涉水文化遗产资源丰富的优势,积极担当、践行使命,团结大家一起推动水下考古学科、学术体系和话语体系建设,为山东省文物考古事业持续发展和经济文化强省建设做出更多新贡献。

一、水资源及其变迁与文化遗产的关系

河流、湖泊与海洋,是自古以来人们赖以生存的重要水资源,其中形成的种类多样、数量丰富的文化遗产,是时代发展、区域文化的见证。因水和人类关系密切,而岸边与水底变化无常,涉水文化遗产具有价值高、埋藏深、保护难等特点。随着我国经济社会快速发展,文化遗产保护和考古学科的建设,涉水文化遗产保护研究利用成为文化建设和文物考古事业的重要内容。

1. 山东水域多样而丰富

山东海洋资源得天独厚,海岸线长约3345公里,占全国六分之一,近海海域面积15.95万平方公里,略大于陆地面积。内陆水系发达,流域面积50平方公里以上河流1049条,在山东入海的有300多条,湖泊湿地众多,仅南四湖、东平湖水域面积就达1800平方公里。黄河流经山东9市25县,山东境内全长628公里;京杭大运河贯穿

山东5市18县（市、区），全长近643公里，占京杭大运河总长度的三分之一。丰富多样的水域，海岸与河流、湖泊的变迁，悠久的用水治水历史，为我们留下了丰富的涉水文化遗产。

2. 涉水文化遗产丰厚而有特色

丰富的涉水文化遗产，对研究阐释人类起源、海岱历史文化谱系、文明形成与早期国家的产生、东夷文化与齐鲁文化的发展、交流、融合与传播、丝绸之路等诸多重大学术课题具有重要学术价值和现实意义。

（1）海洋文化遗产

与渤海、黄海相关类型的文化遗产，主要有贝丘遗址、贝壳堤、海岸线变迁、港口、码头遗存与贸易产品，航海路线，盐业遗存，渔业及其聚落，沉舰、沉船遗址等水陆相关文化遗存。海疆文化遗产带的重要文化遗产主要有威海湾甲午沉舰、胶州湾日德海战沉舰、海上航线沉船、革命时期沉舰沉船、登州港、琅琊港、板桥镇、海北等港口与码头，明清海防遗址，龙山文化至清代盐业遗存等。

（2）黄河文化遗产

据统计，黄河在新中国成立之前曾发生不同程度的决口泛滥1593次，较大的改道26次，重大改道有6次，对山东地区带来重大影响。黄河改道形成了大面积的黄泛区，阻断了济水中上游的来源，形成了东平湖、微山湖，使得济水和大清河消失。

沿黄区域的文物保护单位，主要有国家历史文化名城6处，省级历史文化名城6处，全国重点文物保护单位150处，省级文物保护单位1087处，均占全省总数的60%以上。

与黄河相关的文化遗产，主要有河渎水工——堤坝、桥梁、堰渠及相关碑刻文物等，农业遗产——农业生产相关的文化景观遗产和农业种植景观，黄河埂堆—黄河及其关联水系流域埂堆遗址440余处，盐业遗产——黄河三角洲地区商周至清代盐业遗址，古国古城—黄河与济水、汶水、泗水、淄水间，各时期古国都城、郡县城址等，河山名胜——以泰山为代表的黄河及其关联水系附近的各类名胜古迹，儒家圣迹——主要指这一区域留存至今的各类文庙、学宫等建筑群，齐风遗韵——齐国向西部扩张遗留下来的古墓葬、名胜古迹，红色遗产——主要指近现代以来，各革命时期山东黄河流域的革命文化遗迹，以抗日战争时期的各根据地相关遗产为主。

（3）大运河文化遗产

隋炀帝大业年间开永济渠，经河南、河北，中间经山东德州，到达今天北京。元代修建从临清到安山的会通河和从安山到济宁的济州河，运河不再经中原而经山东，形成今天的"京杭大运河"。

山东段大运河是京杭大运河的重要组成部分,流经德州、聊城、泰安、济宁、枣庄五市。山东段列入世界遗产名单的运河遗产,包括水利水运工程遗产:运河水工设施河道正河(6处)、引河(1处)、减河和月河(2处)、支线运河(1处)、湖泊(5处)、泉(3处)、水工设施(62处)、运河附属遗存(4处)、运河相关遗存(17处)、运河城镇(3处),及其他相关遗产。

(4)内水文化遗产

元代形成东平湖,明代形成微山湖等南四湖,众多重要文化遗产淹没于水下,并形成沿岸新的诸多历史文化遗产。济水、大清河、小清河、泗水等河道变迁使得众多古老遗产被掩埋,新的遗产不断产生。现代农业的发展导致水利工程不断增多,众多水库建成,相关文化遗产被破坏,同时大量文化遗产淹没于水下,又造就了诸多新的文化遗产。

二、涉水文化遗产保护研究的开展与成果

1. 山东水下文化遗产保护工作开展较早

早期山东的水下考古工作,主要由中国历史博物馆、中国文化遗产研究院等水下考古部门开展,包括1989年9月以来开展的青岛琅琊港沉船、庙岛群岛、蓬莱墟里沉船、青岛鸭岛明代沉船、牟平蛤堆后沉船、青岛"伊丽莎白皇后"号沉船和济宁市微山湖鱼台县南阳闸至利建闸大运河故道水下考古调查工作。

2. 新时代山东水下考古工作取得新成果

(1)建立机构,发展队伍

山东省委省政府高度重视涉水文化遗产保护研究工作,率先成立了全国首家独立建制的省级水下考古研究机构——山东省水下考古研究中心,为山东省文化和旅游厅(山东省文物局)所属处级公益一类事业单位,编制17名,具有考古发掘资质和文物保护工程勘察设计乙级资质。积极参加水下考古人才培训,5人获得国家文物局水下考古从业资格,组建了全国第一支独立的物探队伍。

(2)水下考古取得阶段性成果

积极参加全国水下考古项目,如"经远舰"、海南省水下调查、宁波水下考古等

项目。先后投资1500余万元，采购了多波束测深仪、旁侧声呐仪、水下机器人、海洋磁力仪等水下物探设备。

"十三五"期间，我们以强基础、练队伍为主，探索开展水下考古工作。完成东平湖及其淹没区水下考古调查、庙岛群岛南五岛海域水下考古调查、威海湾1号甲午沉舰第二期水下考古调查、山东省古港口遗址调查（渤海沿岸海港调查）等国家文物保护专项资金项目。完成梁山吴庄沉船水下考古调查、威海近现代沉船水下考古陆地调查、荣成海港调查等省级文物保护专项资金项目。完成庙岛群岛水下考古陆地调查、威海湾清甲午沉舰水下考古调查、威海湾1号清甲午沉舰第一期水下考古等国家文物局水下文化遗产保护中心本级经费课题项目。完成青岛西海岸新区琅琊港水下考古调查和青岛西海岸新区斋堂岛水下考古调查2项配合基本建设水下考古项目。

同时积极做好主动性田野考古项目。完成昌邑市廒里沉船考古发掘、东营市垦利区海北遗址考古发掘、利津铁门关遗址考古发掘等国家文物保护专项资金项目；完成山东海丝申遗点调查研究、东营垦利区刘家盐业遗址勘探、梁山县前码头遗址考古勘探、德州苏禄王墓考古勘探等省级文物保护专项资金项目。出版《海岱遗珍》《海岱丝语——"一带一路"与山东研讨会论文集》，发表研究论文26篇，编制《铁门关遗址文物保护规划》《关于"一带一路"背景下山东海疆历史文化廊道规划建设调研报告》获省政府系统优秀调研成果二等奖。组织举办"一带一路"与山东、考古学视野下港口与码头、考古学视野下古代泰山文明等学术研讨会。

（3）工作亮点

威海湾定远舰考古调查成果引起广泛关注。

2017—2020年，山东省水下考古研究中心、国家文物局考古研究中心（国家文物局水下文化遗产保护中心）、中国甲午战争博物院和威海市博物馆联合组队，对威海湾进行物探扫测开始，历经4年时间，两次抽沙发掘，共提取出水大型铁甲、通风管、板材等舰体构件及子弹壳、炮弹引信、拉火、瓷碗等各类文物1790件/组。其中打捞出水的定远舰铁甲宽2600毫米、高2832毫米、厚305毫米，重18.7吨，为英国制造的钢面铁甲（康邦甲），代表了当时世界复合装甲制造技术的最高水平，是定远舰作为一等铁甲舰的标志物，也是目前国内外现存唯一一件定远舰康邦甲。定远舰遗址发掘出水了大量文物，充实了甲午战争研究实物资料，将极大丰富总体国家安全观刘公岛教育培训基地的展陈和教学内容，激励广大社会民众回望历史，铭记教训，发愤图强。

东营市垦利区海北遗址取得重要考古成果。

2019—2021年，山东省水下考古研究中心联合垦利区博物馆、日照市文物考古研究所，连续对垦利区海北遗址进行考古调查勘探和发掘，发现定窑的白瓷、景德镇的影青瓷、临汝窑的青瓷、山东淄博窑的瓷器及大量的生活用器。同时发现有南北向堤坝路1条，东西向堤坝路1条，房屋2座，附属砖铺面4处，大型垫土面，灶14座、灰坑102个，土墙零星分布。项目的实施深化了我们对宋金时期的古港口与码头遗址的认识，为宋金时期东北亚地区的文明交往和山东的海洋文化研究提供了基础材料，对研究山东省渤海南岸地区出水瓷器和出水瓷器的传播路线与分布、海上丝绸之路等具有重要意义。

三、涉水文化遗产面临的形势与任务

1. 涉水文化遗产保护面临复杂多样的环境

一是自然因素破坏，比如风浪、洋流、泥沙运动、河道变迁、河水枯竭、水质变化等都会对水下文物造成一定的破坏。二是水下盗捞严重，自20世纪70年代外国商船在我国南海海域非法打捞沉船文物开始，40年来，尤其是近年来，水下文物遭盗捞的违法犯罪活动猖獗，渔民群体性违法活动，外国船只非法打捞等，严重破坏了水下文化遗产。三是生产建设破坏。随着海洋经济、临水经济的发展，各地水域集中开发力度逐步加大，特别是在水产养殖、滨海滨水旅游、房地产、港口扩建或新建、海底矿产资源开发工程等各个经济产业领域全面展开，非法围填、滥采海砂河沙等行为普遍存在，众多历史码头、商埠、渔港、渔村古居、海防设施等文化遗产遭到了不同程度地损害甚至面临消失的危险。

这要求我们，必须增强涉水文化遗产保护的紧迫感，全面加强涉水文化遗产的保护与监测力度。

2. 涉水文化遗产保护研究学科与力量不足

涉水文化遗产保护研究还没有理论与政策支撑、学术体系建设任重道远。山东海疆、黄河、大运河沿线文物部门文物保护与考古研究的课题意识不强，创新不够。水下考古机构与专业人员薄弱，远远不能满足水下文化遗产保护的需要。随着经济建设发展的加速，考古工作任务越来越繁重，业务人员长期奋战在考古一线，发掘后的资料大量积压，影响了一些重大课题的选项与研究。

3. 涉水文化遗产保护研究面临大好机遇

涉水文化遗产是文化遗产的重要组成部分，加强涉水文化保护是深入贯彻落实习近平总书记重要讲话精神，切实担当文物保护职责的重要内容，是文化遗产工作融入国家战略大局的重要途径。

一是以习近平同志为核心的党中央高度重视考古工作。2020年9月28日，习近平总书记在主持召开中央政治局第二十三次集体学习时，就加强考古和历史文化遗产保护工作发表重要讲话，他指出考古工作是一项重要文化事业，也是一项具有重大社会政治意义的工作。2021年10月习近平总书记致信祝贺"仰韶文化发现100周年暨中国现代考古学诞生100年"，充分肯定了考古工作成就并提出殷切期望。十八大以来，习近平总书记对文物考古工作发表了系列重要讲话批示指示。

二是山东省委省政府重视支持考古工作。印发《关于加强文物保护利用改革的实施方案》《山东省革命文物保护利用工程实施意见》《山东省红色文化保护传承条例》，省政府与国家文物局签署《合作实施"齐鲁文化遗产保护利用计划"框架协议》，召开全省文物工作会议、全省文物安全工作会议，印发《关于进一步加强文物工作的实施意见》《关于进一步加强文物安全工作的实施意见》，要求抓好考古工程、研究工程和科技创新工程，开展主动考古，聚焦黄河文化、运河文化等大河文明，以及水下考古等特色领域。

三是各部门、各级党委政府高度重视考古工作。今年3月，自然资源部和国家文物局联合印发《关于在国土空间规划编制和实施中加强历史文化遗产保护管理的指导意见》，明确提出要实行"先考古、后出让"制度。山东各市陆续实施"土地出让考古前置"政策，基本实现了占地2万平的大型基建项目的考古勘探。

四是我们要积极对接并融入国家战略。如"一带一路"、海上丝绸之路、海疆廊道建设，全国水下考古一盘棋理念与思路，大运河文化遗产保护传承利用，黄河流域生态保护与高质量发展，建设黄河、长城、大运河国家文化公园等。

五是积极融入经济文化强省建设大局。海上山东建设、山东省黄河三角洲、半岛蓝色经济带建设，文旅融合和经济文化社会发展大局，山东省文化遗产保护规划"七区四带"中"海疆文化遗产带、黄河文化遗产带、大运河文化遗产带""黄河三角洲片区、省会片区、鲁西片区"等均与涉水文化遗产保护研究息息相关。

六是考古学科发展迅速。涉水文化遗产保护研究需要转型提升，众多重要遗产保护和学术研究课题需要联合攻关。

四、涉水文化遗产保护研究体系的探索

"十四五"期间,我们将深入学习贯彻习总书记关于文化遗产保护和考古工作的重要讲话精神,落实全省文物工作会议精神和省文化和旅游厅决策部署,围绕山东海疆、黄河和运河三条线性文化遗产带保护研究工作,以涉水文化遗产调查工程、重点文化遗产带考古研究工程、科研提升工程和考古成果及其转化工程四项重点工程为抓手,构建三线两区的总体格局,形成山东涉水文化遗产保护研究体系。

一是构建主责突出的工作体系。积极做好涉水文化遗产保护工作;加强出土出水文物保护,建设相关文物保护实验室和文物库房;做好研究阐发和宣传工作;承担配合基本经济建设工程相关考古与文物保护工作。

二是构建特色鲜明的科研体系。积极探索水下考古学科建设,以课题统领科研,重点围绕黄河流域生态保护和高质量发展战略、国家安全观教育、大运河文化遗产保护利用、"海上丝绸之路"申遗等策划开展相关课题项目。出版"山东省涉水文化遗产保护研究"系列丛书。积极开展学术活动,举办"水下文化遗产保护研究论坛";牵头成立"山东省涉水文化遗产保护研究学会",搭建山东省水下考古研究交流平台。

三是构建创新务实的能力体系。强化考古技能培训,落实"水下考古讲坛"长效机制,依托项目实施举办各类考古技能培训班。加强与省内外高等院校及社会团体、企业的合作,联合开展考古技能人才培养。加大现代科技的运用,提高考古工作发现和分析能力。探索社会力量参与考古工作的新途径,加强规范管理和引导。

四是构建规范高效的管理体系。以过硬党支部建设和全国文明单位创建为抓手,全面提升单位治理能力,全面落实从严治党和一岗双责各项制度。严格项目全过程管理,完善项目实施流程,落实项目负责人制度。加强工作站平台建设,做好工作站的运转和提升,建成布局合理、统筹全域的工作站体系。配合国家文物局考古研究中心做好北海基地建设,共同开展相关考古研究工作。严格合作单位的管理,出台合作单位管理办法,强化绩效考核,规范管理,确保合作质量。

五、山东涉水文化遗产保护研究的实践

1. 思路与做法

（1）工作思路

综合分析考古学科发展趋势，梳理文化遗产保护面临的形势与任务，结合山东涉水文化遗产资源和良好的工作基础，以"十四五"规划为引领，理清工作思路。

保护文化遗产是我们的职责，做好规划和计划；考古工作是基础，要逐步实施；学术研究是灵魂，实施课题带动；创新性开展工作，形成特点、打造亮点；加强合作交流，积极开展多学科研究，加大科技考古力度；多出成果，发表考古资料，出版研究文集，快出人才；创造性转化考古成果，惠及民众、服务社会，加大宣传力度。

（2）总体做法

设立涉水文化遗产讲坛，提升本单位职工学习研究能力；举办水下考古论坛，发挥全省水下考古一家人的优势，集中力量开展水下考古工作；发挥"山东省涉水文化遗产保护研究学会"理事长单位作用，构建涉水文化遗产保护研究网格化工作站平台，引领带动全省市县（区）文物事业全面发展；出版《山东省涉水文化遗产保护研究系列丛书》，快速发表考古资料和研究成果；不断召开工作座谈会，按计划举办学术研讨会，开展文明比较研究与互鉴学术活动，加强人才交流、人才培养培训，积极开展公众考古和加大宣传力度。倡导实施合作、交流、发展、贡献的理念，共同推动考古学科建设，促进传统文化的挖掘阐发弘扬与传承，为坚定文化自信提供坚强支撑。

2. 加强课题规划指导，实施重点工程引领

牵头制定山东省水下文化遗产资源数据库建设计划，启动山东省水下文化遗产资源数据库建设。实施山东省水下文化遗产保护区域划定工程，完成刘公岛及相关海域第一批水下文化遗产保护区域划定及申报工作。

持续开展威海湾甲午沉舰、胶州湾日德海战沉舰考古调查发掘，持续开展港口与码头考古调查研究，开展盐业考古研究，加强海洋文明和海上丝绸之路研究，注重东北亚文明比较互鉴研究，加强明确海防遗址调查研究，开展革命文化沉舰沉船遗产调查研究。

加大大运河文化遗产保护传承利用研究,开展早期运河、特色运河考古调查与研究,加强运河重点文化遗产的发掘阐发弘扬。

积极开展黄河文化遗产保护研究。加大东平湖、微山湖等湖泊库区和相关内水文化遗产调查研究,积极开展重要河流区域考古调查研究(潍水、淄河、孝妇河、小清河、徒骇河、大汶河、泗水、沂河、沭河)。加强古代黄河、泗水、济水变迁和文化遗产调查研究。加强淄博窑及其产品与贸易研究。

3. 加强合作和带动发展

根据涉水文化遗产资源和地方专业技术力量情况,结合工作开展的实际需求,与地方文博单位合作加强工作站建设,目前已经建成威海、日照、泰安和昌邑工作站,青岛市(黄岛区)、东营市(垦利区)工作站筹建工作基本完成,烟台、济宁、临沂工作站的建设正在调研和友好洽谈过程中。5月份与淄博师专联合举办了首届淄博窑古陶瓷研究会,7月份与国家文物局考古研究中心联合举办了近现代沉船沉舰研究、保护与利用研讨会。在山东省文化和旅游厅、山东省民政厅的支持下,我们牵头成立了山东省涉水文化遗产保护研究学会,10月份举办了涉水文化遗产学术研讨会暨山东省涉水文化遗产保护研究学会成立大会,并召开第一届会员代表大会,加强与省内外同行联系,提升水下考古学科与学术发展水平,增强做好文化遗产保护研究能力。

4. 积极担当作为

承担省文化和旅游厅建设工程考古调查勘探工作方案、考古调查勘探工作报告、文物影响评估报告编写指南的制定工作,10月30至12月3日在淄博经济开发区承办全省考古勘探工作培训班,提升文博单位考古勘探技能。结合配合工程文物考古发掘项目,我们于2020年10—12月份在泰安市泰山区、2021年7—11月份在泰安市肥城市举办两期"泰安市田野考古技能培训班"。年底出版三部"山东省涉水文化遗产保护研究系列丛书"——《泰山封禅文化遗产调查研究——寻找封禅之路》《考古学视野下港口与码头学术研讨会论文集》《考古学视野下古代泰山文明学术研讨会论文集》。

5. 探索考古能力和人才队伍建设

以转型提升为导向,突出技能和理论相结合,定期开展"涉水文化遗产讲坛",同时依托考古项目,邀请专家现场授课,提升职工技能和研究水平。

依托工作站建设和考古项目实施,邀请地方文博部门参与,联合开展文物保护研究工作,"以干代训"培养一线技术人员,带动引领地方文博机构发展。

引导支持社会力量参与考古工作,鼓励组建相对稳定的考古技工队伍,在人员培训、技术指导等方面给予帮助和支持,帮助提升考古水平和能力。

与莱芜职业技术学院、淄博师专等职业院校签订产教融合战略合作协议,与山东大学、山东师范大学、曲阜师范大学、泰山学院等高校开展合作,推动考古勘探、发掘、文物考古绘图、文物修复等相关专业设置,在课程内容指导、授课、图书实物等方面探索支持,在学生实习实训、就业指导等方面,献计献策献力联合培养理论水平高、技术操作娴熟的一线考古技能人才。

结　语

目前,山东省水下考古研究中心已成为能够水陆两栖作战的一支重要考古力量。我们肩负着涉水文化遗产保护研究事业发展重任,我们将不辱使命,不断创新,积极探索新形势下发展新路径,努力拓宽工作思路,拓展服务功能,提高服务水平。奋斗新时代,奋进新征程,我们将坚持以习近平新时代中国特色社会主义思想为指导,以贡献中国特色中国风格中国气派的考古学为己任,围绕"一带一路"、黄河流域生态保护和高质量发展、海洋强国、大运河文化保护传承利用等国家战略,推动考古学科发展,积极融入经济文化强省发展大局,贡献更多水下考古力量。

海上丝绸之路的考古发现与研究

姜 波

山东大学文化遗产研究院

"海上丝绸之路"是继李希霍芬提出"丝绸之路"概念之后，由中外历史学界提出的一个学术概念，概指从东亚、东南亚地区经东南亚、印度洋抵达中东地区和非洲大陆东部的海上交流线路。

饶宗颐、山杉正敏、陈炎、沙畹、伯希和等中外历史学者都曾提出"海上丝绸之路"或相似的学术概念；与此同时，利用地下出土实物资料研究东西海上交流的历史，同样受到考古学者的重视，夏鼐、三上次男、王仲殊、吴文良、王连喜、马文宽、干福熹、安家瑶、林梅村、齐东方、秦大树等学者曾依据出土钱币、铜镜、碑刻、瓷器、玻璃器等考古实物资料，探究考古学视野下的海上丝绸之路。

从20世纪下半叶以来，有关海上丝绸之路的重要考古成果层见叠出，港口、沉船与贸易品成为解读海上丝绸之路的重要考古证据。港口遗迹方面，有泉州港宗教石刻、宁波永丰库遗址、上海华亭青龙镇遗址、江苏掘港国清寺、苏州黄泗浦遗址等；海洋沉船方面有泉州后渚宋代沉船、广东台山"南海Ⅰ号"宋代沉船、西沙"华光礁Ⅰ号"、广东"南澳Ⅰ号"明代沉船、山东蓬莱古船等，出土舶来品的古代墓葬也不少，著名者如广州南越王墓、扬州大云山汉墓等，在合浦、徐闻、广州、扬州等地发掘汉墓中，也有不少舶来品出土，吸引中外交流史学者的关注。山东德州的苏禄王墓、南京的渤泥国王墓、扬州的普哈丁墓园、泉州的伊斯兰圣墓与"世家坑"（锡兰人祖茔）、福州的琉球墓、广州的伊斯兰先贤墓、杭州的凤凰寺等，则是舶来人在中华大地上留下的墓园，同样值得关注。

在中国周边海域，还有一批重要的古代沉船被发现，堪称海上丝绸之路的重要考古成果。如韩国的"新安沉船"，印尼的"井里汶沉船""印旦沉船"和"黑石号沉船"，越南、菲律宾、马来西亚、泰国等国海域也曾发现不少古代海洋贸易沉船，时代约当中国的明清时期。这些沉船,有的本身就是中国船,如新安沉船;有的船货主要为中国商品,如黑石号。凡此,都是值得学界重点关注的水下考古成果。

一、海上丝绸之路考古的时空框架与历史发展脉络

海上丝绸之路是古代人们借助季风与洋流,利用传统航海技术开展东西方交流的海上通道,也是东西方不同文明板块之间经济、文化、科技、宗教和思想相互传输的纽带。沉船、港口和海洋贸易品,是海上丝绸之路考古学解读的切入点。一般认为,海上丝绸之路肇始于秦汉时期,成熟于隋唐五代,兴盛于宋元明时期,至十九世纪七八十年代,蒸汽机轮船逐步取代帆船为止[1]。关于海上丝绸之路,沙畹、山杉正敏、陈炎、饶宗颐等学者先后提出"海上丝绸之路"的学术概念并开展研究,日本学者三上次男还提出了"陶瓷之路"的说法[2]。就海洋贸易的内涵而言,海上丝绸之路既包括国家主导的官方贸易,也涵盖民间自发的民间贸易,甚至借官使之名行贸易之实(典型者如琉球贸易)。官方贸易以郑和下西洋(1405—1433年)为巅峰,民间贸易则以明代"隆庆开海"(1567年)为标志。

海上丝绸之路是人类交通文明的智慧结晶,它的形成经历了漫长的历史进程。初期的海上航行,最主要的方式是贴岸航行和跨岛链航行。前者不言自明,即沿海岸线航行,由此在中国沿海留下了很多著名的航海地理坐标,如福建的五虎山、广东川岛海域的乌猪州等等;后者则是沿岛链跨海航行,如:自登州港起航跨庙岛群岛抵达辽东半岛的航行活动;自琉球经奄美群岛等向北直抵九洲岛的航行活动;印度尼西亚群岛海域的跨海航行活动;自印度东北部起航经安达曼群岛抵达苏门答腊岛的航行活动,等等。

浙江萧山跨湖桥遗址、河姆渡遗址和井头山遗址,遗址地点都靠近古代的海岸线,也都曾出土舟船和木桨等遗物,堪称古代先民"刳木为舟、剡木为楫"的生动写照[3]。根据民族志考古调查的成果,类似于跨湖桥发现的所谓"边驾艇",至今仍

---

[1] 姜波:《海上丝绸之路的内涵与时空框架》,《中国文物科学研究》2016年第2期。
[2] [日]三上次男著,李锡经、高喜美译,蔡伯英校:《陶瓷之路》,文物出版社,1984年。
[3] 分别参见浙江省文物考古研究所、萧山博物馆:《跨湖桥》,文物出版社,1984年;浙江省文物考古研究所:《河姆渡——新石器时代遗址考古发掘报告》,文物出版社,2003年;井头山遗址考古报告尚未发表,新闻报道参见:《从渔猎文明向农耕文明过渡,余姚井头山遗址考古成果丰硕》,新华社客户端(https://baijiahao.baidu.com/s?id=1668364373751341440&wfr=spider&for=pc),2020年6月2日。

见于印尼（巴雅人）和南太平洋岛国。跨岛链航海的历史可以追溯到史前时期，重要的岛链有庙岛群岛、舟山群岛、中南半岛—马来半岛—印尼群岛—南太平洋群岛。舟山群岛上的白泉遗址、庙岛群岛上的北庄遗址，可以看作是史前先民跨岛链航行遗迹。按照考古学、人类学和语言学学者的研究，古代的跨岛链航行活动，最典型者莫过于南岛语族的迁徙，南岛语族起源于我国东南沿海与台湾地区，沿中南半岛海岸线一直向南迁徙，经马来半岛、印尼群岛和太平洋岛链，最远可到南太平洋岛国甚至远及西印度洋的马达加斯加岛。

战国秦汉时期，中国与海外的交流日趋活跃，广东广州、浙江宁波和广西贵县出土的羽人划船图像，可以看作战国秦汉时期航海活动的重要考古证据[1]。这一时期的航线不仅局限于中国沿海以及东北亚、东南亚海域，甚至还远及印度洋海域。按照《汉书·地理志》的记载，古代中国东南亚、南亚已经有密切的海上交流：

> 自日南障塞、徐闻、合浦船行可五月，有都元国；又船行可四月，有邑卢没国；又船行可二十余日，有谌离国；步行可十余日，有夫甘都卢国。自夫甘都卢国船行可二月余，有黄支国，民俗略与珠崖相类。其州广大，户口多，多异物，自武帝以来皆献见。有译长，属黄门，与应募者俱入海市明珠、璧琉璃、奇石异物，赍黄金杂缯而往。所至国皆廪食为耦，蛮夷贾船，转送致之。亦利交易，剽杀人。又苦逢风波溺死，不者数年往还。自黄支船行可八月，到皮宗；船行可二月，到日南、象林界云。黄支之南，有已程不国，汉之译使自此还矣。

广州、合浦、徐闻、扬州等地汉代墓葬的考古发现，生动地印证了这一点[2]。广州南越王墓出土的玻璃器、银瓣纹碗（图一）、犀角杯及香料遗存，均属海上交流的重要见证[3]。合浦汉墓出土的玻璃器（图二）、玛瑙、波斯釉陶壶，也是重要的舶来品。扬州大云山汉墓出土的鎏金铜象、鎏金铜犀牛、银瓣纹碗，显然是海陆输入的产品。广州、合浦等地出土的玻璃器，有的是本土生产，有的是贸易输入品，表明海洋贸

---

[1] 宁波博物馆藏"羽人竞渡铜钺"，广州南越王墓西汉"羽人划舟纹提梁筒"，广西贵县罗泊湾1号墓出土的"西汉羽人划船纹栉纹铜鼓"。分别参见曹锦炎、周生望：《浙江鄞县出土春秋时代铜器》，《考古》1984年第8期；广州市文物管理委员会编：《西汉南越王墓》（上、下），文物出版社，1991年；西壮族自治区博物馆编：《广西贵县罗泊湾汉墓》，文物出版社，1988。另参阅张强禄：《"羽人竞渡纹"源流考》，《考古》2018年第9期。

[2] 广州市文物管理委员会、广州市博物馆：《广州汉墓》（上、下），文物出版社，1981年；熊昭明：《汉代合浦港的考古学研究》，文物出版社，2018年；广东省博物馆：《广东徐闻东汉墓——兼论汉代徐闻的地理位置和海上交通》，《考古》1977年第4期；李则斌、陈刚、盛之翰：《江苏盱眙县大云山汉墓》，《考古》2012年第7期。

[3] 广州市文物管理委员会编：《西汉南越王墓》（上、下），文物出版社，1991年。

易交流,带来的不仅仅是物品,甚至还有技术的交流。江苏连云港摩崖石刻的发现,是一个重要的考古成果,可谓佛教从海路登陆中国的重要史迹[1]。值得注意的是,从波斯萨珊王朝输入的银质或铜质凸瓣纹碗,在战国至秦汉时期的墓葬中屡屡被发现,如广州南越王墓、扬州大云山汉墓(江都王刘非墓)以及山东青州、临淄俱有发现,这些"舶来品",应该是从海上输入的;而甘肃、云南等地的出土品,则极有可能是从丝绸之路(越流沙而来)和西南丝绸之路(经云南、缅甸的线路)输入的,这些发现生动地展示了中国秦汉时期,古代中国通过海陆贸易线路与外部世界发生交流的史实。

图一 广州南越王墓出土莲瓣纹碗

两汉魏晋南北朝时期,玻璃制品和玻璃技术的传入,也是东西方海上交流的重要表现。一般认为,岭南汉墓出土的玻璃珠饰的产地来源具有多样性,既有本土制作的珠饰,也有舶来品。广州、合浦等地两汉墓葬出土的玻璃制品,包括了钾玻璃(中等钙铝型和低钙高铝型)、铅钡玻璃、钠钙玻璃(植物灰型、泡碱型)、混合碱玻璃、钠铝玻璃(植物灰型和矿物碱型)、钾铅玻璃、高铅玻璃等多种技术体系的玻璃,珠饰成形工艺有拉制、缠绕、模制工艺,钻孔工艺包括钻石钻孔工艺、实心钻头加解玉砂工艺和管钻工艺等。玻璃器成分来源的复杂性和加工工艺的多样性,表明秦汉时期,玻璃制品和玻璃技术已经通过海上丝绸之路东传到我国东南沿海地区[2]。

---

[1] 丁义珍:《连云港市孔望山摩崖造像调查报告》,《文物》1981年第7期。
[2] 熊昭明、李青会:《广西出土汉代玻璃器的考古学与科技研究》,文物出版社,2011年;干福熹等:《中国古代玻璃技术的发展》,上海科学技术出版社,2005年。

图二　广西合浦汉墓出土玻璃碗

隋唐时期，海上丝绸之路航线趋于成熟，《新唐书·贾耽传》所录"广州通海夷道"，记述了从广州到印度洋乃至波斯湾的航线。唐代在广州设市舶使，广州港成为海上丝绸之路的重要贸易港。唐玄宗天宝九年，鉴真和尚第五次东渡日本受阻，从海南岛北归，途经广州，"江中有婆罗门、波斯、昆仑等舶，不知其数。并载香药珍宝，积聚如山。其舶深六七丈。狮子国、大石（食）国、骨唐国、白蛮（可能指欧洲人）、赤蛮（指阿拉伯人）等往来居住，种类极多"。唐代宗大历四年（769年），来广州的外国商船"乃四千余舵"；唐德宗时"日十余艘，载皆犀、象、珠琲，与商贾杂出于境"。由此可见广州港海贸之盛况。

陕西泾阳出土的杨良瑶墓碑，记载了杨良瑶以国使的身份从广州出海、出使大食，抵达缚达（巴格达）的珍贵史实[1]。法显、杜环、义净浮海往来印度洋的经历（东晋法显循陆路而去，走海陆经斯里兰卡回国；杜环在唐朝与大食的怛罗斯之战中被俘，留居西亚十余载后从波斯湾起航回国；义净则是从广州往返印度两次，期间曾留驻印尼的詹卑翻译佛经）。值得注意的是，法显和义净从印度返航，都是从今加尔各答附近的塔姆卢克港出发，经停印尼，目的地都是广州。据有关学者的统计，晋初到唐代，文献记载中可确考者，经海路往来弘法、求法的中外僧人达236人（来华弘法53人，西行求法183人）[2]。

---

[1] 张世民：《中国古代最早下西洋的外交使节杨良瑶》，《唐史论丛（第七辑）》，1998年；荣新江：《唐朝与黑衣大食关系史新证——记贞元初年杨良瑶的聘使大食》，《文史》2012年第3期；荣新江：《唐朝海上丝绸之路的壮举：再论杨良瑶的聘使大食》，《新丝路学刊》2019年第3期。

[2] 何方耀：《晋唐南海丝路弘法高僧群体研究》，羊城晚报出版社，2015年；范若兰：《海路僧人与古代南海区域佛教传播（3—10世纪）》，《海交史研究》2020年第3期。

宋元时期,是海上丝绸之路繁盛的时期,泉州、广州、宁波成为重要的海洋贸易港,朝廷在此设置市舶司管理海洋贸易。其中,泉州港的地位更为突出,出现了长期垄断海洋贸易的蒲寿庚家族,泉州市舶司遗址至今尚存[1]。广州、泉州出发的贸易航线主要是面向东南亚;宁波港则处于南来北往的居中位置,同时面向东北亚、东南亚两条重要航线,韩国新安沉船应该就是从宁波港出发的。

明清时期海禁与开海的政策时有更替,宋元以来兴起的海洋贸易活动一度受到压制。1405—1433年,郑和七下西洋;1567年,"隆庆开海";这两大事件成为官、私海洋贸易达于极盛的标志性事件。清朝康熙二十三年(1684年)亦曾开放海洋贸易,几经改易之后,到乾隆二十二年(1757年),形成广州"一口通商"的局面。明清时期,海上丝绸之路的一个重要变化就是,传统上以中国人、波斯—阿拉伯人、印度人、马来人主导的海洋贸易活动,到15—16世纪时开始受到西方大航海活动带来的殖民贸易的冲击,葡萄牙、荷兰、英国相继主宰对东方的贸易,西班牙则以菲律宾马尼拉为跳板,主宰跨太平洋的"大帆船贸易"(1565—1815年)。清朝"一口通商"的局面,维持了相当长的一段时间,直到1840年鸦片战争爆发,战后清政府被迫与英国签订《南京条约》,同意实施"五口通商",以取代广州"一口通商"的惯例。

古代东北亚海上交流也特别值得关注。日本出土的"汉委奴王印"(福冈)、"三角缘神兽镜"是极为重要的考古发现,表明了秦汉时期,中国与日本列岛之间存在着密切的海上交流。据王仲殊等学者的研究,"汉委奴王印"应该是东汉皇帝赐给倭地奴国国王的金印[2];而"三角缘神兽镜"则是渡海到日本的中国吴地的工匠在日本制作的铜镜[3]。隋唐时期,中国与日本列岛、朝鲜半岛的海上交流更趋活跃,留下了鉴真东渡扶桑以及空海、圆仁、慧能入唐土求法的佳话。日本派遣的遣隋使、遣唐使络绎不绝、相望于海。近年来很多的考古发现,生动展示了这一史实。陕西西安发现的日本人井真成墓志,记述了其赴唐的经历,这也是"日本"国名所见的最早实例,弥足珍贵[4]。在中日交流史中极具影响的长安城青龙寺、江苏掘港国清寺等都有考古

---

[1] [日]桑原骘藏著,陈裕菁译:《蒲寿庚考》,中华书局,2009年。
[2] 王仲殊:《说滇王之印与汉委奴国王印》,《考古》1959年第10期。
[3] 王仲殊:《日本三角缘神兽镜综论》,《考古》1984年第5期。
[4] 王建新:《西北大学博物馆收藏唐代日本留学生墓志考释》,《西北大学学报(哲学社会科学版)》2004年第6期;王维坤:《关于唐日本留学生井真成墓志之我见》,《西北大学学报(哲学社会科学版)》2005年第2期;王仲殊:《井真成与阿倍仲麻吕·吉备真备》,《考古》2006年第6期。

发现。前者是空海入唐求法的所在,后者则是圆仁曾经驻足的重要寺院[1]。"大化改新"之后,日本进入律令制时代,都城规制、朝廷礼仪乃至文物制度,一如唐制。东传日本的文物,在正仓院中多有保存,成为中日交流的历史见证,弥足珍贵。到明清时期,东北亚地区的海上交流虽间有波折,但依然绵延不绝,而尤以宁波港出发的航线最为重要,这种贸易受到官方的严格管控,需要申请官方凭证才可进行,称之为"勘合贸易"(日方称"朱印船贸易")。

二、季风、洋流与地理坐标:形成海上丝绸之路的自然因素

以贴岸航行和跨岛链航行为特色的早期航海活动,对远途贸易和文明交流影响有限,真正形成全球化影响的海上丝绸之路,是利用季风与洋流开展的远洋帆船贸易[2]。

古代中国、印度、波斯—阿拉伯和地中海世界的人们,很早就不约而同地发现了季风的规律。以中国东南沿海与东南亚地区为例,每年的冬季,盛行东北季风,风向从中国东南沿海吹向东南亚;每年的夏季,盛行西南季风,风向从东南亚刮向中国东南沿海。正因季风存在这样"至信如时"的规律,古代中国航海家称之为"信风"。如此,居住在"季风吹拂下的土地"上的人们,天才地利用了季风规律,开展往返于中国东南沿海与东南亚地区之间的海洋贸易,冬去夏回,年复一年[3]。

风帆贸易的传统,使得"祈风"成为一种重要的海洋祭祀活动。泉州九日山的祈风石刻,便是这种祭祀传统留下的珍贵遗产(图三)。祈风石刻位于福建省南安县晋江北岸的九日山上,现存北宋至清代摩崖石刻75方,其中航海祈风石刻13方,记载自北宋崇宁三年(1104年)至南宋咸淳二年(1266年)泉州市舶司及郡守等地方官员祈风的史实,堪称研究宋代泉州港海上丝绸之路的珍贵史迹[4]。

季风还催生了一些重要的贸易中转地。比如,作为连接太平洋与印度洋的马六甲海峡,正好位于季风贸易的十字路口,古代船队到达这里以后,需要停泊一段时间,

---

[1] 中国社会科学院考古研究所:《青龙寺与西明寺》,文物出版社,2015年;国清寺考古报告尚未发表,新闻报道参见屈婷、张展鹏:《江苏如东掘港唐宋国清寺遗址考古取得重要收获》,转引自中国考古网(http://kaogu.cssn.cn/zwb/xccz/201807/t20180723_4508394.shtml),2018年7月23日。
[2] 姜波:《海上丝绸之路:环境、人文传统与贸易网络》,《南方文物》2017年第2期。
[3] [澳]安东尼·瑞德著,吴小安、孙来臣译:《东南亚的贸易时代》,商务印书馆,2010年。
[4] 黄柏龄:《九日山志(修订本)》,上海辞书出版社,2006年。

等候风向转换，再继续航行，由此形成了印尼的巨港和马来西亚的满剌加两大国际贸易港。中国雷州半岛的徐闻、印度西南岸的古里，因为也是季风转换的节点，所以很早就成为海洋贸易的港口。

洋流也是影响海上航行的重要因素。例如太平洋西岸的黑潮，是流速、流量都十分强劲的洋流，对古代福建、台湾海域的航行有重要影响。横跨太平洋的"大帆船贸易"（1565—1815年），正是因为西班牙人发现了北太平洋洋流规律（即北赤道暖流—黑潮—北太平洋暖流—加利福尼亚寒流的洋流圈），才得以实现菲律宾马尼拉—墨西哥阿卡普尔科港之间跨太平洋的航行。

依赖季风与洋流的风帆贸易，形成了海上文化交流的鲜明特征。首先，由于季风的转向与反复，使得双向交流与区块互动成为可能；

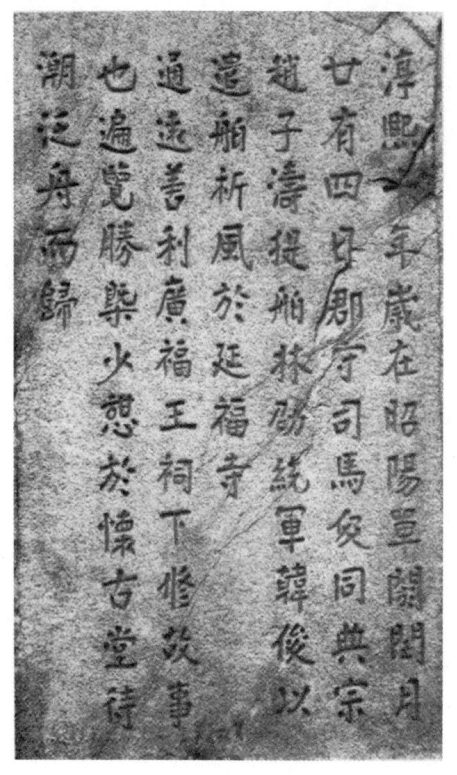

图三　泉州九日山祈风石刻

其次，季风的季节性和周期性，使海洋贸易也具备了周期性的特征，如从中国东南沿海去东南亚，冬去夏归，一年一个周期；如从中国去往印度洋，则需在马六甲等候风向转换，再加一个年度周期完成在印度洋海域的航行，故郑和前往波斯湾等西洋地区，至少要以两年为一个贸易周期。最后，由于季风与洋流的影响，海上丝绸之路具有港口转口贸易的明显特征，即中国航海文献所称"梯航万国"，像阶梯一样一站一站地向前传递，实现货物的长途转运，同时也使海洋贸易达到前所未有的广度与深度。

三、港口与海上丝绸之路

海港是海上丝绸之路贸易航线的联结点。古代海港城市一般选址于河海交汇之处，这样对内可以依托内河航运形成的支撑体系，对外便于接驳海洋贸易，同时还可以规避海洋风暴和海盗袭击。以宋元时期的泉州港为例，晋江水系上游的磁灶窑、德化窑产品顺江而下，海运大船则自泉州湾溯江而上，二者在泉州港交汇接驳，由此而形成了声名远播于海内外的东方贸易大港——刺桐。

为了适应海洋贸易的发展，泉州等海港城市形成了"海港模式"的城市形态，其城市布局与内陆城市判然有别：城市以港口码头为依托，沿河岸伸展布局，建立一系列适应海洋贸易的城市设施，包括：市舶司、码头与航标塔、街铺与市场、仓储与渠运设施、宗教祭祀设施（图四）、外交馆驿与番坊、海防与交通设施，以及周边地区部的陶瓷窑址、冶铸作坊、造船厂等工商业遗迹。泉州还发现了以海上交流为背景的诸多外来宗教石刻，包括伊斯兰教、摩尼教、景教、犹太教、印度教遗迹等；还留下了埃及人、也门人、波斯人、锡兰人、亚美尼亚人、意大利人等外国人墓碑，生动展示了古代泉州港作为古代东方贸易大港的城市文化景观[1]。特别的是，泉州港还发现了从事远洋贸易的后渚沉船、法石沉船等宋代沉船，是海洋贸易的生动写照；而广东川岛海域发现的"南海Ⅰ号"沉船、西沙海域发现的"华光礁Ⅰ号"沉船，很有可能也是从泉州港启航的。

图四　泉州清净寺遗迹（始建于1009年，姜波摄）

由海港联结的贸易网络，按照一定的海洋地理单元，从很早的时候，就形成了相对独立的贸易圈，如东北亚贸易圈、环南海贸易圈、孟加拉湾贸易圈、波斯湾—阿拉伯海—红海—东非贸易圈和地中海贸易圈，由此而对应形成了古代东亚儒家文明圈、印度文明圈、波斯—阿拉伯文明圈和地中海文明圈（从水下考古成果来看，环波罗的海也有重要的贸易交流）[2]。

---

[1]　吴文良：《泉州宗教石刻（增订版）》，科学出版社，2005年。
[2]　关于这一点，法国年鉴学派学者对地中海贸易圈的研究堪称经典，参阅[法]费尔南·布罗代尔著，唐家龙等译：《地中海与菲利普二世时代的地中海世界》，商务印书馆，2013年。

由不同族群主导的海上贸易交流活动形成了各自的贸易线路与网络,古代中国人的海上贸易线路,以郑和航海时代为例,其主要的海上航线为:南京—泉州—占城(越南)—巨港(印尼)—马六甲(马来西亚)—锡兰(斯里兰卡加勒港)—古里(印度卡利卡特)—忽鲁谟斯(霍尔木兹)。这条航线将环南海贸易圈、印度—斯里兰卡贸易圈和波斯—阿拉伯贸易圈连贯成一条国际性的海上贸易网络,并进而延展至东非和地中海世界。上述港口多有重要的航海史迹考古成果,如南京的郑和宝船厂遗址、郑和墓与洪保墓等[1];泉州的"郑和行香碑"、灵山伊斯兰圣墓等;马六甲的郑和"官厂"遗迹;斯里兰卡加勒港发现的"郑和布施锡兰山碑"[2],等等。越南占城、印尼旧港、印度古里、波斯湾口加隆岛上的新忽鲁谟斯港遗址也多有港口遗迹或中国瓷器等出土。

面向东北亚,以宁波、扬州、登州(今蓬莱)、海州(今连云港)等为起航港,与朝鲜半岛、日本列岛形成了密切的贸易文化交流;朝鲜半岛和日本列岛也有很多与中国密切往来的古港,如韩国的康津,日本的博多、长崎等。扬州港是唐代及其以前的时期内,扼长江口的重要海港(扬州以下,唐以前尚属漫滩之地,明清以后由于海岸线变迁才发育成陆地),又是京杭大运河的转运口岸,地位十分重要。鉴真东渡扶桑,即以扬州为起航港。扬州还是穆斯林商人重要的贸易集散地,至今尚有普哈丁墓、凤凰寺等遗迹。

还有一条重要的航线,即明清时期以福州为母港,向东直趋琉球的贸易航线,著名的小万寿桥成为福州港海船的泊脚点,该桥也成为琉球人的福州记忆坐标。福建与琉球联系紧密,故有三十六姓入琉球的传说,琉球的那霸等地多有福建窑口瓷器的发现;福州亦有琉球馆、琉球墓之遗迹[3]。值得一提的是,明清时期,琉球在国际海洋贸易领域十分活跃,是沟通中国、东南亚和日本列岛、朝鲜半岛的贸易枢纽,现存琉球的"万国津梁之钟",正是琉球作为国际贸易枢纽的真实写照[4]。

---

[1] 南京市博物馆:《宝船厂遗址》,文物出版社,2006年;关于郑和墓,学界多有争论,笔者倾向于王志高先生推定的出土牛首山大世四以南广缘寺北的位置,罗香林先生曾在此发现明代黄琉璃瓦,近年出土"郑和后裔郑锡萱元配陈氏墓碑",参阅王志高:《南京牛首山郑和葬地新证》,《中国社会科学报》2018年6月12日;王志高:《关于郑和的葬地问题》,《南京晓庄学院学报》2017年第3期;王志高等:《南京市祖堂山明代洪保墓》,《考古》2012年第5期。

[2] 姜波:《从泉州到锡兰山:明代中国与斯里兰卡的交往》,《学术月刊》2013年第7期。

[3] 谢必震:《明赐琉球闽人三十六姓考述》,《华人华侨历史研究》1991年第1期;谢必震:《略论福州港在明代海外贸易中的历史地位》,《福建学刊》1990年第5期;谢必震:《明清时期的中琉贸易及其影响》,《南洋问题研究》1997年第2期。

[4] 王仲殊:《论琉球国"万国津梁之钟"的制作地问题》,《考古》2002年第6期。

进入地理大发现和大航海时代以后,西方殖民贸易者建立了有别于古代波斯—阿拉伯人、印度人和中国人的贸易航线,如葡萄牙人的贸易线路为:里斯本—开普敦—霍尔木兹—果阿—马六甲—澳门—长崎;西班牙人的贸易线路为:菲律宾马尼拉港—墨西哥阿卡普尔科港—秘鲁。澳门—马尼拉则是对接葡萄牙人贸易网络与西班牙人贸易网络的航线。在葡萄牙、西班牙之后,荷兰、英国继起,成为主宰东西方贸易与交流的海洋霸主。

面向东南亚和东北亚航线,中国形成了传统上两个很重要的离岸跳板——广东的川山群岛和浙江的舟山群岛。前者在宋代登上历史舞台,称"放洋之地",对岸有褥州巡检司(职能相当于后世的海关)旧址,附近海域有"南海Ⅰ号"沉船的发现;后者是宁波港起航的海船出洋的跳板,又是南来北往航船的咽喉要地,故有"海闸"之称,因为面向朝鲜半岛和日本列岛,故留下了"新罗礁"之类的地名。这两个海岛群,既是离岸的贸易交流平台,同时又是外来宗教登陆中国的跳板:基督教(方济各派)企图登陆中国的标志性遗迹——沙忽略墓就坐落在上川岛;观音信仰登陆中国的遗迹,在舟山群岛也可觅得踪迹,如普济寺和潮音洞。

四、沉船与海上丝绸之路

帆船是古代海上丝绸之路上的交通工具。古典航海时代的帆船,最典型的船型有中国帆船、阿拉伯帆船和西班牙大帆船。这三种船型,各有其船型特点:中国帆船使用水密隔舱、用舱料捻缝、用铁钉钉合船板;阿拉伯帆船最为显著的特点是以棕榈绳等缝合船板;西班牙大帆船则承袭了地中海帆船的血统,以高耸的船首和尾楼甲板著称,其舷窗的设计大大方便了商船的货物装卸(也适合作为战船火炮的射孔)。上述三种帆船,在水下考古中都有发现,其中值得注意的是,浙江宁波发现的清代沉船"小白礁Ⅰ号",既有水密隔舱等传统的中国帆船设计工艺,也有密集肋骨(与越南平顺号沉船类似)、植物纤维防水层等东南亚帆船的特点,可以看作是中外造船工艺融合的一个案例[1]。

中国帆船一般分为福船、广船和浙船三大类型(另有内河航运的沙船,但不适合航海)。以中国帆船为代表的东亚海船,留下了不少文献与船谱图样,如中国的《龙

---

[1] 顿贺、林国聪:《"小白礁Ⅰ号"古船研究》,《新技术·新方法·新思路——首届"水下考古·宁波论坛"文集》,科学出版社,2015年。

江船厂志》、日本的《唐船图》（图五）和韩国的《造船式》等。迄今为止，我国水下考古发现的沉船，以福船为最多，如泉州后渚古船、"南海Ⅰ号""华光礁Ⅰ号"等。所谓"福船"是福建、浙江一带沿海尖底海船的通称。福船首部尖、尾部宽、两头上翘、首尾高昂，且船体大、吃水深、操纵性好，适合远洋航行。据研究，郑和下西洋所造宝船，即以福船为基本船型。

图五　日本《唐船图》所绘之"宁波船"

宋元时期，海洋贸易达到一个前所未有的高度。在启航港、"放洋之地"以及远洋航线上，都有宋元时期沉船的发现，如泉州后渚古船、"南海Ⅰ号"沉船、"华光礁Ⅰ号"沉船和韩国新安沉船。明初由于海禁政策的实施，海洋贸易一度陷入低谷，但"隆庆开海"以后，海洋贸易又迎来一个新高峰，广东发现的"南澳Ⅰ号"沉船就是属于这个时期的一艘海船。

1987年，中英打捞团队在广东川岛海域发现一艘中国宋代沉船，出水有精美瓷器和黄金制品（图六）。2007年中国水下考古部门和广州打捞局合作，采用沉箱整体打捞的方案，将在海底沉睡了八百年之久的"南海Ⅰ号"打捞出水，并顺利移入为她量身定做的栖身之所——人称"水晶宫"的广东海上丝绸之路博物馆。2013年，正式启动室内发掘，截至2019年底，船货已经提取完毕，现场工作进入船体发掘和保护阶段。

沉船长22.15米，宽9.85米，舱深2.7米。全船用舱壁板进行分隔，共分为15个货舱（图七）。从已发掘揭露的船体结构和船型判断，"南海Ⅰ号"沉船是长宽比较

图六 "南海Ⅰ号"出水黄金链条

图七 清理出来的"南海Ⅰ号"船体轮廓

小、耐波性好、装货量大的"福船"类型，是南宋时期从泉州港出发的远洋贸易船。船货品类丰富，而以瓷器、铁器为大宗，瓷器以德化窑、磁灶窑、龙泉窑和景德镇窑的产品最为多见。此外，还有漆木器、金银器、金叶子、银锭、铜钱及大量的个人物品，如戒指、手镯、臂钏、项链等，以及人骨残骸、动植物残骸、矿石标本等（图八）。引人注目的是船体左舷外发现的一个小木盒，是一个"珠宝箱"，里面盛放了70余件金器！另据最新的样品检测数据，"南海Ⅰ号"上已经发现丝绸遗留的化学成分。据出土文字材料记载，该船的年代当在12世纪末叶。

"南海Ⅰ号"是迄今为止海上丝绸之路水下考古最为重要的成果，价值不可估量：首先，"南海Ⅰ号"船体保存完好，是迄今为止保存最好的宋代海船；其次，该船几乎原封不动地保存了满舱的船货,是研究海洋贸易无与伦比的考古实例;最后,从发掘情况来看,出水文物不仅有中国货物,也有东南亚、印度乃至中东地区风格的物品,值得深入研究。可以说,"南海Ⅰ号"的考古发现,使人们有机会亲眼目睹宋元时期海上丝绸之路的盛况,实属难得[1]。

1974年发掘的泉州湾后渚古船,则是一艘从东南亚海域归航的海船(图九)。古船发现于泉州湾后渚古港。船体残长24.20米,宽9.15米,复原长34米,宽11米,排水量近400吨,载重200吨,是一艘方艄、高尾、尖底的福船类型的海船。考古学家在泉州古船上发现了香料、药物和胡椒等舶来文物,并采集到南洋的海洋贝壳遗骸,因此推断此船应为一艘从东南亚返航的泉州商船。泉州古船(后渚古船、法石古船)的发现,使人们得以亲睹宋代福船的工艺特征,特别是其水密隔舱设计、捻料和铁锔的使用,以及竹帆(即《宣和奉使高丽图经》所记的"利蓬")的使用;船上发现的香料、胡椒、瓷器、铜钱乃至记录货物的签牌等,为我们提供了研究海洋贸易的珍贵实物资料[2]。

图八 "南海Ⅰ号"船舱码放货物的情形

与泉州古船和"南海Ⅰ号"不同,西沙群岛海域发现的"华光礁Ⅰ号"沉船,则是发现于远洋航线上的海上丝绸之路商船(图十)。"华光礁Ⅰ号"位于永乐群岛南部华光礁礁盘内侧,根据出水瓷器的"壬午"年款,可以确定沉船的年代属南宋时期(1162年?)。2007—2008年,水下考古专业人员对"华光礁Ⅰ号"沉船进行了科学

---

[1] 国家文物局水下文化遗产保护中心、中国国家博物馆、广东省文物考古研究所等:《南海Ⅰ号沉船考古报告之一——1989—2004年调查》,文物出版社,2017年;国家文物局水下文化遗产保护中心、广东省文物考古研究所、中国文化遗产研究院等:《南海Ⅰ号沉船考古报告之二——2014—2015年发掘》,文物出版社,2018年。

[2] 福建省泉州海外交通史博物馆:《泉州湾宋代海船发掘与研究(修订版)》,海洋出版社,2017年(以下简称《泉州海船》)。

图九　考古发掘出来的泉州后渚古船

图十　"华光礁Ⅰ号"沉船遗迹

发掘,完成船货清理、船体测绘和船体打捞工作,这也是中国水下考古学界第一次在远海海域完成的水下考古发掘项目。"华光礁Ⅰ号"残长18.4米,残宽9米,发掘时残存10道隔舱。底层船体保存良好,多数船板长度在5米以上,最长者达14.4米。出水遗物近万件,有瓷器、铁器、铜镜、铜钱等,瓷器产地除江西景德镇窑以外,主要为福建窑口,包括德化窑、磁灶窑、闽清窑、南安窑、松溪窑等[1]。"华光礁Ⅰ号"的发现,证明至迟在宋元时期(依据水下考古的发现,有可能早至五代时期),我国先民就已经开辟了取道西沙群岛直航东南亚地区的航线(以前受限于航海技术水平,远航东南亚多贴岸航行),标志着我国古代航海技术和导航技术已经达到一个新的高度。

2007年,在广东南澳岛附近发现的"南澳Ⅰ号",是一艘明代海船。"南澳Ⅰ号"沉船长27米,宽7.8米,共有25个舱位,是迄今为止发现的明代沉船里舱位最多的。2009—2012年,中国文化遗产研究院和广东省文物考古研究所联合组队对"南澳Ⅰ号"进行了三次发掘,出水文物近3万件。"南澳Ⅰ号"发现于南澳岛附近海域,而南澳岛是自古以来先民航海的地文导航坐标,著名的《郑和航海图》上即清晰标出了南澳岛的准确位置。"南澳Ⅰ号"出水的瓷器主要为福建漳州窑生产的青花瓷,生动地展示了明清时期漳州窑产品远销海外的贸易情形(图十一)[2]。

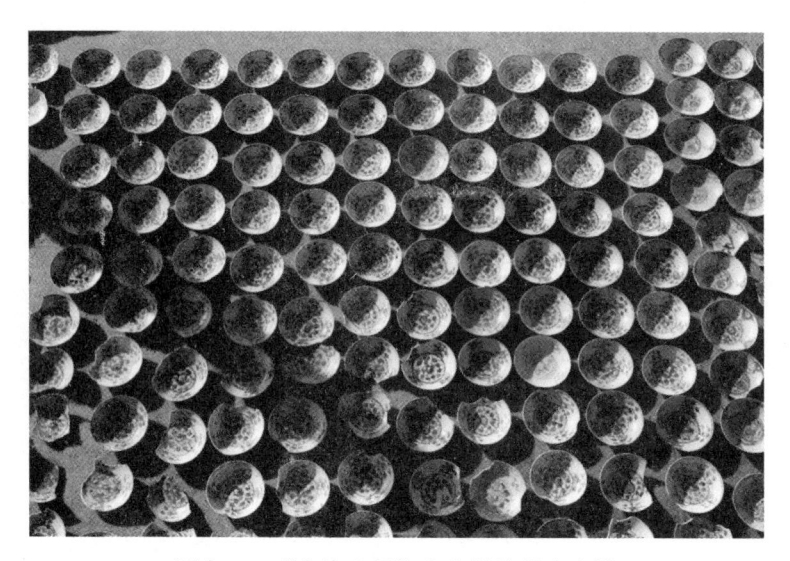

图十一 "南澳Ⅰ号"出水的漳州窑瓷器

---

[1] 沉船考古报告尚未发表,可参阅海南省博物馆:《大海的方向:华光礁Ⅰ号沉船特展》,凤凰出版社,2011年。

[2] 广东省文物考古研究所:《"南澳Ⅰ号"明代沉船2007年调查与试掘》,《文物》2011年第5期;广东省文物考古研究所、国家水下文化遗产保护中心、广东省博物馆:《广东汕头市"南澳Ⅰ号"明代沉船》,《考古》2011年第7期。另参阅广东省文物考古研究所、广东省博物馆、国家文物局水下文化遗产保护中心:《孤帆遗珍——南澳Ⅰ号出水文物精品图录》,科学出版社,2014年。

中、日、韩三国一衣带水,自古以来就有密切的海上交流,留下了徐福入海求仙、鉴真东渡扶桑、圆仁入唐求法等诸多佳话。汉唐时期的东北亚海上航线,主要有南、北两条线路:北线经胶东半岛、循庙岛群岛、经朝鲜半岛西岸、跨对马海峡抵达日本九州地区;南线经台湾、琉球、奄美群岛北上抵达日本列岛。由于航海技术的进步,至迟从宋代开始,出现了横跨东海与黄海的直航航线,这一点在《宣和奉使高丽图经》中得到了充分体现。近年来的水下考古成果非常生动地展示了东北亚地区的海上交流活动,其中最重要的发现是韩国群山列岛海域发现的新安沉船和山东蓬莱古登州港发现的蓬莱古船。

1975年,韩国渔民在新安外方海域发现一艘沉船,此后经过连续多年的水下考古发掘,考古队员从沉船里发掘出了两万多件青瓷和白瓷,两千多件金属制品、石制品和紫檀木,以及800万枚总重达28吨的中国铜钱,这一水下考古成果震惊了全世界。新安船船长34米,宽11米,载重量200吨,由8个船舱组成,船型为中国造的福船。结合新安沉船上出水的刻"庆元"(宁波)铭文的铜权和印有"使司帅府公用"铭文的青瓷盘("使司帅府"指"浙东道宣慰使司都元帅府")推断,新安沉船的始发港应为庆元港,即今天的浙江宁波。1983年,沉船中出水一枚墨书"至治三年"(1323年)的木简,为新安沉船的年代提供依据。目前学术界普遍的看法是,新安船是元代至治三年(1323年)前后,从中国的庆元港(宁波)启航,驶向日本博多港地区的海洋贸易商船,途中不幸沉没在朝鲜半岛新安海域[1]。

雄踞胶东半岛前哨的古登州港是东北亚海上交流的重要海港,这里的开元寺名闻遐迩,是古代日、韩僧人登陆中国以后拜谒的第一座寺院。登州港是中国北部海域重要的国际贸易港口,登州港遗址曾有高丽青瓷、日本文物的出土,甚至还发现过来自东南亚的紫檀木。不幸的是,明嘉靖中叶以后,山东地区倭寇横行,严重影响到登州港的海洋贸易安全,为此,明廷特派抗倭名将戚继光进驻蓬莱水城,以抗击倭寇,肃清海患。近年来,在登州港发现了四艘古船,非常值得关注。其中的一艘,残长28.6米,残宽5.6米,残深0.9米,有12道舱壁,带龙骨,呈平底,首尾上翘。引人注目的是,船内发现了铁炮、铜炮等武器装备,有人推测是一艘具有较高航速的战船。若此推论不误,则登州港已经有保护海洋贸易的水师战舰了[2]。

1998年,德国打捞公司在印尼勿里洞岛海域的一块黑色大礁岩附近发现了一艘

---

[1] 新安沉船现已出版系列考古报告,可参阅韩国文化公报部、文化财管理局:《新安海底遗物(综合篇)》,1988年;关于此船贸易与航线问题的最新探讨,另可参阅范佳楠:《新安沉船与14世纪的中日海上贸易》,《自然与文化遗产研究》2019年第10期。

[2] 山东省文物考古研究所、烟台市博物馆、蓬莱市文物局:《蓬莱古船》,文物出版社,2006年。

唐代沉船，即著名的"黑石号"。2005年，新加坡"圣淘沙"集团筹资3000万美元购得"黑石号"沉船文物，使得这批重要文物最终落户狮城。据水下考古队员仔细观察，"黑石号"船体保存完整，船底发现了破损的大洞，推测"黑石号"为触礁沉没。"黑石号"之所以保存完好，主要因为海床上沉积有厚厚的淤泥，满载船货的船体因为负荷较重，很快就被海底淤泥掩埋覆盖，避免了海潮的冲刷和船蛆的吞噬，从而使得船体和货物得到了很好的保护。从结构和工艺上看，"黑石号"应该是一艘阿拉伯式的单桅缝合帆船，制作船体时不使用铁钉而用棕榈绳缝合船板（图十二）。关于"黑石号"的年代，因为出水的长沙窑瓷碗上有唐代"宝历二年"（826年）字样，故沉船的年代被确认为9世纪上半叶[1]。

图十二　复原的"黑石号"沉船

"黑石号"出水文物十分精彩。船上共出金器10件，其精美程度可媲美1970年西安何家村唐代窖藏出土的金银器。其中一件八棱胡人伎乐金杯高10厘米，比何家村窖藏出土品体量还大。另有银器24件、银铤18枚和铜镜30枚，银铤单件重达2公斤。其他还发现了一些船上乘员的个人物品，其中包括2件玻璃瓶、1件漆盘（残）、象牙制游戏器具（似为游艺用的双陆）和砚、墨（残）等文房用具。"黑石号"打捞文物陶瓷制品多达67000多件，其中98%是中国陶瓷。长沙窑瓷约56500件，器型以碗为主，其次为执壶。这是长沙窑大规模生产外销瓷的一个生动写照（图十三）。"黑石号"出水的3件完好无损的唐代青花瓷盘尤为引人注目，它们应该是在洛阳地区的巩县窑烧制，经隋唐大运河运抵扬州港，再从扬州转运出海，最终抵达印尼海域的。考古学家们在巩县窑和扬州港均发现了此类器物残片。

---

[1] Regina Krahl, John Guy, J.Keith Wilson, and Julian Raby, *Shipwrecked: Tang Treasures and Monsoon Winds*, Arthur M. Sackler Gallery: Smithsonian Institution, Washington, DC. 2010.

图十三　"黑石号"出水的长沙窑瓷盘

除此之外，印尼海域还发现了著名的"井里汶号"[1]"印旦沉船"等重要沉船，其时代均属晚唐五代时期。其中，印旦沉船上出水了"乾元重宝"铅钱（属南汉国时期）和"桂阳监"银锭（总计约5000两），以及中国的瓷器、马来半岛的陶器与铅锡制品、印尼地区的青铜器、地中海世界的玻璃器等，非常生动地勾画出了晚唐五代时期在东南亚海域从事国际海洋贸易的商船的情形。唐代贾耽"广州通海夷道"曾非常详细地描述了从广州出发，经越南、马六甲抵达印度洋海域的航线。另据《全唐文》记载，唐德宗贞元年间，曾有波斯船抵达中国东南沿海。有鉴于此，印尼海域发现满载中国船货的阿拉伯帆船，应属意料之中的事情。

15—16世纪，欧洲迎来了"地理大发现"的时代：1488年迪亚士发现非洲好望角、1492年哥伦布发现新大陆、1498年达·伽马抵达印度、1522年麦哲伦船队实现环球航行。以此为背景，以欧洲为中心，欧洲航海家开辟了向东、向西两条抵达东方的航线：向东的航线，自葡萄牙里斯本启航，经开普敦—果阿—马六甲—澳门，最终抵达日本九州的长崎港，活跃在这条航线上的，先后有葡萄牙、荷兰、英国、法国、瑞典等国的帆船；向西的航线，包括横跨大西洋的里斯本—里约航线和横跨太平洋的马尼拉—阿卡普尔科航线，主导这条航线的，最主要的是西班牙人，以及后来的英国、法国殖民者。水下考古发现的瑞典"哥德堡号"沉船和西班牙"圣迭戈号"沉船，堪称东、西两

---

[1]　思鉴著，刘歆益、庄奕杰译：《公元九到十世纪唐与黑衣大食间的印度洋贸易：需求、距离与收益》，《国家航海（第八辑）》，上海古籍出版社，2014年；[印尼]Adi Agung Tirtamarta撰，辛光灿译：《井里汶海底十世纪沉船打捞纪实》；李旻：《十世纪爪哇海上的世界舞台——对井里汶沉船上金属物资的观察》，均见《故宫博物院院刊》2007年第6期。

条航线上颇具代表性的沉船。

  1738年,瑞典东印度公司耗费巨资建造了"哥德堡Ⅰ号"商船,是这家公司38艘商船中吨位排行次席的一艘远洋帆船,船上有140多名船员,并装备有30门大炮。"哥德堡Ⅰ号"在短短几年间先后三次远航广州。1745年1月11日,"哥德堡Ⅰ号"从广州启程回国,船上装载着大约700吨的中国物品,包括茶叶、瓷器、丝绸和藤器,货物总价估值在2.5至2.7亿瑞典银币。8个月后,"哥德堡Ⅰ号"航行到离哥德堡港大约900米的海面,却不幸触礁沉没。随后进行的打捞活动,人们从沉船上捞起了30吨茶叶、80匹丝绸和大量瓷器,在市场上拍卖后不仅足够支付"哥德堡Ⅰ号"广州之旅的全部成本,还能够获利14%。1986年开始,"哥德堡号"水下考古发掘工作全面展开。发掘工作持续了近10年,打捞上来400多件完整的瓷器和9吨重的瓷器碎片,这些瓷器多有中国传统的图案花纹,少量绘有欧洲特色图案,显然是当年"哥德堡号"订购的"订烧瓷"。更让人们吃惊的是,打捞上来的部分茶叶色味尚存。茶叶曾在广州博物馆公开展出(图十四)[1]。

图十四　从瑞典沉船"哥德堡号"打捞出水的茶叶

---

[1] 顾涧清、吴东峰:《中瑞友谊奇葩:广州与哥德堡号——"哥德堡号"访问广州全纪录》,世界图书出版广东有限公司,2012年;黄叶青:《瑞典哥德堡号与南海神庙》,《广州航海学院学报》2013年第3期。

地理大发现和大航海时代的历史大幕徐徐拉开之后,世界海洋航运史发生了重要的变革,世界历史真正进入了全球化的时代。自此以后,古典时代波斯—阿拉伯人、印度人、马来人和中国人传承的海上航线,逐步被西方殖民贸易者开辟的航线所替代;航行在印度洋和西太平洋西部的中国帆船、阿拉伯帆船和马来船,也逐步被西方殖民贸易者的帆船(包括西班牙大帆船)等取代。从有关海上丝绸之路的沉船资料看,1600年的"圣迭戈号"沉船、1613年的"白狮号"沉船、1615年的"班达"号沉船、1630年的"圣·康卡罗"号沉船、1641年的"康塞普森"号沉船和1752年的"凯马尔德森"号沉船等,均属反映大航海时代海洋贸易的考古成果。

五、从海洋贸易品的考古发现看海上丝绸之路

海上丝绸之路是不同文明板块之间交流的海上通道。由于自然资源与人文传统的不同,基于各自的地理单元,旧大陆形成了不同体系的文明板块,各板块的资源、产品、科技、宗教与思想存在自身的独特性,使交易与交流成为可能。

以中国为代表的东亚板块,参与海上丝绸之路的贸易品主要有丝绸、瓷器、茶叶、铁器、铜钱等;东南亚板块则有名贵木材、香料等;印度—斯里兰卡板块有宝石、棉布等;波斯—阿拉伯板块则有香料、宝石、玻璃器、伊斯兰陶器等;地中海板块有金银器、玻璃等;东非板块则有象牙、犀牛角等。大航海时代以后,美洲的白银、欧洲的羊毛制品、非洲的"黑奴"等也成为重要的贸易货物。

因为中国丝绸、瓷器、茶叶的大量外销,古代海上交通航线素有"海上丝绸之路""陶瓷之路""茶叶之路"等美誉。受沉船保存环境的影响,水下考古发现的沉船,出水文物多以瓷器为大宗。早在唐五代时期,长沙窑、越窑的瓷器即已开始大规模外销。逮及宋元明清,中国瓷器的外销形成了以龙泉窑、景德镇窑和漳州窑三大窑系为代表的产品系列;福建地区的德化窑、磁灶窑以及广东地区的西村窑等窑址,也有不少瓷器外销(广东、广西的外销窑址尚待进一步的考古调查发现)。有意思的是,有些瓷器品种的创烧,主要不是为了满足国内市场的需求,而纯粹就是为了规模化外销,如以酱釉褐彩为特色的长沙窑瓷器、以白釉青花为特色的唐青花(河南巩县窑)和以程式化开光纹样为特征的所谓"克拉克瓷"(景德镇造,漳州窑仿烧)等,都应该属于海洋贸易里的订单式生产。上述窑口生产的瓷器,在不同时期、不同地点的沉船上都有集中发现。如大量出水长沙窑瓷器的印度尼西亚"黑石号"沉船(共计出水长沙窑瓷器近6万件)、以福建诸窑口、江西景德镇窑、龙泉窑瓷器为主的"南海

Ⅰ号"、以漳州窑瓷器为大宗的"南澳Ⅰ号"和以磁州窑瓷器多见的辽宁绥中三道岗元代沉船等等。

从考古实证来看，海上丝绸之路已经使古代世界形成了国际性的贸易网络，我们不妨以中国龙泉窑的一种产品——龙泉窑荷叶盖罐为例，来解读日本学者三上次男先生所谓的"陶瓷之路"（图十五）。在龙泉窑大窑枫洞岩窑址上发现了荷叶盖罐的残件，确证这种产品的主要烧造地点就在浙江龙泉窑；在宁波港"下番滩"码头和泉州港宋代沉船上均发现了荷叶盖罐，结合文献记载，证明宁波港、泉州港是此类瓷器集散和装运出海的港口所在；韩国新安沉船是元"至治三年"（1322年）宁波港始发的一条商船，船上发现的荷叶盖罐可以看作此类陶瓷产品装运出海的考古实证[1]。翻检海上丝绸之路各沿线港口遗址考古材料，可以看到荷叶盖罐在东南亚、日本、琉球、印尼、波斯湾、东非、土耳其等地均有发现，"窥一斑而知全豹"，由此可以看出中国外销瓷从窑址到港口到海外终端市场的贸易网络。

图十五　新安沉船出水龙泉窑荷叶盖罐（姜波摄）

再如古代从海外输入中国的宝石，源自印度、斯里兰卡等地，却在中国明代墓葬中大量发现，尤以北京发掘的明定陵（万历皇帝朱翊钧与孝端、孝靖皇后合葬墓，下葬年代为1620年）和湖北钟祥发掘的明梁庄王墓（梁庄王朱瞻垍与夫人魏氏的合葬墓，下葬年代为1451年）为著[2]。明墓发现的宝石，品种主要有红宝石、蓝宝石、

---

[1] 沈琼华：《大元帆影：韩国新安沉船出水文物精华》，文物出版社，2012年。
[2] 中国社会科学院考古研究所、定陵博物馆、北京市文物工作队：《定陵》（上、下），文物出版社，1990年；湖北省文物考古研究所、钟祥市博物馆：《梁庄王墓》（上、下），文物出版社，2007年。

猫眼石、祖母绿等（世界五大品类的宝石唯钻石尚未发现，但文献记载有海外采购之举）。郑和航海文献，详细记述了郑和船队在海外采购宝石的史实，如巩珍《西洋番国志》载"（忽鲁谟斯）其处诸番宝物皆有。如红鸦鹘（红宝石）、剌石（玫瑰色宝石）、祖把碧（绿宝石）、祖母绿（绿宝石）、猫睛石、金刚钻、大颗珍珠"云云，特别是书中记述的宝石名字，还是按波斯语中的称呼来记载的。与梁庄王墓宝石一同出土的还有郑和下西洋带回的"西洋金锭"（图十六），生动佐证了这些宝石应该是从印度、斯里兰卡等产地或满剌加、忽鲁谟斯等交易市场购入的[1]。

图十六 明代梁庄王墓出土的"西洋金锭"
（引自《梁庄王墓》）

六、海上丝绸之路是东西方文明交流的纽带

港口、沉船和贸易品等考古遗迹，为我们探究海上丝绸之路上古代族群、语言和宗教的交流提供了考古实证材料。

海上贸易与族群之间的交流，首先需要解决语言交流的问题。泉州出土的多种语言碑刻，展示了其作为国际性海港城市的族群与语言的多样性。例如，泉州发现的元代至治二年（1322年）"阿含抹"墓碑，用汉文与波斯文书写（阿含抹本人是一名波斯与汉人混血儿），说明当时的泉州有波斯语族群。波斯语是当时海洋贸易的国际通用语言，正因如此，郑和下西洋时曾专程前往泉州，在泉州招聘翻译，史称"通事"。《星槎胜览》和《瀛涯胜览》的作者费信与马欢，就是当年郑和在泉州招聘的两位"通事"，其传世之作成为研究郑和航海的珍贵史料。

---

[1] 姜波：《"海上丝绸之路"上的宝石贸易：以明定陵和梁庄王墓的发现为例》，《新技术·新方法·新思路——首届"水下考古·宁波论坛"文集》，科学出版社，2015年。

海上贸易活动,需要有通用的货币与度量衡,以方便实现价值交换。中国铜钱,以其轻重适宜、币值稳定且携带方便成为东北亚、东南亚海上贸易的流通货币,甚而至于成为周边国家的流通货币。由于货币外流过甚,宋元明清政府不得不颁布限制铜钱出口的政令,以遏制铜钱外流造成的国内货币短缺。韩国新安沉船出水中国宋元铜钱28吨,总数高达800万枚之多,由此可见中国铜钱外流之严重,也印证了中国铜钱在东亚国际贸易中的重要地位。与此相对应,在阿拉伯海—印度洋海域,金银币成为海洋贸易的流通货币,而这一现象,竟被中国古代文献记载下来,《后汉书·西域传》载:"(大秦)以金银为钱,银钱十当金钱一。与安息、天竺交市于海中,利有十倍。"与货币一样,海上贸易也促进了不同地区在度量衡制度方面的交流,这些既有文献依据也有考古实证,比如印度的杆秤与中国的天平,学界早有讨论。有意思的是,韩国新安沉船上出水了中国宁波港商人携带的秤砣——"庆元路"铁权,堪称海上贸易在度量衡交流方面的实证。

作为海上丝绸之路的运输工具——帆船,也存在造船工艺的交流。中国帆船(以福船为代表)、阿拉伯帆船和西班牙大帆船是历史上有名的海船类型。以宋代海船为例,考古发现的沉船有"泉州湾宋代沉船""南海Ⅰ号""华光礁Ⅰ号"等,均系福船类型的代表之作。印度尼西亚海域发现的印旦沉船、井里汶沉船、"黑石号"沉船等,虽然船货以中国瓷器为大宗,但船型均属波斯—阿拉伯类型帆船。菲律宾海域发现的"圣迭戈"号沉船,则是西班牙大帆船的代表。现存英国国家航海博物馆的"CuttySark"号茶叶贸易船,可以看作是殖民贸易时代晚期快速帆船的典型代表。这里要特别提到的是,由于海上丝绸之路上的交流,造船工艺也出现了中西交流的现象,宁波发现的"小白礁Ⅰ号"可以看作是一个典型的例子。这艘清代道光年间的沉船(发现了越南和日本钱币),造船工艺方面既采用了中国传统的水密隔舱和舱料捻缝工艺,也采用了密集肋骨、防渗层等外来造船工艺。另外,据学者研究,横跨太平洋贸易的西班牙大帆船,也有不少是福建工匠在马尼拉修造的。

不但造船工艺存在中外技术交流,导航技术也有技术交流的史实。一般认为,以马六甲海峡为界,以东的南海海域,主要采用中国古代的罗盘导航技术,形成"针路"航线;以西的印度洋海域,主要采用阿拉伯的天文导航技术,即文献中的"牵星过洋"。令人称奇的是,反映郑和航海线路的"郑和航海图",既准确绘出了南海海域的"针路",同时在海图的末端,即波斯湾附近,画出了北极星,正是阿拉伯"牵星过洋"的印迹[1]。作为海上丝绸之路晚期导航所用的海图,也出现了中、西绘图技术的交融,如

---

[1] 向达校注:《两种海道针经》,中华书局,1961年。

牛津大学包德林图书馆所藏"东西洋航海图"（十七世纪早期海图），既可以看出中国传统山水地图的影子，也可以看出西方正投影海图的绘图方法[1]。

海上丝绸之路反映了不同族群、语言与宗教之间的交流，突出体现了文明交流与对话的遗产价值。斯里兰卡加勒港出土的"郑和布施锡兰山佛寺碑"，是郑和在永乐七年（1409年）树立的一块石碑，碑文用汉文、波斯文、泰米尔文三种文字书写，分别记述了中国皇帝向佛教、伊斯兰教和印度教主神供奉的辞文，堪称海上丝绸之路上不同族群、语言和宗教相互交流的代表性文物[2]。在中国的大地上，也留下了漂洋过海、客居中国的"番人墓"，如江苏南京的渤尼国王墓、山东淄博的苏禄王墓、广州的先贤墓、泉州的灵山圣墓和锡兰人墓、扬州的普拉丁墓、福州的琉球墓以及海南的穆斯林"番人墓"等。

---

[1] Timothy Brook, *Mr. Seldens Map of China Decoding the Secrets of a Vanished Cartographer*, Bloomsbury Press, London, 2013.

[2] 姜波：《从泉州到锡兰山：明代中国与斯里兰卡的交往》，《学术月刊》2013年第7期。

论北方海上丝绸之路

朱亚非
山东师范大学历史文化学院

一

提起历史上的丝绸之路，人们自然会想到汉代张骞开通的自新疆通往中亚和阿拉伯地区的路上丝绸之路，以及广东、福建商人开通的从南方沿海到东南亚地区及印度洋沿岸的海上丝绸之路。然而，比这两条丝绸之路开辟更早的，还有一条丝绸之路，那就是自山东沿海北上经过辽东半岛再沿朝鲜西海岸南下，渡过对马海峡到日本列岛并向北再延伸至南千岛群岛和俄罗斯库页岛地区的北方海上丝绸之路。北方海上丝绸之路自先秦时期出现，秦末汉初形成，此后历经数代，尽管风云变幻，北方海上丝绸之路一直延续了下来，时至今日，仍在中日韩俄交往中发挥着重要作用。北方海上之路的历史，值得今人深入研究与探讨。山东沿海居民对海外的认识由来已久，最早是基于对海神的信仰。

早期成书的历史文献《山海经》《庄子》《列子》《楚辞》都有北海海神禺疆的记载，表明了山东沿海居民对海神的信仰和对海外的初步认识。

《山海经·大荒北经》记载："北海之渚中，有神，人面鸟身，耳两青蛇，践两赤蛇，名曰禺疆。"《庄子·大宗师》记载："北海之神，名曰禺强，灵龟为之使。"《列子·汤问》记载："渤海之东不知几亿万里，有大壑焉，实惟无无底之谷，其下无底，名曰：归墟……其中有五山焉。一曰岱舆，二曰员峤，三曰方壶，四曰瀛洲，五曰蓬莱。其山高下周旋三万里，其顶平处九千里。山之中间相去七万里，以为邻居焉。其上台观皆金玉，其上禽兽皆纯缟。珠玕于树皆丛生，华实皆有滋味，食之皆不老不死。所居之人皆仙圣之种；一日一夕飞相往来者，不可数焉。而五山之根，无所连箸，常随潮波上下往还，不得暂峙焉。仙圣毒之，诉之于帝。帝恐流于西极，失群仙圣之居，乃命禺强使巨鳌十五举首而戴之。"从对海神的记载和信仰中，可以看出早期山东沿海居民已对海外有了朦胧的认识。

从文献记载看，山东沿海居民的海外活动始于春秋时期。

东汉王充《论衡》载："周时天下太平，越裳献雉于周公，倭人贡畅草。"畅草是一种祭祀用的物品，用郁金香草掺和黍酿而成。倭人贡畅草表明了日本列岛居民经山东沿海到周朝的交往活动。

春秋战国时期，在斥山（今荣成市石岛镇）还出现了朝鲜文皮的记载，《尔雅·释地》有："东北之美者，有斥山之文皮焉。"《淮南子·地形训》也记载："东北方之美者，有斥山之文皮焉。"《管子·轻重篇》对文皮作了解释，桓公曰："四夷不服，恐其逆政游于天下而伤寡人，寡人之行为此有道乎？"管子对曰："吴越不朝，珠象而以为币乎？发、朝鲜不朝，请文皮、服而为币乎？……一豹之皮，容金而金也；然后，八千里之发、朝鲜可得而朝也。"文皮就是来自朝鲜北部和东北的珍贵兽皮，是当时齐国君向周天子进贡的珍贵贡品。

从考古发现看，春秋战国时期，山东半岛的青铜器开始传入日本、朝鲜。

日本在西海岸发掘出中国春秋时期青铜器350件，与朝鲜出土的完全相同，这说明早在2700年前，中国航海先驱者已开辟了从山东半岛出发，经朝鲜半岛，再东渡日本的航路，并把中国文化传入朝鲜和日本[1]。

韩国全罗南道完州上林里考古遗址出土的26件铜剑带有宽浅血槽，是战国时期来自齐国的齐武剑。韩国庆尚南道蔚山市遗址23号墓出土铜鼎，高50厘米，口径30厘米，圆腹平底，腹部饰有圆形铸物固定痕迹，这是齐铜鼎上特有的圆形乳丁脱落后形成的痕迹，属于战国时期齐式铜鼎，实为战国中期流落到朝鲜[2]。

日本佐贺高来郡三会树景化园弥生文化墓葬发掘出早期纺织品，"它放在墓葬陶瓮中，是一寸见方的残布片，经测定经线40—50根，纬线30根，与齐地所产丝绢大体相同"[3]。类似的考古发现和出土文物多出现在朝鲜半岛西海岸和日本九州地区，这正是早期北方海上丝绸之路经过的地区。

---

[1] 陈炎：《海上丝绸之路对世界文明的贡献》，《今日中国》2001年第12期。
[2] 李慧竹：《汉代以前山东与朝鲜半岛南部的交往》，《北方文物》2004年第1期。
[3] 李英森：《齐文化丛书·齐国经济史》，齐鲁书社，1997年，第566页。

二

徐福东渡可以说是北方海上丝绸之路形成的标志性事件。徐福集团自山东半岛沿海出发,渡过渤海,经庙岛群岛—辽东旅顺口—鸭绿江口—朝鲜西海岸南下,至对马岛—冲之岛—大岛—北九州。秦末汉初,由于战乱,大批山东半岛居民沿此线至朝鲜,《汉书》《三国志》均有记载。

北方丝绸之路开通的物质基础是山东半岛自春秋战国以来高度发达的纺织业。临淄在从春秋战国时期,齐国以纺织业发达闻名,号称"冠带衣履天下",汉朝初年在齐地设立三服官官营纺织工厂,汉元帝时,"方今齐三服官作工各数千人,一岁费数巨万"[1]。不仅产量多,而且质量好,有冰纨、绮绣、纯丽等种类,汉人史游在《急就篇》中说:"齐国给献素缯帛,飞龙凤凰相追逐。"真实地描述了当时山东半岛地区纺织业的发达状况。

除纺织业外,山东半岛在战国至汉初,也是全国冶炼业中心。建国后发现的齐叔夷钟,铭文提到齐灵公一次就赏赐给贵族叔夷造铁徒4000人,足见战国时齐国冶炼业规模之大,汉武帝时,在全国设置铁官48处,山东就有12处,占全国官营铁工业四分之一。

山东沿海的渤海、黄海沿岸,自古生产木材,其中的楸木,就是造船的上等材料,战国至春秋时期,商船、渔船活动多见于地方志等记载。

山东沿海的芝罘港(今烟台)、斥山港(今石岛)、黄腄港(今蓬莱)以及琅琊港自战国时期就已经开通了海上航线。战国时期齐国国君向周天子进贡的"斥山之文皮",实际上就是来自朝鲜半岛的虎豹皮。徐福能够聚集童男女、工匠、弓箭手等数千人东渡,也是得力于山东沿海港口交通和造船业的发达。

北方海上丝绸之路开通与山东半岛居民早期思想意识是分不开的,尤其是春秋战国以来形成的道家和阴阳五行家思想。战国时期,燕齐方士尤为活跃,他们多信仰老庄道家思想和邹衍的阴阳五行说。道家思想宣扬神仙乐土,追求长生不死之仙药、仙境,而邹衍、邹奭的阴阳五行说只宣扬海外大小九洲说,因此山东沿海居民在先秦至秦汉时期去海外求仙之风盛行,正如《史记·封禅书》所言:"自齐威、宣之时,邹子之徒,论著终始五德之运,及秦帝而齐人奏之,故始皇帝采用之……邹衍以阴阳主,

---

[1] (汉)班固:《汉书·贡禹传》,中华书局,1962年,第3070页。

运显于诸侯,而燕齐海上之方士传其术不能通,然则怪迂阿谀苟合之徒此兴,不可胜数也,自威、宣、燕昭使人入海求蓬莱、方丈、瀛洲。"

燕齐一带方士的活动,不仅影响了下层民众对海外仙境的向往,而且对帝王的影响也很大,不仅是齐威王、齐宣王和燕昭王追求海外仙山仙药,秦始皇也四次巡游山东沿海,所到之处刻石立碑;"南登琅琊,大乐之,留三月";他还在山东沿海建立求仙祭祀设施八主祠,并亲临沿海祭祀。汉武帝是一个有雄才大略的皇帝,但在胶东方士栾大等人的鼓惑下,也曾六次巡游山东沿海,甚至要亲自出海求仙。封建帝王如此热衷入海求仙,可见山东沿海先秦秦汉时期道家、阴阳五行家追求海外仙境的气氛是多么浓厚,这也对沿海居民走出海外形成了很大影响。支撑并印证海外有仙境的是山东沿海登莱一带不时出现的海市蜃楼观象,云中或隐或现的亭榭、楼阁,让人们误以为海外存在美幻无比的仙境,值得走出海外去寻找,这也是北方海外丝绸之路能够通畅的思想基础。

北方海上丝绸之路在秦汉时期开通,除了因为山东半岛的物质经济基础和居民浓厚的出海意识之外,还与当时的社会环境分不开。秦始皇统一之后推行法家路线治国;在全国大兴土木,赋税徭役苛重,造成"男子疾耕不足于粮饷,女子纺绩不足于帷幕。百姓靡敝,孤寡老弱不能相养,道死者相望"的社会现象[1];秦朝法律严酷,往往一人犯法,罪及三族,全国罪犯多达二百万人;秦朝又迫害知识分子,施行文化专制,导致各阶层的反抗。但在秦朝暴政下,除极少数人如陈胜、吴广揭竿而起外,大多数民众只能采取消极反抗的方式。在沿海地区,民众则是利用有利条件向海外移民。汉初,由于楚汉之争,战乱不休,又有大批山东沿海居民利用海上丝绸之路移民朝鲜与日本。《汉书》《三国志》等书对此多有记载,如"陈胜等起,天下叛秦、燕、齐、赵民避地朝鲜者数万口"[2]。徐福东渡就是在这一背景下出现的,徐福不满秦始皇暴政又不敢公开反抗,很机智地打着为秦始皇求仙药的幌子骗过秦始皇,携带大批人口和物资沿着北方丝绸之路进入朝鲜半岛和日本列岛。徐福所走的道路,让汉初躲避战乱的山东沿海居民看到希望,向海外迁徙者不在少数。《史记·朝鲜列传》提到:"(卫)满亡命,聚党千余人……渡浿水(鸭绿江),居秦故空地上下部,稍役属真番、朝鲜蛮夷及故燕、齐亡命者王之,都王险。"

汉初燕人卫满在朝鲜北部建立政权后,有相当多的山东沿海居民渡海赴朝鲜投奔他。如《后汉书·王景传》中曾提到王景的八世祖王仲,系琅琊郡人,因汉初避吕

---

[1] (汉)班固:《汉书·主文偃传》,中华书局,1962年,第2800页。
[2] (宋)陈寿:《三国志·乌丸·鲜卑·东夷列传》,中华书局,1962年,第848页。

后之祸越海逃到朝鲜乐浪郡。1962年,朝鲜黄海南道信川郡凤凰里曾发掘砖室汉墓一座,墓志铭有以下记载:"守长岭县王君,君讳卿,年七十三,字德彦,东莱黄(县)人也。正始九年(248年)三月二十日避师王德造。"祖籍黄县(今山东龙口市)的王卿,估计也是随汉代先人迁徙至朝鲜的,他在朝鲜为官,死后葬于此地。

汉代,山东半岛居民沿着徐福的路线走过了北方海上丝绸之路南下进入朝鲜半岛,到了汉末至魏晋南北朝时期,在朝鲜半岛居住的来自山东半岛等地的居民又南下迁徙至日本。据日本《大日本史》等史书记载,在日本雄略天皇(456—479年)时代,来自中国的移民后代秦酒公为大藏省主官,赐姓曰"蚕豆麻"。秦酒公自称是秦人后代,先祖功满王、祖弓月君分别于199年和283年率领中国的一百二十县移民从新罗进入日本,并被日本统治者委以统治工作。

秦汉时期北方海上丝绸之路的开通,有其鲜明的特点,不同于张骞出使西域那样,得益于官方的活动支持而形成,而是由民间百姓不断向海外迁徙所形成。

北方海上丝绸之路在汉唐时期达到鼎盛。唐前期日本遣唐使团多次沿这一路线经山东半岛到长安,北宋时期,宋朝在密州(今青岛附近)设市舶司,接待来宋朝的朝鲜和日本商船。元朝时,高丽国也多次派使者渡海至山东青州等地,购置丝绸、麻布等土特产。

明朝初年与明末,由于明朝与朝鲜的陆路交通先后被元朝残余势力和女真政权阻断,山东沿海至朝鲜半岛的经济文化交流又主要依靠北方海上丝绸之路进行。清尽管海禁与闭关甚严,但仍不断有朝鲜和日本的商船、渔船进入山东沿海。史书中还多有山东沿海居民和朝鲜海岸居民对在海上遇难的双方互相救援的记载,在双方的经济文化交流中增进了友谊。直到近现代,北方海上丝绸之路这条海上交通线始终发挥着作用。

三

北方海上丝绸之路在历史上也经历了曲折的发展过程。宋元时期是中外贸易蓬勃发展的时期,但就山东沿海而言,在对外交往的活动中则显得较为落后,北方海上丝路作用有所下降。除了北宋朝前期先后在登州和密州有些对外交往的活动外,在北宋后期乃至金、元统治时期,山东沿海虽也有"东南海船,兴贩铜铁、水牛皮、鳔胶等物"[1],但很少有外国人活动的明确记载,在对外交往中几乎处于停滞的状态。

---

[1] (清)徐松:《宋会要辑稿·刑法》,中华书局,1957年。

其原因不妨从以下几个方面进行分析:

其一,是政治上的原因。宋代以后,山东沿海港口由唐代以前对外贸易的商港向军港性质转化,军事重要性突出,商业贸易活动大为削弱。隋唐至宋初,由于对朝鲜和日本的贸易及人员往来还不时使用山东—辽东—朝鲜西海岸这条海上航线,山东沿海的登莱地区在对外交往活动中的地位是相当重要的。正如《文献通考·舆地考》所记:"登州三面环海,祖宗时(宋初)海中诸国朝贡,皆由登莱。"在宋真宗祥符八年,还"诏登州置馆于海次以待使者"。但是随着契丹民族在东北的兴起并且屡屡对北宋政权和高丽政权形成威胁,山东半岛也出现了非常紧张的局面,同时也影响了当时与山东半岛交往密切的朝鲜高丽政权与北宋关系的正常发展。

自986年宋太宗收复燕云十六州计划失败后,宋被迫对辽采取守势。辽趁机对高丽施加压力,在公元992年、1010年、1018年连续3次大规模向高丽进攻。高丽王朝数次派遣使节自登州转赴宋朝首都东京,"仍告契丹连岁来侵",或是请北宋出兵"借以圣威,示其睿略,或是至倾危之际,予垂救急之恩"[1],或是"乞王师屯境上为之牵制"[2]。但北宋在与辽对峙中始终处于弱势,在1004年与辽签订了澶渊之盟,刚刚结束了与辽的长期战争状态,不愿因朝鲜问题再与辽兵戈相见,因此对高丽王朝的求援,虽然表示慰藉和同情,但并没有出兵加以援助。高丽不得不与辽屈辱求和,向辽朝贡。

高丽王朝在得不到北宋政府的有力援助后,已知北宋自身衰弱,因此对北宋也一度冷淡。如1030年高丽使节由北宋政府"遣使护送至登州","其后绝不通中国者四十三年"[3]。主要是高丽政府害怕得罪辽朝,一度遵循"如非永绝契丹,不宜通使宋朝"[4]的原则。高丽政府与辽靠近,更加重了北宋王朝对山东半岛安危的担忧。特别是山东半岛与辽所控制的辽东半岛、朝鲜半岛近在咫尺,登州、莱州"地近北房,号为极边,房中山川隐约可见,便风一帆,奄至城下"[5]。在这种情况下,北宋政府既要提防来自辽东半岛的威胁,又要提防来自朝鲜半岛的威胁。于是于庆历二年(1042年)在登州设置巡检司,建立"刀鱼寨"水军基地,常驻水兵300人,以防辽的入侵。这样,登州海港实际上已成军港,自庆历年间(1041—1048年)起,到嘉祐(1056—1063年)、熙宁(1068—1077年)、元丰(1078—1085年)、元祐(1086—

---

[1]《高丽史》卷四"显宗条",齐鲁书社,1996年。
[2] (元)脱脱:《宋史·高丽传》,中华书局,1985年,第14042页。
[3] (元)脱脱:《宋史·高丽传》,中华书局,1985年,第14045页。
[4]《高丽史》卷八"文宗条",齐鲁书社,1996年。
[5] (宋)苏轼:《苏东坡奏议集》卷二,丛刊本。

1094年）等朝，北宋政府在其《编敕》中一再明令，严禁高丽海船到登州、莱州通商，否则被抓获要"徒二年"。由于海上气氛紧张，外国商船到登莱沿海者已很少见。

王安石变法后，宋与高丽王朝关系开始缓和。1068年，宋神宗派商人黄慎去高丽试探复交之事；1071年高丽派使节金悌赴宋，双方正式恢复友好交往。为了发展与高丽的交往，在登州由于安全原因已成军港的状况下，北宋将密州板桥镇改为与高丽等外国通商的北方商港，以取代登州、莱州的地位。元丰七年（1084年）三月在此设置了管理舶商贸易的榷易务，元祐三年（1088年）又在此设立市舶司，成为我国历史上北方港口中唯一设有市舶司的对外贸易商港。密州市舶司设立后，成为与高丽王朝交往的主要地点。"板桥久为海舶孔道，朝臣与高丽往来由此"[1]。除了来自朝鲜半岛的商品以外，南方沿海甚至南洋国家也有商船至此，贸易相当繁盛。"海舶麇至，多异国珍宝"。但密州港兴盛的时期并不长，在政和（1111—1118年）以后，女真族兴起，完颜阿骨打建立金国，占领东北，灭辽，迫高丽称臣，再次对北宋王朝构成威胁。北宋政府也害怕南方商人经密州到登莱、辽东与金交往，于是在政和四年（1114年）由尚书省下令禁止外国与南方商人船只到密州贸易。

三月十八日，尚书省契勘：密州近登莱州界，系南北商贾所会之所，理合禁止藩贩及海南舟船到彼，今添修下条，诸商贾海道兴贩不请公凭而行，或乘船自海道入界河即及往登、莱州界者……若海南州县船到密州界同，徒二年[2]。

由于禁令的实施，到北宋末，山东半岛在对外交往中的地位大为下降。金朝控制山东后，金的东京路与高丽西北境隔江相望，东京路东南抵鸭绿江，与高丽西北境毗邻，因此在高丽向金称臣后，金朝规定高丽"凡遣使往来当尽循辽旧，仍取密州路"[3]，即双方从陆路交往。而密州等港口，金朝则把它当作只与南宋进行商品交往的地方。这个地区人民反金斗争此起彼伏，特别是李全领导的农民起义军曾攻克密州，政治局势的动荡也使得外国船只不愿再到山东沿海航行、经商。

其二，是经济方面的原因。宋金时期山东在对外关系中的地位下降，与唐宋以后中国经济重心南移，山东地区经济发展比较缓慢有着密不可分的关系。在唐代以前相当长的一段时期里，山东经济在全国占有相当重要的地位。西周初，姜太公被封到齐国以后，推行改革，国势发展较快，史书称"太公以齐地负海潟卤，少五谷而人民寡，乃劝以女工之业，通渔盐之利，而人物辐辏"[4]。春秋战国时期，齐国是举足轻重的

---

[1] 道光《重修胶州志》卷三四。
[2] （清）徐松《宋会要辑稿·刑法》，中华书局，1957年。
[3] 《高丽史》卷十五"仁宗条"，齐鲁书社，1996年。
[4] （清）顾祖禹：《读史方舆纪要》卷三十六，中华书局，1955年。

大国,不仅农业相当发达,而且丝织业领先于全国各地。"齐带山海,膏壤千里,宜桑麻,人民多文采布帛鱼盐",并有"故齐冠带衣履天下"之美称。战国时齐国首都临淄更是国内首屈一指的商业重镇,当时著名政治家苏秦笔下的临淄是一片繁荣景象:

> 临淄之中七万户……甚富而实,其民无不吹竽、鼓瑟、击筑、弹琴、斗鸡、走犬、六博、蹴鞠者,临淄之途,车毂击,人肩摩,连衽成帷,举袂成幕,挥汗成雨[1]。

汉代山东经济仍继续发展,每年向政府缴纳税粮600万石。西汉设铁官48处,山东境内有12处;设盐官38处,山东境内有12处[2],分别占1/4和1/3强,其经济实力可见一斑。南北朝时期,虽经过一段战乱,山东经济有所衰退,但唐初从贞观之治到开元盛世,社会比较稳定,山东经济再次有较大发展。唐玄宗天宝三年,唐政府仍能获得"漕山东粟四百万石"[3],莱芜和临淄仍是全国冶铁和陶瓷业中心,当时山东三道十二州,盐铁之税相当可观,"岁取冶赋百万"[4]。当时山东也是纺织品主要供应地,有"海岱贡篚衣履天下"[5]之称。

历史上山东以强大的经济基础为后盾,对外交往发展很快,很早就出现了对外贸易的港口。齐国时就与朝鲜进行虎皮等贵重物资的贸易;秦代徐福率三千童男童女东渡日本能从容地在山东作物质上的准备;汉代武帝数次东巡甚至把西方各国使节、商人带到山东参观,以炫耀富强。自汉至唐无论是大批纺织品出口海外,还是数次对外用兵,山东均能提供大量的商品和作战物资,因此也有力地维系了它在对外交往中的重要地位。但自唐后期起到五代,山东地区藩镇割据,战争频繁,经济遭到严重破坏,青州、登州等地"蝗虫四起,吃却五谷,官饥私穷",百姓以"专吃橡子饭为生",米价比开元年间高出数十倍之多[6]。而南方由于相对稳定,经济发展较快,经济中心开始南移。唐后期,中央政权的"每岁县赋入倚办,止于浙西、浙东、宣歙、淮南、江西、鄂岳、福建、湖南等道"。宋代初年,山东经济虽有所恢复,但不久山东就受到了辽的压迫和金、元的占领,特别是金朝和元朝统治初期,民族压迫极为严重,大批汉族百姓从山东流亡南下,包括原宋政府控制的官方手工业和民营手工业以及掌握生产技术

---

[1] 《战国策·齐策》,齐卷第四,上海书店,1989年,第9页。
[2] (汉)班固:《汉书·货殖列传》,中华书局,1962年,第3679页。
[3] (宋)欧阳修等:《新唐书·食货志》,中华书局,1975年,第1367页。
[4] (宋)欧阳修等:《新唐书·王涯传》,中华书局,1975年,第5318页。
[5] 《全唐文》卷三九〇"李公神道碑铭",中华书局,1983年。
[6] [日]圆仁:《入唐求法巡礼行记》卷二,上海古籍出版社,1986年,第93页。

的手工场工人、农民大批南迁,仍在当地的汉族人民群众因不堪金元政权的压迫而掀起的反对金元少数民族统治的斗争此起彼伏,这也给当地经济带来了严重影响。直到明初,山东的多数地区仍是满目荒凉,经济仍未恢复到历史上较好时期的水平。反之,江浙一带包括福建、广东等南方地区,由于社会比较安定,经济在唐后期发展的基础上又获得较快发展,仅就南宋和金统治时期的全国人口和作为封建政权两大出口支柱的纺织业与制瓷业发展的一些统计数字来看就能一目了然。首先看看汉、唐、宋到明初江南各州郡人口的数字变化(表一,不包括岭南)[1]:

表一 汉、唐、宋至明初江南各州郡人口统计表

中历	公历	人口数(人)
东汉永和五年	140年	6295801
唐天宝元年	742年	10579226
宋崇宁中	1102—1106年	14580885
明洪武二十六年	1393年	35987111

从上述数字看,唐到宋元时期江南人口增长尤其快,到明初江南人口已是东汉时期的近六倍,占全国人口半数以上(当时全国人口为60545812人)。在瓷器制作方面,宋代以后南方也超过了北方。日本人小村俊夫的《支那窑业史》列出宋代著名瓷窑表,共有28处,而江南就有13处,淮河以北仅有5处,生产重要出口瓷器的基地如景德镇、处州、余杭、临川、潮州等均在南方,尤其以浙江制瓷业规模最大;且山东境内仅有博山瓷窑尚成规模。从纺织业来看,宋代以后,纺织业中心南移,出口的纺织品集中在东南的浙江、川北、三吴、越、闽等地。南宋初,苏州、杭州等地官营织院,各有织机数百台,工匠数千人。

据《建炎以来朝野杂记》记载:绍兴十七年(1147年),仅东南诸路税收丝绸、绫罗等丝织品就达三百万匹,加上四川等地绢帛数,超过北宋神宗时期全国税收的绢帛数(367万匹)。特别是棉花在元代出现后,南方纺织业更为发达,到明代时有"北土之吉贝贱而布贵,南方反是;吉贝则泛舟而鬻诸南,布则泛舟而鬻诸北"[2]。由于南方经济的发展,商品增多,为扩大海外贸易奠定了坚实的基础,再加上南宋王朝为维护南方半壁河山,对海外贸易极为重视。在受到北方外来民族的压迫和山东地区经济发展与南方相比比较缓慢的情况下,自北宋后期起,山东便不再充分发挥对外交

---

[1] 李剑农:《宋元明清经济史稿》,三联书店,1957年。
[2] (明)徐光启:《农政全书》卷三十五,中华书局,1956年。

往的职能。与此同时,到南宋、元代,南方沿海的对外交往活动则蓬勃发展。如明州在唐开元年间才置州,招流民数十万户置此,此时并不是对外贸易港口,但随着经济发展和唐后期众多日本商船来此,到宋代时出现"海道辐凑之地,故南则闽广,东则倭人,北则高句丽;商舶往来,物货丰衍"[1]的状况。南宋时,不仅有高丽、日本商船不断来此,还有来自南洋诸国的商人和"大食藩客",对外贸易发展极盛,"万里之舶,五方之贾,南金大贝,委积市肆,不可数知"[2]。自宋代起在此设市舶司,后历经元、明,市舶司一直存在,成为对外贸易的重要港口。杭州自古是繁华都会,南宋时成为首都,其外港澉浦在南宋至元代迅速发展起来,成为"远涉诸藩,近通福广,商贾往来,冲要之地"[3]。宋元王朝也在此设市舶司,税收甚多。广州港在唐代发展起来,宋元时期成为当时中国最大的海外贸易港口。北宋时已是"海外船舶岁至",南宋以后更是"大贾自占城、真腊、三佛齐、阇婆涉海而至,岁数十柁,凡西南群夷之珍,犀、象、珠、香、琉璃之属,禹不能名,幽不能计"[4]。广州自宋初就设市舶司,一直沿袭到近代,是古代史上对外贸易机构沿袭时间最长的一处港口。其市舶收入,元代时已是"岁时蕃舶金、珠、犀、象、香药、杂产之富,充溢耳目,抽赋帑藏,盖不下巨万计"[5]。泉州是唐后期发展起来的对外贸易口岸。北宋在此设市舶司,加速了此处的繁荣和发展。南宋至元朝,此地政治稳定,经济发展迅速,出现了大食、波斯、三佛齐、占城、高丽等多国商船,市舶收入每年高达百万缗之多,占南宋政府财政收入的1/5。元代时泉州对外贸易的地位甚至超过了广州,成为第一外贸口岸,从这里入海的商人"其所涉异国,自高句丽外,若阇婆、罗斛,与凡东西诸夷,去中国亡虑数十万里"[6]。意大利旅行家马可波罗曾看到此处停泊有百余艘来自欧洲、阿拉伯的商船。当地人所写史籍也有"涨海声中万国商"[7]的描述,可见其外贸繁荣程度。

除了上述几个著名港口以外,宋元之际兴起的港口还有浙江的温州,江苏的太仓、华亭(上海),福建的漳州、福州等,它们在对外交往中都承担着一定的作用。这些港口的共同点在于,都分布在长江以南,都是经济发展较快和基本没受战乱影响或很少受战乱影响的地区,这种优越的环境是山东沿海地区在当时无法媲美的。

---

[1] (宋)张津:《乾道四明图经》卷一,宋乾道五年修清抄本。
[2] (宋)陆游:《渭南文集》卷十九"明王育王山买田记",四部丛刊本。
[3] 《元典章》卷五九《禁治抢劫船只》,中国书店,1990年。
[4] (宋)洪适:《盘州文集》卷三十一《师吴堂记》,北京图书馆出版社,2004年。
[5] (元)吴莱:《渊颖集》卷九"南海山水人物古迹记",四部丛刊景元至正本。
[6] 《王常宗集》卷四"泉州两义士传",清文渊阁四库全书本。
[7] (宋)王象之:《舆地纪胜》卷一三〇,中华书局,1992年。

从北宋年间沿海各地去高丽经商的一个统计资料来看,有姓名的中国商人共有96人,标明出发地点和籍贯的商人共有22人,但除密州1人外,其余均是从南方沿海港口出航的。

其三,交通与地理的变化对山东沿海港口对外贸易的兴衰也有相当重要的影响。我国古代文明最早起源于北方黄河流域,而最早的对海外交往对象是朝鲜半岛和日本列岛,因为早期造船、航海技术简陋,与日、朝交通的道路是自山东半岛南北两侧的琅玡、赤山(石岛)、芝罘、黄腄等古港湾,沿山东半岛海岸经庙岛群岛渡过渤海,先抵达辽东半岛的南端,再沿海岸南下到达朝鲜西海岸,或继续南下越过对马海峡到日本对马、壹屿等岛和日本北九州地区。这也是最原始和最安全的一条海外交通路线。直到唐代,这条交通路线在对外交往中仍发挥着很大的作用。所以山东沿海在唐以前的对外交往中有着极为优越的地理位置,出现了像登州、琅玡、密州等对外交往的重要城镇和港口。

但从唐朝后期开始,由于朝鲜半岛政治形势的变化和航海造船技术的提高,原先的中日、中朝交通航线有了变化。先是日本改变了传统路线。7世纪后期,由于新罗统一朝鲜半岛,与日本关系恶化,双方几乎两次要兵戈相见,日本到中国的朝贡使船或商船无法安全经过,只得改变路线。唐玄宗时期,他们开通了从日本南九州渡过东海直达宁波的两条新航线,"新罗梗海道,更繇明、越州朝贡"[1]。一条是从日本肥前(今佐贺)、肥后(今熊本、长崎附近)、摩萨(今鹿儿岛西海岸)南下,经过夜久(今屋久岛)、叱火罗(今定七岛)、奄美岛(今奄美大岛)西渡,到明州(今宁波)、越州(今绍兴)等地,此路称"南岛路"。在南岛路开通后不久,日本船舶又开通了另一条从肥前松浦郡的值嘉岛(今平户岛与五岛列岛)直接渡东海到达中国的路线,此路称"南路"。南路是最便捷的一条路线,唐后期中日交往基本上走这条路线。从唐时日本派往中国的遣唐使往返路线看,开元年间以后来到中国的遣唐使船共10次,其中9次往返走的是南路和南岛路。这两条路线的共同点就是绕过朝鲜半岛和山东半岛而直达中国长江口以南的地区。北宋初,随着宋辽、宋金之间的对峙,宋政府在北方沿海加强戒备,在登州港设"刀鱼寨"以防备契丹。元袭宋制,也在此设"元帅府"作为海防重镇。朝鲜半岛上的高丽王朝也改变了传统的与中国封建王朝交往的海上路线,要求将航行中国的船在比较安全的明州停泊。熙宁七年(1074年),高丽国王"遣其臣金良鉴来言,欲远契丹,乞改涂由明州诣阙"[2]。对高丽的要求,北

---

[1] (宋)欧阳修等:《新唐书·东夷传》,中华书局,1975年,第6209页。
[2] (元)脱脱:《宋史·高丽传》,中华书局,1985年,第14046页。

宋政府不仅完全赞同,而且在元丰三年（1080年）更加明确地表示："非明州市舶司而发过日本、高丽者,以违制论。"[1]这就把唐中期以前山东沿海登、莱等地港口所承担的与日本、朝鲜交往的职责转移到了明州。这对明州及杭州等江南一带外贸港口的发展和繁荣十分有利,而对登、莱、密州等原外贸口岸则产生了严重影响。地理环境的影响还表现在山东沿海对外贸易港口与南方后来兴起的港口有着显著不同。登莱等港多是依山地丘陵而建的海岸港,易于避风停靠,但向内地输送物资由于受公路等交通条件所限,难度较大,因此向内地辐射面较窄。反之唐宋时期所兴起发展的南方各港口如上海、杭州、明州、福州、泉州、广州等,多为河港,外来物资到此后,能借用内河航运能力向沿河周围地区推销,交通方便,腹地更为开阔。虽然港口容易受泥沙影响不够稳定,但如果能治理好内河河道,交通和贸易要较北方沿海有更大潜力。再加上南方经济发展迅速、市场繁荣,不论是在此征集大批商品外销,还是将国外舶来商品在国内市场销售,都比北方更加容易。

最后还应指出一点,山东沿海港口只是与日本列岛和朝鲜半岛交通较为方便,而与南洋各国、印度、阿拉伯诸国相隔甚远。宋元时代,正是印度、阿拉伯商人在海上活动最为频繁的时期,他们到中国沿海交往,以广东、福建沿海最为方便,不可能绕过闽广沿海到山东半岛,这就使得山东沿海各港口作为对外贸易口岸受到了很大的限制。至宋代以后,日本、朝鲜到中国的商船逐渐改道,山东沿海各港口城市的对外交往活动自然是难以再兴了。再者,北宋时首都在东京（今开封）,大运河可直接从杭州通开封,不必绕行山东;金控制了整个北方,与朝鲜交往以陆路为主;特别是元代建立了庞大帝国,海陆路交通均四通八达,从欧洲往来的人员和物资可从陆路直达大都北京,朝鲜半岛又在其控制之下,自鸭绿江通过辽东半岛到北京的陆上通道十分通畅,自江南又可将外来物资直接通过海运运到天津,再解北京。以上这些交通条件与地理位置对山东来说是不具备的,尤其是唐后期以后南方经济发展迅速,对山东对外交往所产生的影响尤其大。这也是自唐后期以后直到近代山东对外交往长期停滞不前,与南方沿海相比极为冷落的原因。

四

山东半岛不仅是北方海上丝绸之路的起点,也是陆上丝绸之路的起点之一,因为

---

[1]（宋）苏轼:《苏东坡全集·奏议集》卷八《乞禁商旅过外国状》,中国书店,1986年,第494页。

临淄等地在春秋战国时期即为丝织业和纺织业中心,著名的官办三服官手工场就设置在此地,民间丝织业也很盛行,《汉书·地理志》有齐地"其俗弥侈,织作冰纨,绮绣纯丽之物,号为冠带衣履天下,临淄亦海岱之间一都会也";鲁地"地狭民众,颇有桑麻之业,无林泽之饶"。汉武帝时期,"齐三服官作工各数千人,一岁费数钜万"。此时正值张骞出使西域,丝绸之路开通之时,大批来自山东的丝绸除了从海上进入朝鲜半岛和日本列岛外,还通过陆上丝绸之路西入西域各国,《汉书》中就记载了西域商人(胡商)随汉武帝到山东考察。一直到隋唐时期,仍有大量山东丝绸运到西域进入中亚各国。《魏书·吐谷浑传》记载,北齐时一个吐谷浑使团从山东返回时,随行的胡商有240人,驼骡600头,杂彩丝绢以"万计",近年来出土的汉代至隋唐时期的墓志铭中碑刻多有西域商人之形象。临沂市博物馆所存汉代石刻中有胡商图及胡商骑狮图;青州北齐石刻画像中胡商与汉代商人交谈图和胡商驼运图,都明显反映出这一时期山东半岛与西域陆上丝绸之路外国商人的往来。在新疆地区发现的"亢父缣"(产自济宁)也表明了山东产出的丝绸经丝绸之路到了西域乃至中亚各国。

  早期从山东半岛经陆路至辽东半岛,再到黑龙江流域的丝绸之路,虽然史书记载不详,但从考古发掘中已能够清晰看出其联系。辽东半岛先后发现了公元前5—前3世纪贝丘文化、积石冢文化和大石棚文化。其中贝丘文化和积石冢文化出土的大量陶器、玉器和石器,与山东龙山文化遗址出土的大量陶器等文物极为相似,遍布辽东半岛的石棚(支石墓)与山东半岛及朝鲜半岛和日本发现的支石墓基本相同。

  由上述考古发现得出结论:"东北地区积石冢文化的分布范围,北至黑龙江五常市,东北至俄罗斯滨海边疆地区,东至朝鲜半岛,南至山东半岛和江浙沿海,西至内蒙古草原。"[1]

  周武王灭商后,商朝贵族箕子(须臾)不愿接受西周统治,率领封地五千余民众从山东半岛辗转至辽东半岛,再到朝鲜半岛,建立起第一个朝鲜政权——古朝鲜国,箕子东渡也是一次由山东半岛向辽东半岛再到朝鲜半岛的大规模移民,箕子集团把商周文化引入朝鲜半岛,农耕、纺织业在辽东半岛和朝鲜得到了进一步推广。

  秦汉以后,尽管多数时间东北地区为少数民族政权所占据,但自山东半岛到东北黑龙江流域的联系始终没有间断。唐代时期,渤海国占据东北,在开元年间,还一度占据了山东半岛的登州。唐玄宗还写信邀请新罗国王共同对付渤海国。此事《新唐书·东夷传》中有如下记载:"玄宗开元中,帝间赐兴光瑞文锦、五色罗、紫绣纹袍、金银精器,兴光亦上异狗马、黄金、美髢诸物。初,渤海靺鞨掠登州,兴光击走之,帝进兴

---

[1]　王禹浪:《东亚视野下与东北史地研究》,社会科学文献出版社,2015年,第176页。

光宁海军大使,使攻靺鞨。"由于唐朝与新罗的夹击,渤海政权未能在登州立足,又退回东北地区。直到清代,大批山东半岛居民迁移至东北。《清实录》中记有山东居民渡过黑龙江到今俄罗斯境内采参的记载,这也表明了山东半岛经东北到俄罗斯境内的丝绸之路一直都在延续着。

北方海上丝绸之路与南方海上丝绸之路的联系,则是由山东沿海商人从汉代起自渤海、黄海沿岸驶向东海、南海沿岸,与来自浙江、交趾、广东的商人通商交往建立起密切联系,通过四大海域经济联系互动,将来自山东半岛的丝绸等商品通过南方海上丝绸之路运往海外,并将海外商品再引进山东。

从历史上看,北方海上丝绸之路与其他丝绸之路是密切联系的。这些丝绸之路的出现也是中华民族在历史上崛起并与海外建立联系的标志性事件。回顾丝绸之路的历史,总结其在发展过程中的经验教训,对于我们今天的"一带一路"倡议的实施也有着深刻的启迪作用。

环渤海南岸商周时期肉食消费情况研究

丁方婕[1]　古笑雷[2]
1. 山东大学历史文化学院　2. 山东省水下考古研究中心

一、前言

我国渤海海域由北部辽东湾、南部莱州湾、西部渤海湾、东部渤海海峡以及中部中央盆地组成[1]，环渤海地区大体上指千山山脉以西、太行山以东、燕山山脉以南和泰山—鲁山—沂山一线以北的广大地区[2]。本文所研究的空间范围为环渤海南岸莱州湾地区，从行政区域上划分包括鲁北及鲁东例如东营市、滨州市、淄博市等沿海城市。该区域属坡度平缓的淤泥质海岸，在历史上海岸线变迁明显，从新石器时代开始便是重要的海盐产区之一[3]。

作为山东地区盐业生产的重要区域，早期的盐业问题探索是围绕着盔形器的分布、时代、功能问题而展开的，后期才开始对盐业遗址的分布、规模、制盐工艺等问题进一步地进行研究[4]。研究者在发掘的过程中发现殷墟时期到西周早期是该地区第一个盐业生产高峰，到了东周时期仍旧存在大量盐业生产遗址，该时期盐业遗址的规模和数量远超过殷墟时期，制盐工具也与之不同[5]，由制盐工具的不同推测两个

---

[1] 霍东峰：《环渤海地区新石器时代考古学文化研究》，吉林大学博士学位论文，2010年。
[2] 张森水：《环渤海地区旧石器时代考古回顾》，《环渤海考古国际学术讨论会论文集》，知识出版社，1996年，第4页。
[3] 王青：《环境考古与盐业考古探索》，科学出版社，2014年，第209页。
[4] 燕生东：《渤海南岸地区商周时期盐业考古发现与研究》，《齐鲁文化研究》第八辑，泰山出版社，2009年。
[5] 燕生东、田永德、赵金等：《渤海南岸地区发现的东周时期盐业遗存》，《中国国家博物馆刊》2011年第9期。

时期代表的是两种不同的人群。

研究者在环渤海南岸长期的发掘工作中收获了一批从晚商到东周时期有动物遗存出土的考古遗址。本文通过这批发掘的动物遗存，探讨从晚商到西周时期肉食资源的消费情况和对于动物资源的利用情况。

二、环渤海南岸商周时期遗址

在晚商的各个遗址中，滨州的卧佛台遗址[1]、高家遗址[2]、后尹遗址[3]和兰家遗址[4]只进行了调查；寿光大荒北央遗址只在简报中提及出土的动物；桓台唐山遗址、桓台前埠遗址、阳信李屋遗址、广饶南河崖遗址、寿光双王城遗址已有详细的动物研究报告发表。而东周的各遗址中，只有广饶十村遗址有动物研究报告发表。下面对已发表动物遗存研究的遗址进行介绍。

（一）桓台唐山遗址[5]

该遗址位于桓台县唐山镇唐山村西部的高岗最高处，遗址面积超过50万平方米。发掘者对该遗址进行了钻探、调查、发掘，发现该遗址是一个经过统一规划的聚落，布局清晰。聚落大体可以分为居住区、窑藏区、汲水区、取土区、垃圾倾倒区和墓葬区[6]。时代为殷墟时期。

该遗址出土动物研究报告已发表[7]。动物遗存共651件，包括了骨器、角器、卜骨、卜甲。其中可鉴定标本606件，代表了至少76个个体。动物种属有黄牛、猪、狗、羊、麋鹿、斑鹿、龟、文蛤、青蛤、杜氏珠蚌、薄壳丽蚌、剑状矛蚌、细纹丽蚌、细瘤丽蚌、鱼形楔蚌等。

---

[1] 叶红、燕生东、赵岭：《山东滨州市滨城区五处古遗址的调查》，《华夏考古》2009年第1期。

[2] 叶红、燕生东、赵岭：《山东滨州市滨城区五处古遗址的调查》，《华夏考古》2009年第1期。

[3] 叶红、燕生东、赵岭：《山东滨州市滨城区五处古遗址的调查》，《华夏考古》2009年第1期。

[4] 叶红、燕生东、赵岭：《山东滨州市滨城区五处古遗址的调查》，《华夏考古》2009年第1期。

[5] 燕生东、魏成敏、党浩等：《桓台西南部龙山、晚商时期的聚落》，《东方考古》第2集，科学出版社，2005年，第168—197、457页。

[6] 燕生东、魏成敏、党浩等：《桓台西南部龙山、晚商时期的聚落》，《东方考古》第2集，科学出版社，2005年，第168—197、457页。

[7] 宋艳波、燕生东、佟佩华等：《桓台唐山、前埠遗址出土的动物遗存》，《东方考古》第5集，科学出版社，2008年，第315—345页。

（二）桓台前埠遗址[1]

该遗址位于桓台县果里镇东部高岗上，包括了大汶口文化、龙山文化、商周和两汉时期的文化堆积。商代聚落揭露了300平方米，清理出了1口水井、32个灰坑和窖穴，分布较为复杂，研究者认为发掘区域内为储藏区，因为出土了大量陶片、石制品以及制作石器的工具、动物遗骸。时代为殷商一期至四期。

该遗址出土动物研究报告已发表[2]。晚商时期动物遗存共641件，包括了骨器、角器、蚌器、卜骨、卜甲。可鉴定标本数为611，代表了至少53个个体。动物种属有猪、牛、羊、狗、麋鹿、斑鹿、獐、兔子、鸟、龟、文蛤、蚬、多瘤丽蚌、剑状矛蚌、细纹丽蚌等。

（三）阳信李屋遗址[3]

该遗址位于山东省滨州市阳信县水落坡乡李屋村东南1公里，地处阳信、沾化、滨州三个地区的交界处，2003年考古人员对它进行了钻探和发掘。商代发现的遗存为聚落，遗址分布在两个台地上，发掘区为北部台地的中部，遗迹丰富，有墓葬、房址、灰坑等，时间从殷墟一期延续到殷墟四期；东周时期则发现了墓葬。

该遗址出土动物研究报告已发表[4]，发掘出动物遗存共5518件，包括骨角蚌贝制品143件。商代晚期5452件，包括骨角制品132件，其中可鉴定标本数为5225件，至少代表211个个体；已鉴定的动物种属包括猪、牛、狗、麋鹿、斑鹿、獐、貉、猫、仓鼠、兔子、竹鼠、其他啮齿类、雉科、鸟、龟、鳖、草鱼、鲤鱼、青鱼、螃蟹、文蛤、青蛤、毛蚶、螺、宝贝、细纹丽蚌等，动物种属的罗列显示出遗址商代动物遗存复杂的构成。东周时期动物遗存66件，均出自墓葬，动物种属包括狗、鹿和猪，至少代表5个个体。

（四）寿光双王城遗址[5]

该遗址为一盐业遗址群，位于山东寿光市羊口镇寇家坞村北、六股路村南、林海公园西南。2003年、2004年、2007年和2008年先后七次对此进行了调查、钻探和试掘，

---

[1] 宋艳波、燕生东、佟佩华等：《桓台唐山、前埠遗址出土的动物遗存》，《东方考古》第5集，科学出版社，2008年，第315—345页。

[2] 宋艳波、燕生东、张振国等：《鲁北地区殷墟时期遗址出土的动物遗存》，《海岱考古》第4辑，科学出版社，2011年，第483—500页。

[3] 燕生东、张振国、佟佩华：《山东阳信县李屋遗址商代遗存发掘简报》，《考古》2010年第3期。

[4] 宋艳波、燕生东：《阳信李屋遗址2003年出土动物遗存分析报告》，《海岱考古》第8辑，科学出版社，2015年，第65—103页。

[5] 燕生东、党浩、王守功等：《山东寿光市双王城盐业遗址2008年的发掘》，《考古》2010年第3期。

对遗址群的规模、分布范围、遗址数量和年代有了清晰的认识。其中商代至西周初期遗址76处,东周时期遗址4处。是环渤海南岸目前所发现的规模最大的商周时期盐业遗址群。

属于晚商到西周早期的动物遗存有110件,可鉴定标本数为100件,至少代表了52个个体,鉴定出的种属有麋鹿、中型鹿、小型鹿、牛、羊、猪、狗、蚌、螺、文蛤和毛蚶等,除此之外还有少量的鸟类遗存[1]。

(五)寿光大荒北央遗址[2]

该遗址位于山东省寿光市卧铺乡郭井子村西南2公里处,南距寿光市34公里,东北距莱州湾16公里,2001年考古工作人员选择在遗址的西南部进行发掘,收获了大量的陶盔形器和重要遗迹。遗址时代为西周前期。

遗址出土了少量动物遗存。贝壳有毛蚶、文蛤、滩栖螺、多瘤丽蚌和无齿蚌等;兽骨有牛和狗,骨骼部位有头骨、牙、肢骨[3]。

(六)广饶南河崖遗址[4]

该遗址位于山东东营市广北农场一分场三队南河崖村周围,2007年调查时发现了盐业遗址的典型器物盔形器散布在地表;2008年考古工作人员进行了发掘,清理出一处制盐作坊、一批煮盐遗迹和大量陶盔形器,通过出土遗物判断遗址年代为西周中期前后。所以该遗址性质为一处制盐遗址。

该遗址动物遗存研究已发表[5],动物遗存共4035件,属于西周时期的有3591件,有软体动物、哺乳动物、节肢动物、鸟和鱼五大类。软体动物是所有动物数量中占比最高的,占83.3%,其中大部分出自商周时期,有3300件,占了总数的98.2%。除此之外还有黄牛、狗、猪、麋鹿。由于这是制盐遗址,所以推测这些哺乳动物遗存是当时人们从居住地带来的食物,由于地理环境因素先民也会捕获软体动物进行食物的补充。

---

[1] 宋艳波:《鲁北地区晚商到西周时期盐业遗址肉食消费分析》,《东方考古》第12集,科学出版社,2015年,第201—208页。

[2] 王青、李瑞成、郑滨海:《山东寿光市大荒北央西周遗址的发掘》,《考古》2005年第12期。

[3] 宋艳波、王青、马天成:《山东广饶南河崖遗址2008年出土动物遗存分析》,《东方考古》第7集,科学出版社,2010年,第387—399页。

[4] 王青、荣子禄、王良智等:《山东东营市南河崖西周煮盐遗址》,《考古》2010年第3期。

[5] 宋艳波、王青、马天成:《山东广饶南河崖遗址2008年出土动物遗存分析》,《东方考古》第7集,科学出版社,2010年,第387—399页。

（七）广饶十村遗址[1]

该遗址位于山东省东营市广饶县广饶街道十村南，处于鲁北平原北部，莱州湾西岸。2014年对它进行了抢救性发掘。该遗址发掘出的东周时期遗迹为灰坑58个、水井3眼、瓮棺葬1座。由于发现的遗迹多数为灰坑和少量水井以及瓮棺葬，并未发现例如房址的遗迹，所以推测发掘的区域可能为聚落的边缘地区。

该遗址出土的动物鉴定报告已发表[2]，动物遗存出自灰坑、水井以及东周时期的地层，发掘获得了680件动物骨骼遗存，共代表46个不同的个体。鉴定出的种属有蚌、帆蚌、丽蚌、无齿蚌、蚬、文蛤、牛、羊、中型鹿、猪、狗和马等。

三、分析和讨论

（一）肉食消费情况的讨论

1. 生活聚落类型遗址的肉食消费情况

研究者已经对经过发掘的各遗址进行过性质的判定：桓台唐山遗址和桓台前埠遗址是"农耕村落"[3]；阳信李屋遗址是"盐工在夏、秋、冬三季及亲属人员全年的居住地"[4]；寿光双王城是制盐场所[5]；寿光大荒北央遗址是"生产海盐的聚落"[6]；广饶南河崖遗址也为制盐场所[7]；广饶十村遗址在简报中并未直接说明遗址性质，只是推测这是"聚落的边缘地区"[8]。根据以上总结，笔者将晚商到西周时期各遗址的性质概括为制盐的工作场所和先民的生活聚落两种类型（表一）。

---

[1] 王站琴、李胜利、郝导华等：《广饶县十村遗址发掘报告》，《海岱考古》第9辑，科学出版社，2016年，第49—136、512—526页。

[2] 宋艳波、郝导华：《广饶县十村遗址动物遗存鉴定报告》，《海岱考古》第9辑，科学出版社，2016年，第137—144页。

[3] 燕生东、魏成敏、党浩等：《桓台西南部龙山、晚商时期的聚落》，《东方考古》第2集，科学出版社，2005年，第168—197、457页。

[4] 燕生东、张振国、佟佩华：《山东阳信县李屋遗址商代遗存发掘简报》，《考古》2010年第3期。

[5] 燕生东、党浩、王守功等：《山东寿光市双王城盐业遗址2008年的发掘》，《考古》2010年第3期。

[6] 王青、李瑞成、郑滨海：《山东寿光市大荒北央西周遗址的发掘》，《考古》2005年第12期。

[7] 王青、荣子禄、王良智：《山东东营市南河崖西周煮盐遗址》，《考古》2010年第3期。

[8] 王站琴、李胜利、郝导华等：《广饶县十村遗址发掘报告》，《海岱考古》第9辑，科学出版社，2016年，第49—136、512—526页。

表一　遗址性质总结表

制盐工作场所	生活聚落
寿光双王城遗址	桓台唐山遗址
寿光大荒北央遗址	桓台前埠遗址
广饶南河崖遗址	阳信李屋遗址
	广饶十村遗址

有关盐业遗址的肉食消费情况已有学者做过研究[1],所以本文注重对生活聚落性质遗址肉食消费情况的讨论。在已有的研究中,李屋遗址被视作"与盐业有关遗址"[2]。笔者认为该遗址在商代时期有墓葬有房址,东周时期有墓葬,更偏生活化,所以本文将其定位为先民的生活聚落。

表二　晚商时期到东周时期先民生活聚落出土动物总结表

时期	遗址	家养动物	野生动物
殷商1期后段	桓台唐山遗址	猪、牛、狗、羊	麋鹿、斑鹿、龟、文蛤、青蛤、杜氏珠蚌、薄壳丽蚌、剑状矛蚌、细纹丽蚌、细瘤丽蚌、鱼形楔蚌
殷商1期—4期	桓台前埠遗址	猪、牛、狗、羊	麋鹿、斑鹿、獐、兔子、鸟、龟、文蛤、蚬、多瘤丽蚌、剑状矛蚌、细纹丽蚌
殷墟1期—4期	阳信李屋遗址	猪、牛、狗	麋鹿、斑鹿、獐、貉、猫、仓鼠、兔子、竹鼠、啮齿类、雉科、鸟、龟、鳖、鱼类、螃蟹、文蛤、青蛤、毛蚶、螺、宝贝、细纹丽蚌
东周	广饶十村遗址	猪、牛、狗、羊、马	中型鹿、蚌、帆蚌、丽蚌、无齿蚌、蚬、文蛤

从晚商到东周,根据先民生活聚落出土动物的总结(表二),发现动物的主要构成为哺乳动物和软体动物。唐山遗址的哺乳动物占动物数量的93%,前埠遗址的哺乳动物占动物数量的90%,李屋遗址的哺乳动物占动物数量的98.8%,十村遗址的哺乳动物占动物数量的91%。可见从晚商时期到东周时期,先民的肉食来源主要是来自哺乳动物。

从哺乳动物的肉食量来看,唐山遗址野生动物提供的肉食量为3%;前埠遗址野

---

[1] 宋艳波:《鲁北地区晚商到西周时期盐业遗址肉食消费分析》,《东方考古》第12集,科学出版社,2015年,第201—208页。

[2] 宋艳波:《鲁北地区晚商到西周时期盐业遗址肉食消费分析》,《东方考古》第12集,科学出版社,2015年,第201—208页。

生动物提供的肉食量为8%;十村遗址野生动物提供的肉食量为2%。而李屋遗址"家养动物的肉量占据主要地位,但野生动物肉量也占了非常重要的地位。如果将野生的其他种属如鱼类、软体动物、爬行动物和鸟都统计进来,野生动物的肉量比重将会更高"[1]。与其他遗址相比李屋遗址较特殊的原因笔者认为是由于该遗址地处盐碱地,土壤不适合耕种粮食,也不适合人长期居住[2]。人类的生活受制于自然环境,所以李屋遗址的先民需要根据实际情况进行生存模式的调整。晚商先民处在农耕社会中,由于土壤原因无法产生较发达的农业,家养动物也无法提供充足的肉量,所以先民会额外捕猎野生动物进行资源的补充。虽然李屋遗址野生动物提供的肉食量和其他三个遗址相比较高,但从总体来看,从晚商到东周先民的肉食消费主要来源仍是家养动物。

家养动物的种属构成也较稳定,以猪、牛、狗、羊为主。在东周时期的遗址中,家养动物的种类增加了马,发现的骨骼部位是马的下颌骨、肩胛骨、髋骨、距骨、胫骨近端、蹄骨和肋骨残块[3]。除下颌骨外,发现的各部位都能提供一定的肉量。《周礼·天官·庖人》中记载:"庖人掌共六畜、六兽、六禽,辨其名物。"[4]六畜为马、牛、羊、猪、狗、鸡,说明东周时期遗址中家养动物的发现符合文献的记载。

在家养动物中,猪和牛是先民主要的食物来源。唐山遗址中猪提供肉量为57%,牛为39%;前埠遗址中猪提供肉量为69%,牛为21%;李屋遗址中猪提供肉量为37.73%,牛为36.92%;十村遗址中猪提供肉量为56%,牛为29%。对于肉量的贡献猪始终高于牛(图一)。

从猪的死亡年龄来看,唐山遗址小于半岁的猪为13%;前埠遗址小于半岁的猪为4%;李屋遗址小于半岁的猪为19%;到了东周时期十村遗址已经不存在死亡年龄小于半岁的猪。说明从晚商到东周,猪的存活率在提高,证明先民对猪的饲养水平从晚商到东周在提高。

综上,从晚商到东周时期先民的肉食来源以哺乳动物中的家养动物为主,唯独李屋遗址较特殊,野生动物和家养动物的比例不相上下,原因可能和该遗址的土壤不适合耕种有关。在家养动物中,猪对肉量的贡献较大,原因或许是先民对猪的饲养水平

---

[1] 宋艳波、燕生东:《阳信李屋遗址2003年出土动物遗存分析报告》,《海岱考古》第8辑,科学出版社,2015年,第65—103页。

[2] 燕生东、张振国、佟佩华:《山东阳信县李屋遗址商代遗存发掘简报》,《考古》2010年第3期。

[3] 宋艳波、郝导华:《广饶县十村遗址动物遗存鉴定报告》,《海岱考古》第9辑,科学出版社,2016年,第137—144页。

[4] 杨天宇:《周礼译注》,上海古籍出版社,2004年,第55页。

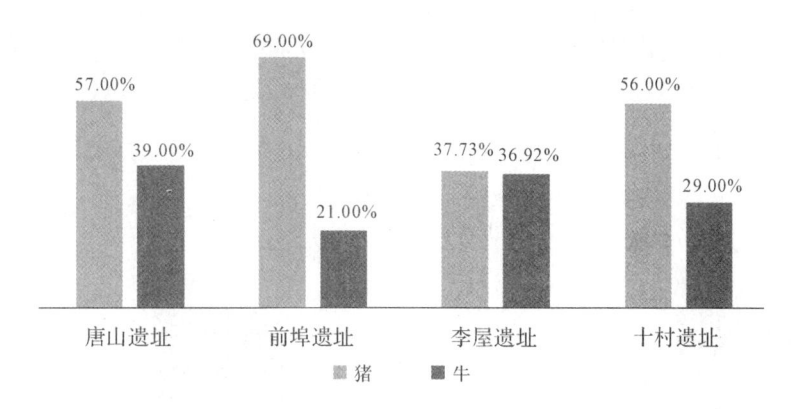

图一 生活聚落遗址猪和牛肉量提供率比例示意图

从晚商到东周一直在提高。

2. 与盐业相关遗址肉食消费情况的比较

在盐业相关遗址中,双王城遗址的动物群由哺乳动物和软体动物构成[1];南河崖遗址的动物群由哺乳动物、软体动物、节肢动物、鸟和鱼五大类构成[2]。

经过对软体动物的数量比例统计,双王城遗址的软体动物数量比例为53%;南河崖遗址的软体动物数量比例为91.9%。唐山遗址的软体动物数量比例为6%;前埠遗址的软体动物数量比例为9%;李屋遗址的软体动物数量比例为17%;十村遗址的软体动物数量比例为9%。将两种类型的遗址进行比较后,发现盐业遗址中软体动物所占比例更高(图二)。

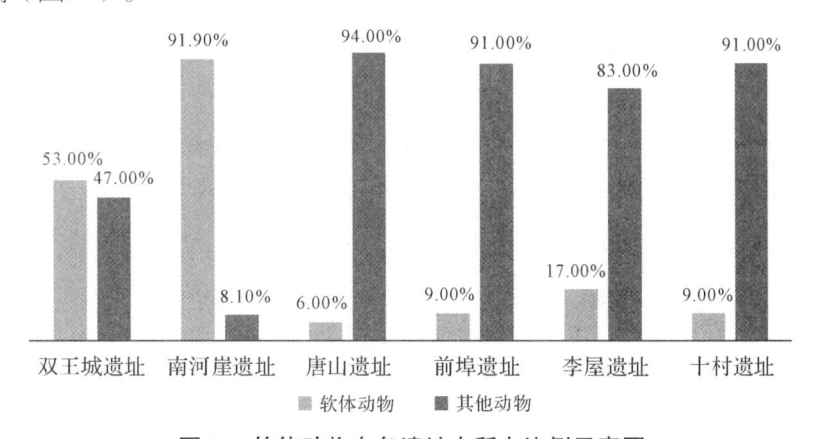

图二 软体动物在各遗址中所占比例示意图

---

[1] 宋艳波、燕生东、张振国等:《鲁北地区殷墟时期遗址出土的动物遗存》,《海岱考古》第4辑,科学出版社,2011年,第483—500页。

[2] 宋艳波、王青、马天成:《山东广饶南河崖遗址2008年出土动物遗存分析》,《东方考古》第7集,科学出版社,2010年,第387—399页。

哺乳动物依旧是肉食量提供的主要来源，且以家养动物为主。双王城遗址猪的肉量提供为44%，牛为46%（图三）；南河崖遗址猪的肉量提供为23%，牛为57%（图四）[1]。牛的比例更高。这与生活性质遗址中猪占肉食资源优势地位的现象不同。

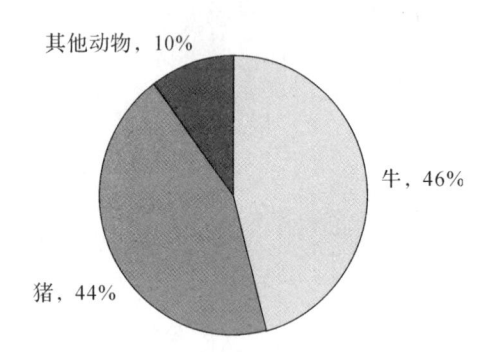

图三　双王城遗址肉食量比例示意图 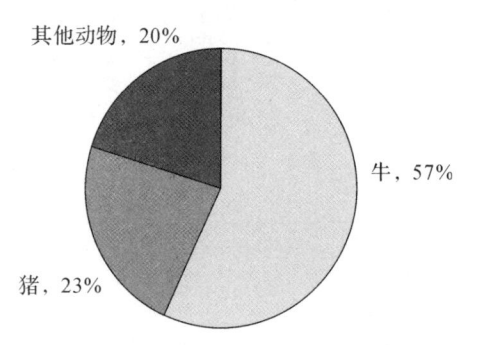　　　图四　双王城遗址肉食量比例示意图

（二）东周时期齐国对于软体动物利用的猜测

到了东周时期，环渤海南岸所发现的盐业遗址所在区域已属于齐国管辖范围之内，出土器物带有齐文化因素[2]。通过对东周遗址的总结，发现遗址中存在对软体动物不同形式利用的情况。例如寿光双王城遗址群成堆的海蛤和螺壳；潍坊滨海开发区峰台遗址群的F36、F37可能是墓葬，在那里发现成片成堆的贝壳碎片；潍坊海滨开发区固堤场遗址群发现有呈层的文蛤和青蛤堆积；潍坊滨海开发区峰台遗址群F7、F14也有青蛤、蚌蛤发现，F14对碎小蚌蛤的利用认为和过滤卤水有关[3]。

笔者也总结了一些有关齐国墓葬随葬的情况，例如郎家庄东周一号殉人墓中，墓主为齐国卿大夫一级的贵族，在他的主室顶部的填土中铺有10厘米厚的蛤蜊壳[4]；临淄东夏庄墓地的四号墓中有蚌饰、蚌璧、蛤蜊壳，陪葬人头部成对放置蛤蜊壳，五号墓的陪葬坑棺里也有海贝8件[5]；临淄单家庄墓地一号墓的陪葬坑中也有

---

[1] 宋艳波：《鲁北地区晚商到西周时期盐业遗址肉食消费分析》，《东方考古》第12集，科学出版社，2015年，第201—208页。

[2] 燕生东、田永德、赵金等：《渤海南岸地区发现的东周时期盐业遗存》，《中国国家博物馆馆刊》2011年第9期。

[3] 燕生东、田永德、赵金等：《渤海南岸地区发现的东周时期盐业遗存》，《中国国家博物馆馆刊》2011年第9期。

[4] 山东省博物馆：《临淄郎家庄一号东周殉人墓》，《考古学报》1977年第1期。

[5] 山东省文物考古研究所：《临淄齐墓》，文物出版社，2007年，第84页。

放置蛤蜊壳、钉螺壳,二号墓的殉狗脖子上带的是用海贝串成的项圈[1];临淄尧王战国墓中也有发现蚌壳和海贝,墓主是齐国大夫一级的贵族[2]。

这些情况反映对于软体动物的利用或许是齐国文化因素的一部分。在春秋末年和战国时期,渤海南岸已经属于齐国的北部海疆范围[3],内陆地区海洋软体动物资源的获取源头可能是这些已经受到管控的沿海区域。这只是笔者的推测,对于这个问题的讨论可以在将来对出土软体动物进行锶同位素的检测之后作进一步的研究。

三、总结

通过以上分析,发现环渤海南岸从晚商到东周时期人们的肉食资源消费来源一直以家养动物为主,捕获野生动物作为一定的补充。和先民生活的农耕村落相比,在盐业相关遗址中发现的软体动物数量更多,但是从肉量的贡献程度来看,依旧是以哺乳动物中的家养动物为主。说明家畜饲养的能力已经稳定到能够支撑人们的生存,尤其是猪的饲养能力到了东周时期得到了进一步的提升。通过对两种类型遗址先民肉食资源消费的对比,发现生活聚落性质的遗址中猪对于肉量的贡献高于牛;在盐业生产性质的遗址中,牛对于肉量的贡献则高于猪。

在对遗址情况的列举中总结出东周时期齐国管辖范围内环渤海南岸的遗址中存在对软体动物的不同利用情况,既有可能在墓中进行随葬,也有制盐步骤中的利用。结合笔者已经总结的明确表明墓主是齐国人的墓葬软体动物随葬情况,猜测对于软体动物的利用或许是齐文化的传统,具体情况还有待进一步的研究。

晚商已经出现了等级较高的聚落和等级较低的聚落进行互动的情况,例如本文提及的李屋遗址和兰家遗址[4]。在这种社会大环境下居民制盐可能不是一种单纯的生活行为而是一种社会行为。到了东周时期渤海南岸的盐业遗址呈现出的则是一种确切的"国家机构统一组织、控制和管理"的社会行为[5]。而本文所探讨的居民

---

[1] 山东省文物考古研究所:《临淄齐墓》,文物出版社,2007年,第140—163页。
[2] 王会田、贾健:《山东淄博市临淄区尧王战国墓的发掘》,《考古》2017年第4期。
[3] 燕生东、田永德、赵金等:《渤海南岸地区发现的东周时期盐业遗存》,《中国国家博物馆馆刊》2011年第9期。
[4] 燕生东、张振国、佟佩华:《山东阳信县李屋遗址商代遗存发掘简报》,《考古》2010年第3期。
[5] 燕生东、田永德、赵金等:《渤海南岸地区发现的东周时期盐业遗存》,《中国国家博物馆馆刊》2011年第9期。

生活性遗址更多的是呈现平民阶层最普通的生活状态，对我们了解历史发展进程中人民群众这一最普遍的阶级会有一些帮助。但是由于材料不足，本文只能通过现有发现对这个问题进行简单的阐述，期待日后会有更丰富的材料对这个问题进行思考。

潍坊地区海洋历史文化遗产资源调查

李宝垒[1] 王伟波[2] 崔永胜[3] 王德明[4]
1. 乐道院潍县集中营博物馆　　2. 昌邑市博物馆
3. 寒亭区文化遗产保护工作中心　　4. 寿光市博物馆

习近平主席强调:"21世纪,人类进入了大规模开发利用海洋的时期。海洋在国家经济发展格局和对外开放中的作用更加重要,在维护国家主权、安全、发展利益中的地位更加突出,在国家生态文明建设中的角色更加显著,在国际政治、经济、军事、科技竞争中的战略地位也明显上升。"为深入贯彻落实国家"建设海洋强国"、山东省"加快建设海洋强省""经略海洋"的重大决策部署,加强潍坊地区海洋文化研究,丰富海洋文化内涵,为新一轮社会经济发展提供文化和精神动力,我们对海洋历史文化遗产资源进行了全面普查。

一、背景和意义

潍坊地处山东半岛东北部,襟山带海,海岸线长约140公里,独特的区位与资源优势,使之成为中国海盐业的发源地、汉唐以来陆上和海上丝绸之路的重要节点,南北朝时期佛教传播的东方中心,明清时期山东的商贸重地。争先、开放、包容、务实的海洋文化,已经深深地渗透到潍坊人的基因里。尤其是1840年以来,随着烟台、青岛相继开埠,胶济铁路通车,潍县开埠,潍坊面向海洋的发展模式更加明显,先后出现了华丰机器厂、大华染厂等知名的近代民族工商企业。20世纪80年代以来,乘着改革开放的东风,潍柴动力、歌尔声学等知名企业越发壮大。这一切,都是潍坊人民面向海洋,"闯"出来、"创"出来的。由"闯"到"创",正是潍坊海洋文化的核心内涵。

当前,海洋文化研究已成为与国家利益密切相关的战略任务和重要的学术前沿。

加强对潍坊与丝绸之路、潍坊涉外商贸、潍坊与中外文化交流、潍坊海洋产业等方面的研究以及相关资源调查和数据库建设，普及海洋文化知识，是我市落实国家"建设海洋强国"，山东省"建设海洋强省""经略海洋"的重大决策部署的基础工作，意义重大。

二、资源概况

潍坊海洋文化遗产资源，主要分布在沿海的昌邑、寿光、寒亭、滨海四个县市区，青州、临朐、昌乐、诸城、高密、安丘、坊子、潍城、奎文、峡山等历史上通过海洋对外进行文化、商贸交流的县市区也有海洋文化遗存。可分为物质文化遗产、非物质文化遗产、涉外人物，以及与海洋文化有关的文物保护和展馆建设项目等。现分别介绍如下。

（一）物质文化遗产

包括不可移动文物和馆藏文物两大类。

1. 不可移动文物

主要包括与古代盐业有关的遗址、城址，与中外交流相关的近现代史迹及代表性建筑，涉外人物墓葬，与盐业、涉外、海洋民俗相关的野外石刻等。

（1）与古代盐业有关的遗址、城址

寿光双王城盐业遗址群位于寿光市双王城生态经济区双王城水库周围，南界至寇家坞村西南，北至六股路村南，东至新沙公路，西至新塌河东岸。2013年5月，国务院以国发〔2013〕13号文件公布为第七批国家重点文物保护单位。双王城一带属于古巨淀湖（清水泊）东北边缘，古代曾称盐城、霜雪城。水库周围，地表平坦，地势低洼，海拔仅3—4米。该遗址群发现于2003年夏，后经过多次较大规模的田野考古调查、钻探和试掘工作，基本摸清了双王城盐业遗址群的分布范围、遗址数量及时代。该遗址群面积达30平方公里。已发现古遗址89处，其中，龙山文化时期遗址3处（属于龙山中期偏晚），商代至西周初期76处，东周时期4处，金元时期遗址6处。双王城是目前沿海地区所发现的规模最大的盐业遗址群。2008年4月始，对该遗址进行了抢救性发掘，为探索鲁北沿海商、西周和金、元时期制盐业的生产方式、规模、海岸线的变迁以及当时的社会经济、政治等问题提供了重要资料。同时，为中国盐业史的研究提供了新的资料和依据。2009年4月，此次发掘被评为2008年度全国十大考古发现。从整体上讲,双王城盐业遗址群保存较好。五六十年代为排碱排涝所挖的水沟对文物曾经造成了破坏。近年来的棉田化改造也对文物本体造成了影响。此外,近年来的双王城水库、双王城经济开发园区以及寿光大西环路的建设也对遗址造成一定程度的破坏。

大荒北央盐业遗址群位于寿光市双王城生态经济园区郭井子村西南2.5公里,新塌河西北部、辛沙公路西南岸。2013年12月27日,山东省政府以鲁文发〔2013〕346号公布为第四批省级文物保护单位。该遗址群于1980年进行第二次全国文物普查时发现。2001年,山东大学东方考古研究中心等单位进行过试掘。2007年春、冬,北京大学考古文博学院与寿光市博物馆两次对该遗址区进行了系统性调查,在面积约3平方公里的范围内,共发现盐业遗址33处,其中西周早期27处,东周时期遗址6处。遗址集中文化堆积距地表深约0.30米。西周早期遗址多盔形器残片,东周时期遗址多见大口圜底罐残片。此外还偶见豆、罐等其他生活用器残片。遗址群除个别遗址被盐田或排水沟破坏外,整体保存较为完好。该遗址的发现,对于研究西周早期及东周时期鲁北地区盐业历史具有重要意义。该遗址群南距双王城盐业遗址群约5公里。从时代上看,其开始的时代与双王城盐业遗址的结束时间相衔接,可以看作是一个前后发展的整体。

王家庄子盐业遗址群位于寿光市羊口镇王家庄子周围。2013年12月27日,山东省政府以鲁文发〔2013〕346号公布为第四批省级文物保护单位。遗址于2009年6月寿光市进行第三次全国文物普查时被发现,在王家庄子村周围面积约6平公里的范围内,已经发现了72处西周及东周时期的盐业遗存,这是目前环渤海地区发现的最大的东周时期盐业遗址群。除王家庄子西南部部分遗址上发现有西周时期盔形器残片外,其他遗址多分布着东周时期的大口圜底罐残片,偶见零星的豆等残片。遗址群除个别遗址被盐田或排水沟破坏外,整体保存较为完好。该遗址的发现,对于研究西周早期及东周时期鲁北地区盐业历史具有重要意义。同时王家庄子盐业遗址群的发现也提出了很多深层次的问题。

单家庄子盐业遗址群位于寿光市羊口镇单家庄子村西。在东西800米、南北约400米范围内,发现断断续续分布着东周时期制盐遗址5处,单个遗址面积约5000平方米,文化堆积距地表约0.30米。遗址上遗物多为陶制瓮,外饰绳纹,内饰方格纹。其他还有汉代瓦当等残片。该遗址系本次文物普查新发现,为研究中国东周时期乃至汉代初期盐业历史提供了新资料,是继双王城盐业遗址群商周制盐遗址后盐业考古的又一重大发现。

官台盐业遗址群(包含机械林场盐业遗址)。

西桃园盐业遗址位于寿光市西桃园村西南部，属于国保单位南河涯盐业遗址群的一部分，位于塌河东岸。

菜央子盐业遗址位于寿光市羊口镇菜央子村北1000米，东周盐业遗存。

火道—廒里村盐业遗址群位于昌邑市下营镇火道村东南至廒里村西北农田及滩涂上。发现有东周、宋元时期遗址170处。东周时期遗存分为两类：一类为多功能遗址，数量少，面积大，文化层堆积厚，遗迹多样，生活用陶器和制盐用具比较丰富；另一类为单一功能的生产遗址，这类遗址面积小，文化层堆积薄，遗迹多，陶器残片绝大多数为制盐用盔形器，生活用器皿很少。代表性遗址有：1号遗址，位于火道村东南约1.63千米。东西长约260米，南北宽约200米，面积约5.2万平方米。该遗址地势较周围高出1—2米，文化堆集层厚1米左右，发现的遗迹有灰坑、井、池等。地表和断面散布有大量陶器残片，采集有东周时期盔形器、鬲、豆、盂、盆、甑、罐等。遗址时代属战国晚期，保存一般。14号遗址，位于火道村东南约2.2千米。东西长约100米，南北宽约100米，面积约1万平方米。在距地表1—2米处发现有南北排列的8座卤井，井口直径在2—5米，井内出土有鬲等陶器。遗址时代属战国时期，保存一般。105号遗址，位于廒里村西南约0.95千米。东西长约50米，南北宽约60米，面积约3000平方米。遗址断崖发现1座盐灶，长约4米。地表及断面散布大量陶器残片，采集有东周时期盔形器等。火道—廒里村盐业遗址群保存遗址众多，分布面积广，内涵丰富，历史跨度大，保存较好，能够完整地反映商周至明清时期中国海盐发展历程。

东利渔村盐业遗址群位于昌邑市龙池镇东利渔村东北滩涂上。已发现西周、东周、宋元时期遗址41处。西周时期遗存仅采集到少量的盔形器残片。东周时期遗存分为两类：一类为多功能遗址，数量少，面积大，文化层堆积厚，遗迹多样，生活用陶器和制盐用具比较丰富；另一类为单一功能的生产遗址，这类遗址数量多，面积小，文化层堆积薄，陶器残片绝大多数为制盐用盔形器，生活用器皿很少。代表性遗址有：2号遗址，位于东利渔村东北现代盐田边。东西长约120米，南北宽约100米，面积约1.2万平方米。地表散布大量陶器残片和贝壳，采集有西周时期盔形器，东周时期盔形器、豆、盂、盆、甑、罐等。保存较好。4号遗址，位于东利渔村东北现代盐田边。东西长约20米，南北宽约300米，面积约6000平方米。地表散布大量陶器残片和贝壳，采集有西周时期盔形器，东周时期盔形器、鬲、豆、盆、甑、罐等。保存较好。40号遗址，位于东利渔村东北。东西长约70米，南北宽约50米，面积约3500平方米。地表发现有两个灶。遗址上散布少量陶、瓷器残片等。东利渔村盐业遗址群保存遗址较多，分布面积广，内涵丰富，历史跨度大，保存较好，能够完整地反映商周至明清时期中国海盐发展历程。

丰台盐业遗址群位于滨海区，2013年5月，国务院公布为第七批全国重点文物保护单位，这是在全国第三次文物普查期间，由潍坊市文物普查队发现的大规模盐业遗址群，这些遗址群集中分布于东西长16公里、南北宽3公里的范围内，包括龙山文化遗址1个、商代至西周早期遗址14个、东周遗址86个、金元遗址8个。其中东周时期盐业遗址分布规模最大、数量最多，在国内尚属首次发现。

鄑邑故城遗址位于昌邑市龙池镇东利渔村东南约2000米处。2013年，山东省人民政府公布为第四批山东省文物保护单位。鄑邑原属纪国，纪国为商代古国，由出土遗物分析，鄑邑早在商代末期已经存在。《春秋》庄公元年（前693年）有"齐师迁纪鄑"的记载。齐灭纪后，鄑邑归齐，属齐之都昌邑。据《昌邑县志》记载，战国时，齐威王赐鄑地为孙膑采地，唐代建有孙膑庙。鄑邑故城遗址南北宽200余米，东西长300余米，总面积约6万平方米。古城遗址比周围地面高出1米多，被东利渔村村民拓为耕地。遗址上分布着大量陶片，近年来曾先后发现瓦当、铜剑、刀币等文物。遗址北端还发现古井、古墓遗迹。鄑邑故城遗址发现了大量的煮盐用陶器——盔形器残片。2012年的勘探和发掘，发现大型建筑遗迹1座，陶窑22座，以及灰坑、沟、井等遗迹。验收专家一致认为"该遗址发掘的汉代窑址应是相当大规模的汉代官府手工业遗址"。2018年的勘探，首次探明了鄑邑故城的城墙、城门以及城内设施，发现区域东侧尚有大片窑址存在，初步推测与汉代在都昌设置的国家盐业官署有关。通过几次勘探与发掘证明，鄑邑故城遗址历史跨度大，遗迹丰富，保存完好，是目前国内发现的唯一一座因管理盐业而设置的周代古城，也是汉代在都昌所设盐官官署所在地，对于中国海盐史研究具有不可替代的价值。

（2）与中外交流相关的近现代史迹及代表性建筑

下营海关衙署及下营古港位于山东省潍坊市昌邑市下营镇西下营村。海关衙署坐北朝南，有正厅5间，东西长14.4米，南北宽5.35米。为青砖墙体，圆山斜檐，山上开窗，窗上出檐，檐为砖雕。此房为晚清至民国时期昌邑海关办公场所。民居原为青瓦现改红瓦，墙体下部砌上水泥，换门窗。该衙署南500米（堤外）为下营古港老码头（部分改河道成为虾池）。下营海关衙署及下营古港是晚清至民国时期昌邑海关办公及船舶航运的重要场所，它的完整保存对研究昌邑晚清至民国时期的政治、经济等具有重要作用。

坊子德日建筑群集中分布在坊子老城区7.6平方公里范围之内，核心范围1.4平方公里，现保存166处、188栋建筑，总建筑面积37356平方米。2013年，国务院公布为第七批全国重点文物保护单位。德建建筑现保存有103处，总建筑面积20348平方米，主要分布于坊子新方矿业集团、解放军89医院、潍坊市社会福利院、坊子火车站等区域。日建建筑（含日占时期用于其殖民统治功能的中建建筑）现保存63处，总建筑面积11433平方米，主要分布于坊子新方矿业集团、解放军89医院、坊子火车站、原坊子发电厂、坊子老城区等区域内。1898年3月，清政府派李鸿章与德国驻华公使海靖签订《胶澳租界条约》以后，德国依据这一不平等条约开始强占坊子，从而霸占坊子达17年之久。从1901年9月开凿坊子第一口煤井，至1914年9月德日开战，德军战败投降，日本以战胜国身份强行接管了德国在坊子的一切权益，到1945年日军投降，德日帝国主义共霸占坊子长达48年。坊子的德日建筑分布广、数量多、功能齐全，集中反映了帝国主义在中国的军事占领、经济掠夺、文化渗透、民族压迫等种种罪行。坊子是近代山东城市中因为煤矿的开采和铁路的开通而形成的城镇，它有别于山东其他的开埠城市，该区域德日建筑群建筑风格统一、规模集中，体现了近代工矿城镇的特征。这些建筑不仅是近代工矿业发展的实物见证，也是对广大青少年进行爱国主义、革命传统教育的生动教材。它的形成是帝国主义列强侵略的产物，但作为建筑本身，凝聚着建筑者的智慧和心血，展示了精美独特的艺术风格，体现了中西、中日文化的交融。

胶济铁路沿线设施位于坊子区，始建于1898年，1902年青岛—坊子支线建成通车，是胶济铁路当中最早通车的线路之一。胶济铁路坊子支线东起点为虞河大桥东30米处，西至与荣潍高速交汇处，全长6公里，横跨凤翔河、虞河两条河流，途经东附路、北海路等3条街道，沿线共有2个站点，沿途共有文物建筑及设施78处，其中站台3处、排水沟2处、水井4处、德建铁路桥3处、排水涵洞3处、扳道房3处、混凝土底座36处、道岔24处，铁路最宽处有12道道轨，最窄处为1道道轨。坊子支线现在仍在使用中，主体保存基本完整，部分道轨已废弃，主要运营线路保存完好。坊子支线经历了德占时期、日占时期、解放战争时期等重要历史节点，至今仍在生产使用，为研究山东近现代工业发展提供了重要的实物材料。

廿里堡火车站建筑群位于潍坊鑫叶复烤厂西邻20米，面积为1220平方米，占地面积4800余平方米。属胶济铁路连接济南、青岛两大城市的诸多站段之一，是横贯山东的运输大动脉。与邯济线一起构成晋煤外运的南线通道，是青岛、烟台等港口的重要疏港通道，全线属济南铁路局管辖。胶济铁路是德国人在青岛与山东省会济南之间修建的一条贯通山东腹地的铁路，1898年3月6日德国就强迫清政府签订了《胶澳租借条约》，不仅租借胶州湾99年，而且取得了在山东修筑胶济等铁路及开采沿线矿产等特权。勘测设计于1899年6月全面开始，至1902年6月1日筑到了将近全线一半里程的潍县廿里堡，1904年6月1日铺轨到达济南，全长394.06公里。胶济铁路是山东大地上第一条铁路，建成已有100多年历史。修建这条铁路的民工时常遭受修筑和经营此路的德国侵略者的残酷镇压和剥削,每提到这条铁路,人们就会想起"巨野教案",然而不管发不发生"巨野教案",德国人都会占领胶州湾,都要修筑这条殖民铁路。因为,在"教案"发生前许多年,德国人便已经谋划好了,德国人在实现占领胶州湾的图谋后,胶济铁路建造工程便在青岛开工。关于他们为什么对修筑胶济铁路之事抓得这么紧,其中的奥妙是"盖我铁路所至之处,即我占地之所及之处"。这就是所谓的"筑路圈地"战略。1914年第一次世界大战爆发后,日本先后攻占青岛、济南等地,并乘机取代德国霸占胶济铁路,同年冬,日本将胶济铁路改名为山东铁道,由日本临时铁道联队管理。1945年8月15日,日本无条件投降,日本占领下的铁路脱离日军军部,恢复原有组织。11月2日,南京国民政府交通部平津区济南分区派员接收。26日,正式接收青岛地区铁路。1948年4月,潍县解放,胶济铁路最终回到人民的手中。7月1日,胶济线坊子至青岛区间修复,胶济线才全线通车。胶济铁路的开通,给潍县提供了极为便捷的交通条件,可东抵青岛与海运衔接,西至济南与津浦联络。其便利的交通运输网络极大地推动了沿线城镇商业经济的繁荣。如潍县,甘里堡(除潍城外)、坊子、南流、蛤蟆屯、大圩河,"皆以接近铁路,顿成商业中心",使潍县商贸业呈现出较快的发展势头。

潍县乐道院暨西方侨民集中营旧址位于当时潍县东关门东南三里处虞河南岸,今潍坊市广文中学及潍坊市人民医院院内。乐道院建筑群建筑风格独特,设计巧妙,为欧式建筑,现存文美楼(1栋)、文华楼(1栋)、医院专家1号楼(1栋)、医院专家2号楼(1栋)、医院"十字楼"(1栋)、集中营关押房(2栋),建筑面积3621平方米,占地总面积约2万平方米。"乐道院"始建于1883年,是潍坊近现代医疗、教育的前身。太平洋战争爆发后,日本占此羁押美国、英国、加拿大等21国在华侨民2000多人,其中不乏世界知名人士,如美国原任驻华大使恒安石、华北神学院院长赫士博士、1924年奥运会400米冠军英国人埃里克·利迪尔等,一度成为中国规模最大、关押人数最多的同盟国侨民集中营,蕴含着重大历史、文化价值。2013年,山东省人民政府将其公布为山东省第四批文物保护单位;2018年,我局将其列入第八批全国重点文物保护单位申报名单,并已通过省文物局审核。修缮保护方面,2014、2015年,文物主管部门先后两次申请省文物保护专项经费170万元,计划对潍县乐道院文美楼进行修缮保护,但由于种种原因,未能实施。市外事办于2015、2016年先后两次投资近320万元对十字楼及集中营关押房进行修缮和布展,并打造成"潍县乐道院党性教育基地"。研究宣传方面,潍坊晚报曾通过专版对乐道院进行介绍,我局协调编著的"潍水文化研究"系列丛书中《潍坊中西方文化交流》等也专章论述,马道远著有长篇小说《乐道院集中营》。

大英烟公司旧址位于潍坊市奎文区廿里堡街道，1532文化产业园内。第三次全国文物普查时新发现，被山东省文物局评为山东省第三次全国文物普查"百大新发现"之一。2013年10月被山东省人民政府公布为第四批省级文物保护单位（鲁政字〔2013〕204号）。20世纪初，英美烟公司在潍县成功试种适合于制造卷烟的烟叶。1917年3月英美烟公司为实现其在华经营获取高额利润的目的，通过买办在潍县胶济铁路廿里堡火车站东侧购地建设第一烟叶复烤厂，8月份竣工，当年投产。1949年又在第一厂南购地建设第二复烤厂。两厂总称大英烟公司山东廿里堡烤烟厂。该厂为当时我国建厂最早、规模最大的烤烟厂，开创了烟叶在我国进行深加工（即烟叶复烤）的新纪元。从此，廿里堡扬名中外，成为山东烟叶收购、加工的中心。该厂现存建筑7座，其中别墅2座、烟叶复烤车间1座、华人账房1座、烟库2座，均建于1917年，位于北厂厂区，2017年整修9号仓库地面时发现地道，北厂环线贯通后又与南厂相连，西至廿里堡火车站，东南跨文化南路至育华学校，初步测量地道总长度近6公里。该建筑群为典型欧式工业建筑，比较完整地保留了20世纪早期西方列强在华烟草加工工业建筑体系，对研究中国近代工业和地方发展具有重要价值。工业遗产作为世界遗产领域的重要组成部分，对其研究和保护是非常必要的。

岞山火车站旧址位于潍坊市峡山生态经济发展区岞山站村，2015年，山东省人民政府公布为第五批山东省文物保护单位。建于1901年。离济南站253公里，离青岛站140公里，隶属青岛铁路分局管辖，为客运、货运四等站，是原昌邑市工业物资运输的重要渠道。因岞山站的悠久历史和重要地理位置，昌邑人习惯称岞山街道（原昌邑市岞山镇）为"岞山站"。山东铁路（现称胶济铁路），是德国殖民者根据《中德胶澳租借条约》中的有关规定所建造。这条连接青岛与山东省会济南的铁路于1899年9月23日开工，采取建成一段通车一段的方法，至1904年6月1日，全线通车。铁路全长384公里，全线设有55个车站，总共投资5290万马克，主要用于购买德国生产的机车和相关材料。1927年夏，昌邑县共产党员王兴选以岞山火车站"车务司事"为掩护，在当时的岞山站建立中共昌邑县第一个党支部。解放战争年代，这里曾经是战略物资储备地。现仍存有德国建水塔、铁轨、票房、仓储房等标志性建筑物，对研究近代战争历史具有重要价值。现存主要部分有德国造水塔、铁路票房、岞山站大厅、仓储库房。德国造水塔具有特征明显的德式建筑风格，外呈方柱形，做工细致，纹理搭配错落有致，为砖砌结构，宽约5米，高约8米。现塔身仍存有战争年代子弹射击的痕迹。由于年久失修，塔顶已陷落。铁路票房为平房，砖砌结构，现房体结构较稳定，保存完整，房梁为水泥预制小密梁，由于多年弃用门窗已不存在。岞山站大厅为平房，砖砌结构，现房体结构较稳定，保存完整，房梁为水泥预制小密梁，由于多年弃用门窗已不存在。仓储库房为平房一层砖砌结构，屋顶后期进行过修复，全部换装新式瓦片。

益都火车站德日建筑群位于青州市益都街道办事处火车站街路北侧，青州货运站站台正北。建于德国强占山东期间，1898年6月开始筹建，1902年建成使用。当时为三等车站：建有三股车道，站长办公室8间，客运室8间，行李房5间。1938年1月，日本人控制了胶济铁路，增建圆形水塔一座。1948年，益都全境解放，站内增设一股铁路，并增加了八条专运线，候车室扩建为24间，新建4座仓库。1989年1月改称青州市站，并进行了改造和扩建。因战火以及火车站扩建，该建筑群仅存东部一座德式建筑以及西部水塔一座。德式建筑：砖石结构，高两层，南北长18米，东西长10.5米。水塔：圆形，高约20米，直径约3米。目前，德式建筑尚有一部分处于使用状态，大部分建筑及水塔已废弃不用。2012年12月31日，潍坊市人民政府以"益都火车站德日建筑群"的名义将其公布为"潍坊市第三批市级文物保护单位"。益都火车站德日建筑群建筑特色明显，在这处建筑群的背后，饱含着一段中华民族辛酸、沉重的历史，可以说它是帝国主义弱肉强食留下的齿痕，是半封建半殖民地旧中国落后挨打的历史见证。

杨家庄铁路桥位于青州市黄楼街道办事处马家庄村东，又名胶济铁路弥河大桥，为早期胶济线的主要桥梁。修建于1899年，1902年竣工。该桥东西跨于弥河之上，西距杨家庄村1000米，方向105°。全长296米，铁路桥宽7米，高10.2米。初建时为9孔下承钢桁桥，1932年改为下承钣梁桥。1947年遭战争破坏，次年抢修时因无钢梁更换，将两端各堵一孔。梁体总重777.6吨，设计载重等级中间七孔为E−50级，两端两孔为中−22级。1980年在杨家庄铁路桥北部不远处又新建一条胶济铁路线，杨家庄铁路桥随之废止不用，但一直受到当地群众的保护，基本保持了原貌。2011年10月8日，青州市人民政府以"杨家庄铁路桥"的名义将其公布为"青州市第三批重点文物保护单位"。

青州基督教建筑群是清末浸礼会在青州活动的主要场所，位于青州市王府街道办事处偶园街南段路西，原有基督教堂、广德书院、广德医院、培真书院、医学堂等建筑，是各自独立又相互联系的建筑群。光绪元年（1875年），外国传教士李提摩太与中国牧师郑家祺（字雨仁）由烟台来青州传教。光绪二年（1876年）大灾荒，英浸礼会又派传教士仲钧安来青州，同时拨白银万两赈灾，凡放赈之地皆发展教徒，建立教会场所。基督教府城堂会，由浸礼会传教士仲均安、怀恩光于1877年创办，在当时的民主街中段路西购置部分土地，建部分平房，分南北两院，南院为学校，北院为教堂，占地10亩，平房41间，成为青州基督教最早的活动场所。1909年，由浸礼会投资，英籍传教士卜道成、聂德华等偕英籍工程师庞铿，在原址正式扩建新礼拜堂——拜主圣堂。大教堂由英籍工程师庞铿设计，薛庄王锡岳执事督工，齐陵李广德施工建造，1911年5月全部设施竣工并投入使用。建成后的基督教堂占地面积2600平方米，建筑面积1400多平方米，除大教堂外，周围还有许多附属建筑，形成了一组宏伟的建筑群，包括大教堂、小礼拜堂、博物堂、牧师寝舍及办公用房等。大门为欧式尖拱大门坐西面东，门两侧有欧艺铁护栏，护栏两旁为青砖灰瓦西式门窗的沿街东屋数间。大门内青砖甬道直达月台，月台台基高1.3米，月台之上即为主体建筑大礼拜堂。大教堂，教堂面阔5间，进深9间，面积614平方米，中央无门，尖顶大坎山两边各有一六角型3层柱式钟楼，曰"恩光楼"，楼高12米，上为小瓦亭面六角飞檐，每层皆有拱式修长小窗，楼的底层正面各开一尖拱式大门直通教堂内。教堂内正面西首有一突出的圣坛，上有祭台，台前有直径2米的圆形地下净池。大教堂前月台下南北各有平房11间，北为办公场所，南为博物堂。博物堂，1887年英浸礼会传教士怀恩光所建。博物堂建筑面积不大，建筑形式别具一格，全部用青砖小瓦，5间展厅东西贯通，正门坐西朝东，设在东山墙，山尖两旁有尖顶小塔两座，正上方嵌一竖匾，阳刻"博物堂"3个大字。大门两侧墙上各嵌两块青石立式石板，上刻楹联一副，上联为"飞潜动植群生悉上帝慈悲实验"，下联为"电磁声光诸学皆下民富强本源"。房屋门窗上额拱形发券，山墙为西洋式坎山，融中西建筑风格为一体。博物堂内藏品丰富，大至虎狼狐鹰，小至蝴蝶昆虫，实物标本应有尽有；还有从欧洲带来的显微镜、地动仪、天文图、福音画片等，免费参观，全日开放。每天有众多的民众来参观，一饱眼福。1904年，怀恩光又在济南南关征地40亩，由英国人自行设计，筹建了一座更大规模的展馆，落成后，取名"广智院"，将青州博物堂大部分设备及展品调往济南，充实广智院，此后博物堂便徒有虚名。解放前夕，博物堂把全天开放改为每周定期或不定期开放。在半个多世纪里，博物堂一度成为传教和宣传西方科技文明的场所。培真书院，1881年由怀恩光创办。最初租用民房办圣道学堂，1887年增设师范学堂。1893年在东华门街路北新建校舍，取名葛奇罗宾逊神学院，后改称葛罗培真书院，时称北书院。书院由3个院落组成，其房屋为半中式建筑。校舍分为两馆：上馆称正馆，为神科；下馆称备馆，为师范科，并附设圣经学校。还设有博物堂一座，陈列实物标本及各种模型，向群众开放。1904年，定名为青州共合神道学堂，后与济南共和医道学堂及潍县广文学堂合并成立山东基督教共合大学。广德医院，1885年，浸礼会传教士武成献在衡王府旧址西皇城街组建"青州大英帝国浸礼会施医院"。1892年，武成献与巴德顺用从国外募捐的款项在青州城里衡王府遗址内购地盖616平方米砖木结构办公楼18间，并建砖木结构的门诊、药房、病房、青州医学堂平房计105间，共计1575平方米。扩建成"青州基督教广德医院",即益都中心医院前身。广德书院,1884年,英籍传教士库寿龄夫妇在城里东华门街路南购地新建校舍,时称南书院,开设中学班,学生全部寄宿学校,定名为广德书院。1897年增设大学班,1904年,广德书院大学班(理科)与登州文会馆(文科)合并,作为山东基督教共合大学的文、理科,取名广文学堂,迁往潍县。所留中小学改称崇实中学和崇实小学。校址即是潍坊工程职业学院。青州基督教医学堂,1885年初,武成献偕夫人,在西皇城街以教会施医所为基础组建了大英帝国浸礼会施医院,并同时开办医学堂,进行医学教育,实施医学传教计划。医院分设男子医院和女子医院,这是青州府的第一家医院和山东的第一家医学堂,医学堂是山东省益都卫生学校的前身。

基督教堂建筑群,现存建筑有偶园街基督教堂、广德医院旧址古楼及培真书院古楼两座。广德医院位于今益都中心医院院内,现存砖、石、木结构二层楼,单檐歇山顶,面积约250平方米,今为益都中心医院院部办公室。培真书院位于王府街道办事处潍坊教育学院操场内,现仅存古建筑两座。其中,北侧古楼为办公场所,仍处于正常使用当中,南侧古楼现已停止使用。1966年夏天,"文革"开始后,破四旧教堂首当其冲。红卫兵将两座恩光楼拆毁。因大教堂当时做印刷厂仓库,内存部队的部分军需物资,教堂才免遭洗劫,幸存下来,但外面的西式建筑被拆毁。1978年,党的十一届三中全会后,国家对"文革"期间的错误进行拨乱反正,宗教信仰自由政策得到充分落实,基督教恢复正常宗教活动。"青州市基督教三自爱国运动委员会"办公地点设在教堂内,教堂已成为广大基督教民的活动中心。1984年,教会房产得到充分落实。1987年,省宗教局拨5万元,对城里基督教堂院内其他房屋进行全面整修,并绿化院落。1997年4月,青州基督教会投资11万元,对城里拜主圣堂进行修复。2008年,教会筹集资金60万元,对城里拜主圣堂建筑群修复保护,重建恩光楼,使拜主圣堂恢复原貌。1990年8月9日,青州市人民政府以"基督教堂建筑群"的名义将其公布为"青州市第一批重点文物保护单位"。2012年12月31日,潍坊市人民政府以"偶园街基督教堂"的名义将其公布为"潍坊市第三批市级文物保护单位"。2013年10月10日,山东省人民政府以"青州基督教建筑"的名义将其公布为"山东省第四批省级文物保护单位"。

偶园街天主教堂位于青州市城区王府街道办事处偶园街南段路西,教堂初建于光绪元年(1875年),规模较小,为中国神甫、山东掖县琅琊庄人王保禄始建。光绪二十六年(1900年),由法国梅神甫接管后第一次购地扩建。1931年,益都天主教堂正式由烟台教区划出,直归罗马教区管辖,设立青州教区,统管益都、临朐、昌乐、寿光、临淄、高苑、博山、博兴、广饶等10县的教务,由法国神甫卫国栋任青州教区的第一任主教。卫国栋任监教后到国外募捐，于1933年在原址上重建规模更大的天主教堂，教堂与周围附属建筑物构成一规模宏大的建筑群，占地面积45.6亩，建筑面积966平方米，由教堂院、神甫院、修女院组成。教堂院，主教堂外形为哥特式风格，大门坐西面东，门楼为西洋尖拱式，大门两边的八字墙上有一对联："万国五洲同属一元开正教，普天率土别无二主当钦崇。"大教堂坐西面东，按照耶路撒冷教堂建筑形式、哥特式建筑风格建设，有奥地利庞修士设计，施工由济南共和兴公司建设，气势雄伟，规模宏大，东西长40米，南北宽14米，主堂高12米，教堂东山坡由细石层层缩建，正面坎山有尖拱式大门3个，门上有层层砖雕雕花，山尖及两旁有3个小型尖塔。教堂后端耸立着两座33米高的7层尖顶钟楼，老百姓称之为钻天锥，为当时青州最高建筑。教堂大门两侧屋角处各有一木质转角形楼梯，可盘旋登上二楼。二楼为中空型，只有3米多宽的木地板环教堂一周，外置木栏杆。后端正中的圆型建筑，形成一面向西方的凸形圣坛当作祭台，为教友弥撒的朝向。两座7层楼高的钟楼同样是木质楼梯盘旋而上，登至极顶，有一大一小两个铜钟悬挂于顶部，大者高约1米，小者半米多，撞钟时可同时发出清脆悦耳的丁当声。塔顶有铜十字架避雷针，直通塔底，仅避雷针即重800余斤。室外墙体建筑2米以下全用白色规正石为基，上部青砖到顶。第一层窗为拱形，第二层窗为圆型，皆用白石镶边，从国外进口的五彩玻璃绚丽夺目，上为红瓦盖顶。神甫院，教堂以北为神甫院，内有二层北楼22间，计330平方米。前檐出厦，10根砖柱之间拱形相连，底层为办公用，二楼为神甫宿舍，下有地下室，楼梯同为盘旋式。另有沿街东屋及西屋50余间。神甫楼前有2株大黄杨树及2株特大青桐树，均伐于20世纪50年代末。修女院，教堂以南为修女院，百姓称作老姑院，另辟东门，有便门与教堂院相通，该院占地面积12亩，有楼房1座，计16间，平瓦房44间。1948年前，教会在此院办孤儿院，收容社会孤儿。1948年后，政府接管，院内孤儿都被妥善安置，少数孤儿在50年代随同修女、大姑并入坊子孤儿院。1966年夏，"文革"开始，红卫兵以破四旧为名将教堂的两座钟楼炸毁，余之建筑烟厂占用改做仓库。十余年后，烟厂扩建西宿舍楼，将教堂连同神甫楼等建筑全部拆毁，原教堂庞大的建筑群仅存修女院内一座带地下室的二层楼。1978年，党的十一届三中全会后，落实宗教政策，天主教爱国会得以恢复，办公地点暂设在修女院内。1981年教会收回修女院，圣堂改建为7间礼拜堂，并于1981年5月30日正式开放。

兴华路教堂位于诸城市兴华路与府前街交叉路口东100米路南，密州街道建国村西侧，烟草公司院内，为砖木混合结构的两层欧式建筑，东西30米，南北14米，占地面积约为420平方米。该教堂为天主教堂，是德国神父福莱纳德麦施于清光绪三十四（1908年）年所建。保存一般。教堂北邻兴华路，东侧为一卷烟超市，西邻原供销社,具有一定的保存研究价值。是近现代重要的史迹及代表性建筑。

高密市修道院位于高密市第一中学校园内,建筑两层,为哥特式建筑形式,坐北朝南,该建筑平面呈一字形式对称布局,为砖石钢木混合结构,灰墙体,红瓦面,双坡屋顶,上层面较缓,下坡面较陡,内带阁楼,屋顶面东西两侧各开有4个天窗,屋山两侧顶面各开有一个天窗。屋正面正中突出设有3个拱形门洞,西侧连续设有5个拱形门洞,东侧连续设有4个拱形门洞,贯通形成一直廊。中央凸起一墙成山字形尖顶,起边角突出,富有装饰性。内室光线阴暗,充满着宗教的神秘感。楼上楼下共计有大小房间18间,建筑主体长55.6米,宽7.9米,面积约439平方米。该建筑始建于民国1932年,保存较为完整。南侧建有供传教士居住的平房,共计5间,该建筑是德国侵略者占据胶东半岛遗留下的历史物证。

西黄埠天主教堂位于昌邑市围子街道西黄埠村内。砖木结构。院落南北长54米,东西宽21.4米。现存大堂1座,南北长29.4米,东西宽6米,高12米。大堂北侧平房8间,东西长21.4米,南北宽7.2米。西侧有平房3间,东西长3米,南北宽4.4米。南侧有大门1座,大门两侧有南屋7间。大堂仿照益都大教堂建设,建成于1919年,具有典型的法国风格。其附属建筑则以中式为主,部分门窗采用西式风格。近年数次修缮,保存较好。西黄埠天主教堂是山东省境内留存至今为数不多的建于清代至民国时期的天主教堂之一,对于研究天主教在山东的传播与发展,具有重要价值。

北石庙教堂位于临朐县东城街道北石庙村南。1862年(清同治元年)建北堂4间,1905年(光绪31年)扩建。1908年由法籍董神父重建,出厦北堂6间,东堂5间,南楼两层,钟楼一座。"文革"时北堂去厦下落1米,东堂、钟楼拆除。1912年法籍魏神父主持修建了教堂前院。1991年重修,现有房舍21间,聚会大厅1处,钟楼一座,总占地面积1600平方米。2012年潍坊市人民政府将其公布为市级重点文物保护单位。

陈干故居位于昌邑市龙池镇东白塔村内。砖木结构。现为山东省文物保护单位。为中国同盟会会员、旧民主主义革命家、陆军中将陈干故居。原为多进院落组成的建筑群。现存北屋带大门6间,东西长18米,南北宽5米。保存较好。陈干先生及其家人曾长期在此居住生活,陈干师友如康有为、商震等也曾前来居住。该故居是一处建筑精良的典型昌北民居。

(3)涉外人物墓葬

陈干墓位于昌邑市龙池镇东白塔村东500米。墓园东西宽13米,南北长48米,占地624平方米。甬道长35米,两边栽植杨树及松柏。墓冢用方石垒砌。1927年7月,陈干被李宗仁杀害,后归葬故里。20世纪60年代墓葬毁坏,1986年由国家拨专款重建。同年,陈干夫人山西省文史馆馆员、太原市政协常委杨紫霞去世,合葬墓中。

保存完好。墓园中有陈干撰"白塔桥记"碑及陈干外祖父李富贵墓碑,均为近年新址重立。陈干将军是中国同盟会的早期会员、民主革命的先驱。早年追随孙中山先生,积极投身于反帝反封建的资产阶级民主革命,南征北战,殊勋卓著。1922年,陈干将军任鲁案第一部委员,参与接受青岛事宜,1923年奉命调查威案,在鲁案谈判与威案处理的过程中,他坚持收回利权的立场,不卑不亢,据理力争,维护了中华民族的尊严和利益,体现了崇高的民族气节和爱国主义精神。1926年,陈干将军率军参加北伐,为阻止北洋军阀的进攻、保护辛亥革命的成果作出了贡献。陈干故居、墓园是陈干将军的重要遗物,对于陈干及中国近代史的研究具有重要价值。

黄福家族墓位于昌邑市都昌街道黄家辛戈村西北。南北长88.6米,东西宽30米,面积约2700平方米。现存明少保兼户部尚书黄福墓及黄福祖父黄聚墓、祖母李氏墓、黄福父黄士中墓、黄福母王氏墓、黄福兄黄佑墓、黄福孙黄征墓,共7座。明正统五年(1440年),黄福卒于南京,皇帝遣行人王宴奉诏办理丧葬事宜,其墓葬按正一品文臣规格营建,砖石结构,封土底径约11.4米,高约10米。整个墓地石刻众多,部分近年修复。保存较好。黄福(1363—1440年),字如锡,黄家辛戈村人。历仕至少保兼户部尚书,卒赠太保,谥号"忠宣"。一生辅佐明六代皇帝,为官清廉,政绩卓著。《明史》有传。同时,黄福也是明初中越关系史上的关键人物。永乐至宣德年间,黄福掌管交趾布政、按察使十八年,殚精竭虑,恪尽职守,将中国儒家传统文化传播到安南(今越南),促进了中国内地与安南的经济文化交流,为明代中国和安南人民之间的友谊作出了贡献。黄福在当时的交趾,以至今天的越南仍然有着极高的声望,在中越政治文化交流史上光辉永存。

(4)涉外、海洋民俗相关的野外石刻

元"创修公廨之记"碑位于寿光市官台村,元朝时期盐运司衙署碑,表明官台村早在元朝时期就是盐业衙门,即官台场的所在地。该石碑距今近700年,碑文共计1000余文字,为研究寿光制盐历史提供了实物佐证。

昌邑天妃宫碑位于昌邑市下营镇西下营村中。青石质,方首。碑身长1.9米,宽0.77米,厚0.24米。碑阳额饰双龙戏珠纹饰,边饰回纹,中题"灵惠普济"4个大字,上款题"光绪三十年九月古旦,领袖:知昌邑县事、翰林胡师孝,海关委员、侯补县姚瓒元",下款为董事邵凤等题名。碑阴周饰回纹,有碑文,尾署"癸卯科举人唐学三沐手拜撰并书"。

2. 馆藏文物

主要包括与海洋物产、盐业、涉外人物、中外交流相关的馆藏品。

（1）商周时期陶盉形器,存于潍坊市博物馆。

（2）西汉鹿形嵌贝铜镇,存于寒亭区文物保管所。

（3）北齐线刻,存于青州市博物馆。

（4）隋唐时期沉船,存于昌邑市博物馆。

（5）元代铜锚,存于寒亭区文物保管所。

（6）明邢玠画像,存于青州市博物馆。

（7）清李璋煜书法作品、"石洛侯跋"与朝鲜书信等,存于诸城市博物馆。

（8）清天鉴欧工碑,存于寒亭区文物保管所。

（9）中华民国时期潍县教会学校老照片,存于潍坊市博物馆。

（二）非物质文化遗产

包括与海洋祭祀、庙会、饮食、语言禁忌等有关的非遗项目。

1. 羊口开海节

羊口开海节属于广场群众文化活动。每年正月十六这一天,家家户户蒸好馒馍神馔,备好三牲五果,提鱼灯、捧高香、带鞭炮、身穿节日盛装,扶老携幼来至靖海门畔小清河边,烧香敬酒,跪拜磕首,鸣放鞭炮,祷告祈福。祈求渔家出海平安、鱼虾满仓、一帆风顺、四季发财。这天的羊口码头,香烟缭绕,鼓乐震天,龙腾狮跃,旱船秧歌,高香燃烧,人头攒动,一派虔诚。由德高望重的主祭人宣读祭海文:羊口重镇,古称塘头。水连四海,路通八方,先民居此,耕海牧渔,诸神庇护,人才兴旺。感天官赐福,海神佑顺,天妃赐灯,宝灯高悬,指引航程。盛会期间,群贤毕至,合邑欢腾。百里清河,旌旗招展,征鼓阵阵,云开日出,千船待发,鼓角长鸣,开启平安之舵,渔船由此驶向大海,开始新一年的收获!悠久的历史,世代的传承,经过一代代人的不断提炼加工,使这一文化盛典独具特色,对于研究沿海地区的渔文化有着不可代替的作用。羊口开海节主要有天妃宫娘娘庙、祭台、供桌、供品、三牲五畜、高香、纸马、神袍、锣鼓、鞭炮等喜庆用品。节目表演形式有闹海、高跷、旱船、地秧歌;放生盒、民间乐器唢呐、大喇叭、威风锣鼓、华盖、祭坛、宝鼎、龙袍。古镇羊口,历史悠久,地理优越,西接济南七十二名泉之水,东与渤海相连,形成了独特的淡水咸水分界的渤海莱洲湾,地利形胜,出产独具特色的三疣梭子蟹、小清河银鱼、大亲虾、大鲈鱼为水中极品。优越的地利,丰富的水产,使羊口开埠较早。唐代,唐王李世民御驾东征高丽,先锋官张亮率军驻扎于此,始称唐渡营。至明代,扫平倭寇,董氏建功册封百户侯封于此地。各地渔民汇聚于此,出海挂董家灯,海上平安二百载。清兵入关,海上大乱,海匪猖獗,土城被淹。

至清道光年间,再辟地南迁,建房造屋,商贾云集,樯帆林立,妓户二百,戏院三处,成为北方重要的渔码头。商贾的聚焦、各地文化的交融,衍生出了独具特色的羊口渔文化。每年的正月十六,系羊口人的重要祭海日。在清代,南方的妈祖文化也传播到了潍坊沿海。传说羊口渔家多行烟波事业,海上风浪无常,每至河门,便见长天之上有红灯照耀,渔家每每化险为夷,平安归航。传说那是天妃娘娘在天上持灯导航。每年正月十六,又是她老人家的生日。渔民们便约定俗成,每年的这一日,家家备好三牲五畜,提鱼灯,带龙炮,为她老人家换衣衫,敬高香,大戏连唱三天,祷告祈福,祈盼渔家出海平安,这日的羊口码头,祈福旗飘,龙腾狮跃,锣鼓齐鸣,长号悠远,汽笛长鸣,一派欢乐。此活动经过历代人的传承发展,形成了独具特色的羊口渔文化。

2. 下营民俗祭海神

在很久很久以前,下营沿海的居民们就以下海出船捕鱼为生,远离大陆的海上生活充满了危险,于是人们开始向海神祈祷,希望海神保佑出海的渔民能平安归来,希望能有丰富的收获。农历正月十四日至十六日是海神节,是沿海一带渔民们最盼望的日子。每逢正月十四迎海神,十五祭海,十六送海神的风俗仍继续。人们只能面对渤海,点燃香烛,向北朝拜。正月十四日迎海神。清朝末年,在东、西下营两村之间建了两座庙宇,北边是海神庙,南边是娘娘宫(也称天妃宫),这两项雕梁画栋之建筑,南北对峙相望,堪称滨海两大奇观。迎海神那天,从早上四点多钟开始,人们便向海神庙集中,六点钟左右,从海神庙至娘娘宫,大街小巷,人流涌动,人山人海,热闹非凡。北部村庄的渔民以家族或船帮(合伙捕鱼的对船)为单位,凑份子买上三牲祭品,香烛纸锞,用食盒抬着来到庙上,把供品献上,净手上香,跪伏地上,向海神爷、龙王爷、肖圣爷三拜九叩,祈求保佑平安,年年发财。海神庙在西营村正北,东边靠通往村里的南北大道,西边靠潍河大堤,大门朝北,门楣正中写"海神庙"三个大字,黑漆大门,镶着黄铜门环把手,门上贴着对联,上联:"三江六河主。"下联:"五湖四海神。"踏进庙门,院中迎面四棵古槐,杆粗叶茂。两边厢房前各有两统碑,其中两碑上各写着"心丹海碧""恩波汪洋"。院两边各设一个大火池,燃着成堆的香纸,烟雾腾腾。正厅五间前出刹,四根明柱上各盘着一条青龙,张牙舞爪,活龙活现。其中一条龙爪抓着一个妇人头,鲜血淋漓,使人毛骨悚然。屋顶上有二龙戏珠,东西厢房各三间。正厅台阶下摆着香案,供着三牲果品。案前设大香炉一鼎,香烟缭绕。守庙道士潘牧尧殷勤接待各位香客。庙堂内信奉者拥挤不堪,都跪伏地上叩头不止。迎面中间海神爷、海龙王巍然端坐,下首两侍女垂首而立。左边南海观世音菩萨,笑盈盈端坐于莲花宝座上。右边肖圣爷,两侧各有持刀枪的武士护卫。院子里和庙外多是晚来朝拜的外县人士，他们挤不进庙堂，只能在庙外祈祷或许愿，还有的围坐在古槐树下念佛诵经。庙外各村的锣鼓、鞭炮响成一片，烟雾弥漫，纸屑飞扬。为打开场子表演节目，有人高擎着挂着大鞭的竹竿，左拖右晃，高跷队边跑边向外开场子。场子打好，各村的秧歌、高跷、狮宝、旱船、歌舞等按报名顺序先后登场表演，赢得阵阵喝彩声。场子四周，各种卖小吃、玩杂耍的小商贩，吆喝着招揽生意。正月十五，祭拜海神爷。渔港上台面宽阔，容纳一二万人不成问题。人们赶早吃饭，收拾一下行装（特别有节目的），赶紧乘车去渔港。车辆有汽车、轿车、三轮车、电动车、自行车。男女老幼穿戴新颖，都争先来选个好看场。各村的锣鼓队、高跷队、秧歌队、歌舞队都起早来占好场子。跑驴的、跑旱船的、舞龙狮的、打腰鼓的都整理行头，准备登场。西营村渔船自动捐资扎制的"大汽船"用几辆车载着到港上，船模跟真船一模一样，桅上挂着五星红旗，前后亮着彩色电灯，船舷、圆舵、黑锚、货舱、垛楼比例、规格都很讲究。有的标着"顺风888""平安777"，还有的标着"平安福""顺风财"，都选个吉利字眼。唯一不同的是，这些船上都载着金银大宝，还有大红、粉红两色莲花宝。大汽船上连着彩带，船头贴着对联"红日映千帆，鱼香飘万里""渔影随浪涌，海货与山齐"。下营边防派出所和镇派出所的警察也都来到港上维持秩序。随着几通鼓响过之后，祭海仪式开始了。场上锣鼓、鞭炮齐鸣，各色礼花空中绽放。各村的节目纷纷登场，高跷队里有各种扮相，如"唐增师徒""八仙过海"，还有扮"梁祝"的。秧歌队有彩扇队、彩绸队；歌舞队里有健身舞、现代舞。她们蹦跳、扭腰动作麻溜一致，不亚于青年妇女们。当活动进入高潮时，西营等村扎制的大船开始发送，秧歌队、高跷队围成大圆，把几艘船团团围住，在锣鼓、鞭炮声中，几束火把分别把大船点燃，顿时火光冲天，船只带着渔民们美好的心愿升上蓝天。祭海活动从早上进行到下午两点，围观的人们才依依不舍地离去。正月十六日是送海神的日子。这天下午四五点钟，各村独立进行，一村几处不等，选好地点。带上三牲供品、香烛纸仪、鞭炮礼花，面向北海朝拜。西营村集中在村北和村西大堤上，东营村集中在村北"下小路口"，裴、吕村集中在村北和大干渠上，李刘等各村大多集中在村北或路口处。先供上三牲祭品，点燃香烛纸仪，礼花鞭炮齐鸣，还有的敲响锣鼓，妇女们跪伏在地，一边祈祷，一边叩头。祭奠完毕，各村演练的节目再表演一番，不外乎秧歌、歌舞、高跷等。邻近村还相互邀请，互送好节目到村里，让全村人都欣赏。活动持续到十点多才结束。

3. 民间舞蹈《闹海》

《闹海》是自唐代流传于寿光市境内的一种较为古老的民间舞蹈形式。寿光，位于山东省东北部，渤海莱州湾南畔，小清河下游入海口处，历代人靠海生存。伴随着人们生活、生产的实践和精神生活的需求,人们为了祈求出海者的平安、顺利、丰收,便创作出了《闹海》这一艺术表现形式,大都在正月十六渔民出海前进行演出。后经历代人的加工、锤炼,更加完美,以南胡村的表演尤为出众。该村老艺人胡延田(1892—1984年)13岁开始学习表演《闹海》,他不仅继承了传统的表演技艺,在多年的艺术实践中,还吸收了戏曲中的武功技巧。1946年冬,由南胡村姜云辉导演,在本村和附近村庄表演。1949年以后,由姜云光、刘桂阳等老艺人负责重新编排,在每年的春节、元宵节期间表演。1986年由文化馆舞蹈教师帮助重新加工编排,参加了第二届潍坊国际风筝会。《闹海》属群舞、广场舞。根据海水动物中鱼、龟、虾、蟹、蚌、蛙、螺等形象,扎制成鲜明生动的道具,装扮在表演者头部或上身部进行有序的表演。其表演队形有:瓣子花、里梅花、梅花斗、正反推磨、四门八斗、四门斗、里八卦斗、鳗鱼盘座、双龙摆位、八卦斗、卷菜心。其中角色分"海仙""众仙""舞云者""丑婆",表演人数不等,有"四四式""六六式""八八式"(即每种角色由四人、六人、八人扮演),少则几十人,多则百余人。扮演者男女相间,表演形式以跑场为主线。鱼仙跑"鱼翔步",虾仙跑"虾跳步",蛙仙跑"蛙蹦步",螺仙跑"螺旋步""蹲旋步",蟹仙跑"蟹行步""横爬步",蚌仙跑"蚌行步""蚌拜门",龟仙跑"龟行步",众仙跑"花梆步""大八字步半蹲""踏步半蹲"。舞云者双手各持云牌,不论跑圆场还是横移,都要始终保持云牌正面向前;丑婆以半疯、半憨、半丑、半媚的行色,手持破芭蕉扇,动作随意,踏着锣鼓点诙谐风趣地自由即兴表演。整个《闹海》的表演手法夸张、浪漫,既粗犷又细腻,闹中有序,序中有活,活中不乱,乱中有规,千姿百态,栩栩如生。舞蹈音乐欢快动人,大堂鼓、大拨、大锣、大镲、小锣等打击乐,自始至终以欢庆的气韵,伴着唢呐、笙、竹笛的吹奏乐,时升时降、时紧时松、时强时弱,有声有色的节奏振动着人,激发着人,调动着人们的情绪,给人以美好的憧憬。

4. 寿光卤水制盐技艺

寿光卤水制盐是以地下卤水为原料,利用滩涂,结合日光和风力曝晒、蒸发,制取饱和卤水,进而结晶制取原盐的传统手工技艺。它主要分布在莱州湾南岸寿光一带,以寿光北部的官台、羊口等为核心区,这一地区地下卤水浓度高同时形成了成卤快、制盐周期短、产量高、质量好、成本低等独特的制盐技艺。寿光北部沿海地区是中国古代著名的盐业生产基地,考古资料证明,这里用地下卤水制盐历史悠久,起源于新石器时代,发展于商周时期,至今已有四千多年的历史。据《尚书·禹供》载,这一带"海滨广潟,厥田斥卤……厥贡盐絺";商周时期用陶盔形器汲卤煮盐;东周时期(前771—前221年),齐国在此首创中国的食盐官营制度;汉代,寿光置县,置盐官;

元明时期,煎盐改为熬盐,设官台盐城;清初,开始滩田晒盐至今。煮海为盐开辟了制盐先河,是人类由渔猎时代走向农耕文明的重要里程碑,促进了人类社会的进步和发展。寿光卤水制盐自先秦时期汲地下卤水到现在的抽取地下卤水晒盐,取卤—蒸发—结晶成盐,其打井、修滩、取卤、制卤、结晶等技艺工序,都是靠人长期以来的实践经验和感观把握进行,口口相授、代代相传。从事盐业生产的人们特别注重对天气变化的精准观察,并在实践中总结积累了许多天气谚语,便于分析掌握天气形势,组织原盐生产。寿光地区独具特色的地下卤水制盐技艺由此形成。盐为生命之需、百味之主,也是纯碱、烧碱的基础原料,又称化工之母,盐及其衍生产品遍布工业、农业、国防、医药、冶金等各个领域,在国民经济中占据着非常重要的地位。可以说,盐的制作技艺不仅是一项特殊的生产活动,还属于重要的经济、政治和文化活动。当前,随着社会的发展,科技的进步,卤水制盐技艺越来越被人们淡忘,老盐工逐渐减少,再加上制盐劳动环境恶劣,条件艰苦,年轻人多不愿意从事此业,卤水制盐技艺后继乏人。保护卤水制盐技艺,并使之得到传承、发展,不至失传,是历史赋予我们的责任。

　　潍坊的海洋文化研究处于刚刚起步阶段,存在着海洋文化概念不够清晰,资源家底还没有完全摸清,海洋文化资源研究不深入,保护利用体系不完善等方面的问题。下一步我们将通过建立组织架构、形成研究合力,以项目为引领,研究范围全覆盖来加强海洋意识宣传,讲好海洋故事。

寿光北部沿海地区十年来盐业考古成果综述

王德明

寿光市博物馆

2008—2010年山东寿光双王城盐业遗址群的发掘,在中国盐业考古史上具有里程碑意义。它基本解决了商周及金元时期制盐流程问题,弥补了文献记载的不足,取得了莱州湾南岸地区盐业考古工作的重大突破。以此为滥觞,自2011年至2020年,不同时期、不同类型、不同规模的盐业遗址(群)陆续发现于寿光北部沿海地区,并逐渐建立起自成一派且相对完整的莱州湾南岸地区制盐工艺流程发展谱系。现通过回顾本世纪前十年寿光的盐业考古工作,就近十年来的考古成果作一综述,并就未来工作提出一些展望,希望能对莱州湾沿岸地区盐业史的研究有所裨益。

一、盐业考古工作回顾(2001—2010)

1. 大荒北央盐业遗址群的发掘与调查

大荒北央盐业遗址群位于寿光市羊口镇郭井子村西南部。2001年3—5月,山东大学考古系、寿光市博物馆联合对大荒北央遗址进行发掘。发现灰坑、灰沟、白色沉淀物硬面、红烧土夯窝等遗迹;盔形器、鬲、簋、罐、纺轮、扁圆柱状支柱、石刀、残骨锥以及较多贝壳、兽骨遗骸。这也是对鲁北古代制盐遗址进行首次发掘。遗憾的是,受发掘面积局限,很多关键问题没有得到解决[1]。

---

[1] 山东大学东方考古研究中心、寿光市博物馆:《山东寿光市大荒北央西周遗址的发掘》,《考古》2005年第12期。

2007年春、冬，北京大学考古文博学院与寿光市博物馆联合，对大荒北央盐业遗址群进行了系统性调查，在面积约9平方公里的范围内，发现西周早期遗址27处，东周时期遗址10处。每处遗址面积在1-2万平方米[1]。

2. 双王城盐业遗址群的调查与发掘

2003年夏，为配合南水北调东线工程寿光双王城水库建设，山东省文物考古研究所、寿光市博物馆联合对双王城水库及其周边地区进行了调查，发现多个盐业遗址群。后经6次较大规模的田野考古调查、钻探和试掘工作，至2008年初，基本摸清了双王城盐业遗址群的分布范围、遗址数量及时代。在双王城水库周边面积30平方公里范围内，共发现古遗址89处，其中，龙山文化时期遗址3处，商代至西周初期76处，东周时期4处，宋元时期遗址6处。这是当时所发现的商周时期规模最大的古代制盐盐业遗址，分布范围广，密度大，意义重大。

2008年4月—2010年底，北京大学考古文博学院、山东省文物考古研究所、寿光市博物馆等联合对双王城编号为07、014、SS8的三处遗址进行了抢救性发掘，清理面积超过上万平方米，揭露了多个商周时期和金元时期的制盐作坊，其中发掘的014A地点主要为商代晚期的制盐作坊遗址，014B地点主要为西周早期的制盐作坊遗址，发现了卤水井、卤水沟、沉淀池、蒸发池、储卤坑、大型盐灶、灶棚、生产和生活垃圾以及与盐工生活有关的活动面（居住面）、窖藏（灰坑）等不同历史时期的考古遗存[2]。通过发掘，全面揭露了商周时期与金元时期制盐作坊单元，尤其是商周时期基本完整的产业链的揭示，对探讨中国早期手工业相关问题具有重要的学术意义；遗址群的发现更新和弥补了以往对渤海南岸地区制盐历史的认识，尤其是在探讨该地区盐业经济生产形势与商王朝权力统治关系的问题上，起到了重要论证作用。2009年3月，双王城盐业遗址群考古发掘项目入选2008年度全国十大考古新发现。

3. 2009年"三普"新发现

2009年6月，寿光市博物馆工作人员进行第三次全国文物普查时，在单家庄子村西东西800米，南北约400米范围内，发现东周至汉代制盐遗址5处，遗物多为外饰绳纹、内饰方格纹的圜底罐、汉代瓦纹陶器残片。

---

[1] 燕生东、田永德、赵金、王德明：《渤海南岸地区发现的东周时期遗存》，《中国国家博物馆馆刊》2011年第9期。

[2] 山东省文物考古研究所、北京大学中国考古学研究中心、寿光市文化局：《山东寿光市双王城盐业遗址2008年的发掘》，《考古》2011年第3期。

同时，在羊口镇王家庄子村周围，发现15处商周至东周时期盐业遗址。同年，由燕生东先生带队，对王家庄子盐业遗址群做了较为系统的调查工作，在面积10平方公里的范围内，发现46处西周及东周时期盐业遗存[1]。

此外，在官台村北对元至治三年（1323年）"创修公廨之记"碑进行了调查登记工作。该碑为石灰石质，由碑额、碑身、碑座组成。碑额为浮雕雕龙图案，正中阴刻篆体碑文"创修公廨之记"。碑身长方形，高200厘米，宽166厘米，碑文楷书，讲述了元至治元年夏，武公至官台场任司令，因其整肃徭役，施行仁政，民众为感其德绩，修建公廨，立此石碑。碑座为赑屃。该碑的发现，对研究元代盐业管理、盐业生产等诸多问题提供了重要的实物佐证。如该碑对元代官台制盐管理机构基本情况做了介绍，"至元初，设官勾以治之，办课盐一万七千余引，所管五灶，民几四百。至丁未改升司令司，设司令、司丞二员，品秩同县邑隶"。此外，还提到了官台场"运民"盗取野草，致使"灶民"无草可用而引发矛盾，武公安排人约谈双方解决矛盾的情况，充分证明了元代盐业生产方氏为"煮盐"的事实。

二、2011—2020年盐业考古工作

1. 双王城盐业遗址群又有新发现

2013年12月11日至12月29日，山东海岱文化遗产保护咨询服务中心、山东师范大学齐鲁文化研究院、寿光市文广新局、洛阳市古韵钻探有限公司、临沂市沂州文物考古研究所联合，再次对双王城盐业遗址群进行调查和勘探，共历时19天。由于工作时间有限，此次调查和勘探范围限于林海生态博览园以南、S226以东的盐业遗址群，新发现盐业遗址四处，其中商周时期1处，唐至宋元时期1处，宋元时期2处。这四处遗址是对以往调查、发掘成果的重要补充，加强了对双王城盐业遗址群整体布局的认识和研究。

2. 王家庄子盐业遗址群的调查与勘探

为实施文物保护工程，编制保护规划，2019年3月27日至2019年5月6日，由

---

[1] 燕生东、田永德、赵金、王德明：《渤海南岸地区发现的东周时期遗存》，《中国国家博物馆馆刊》2011年第9期。

山东海岱文化遗产保护咨询服务中心、山东师范大学齐鲁文化研究院牵头,潍坊市与寿光市文物部门业务人员参加的专业队伍,对王家庄子盐业遗址群进行了全面的考古勘探。在勘探范围内,在原有基础上,共发现盐业遗址73处。遗址点分布范围平面形状均为不规则形,单体遗址点面积自1381平方米(遗址52)至62600平方米(遗址1)不等。勘探队员对2号与71号遗址进行了加密重点勘探。其中2号遗址为西周时期遗存,位于王家庄子村西南约1100米处,平面不规则,面积约14092平方米,该遗址距地表约0.8-1.2米之间,发现遗迹包括井10口,灶7处,坑1处;遗址内含有草木灰、红烧土颗粒、盔形器残片等包含物。71号遗址为东周遗存,位于王家庄子村西南约2387米处,平面不规则,面积约6504平方米,遗址距地表约0.6米,文化堆积厚约2.3米,内含草木灰、红烧土颗粒、圜底罐残片等。发现遗迹包括井1口,灶2处,灰坑5处,墓葬1座。在68号遗址内约300平方米范围内,发现盐灶6座,其中三角形4座、椭圆形2座,盐灶旁还发现单室墓葬。从遗物看,王家庄子盐业遗址群大致分为三个时期:东周、汉代、金元时期。以周代最多,汉代次之,金元时期仅见1处,可辨器型有圈足碗。

2020年底,在以上勘探基础上,山东师范大学齐鲁文化研究院、寿光市博物馆联合进行了扩大范围的调查工作,向北至齐家庄子北的南海路,向西直至张僧河,西南至S309,向南至西营子,向东跨过羊临路直至弥河支流的广大范围内,又发现了150多处文物分布点,时代以东周为主,商周次之,也见汉代陶片。

同时,也对单家庄子盐业遗址群进行了扩大范围的追踪调查,重点是单家庄子村西、村北,新发现遗址点5处。时代以东周为主。

3. 牛头镇盐业遗址群的发现

牛头镇盐业遗址群位于双王城生态经济发展中心牛头镇村及巨淀湖风景区周边。遗址群发现于2015年3月,2019年3月底4月初,联合山东师范大学齐鲁文化研究中心对牛头镇盐业遗址群进行了调查,发现盐业遗址21处,其中龙山文化4处,晚商15处,汉代2处。龙山文化遗物多为夹砂黑陶残片,可辨器型有罐、甗等,多为生活用品。发现的晚商遗物以盔形器残片为主,其中多个遗址点发现了与双王城014遗址出土相同的圆柱状、长条形烧土残块,其上也有木条状凹痕。可以断定为制盐遗址。汉代遗物多为灰陶罐、盆等生活用品残片。牛头镇盐业遗址群的发现,对于研究龙山文化、商周及汉代盐业生产分布情况、巨淀湖的变迁等都具有重要价值。

4. 刘家桥盐业遗址的发现

刘家桥遗址位于田柳镇刘家桥村东北侧。遗址发现于2012年6月,在大约1万平方米的范围内,发现大量盔形器残片。根据现场暴露的相关遗迹,初步判定为盔形器生产作坊。该遗址的发现,很可能是解开商周时期制盐工具盔形器来源问题的密码。

5. 机械林场遗址的发掘

机械林场遗址发现于2016年10月,为配合黄水东调工程项目实施而进行的前期调查勘探过程中发现的。发现遗迹包括盐灶4座,灰坑1座;遗物有草木灰、红烧土、绳纹陶片等,初步判断为东周时期制盐遗存。2017年4月1日至6月8日,山东省文物考古研究所对机械林场遗址进行了发掘,揭露了东周时期的一些盐业遗存,包括盐灶、灰坑等,因发掘范围有限,无法全面揭示东周时期制盐流程,但对研究该时期的制盐工艺提供了新的资料。

6. 小清河（八面河—刘旺）盐业遗址群的发现与侯家辛庄东北遗址的发掘

2020年3月至4月,在小清河应急防汛工程考古调查工作过程中,山东省文物考古研究院在小清河南岸寿光境内,分别在刘旺村、侯家辛庄、西桃园村、东桃园村、八面河村周边发现了多个盐业遗址群（图一）。

在八面河村北、村西、村西南分别发现4处唐宋时期遗址,采集器物主要有瓷片、板瓦、筒瓦、盆残片等,尤其是八面河村北暴露了不同时期的8口盐井。这些盐井大

图一　桃园——八面河盐业遗址群范围示意图

小不一，形制主要有两种，一种是砖砌结构（图二），一种是木桩芦苇结构（图三）。

图二　砖井 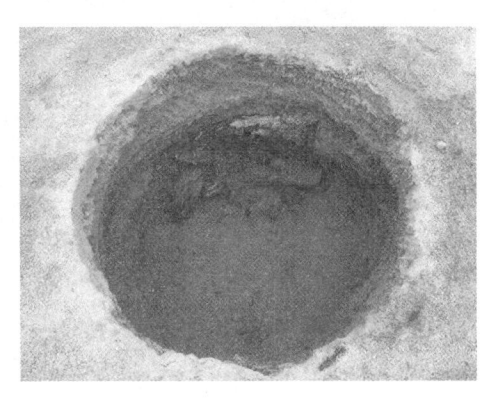　　　　　　　　　图三　木桩芦苇井

在东桃园村东北发现 2 处遗址，根据现场出土遗物判断，其中一处为唐宋时期遗存，出土器物有板瓦残片；一处为西周、东周遗存，出土器物有盔形器、圜底罐残片。

在西桃园村北发现遗址 1 处，发现遗存有灰坑、坑井等，还有大量陶器残片，主要是板瓦等，推测为唐宋时期遗存。

在刘旺村北 500 米发现遗址 1 处，主要为东周时期遗存。

2020 年 4、5 月份，潍坊市博物馆、寿光市博物馆联合对侯家辛庄东北遗址遗址进行了抢救性发掘，发掘面积近 1000 平方米。通过发掘，揭露了包括水沟、砖砌炉灶、带有柱洞的操作间等遗迹，出土了大量草木灰、残铁块（片）、石灰石、砖块以及琉璃渣状物，此外还出土了少量陶瓷片。其中部分残铁器器型较大，其厚度超过 10 厘米，似为煮盐的盐盘残部。石灰石可能为封盘时所用。砖块则为垒筑炉灶、建造盐工房屋等所用。草木灰及琉璃渣状物则为煮盐燃料燃烧后的留存物。遗憾的是，受发掘面积所限，无法全面揭露整体遗迹现象，因而无法对这一期的制盐工艺给出一个全面的结论。

通过对出土物的综合分析，判定该遗址为唐宋时期的盐业遗址，这也是莱州湾南岸地区发掘的第一个唐宋时期盐业遗址，该时代上承汉魏，下启金元，具有跨时代的意义和价值，填补了莱州湾南岸地区制盐工艺流程的一个空白，也弥补了文献记载的很多不足之处（图四）。

图四　侯家辛庄东北遗址发掘现场：唐代盐灶

三、一点结论

  寿光目前发现的盐业遗址群，从时代上看，包含龙山文化、晚商、西周、东周、汉、唐—五代、宋金元等不同时期的盐业遗址（存），其中晚商至西周的盔形器、东周时期的圜底罐可明确确定为专业制盐工具；龙山文化时期的黑陶甗、鼎（残片），唐—五代时期的铁器（残），可能为当时的制盐工具。其中龙山文化遗址的发现，对于溯源莱州湾南岸地区早期盐业问题具有重要价值；晚商至西周以及金元时期的制盐工艺也因双王城盐业遗址（群）的发掘而得以揭示；东周和唐—五代时期的制盐流程则通过机械林场遗址和侯家辛庄东北遗址的发掘而得以初步了解。

  从分布情况看，莱州湾南岸地区的盐业遗址群集中分布于渤海南岸浅层地下卤水集中分布区，这一带卤水浓度较高、储量也非常大。其中龙山文化时期遗址点数量少、分布散；殷商晚期至西周早期遗址点集中于寿光西北部，东部较少，且时代上似乎有南早北晚规律。东周遗址点集中分布在寿光中北部偏东。汉以后分布情况尚需加强考古工作，目前看分布较散。当然，随着考古工作的进一步深入，会对盐业遗址群的分布状况有进一步的认识。

  目前已发现的商、西周、东周、唐宋等不同时期的盐井，充分证明莱州湾南岸地区的海盐原料来源于地下卤水。从工艺看，主要有两种，一种是砌砖结构，一种是木桩芦苇结构。其中后者所持续的时间更长，且可能是大规模制盐的首选方式："择卤泉之最旺者，掘为井，周围植木桩，编葭苇，深数仞，广数寻，面之广倍于底百人邪，许费巨金而始成。"——这是1934年版《寿光县志》所载的民国时期制井方式，在双王城商周盐业遗址、王家庄子东周盐业遗址、八面河唐—金元时期盐业遗址皆有发现，且几乎一模一样。

四、未来工作展望

1. 从研究角度看，目前包括寿光在内的莱州湾南岸地区制盐工艺流程谱系基本建立，但仍有一些问题需要解决。即便是双王城盐业遗址，尽管通过全面发掘已经基本解决商周时期的工艺流程，但仍有一些细节性问题值得探讨。再如，商周盔形器与东周圜底罐形制有相似之处，两者之间应该有一定的传承关系，但东周时期制盐工艺并没有得到根本解决。尤其遗憾的是，汉代作为继商周、东周以后山东地区盐业生产的又一高峰期，从制盐工艺上讲应该也是承上启下的转折期，随着冶铁技术水平的提高和铁器的普遍使用，以及国家层面上盐铁专卖政策的实施，这一时期的盐业生产应该得到了长足的发展。目前来看虽然也发现了一些重要线索，但考古工作还很薄弱，应该在下一步有针对性地加强对汉代盐业问题的考古及相关研究工作。

2. 从文物保护角度，包括寿光在内的莱州湾南岸地区发现如此多的盐业遗址点，成果显著，但同时也对有效保护、合理利用等提出了诸多问题。从目前盐业遗址群的分布规律看，起码在寿光，如果笼统划分，几乎可以将寿光北部完全划为遗址群。如果以此为依据编制保护规划，对地方经济社会发展难免造成影响。因此，下一步应贯彻落实"保护为主、抢救第一、合理利用、加强管理"16字工作方针，在做好文物保护的基础上，科学编制保护规划，合理划定保护范围和建设控制地带，进一步统筹处理好文物保护与经济发展之间的关系。

青岛板桥镇遗址相关考古发现的认识与思考

石玉兵　彭　峪　林玉海

青岛市文物保护考古研究所

板桥镇遗址位于青岛胶州市区，云溪河环绕其南，由西向东与大沽河、胶莱运河相接，汇入胶州湾（图一）。其主要分布范围：东至湖州路以东200米，南至云溪河徐州路，北至胶州路，西至惠州路。2009年青岛市文物保护考古研究所对其进行了考古发掘，清理出建筑基址、灶、井等遗迹，并出土大量瓷器、钱币、建筑构件等遗物[1]。现根据这些主要发现，结合相关文献，对板桥镇遗址的性质、作用和地位进行初步探讨。

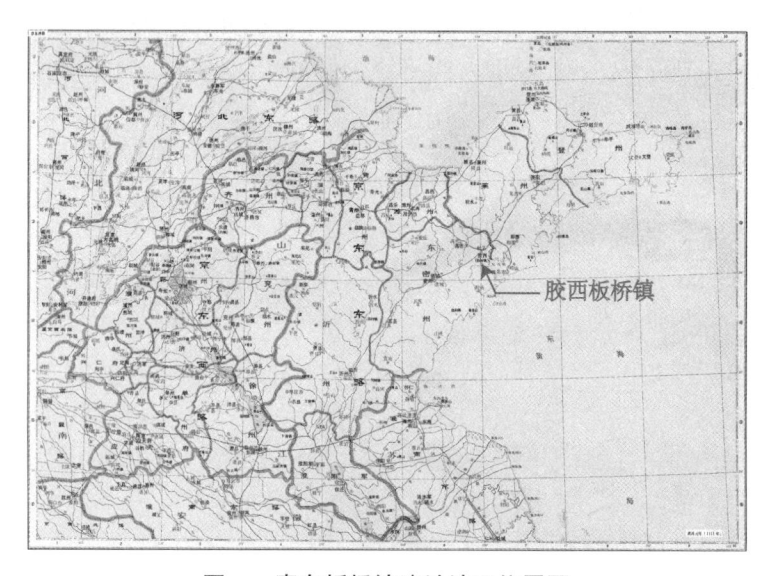

图一　青岛板桥镇遗址地理位置图

---

[1] 青岛市文物保护考古研究所：《胶州板桥镇遗址考古文物图集》，科学出版社，2014年。以下涉及胶州板桥镇的考古发现皆引用此专著，不再另作引用。

一、建筑基址与官署仓储

板桥镇遗址经发掘清理出两处大型的建筑基址,由于建筑基址保存不完整,具体结构和功能不是十分明确,但其布局和细节值得推敲。

2号建筑基址坐北朝南,位于1号建筑东侧,现主要由正房、东西厢房、北房组成,南侧部分未发掘,推测应有该组建筑的正门(图二,2)。建筑为中轴线对称格局,正房位于中央位置,两侧有边道从庭院通往后院及北房,正房规模最大,位置显要,建制规整,与宋代官署建筑里的"正厅"相似,"正厅"又称"设厅",是宋代府、州衙的核心,也是府、州衙长官办理公事的主要场所[1],在庭院和正厅两侧分布东西厢房各4间,厢房面向庭院一侧有前廊,这种结构应是宋代衙署常见的廊房建筑,作为附属办事机构场所[2]。在设厅北侧为有北房,破坏严重,推测为办公人员的住所。陈凌在《宋代府、州衙署建筑原则及差异探析》中[3],认为宋代府、州衙署具有以中轴线布局的三进式院落结构,最南端的府门为第一进,中间办公设厅为第二进,最北侧的办公人员住所为第三近,2号建筑正是遵循这种布局规则,同宋平江府衙署[4]、南宋临安城府治衙署[5]在布局和结构上相近。另外建筑基址内出土较多兽面纹瓦当、鸱吻等建筑构件,说明建筑等级较高。综上,2号建筑应为官方署衙建筑,极大可能是板桥镇市舶司官署建筑。

1号建筑位于2号建筑的西侧,由南房、"亚"字形建筑、后院房屋三大部分组成,三者之间以两个庭院间隔,组成三段式布局,建筑以中央通道为中心,呈东西对称式分布(图二,1),具有官方属性。1号建筑现存多处慢道,平面呈等腰梯形,呈坡状连接庭院地面和厅堂地面,坡面有一正面和两侧面组成,每面砌砖露龈,这种结构与潘谷西、何建中所著《〈营造法式〉解读》[6]一书中复原绘制的"三瓣蝉翅慢道"十

---

[1] 陈凌:《宋代府、州衙署的建筑规模和布局》,《文史杂志》2013年第2期。

[2] 陈凌《宋代府、州衙署的建筑规模和布局》:"为了增加居住面积,多以廊屋代替回廊。"

[3] 陈凌:《宋代府、州衙署建筑原则及差异探析》,《宋史研究论丛》第17辑,河北大学出版社,2015年。

[4] 刘敦桢:《中国古代建筑史》,中国建筑工业出版社,1984年。

[5] 邹洁琳、乔迅翔:《〈咸淳临安志〉"府治总图"建筑平面布局复原研究》,《中国建筑史论汇刊》第9辑,中国建筑工业出版社,2014年。

[6] 潘谷西、何建中:《〈营造法式〉解读》,东南大学出版社,2005年。

分接近,该书记慢道分为城门慢道和建筑物门道阶基前慢道,在考古工作中发现的吉林安图宝马城遗址门殿的"三瓣蝉翅"慢道[1]、辽祖陵黑龙门"五瓣蝉翅"慢道[2]应属城门慢道,而板桥镇遗址中发现的应属建筑物门道阶基前慢道,"慢道不用踏道而用坡道以立车马通行",这与1号建筑基址内砖铺道路上有的较深车辙印相吻合。1号建筑房屋较多,庭院内有砖砌水井,建筑东侧有砖灶,生活气息浓厚,一片车来车往、熙熙攘攘的繁忙景象,推测1号建筑可能为板桥镇市舶司配套的的官方仓储建筑。

通过相关历史文献可见宋朝政府在此设置官署的过程。

《宋史·食货下八》中记载:"元丰五年(1082年),知密州范锷言:'板桥濒海,东则二广、福建、淮、浙,西则京东、河北、河东三路,商贾所聚,海舶之利专于富家大姓。宜即本州置市舶司,板桥镇置抽解务。'"[3]

《宋会要辑稿·职官四四》记载:"元丰六年(1083年)十一月十七日,密州范锷言:'欲于本州岛岛置市舶司,于板桥镇置抽解务,笼贾人专利之权归之公上,其利有六:使商贾入粟塞下以佐边费,于本州岛请香药杂物,与免路税,必有奔走应募者,一也。凡抽买犀角、象牙、乳香及诸宝货,每岁上供者,既无道涂劳费之役,又无舟行侵盗倾覆之弊,二也。抽解香药、杂物,每遇大礼,内可以助京师,外可以助京东、河北数路赏给之费,三也。有余则以时变易,不数月坐有倍称之息,四也。商旅乐于负贩,往来不绝,则京东、河北数路郡县税额增倍,五也。海道既通,则诸蕃宝货源源而来,上供必数倍于明、广,六也。有是六利而官无横费难集之功,庶可必行而无疑。'"[4]

《续资治通鉴长编》卷三百四十四记载:"元丰七年(1084年),京东路都转运使吴居厚言:'密州板桥镇东枕大海,四方商贾所聚,并无垣墙。乞调明年春夫厚筑高垣,以包民居,置关锁。其海滩浮居小屋,大半隐藏禁物盗贼,并令毁撤,仍委密州觉察。'从之。"[5]

《宋史·食货下八》记载:"元祐三年(1088年),锷等复言:'广南、福建、淮、浙贾人,航海贩物至京东、河北、河东等路,运载钱帛丝绵贸易,而象犀、乳香珍异之物,虽尝禁榷,未免欺隐。若板桥市舶法行,则海外诸物积于府库者,必倍于杭、明二州。使商舶通行,无冒禁罹刑之患,而上供之物,免道路风水之虞。'乃置密州板桥市舶

---

[1] 国家文物局:《2017年中国重要考古发现》,文物出版社,2018年。

[2] 董新林、塔拉、肖淮雁、康立君:《内蒙古巴林左旗辽代祖陵陵园黑龙门址和四号建筑基址》,《考古》2011年第1期。

[3] (元)脱脱等:《宋史》卷一百八十六,中华书局,1977年。

[4] (清)徐松:《宋会要辑稿·职官四四》,中华书局,1957年。

[5] (宋)李焘:《续资治通鉴长编》卷三百四十四,中华书局,2004年。

通过以上文献可知板桥镇在北宋时期商品交易、贸易往来呈现繁忙景象,于是政府在板桥修筑城垣、设置抽解务与市舶司,负责管理对外交往、海上贸易、征收关税等任务。

2号建筑正厅地面被烧成红色,存在大量灰烬,推测该建筑在后期毁于大火,在建筑基址内存在大量灰坑,灰坑内出土大量瓷器、铜钱,瓷器含有大量金代瓷器,铜钱时代也晚到"正隆"。因此推断市舶司官署建筑可能毁于两宋之际的宋金战争,北宋板桥市舶司在毁坏之后,此处成了金代的胶西榷场,成为南北货物集散中心与转运场所。从文献可见板桥镇在金代作为榷场使用的过程:"熙宗皇统二年(1142年)五月,许宋人之请,遂各置于两界。九月,命寿州、邓州、凤翔府等处皆置,海陵正隆四年(1159年)正月,罢凤翔府、唐、邓、颍、蔡、巩、洮等州并胶西县所置者,而专置于泗州。

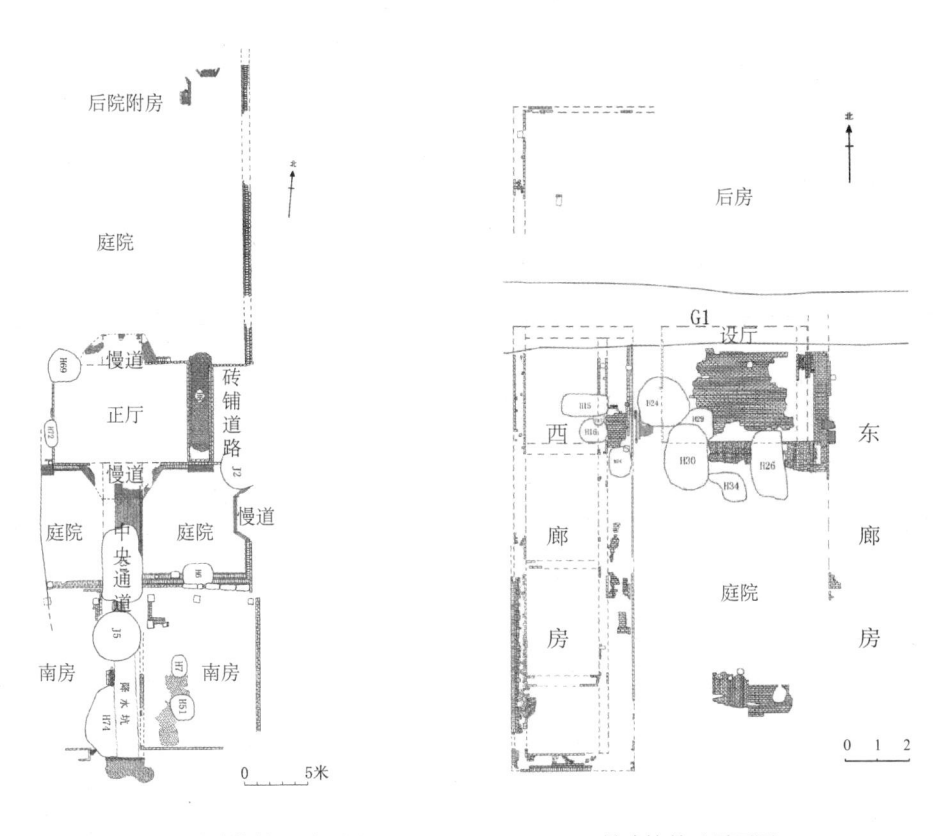

1. 1号建筑基址平面图　　2. 2号建筑基址平面图

图二　1号建筑、2号建筑基址平面图

---

[1] (元)脱脱等:《宋史》卷一百八十六,中华书局,1977年。

金世宗大定四年（1164年），以尚书省奏，复置泗、寿、蔡、唐、邓、颍、密、凤翔、秦、巩、洮诸场。"[1]

二、出土瓷器及瓷器运输

板桥镇遗址中出土瓷器残片数十万片，瓷器窑口有磁州窑系（包含淄博窑）、定窑、景德镇窑、龙泉窑、钧窑、吉州窑、耀州窑以及南方沿海的闽广瓷器。板桥镇遗址出土的瓷器大都为宋金时期，也有少量元代瓷器（图三）。伴随瓷器出土的大量铜钱年代以北宋时期为主，最晚到金代的"正隆元宝"（1157—1161年），还出土"会天八年"（1131年）铭文砖，从出土器物反应了板桥镇遗址在宋金时期的繁荣景象。

板桥镇遗址出土瓷器数量多，窑口丰富，瓷器多光鲜亮丽，使用磨痕少，瓷器完整器少，多为破损的瓷片，应是在运输和交易过程中破损后就地抛弃；同时有大量瓷器在碗底墨书书写"李""张""杨"等姓氏或用朱书书写"×"等符号，这些文字和符号应是瓷器在交易过程中作为预定和运输的标记。以上瓷器的种种特征，更能说明板桥镇出土的瓷器具有商品贸易的属性。

作为出土瓷器的港口，板桥镇与其他港口在这些特征上有很大的相似性，但各窑口瓷器所占比重与其他港口有较大差异，板桥镇遗址出土的瓷器不仅包含丰富的磁州窑系、定窑系等北方窑口瓷器，景德镇青白瓷、龙泉青瓷等南方主要窑口的瓷器也占有很大比重。而位于渤海内岸的河北黄骅海丰镇遗址[2]不同，其出土的瓷器以磁州窑、定窑、井陉窑等北方窑口的瓷器为主，这与所处地理位置上靠近窑址所在地相关，又有发达的河运使窑址与港口相连，使海丰镇遗址成为北方金代主要窑口瓷器的重要输出港。同理，位置偏南的海州（连云港）[3]、黄泗浦（苏州）[4]、青龙镇

---

[1]（元）脱脱等：《金史》卷五十，中华书局，1975年。

[2] 黄骅市博物馆等：《2000年黄骅市海丰镇遗址发掘报告》，文物出版社，2015年；吉林大学边疆考古研究中心等：《华瓷吉彩——黄骅市海丰镇遗址出土文物》，科学出版社，2016年。

[3] 南京博物院、连云港市博物馆《江苏连云港市清理四座五代、北宋墓葬》："当时的海州是海、陆及运盐河的交通口岸，又是以盐业为中心的贸易集散地。"（《考古》1987年第1期）；刘洪石《唐宋时期的海州与海上"陶瓷之路"》："海州不仅是越窑、铜官窑瓷器的输出口岸，从墓葬中出土的唐宋瓷器中，还有北方的邢窑白瓷、定窑白瓷、陕西耀州窑青瓷、江西景德镇青白瓷、龙泉青瓷……可谓名窑产品应有尽有，它从一方面反映了海上交往的频繁。"（《东南文化》1990年第5期）现在连云港博物馆陈列的相关瓷器有影青花瓣口碗、影青高足瓷盏、影青瓷盂、影青执壶、耀州窑印花瓷盏等。

[4] 钱峻、高伟、田笛等：《江海滔滔留胜迹瓷陶层层书青史》，《中国文物报》2019年12月20日。

图三　板桥镇遗址出土瓷器简举

(上海)[1]等口岸城市遗址出土的瓷器主要以南方窑口瓷器为主,北方瓷器所占比重相对小。板桥镇在宋金时期处于长江以北区域的中间地带,往北海运可至渤海沿岸的沧州、滨州、莱州、登州等地,往南"(板桥镇)风飘信宿可至吴楚"[2],因此板桥成为南北方货物贸易交换场所,成为重要转运港口,这种现象在金代设立榷场后更为显著,"胶西当登、宁海之冲,百货辐凑……时互市始通,北人尤重南货,价增十倍"[3]。因此成就了当时板桥镇在北方海上瓷器贸易的中心地位。

板桥镇出土的各窑口瓷器与垦利海北遗址[4]、黄骅海丰镇遗址、海州(连云港)、黄泗浦(苏州)、青龙镇(上海)出土的同时期的部分瓷器十分接近(图四),

---

[1] 何继英、王建文、高文虹等:《上海市青浦区青龙镇遗址2012年发掘简报》,《东南文化》2014年第4期;上海博物馆:《千年古港·上海青龙镇遗址考古精粹》,上海书画出版社,2017年。

[2] (宋)朱彧:《萍洲可谈》,《丛书集成初编本》,中华书局,2007年。

[3] (元)脱脱等:《宋史》卷四百七十六,中华书局,1977年。

[4] 徐波、柴丽平:《山东垦利县海北遗址新发现》,《华夏考古》2016年第1期。

黄骅海丰镇遗址								
垦利海北遗址								
海州（连云港）								
上海青龙镇遗址								
朝鲜半岛								
日本								

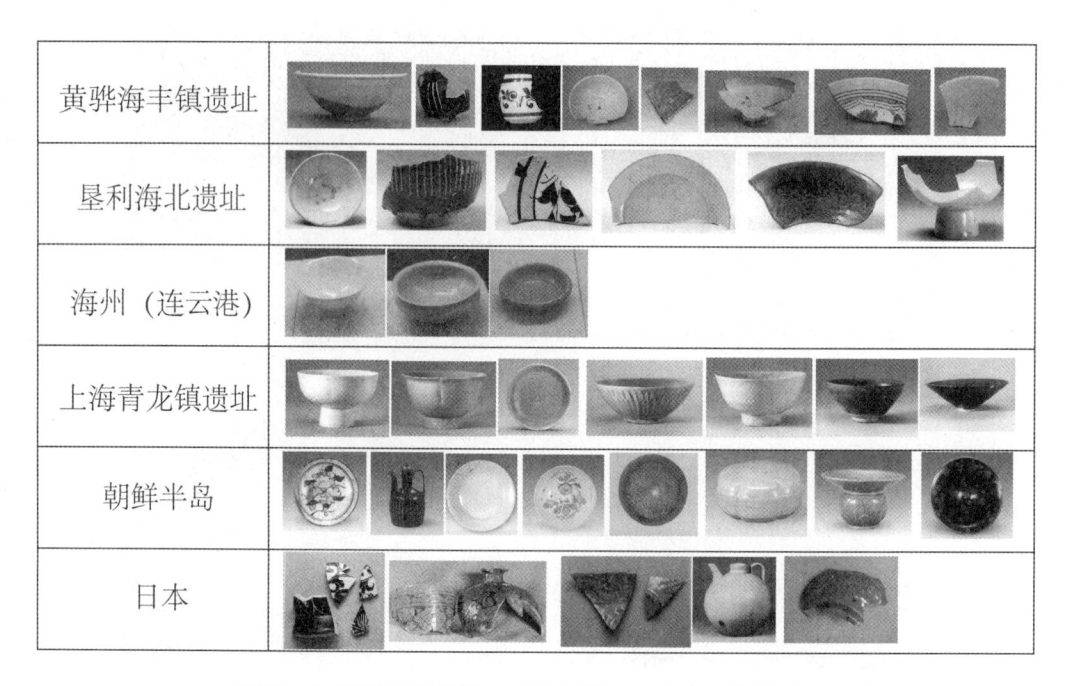

图四 与板桥镇相关港口以及朝鲜、日本出土瓷器简举

这些港口之间应存在密切的海上联系。通过查阅历史文献，可以了解当时各港口之间的联系，推测海上贸易路线。南宋徐梦莘在《三朝北盟汇编》记载："今者国家与虏（改作金）人相持之际，天以舟楫之力，赐我助中兴之大业，朝廷其舍诸，臣自少壮时遍走两浙、东京、河北及虏中沿海地分通知海上可往去处是宜，大讲海上之利，以扰伪齐京东诸郡（潍密登莱青州皆海道地分自来客旅载南货至密州板桥镇卸下）、河北诸郡（滨沧州及海道地分自来商旅贩盐经行）及虏中诸郡。"[1] 在当时垦利、黄骅分别属滨州、沧州地界，因此可推断滨州、沧州的商旅装载瓷器、盐等货物通过垦利海北、黄骅海丰镇出发，通过海上绕山东半岛至半岛南部的板桥镇，在此装卸货物进行交换后返回或者继续南行，可见在当时环渤海地区的诸多沿海港口皆通过此方式与板桥镇进行贸易往来。

"天禧元年（1017年），诏江淮发运司漕米三万硕，由海路送登、潍、密州"[2] "京东路转运司言：'问得泉州知海道商人言，两番奉使，若至楚州僦船，泛海至密州板桥镇，不过三二日。'"[3]《宋会要辑稿·兵二十九》载："建炎四年（1130

---

[1]（宋）徐梦莘：《三朝北盟汇编》卷一百七十六，上海古籍出版社，2019年。
[2]（清）徐松：《宋会要辑稿·食货四二》，中华书局，1957年。
[3]（宋）李焘：《续资治通鉴长编》卷三百四十一，中华书局，2004年。

年），海、密等州米麦踊贵，通、泰、苏、秀有海船民户贪其厚利，兴贩前去密州板桥、草桥等处货卖。"[1] 又有"广南、福建、淮、浙贾人，航海贩物至京东、河北、河东等路……乃置板桥市舶司"[2]。由文献可知板桥镇在当时与南方诸港口存在密切联系和往来，由板桥镇向南沿距海岸线较近的航道，可抵达海州、楚州、苏州、上海、明州（宁波）等地，远者可达福建广州等口岸，这为瓷器等货物往来运输提供了重要途径。

另在朝鲜半岛、日本地区也出土了与板桥镇的相似瓷器，例如朝鲜半岛出土的定窑划花白瓷盘、黑釉粉杠执壶、红绿彩盏、吉州窑天目碗、景德镇窑青白瓷粉盒等[3]，日本出土的磁州窑系白地黑花瓷片、耀州窑青瓷片、景德镇窑青白瓷水注、绿釉陶瓶等[4]（图四）。

朝鲜半岛出土的瓷器与板桥镇瓷器有较大相似性。《增修胶志》载："板桥久为海舶孔道，朝臣与高丽往来由此。"[5]《续资治通鉴长编》卷三百四十一记载："元丰六年（1083年），入内供奉官、勾当龙图天章宝文阁冯景言：'被旨为已差高丽国信使令排办修补过河船，及案视近便海道。今至登州、密州问知得两处海道并可发船至高丽，比明州实近便。'诏景同密州官吏募商人赍牒试探海道以闻。"[6] 可见宋金与高丽交流较多，板桥镇作为与高丽交流的重要港口，瓷器可通过便捷的海运到达距离较近的高丽。

而日本地区出土的瓷器窑口组成与板桥镇有较大不同，多以南方窑口为主，北方窑口瓷器较少[7]，在宋金史料中基本不见关于板桥镇等北方区域港口与日本的交流记载，推测当时板桥镇与日本的直接交往较少，可能是因为当时与日交流贸易主要通过南方的明州、温州、泉州等口岸，而日本出土的少量北方窑口瓷器可能是从板桥镇运输到明州、泉州等地后，再间接输入日本地区的。

---

[1] （清）徐松：《宋会要辑稿·兵二十九》，中华书局，1957年。
[2] （元）脱脱等：《宋史》卷一百八十六，中华书局，1977年。
[3] 朝鲜总督府藏版《朝鲜古迹图谱·八》，青云堂印刷所，昭和三年。
[4] [日]长谷部乐尔等：《日本出土的中国の陶磁》，《中国の陶磁·12》，平凡社版，1995年。
[5] （民国）梁建章、于清泮：《增修胶志》，胶县大同印刷社，1931年。
[6] （宋）李焘：《续资治通鉴长编》卷三百四十一，中华书局，2004年。
[7] 李鑫《森达也教授"中国古代海上陶瓷贸易"系列讲座纪要》第三部分"日本发现的中国陶瓷（宋—元时代）"讲述了这一时期日本发现的中国陶瓷主要以浙江、福建、广东等窑口瓷器居多，北方的定窑、磁州窑、耀州窑等瓷器较少（《陶瓷考古通讯》2015年第1期）。

三、兴衰变化及其原因

　　板桥镇先天的地理优势为其发展成重要港口提供了条件,板桥镇通过云溪河向东可以与大沽河、胶莱河相连接,汇入胶州湾,河运、海运便利;向半岛内部通过胶莱平原、大沽河、胶莱河等通道可至潍、密、莱、青等地,与广阔的经济腹地相连接;距离朝鲜等地距离较短,"发船至高丽,比明州实近便"[1],也为其作为对外交流的港口提供了可能。"唐武德五年(622年),改高密郡为密州,六年(623年)撤销胶西县,并入高密县,以县东鄙置板桥镇"。[2]板桥镇作为对外交流的港口在唐代开始兴起,《入唐求法巡礼行记》载:"开成四年(839年),僧等答云:'朝贡使船今日过海(州),所以下船留此。'船人等云:'吾等从密州来,船里载炭向楚州去,本是新罗人,人数十有余。'"[3]但此时在对外港口的地位和作用上还不及登州等港口。

　　进入北宋时期,宋辽之间局势紧张,"回日许于合发舶州住舶,公据纳市舶司,即不请公据而擅乘舶自海道入界河及往高丽、新罗、登、莱州界者,徒二年,五百里编管,往北界者加二等,配一千里"[4],与辽隔海相望的登州受军事政治影响,海运贸易和对外交往的作用减小,逐渐闭港。在这种形式下,加之处理海上贸易与事务的迫切需求,位于山东半岛南岸的板桥镇市舶司在元祐三年应运而生,抽取关税,发放凭证,处理海上事务与贸易,并作为对外交往的重要港口,呈现繁荣的景象,各窑口瓷器也在此聚集。

　　在南宋建立前期,板桥镇处于宋金战争前沿,港口贸易与对外交流出现短暂停滞,绍兴和议(1141年)签订后,长达10余年的战争状态结束了,宋金南北对峙的局面形成。金熙宗皇统二年(1142年)设板桥镇为宋金贸易的榷场,板桥镇成为金代与南宋进行贸易的海上门户,成为宋金海上交流贸易的繁荣一时的港口。在宋金对峙时期,胶西榷场的贸易并不一帆风顺,金海陵王完颜亮在即位后试图大规模侵宋而进行备战,"正隆四年(1159年),正月罢凤翔府、唐、邓、颍、蔡、巩、洮等州并胶西县诸榷场,但置榷场于泗州"[5],随后在胶西爆发了宋金海战,"绍兴三十一年(1161

---

[1]（宋）李焘:《续资治通鉴长编》卷三百四十一,中华书局,2004年。
[2]（民国）梁建章、于清泮:《增修胶志》,胶县大同印刷社,1931年。
[3]［日］圆仁:《入唐求法巡礼行记》,广西师范大学出版社,2007年。
[4]（清）徐松:《宋会要辑稿·职官四四》,中华书局,1957年。
[5]（元）脱脱等:《金史》卷五十,中华书局,1975年。

年),于密州胶西县界陈家岛与金贼见阵,烧夺战船六百余只,杀死蕃贼,活捉到女真头首三百余人,降到大汉军三千余人,海道肃清"[1]。金世宗大定四年(1164年),南宋与金签订"隆兴和议",两国之间结束战争与边境冲突,重归和平,"以尚书省奏,复置泗、寿、蔡、唐、邓、颍、密、凤翔、秦、巩、洮诸场"[2]。胶西榷场的复置使板桥镇再次兴盛起来,直到金章宗承安三年(1198年)被金政府彻底罢止。

到了元代,大运河的修通使南北交流不仅限于海运,大运河路程短、风险低、中转补给站多等优势,使板桥镇的优势降低,作为贸易港口的功能逐渐衰弱。但在元初期,板桥镇依然在海上漕粮运输中发挥着作用,"初,海运之道自平江刘家港入海……历西海州海宁府东海县、密州、胶州界,放灵山洋,投东北,路多浅沙,行月余始抵成山(今威海荣成)"[3]。

板桥镇兴起于唐,兴盛于宋金,衰于元,在宋金元不同时期发挥着不同的作用,考古发现的宋金时期建筑遗址布局规范有法制,等级较高,规模较大,并出土了大量铜钱、各窑口瓷器等丰富遗物,有力地佐证了宋金时期的板桥镇在我国北方海上贸易与交流的中心地位。

---

[1] (清)徐松:《宋会要辑稿·兵一四》,中华书局,1957年。
[2] (元)脱脱等:《金史》卷五十,中华书局,1975年。
[3] (明)宋濂等:《元史》卷九十三,中华书局,1976年。

河北黄骅海丰镇遗址考古发现与初步认识

雷建红

河北省文物考古研究所

海丰镇遗址位于河北省黄骅市东约25公里，分布在羊二庄镇海丰镇村至杨庄村之间（图一）。遗址位于一处中间高四周渐低的台地上，其中心最高处为一东西向土岗，高出周围3米左右。中心区面积约50万平方米。据《盐山县志》同治版记载，汉武帝元朔四年（121年）即在海丰镇一带建柳侯国，魏晋时期称漂榆邑，又名角飞城，唐宋时期称通商镇，金代始称海丰镇。又据《盐山新志》记载："海丰镇在天津未兴之前为海口第一繁荣之区，海丰镇为繁盛之区皆以行盐故也……至元盐业不振，渐废为墟。"[1]可见海丰镇在天津港兴起之前是渤海湾主要的出海口，而且其贸易形态与盐业密不可分。

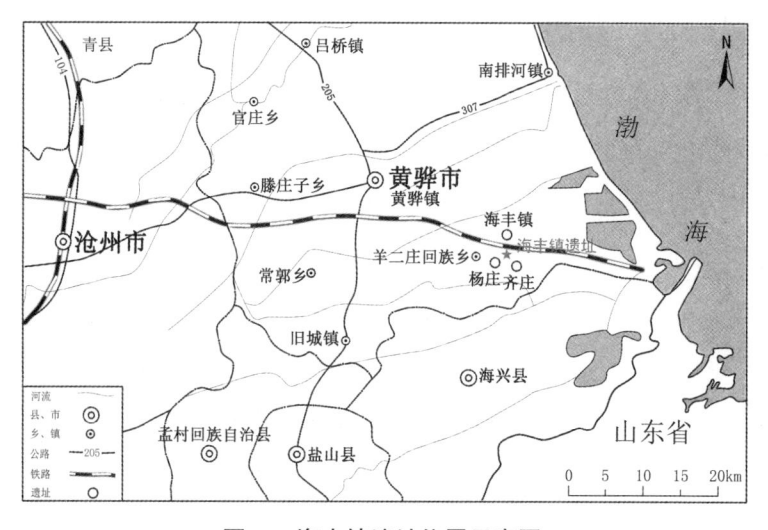

图一　海丰镇遗址位置示意图

---

[1]　（民国）孙毓修，贾恩绂纂：①①②《中国方志丛书·盐山新志·疆域略》，1917年刊本。

2000年、2003年、2005年，河北省文物部门对该遗址进行了三次考古发掘，表明这是一处以金代遗迹、遗物为主且内涵丰富的文化遗存，尤以大量砖建筑基址和精美瓷器引人注目，得出海丰镇遗址是金代重要的港口遗址、是瓷器贸易的集散地的重要认识。因其濒临渤海湾的特殊地理位置，有学者认为该遗址可能是文献所记载的金代海丰镇旧址，它利用了滨海以及距河北诸瓷窑较近的地理优势，在唐宋通商和漕盐的基础上，发展成为以瓷器为主的贸易集散地，并可能由此出口东亚甚至东南亚②[1]。2006年被国务院公布为第六批全国重点文物保护单位。

海丰镇，作为中国古代北方地区重要的港口，曾经名噪一时。时过境迁，今天它只是一个普通的村镇而鲜于出现在公众视线当中。在"十二五"国家提出"一带一路"战略构想后，海上丝绸之路研究不断升温，海丰镇遗址重新进入了学界的视野。随着国家海上丝绸之路申遗工作全面开展，海丰镇遗址的发掘与定性，对于研究金代瓷器的产出、交通运输以及对外贸易等都极具意义，对研究金代北方海上丝绸之路的形成和发展也具有举足轻重的作用。2015、2016年连续两年，河北省文物研究所与国家文物局水下文化遗产保护中心合作，对海丰镇遗址开展了一系列考古工作，本文就海丰镇遗址近两年的考古工作进行简单梳理，并对取得的收获简要阐述。

一、柳河古河道考古调查

海丰镇遗址东距渤海约20公里，从地理位置上严格来讲并非真正临海，因此海丰镇作为码头的必要条件之一就是水道，通过水道与内陆和海运联系起来。对古柳河的考古探索是解决海丰镇遗址作为古代港口遗址性质问题的前提条件，海丰镇遗址考古的首要工作是通过考古调查，弄清楚古柳河的位置、走向及流经线路。另外，调查探索海丰镇遗址与河北境内古代窑址间水运线和与古代沿海各港口间航运线，是研究海丰镇遗址瓷器的来源和去向的关键所在。

（一）工作方法

由于历经千年，古河道已干涸淤为平地，地表上无迹可寻，单纯依靠传统的考古调查方法很难取得较好的效果。因此调查工作充分利用现代技术手段，探索出一种行之有效的方法：即首先搜集、查阅相关的文献，了解文献中关于柳河的记载情况，然

---

[1] 马冬青：《海丰镇的兴盛与衰落》，《文物春秋》2014年第5期。

后充分利用不同时期卫星图片,尤其是早期卫图找出古河道的大致位置,并与现代卫图相比较以确认河道的具体分布位置,再通过实地踏查和当地百姓的口碑资料,最终确认河道位置、走向和沿线文物遗存的分布情况。

(二)工作经过

前后分两个阶段。第一阶段,2015年6—8月,主要调查古柳河从入海口至沧州旧城之间总计约100公里的河道走向,跨越沧县、孟村回族自治县、黄骅3个县、近100个村镇。第二阶段,2016年5—9月,主要调查古柳河从沧州旧城到大运河之间约40公里的河道走向,跨越沧县、孟村回族自治县、南皮县3个县近70个村庄。

(三)主要收获

1. 基本弄清古柳河的河道线路(图二)。大致走向是在东光县西南接南运河,然后向东北经南皮县古皮城遗址东南、大浪淀,东行经沧县沧州旧城遗址东南、孟村县北、章武城(黄骅常郭乡故县村)、黄骅旧城(盐山老城)北、海丰镇南、柳县故城(黄骅羊二庄),向东北方向在今黄骅关家堡村附近入海。根据《新唐书·地理志》《水经注》《沧县志》《中国历史地图集》等文献资料考证,结合近两年的实地走访调查情况,我们认为古柳河即文献所记载的浮水,也叫浮阳河、浮河。

2. 调查中还在古河道沿线范围内发现遗址点60余处,其中包括卭兮城、古柳县、章武城、黄骅旧城、沧州旧城、南皮古皮城等一批重要的城址,大多数遗址的年代集中

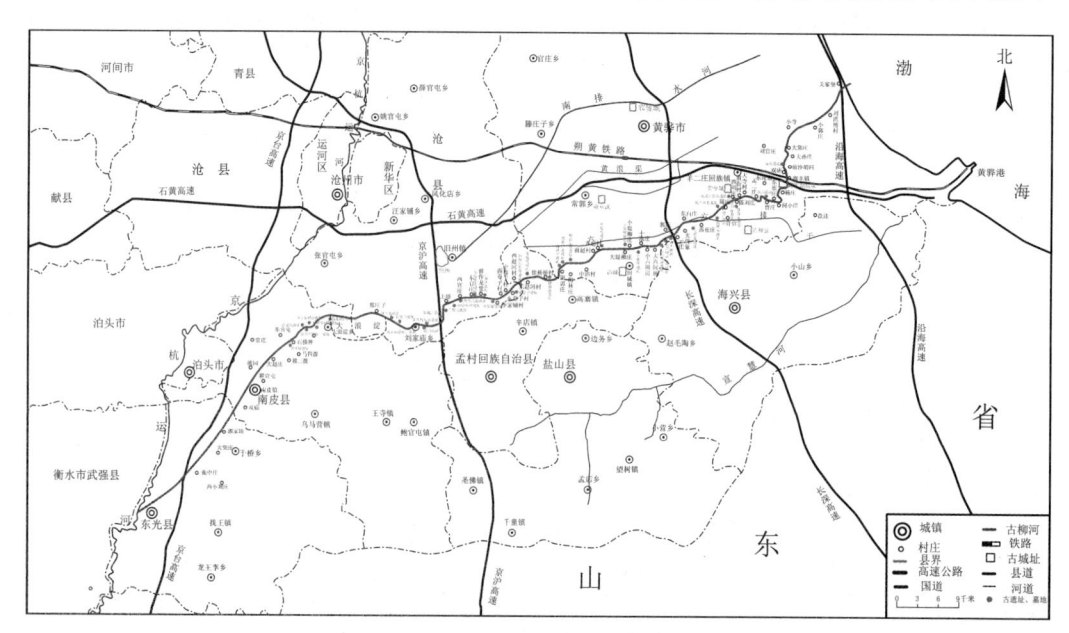

图二　柳河流经线路及沿线遗存分布示意图

于唐—元时期。

二、海丰镇遗址考古勘探

主要工作有两项,一是对遗址本体进行考古普探,目的是摸清整个海丰镇遗址的边界四至及丰富区分布范围;二是对遗址东部与河道连接处进行重点勘探,寻找码头等和水运相关的遗迹,同时明确古河道与遗址的具体边界。

通过考古普探确认海丰镇遗址平面呈不规则形,东西最长约 1600 米,南北最宽约 1600 米,总面积约 200 万平方米。丰富区东西长约 750 米、南北宽约 465 米,面积约 35 万平方米。对遗址东部重点勘探,共发现遗迹 19 处(图三),可分为六类:踩踏面 7 处、道路 3 条、陶窑 5 座、灰坑 2 座、井 1 个、古河道 1 段。其中比较重要的遗迹有 L3、踩 7 和 Y1—5。

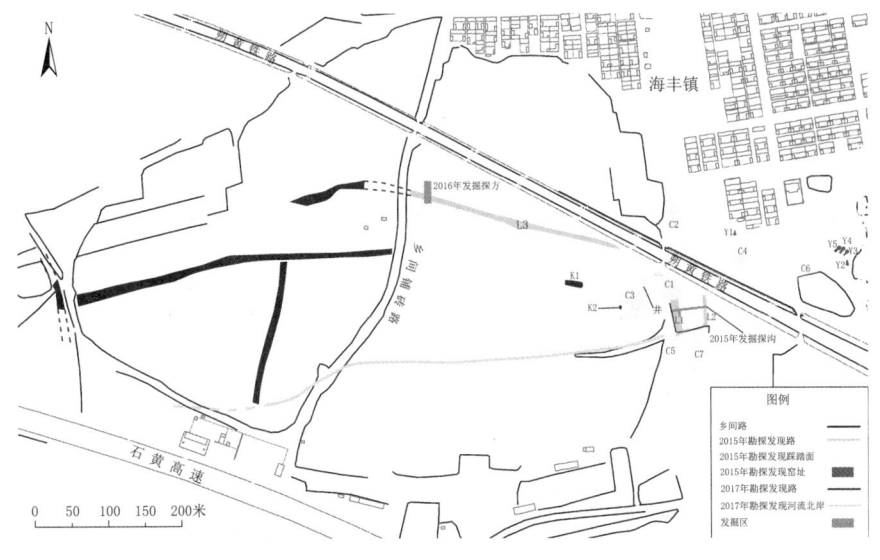

图三　海丰镇遗址考古勘探遗迹分布图

踩 7 位于遗址东部与河道接合处,平面大致呈"凸"字形,南北最长约 66 米,东西最宽为 26 米,厚 0.3—0.5 米,踩踏面土质较硬,并有类似碳渣的铺垫物。从所处位置以及堆积情况推测其最有可能是用于船舶停靠、运输货物的码头。

L3 位于遗址中部,东西向贯穿整个遗址,长约 500 米,宽 5—9 米,路土为青灰色,土质非常坚硬,厚度达 3 米多。道路两侧有较多的砖瓦堆积,可能是建筑遗迹。根据其所在位置、走向和堆积状况推测,该条道路应是遗址内部一条重要的东西向主干道,是从遗址内部与码头联系的重要通道。

Y1—5 均位于遗址东北部、河道的东侧,集中分布在一处高台地上。大体为圆形,由窑室和操作坑组成,通长 6—9 米,窑室直径 2.5—3.5 米,窑内有明显的红烧土。考虑到海丰镇因盐而兴,最初贸易对象是盐业,推测可能是与制盐有关的盐灶。

道路、踩踏面、盐灶等重要遗迹的发现,为海丰镇遗址内部功能分区的划定和遗址作为港口性质的确定提供了有力支撑。

三、海丰镇遗址周边区域调查

主要对海丰镇遗址东部濒海区域进行重点调查。金元时期黄骅盐场附近可能分布有多处遗址点,这些点共同组成了海丰镇一个大的聚落群,这个聚落群承担了当时海上贸易出发地的职责。调查目的是了解海丰镇周边同时期遗址的空间分布状况,并寻找早期唐宋时期的遗址,对二者进行比较研究,为纵向研究海丰镇遗址的历史变迁提供依据,也为认识整个渤海湾西岸地区金元时期的聚落空间分布和航运贸易提供可能。

调查范围约 60 平方公里,发现遗址点 6 处,分别是大左庄遗址、盐厂三队遗址、盐厂六队遗址、盐厂二队第一地点、盐厂二队第二地点、盐厂二队第三地点。除盐厂二队第二地点时代为战汉时期外,其他几处遗址采集遗物与海丰镇遗址非常相似,其中大左庄遗址和盐厂二队第三地点还发现了唐代遗物,遗址时代为唐至金元时期,这两处遗址为研究海丰镇遗址的历史变迁提供了依据和实物线索(图四)。

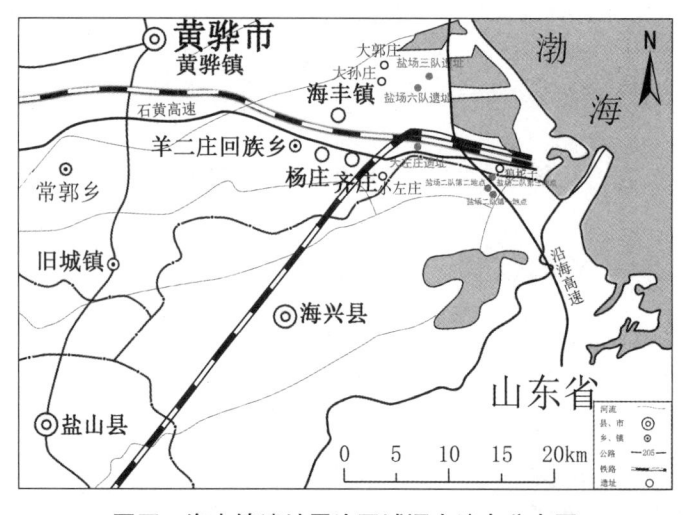

图四　海丰镇遗址周边区域调查遗存分布图

另外，因农田建设破坏，我们对大左庄遗址进行了抢救性试掘，发现了卤水井、卤水沟、盐灶、淋卤坑和储灰坑等盐业遗迹（图五），并出土了一定数量的陶、瓷遗物（图六）。通过对出土遗迹的形制、包含物、相对关系和遗物的年代判定，初步可以确定大左庄遗址是一处唐代的制盐作坊。通过对遗迹功能的复原，基本可以还原一套完整的制盐工艺流程：取卤—输卤—沉淀—刮卤提纯—淋卤—储卤—上灶煮盐。大左庄煮盐遗址是全国揭露的为数不多的盐业遗址之一，更是目前揭露的北方地区最为

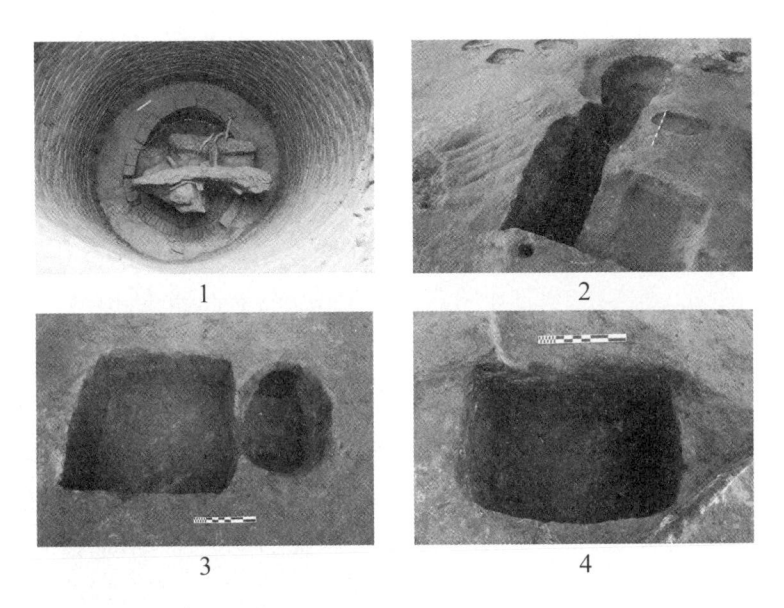

图五　大左庄遗址出土的遗迹

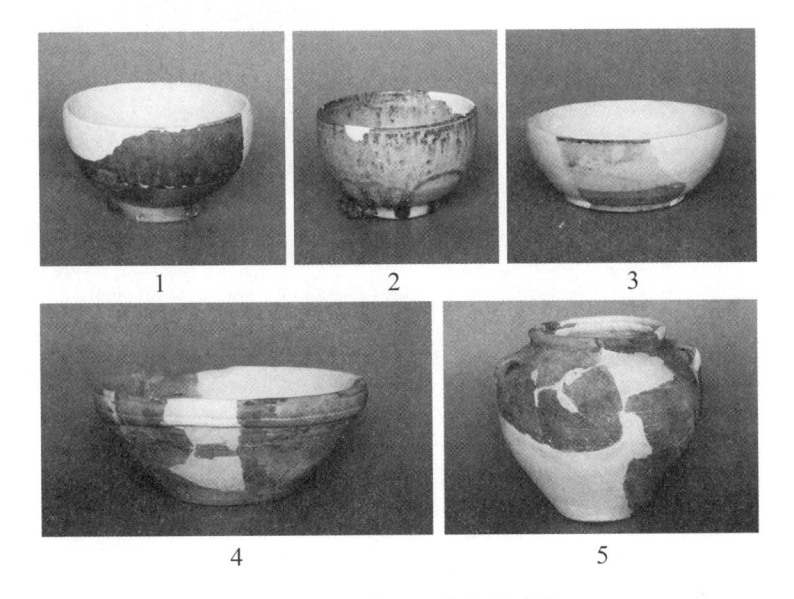

图六　大左庄遗址出土的遗物

完整的唐代制盐作坊,填补了河北地区盐业考古的空白。从周代开始,黄骅沿海地区就有"煮海为盐"的传统,这次考古发现从实物上佐证了黄骅地区的千年盐业史:至少从唐代开始,规模化的煮盐活动就已经出现了。

四、海丰镇遗址地球物理(高精度磁法勘察)考古勘探

2016年7月12日—8月12日,国家文物局水下文化遗产保护中心、中国地质大学地球物理与空间信息学院、河北省文物研究所、黄骅市博物馆共同合作,对海丰镇遗址区使用地球物理方法进行考古调查,主要任务是探测发现海丰镇遗址考古物探测区内掩埋在地下未被发现的沉船、码头等与古河道有关的遗存所引起的异常的物理场变化,通过对所采集资料的进一步处理和解释,提供引起物理场异常变化的场源的位置、形态和埋深等信息,以便于考古人员使用铲探进行验证和评价物探考古工作的效果。

本次考古物探完成了55900平方米的14300个测点的高精度磁法考古调查测量任务。在各个测区的调查均发现了明显的磁异常,通过磁性磁异常剖面曲线判别和磁测现场工作记录结合进行场源识别的方式以及现场核查等工作过程,除三个磁异常外(0、1、3号测区各一个),其余全是由地面人文设施和地形变化等磁性场源引起的磁异常;没有发现赋存于地下的沉船以及具备一定规模的局部古代遗存引起的磁异常的特征;在0、1、3号测区发现的具有条带状特征的磁异常,经过认真判断和空间延拓处理及趋势分析处理,初步解释为疑似古河道引起的磁异常(图七)。

图七 物探解释推断示意图

虽然本次物探没有发现明显的码头、沉船等地下遗存,但是基本上确定了遗址东部古河道的具体位置,与考古勘探的结果相吻合。这是一次传统考古与物探手段相结合的大胆尝试。

五、考古发掘

2016年7月中旬至12月底,河北省文物研究所、国家文物局水下文化遗产保护中心、黄骅市博物馆联合对海丰镇遗址进行考古试掘,发掘地点为遗址理论布方中的TN35E18、TN36E18、TN37E18三个探方,布方均为10米×10米,发掘面积共300平方米,发现房址8座、道路1条、灶9座、火炕2座、灰坑53座、灰沟5条、铺砖遗迹12处(图八)。出土可复原器物503件(套),包括瓷器、陶器、骨器、石器、铁器、铜器等。

图八　海丰镇遗址发掘区正射影像

1. 地层堆积

通过试掘发现,遗址内地层堆积较厚,最厚处可达4米,文化层大致分10层,南部较北部略厚。①层为耕土;②至⑤层为元代文化层,包含大量碎砖和残瓦片,陶、瓷片相对少一些;⑥至⑩层为金代文化层,相对碎砖残瓦较少,而陶瓷片较多,遗迹也较为丰富(图九)。

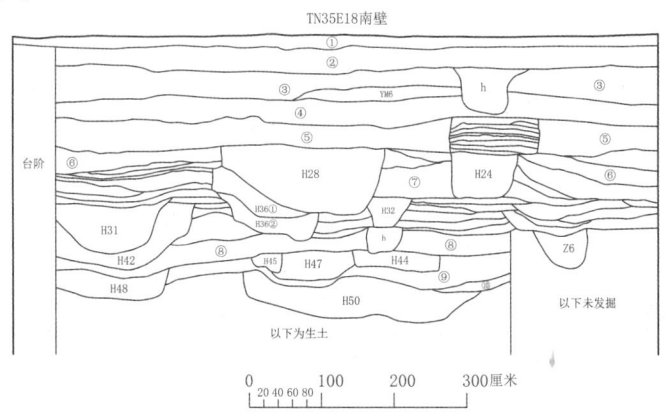

图九　TN35E18南壁剖面

2. 元代遗存

遗迹：元代遗迹数量较少，从类型上看有道路、房址、灰坑、灶、铺砖遗迹等。其中道路一条（图十），大致东西走向，宽5—7米，厚约1.4米，表面坑洼不平，经多次修补，路土为青灰色，土质非常坚硬，填土中包含的碎砖瓦和陶瓷残片比较多，道路两侧有平立砖砌筑的遗迹，推测有类似于现代路牙石的功效（图十一）。房址多残破，无法辨别原来的形状和大小，墙体多用单排砖砌筑，未发现柱洞和墙基（图十二）。灰坑多为圆形、椭圆形和不规则形。灶为小土灶。

图十　元代路面

遗物：遗物不甚丰富，主要有陶器、瓷器、骨器、铁器、铜钱等。陶器主要为泥质灰陶和泥质红陶，器型比较单一，主要有盆和罐。瓷器有白瓷、钧瓷、白釉褐彩、黑釉等，器型以碗为大宗，也有盆、罐、盘等（图十三）。另外还出土了数量众多的娱乐类遗物，如围棋子和骰子等。

图十一　路面两侧路牙砖　　　　图十二　元代房址（F1）

1　　　　2　　　　3

图十三　出土的元代遗物

3. 金代遗存

遗迹：金代遗迹发现的数量、种类和保存状况都明显好于元代。主要有道路、房址、火炕、灶、灰坑、灰沟、铺砖遗迹等。道路宽6—8米，厚约1.7米。该路从黄沙土上开始使用，最底层路面凹洼不平，似有车辙痕迹（图十四）。大部分路土为青灰色，土质坚硬，有明显分层，一般5—10厘米，填土中掺杂草秸、碎砖瓦、陶瓷片、小石块和铜钱等。早期路两侧有明显的路沟分布（图十五），随着道路的使用到晚期路沟废弃，道路两侧出现砖筑路牙或建筑；房址主要分布在路的北侧，多为方形和长方形，其中F7（图十六）和F8（图十七）尚可看出房址的大致形状和结构，墙体使用单排

图十四　L1车辙痕迹

图十五　L1两侧路沟

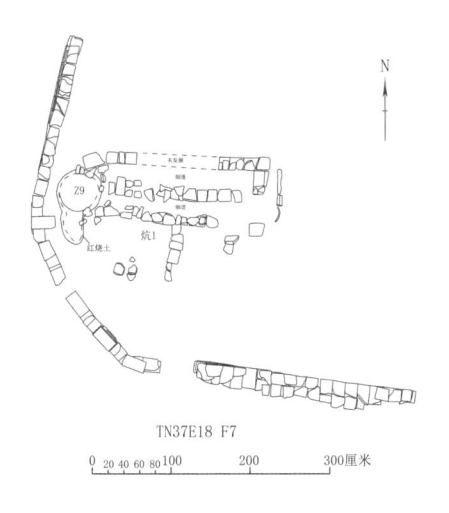

图十六　F7平面图

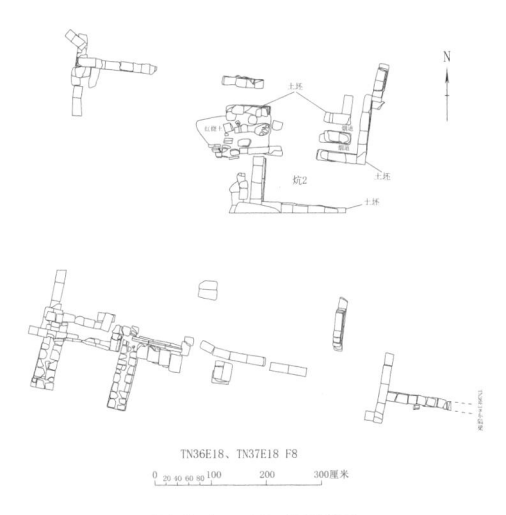

图十七　F8平面图

砖砌成。房址内北部均有火炕，火炕始端设有灶。房址与道路之间为踩踏面堆积，踩踏面分层明显，层厚5—10厘米，宽2—3米；除道路和房址外，还发现数量较多的灶和火炕遗址。从建筑材料上来看，灶可以分为土灶和砖灶两类，其中砖灶多以圆形为主（图十八），土灶更多为椭圆形（图十九）；火炕也可分为土坯炕（图二十）和砖炕（图二十一）两类，由1个灶和2条火道组成；金代灰坑发现的数量明显多于元代，且出土的遗物数量更多，种类更全，灰坑平面形状有圆形、椭圆形和不规则形。

图十八　砖灶（Z7）

图十九　土灶（Z8）

图二十　土坯炕

图二十一　砖炕

遗物：除陶器、瓷器、铁器和铜钱等一般遗物外，还有鱼鳞、鱼骨和螃蟹爪等海洋生物遗存，这在其他遗址中是比较少见的。陶器主要为泥质灰陶和泥质红陶，也有少量磨光黑皮陶，器型主要是盆和罐；瓷器有白釉、钧釉、青釉、黑釉、褐釉，装饰手法有刻划花、印花、白底黑彩，窑口有磁州窑、定窑、井陉窑、耀州窑、景德镇窑等。器型也以碗为大宗，另有盆、盘、瓶、盏、盒等（图二十二）。

发掘表明，海丰镇遗址以金代遗存为主，元代虽仍在延用，但是无论是出土的遗迹还是遗物，都反映衰落迹象，与文献记载基本吻合。通过考古试掘，对横穿遗址的东西向道路和遗址内部功能分区也有了初步认识。解剖的道路宽5—8米，堆积厚达3米多，土层坚硬，掺杂草秸，有明显分层，从金代到元代一直使用，证明这条路是遗

· 河北黄骅海丰镇遗址考古发现与初步认识 ·

图二十二　出土的金代遗物

址内的一条主要交通干道。房址依道路的走向而建，主要分布在的北侧，再往北距此不远处，2000 年曾因修铁路发掘过，也发现过大量的房址，结合两者分析，遗址的中北部应该是当时的居住区。

六、主要收获及认识

自 2015 年以来，对海丰镇开展的一系列考古工作，取得了一定的收获，概括起来有以下几方面：

第一，搞清了遗址本身的范围，确认了遗址的边界和丰富区范围，明确了古柳河的位置、走向和流经区域及其沿线古文化遗存的分布状况，特别是河道沿线发现 6 处不同时期的城址，证明了古柳河的重要性，为开展河北境内古代各瓷窑址的水运交通线路研究和海丰镇港口遗址瓷器来源研究提供了支持。

第二，在海丰镇遗址周边区域发现了众多金元时期的遗址，为研究以海丰镇为代表的金元时期沿海聚落群提供了基础。特别是大左庄遗址的发现，该遗址与海丰镇遗址空间上距离比较近，时代上也有前后延续性，通过对二者比较研究，可以掌握海丰镇港口的历史变迁和发展脉络。尤其是发现重要的唐代煮盐遗迹，对研究海丰镇遗址早期以盐为对象的贸易形态具有重要意义。盐业考古近年发展迅猛，开展工作较早的山东和川渝地区更是取得了很大的成果。河北虽然有着悠久的海盐生产史和丰富的盐业遗存，尤其长芦盐区是中国最古老和最大的盐区之一，也是中国七大海盐产区中最著名的盐区，其范围北起山海关、南到海兴，但由于各方面的原因，河北尚未开展过专门针对盐业考古的考古工作，以往考古发现的古代煮盐遗址也寥寥无几。因此，大左庄遗址的发现，对开展河北盐业考古是难得的重要考古资料，也为开展河北盐业考古研究提供了契机，更填补了我国唐代盐业考古的空白。

第三，地球物理（高精度磁法勘察）考古勘探的开展，虽然未能具体确定地下遗迹的状况，但是基本上确定了遗址东部古河道的具体位置，这与考古勘探结果相吻合，是一次传统考古与物探手段相结合的大胆尝试，为日后进一步开展跨学科合作提供了范例。

第四，根据考古勘探和考古发掘结果分析，对遗址内部的功能分区有了基本的认识：遗址东部近河道处大面积的踩踏面分布可能是仓货储存区，而古河道内的踩踏面则极有可能是与航运相关的码头遗迹。遗址东北部发现的密集的窑址，虽未经发掘确认其性质是窑址还是盐灶，但作为遗址手工业作坊区的性质可以肯定。房址集中分布在遗址的中北部，而且顺道路的走向而布局，应该是当时的居住区。对遗址内部功能分区的认识，为海丰镇海丝港口性质的确定提供了有力支撑。

总之，海丰镇遗址的考古工作在探索中前进，在实践中发展，总体上推进有序，稳步前行。推进海丰镇考古的开展可以填补北方濒海口岸遗址考古的空白，对研究金代北方海上丝绸之路的形成和发展具有举足轻重的作用。同时海丰镇遗址位于古代金朝统治区，是带有明显少数民族政权色彩的濒海口岸遗址，对研究古代少数民族政权开展海运和对外贸易具有重大意义。

考古学视野下清代天津港市的发展

——以天津卫故城东城墙遗址出土闽南地区瓷器为中心

甘才超[1] 江美琪[2] 朱煜龙[3]

1. 天津市文化遗产保护中心 2. 盐城市城南新区开发建设投资有限公司 3. 苏州市考古所

  天津因其独特的地理位置和便利的运河航道成为北方地区重要的交通枢纽和货品集散地，天津的兴起依托漕运为基础。在清代康熙年间解除海禁之后，沿海贸易中闽粤商船最为活跃。从史料记载中也可看出，闽粤地区的商船多搭载本地货物到天津地区进行互通有无的商业贸易。由于史料的不完整，较难完全还原出当时贸易的盛况，但从天津卫故城东城墙遗址出土的大量闽南地区瓷器可以印证当年繁荣昌盛的南北贸易。本文从清代天津港市发展的背景、天津卫故城东城墙遗址出土的闽南地区瓷器、文献史料中关于商船来往天津贸易的记录这三个方面进行探讨清代天津港市的发展。

一、清代天津港市发展的背景

  天津位于华北平原东北部，渤海湾的西岸，是北运河、永定河、大清河、子牙河、南运河的五河汇流处，五大河流在此汇流为海河，向东可注入海。天津的地理优势使其可发展漕运和海运，天津港市地位的最初形成可追溯至唐代的军粮城，但之后因为政局因素，海洋活动长期停滞，13世纪末，元代建都北京，其所需粮食多通过海运从江浙等地运至京，天津三岔口河口成为漕粮交卸转运之所，这为天津港市的形成起到了积极的作用[1]，在明代，天津则大力发展漕运，明永乐定都北京，为满足京城巨大的

---

[1] 杨强：《北洋之利：古代渤黄海区域的海洋经济》，江西高校出版社，2005年，第408页。

粮食需要,天津作为南运河北端的终点以及直省之海口,是中部省份通过漕运往北京输送粮食的必经停靠处[1],随着漕运的发展,明代的天津城成为"神京门户,漕运咽喉",与此同时,从明中叶开始,政府允许漕船携带一定数量的土宜[2],各地商品通过漕运集聚天津,天津也逐渐发展成为一个商品集散地,带动了天津城市的兴起。清代初期,因清政府实行禁海政策,运河仍是天津商货往来最主要的通道。来往于运河上的船只,除漕船外,还有大量商船,包括"油船、茶船、杂货等项船只"[3],以及"河南、山东豆麦船只"[4]。但在乾隆年间开始,由于运河水量不足,漕运与商船争夺航道的矛盾屡有发生。"水势浅阻,一切油船、茶船、杂货等项船只未能及时流通,以致商贩稀少"[5]。因此,自运河水路到津的贸易商船逐渐减少,加之清代康熙年间解除海禁之后,沿海通道兴起繁荣,海船能够运输数量巨大的货物,在海上航行能容纳数艘商船并行,且海船航行受风向影响大,在熟练掌握航行技术的情况下能更快到达行程目的地,海道逐渐代替运河成为来天津贸易的主要通道,天津港市也在此时得到快速发展。

　　康熙开海禁前,天津海洋贸易的主要场所在山东,尤以胶州为主,海洋贸易的区域范围较小。康熙开海禁后,关东、天津、山东沿海与江浙、闽粤间均有不同程度的海洋贸易往来,而天津地区沿海贸易主要包括与关东地区的粮豆贸易以及与闽粤、江浙地区互通有无的南北贸易。关于天津与关东地区间的粮食贸易,清人崔旭言:"海船岁岁向关东,五谷丰收运贩通。水路不愁千里远,往来只借一篷风。"[6]从记载中可以看出,天津对关东的粮食贸易频繁,且规模较大;江浙等地每年亦有大量商货贩运来津,多为当地土产,天津城内还专门开设有贸易商店,每年定期与江浙等地贸易[7];而闽粤沿海地区在康熙以前与天津的海洋贸易联系较少,自开海禁后,随着海道的畅通,闽粤商船超越江浙,与天津保持着最密切的海洋贸易关系,往来商船数量最多且频繁,文献记载"闽广洋船及粮船装载货税居其大半,其次则自江浙等省

---

[1] 吴弘明译:《津海关年报档案汇编(1865—1888年)》,1866年天津贸易报告,天津社会科学院,2006年,第57页。

[2] (明)张学颜:《万历会计录》卷35《土宜》,第1107—1108页。

[3] 档案乾隆五十一年五月十二日征瑞奏折。

[4] 档案乾隆八年闰四月二十九日三保奏折。

[5] 档案乾隆五十一年五月一卜二日征瑞奏折穆腾额乾隆五十二年四月初四日奏折,《宫中档乾隆朝奏折》第63辑,第812—813页。

[6] 崔旭:《念堂竹枝词》,雷梦水等编:《中华竹枝词》,北京古籍出版社,1996年,第451页。

[7] 天津档案馆编:《天津商会档案汇编(1903—1911)》,天津人民出版社,2006年,第1527页。

南来货物，至北路客货并各小口所征为数均属无多"[1]，清代天津关，福建船税占了最为重要的部分，而根据记载"有时因地方荒歉，闽船来船稀少……以致货税无多。"[2]乾隆中后期，福建、广东货船所收税银占十分之三，时常有关于闽粤船只来津数量因收成不多减少而造成天津关税亏短等问题，"闽省出口木植等货亦俱稀少……以致数税银亏短。"[3]嘉庆二年，董椿奏"向赖闽粤海船来津贸易为大宗，每年进口闽粤各船均有一百数十只至一百只上下"[4]。且随着闽广贸易的不断扩大，天津税关对闽粤与天津之间的贸易出台了一系列优惠政策。乾隆三十六年六月"照得闽粤商船来贸易，历任念其远涉重洋，风涛颠险，均有宽税之条。"[5]闽粤商船在此背景下，更加积极地前往天津地区开展商业贸易活动。

从以上梳理中可以看出，清代天津港市的大发展主要得益于清代康熙年间解除海禁的政策，在允许国内沿海贸易的历史大背景的推动下，天津逐渐成为环渤海地区重要的海港城市。而闽粤地区作为天津最主要的海上贸易伙伴，从考古出土器物和文献史料记载两个方面都得到了充分的体现。

二、天津卫故城东城墙遗址出土闽南地区瓷器

天津市文化遗产保护中心分别于 2017 年 11 月至 2018 年 2 月、2019 年 11 月至 2020 年 1 月对天津卫故城东城墙遗址展开了两个阶段的考古发掘工作，这是首次对天津卫故城遗址进行的科学考古发掘工作。通过考古发掘，在各个时期的地层堆积以及 G1、G2、G3、L1、Q1 等遗迹单位中出土了瓷器、陶器、金属类、石器及玻璃器等各类遗物 2000 余件，尤以瓷器为最多，陶器次之，其他类别则较少。

出土的瓷器数量最多且类别亦复杂多样，其中有部分瓷器从胎釉特征、造型纹饰、制瓷工艺等方面能看出具有很明显的闽南地区瓷器的风格（表一）。笔者从中

---

[1] 道光二十六年十一月二十四日长芦盐政沈拱辰奏，《为天津关税应仍照旧征银毋庸银钱兼收事》，军机处录副奏折，03—3168—047。

[2] 直隶总督高斌奏，乾隆十年五月十七日，《宫中朱批奏折·财政类·关税项》，中国第一历史档案馆藏。

[3] 觉罗用德奏，乾隆四十八年正月十五日，《宫中朱批奏折·财政类·关税项》，中国第一历史档案馆藏。

[4] 《宫中档乾隆朝奏折》第 3、4 辑（5），第 649—650 页。

[5] 天津市档案馆，天津社会科学院历史研究所，天津市工商业联合会：《天津商会档案汇编（1912—1928）》，天津人民出版社，1994 年，第 2110 页。

挑选出部分比较具有代表性的做了简要分析研究,现将其介绍如下:

表一　闽南地区瓷器风格特征

工艺风格	闽南窑口
胎质	大部分瓷器的胎质多细腻洁白,但也有淘洗不精,含杂质较多的瓷器
釉色	部分瓷器釉面泛白色光泽,大部分瓷器釉色白中泛青、泛青绿、泛灰、泛黄,釉面色泽发暗;部分瓷器器外底心无釉或内底心刮釉一周,大部分瓷器内外满釉,唯足端处刮釉一周
纹饰特征	青花瓷的装饰多为变体灵芝纹、花篮纹、过墙云龙纹、变体梵文、圆点纹、模印变体福寿纹等,主要装饰技法有绘和印,青花装饰具有极强的闽南地区民窑瓷器草率随意的风格,青花较浓重有晕染,厚聚发青黑,崩裂似裂纹状;五彩瓷多是在白瓷釉上彩绘入窑二次烧成,釉上彩痕迹明显,色彩为红、蓝、黄、绿、紫五色,纹饰多为花卉纹、缠枝花卉纹、吉祥图案为主
制瓷工艺	采用轮制法与模制法相结合
装烧工艺	部分瓷器在圈足处粘连壳和窑砂,推测装烧时以稻壳和砂作为间隔具;部分瓷器口沿无釉或有涩圈,推测为对口烧和涩圈叠烧

(一)青花瓷

1. 青花碗

依口腹特征分四型:

A 型,敞口,依腹部及内底特征分四亚型:

Aa 型,浅弧腹,内底宽平,圈足。2019TNDG3:12,可复原。胎白色且胎质细腻,釉色白中显灰,釉面色泽发暗,内壁施满釉在内底心处刮釉一周,外壁施满釉至圈足内,足端处刮釉一周,圈足粘窑砂。青花色泽发灰,外壁腹部上印有变体纹章纹。口径15、足径8、高5.4厘米(图一,4)。

Ab 型,浅弧腹,内底圆弧,圈足。2017TNDG3:92,可复原。胎白色且胎质细腻,釉色白中显灰,釉面色泽发暗,内壁满釉,外壁施釉至圈足内,足端处刮釉一周。青花色泽发蓝,内外壁绘有草叶纹,外腹部上绘过墙龙纹和云气纹。口径14.5、足径7.1、高6.8厘米(图一,10)。

Ac 型,深弧腹,内底宽平,圈足。2017TNDG3:183,可复原。胎白色且胎质细腻。釉色偏白,釉面色泽莹润,内壁施满釉在内底心处刮釉一周,外壁施釉至圈足内,足端处刮釉一周。青花色泽发蓝,内底心上绘梅点纹,外壁上绘简笔花卉纹,圈足内墨书字款。口径16.3、足径8.5、高7.4厘米(图一,12)。

Ad 型，深弧腹，内底圆弧，圈足。2019TNDG2：343，可复原。胎白色且胎质细腻。釉色白中显青，釉面色泽发暗，内壁满釉，外壁施釉至圈足内，足端处刮釉一周。外口沿绘青花三圈弦纹，外壁绘青花缠枝花卉纹，足外墙绘青花双圈弦纹，足底绘青花方形画押款。口径 15.6、足径 5.8、高 5.7 厘米（图一，13）。

B 型，撇口，依腹部及内底特征分两亚型：

Ba 型，斜弧腹，内底宽平，圈足。2017TNDG2：116，可复原。胎白色且胎质细腻。釉色白中显青，釉面色泽发暗，内底刮釉露胎，外壁施釉至圈足内，足端处刮釉一周。釉下开片，外口沿绘青花双圈弦纹，外腹中部印青花变体福寿纹，外腹下部绘青花双圈弦纹，足外墙绘青花双圈弦纹。器物内外壁有铜钉修补痕迹。口径 15、足径 7.7、高 6.7 厘米（图一，5）。

Bb 型，圆弧腹，内底圆弧，圈足。2017TNDL1：37，残存口沿腹部及少量底足部分。胎白色且胎质细腻，釉色白中显青，釉面色泽发暗，内壁满釉，外壁施釉至圈足内，外足端刮釉一周。青花色泽发蓝，内口部及下腹部绘双圈弦纹，外腹部上绘有龙纹，下腹部绘倒立蕉叶纹。口径 15.6、残高 6.7 厘米（图一，6）。

C 型，口沿外撇，深弧腹，下腹弧收，圈足。

2017TNDG2：120，可复原。胎白色且胎质细腻。釉色白中显青，釉面色泽发暗，内壁满釉，外壁施釉至圈足内，足端处刮釉一周。内口沿绘青花草叶纹，内腹下部绘青花双圈弦纹，外口沿绘青花双圈弦纹，外壁绘青花游龙纹，外腹下部绘青花单圈弦纹，足外墙绘青花双圈弦纹。口径 15.3、足 8.3、高 7.5 厘米（图一，7）。

D 型，折腹。

2017TNDL1：39，残存口部及腹部。胎白色且胎质细腻，釉色白中显青，釉面色泽发暗，内外腹满釉。青花色泽发蓝，内外口部及内壁下腹部近底处绘双圈弦纹，外腹部上绘有变体梵文。口径 17.6、残高 7.8 厘米（图一，8）。

2. 青花小碗

依口部特征分三型：

A 型，敞口，依内底特征分两亚型：

Aa 型，弧腹，内底宽平，圈足。2017TNDG3：646，可复原。胎白色且胎质细腻。釉色白中显青，釉面色泽发暗，内壁满釉，外壁施釉至外足墙近底处，足端处刮釉一周。外口沿绘圈点纹，外腹底绘花卉纹。口径 9.8、足径 5、高 4.2 厘米（图一，1）。

Ab 型，弧腹，内底圆弧，圈足。2019TNDG2：2，可复原。胎白色且胎质细腻。釉色白中显青，釉面色泽发暗，内壁满釉，外壁施釉至圈足内，足端处刮釉一周。内腹下部绘青花双圈弦纹,内底绘青花草叶纹,外腹绘双排青花开光变体灵芝纹,足外墙绘青花双圈弦纹。内底有垫烧痕迹。口径11.6、足径4.9、高4.8厘米(图一,9)。

B型,撇口,以内底特征分为两亚型:

Ba型,弧腹,内底宽平,圈足。2019TNDG3:243,可复原。胎白色且胎质细腻,釉色白中显灰,釉面色泽发暗,内壁施满釉在内底心处刮釉一周,外壁施釉至圈足内,足端刮釉一周。青花色泽发蓝,内口部及下腹部绘双圈弦纹,内底绘花卉纹。外壁腹部印变体福寿纹,下腹部及腹足交界处绘双圈弦纹。圈足中间绘简笔花卉纹。足端粘窑砂。口径13.6、足径7.7、高6厘米(图一,11)。

Bb型,弧腹,内底圆弧,圈足。2017TNDL1:47,可复原。胎白色且胎质细腻,釉色白中显青,釉面色泽发暗,内壁施满釉在内底心处刮釉一周,外壁施釉至圈足内,外足端刮釉一周。青花色泽发蓝,内口部即下腹部近底处会双圈弦纹,外腹部上绘有花卉纹,外壁下腹部即下腹近圈足处绘双圈弦纹,在两处弦纹形成的弦纹带中绘规则的草叶纹。口径14.6、足径7、高6.1厘米(图一,2)。

C型,口沿外撇,深弧腹,下腹鼓收,圈足。

2019TNDG2:232,可复原。胎白色且胎质细腻。釉色白中显青,釉面色泽发暗,内壁满釉,外壁施釉至圈足内,足端处刮釉一周。内口沿绘青花草叶纹,内腹下部绘青花双圈弦纹,外腹部绘青花草龙纹。口径15、足径7.6、高6.1厘米(图一,3)。

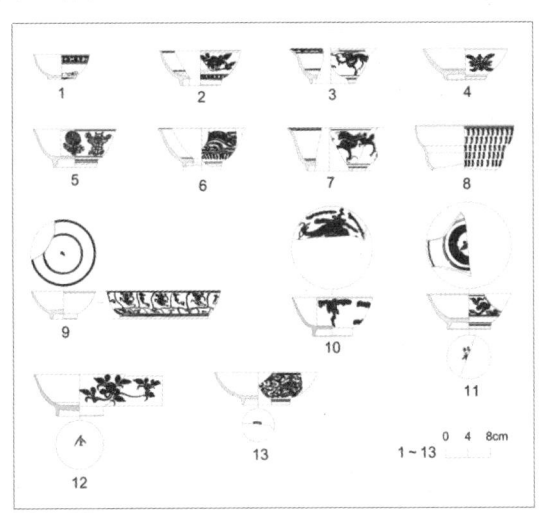

图一 青花碗、小碗线图

1.青花小碗Aa型(2017TNDG3:646) 2.青花小碗Bb型(2017TNDL1:47) 3.青花小碗C型(2019TNDG2:232) 4.青花碗Aa型(2019TNDG3:12) 5.青花碗Ba型(2017TNDG2:116) 6.青花碗Bb型(2017TNDL1:37) 7.青花碗C型(2019TNDG2:120) 8.青花碗D型(2017TNDL1:39) 9.青花小碗Ab型(2019TNDG2:2) 10.青花碗Ab型(2019TNDG3:92) 11.青花小碗Ba型(2019TNDG3:243) 12.青花碗Ac型(2017TNDG3:183) 13.青花碗Ad型(2019TNDG2:343)

3. 青花大盘

依腹部特征分两型：

A型，敞口，斜弧腹，胎体厚重，圈足。

2019TNDG3：386，可复原。胎色发灰，胎质致密，釉色白中显灰色，釉面色泽发暗，内壁施满釉在内底心处刮釉一周，外壁施釉至外足端，圈足露胎。青花色泽发蓝，内壁腹部上绘有三排变体梵文。口径23.6、足径14、高4.5厘米（图二，10）。

B型，敞口，斜直腹，圈足。

2019TNDG2：165，可复原。敞口，斜直腹，圈足。胎白色且胎质细腻。釉色白中显青，釉面色泽发暗，积墨处釉色发黑，内壁施满釉在内底心处刮釉一周，外壁施釉至圈足内，足端及足内刮釉。器物釉下开片。内壁绘开光青花花卉纹，外口沿绘青花单圈弦纹，外腹下部绘青花双圈弦纹。外壁及底部有铜钉。口径26.4、足径13、高5.6厘米（图二，11）。

4. 青花盘

依口部特征分三型：

A型，敞口，以腹部特征分为两型：

Aa型，斜弧腹，圈足。2019TNDG2：123，可复原。胎色灰白，胎质细腻。釉色白中显青，釉面色泽发暗，积墨处发黑，内壁满釉，外壁施釉至圈足内。内底绘青花花卉纹。口径19.5、足径11.1、高3厘米双圈弦纹，内底绘花卉纹。外壁素面无纹饰。口径18.6、足径11、高3厘米（图二，6）。

Ab型，斜直腹，圈足。2019TNDG2：189，可复原。胎色灰白，胎质细腻。釉色白中显青，釉面色泽发暗，内壁施满釉在内底心处刮釉一周，外壁施釉至足外墙近底处，足端处刮釉一周。器物釉下开片。内壁绘青花花卉纹，外腹上部绘青花双圈弦纹，外腹下部绘青花双圈弦纹，积墨处发黑。口径19.6、足径8.9、高4.2厘米（图二，7）。

B型，撇口，弧腹，圈足。

2017TNDT0203①：4，可复原。撇口，弧腹，圈足。胎白色且胎质细腻，釉色白中显青，釉面色泽发暗，内壁满釉，外壁施釉至圈足，外足端及圈足内刮釉一周。青花色泽发蓝，内口部及下腹近底心处绘双圈弦纹，内腹部绘变体灵芝纹，内底心绘花卉纹。口径18.4、足径10.8、高3.2厘米（图二，8）。

C型，折腹，圈足。

2017TNDG2：121，可复原。胎白色且胎质细腻。釉色莹润呈白色光泽，内壁满釉,外壁施釉至圈足内,足端处刮釉一周。内口沿、内腹中部绘青花单圈波浪粗弦纹,弦带内绘草叶纹。内腹下部绘青花双圈弦纹,内底绘青花花卉纹,外口沿绘青花单圈弦纹,外腹绘青花花卉纹,外腹下部绘青花单圈弦纹。口径21、足径12.7、高3.4厘米(图二,9)。

5.青花小盘

依口腹特征分三型:

A型,敞口,以腹部特征分为两亚型:

Aa型,11件,斜弧腹,圈足。2019TNDG3∶377,可复原。胎白色且胎质细腻。釉色白中泛灰,釉面色泽发暗,内口沿有芒口,外壁施釉至圈足内,圈足内有部分刮釉现象。内口沿绘单圈弦纹,内下部绘双圈弦纹,弦带内绘一周花卉纹,内底绘青花花篮纹。口径14.4、足径8.4、高1.9厘米(图二,4)。

Ab型,腹部斜直,圈足。2017TNDL1∶133,可复原。敞口微撇,腹部斜直,圈足。胎白色且胎质细腻,釉色白中显青,釉面色泽发暗,口部刮削,内壁满釉,外壁施釉至圈足内,外足端刮釉一周。青花色泽发蓝,内壁腹部及内底心绘蓝地花卉纹,内壁下腹部近底处绘双圈弦纹。口径14.6、足径9.2、高2.9厘米(图二,5)。

B型,撇口,弧腹,圈足。

2019TNDG3∶84,可复原。胎白色且胎质细腻。釉色白中显青,釉面色泽发暗,内壁满釉,外壁施釉至圈足内,足端处刮釉一周。内口沿绘单圈弦纹,内壁绘变体灵芝纹,外壁绘杂宝纹,外下部绘双圈弦纹,圈足内绘文字"明元"款。口径13.6、足径8.4、高2.1厘米(图二,2)。

2017TNDG3∶289,可复原。胎白色且胎质细腻。釉色白中泛灰,内壁满釉,外壁施釉至圈足内,足端处刮釉一周。内口沿绘单圈弦纹,内下部绘双圈弦纹,内底绘花卉纹,外口沿绘单圈弦纹,外下部绘单圈弦纹以及草叶纹。口径15、足径6.2、高2.4厘米(图二,1)。

C型,敞口,折腹,圈足。

2019TNDG3∶371,可复原。胎白色且胎质细腻。釉色白中泛灰,内壁满釉,青花积釉处泛黑,外壁施釉至圈足内,足端处刮釉一周。内上部绘深蓝条带纹,内腹部绘双圈弦纹,内底绘双圈弦纹,内底心绘博古花篮纹,外下腹部绘草叶纹,圈足内绘双圈弦纹。口径16、足径9.8、高4厘米(图二,3)。

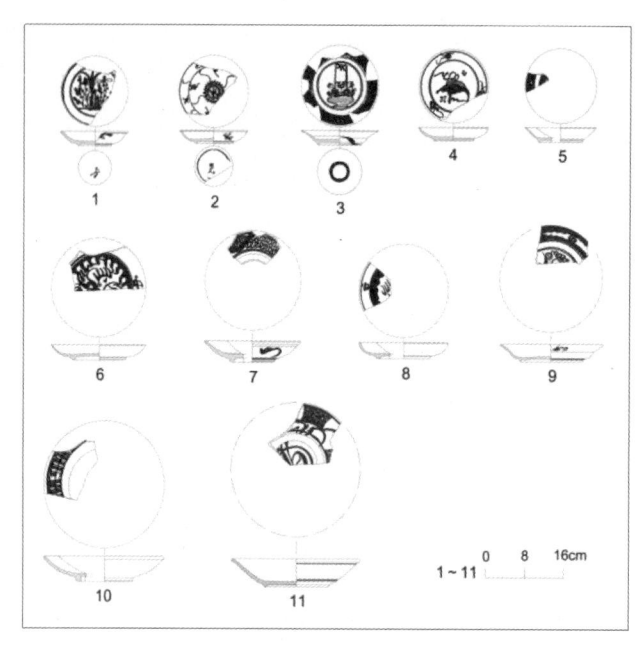

图二　青花大盘、盘、小盘线图

1. 青花小盘 B 型（2017TNDG3：289）2. 青花小盘 B 型（2019TNDG3：84）3. 青花小盘 C 型（2019TNDG3：371）
4. 青花小盘 Aa 型（2019TNDG3：377）5. 青花小盘 Ab 型（2017TNDL1：133）6. 青花盘 Aa 型（2019TNDG2：123）
7. 青花盘 Ab 型（2019TNDG2：189）8. 青花盘 B 型（2017TNDT0203①：4）9. 青花盘 C 型（2017TNDG2：121）
10. 青花大盘 A 型（2019TNDG3：386）11. 青花大盘 B 型（2019TNDG2：165）

6. 青花盏

依口腹特征分两型：

A 型，敞口，弧腹，圈足。

2017TNDG3：332，可复原。胎白色且胎质细腻，釉色白中显青，釉面色泽发暗，内壁满釉，外壁施釉至圈足内，内外壁开片，足端处刮釉一周。青花色泽发蓝，内口部及下腹部绘一圈弦纹。外口部绘双圈弦纹，外腹绘葡萄纹，圈足足墙绘双圈弦纹。口径 8、足径 1.7、高 4.7 厘米（图三，6）；2017TNDG3：135，可复原。胎白色且胎质细腻，釉色白中显青，釉面色泽发暗，内壁满釉，外壁施釉至圈足内，足端处刮釉一周。青花色泽发蓝，内口部及下腹部绘双圈弦纹。外壁上腹部绘带状网格花卉纹，下腹部绘蕉叶纹，外足墙绘双圈弦纹。口径 8.5、足径 3.5、高 4.8 厘米（图三，7）。

B 型，撇口，弧腹，圈足。

2019TNDG3：143，可复原。胎白色且胎质细腻。釉色白中泛灰，内壁满釉，外壁施釉至圈足内，足端处刮釉一周。外腹部上绘有花卉纹。口径 8.4、足径 4.4、高 3.3 厘米（图三，8）。

7. 青花碟

依口部特征分两型：

A型，敞口，斜直腹，圈足。

2017TNDG3∶272，可复原。胎白色且胎质细腻。釉色白中显青，釉面色泽发暗，内壁满釉，外壁施釉至圈足内，足端处刮釉一周。内口沿绘深蓝条带纹，内底绘双圈弦纹，内底心绘花篮纹，圈足内绘双圈弦纹，足心绘方形画押款。口径10.6、足径5.8、高1.6厘米（图三，10）。

B型，撇口，弧腹，圈足。

2019TNDG2∶347，可复原。撇口，斜直腹，圈足。胎白色且胎质细腻，釉色白中显青，釉面色泽发暗，内壁满釉，外壁施釉至圈足内，足端刮釉一周。青花色泽发蓝，内壁腹部绘花卉纹，内底心绘花卉纹，外口部及下腹部近圈足处绘双圈弦纹。口径10.9、足径6.1、高2.8厘米（图三，11）。

8. 青花杯

2019TNDG3∶264，可复原。敞口，斜弧腹，圈足。胎白色且胎质细腻。釉色莹润泛白色光泽，内壁满釉，外壁施釉至外足墙近底处，足端处刮釉一周。外腹部上绘有水藻纹。口径6.8、足径2.8、高3.5厘米（图三，5）。

9. 青花小杯

依口部特征特征分两型：

A型，敞口，以腹部特征分两亚型：

Aa型，腹部圆斜弧，圈足。2017TNDG2∶122，可复原。胎白色且胎质细腻，釉色白中显青，釉面色泽发暗，内壁满釉，外壁施釉至圈足内，足端刮釉一周。青花色泽发蓝，外腹部上绘有开光变体灵芝纹，下腹部绘双圈弦纹。口径4.6、足径2.2、高2.5厘米（图3∶1）。

Ab型，腹部斜直弧，圈足。2017TNDG3∶86，可复原。胎白色且胎质细腻，釉色白中显青，釉面色泽发暗，内壁满釉，外壁施釉至圈足内。青花色泽发蓝，腹部绘变体梵文。口径5、足径2.8、高2.8厘米（图三，2）。

B型，撇口，以腹部特征分两型：

Ba型，腹部圆斜弧，圈足。2017TNDG3∶222，可复原。胎白色且胎质细腻，釉色白中显青，釉面色泽发暗，内壁满釉，外壁施釉至圈足内，足底粘砂。青花色泽发蓝，内壁素面无纹饰，外壁上腹部绘网格带状缠枝花卉纹，腹足交界处绘梅点纹。口径 4.7、足径 2.3、高 2.6 厘米（图三，3）。

Bb 型，腹部斜直弧，圈足。2017TNDL1：31，可复原。胎白色且胎质细腻，釉色白中显青，釉面色泽发暗，口部刮削，内壁满釉，外壁施釉至圈足内，外足端刮釉一周。青花色泽发蓝，外壁绘团花。口径 5.3、足径 2.9、高 3.1 厘米（图三，4）。

10. 青花盒

2017TNDG1：19，可复原。子母口，直腹，圈足。胎白色且胎质细腻，釉色白中显青，釉面色泽发暗，口部刮釉一周，内外腹满釉，圈足足端刮釉一周。青花色泽发蓝，外腹部上绘有人物对弈图。口径 8.8、足径 9.8、高 3.3 厘米（图三，9）。

11. 青花汤匙

2019TNDG2：46，可复原。斗头部较圆，斗底部内凹，柄末端贴塑蝴蝶状装饰。胎白色且胎质细腻，釉色白中显青，釉面色泽发暗，底部刮釉一圈。青花色泽发蓝，内壁、底部绘缠枝花卉纹，外壁绘草叶纹。长 9、宽 4.8、高 5.6 厘米（图三，12）。

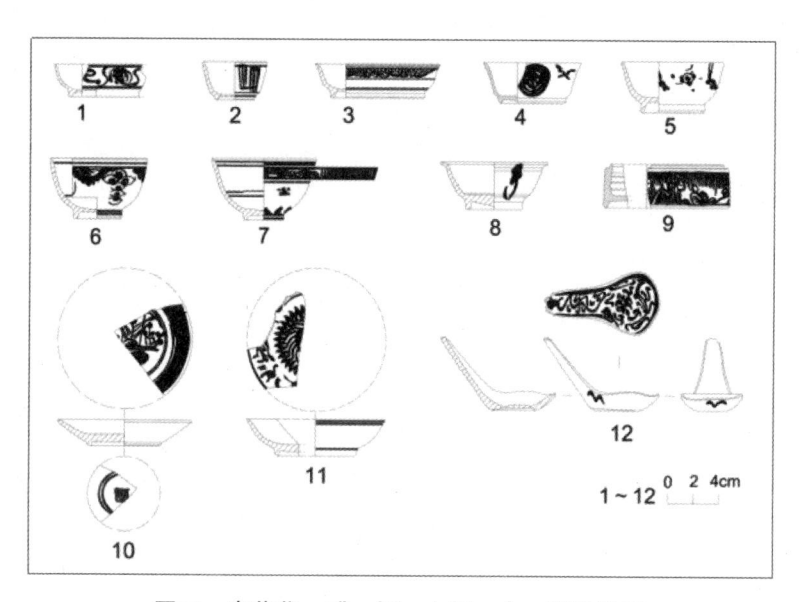

图三　青花盏、碟、杯、小杯、盒、汤匙线图

1. 青花小杯 Aa 型（2017TNDG2：122）2. 青花小杯 Ab 型（2017TNDG3：86）3. 青花小杯 Ba 型（2017TNDG3：222）4. 青花小杯 Bb 型（2017TNDL1：31）5. 青花杯（2019TNDG3：264）6. 青花盏 A 型（2017TNDG3：332）7. 青花盏 A 型（2017TNDG3：135）8. 青花盏 B 型（2019TNDG3：143）9. 青花盒（2017TNDG1：19）10. 青花碟 A 型（2017TNDG3：272）11. 青花碟 B 型（2019TNDG2：347）12. 青花汤匙（2019TNDG2：46）

（二）白釉瓷

1. 白釉小碗

依口部特征分两型：

A 型，敞口，弧腹，圈足。

2017TNDG3∶253，可复原。胎白色且胎质细腻，釉色白中显青，釉面色泽发暗。内壁满釉，外壁施釉至圈足内，圈足露胎。口径8.7、足径4.5、高4.3厘米（图四，3）。

B 型，撇口，腹部斜直弧，圈足。

2017TNDG3∶184，可复原。胎白色且胎质细腻，釉色白中泛黄。内壁满釉，外壁施釉至下腹部，足端及圈足内无釉。口径8.8、足径3.5、高4厘米（图四，4）。

2. 白釉杯

依口部特征分两型。

A 型，敞口，腹部斜弧，圈足。

2019TNDG2∶332，可复原。胎白色且胎质细腻。内壁满釉，口沿刮釉，外壁施釉至圈足内，足内部分刮釉。素面。口径6.2、足径2.7、高3厘米（图四，1）。

B 型，撇口，深腹，圈足。

2017TNDG1∶34，可复原。胎白色且胎质细腻。釉色白中显青，釉面色泽发暗，内壁施满釉，外壁施釉至圈足内，口沿及足端处刮釉一周。内外壁素面无纹饰。口径6、足径4、高3.3厘米（图四，2）。

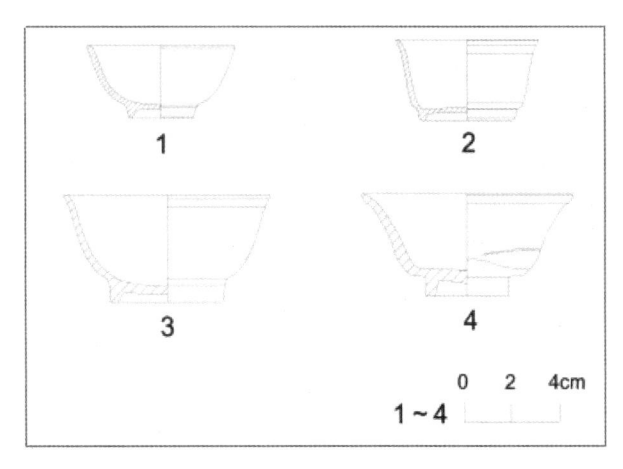

图四 白釉小碗、杯线图

1. 白釉杯 Aa 型（2019TNDG2∶332） 2. 白釉杯 B 型（2017TNDG1∶34）
3. 白釉小碗 A 型（2017TNDG3∶253） 4. 白釉小碗 Bb 型（2017TNDG3∶184）

此次发掘未发现有明确纪年款的闽南窑口瓷器，但与南海海域发现的道光二年（1822年）的泰兴号沉船出水的青花灵芝纹碗、青花变体福寿纹碗、青花圆点纹小碗、青花灵芝纹盘、青花花篮纹盘、青花梵文盘、青花缠枝花卉纹汤匙以及白釉瓷碗[1]相比而言，从胎釉特征、造型纹饰、制瓷工艺来看都非常接近甚至相同（表二），而泰兴号沉船出水的瓷器在德化窑址里也有发现[2]。另在这批闽南瓷器集中出土的单位G2中发现有景德镇纪年瓷器款识"康熙年制"，伴出的还有一定数量的铜钱，主要有康熙通宝、乾隆通宝、嘉庆通宝、道光通宝、光绪通宝等。综上推断天津卫故城东城墙遗址出土的这批数量可观、特征鲜明的瓷器应为闽南地区窑口清代中晚期瓷器。

表二 天津卫故城东城墙遗址出土瓷器与闽南窑口、沉船出水瓷器对比[3]

天津卫故城东城墙遗址出土	闽南窑口	沉船出水瓷器
青花碗 Aa 型（2019TNDG2：124）	德化洪朝坑窑采集	
青花碗 Ab 型（2017TNDG3：92）	德化浔中镇采集	
青花碗 Ac 型（2017TNDG3：183）	德化牛头尾山窑采集	
青花碗 Ba 型（2017TNDG2：116）	安溪福昌窑	泰兴号沉船出水瓷器

[1] 德化县陶瓷博物馆"泰兴号"德化陶瓷珍宝回归文物展陈。
[2] 郑炯鑫：《从"泰兴号"沉船看清代德化青花瓷器的生产与外销》，《文博》2001年第6期。
[3] 资料来源：陈建中、何翠媚等摄影：《德化民窑青花》北京：文物出版社，1999、陈建中编；《德化窑（下）》福州：福建美术出版社，2005年；孟原召：《闽南地区宋至清代制瓷手工业遗存研究》北京：文物出版社，2017：99-128、德化县陶瓷博物馆"泰兴号"德化陶瓷珍宝回归文物展陈。

续 表

天津卫故城东城墙遗址出土	闽南窑口	沉船出水瓷器
青花小碗 Aa 型（2017TNDG3：646）	德化浔中镇采集	泰兴号沉船出水瓷器
青花小碗 Ab 型（2019TNDG2：2）	德化宝寮格窑采集	泰兴号沉船出水瓷器
青花大盘 A 型（2019TNDG3：386）	安溪下尾林窑	泰兴号沉船出水瓷器
青花盘 Aa 型（2019TNDG2：123）	德化梅岭窑采集	泰兴号沉船出水瓷器
青花小盘 Aa 型（2019TNDG3：377）	德化布伏山窑	
青花小盘 B 型（2019TNDG3：84）	德化后寮垵窑采集	泰兴号沉船出水瓷器
青花小盘 B 型（2017TNDG3：289）	德化苏田窑采集	泰兴号沉船出水瓷器
青花小盘 C 型（2019TNDG3：371）	德化桐岭窑采集	泰兴号沉船出水瓷器

续 表

天津卫故城东城墙遗址出土	闽南窑口	沉船出水瓷器
青花盏 A 型（2017TNDG3：332）	德化新窑采集	
青花碟 B 型（2019TNDG2：347）	德化桂阳乡采集	
青花小杯 Aa 型（2017TNDG2：122）	德化东头窑采集	
青花小杯 Ab 型（2017TNDG3：86）	德化蜈蚣垄窑采集	
青花小杯 Bb 型（2017TNDL1：31）	德化浔中镇采集	
青花汤匙（2019TNDG2：46）	南靖窑采集	泰兴号沉船出水瓷器
白釉小碗 A 型（2017TNDG3：253）	德化后所窑采集	泰兴号沉船出水瓷器
白釉小碗 B 型（2017TNDG3：184）	德化茶林垵窑采集	

三、文献史料中关于商船来往天津贸易的记录及福建商船北上天津航线复原

现有的文献史料所展示的仅仅是很少一部分贸易船只,不能涵盖所有进出天津的贸易船只。但是在缺乏更具体和丰富的资料之前提下,它也可为我们了解当时有关天津进出口贸易实况提供重要的参考。笔者依据文献记载及前人研究将商船来往天津贸易的示例集合汇总后发现天津进出口贸易种类相当丰富,进口商品计有白糖、松糖、冰糖、糖果、胡椒、苏木、扛连纸、古连纸、大料、海粉、麒麟菜、鱼翅、橘皮、橘饼、武夷茶、烟、黄丹、橘饼、橘皮、姜、银珠、笋、乌梅、锡、鱼胶、槟榔、香蕈、粗碗、粗酒盅、调羹等商品;出口则包括枣、梨、核桃、花生、豆等物品。在详细记载所装货物的170只船里中,装载磁器的船只有50只,再对这些有具体记载搭载瓷器数量的商船进行进一步的统计梳理,集合成表三,从表三中可看出,搭载瓷器的商船全为福建商船,其中又以泉州地区的商船为主,瓷器品类多为日用瓷器,在表中每条商船装载的各类瓷器可多达数万件至数十万件,共计搭载瓷器数量超过76万余件。

表三 往天津地区的福建商船船籍及搭载瓷器种类[1]   单位:个

年代	船籍		国内瓷器							国外瓷器
			粗瓷器				细瓷器			
	省	县	粗碗盘	粗小茶盏/碟	粗酒盅/茶盅	调羹	碗盘(五簋碗、宫碗、半碗、汤碗、七寸盘、四寸盘)	酒盅茶盅	小瓷器	粗洋碗
康熙五十六年	泉州府	晋江县	25000							
		晋江县	15000							

---

[1] 资料参考 杨强:《北洋之利——古代渤黄海区域的海洋经济》的第389~396页的图表5-1,南昌:江西高校出版社,2005年;佳宏伟:《区域分析与口岸贸易——以天津为中心(1867~1931)》,表3-1,厦门大学博士论文,2007年;范金民:《清代前期福建商人的沿海北艚贸易》,明清论丛,2014年第2期。

续　表

年代	船籍 省	船籍 县	国内瓷器 粗瓷器 粗碗盘	国内瓷器 粗瓷器 粗小茶盏/碟	国内瓷器 粗瓷器 粗酒盅/茶盅	国内瓷器 粗瓷器 调羹	国内瓷器 细瓷器 碗盘（五篙碗、宫碗、半碗、汤碗、七寸盘、四寸盘）	国内瓷器 细瓷器 酒盅茶盅	国内瓷器 细瓷器 小瓷器	国外瓷器 粗洋碗
雍正元年	漳州府	龙溪县	12350							
雍正元年	泉州府	同安县	1500							
雍正元年	泉州府	晋江县	50000						28500	
雍正元年	泉州府	晋江县	25000						14000	
雍正二年	泉州府	同安县	12850	14200						
雍正二年	漳州府	龙溪县	9750					14700		
雍正二年	漳州府	龙溪县	22500							
雍正二年	漳州府	龙溪县	9750							
雍正三年	泉州府	同安县	6000							
雍正三年	泉州府	同安县	11670							
雍正四年	泉州府	同安县						2800		
雍正九年	泉州府	晋江县	100000	7000	23400	2800				
雍正九年	泉州府	晋江县	120050		27500	14000				
雍正九年	泉州府	晋江县		45000					12000	45000
雍正九年	泉州府	晋江县	90000+5篓							
雍正九年	泉州府	晋江县	18000						1800	
雍正九年	泉州府	晋江县	19000							
雍正九年	兴化府	莆田县						6740	3850	
雍正九年	兴化府	莆田县	6510							
雍正九年	兴化府	莆田县	7660		1350					
雍正九年	福州府	闽县	25000							

清中晚期的抄本"津门纪事"中记载了各地海运到天津的种种商品,也有提及福建地区的商船搭载瓷器前来天津贸易的记录,笔者将其整理成表四,从表四中可看出华南和东南亚地区的商船到天津贸易搭载的货物品类,只有福建商船搭载瓷器前来天津进行贸易,其中瓷器主要来源于泉州府的商船,进一步地说明了天津地区发现的闽南地区瓷器在清代中晚期时经由福建商船开海北上运送至天津。

表四 "津门纪事"记载各地商船运到天津的货品清单[1]

船籍	府县	别名	所载货物
广东	广东省城	广东船	冰花、洋靛、洋布、槟榔、姜黄、大料等
	潮州府	本港船	冰花、姜片、文冬、瓜丁、洋表等
	琼州府	海南船	贡粉、洋糖、赤砂、槟榔等
	琼州府凌水县	凌水船	赤砂、小青尾
	雷州府	海北船	贡粉、赤砂
福建	漳州府诏安县	黄港船	冰花、大矻等
	福建来、糖货出漳州府	厦门船	贡粉、桶冰糖、橘饼、姜片、贡川连、莲子等
	福建泉州府	泉州船	泉青糖、磁器
	福建台湾府	台湾船	顶冰花、台青等
	福建延平府	福州船	冬笋、南米酱、姜片、红柏、松香、锡箔等
暹罗船			贡粉、顶冰、藤黄、古月等
安南船			冰花尾、槟榔、雪花尾、古月等
加板船			运粮船,稍带洋杂货物等
火龙船			从外番西洋南方来,洋杂货俱载

同时,根据英国伦敦大学藏清代闽南船家的道教科仪抄本《安船酌钱科》(编号 OR12693/18),其为福建漳州海澄县人所作,内容反映了闽南民船出港航路形势,其中的"上北"部分里罗列了从海澄出发去往国内北方地区的航路[2]。从中可得知福建商船北上贸易的主要目的地有:宁波、苏州、上海、天津。笔者依据《海路针经》

---

[1] 资料参考:关文斌:《清代天津商品流通与市场体系:抄本"津门纪事"初探》,城市史研究,2010年第1期。

[2] 陈佳荣、朱鉴秋执行主编:《中国历代海路针经》(下),广州:广东科技出版社,2016年,第871—872页。

的古代针路往来地名表[1]和清代历史地图集[2]中能寻找到的关于航线里的地名说明,还原福建商船北上天津地区的航线如下:漳州本港澳(海澄县)→大担(厦门和金门附近的岛屿)→小担→寮罗(金门岛东南部海湾)→烈屿(金门最大的外岛)→围头(泉州三湾之一)→永宁(今属福建泉州晋江东南)→松系(祥芝,今属福建泉州晋江东部)→大队(大坠)→搭窟(獭窟,入泉州港必经之地,今属福建省惠安县)→宗武(今属福建省泉州惠安崇武半岛)→大小族(大小岞)→湄洲(今属福建省莆田市东南海岛)→平海(今属福建省莆田市)→南日(今属福建省莆田市南日岛)→门扇后→小万安→沙澳→宫仔前→古屿门→磁澳(今属福建省长乐市)→白大门(白犬门,今属福建省长乐市)→关童→定海(今属福建省福州市)→小埕(今属福建省福州市连江县)→鸡母澳→北胶(北茭,今属福建省宁德市)→大西洋→老湖→三沙(今属福建省宁德市)→风火门(烽火门,今属福建省宁德市)→棕蓑澳→纲仔澳→镇下门(今属浙江省温州市)→草屿→金香澳→盐田→琵琶屿→凤凰(今属浙江省温州市)→三盘→乌洋→薯节澳→石堂→吊枋→鲎壳澳→网仔安→田招→白带门→牛头门→佛头山(今属浙江省台州市)→大急水→泥龙澳→牛平山→浯驱澳→青门→连蕉洋→孝顺门→旗头→舟山(今属浙江省舟山市)→番船潭→龙潭→镇海关(今属浙江省宁波市)→宁波府→马头山(今属山东半岛东端石岛湾)→尽山头(成山角,今属山东省荣成市)→朱五岛(芝罘岛,今属山东省烟台市)→清州庙岛(今属山东省烟台市)→天津港口(图5)。

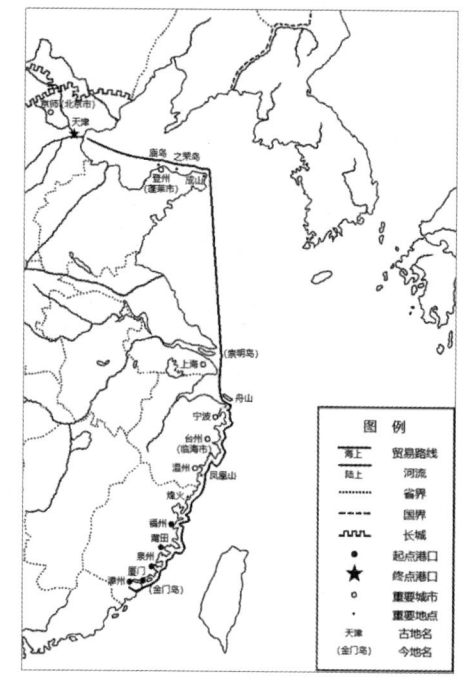

图五 清中晚期闽南地区瓷器运送至上海、天津地区航运图[3]

---

[1] 陈佳荣、朱鉴秋执行主编:《中国历代海路针经》(下),广州:广东科技出版社,2016年,第1157—1222页。

[2] 谭其骧主编:《中国历史地图集:第8册:清时期》,北京:中国地图出版社,1982年,第7—11、16—17、22—23、31—32、42—43页。

[3] 依据松浦章:《清代帆船沿海航运史の研究》,关西大学出版部,2004年第1版,第44页"清代沿海地图",以及陈佳荣、朱鉴秋主编:《中国历代海路针经》(下),广东科技出版社,2006年2月第1版,第871—872里提及的《安船酌献科》的"上北"航路进行改绘。

四、结语

  清初康熙年间解除海禁之后,天津的商货运输渠道除运河之外,主要扩展了海路运道,带动了天津作为海港城市的快速发展,闽粤等地商人积极活跃地载货来津贸易,乾嘉年间到津的闽粤商人不断增多,逐渐成为到天津最大的贸易对象,由于天津地区自身窑业不发达,所需的日用瓷器主要是依靠外地输入,且天津港作为华北乃至西北地区重要的海上门户,广大的腹地人口密集,日用瓷器的需求量非常之大,所以在开海禁后,福建商船才会搭载大批量的瓷器北上到天津贸易,物美价廉的闽南瓷器可以刚好满足这些地区人民的基本生活需要。两地的贸易中福建商船除了搭载瓷器也搭载了糖、茶、纸张等商品,再从天津装载棉花、豆饼、白豆、粉干、毡帽、乌枣等货回闽,优势互补的货物交流贸易可满足南北两地区的需求。而频繁的货物贸易不仅给天津增加了新的财政税收收入,闽南地区的特色商品进入天津市场还极大活跃了天津地区的商品贸易,一定程度上促进了天津地区商业的繁荣;福建商船从天津地区搭载丰富的北方货物回航,这样南来北往的海上贸易使得天津的经济辐射范围扩大到更为广大的南方沿海地区。

  而在1860年开埠之后,天津被纳入到国际贸易市场范围中,并逐步成为重要的国际贸易港口,这一时期的沿海贸易类型主要有轮船贸易与帆船贸易,其中轮船贸易对象主要是外国商货,其数量呈现不断增多的趋势,而帆船贸易仍以闽粤商船为大宗。天津的港市因运河而生、因海运而兴,又因历史大背景以及地理位置等因素的推动,天津快速发展成为北方地区最重要的港口城市和商贸中心。

周代琅邪邑与中国古代早期近海航线

郭长波[1]　杨　易[2]
1. 青岛市黄岛区博物馆　2. 青岛市城市文化遗产保护中心

青岛市黄岛区古称琅邪,周代有琅邪邑,先属莒国,后归齐国,是齐国东方重要的封邑和早期海港城市。《管子》《孟子》等古籍均记载齐桓公、齐景公欲东游琅邪,《左传》所记载的徐承率军自海伐齐也发生在这里。近年来在琅琊台周边开展的考古发现,为寻找周代琅邪邑的位置和中国早期近海航线研究提供了一些新材料。

一、琅邪邑建制

平王东迁后,周王室衰微,诸侯争霸。琅邪地处齐、莱、莒等国势力交叉地带,归属不定。《管子·戒第》言"我(齐桓公)游犹轴转斛,南至琅邪"[1]。因此,至迟于齐桓公时期,琅邪邑已经形成,并且是东夷故地的重要城邑。齐桓公即位后任用管仲为相进行改革,国力强盛,并国三十,成为春秋五霸之首。《国语·齐语》记载:"既反侵地,正其封疆,地南至于岱阴,西至于济,北至于河,东至于纪酅……即位数年,东南多有淫乱者,莱、莒、徐夷、吴、越,一战帅服三十一国。"[2]此时,齐国疆域东到纪国酅邑(今青州西北),酅邑以东的区域属于莱国和莒国。桓公所谓"游犹轴转斛,南至琅邪",是以其霸主地位而言,并非指齐国已尽有东夷之地。孙敬明先生认为,西周后期,随着周王室衰微,东夷复兴,大约在厉王时期,莒由计斤南迁至莒,旨在收复失地[3]。莒都南迁后,故都计斤和琅邪仍为莒国在东方的重要城邑,故春秋早期的

---

[1] 黎翔凤撰,梁运华整理:《管子校注》,中华书局,2004年,第507页。
[2] 徐元浩撰,王树民、沈长云点校:《国语集解》,中华书局,2002年,第232—233页。
[3] 孙敬明:《考古发现与齐史类征》,齐鲁书社,2006年,第570页。

琅邪是莒国城邑。

鲁襄公六年、齐灵公十五年（前567年），齐国灭莱。《左传·襄公六年》载："四月，晏弱城东阳，而遂围莱……及杞桓公卒之月，乙未，王湫帅师及正舆子、棠人军齐师，齐师大败之。丁未，入莱，莱共公浮柔奔棠……四月，陈无宇献莱宗器于襄宫。晏弱围棠，十一月丙辰而灭之，迁莱于郳。"[1] 王献唐先生指出："莱国都城，本与临朐相近，全部区域，在潍、淄一带，极东伸到平度。黄县又在东北，距离甚远，所有莱国的古迹，统统是鲁襄公六年齐灭莱后东迁而出现的。"[2] 杜在忠先生根据考古发现的周代遗址认为："西周前期莱国版图大致在今胶莱平原，西境达淄、涿河源域，北至海，以南为莒介之地，当不超过诸城、胶县境，向东可能伸延到半岛的大部地域。"[3] 因此，春秋时期莱国核心疆域的东界在胶莱河流域以西。齐灭莱后，其东境的计斤、琅邪仍为莒国城邑。近年来，在青岛市黄岛区出土了春秋中晚期莒国的青铜器，包括窃曲纹莒式鼎、莒式鬲（图一）等，说明这一时期曾有莒国贵族在这里活动。

图一　莒式鼎、鬲（黄岛区滨海街道出土）

齐景公时，齐国疆域向东扩展到达大沽河以西区域，《左传·昭公二十年》记载晏婴告诫景公时提到齐国疆域"聊、摄以东，姑、尤以西，其为人也多矣"[4]，姑指大沽河，尤指小姑河，这一区域原是莒国计斤地区。从齐灵公灭莱到齐景公东扩入莒，可能与鲁昭公十九年、齐景公二十五年（前523年）齐国伐莒有关。《左传·昭公十九年》："秋，齐高发帅师伐莒，莒子奔纪鄣，使孙书伐之……七月丙子，齐师入纪。"[5] 纪鄣在今江苏赣榆县北，是莒国城邑。此次齐师伐莒，一举攻占纪鄣，同时占据了齐国东境的计斤和琅邪。

《孟子·梁惠王下》曰："昔者齐景公问于晏子曰：'吾欲观于转附、朝儛，遵海而

---

[1] 杨伯峻：《春秋左传注》，中华书局，1990年，第947—948页。
[2] 王献唐：《山东古国考》，齐鲁书社，1983年，169—170页。
[3] 杜在忠：《莱国与莱夷古文化探略》，《东岳论丛》1984年第1期。
[4] 杨伯峻：《春秋左传注》，中华书局，1990年，第1417—1418页。
[5] 杨伯峻：《春秋左传注》，中华书局，1990年，第1403页。

南,放于琅邪。吾何修而可以比于先王观也?'晏子对曰:'……师行而粮食,饥者弗食,劳者弗息。睊睊胥谗,民乃作慝。方命虐民,饮食若流。流连荒亡,为诸侯忧……先王无流连之乐,荒亡之行,惟君所行也。'景公说,大戒于国,出舍于郊。"赵岐注曰:"晏子之意,不欲是景公空游于琅邪而无益于民也。"[1]晏子谏后,景公"大戒于国,出舍于郊",且赵岐的注指出景公游琅邪而未言转附、朝儛二地,说明景公时琅邪已属齐国。《说苑·正谏》言"齐景公游于海上而乐之,六月不归。令左右曰'敢有先言归者致死不赦'",文后引《韩非子·十过》"昔者田成子游于海而乐之,号令诸大夫曰'言归者死'"[2]。田成子即田常,割琅邪为其封邑,则其"游于海而乐之"是可信的。

黄岛区博物馆藏有春秋时期荆公孙敦一件,器身作半球形,有两耳,饰乳丁纹,圜底下有三兽蹄足。内壁有铭文3行,"荆公孙铸其善敦,老寿用之,大宝无期"(图二)。故宫博物院亦藏有相同器形的荆公孙敦一件,有盖,盖上部饰乳丁,中间有三兽蹄小足,倒置可做盘用,盖内有铭文,与器身铭文同。王恩田先生和孙敬明先生都认为该器铭文的书写方式和用词都符合山东列国铜器铭文的特点,"荆""京""景"相同,"荆公孙"即"景公孙",推断该器为齐景公之孙所作[3]。从器形看,与荆公孙敦同样形制、纹饰的铜敦在临朐杨善曾有出土,同出的还有齐景公时期的公孙灶壶[4]。《左传·襄公二十八年》记载"子雅、子尾怒",高诱《吕览注》称"子雅,惠公之孙,公子栾坚之子灶也"(《左传·襄公十八年》)。公孙灶曾于齐景公三年(前545年)上台执政,死于齐景公九年(前539年)。荆公孙敦与公孙灶壶同时,景公又系谥号,因此荆公孙敦的年代上限不早于齐景公卒年(前490年),下限不晚于田常弑齐简公专齐政

图二 黄岛区博物馆藏荆公孙敦及其铭文

---

[1] (汉)赵岐注,(宋)孙奭疏:《孟子注疏》,《十三经注疏》,北京大学出版社,2000年,第49—51页。

[2] (汉)刘向撰,赵善诒疏证:《说苑·疏正》,华东师范大学出版社,1985年,第240页;(清)王先慎撰、钟哲点校:《韩非子集解》,中华书局,1998年,第72页。

[3] 王恩田:《荆公孙敦的国别与年代》,《文物春秋》1992年第2期;孙敬明:《荆公孙敦约解》,《琅琊与徐福研究论文集(二)》,香港东方艺术出版社,2007年,第152—158页。

[4] 齐文涛:《概述近年来山东出土的商周青铜器》,《文物》1972年第5期。

之年（前480年）。由于该器出土于黄岛区六汪镇附近，是琅邪故地，说明此时的琅邪已属齐国疆域。

孙敬明先生指出荆公孙敦铭文可与文献所载齐景公游至琅邪互证。但《左传·哀公五年》记载："惠子、高昭子立荼，置群公子于莱。秋，齐景公卒。冬十月，公子嘉、公子驹、公子黔奔卫，公子锄、公子阳生来奔。莱人歌之曰：'景公死乎不与埋，三军之事乎不与谋。师乎师乎，何党之乎？'"杜预注"莱，齐东鄙邑"，此为被齐灵公灭国之莱，在琅邪以西，而出走之公子杜预言"皆景公子在莱者"[1]。莱人歌讽称"景公"当为葬后为此歌，则荆公孙敦之"荆公孙"或即在莱安置的诸公子之后，没有随父辈出走，迁到了齐国东南上邑琅邪。

齐平公五年（前476年），齐大夫田常割安平至琅邪为食邑封地。《史记·田敬仲完世家》载："平公即位，田常为相……行之五年，齐国之政皆归田常。田常于是尽诛鲍、晏、监止及公族之强者，而割齐自安平以东至琅邪，自为封邑。封邑大于平公之所食。"张守节《正义》曰："《括地志》云'安平城在青州临淄县东十九里，古纪国之酅邑'……琅邪，沂州也。从安平以东，登、莱、沂、密等州皆自为田常封邑也。"[2]张守节以"琅邪"为沂州。《新唐书·地理志》载："沂州琅邪郡，县五：临沂、费、承、沂水、新泰。"[3]《齐乘·沂州》言："沂州，府南五百里。春秋齐、鲁二国之境，秦汉琅邪东海郡也……隋改为琅邪郡，大业末为徐圆朗所据，唐武德四年平圆朗，置沂州。"[4]《括地志·密州》载："东武县，今密州诸城县也。密州诸城县东南百七十里有琅邪台……台西北十里有琅邪故城。"[5]《新唐书·地理志》载："密州高密郡，县四：诸城、辅唐、高密、莒。"[6]唐代琅琊台区域属诸城，张守节所注之"琅邪"应为密州，而非沂州。唐代密州诸城南部即秦汉琅邪郡琅邪县，在今青岛市黄岛区，因此田常封邑是黄岛区正式确立为"琅邪邑"的最早记载。

---

[1] （周）左丘明传，（晋）杜预注，（唐）孔颖达正义：《春秋左传正义》，《十三经注疏》，北京大学出版社，2000年，第1879页。

[2] （汉）司马迁撰，（宋）裴骃集解，（唐）司马贞索引，（唐）张守节正义：《史记·田敬仲完世家》，中华书局，2013年，第2273页。

[3] （汉）欧阳修、宋祁：《新唐书·地理志》，中华书局，1975年，第996页。

[4] （元）于钦撰，刘敦愿、宋百川、刘伯勤校释：《齐乘校释》，中华书局，2012年，第199、200页。

[5] （唐）李泰等著，贺次君辑校：《括地志辑校》，中华书局，1980年，第137页。

[6] （汉）欧阳修、宋祁：《新唐书·地理志》，中华书局，1975年，第996页。

二、周代琅琊邑的位置

《水经注·潍水》"琅邪,山名也……秦始皇二十六年,灭齐以为郡,城即秦皇之所筑也。遂登琅邪大乐之山,作层台于其上,谓之琅邪台。台在城东南十里"[1]。根据《水经注》记载,秦代琅邪郡址和汉代琅邪县是在琅邪台西北十里处,即今青岛市黄岛区琅琊镇驻地。秦始皇统一后置齐郡,郡治在齐国都城临淄,《汉书·地理志》载"齐郡,秦置。县十二:临淄,师尚父所封";薛郡,郡治在曲阜,《汉书·地理志》载"鲁国,故秦薛郡,高后元年为鲁国","县六:鲁,伯禽所封";河南郡,郡治在洛阳,《汉书·地理志》载:"河南郡(故秦三川郡)","县二十二:洛阳,周公迁殷民,是为成周";河东郡,郡治在安邑,《汉书·地理志》载"河东郡(秦置)","县二十四:安邑(巫咸山在南,盐池在西南;魏绛自魏徙此,至惠王徙大梁)"[2]等,郡治多设在周代旧有城邑基础之上。因此,秦汉的琅邪县应是在春秋以来琅邪邑的基础上发展而来的。

近年来,山东大学和美国芝加哥自然历史博物馆联合对琅琊台区域进行系统考古调查,根据陶片分布和文化层划定了一个面积约24平方公里的大型聚落遗址群,包括西寺、东皂户、驼沟、高戈庄、张家大庄、营前、营后、湖崖、董大庄、刘家崖下、夏河城前、卧龙等龙山文化时期至汉代的大型聚落遗址和汉墓群,时间跨度从龙山、商周延续到秦汉,并在秦汉时期达到最大,成为区域中心[3]。2012年,黄岛区博物馆对该区域再次进行调查,发现这一"大型聚落群遗址"除原有遗址外,大部分区域没有文化层堆积。因此,琅邪邑城址的位置还需要从现有的遗址中寻找。2017年青岛市文物保护考古研究所在琅琊台区域开展考古调查中,于沿海断崖及其北部发现大量瓦片堆积,推测与古代建筑有关。2019年,山东省文物考古研究院、青岛市文物保护考古研究所联合对该区域进行考古发掘,发现一处建筑基

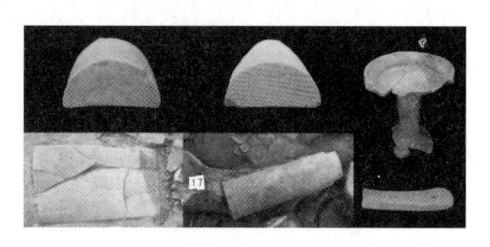

图三 琅琊台台西头村出土遗物(来源:新闻稿《2020年度山东五大考古新发现奖揭晓》)

---

[1](北魏)郦道元著,陈桥驿校正:《水经注校正》,中华书局,2007年,第630页。

[2](汉)班固撰,(唐)颜师古注:《汉书·地理志》,中华书局,1962年,第1583、1637、1555、1550页。

[3]参见[美]加里·费曼、[美]琳达·尼古拉斯、方辉撰,杨谦译:《遥远国度里的帝王印迹——琅邪台遗址群调查与阐释》,《东方考古(第7集)》,科学出版社,2010年,第7页。

址,在发掘区的北侧有整齐的筒瓦板瓦堆积,出土有战国时期板瓦、筒瓦、瓦当、陶豆、陶鼎足等遗物(图三),发掘者认为该建筑基址可能与琅琊台四时主祭祀有关[1]。经过对遗址的现场考察,瓦砾堆积位于遗址最上层,时代为战国晚期,但遗址开始使用时间要早于战国晚期,是战国时期的一处高等级建筑。这是黄岛区首次明确发现战国建筑基址,由于破坏严重,建筑形制目前不能确定,需要结合后期发掘成果和海岸线进退综合确定,但应与四时主祭祀关系不大。

目前除琅琊台区域外,在黄岛区发现的与齐国有关的遗迹主要是齐长城及灵山卫齐长城附近出土的"陈氏三量"。一般认为齐长城是齐国与其他国家的边界,长城以北属齐国。齐长城黄岛段修筑于齐威王时期。琅琊台位于齐长城以南约30千米,齐人长距离从长城附近去琅琊台祭祀的可能性不大。因此,琅琊台周边可能有齐人的聚落或城邑。1979年冬,在琅琊公社(今黄岛区琅琊镇)卧龙村平整土地时,发现一批齐刀币窖藏,约120枚,比较完整的为68枚,其他或缺刀首,或缺刀环,有少数残缺比较严重仅余刀身或刀柄,经辨认一枚"安阳之法化",一枚五字刀,其余均为"齐法化",现藏于黄岛区博物馆。近年来,黄岛区博物馆在琅琊镇征集到2件战国瓦当。一是树木双兽纹半瓦当,征集于琅琊镇夏河城村,夹砂灰陶,当面为半圆形,边缘有一周宽凸棱,中间饰一卷曲树纹,将瓦当二等分,两格分别饰一只鹿纹,一侧自鹿后半身处残缺一角,瓦筒部分饰粗纹和一周抹痕,瓦筒内侧留有间断的斜向拍印印痕,当面复原宽度约16、高7.7、厚1.2—1.4厘米(图四)。一是树木纹单兽半瓦当,2006年11月出土于夏河城城北村。两乳丁位于树干两侧,树底呈半圆圈状,树干上部对称伸出两对树枝,下部树枝枝头接一圈卷云纹。树左侧为兽纹,树右纹饰有残缺,似为一弧纹,当面复原宽度约15.2、高7.3厘米。(图五)

图四 树木双兽纹半瓦当　　图五 树木双兽纹半瓦当

琅琊镇刀币窖藏和战国瓦当出土地距离琅琊台约5公里,与《水经注》记载的秦琅邪郡的位置相符。这一区域目前发现的最核心的遗址是龙山至周代的东皂户遗址,

---

[1] 资料见山东省文物考古研究院:《2020年度山东五大考古新发现奖揭晓》新闻报道(https://www.sohu.com/a/458728292_162758);康晓欢:《琅琊台遗址荣获考古新发现奖》,《青岛早报》2021年4月3日第8版。

位于琅琊镇东皂户村，遗址南北长约200、东西宽约110米，采集有新石器时代的石铲、石斧、石凿，商代的铜箭镞和周代的灰陶罐等器物；琅琊台北侧[1]和琅琊台西十里的琅琊镇湖崖村也发现有周代遗址。齐景公东巡琅邪系"遵海而南"，秦始皇第二次、第三次到琅邪亦是沿海路而来。由此推断，周秦时期琅邪有可以停泊大型船只的港口。东皂户遗址距海较近，明清时期东皂户东还有海运码头，且位于《水经注》记载的"琅邪台西北十里"范围内。因此，周代琅邪邑的位置应关注今琅琊镇驻地夏河城、东皂户、卧龙这一区域附近。

三、琅邪邑的近海航线

在龙山文化时期，海岱先民就通过海上进行对外交流。这种文化交流主要出现在胶东半岛和辽东半岛之间，并且以胶东半岛向辽东半岛进行文化影响为主，通过庙岛群岛之间的水路进行[2]。商周时期，中国与朝鲜、日本就有文化交流，《论衡·儒增》"周时……倭人贡鬯草"[3]，《管子·轻重甲》"朝鲜可得而朝"[4]，这种交流应是近海岸开展的对外交流。

琅邪邑是近海城邑，《管子·戒第》"我（齐桓公）游犹轴转斛，南至琅邪"[5]，《孟子·梁惠王下》"吾（景公）欲观于转附（芝罘）、朝舞（成山），遵海而南，放于琅邪"[6]。春秋晚期，从齐国北部沿莱州湾南岸向东经芝罘、成山，南下到琅邪的近海航线已经形成，这条航线北上经辽东半岛可到达朝鲜半岛和日本列岛。

齐悼公四年（前485年），齐大夫鲍氏谋杀齐悼公，改立其子壬为君，号齐简公。吴王夫差为称霸北方，以讨伐为名，率师北上，会鲁、邾、郯之君进攻齐国的南部地区，并派大夫徐承统领水师奔往齐国的南鄙，发生了中国有史记载的第一次海战。《左传·哀公十年》："公会吴子、邾子、郯子伐齐南鄙，师于鄎。齐人弑悼公，赴于师。吴子三日哭于军门之外。徐承帅舟师，将自海入齐，齐人败之，吴师乃还。"[7]关

---

[1] 琅琊台北周代遗址系青岛市文物保护考古研究所于2015年勘探发现。
[2] 辽宁省博物馆等：《长海县广鹿岛大长山岛贝丘遗址》，《考古学报》1981年第1期；佟伟华：《胶东半岛与辽东半岛原始文化的交流》，《考古学文化论集（二）》，文物出版社，1989年，第94页。
[3] （汉）王充撰：《论衡·儒增》，商务印书馆，1934年，第二册第21页。
[4] 黎翔凤撰，梁运华整理：《管子校注》，中华书局，2004年，第1440页。
[5] 黎翔凤撰，梁运华整理：《管子校注》，中华书局，2004年，第507页。
[6] （汉）赵岐注，（宋）孙奭疏：《孟子注疏》，《十三经注疏》，北京大学出版社，2000年，第49页。
[7] 杨伯峻：《春秋左传注》，中华书局，1990年，第1656页。

于齐、吴之间的这次海战,史料语焉不详。《中国古代海军史》称"在黄海与齐国舟师进行了一场海战"[1],没有说具体地点。齐景公时,齐国据有琅邪。到战国中期,苏秦为赵合纵说齐宣王时指出,齐国疆域"南有太山,东有琅邪,西有清河,北有渤海"[2],说明终春秋时期,齐国疆域的东界在琅邪。因此,齐、吴海战应发生在琅邪近海区域。吴国水军自江浙一带浩荡北上至于琅邪,足见当时从琅邪南到会稽,北到成山、芝罘、辽东,出外海的中国古代早期近海航线已经初步形成,琅邪成为这条南北航线的中间交汇点。秦代徐福东渡朝鲜、日本也是沿这条航线航行,琅邪作为徐福东渡启航处,成为中国古代海上丝绸之路东北亚航线的重要起点之一。

周元王四年、越王勾践二十四年(前473年),越王勾践灭吴,第二年,徙都琅邪。《越绝书·外传记地传第十》记载:"勾践伐吴,霸关东,徙琅邪,起观台,台周七里,以望东海。"[3]《吴越春秋·勾践伐吴外传》亦言:"越王既已诛忠臣,霸于关东,徙琅邪,起观台,周七里,以望东海,死士八千人,戈船三百艘……越王使人如木客山,取元常之丧,欲徙葬琅邪。三穿元常之墓,墓中生飘风,飞砂石以射人,人莫能入。勾践曰:'吾前君其不徙乎?'遂置而去。"[4]关于越王勾践徙都琅邪一事,最早见于《越绝书》和《吴越春秋》之记载。《山海经·海内东经》载:"琅邪台在渤海间,琅邪之东。"晋郭璞注:"琅邪者,越王勾践入霸中国之所都。"[5]北魏郦道元《水经·潍水注》则云:"琅邪,山名也,越王勾践之故国也。勾践并吴,欲霸中国,徙都琅邪。"[6]根据"起观台,周七里,以望东海,死士八千人,戈船三百艘"的记载,勾践徙都琅邪可能自海北上,而琅邪亦应在海边,故晋代以来多以之为今青岛市黄岛区琅琊台区域。近年来,黄岛区博物馆在琅琊台及周边区域,没有发现越国时期的城址、墓葬和手工业区,这与《越绝书·外传记吴地传》"越王勾践徙琅邪,凡二百四十年"的记载不符[7]。再者,越王徙都琅邪的时间与田常割琅邪为封邑的时间相同,这一时间内齐国与越国没有大规模战事。因此,越王勾践"起观台,以望东海"的琅邪并不在青岛市黄岛区。

---

[1] 张铁牛、高晓星:《中国古代海军史》,八一出版社,1993年,第15页。
[2] (汉)刘向辑录,范祥雍笺证,范邦瑾协校:《战国策笺证》,上海古籍出版社,2006年,第538页。
[3] 李步嘉校释:《越绝书》,中华书局,2013年,第196页。
[4] (后汉)赵晔撰,周生春辑校汇考,崔冶泽注:《吴越春秋》,中华书局,2019年,第175—177页。
[5] (清)郝懿行:《山海经笺疏》,巴蜀书社,1985年影印光绪十二年(1886年)还读楼校刊本。
[6] (北魏)郦道元著,陈桥驿校正:《水经注校正》,中华书局,2007年,第630页。
[7] 李步嘉校释:《越绝书》,中华书局,2013年,第37页。

四、结语

　　琅邪是齐国东南上邑,又有可以泊船的港口,是中国古代早期南北方近海航线的一个重要节点,奠定了徐福东渡和中国古代海上丝绸之路东北亚航线的基础,对研究中国古代大规模文化传播活动具有重要意义。关于琅邪邑、琅邪港的位置,随着今后琅琊台区域考古工作的不断推进,可能会出现更多的指向性资料。

东周秦汉时期原始瓷器的生产与交流

刘 昕

山东师范大学历史文化学院

原始瓷器是以瓷土作胎、器表施灰釉或土釉等人工釉、平均烧成温度在1100℃左右的瓷器。但其胎质较为粗糙、胎体疏松,釉层厚薄不均、易脱落,胎釉结合较差,烧成温度较低,器体尚未高度烧结,与成熟瓷器相比,整体瓷器性能均较为原始,处于瓷器发展的初始阶段,故称之为原始瓷器。

考古资料表明,原始瓷器正式产生于夏时期,以浙江瓢山窑址、福建苦寨坑窑址、江西角山窑址为代表,河南二里头遗址、上海马桥遗址虽未发现烧制原始瓷的窑址,但也出土了各具特色的原始瓷器。商代及西周时期是原始瓷的成熟与发展期,原始瓷器的出土数量和范围广泛增加,浙江黄梅山窑址、德清火烧山窑址、江西吴城窑址、福建武夷山竹林坑窑址、德化辽田尖山窑址是该时期生产原始瓷器的典型窑址,出土原始瓷的遗址和墓葬数量众多,广泛分布于河南、河北、陕西、山西、山东、湖北、湖南、安徽、江苏、浙江、江西、福建、广东等地。商代原始瓷可分为四个典型区域,即北方地区、长江中游地区、东南地区、闽南粤东区。西周时期,长江中游地区与北方地区的原始瓷表现出较多的相似性,闽南粤东区与东南地区的原始瓷器也表现出较多的相似性[1]。经历了夏商西周时期的起源、产生与发展,原始瓷于春秋战国时期开始在中华大地上逐渐繁荣起来。

春秋战国时期,窑业技术的发展为这一时期原始瓷器的繁荣奠定了重要基础。该时期出土原始瓷器的窑址包括浙江德清火烧山窑址、亭子桥窑址、福建武夷山竹林坑窑址等,遗址包括江苏仪征甘草山遗址、吴县南部遗址、安徽铜陵师姑墩遗址、浙江绍兴壶瓶山遗址、广东揭阳新岭矿场遗址等,墓葬则包括江苏无锡鸿山越国贵族墓、

---

[1] 刘昕:《夏商西周原始瓷研究》,南开大学硕士学位论文,2019年。

浙江绍兴猪头山战国墓等。春秋战国时的原始瓷器胎质细腻致密，胎色灰白，釉呈青色或青中泛黄，胎釉结合好；一般多采用轮制，内底多有轮旋纹；饰有水波纹、弦纹、瓦楞纹、戳印正反两个"C"形纹组成的"S"形纹、堆贴铺首等；主要器类为鼎、壶、罐、碗，还包括瓿、鉴、唇、豆、角形器、壁形器、虎子、碟、匜、盘、振铎、悬铃等。浙江亭子桥窑址出土了大量原始瓷仿铜礼乐器，江浙地区越国贵族墓出土的原始瓷礼乐器应主要来自此窑产品。原始瓷器的繁荣带动了社会长距离交往的兴起，不同区域产品和技术的相互交流又促进了原始瓷生产技术和产品质量的提高。山东、河南等地的墓葬均有原始瓷器出土，这是当时社会交流的一种体现。如洛阳唐宫西路东周墓出土的原始瓷三足残器，其胎釉、造型、纹饰均具有南方地区文化的特点，体现出南北方原始瓷器的交流与发展。湖北等地墓葬出土的原始瓷器则体现了楚、越文化的交流与融合。广东、广西等地随葬原始瓷器的墓主多为越人，如广东增城浮扶岭战国墓[1]、广西平乐银山岭战国墓[2]等。就越地而言，随葬仿铜原始瓷礼乐器的葬俗进一步促进了该地区原始瓷生产的繁荣，就江浙乃至南方许多地区而言，在青铜时代的衰落时期，原始青瓷已成为贵族和上层社会使用礼乐器的主要替代品[3]，原始瓷的使用日渐普遍。

战国后期，原始瓷的生产有所衰落，江淮鄂豫皖交界处和宁镇地区已很少发现原始瓷，分布范围开始向南方退缩。发现原始瓷的遗址主要有浙江绍兴袍谷遗址，墓葬包括浙江绍兴漓诸战国墓、上虞董村牛山战国墓等。原始瓷胎釉特征与前期相比变化不大，器表多素面，纹饰主要有弦纹，个别器物上有S纹、水波形划纹。主要器类为鼎、盒、瓿、罐、碗，还包括鉴、罍、匜、杯、盂、盅、钵等。该时期原始瓷衰落的重要原因之一就是楚越征战。战事频仍、社会动荡，致使许多窑址遭到破坏，原始瓷生产难以再有稳定的社会环境。但在部分地区，原始瓷的生产不但未曾衰落反而更加兴盛，如战国晚期的浙江绍兴。绍兴地处钱塘江以南，战国晚期楚国未能完全消灭越国，仅吞并"故吴地至浙江"，即只达钱塘江以北，而绍兴作为越国的政治经济中心的情况并未改变[4]。同时，战国时期铁制农具的发明和使用也为绍兴地区瓷矿的开采带来了便利。与此属同样情况的还有江苏仪征，该地战国时属楚，战国晚期各地虽征伐无时，而此地却较为安定，良好的社会环境有利于原始瓷的生产。

---

[1] 广州市文物考古研究所：《广东增城浮扶岭 M511 发掘简报》，《文物》2015 年第 7 期。

[2] 绍兴市博物馆：《绍兴西施山遗址出土文物研究》，《东方博物》2009 年第 2 期。

[3] 陆明华：《原始青瓷与青瓷概念思考——兼述德清窑及鸿山考古的收获》，《东方博物》2008 年第 4 期。

[4] 绍兴市博物馆：《绍兴西施山遗址出土文物研究》，《东方博物》2009 年第 2 期。

西汉初期,统治者实行休养生息政策,生产力得以恢复,手工业也得到了较快的恢复和发展,交通运输更为便利。同时,西汉初期原始瓷器的生产继承了战国时期已有的良好基础,包括生产工艺、工匠等,加之春秋战国时期南北文化融合的前提等,都为瓷器手工业的发展提供了有利条件。西汉初期,虽然越国已不存在,但正如楚地文化仍有较大影响一样,原始瓷器作为越地的代表性物质文化,仍然在上述原越国之地得以继续发展兴盛。该时期的代表墓葬主要为江苏仪征张集团山西汉木椁墓、刘集联营西汉木椁墓、徐州奎山西汉墓等。西汉初期,原始瓷的胎釉及器类特征与战国晚期大致相同,未有大的变化,仪征与徐州是此时原始瓷器烧造的典型区域。仪征是西汉初期发现原始瓷器的典型地区之一,该地汉代属广陵国,靠近王国都城。西汉初期,仪征地区在继承前代生产的基础上,原始瓷生产更为发达,可能已专门为王室烧造原始瓷礼乐器[1]。该地处于长江和淮河两大水系之间,沟通南北,有利于原始瓷器的生产与交流。并且该区地势北高南低,乃风水吉地,符合古人择吉地而葬的要求,因此上层贵族多选择在此安葬。这些都有益于原始瓷器的生产、发展。江苏徐州则是西汉初期发现原始瓷器的又一典型区域。该地商周时期是吴、越北侵和中原国家南下的交通孔道,原始瓷器的烧造技术经由此传到北方。战国时期徐州属楚国势力范围,政治环境较为稳定,奠定了原始瓷器生产的社会基础。西汉初年徐州属刘交所辖的楚国,社会稳定,原始瓷器的烧造得以复兴和发展。此外,徐州地区陶土和瓷土资源丰富,为原始瓷器的烧造提供了物质基础。水陆交通运输便利,促进了徐州与外界的交流,推动了商品的流通,也在某种程度上刺激了原始瓷烧造业的发展[2]。

西汉中期,原始瓷在南北方较大范围内开始全面繁荣兴盛。原始瓷窑址主要发现于浙江曹娥江流域,墓葬有江苏盱眙小云山西汉墓、江苏徐州拖龙山汉墓等。西汉中期,原始瓷器胎质致密坚硬,火候较高,胎色灰白或呈红褐色,釉色为青中泛绿或青中泛黄,亦有青黑泛绿或泛黄,器物多上半部施釉,下半部露胎。在装饰方面,器物不同部位装饰不同纹饰,主要有弦纹、模印花纹、叶脉纹等。器类组合主要为典型的鼎、盒、壶、瓿等。西汉中期瓷器生产发展具体表现为原始瓷的分布地区扩大,产品数量和种类增加,原始瓷作为社会商品的交流也进一步活跃。两汉原始瓷的主要产地之一为长江下游的浙江,体现在窑业生产上,曹娥江流域成为西汉以后该地区的制瓷中心[3],有较多的窑址分布。浙江作为越文化的中心,商周时期已与周边地区进行了

---

[1] 刘勤:《论仪征出土的汉代原始瓷》,《东南文化》2005年第2期。
[2] 刘尊志:《徐州汉墓与汉代社会研究》,科学出版社,2011年。
[3] 秦大树等:《八月湖水平,涵虚混太清——越窑的历史与成就》,《叠翠:浙东越窑青瓷博物馆藏青瓷精品》,文物出版社,2013年。

较多的文化交流，至西汉更为广泛。而今天的江苏北部、山东南部、安徽东部地区在东周时恰好是吴国和楚国的势力范围，也是汉代使用原始瓷器的主要地区之一。有东周时期的民族融合和文化交流作基础，因而这一区域内汉墓随葬的原始瓷器与长江下游地区有许多共同之处，如山东微山县西汉画像石墓发现了与浙江龙游东华山汉墓相似的原始瓷瓿和壶[1]。此外，这一时期河南、陕西、四川亦发现了与长江下游原始瓷相似的器物，如河南南阳市嘉丰汽修厂汉墓出土的具有南方文化特点的原始青瓷壶[2]，南阳的文化遗存为南北文化交融的典型遗存之一，属楚国地域，西汉时是南北贸易枢纽。四川绵阳永兴双包山二号西汉木椁墓发现了原始瓷壶，在当地尚属首次发现[3]。上述地区原始瓷出土较少，数量在出土器物中所占比例很小，与当地陶器特征迥然不同，应该是作为商品交流输送过去的。

西汉末到东汉时期，原始瓷的发展进入衰落期。该时期原始瓷发现数量较少，典型墓葬主要包括山东沂水牛岭埠汉墓，安徽歙县西村东汉墓等。原始瓷胎釉特征与前段较为相似，装饰比较简单，颈部为细弦纹、水波纹，腹部密布规则的宽弦纹，器耳均为叶脉纹。器类比较简单，主要为壶、罐、碗等。这一时期原始瓷的衰落与釉陶器的广泛使用有关。该时期厚葬之风盛行，明器需求增多，釉陶得以迅速发展。釉陶即低温铅釉陶器，战国时期已经出现[4]，西汉晚期较为普遍，东汉时期则更为普遍，釉陶器对原始瓷的使用产生的影响渐趋明显。在原始瓷生产和使用较多的南方地区，釉陶器对原始瓷器的影响并不明显，但北方地区却不同。西汉晚期，北方地区墓葬出土的器物中有两者并存的现象，如西汉晚期河南南阳陈棚村 M69[5]，墓葬出土了釉陶器及来自南方的原始瓷器。至东汉时期，北方地区墓葬则很少出土原始瓷器，随葬品大多为釉陶模型明器。

成熟青瓷由原始瓷发展而来并最终取代了原始瓷器，与原始瓷相比，成熟青瓷的胎釉质地更为细腻、二者结合紧密牢固，烧成温度提高到1300℃左右，整体性能更为成熟。原始瓷为成熟青瓷提供了胎釉、造型、装饰及烧造工艺等方面的经验和基础。通过对浙江上虞东汉瓷窑址出土的青瓷进行研究，可知器物的造型、纹饰、成形特征

---

[1] 微山县文物管理所：《山东微山县西汉画像石墓》，《文物》2000年第10期。

[2] 南阳知府衙门博物馆等：《南阳市嘉丰汽修厂汉墓清理简报》，《中原文物》2008年第4期。

[3] 四川省文物考古研究所等：《绵阳永兴双包山二号西汉木椁墓发掘简报》，《文物》1996年第10期。

[4] 郎剑锋、崔剑锋：《临淄战国齐墓出土釉陶罍的风格与产地——兼论我国铅釉陶的起源问题》，《华夏考古》2017年第2期。

[5] 南阳张仲景博物馆等：《南阳市审计局汉墓发掘简报》，《中原文物》2011年第4期。

都与原始瓷有相同之处,如瓷罍与印纹陶罍造型相同;壶、锺用分段拉坯法分别制成上、下腹和口颈等后,再粘接而成,与原始瓷相同[1];瓷器纹饰主要为水波纹、弦纹等,亦与原始瓷相同。对浙江地区古陶瓷胎的化学组成施行对应分析,证明越窑青瓷的组成点基本上分布在原始瓷区,更加说明了越窑青瓷在组成上与原始青瓷的渊源关系[2]。龙池庙后山的东汉窑址中成熟瓷器与原始瓷共存,而东汉后期的郭塘岙窑已是单一烧制成熟瓷器的瓷窑[3]。至东汉中晚期,随着成熟青瓷的烧成,原始瓷器正式退出了历史舞台。

东周秦汉时期是原始瓷器发展的重要阶段,这一时期原始瓷器的生产具有承上启下的作用。在上,继承了商代及西周时期原始瓷器制作的传统,在下,为东汉成熟青瓷的出现奠定了基础。原始瓷器的生产在战国中后期一度中断,但在西汉时期复烧之后更为繁荣。东周秦汉原始瓷器研究对于了解这一时期社会的生产、生活状况等也具有重要意义,同时还为研究瓷器的出现提供了参考。

---

[1] 浙江省文物考古所等:《浙江上虞县发现的东汉瓷窑址》,《文物》1981年第10期。
[2] 李家治、罗宏杰:《浙江地区古陶瓷工艺发展过程的研究》,《硅酸盐学报》1993年第2期。
[3] 林士民:《浙江宁波汉代瓷窑调查》,《考古》1980年第4期。

文物考古维度下的青岛航海文化浅析

薛广平　尹锋超

青岛市文物保护考古研究所

航海是人类借助船舶这一媒介利用自然或者机械动力进行的海上活动,是人类开发探索海洋的最主要也是最直接的形式,体现了人类的探索精神。航海活动也是不同国家和民族之间进行沟通交流、经济交往和文化传播的重要方式。"海上丝绸之路"是中国历史上航海文化的体现。稳定的政治局面,经济和社会的发展,促进了造船技术的改进、航海技术的进步、航线的开辟,最终进一步推动了航海文化发展。青岛是一座沿海港口城市,拥有900多公里的海岸线,近50处海湾及120多座海岛。优越的海洋地理环境孕育了青岛地区悠久的海洋文明和航海历史,并且在当代不断传承和发展开来。

依海而居的先民从史前时期就开始刳木为舟,剡木为楫,借助舟楫之便,往来于近海,从事最早的航海活动。从探索海洋到物资运输以及商品流通,航海路线逐渐形成。正所谓"舟楫之利,譬犹舆马,辇重历远,以济天下"[1]。航海活动促进了海洋资源的进一步开发利用,为渔业、盐业、交通运输、海上贸易乃至文化交流提供了重要保障。"海上丝绸之路"是海洋航路最为集中的表现形式,同时也可以说航海文化是海洋文化最为重要的内容之一。史料《竹书纪年》就曾记载了夏代先民进行航海的活动,"后荒即位,元年,以玄珪宾于河,命九东狩于海,获大鱼"[2]。此外,"殷人东渡"学说的提出也反映了一些学者对中国古代航海技术的自信,认为殷商时代已经出现了风帆[3]。风帆装置的出现和应用是造船和航海史上的里程碑。

---

[1] （唐）欧阳询:《艺文类聚·卷七十一·舟车部·舟》,上海古籍出版社,1965年,第1235页。
[2] 范祥雍订补:《古本竹书纪年辑校订补》,上海古籍出版社,2018年,第10页。
[3] 席龙飞:《中国古代海洋船舶》,海天出版社,2019年,第28—29页。

自先秦至汉代的这一时期，以帝王巡游求仙海上为代表，及涉海军事、移民等活动成为航海文化早期形成的重要推动因素。史籍记载：齐景公乐游海上，六月不归[1]。可见时间之长，加之国君出行的规模，也反映了当时的航海技术已经可以进行大规模的长时间的近海航行。秦始皇嬴政完成大一统后曾巡视海疆，三登琅琊，航海路线遍及今山东半岛及渤海湾地区，同样说明了两千多年前我国近海航海技术的发展水平。徐福东渡是史书中有明确记载的大规模对外航海活动，其中琅琊港被认为是徐福东渡的起航地之一。《史记》中有关徐福的记载有两处，一处是《史记·秦始皇本纪》记载："齐人徐市等上书，言海中有三神山，名曰蓬莱、方丈、瀛洲，仙人居之。请得斋戒，与童男女求之。于是遣徐市发童男女数千人，入海求仙人。"[2] 另一处是《史记·淮南衡山列传》载："又使徐福入海求神异物……秦皇帝大悦，遣振男女三千人，资之五谷种种百工而行。徐福得平原广泽，止王不来。"[3] 目前学界普遍认为徐福东渡最终到达了今日本地区，包括日本的史学界也有类似的共识。甚至在日本的和歌山县新宫市建有徐福公园并立有徐福的雕像。徐福东渡相关的内容如今已经成为了一种文化现象，青岛西海岸地区的琅琊台、徐山、徐福村等都与徐福文化有关。徐福东渡对我国古代远洋航行来说具有开拓意义，上千人的远洋航海活动就人数和船只的规模来说在当时已经相当大了，也说明彼时古人已经能够进行大规模的远洋航行活动。近些年的琅琊台遗址考古发掘取得了重要收获，在台顶揭露了秦汉时期夯土建筑台基和地面，发现了道路、台下房间、排水管道及登台踏步等重要遗迹；并在台西头村发掘区发现了一组战国时期的较大规模院落式建筑（图一）。证明琅琊台遗址与文献记载的东周至秦汉的国家祭祀、越国北上争霸及秦汉皇帝巡视等重要历史事件有关，相关发现对进一步研究琅琊古港和青岛地区早期的航海文化也具有积极的意义。

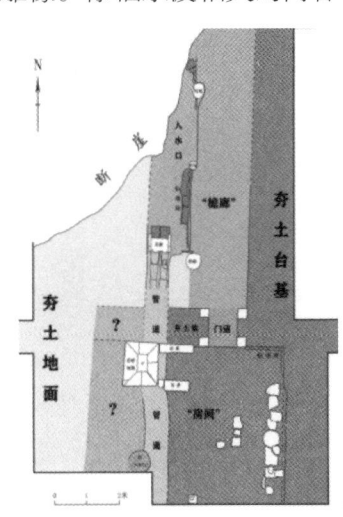

图一 琅琊台台顶西侧发掘区北区平面图[4]

在汉代，武帝同样巡视海疆，恩威抚远。汉代更是有从海路远征朝鲜半岛的记载：

---

[1] （汉）刘向《说苑·正谏》记载：齐景公游于海上而乐之，六月不归，令左右曰："敢有先言归者，致死不赦。"
[2] （汉）司马迁：《史记·卷六·秦始皇本纪第六》，中华书局，1959年，第247页。
[3] （汉）司马迁：《史记·卷一百一十八·淮南衡山列传第五十八》，中华书局，1959年，第3086页。
[4] 山东考古公众号：《2020年度山东省五大考古新发现奖揭晓》，2021年4月2日。

"元封二年（公元前109年）秋……遣楼船将军杨仆从齐浮渤海，左将军荀彘出辽东，以讨朝鲜。"（图二）[1] 秦汉时代，以统治者意志为主导的大规模涉海活动说明当时的航海技术和水平已经有了非常大的进步，随着对沿海的航路逐渐熟悉，航海活动开始向远海探索进军，海上丝绸之路的雏形也在这一时期逐渐形成，《汉书·地理志》中详细记载了从中国沿海出发，经南海诸岛、东南亚到达印度半岛的航行路线[2]。同时，这些官方的海洋活动也激发了近海民众探索海洋的热情，对于航海文化的发展具有推动意义。考古发掘出土了大量的原始青瓷器（图三），其形制和纹饰等与江浙一带产的相同，这些大宗货物极有可能是通过水路或海运由南方运输过来的。

图二　《武备志》所载楼船图[3]

图三　原始青瓷器（壶、瓿、钫）[4]

东晋时期，著名高僧法显不远万里西行求佛法，游历天竺，经历千难万险搭乘商船归国。航海经南亚、东南亚地区，受季风和洋流影响，于晋安帝义熙八年（412年）秋在今青岛崂山地区登陆归国。从法显西行东归来看，当时已经开拓了跨印度洋前往太平洋的远洋航线。回国后的法显在当时的长广郡弘扬佛法，传播佛教，将自己的

---

[1]　（宋）司马光：《资治通鉴·卷二一·汉纪十三·世宗孝武皇帝下之上》，岳麓书社，1990年，第231页。

[2]　《汉书·卷二十八下·地理志·第八下》记载："自日南障塞、徐闻、合浦船行可五月，有都元国，又船行可四月，有邑卢没国；又船行可二十余日，有谌离国；步行可十余日，有夫甘都卢国。自夫甘都卢国船行可二月余，有黄支国，民俗略与珠崖相类。其州广大，户口多，多异物，自武帝以来皆献见。有译长，属黄门，与应募者俱入海市明珠、璧流离、奇石异物，赍黄金，杂缯而往。所至国皆禀食为耦，蛮夷贾船，转送致之。亦利交易，剽杀人。又苦逢风波溺死，不者数年来还。大珠至围二寸以下。平帝元始中，王莽辅政，欲耀威德，厚遗黄支王，令遣使献生犀牛。自黄支船行可八月，到皮宗；船行可二月，到日南、象林界云。黄支之南，有已程不国，汉之译使自此还矣。"

[3]　（明）茅元仪：《武备志·卷一一六·战船上》，华世出版社，1984年，第4764页。

[4]　青岛市文物保护考古研究所：《青岛考古（一）》，科学出版社，2011年。

西行所学所感教授和传播给僧众、显贵和民众。后将自己的所学和见闻著成《佛国记》一书。法显对魏晋时期青岛地区的宗教思想产生了积极影响。今位于青岛市崂山区的潮海院就因法显而修建，为当时法显归国后的第一处开坛讲经和译经之所，又名石佛寺、十佛寺、石佛庵等，现为崂山区文物保护单位（图四）。

图四　潮海院

隋唐时期，社会繁荣发展，海外交流更加频繁，海上贸易发展迅速，我国与朝鲜半岛和日本诸岛之间的朝贡贸易和民间海上商贸活动非常活跃，大量遣使、商旅往来于环中国海地区，从事外交、商贸、求学、游历等活动，促进了国家和民族间的政治、经济和文化交流。唐武德六年（623年）密州板桥镇建置，从此海运和海外贸易渐成规模，政治和经济地位逐渐提高，并闻名中外，日本著名僧侣圆仁在其著作《入唐求法巡礼行记》中提到密州往来楚州、海州和登州的传统海上航路。

20世纪70年代在今平度地区、莱州湾附近海域发掘了一条隋代的双体古船（图五），残长20.24米，宽2—2.82米，推测载重量约计23吨，这样的大船在内河或沿海一带行驶，若以桨为主兼施橹棹，所用船工当在一二十人以上[1]。双体船的结构增大了船体使用面积，使船员行驶更加平稳，提高了运输量和效率，体现了隋代的造船技术和水平。隋唐时期青岛地区文物考古发现除了船舶，还有瓷器等重要的海丝遗物，西海岸的黄岛区博物馆馆藏的两件长沙窑瓷器（图六），具有典型的异域风格，长沙窑瓷器是海上丝绸之路贸易的大宗商品，也是唐代海上丝绸之路贸易兴盛的重要体现。

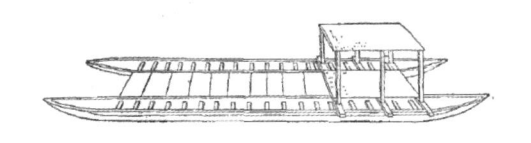

图五　平度古船复原示意图

图六　黄岛区博物馆藏唐代长沙窑瓷器

---

[1]　毕宝启：《山东平度隋船清理简报》，《考古》1979年第2期。

两宋时期随着造船和航海技术的发展，海上航运得到进一步发展。指南针应用于航海，传统导航技术更加精确可靠。风帆设计的样式和功能更为多样化，驶风技术更加成熟，应对恶劣天气、抵御风浪的能力有所增强，这些又必然推动海上航运贸易的发展，宋代是我国海上丝绸之路走向繁荣鼎盛的时期，更是航海大发展的时代。以密州板桥镇为例，北宋元祐三年（1088年），朝廷在板桥镇设置市舶司，管理港航船只，征收税钞，规范贸易。作为海运中转的口岸，板桥镇往来船只，货物的吞吐量和种类以及货币交易量是非常可观的[1]。板桥镇考古发掘工作发现了宋代大型公共建筑基址，出土了大量的宋金时期的生产生活遗物（图七），尤其是北宋各大窑系的瓷片，充分展现了板桥镇在全国海港地位的变化，从唐代崭露头角到北宋成为全国五大通商口岸之一、北方唯一的海关重镇市舶司。考古工作充分揭示了这一北方最大的外贸口岸的历史文化内涵，也是青岛航海文化繁盛的有力证明。

古代科技发展在军事战争中的体现尤为明显，以著名的宋金胶西海战为例，南宋绍兴三十一年，金正隆六年（1161年）宋金双方在今青岛西海岸附近海域进行了一场大规模海战，又名唐岛海战、陈家岛海战。南宋水军在处于实力对比劣势的情况下，充分运用己方战船优势，合理应用航海技术以及对海上气候和洋流等因素的掌握熟悉程度，运用恰当的战略战术，巧妙地采用先进火器火攻奇袭，以少胜多，以弱胜强，一战歼灭了数倍于己的金军，从而影响了整个宋金战争的走向。

图七　黄岛区博物馆馆藏韩瓶

元代的疆域空前广阔，统治者十分重视对外的经济贸易与文化交流。同时，东部沿海南北间的海上运输往来较为频繁，海上交通发达。以海运漕粮为例，其规模和数额均高于历代，元代的海运漕粮兼有海陆联动、海河互通的特点，胶莱运河的开凿和

---

[1]《宋史·卷四百七十六·列传第二百三十五·叛臣中·李全上》："胶西当登、宁海之冲，百货辐凑……时互市始通，北人尤重南货，价增十倍。全诱商人至山阳，以舟浮其货而中分之，自淮转海，达于胶西。"

通航就是最为直接的体现。胶莱运河纵贯山东半岛南北，联通黄海和渤海，既缩短了沿海南北船只往来的航程，也提高了行船的安全性，避开了许多海况险要的地段，是中国古代先进的水利工程技术的代表之一，体现了对河流、地貌、潮汐等地质和水利知识的综合运用。古胶莱运河主要分布于现青岛和潍坊境内，其中青岛段属于今大沽河的流域范围，河道上遗留有元代至现代的多座桥梁和水闸遗迹，如南姚家水闸遗址、河南村桥、五龙桥等共8处，2015年均被公布为山东省文物保护单位[1]（图八）。

图八　（民国）《莱州府志》"胶莱河总图"（部分）

明代郑和七下西洋是中国甚至是世界航海史上的壮举，体现了风帆时代我国成熟的航海技术。以《海道针经》《顺风相送》等为代表的航海天文、气象观测方法和地文、水文导航、测深等技术更为实用，这也使得航海区域更为广阔，航行更加安全。以《郑和航海图》为代表的古代海图清晰的标注了大陆近海和远洋的航线及其附近的地貌和人文地标，说明彼时中国的航海技术已经十分成熟。明清沿海州县的地方志有大量关于"海道"的记载，对于航海线路的熟悉和海道的畅通是保证航海贸易安

---

[1]　胶州6处、平度2处，即店子桥、河南村桥、胶莱水闸大桥、三成桥、五龙桥、闸子集桥、马台花石桥和南姚家水闸遗址。

全的前提条件[1]。青岛近海发现并发掘的明代鸭岛沉船遗址就位于大陆近海南北的航线附近（图九）。

图九　鸭岛沉船遗址出水的铁质凝结物和瓷器

明清之际，青岛地区附近的金口、董家口、古镇口、宋家口、唐岛口、女姑口、沧口、青岛口、沙子口、塔埠头等海口纷纷兴起，促进了当地及周边地区的经济社会发展，带动了金口、栲栳等地一批民间海商的出现，同时也奠定了青岛近代海港发展的基础。最近几年的金口港考古调查取得了一系列的发现，尤其是在遗址核心区域，古港码头、天后宫（图十）、镇海楼等遗迹和相关明清瓷片、石碑、柱础、石雕、砖雕等遗物与金口港密切相关。同时，对港区功能分布及建筑规格也有了初步的认识，例如码头区、客栈区、商业店铺区、民居、"丫"字形道路等区域布局，港口周边清代至民国时期集中在凤凰村和北阡村等43处古民居，构筑精致，兼具南北建筑风格[2]。展现了曾经兴盛胶东、辐射半岛、联通黄渤海诸口岸的金口古港通四海、达三江的繁荣景象。

图十　金口天后宫

青岛依海而兴，因海而盛。海洋、海湾、海岛、海滩、海岸、海港、海山、海城等海洋景观文化和地理空间造就了青岛的航海文化。深厚的航海历史记录着青岛人开拓创

---

[1] 例如（清）道光《胶州志·卷三·表二·海疆道里表》记载了由胶州至盛京、江南、浙江、福建、广东等地的海道详细的里程、方向和中转地处等信息。"正东，迤一百里于至即墨城，又迤高下六十里至劳山，再东系海；东南，迤二十里至塔埠头，上舟以下接海疆道里；正南，迤一百里，至灵山卫，又迤五里至海崖……"

[2] 青岛文旅公众号：《青岛考古2020，我们离历史真实更近》，2020年12月28日。

新的足迹,丰富的航海文化遗产见证了青岛航海的悠久历程。今天的青岛也很好地延续着自己的航海文化,不管是借奥运会大力发展的帆船运动,着力打造的"奥帆之都",还是为航海事业而献身的中国航海第一人——郭川,无一不在向世人展现着青岛以航海文化为代表的富有开拓创新精神的海洋文化。未来我们需要更加广泛地关心海洋、认识海洋、经略海洋,滋养海洋文化根脉,传承海洋文化,建设海洋强国。

青岛地区海洋性聚落变迁及港市发展浅析

魏 超

青岛市文物保护考古研究所

海洋性聚落（maritime settlement）是反映人类适应海洋和开发海洋的最直接证据，也是先民依托海洋环境、创造与发展海洋文化的最基本物质文化形态。从聚落形态的理论高度调查研究古代人类的居住和生活遗迹是当今世界范围考古学的新课题，因此运用聚落考古的方法和理论是可以科学探索海洋性聚落的变迁及港市发展的。聚落考古学是20世纪后半叶由西方传入我国的，绝大部分聚落考古研究都集中在内陆地区，而专门针对海洋性聚落的系统研究基本处于空白。虽可参考欧美考古学界提出的"海岛考古学""海岸与海岛考古学"及"海洋性社群"等新的学术概念成果[1]，但现有的零碎考古资料多以坏境考古、地质考察等研究为主导，导致海洋性聚落的研究远远落后于内陆性聚落的研究，同时缺乏海洋聚落史的认知框架和从史前海岸遗迹到历代港市的海洋性聚落形态系统演化史的研究。

青岛地处山东半岛东南部沿海，胶东半岛东部，面向辽阔的黄海，有着海洋赋予的独特元素。同时又背靠广阔厚重的内陆东夷文化腹地，有着大陆赋予的传承基因。因此，鉴于其独特的地理位置，青岛及其所演变的地域文化史是兼具陆海文化相互交流融合的产物。通过考古发现的沿海史前贝丘遗址、历代海港遗迹与代表性港市聚落形态、城市殖民建筑史迹，可作为一个延续发展的、一脉相承的、完整的海洋聚落形态体系予以系统全面分析，着重研究该地区的海洋性聚落变迁特点与港市发展演变。本文旨在已有材料的基础上，对青岛地区涉海洋性聚落及港市的发展演变的内容进行简要梳理和宏观分析，并针对目前国内海洋聚落考古的研究现状，促使文化遗产保护工作者在认识研究海洋考古的过程中，就研究概念和调查方法上予以重视和区分。

---

[1] Rainbird P., The Archaelogy of Islands, Cambrige University Press, 2007.

一、海洋聚落考古与港市考古研究

海洋文化的产生、发展和繁荣,同样离不开聚落。吴春明先生在《海洋考古学》中提到:"海洋性聚落形态是海洋先民依托海洋环境、创造与发展海洋文化的主要舞台,这些聚落活动的特点是沿海岸和海岛进行海洋资源的不同程度的开发和利用活动,其生活方式更具海洋性倾向。既是海洋性物质文化遗产的最基本形态,又是探索海洋文化发展的关键,因此海洋性聚落的考古发现与研究也是海洋考古的范畴之一。"青岛海洋聚落遗迹广见于田野考古发现,自新石器时代早期以来就形成的一系列以沿海贝丘遗址为特征的海洋性聚落形态,基本依托胶东半岛天然陆缘海湾、内河入海口、沿岸岛屿等海洋性生态环境萌发,以海生贝类等土著先民海洋渔猎采集型的食物遗存堆积为特征,形成最初的史前海洋性聚落。从考古学文化视野下分析,青岛属于海岱文化区的分布和辐射范围,也就是广义的东夷文化区。在北辛文化晚期至大汶口早期阶段(公元前6500—前5500年)出现了一批以贝丘遗址为代表的海洋性聚落形态,其中以即墨丁字湾海域的材料最为丰富(如北阡遗址、东演堤遗址、西富山遗址、现子埠遗址[1])。现有的考古资料对该区域内的贝丘遗址研究较多,并取得了丰硕的学术成果。通过以即墨金口镇北阡贝丘遗址为代表的环境考古发现证实,胶东半岛从距今5600年前后气候开始变冷,再加上来自山东腹地大汶口农耕文化的重要影响,胶东半岛沿海的众多史前早期遗址在这时迅速消亡[2]。从延续时间来看,这一地区的海洋性聚落遗址仅有千年左右,与其他地区贝丘遗址相比较,延续时间较短,这说明青岛地区最早的东夷族先民对自然环境既有较高的依懒性又有很强的适应性,其作为胶东地区最早进行海洋探索的先行者之一,在海洋资源逐渐匮乏和内陆农耕经济高速发展的吸引下,随着人口与环境压力不断增大,需求与供给的矛盾日益加剧,贝丘聚落面临新的发展抉择,在历史发展的潮流中又开始了新的征程[3]。通过对胶南南部启动聚落考古区域系统调查和胶州三里河遗址的考古发掘,青岛地区出土了大汶口文化晚期至龙山文化时期(公元前4500—前3800年)

---

[1] 聂政:《青岛丁字湾周边史前聚落遗址资源域分析》,《青岛考古(二)》,科学出版社,2015年,第223—233页。

[2] 中国社会科学院考古研究所:《胶东半岛贝丘遗址环境考古研究》,社会科学文献出版社,2007年。

[3] 烟台市博物馆:《考古烟台》,齐鲁书社,2006年,第44页。

的大量贝壳和蚌器,如蓝点马鲛等外海鱼类的鱼骨、鱼鳞等[1]。随着对航海技术的掌握,山东半岛与辽东半岛间形成了古老港口和航道,东夷先民开始从沿河台地散向海滨各地居住,海洋渔猎向定居农业逐步演变,该遗址是首次被确认的一处具有滨海特色的古文化遗址。同属龙山文化的西寺遗址出土的黑陶蚌形响器即以蚌为原型制作的乐器,表明当时先民与海洋的密切联系。此类聚落遗址出现用加工后的海鱼和贝壳作为陪葬品的原始海洋文化崇拜,都进一步证实了可能存在一个"Ω"形青岛滨海文明带[2],且青岛先民已经具备较强的海洋适应能力。鉴于文化变迁的延续性,以贝丘遗址为特征的东夷部族海洋性宏观聚落文化还从史前时期延续到很晚的历史时期,这完全不同于建立在农耕文化基础上的中原北方早期聚落形态,对青岛地区历史时代的港市发展产生了深远的影响。此外,因海陆变迁等原因,远古海洋性聚落文化现已不见于沿海,而被深埋于海底,未来需要借助水下考古技术继续研究探索。下一步对青岛地区沿海史前民居聚落的发展史和各历史时代滨海村落遗迹进行系统调查,对即墨丁字湾海域、西海岸至胶州湾沿岸等特征鲜明的重要海洋性聚落形态演变进行分析研究,只有通过提升海洋考古思路和研究方法,开拓学术视野,从海洋聚落形态的理论高度开展调查,研究古人的居住和活动遗迹,才能逐步了解青岛各时期历史的全貌。

海洋聚落形态的核心就是港市。随着海洋文化形态的传承,史前海洋聚落形态对历史时代的港市发展起到了奠基作用。港市因港而生、因港而兴,它是海洋聚落发展到一定历史阶段出现的集海港、海洋经济文化于一体的高等级聚落形态。因此作为海洋文化体系中的"城市文明",港市考古在海洋考古实践中,主要是针对古代港口、码头、锚地等泊船设施及相关港市建筑遗迹的调查、发掘与研究。其中海港遗迹是古代船舶停靠装卸、避风补给的重要设施,是航海活动的重要工具和文化成果。随着近年青岛启动并推进"海上丝绸之路"申遗与"探源青岛"考古研究以来,紧紧围绕港市遗迹不断开展,海港考古研究日渐深入。其中春秋至秦汉时期的琅琊港[3]成为青岛海外交流的起点和"海丝"的起航点之一。宋金元时期的板桥镇密州港[4]将青岛地区与朝鲜半岛以及日本列岛横跨黄海联系起来,成就了青岛在海外贸易中的

---

[1] 中国社会科学院考古研究所:《胶县三里河》,文物出版社,1988年。

[2] 郭泮溪:《对青岛海洋文明历史中几个问题的初步探讨》,《东方论坛:青岛大学学报》2009年第5期。

[3] 青岛市文物保护考古研究所:《黄岛区"海上丝绸之路"文化遗迹2014年度调查勘探简报》,《青岛考古(二)》,科学出版社,2015年,第194页。

[4] 寿杨宾:《北宋时期的密州板桥镇港》,《胶州历史文化初探》,天津古籍出版社,2007年。

独特且重要的节点。"至六朝及宋,(倭人)则多从南道,浮海入贡及通互市之类,而不自北方,则以辽东非中国土地故也"。(《文献通考·四裔考》)金元明清时期的塔埠头港[1]和金口港,以及胶州湾沿岸的沧口、女姑口、沙子口等海港继续发挥着作为北方重要港口对对外贸易与交流的作用;一直到清末、民国、日占德租时期的青岛港,一脉相承,辉煌的海港文化延续数千年(表一)。另外,青岛近现代以海外殖民的舶来文化为特征的建筑遗存,如青岛中山路、八大关历史街区还遗留了成片的近代西洋建筑群,其对青岛港市聚落发展的影响,造就了青岛市街特殊的建筑风格,促成了近代青岛海洋聚落中建筑的多样性,改变了原青岛沿海传统民居海草房及崂山道教建筑群等原生海洋聚落风格,这些都是青岛海洋考古中特征鲜明的海洋性聚落形态和港市发展。

表一　青岛地区古港口统计表

历史时期	港口名称或现所在地
春秋战国	琅琊、安陵
秦汉	琅琊、安陵、女姑口
魏晋南北朝	琅琊、安陵、女姑口、胶州港
隋唐五代	琅琊、安陵、女姑口、板桥镇
宋金时期	琅琊、安陵、女姑口、胶西镇、塔埠头、陈村口、草桥、信阳、唐岛、梁乡
元明时期	琅琊、古镇口、灵山卫、董家口、陈家港、桃花港、龙湾口、龙潭口、徐家口、宋家口、淮子口、唐岛口、薛家岛、板桥镇、塔埠头、陈村口、团岛口、金家口、女姑口、青岛口、麻湾西口
清代	琅琊、古镇口、柴胡荡、胡家山、董家口、宋家口、淮子口、灵山卫、唐岛口、薛家岛、红石崖、板桥镇、塔埠头、麻湾口、阴岛口、陈村口、团岛口、登窑口、女姑口、沧口、青岛口、沙子口、金家口、劳山岛口

(根据曲金良:《青岛海域水下文化遗产的分布》,《蓝色青岛》,青岛出版社,第226页改制)

---

[1] 周兆利:《胶州塔埠头港的兴衰》,《胶州历史文化初探》,天津古籍出版社,2007年。

二、海洋文化研究方向与考古方法分析

在今后的学术研究上，港市考古的调查研究仍应秉持聚落形态体系的理念。青岛的港市考古在宏观性和区域性上还有一系列学术潜力可挖，首先以上述历史时期古海港考古研究为基础，提升青岛海港史迹的宏观角度，探究其在胶东半岛及整个古代北方海港发展中的历史地位，具体地讲，就是以港口、船舶和贸易品为切入点，以考古实物资料结合相关文献来勾勒出海港兴衰的历史面貌，追溯古人的海上活动情况。其次通过对港市的考古调查，揭示海港模式的城市形态，这种城市模式建立了适应海洋贸易的城市设施，即包括市舶司、港式街巷、码头、航标塔、宗教祭祀设施、仓储渠运设施、货行、海防设施等，如密州板桥市舶司、潮连岛岛百年灯塔、金口天后宫、胶莱河漕运、明清海防卫所炮台、徐福东渡琅琊启航说和法显海图研究，这些同样是以港市为中心的海洋性文化活动直接和间接的区域结果。

在中国考古学的聚落研究体系中，海洋聚落考古这个亟待发展的分支领域尚处于起始阶段。目前首先受制于考古资料的不完整性，专题海洋聚落调查基本没有开展，就海洋聚落的历史变迁和海洋社会的演变等相关问题均缺乏有效的探讨。海洋聚落考古虽前途无量，但如何从考古学的角度改变对青岛地区海洋聚落遗址的认识，弄清青岛地区海洋性聚落与港市遗存基本的考古类型和各类海洋聚落遗存发展演变的脉络，是一个亟需探讨的问题。青岛海洋聚落与港市遗迹考古研究发展，应将传统内陆聚落考古学的调查理念和发掘方法有效运用到海洋文化遗产的调查研究中，积极探索新的海洋考古调查发掘方式，对青岛地区涉及的古港口城镇进行系统的海洋考古学调查与精准测绘，逐步认识胶东半岛沿海的史前贝丘遗址、历代海港遗迹与海交史迹、海滨城市古代建筑史迹等海洋聚落形态发展的不同阶段遗迹，着重研究青岛海洋性聚落形态的特点与演变过程。以海洋考古学的视野，重新审视与海洋性物质文化遗产中海洋性聚落及港市考古学术相关的海洋史、海外交通史、造船史、航运史以及沿海地域的方志资料，从中发现诸多颇有价值的文物和史料，这将对青岛未来海洋考古学术研究颇有裨益并将给我们带来更多的启发。

成山头与北方海上丝绸之路

张云涛

威海市文化和旅游局

成山头位于山东半岛东北端,行政区划上属于荣成市成山镇。这里西接大陆,北、东、南三面环海,海岸陡峭,被中国国家地理评为中国八大最美海岸之一。其东部近海岸处有南北列的三座小山峰,名成山,也称荣成山、青山。历史上,成山头附近形成了不同历史时期、不同类别的大量文化遗存,统称之为成山头遗址。由于地处古代中国陆界尽头,成山头被人们视为天之尽头,具有航海、军事、气象、水文等多方面的价值,在古代东北亚交通贸易中扮演着重要角色。

一、有关成山与成山头的文献记载

成山是山东地区最古老的地名之一。春秋时期,齐景公出游,曾问晏子说:"吾欲观于转附、朝儛,遵海而南,至于琅琊。寡人何为能效先王之游?"[1]据考,转附即为今天的烟台之罘,朝儛就是今天威海的成山。齐景公问话中提及的之罘、成山、琅琊,都是后来齐地八神所在,可见春秋中晚期齐地八神就已经初具雏形了。战国时期,成山头开始以"成山"之名行于世。《史记·封禅书》记载,秦始皇既并天下,东巡郡县,祠邹峰山,颂秦功业。"始皇遂东游海上,行礼祠名山大川及八神,求仙人羡门之属。八神将自古而有之,或曰太公以来作之。齐所以为齐,以天齐也……八神:一曰天主,祠天齐……五曰阳主,祠之罘。六曰月主,祠之莱山。皆在齐北,并勃海。七曰日主,祠成山。成山斗入海,最居齐东北隅,以迎日出云。八曰四时主,祠琅琊。琅

---

[1]《晏子春秋内篇·问下第四》。

琊在齐东方,盖岁之所始。皆各用一牢具祠。而巫祝所损益,珪币杂异焉。"[1]此后,"成山"作为地理名词频频出现于二十四史地理志,唐《元和郡县志》、宋《太平寰宇记》《元丰九域志》、元《齐乘》等地理志书,以及明代以来的山东省、登州府和文登县、荣成县各级地方志中。

  文献记载,秦始皇、秦二世、汉武帝、汉宣帝都曾来成山礼日。

  秦始皇二十八年(前219年),秦始皇第一次东行郡县。行至山东的邹峄山,鲁国儒生们对秦始皇大加赞扬,并说大秦王朝要想长治久安,必须要对泰山封禅,望祭山川。于是,秦始皇在邹峄山上立下第一块"颂秦德"刻石。接着,"乃并勃海以东,过黄、腄,穷成山,登之罘,立石颂秦德焉而去"。然后"南登琅琊,大乐之,留三月"。在琅琊,齐地方士徐福上书,说海上有仙人和不死之药,"既已,齐人徐市等上书,言海中有三神山,名曰蓬莱、方丈、瀛洲,仙人居之。请得斋戒,与童男女求之。于是遣徐市发童男女数千人,入海求仙人"。战国时期,齐、燕等东部沿海各国流传着海中有仙山、仙人的传说。齐威王、齐宣王、燕昭王都曾使人入海求蓬莱、方丈、瀛洲。及至秦始皇一并天下,既想江山传之千秋万代,又梦想求得仙药成为仙人长生不老,便决定派徐福入海求仙。此后,秦始皇的巡游除了"示疆威,服海内"外,又增加了一项入海求仙的内容。三十七年(前210年),秦始皇第四次东巡,少子胡亥同行。"望祀虞舜于九疑山……上会稽,祭大禹,望于南海,而立石刻颂秦德……并海上,北至琅琊"。徐福多年求药不得,归咎于大鲛鱼作怪。于是秦始皇"自琅琊北至荣成山,弗见。至之罘,见巨鱼,射杀一鱼"。此行秦始皇没见到神仙,也没取到不老药,却病死于归途中的沙丘。

  一百多年后,汉武帝也步秦始皇后尘,在众多海上方士的蛊惑下,以举国之力寻仙求药,多次到泰山封禅并巡游海上。汉武帝元封元年(前110年),"上遂东巡海上,行礼祠八神"。太始三年(前94年),又"行幸东海,获赤雁,作《朱雁》之歌,幸琅琊,礼日成山。登之罘,浮大海"[2]。

  汉宣帝是汉武帝曾孙,也"修武帝故事,盛车服,敬齐祠之礼"。神爵元年(前61年),"又祠参山八神于曲城,蓬山石社、石鼓于临朐,之罘山于腄,成山于不夜,莱山于黄。成山祠日,莱山祠月。又祠四时于琅琊,蚩尤于寿良"[3]。

  到汉成帝建始二年(前31年),根据丞相匡衡的建议,汉王朝对全国六百八十三

---

[1]《史记·封禅书》。
[2]《史记·孝武本纪》。
[3]《汉书·郊祀志》。

所祠祀进行甄别清理，其中二百零八所奉祠如故，包括孝宣时期的之罘、成山、莱山、四时、蚩尤等齐地八祠在内的四百七十五所皆罢[1]。因帝王驾临而喧嚣了数百年的成山暂时沉寂了下来。

由于成山头地处南北海上交通要冲，向东是古代中国与朝鲜半岛和日本列岛各国交通贸易和文化交往的最近地点，乃兵家必争之地，因而见证了历史上在成山头发生的多起重大历史事件。

西汉元封二年（前109年），位于朝鲜半岛北部的卫满朝鲜国王右渠攻杀辽东都尉，汉武帝招募天下死罪之人，由楼船将军杨仆、左将军荀彘分别率领，水陆并进征讨朝鲜。翌年（前108年）夏，朝鲜民众杀掉国王右渠投降，汉武帝以卫满朝鲜故地分置乐浪、临屯、玄菟、真番四郡[2]。此次战争中，成山头所在的东莱郡是汉帝国水军重要的集结地和出发地。东汉末年公孙氏割据辽东，曹魏太和六年（232年），田豫受命以本官统帅青州各路军队前往辽东讨伐。得知孙吴派周贺率军前往辽东，魏明帝考虑敌方人多势众，又需渡海作战，胜负难料，便令田豫停止出兵。田豫仔细勘查地形后认为，成山头是吴军往返必经之处，这里的冬季风高浪急，东面无岸可依，孙吴水军返程时肯定要傍岸而行，可以在陆岸设伏，伺机杀敌。于是在成山各山岛险要处布置军队防守，以逸待劳。彼时成山头上秦皇汉武望海礼日所建的楼台尚存，田豫"自入成山，登汉武之观"，亲自登上成山观高处观察敌情。果然，周贺率吴军南返时遇到大风，船只触礁沉没，周贺被杀，兵士悉为田豫所俘[3]。

隋唐时期，成山头继续在中原王朝经略朝鲜半岛的战略中发挥重要作用。唐显庆五年（660年），苏定方以熊津道大总管身份率师讨伐百济，大军"自城山济海，至熊津江口"，大胜百济，分其地为六州[4]。城山即成山，这是史书首次明确记载以成山为出发地前往朝鲜半岛。九世纪中叶，日本高僧圆仁入唐求法巡礼，归国时也是自赤山浦（今荣成石岛）直接渡海，出莫邪口向正东经朝鲜半岛南部返回日本[5]。可见，随着航海技术的进步，隋唐五代时期，中国北方地区已形成了以成山等登州境海口为出发港横断黄海直达朝鲜半岛和日本列岛的海上交通路线，"登州海行入高丽、渤海道"为唐代外通四夷的七条主要线路之一[6]。

---

[1]《汉书·郊祀志》。
[2]《汉书·武帝纪》。
[3]《三国志》卷二六《魏志·田豫传》。
[4]《新唐书》卷第一百一十一·苏定方传》。
[5]［日］圆仁：《入唐求法巡礼行记》卷四，上海古籍出版社，1986年。
[6]《新唐书》卷四十三下《志第三十三下·地理七下》。

宋金时期，山东地区成为辽和北宋、金和南宋的边境。元初，蒙古两次东征日本，成山所在的文登一带涌现出"东征汉军招讨使"刁通等一批胶东土著水军统领。元明时期，成山为海运必经之地，境内很多居民服务于海运，文登县十三都石础村邹荣在至元二十三年（1286年）任海道运粮千户之职[1]。

明清时期，为防倭寇海上侵扰，东部沿海构筑起严密的防御体系。明初在成山头以西15公里处设成山卫，沿海五里一墩、十里一堡，成山中峰筑有内用夯土、外包砌散石的墩台。清康熙五十一年（1712年），登州水师前营游击滕国祥在成山头西北鸡鸣岛海域与海盗发生激战而阵亡。雍正年间，在登州备倭都指挥使司下增设成山汛（后改成山水师守备署、荣成水师营），驻成山头西南约20公里的养鱼池，一度担负山东成山头至江苏张家口2070海里的近海洋面巡逻任务[2]。甲午中日战争中，日军第二军在成山头荣成湾登陆，抄威海卫后路，占领南北帮炮台，导致北洋海军全军覆没。一系列重要历史事件的发生，使成山头成为重要的历史地理坐标，留下了丰富的物质文化遗存。

二、成山头遗址的考古遗存

成山头遗址位于荣成市成山镇卧龙村东海岸，面积约40万平方米，1992年6月以"成山头秦汉遗址"被公布为省级文物保护单位。根据其性质和内涵，成山头遗址可分为战国至秦汉时期的祭日遗存，唐宋时期至清代的纪念遗存，以及近现代航海设施三类遗存。

（一）战国至秦汉时期的祭日遗存

战国至秦汉时期的祭日遗存是成山头遗址的主体，历年来做了较多工作，有不少重要发现。1979年10月，国家海洋局在成山头建设水文观测站，在遗址西南后被称为酒棚遗址的地方安装设备并围以南北长约20、东西宽约16米铁栅栏做观测场，施工时在栅栏内发现了一组玉器。玉器在地表以下2米左右，由1件玉璧、2件玉圭、1件玉珩组成。玉璧居中，圭置两侧，玉珩在上，方向不明，现藏于青岛市博物馆。据考证，此组玉器应是汉武帝礼日的遗物。1982年7月，观测站在修路时又在距当时地

---

[1] 文登市地方史志办公室：《光绪本文登县志点注》卷八上·人物。
[2] 道光《荣成县志》。

表深 15—20 厘米处发现了第二组玉器,由 1 件玉璧和 2 件玉圭组成,玉璧居中,圭置两侧,现藏于荣成博物馆。两组玉器出土地点直线距离 2.5 米,连线方向为 113°。1979 年推平土堆时,在两组玉器的中间还曾发现过砖铺的台阶[1]。

第二次全国文物普查期间,烟台市博物馆在 1985—1987 年联合地方文物部门(当时荣成属烟台地区)对成山头遗址进行考古调查,在成山中峰、校场沟等地点采集了一些建筑材料和生活用品标本,有秦、汉两代的踏步砖、铺地砖和"天主"字样的圆瓦当等重要建筑材料[2]。

2010 年,国家博物馆与山东大学联合开展"八主祭祀研究",对日主祠所在的成山半岛进行了详细的区域系统调查,并对其中的成山中峰遗址、成山南峰立石遗迹、酒棚遗址、灯塔地遗址、校场沟遗址、南马台遗址等六处古代遗迹地点进行了发掘。成山中峰遗址位于成山头的最高峰,1950 年代建设雷达站时有大量遗物暴露,山坡散落的建筑材料有踏步砖、铺地砖、筒瓦、板瓦等,遗物的年代可分为秦、汉两期。成山南峰立石遗迹位于成山南峰顶端,石灰岩质,表面较光滑,劈裂面稍显斑驳,主体呈西南—东北向,方向为 345°,没有刻字痕迹。酒棚遗址位于成山头南海岸,是一个向南突出的小半岛,东为海岸峭壁,南北两侧各有一条自然冲沟。岩石上原有底径约 20、高约 2 米的土堆,就是 1979、1982 年两次发现瘗玉的地方,其西侧断崖上仍有瓦砾等汉代建筑材料分布。灯塔地遗址在成山遗址群的最东端,东西长 175、南北宽 200 米。此处经过多次改造建设,施工时曾出土大量建筑材料,采集的建筑材料有踏步砖、铺地砖、瓦当、筒瓦、板瓦等,可以分秦、汉和汉代以降三个时期。校场沟遗址位于始皇庙以南及西南区域,东西长 175、南北宽 90 米,1982 年调查试掘时曾发现两处面积约为 60—70 平方米的方形建筑基址,铺有地砖和陶质排水管道。1987 年烟台市博物馆曾在校场沟采集到一件汉代穿壁纹铺地砖,20 世纪末在修建始皇庙南门台阶时发现过踏步砖,主要为汉代遗存。南马台遗址在酒棚遗址西北侧,课题组根据考古勘探的情况,对有工作条件的区域选择五个地点进行了发掘,发现有排水管道、散水等秦汉时期遗迹。

根据文献记载和系列考古工作,课题组认为,成山头秦汉时期遗址即为日主祠。这里商末周初即为祭祀之地,战国晚期作为日主祠被纳入齐地八主祭祀中,秦汉时期又被纳入国家祀典体系。遗址虽然遭到了严重破坏,但仍能从残迹中发现包括亭阁建筑、立石、祭祀地、祠庙等不同类型和不同功能的遗存,各类建筑应为高下错落分

---

[1] 王永波:《成山玉器与日主祭——兼论太阳神崇拜问题》,《考古》1993 年第 1 期。
[2] 烟台市博物馆:《考古烟台》,齐鲁书社,2006 年。

布。秦代在成山中峰、灯塔地、南马台建有规模和功用不同的建筑，汉代继续利用并有所修复[1]。

（二）宋代至清代的纪念遗存

纪念遗存主要是始皇庙建筑群，坐落在成山中峰与南马台之间的校场沟北部高台处，可视为成山头秦汉时期主体遗存的衍生遗存。因被后世统治者看作"暴虐无德"，从西汉到唐初，千古一帝秦始皇始终得不到立庙祭祀，直到唐天宝年间，才在咸阳城内建始皇庙进行祭祀，开官方对秦始皇祭祀之先河。宋太祖乾德四年（966年）下诏保护历代帝王陵，并在其陵墓或陵庙所在地重开祭祀。因唐代咸阳始皇庙早已毁于五代战乱，宋太祖于开宝九年下旨建"始皇庙"。北宋时期，秦始皇地位有所提高，祭祀标准与汉景帝、汉武帝、魏文帝等"守成"帝王相同，这在一定程度上宽松了祭祀环境。所以两宋时期除朝廷官立始皇庙外民间也开始私立"始皇庙"[2]。

成山头关于秦始皇的纪念遗存起初是"传为始皇东游时所筑"的"秦皇宫"（或简称为"秦宫"）。北宋《太平寰宇记》、元《齐乘》和明天顺《大明一统志》的文登条下，都有"秦皇宫"（秦宫）条。1985年，荣成县对成山头始皇庙进行维修，施工过程中在南门台阶附近发现了一块刻石，内容是北宋宝元二年（1039年）河朔王永留题秦皇祠的一首七律诗。刻石正面为规则长方形，长48.5、宽36、厚8.5厘米，四壁均经加工，背面凹凸不平，分析其形制和规格，原来似应镶嵌在建筑物之上[3]。可见，至迟在北宋时期，成山头已有祭祀秦始皇的纪念建筑"秦皇祠"存在了。至于"秦皇祠"与《太平寰宇记》等文献所记载的"秦皇宫"（或称"秦宫"）是否为同一建筑则不得而知。

其实，成山头建有"秦皇祠"一类建筑的时间或许能追溯得更早。晚唐时期日本高僧圆仁入唐求法巡礼时，曾在石岛赤山法华院逗留过二年零九个月。圆仁《入唐求法巡礼行记》214条载："赤山东北隔海去百许里，遥见山，唤为青山——三峰并连，遥交炳然。此乃秦始皇于海上修桥之处。始皇又于此山向东见蓬莱山、瀛山、胡山，便于此死。其时麻鞋今见在矣。见旧老说，便得知之。"[4]麻鞋尚在，推测应有合宜的存放或展示场所。既然唐王朝允许官方在帝王"肇迹之处设立祀祠"，那么民间上行下效，在秦始皇两次履足的成山头设简易祭祀场所也并非没有可能。

---

[1] 王睿等：《八主祭祀研究》，文物出版社，2020年。
[2] 鹿习健：《秦始皇祠庙考论》，《中国地方志》2019年第5期。
[3] 烟台市博物馆：《考古烟台》，齐鲁书社，2006年。
[4] ［日］圆仁：《入唐求法巡礼行记》卷二，上海古籍出版社，1986年。

元明时期南粮北运，海运盛兴，成山头在海上交通方面的地位更加凸显，明《寰宇通志》第一次明确出现了"秦始皇庙"的称谓。秦始皇庙"在文登县召石山之阳"，归类于"祠庙"目下；本节同时又有"秦宫"条，"在文登县东北百八十里"，归类于"古迹"目下[1]。这似乎可以说明，明代中期成山头既有秦时的"秦皇宫"，又有后世所建的"秦始皇庙"，二者是两处性质不同的建筑遗存，北宋时期刻的石属于哪处建筑也不可知。经过三百多年的岁月侵蚀和兵火洗礼，到清代中晚期，人们开始认为秦始皇庙、秦皇宫是同一地址不同时期的两个建筑，秦皇宫的名字从此退出了历史舞台。据清道光版《荣成县志·古迹》："秦皇宫，在成山上，始皇东游时筑。后人即其遗址为始皇庙。明正德七年（1512年）毁于火。土人为立小庙一间。国朝道光元年，道人徐复昌改筑大殿三间，祀滕将军国祥。"留存至今的一幅十九世纪末二十世纪初始皇庙的照片，建筑布局严整，颇具规模，比较完整地反映了道光年间徐复昌改筑始皇庙的原始样貌。始皇庙现存建筑为1985年重修，有日主祠、始皇殿、天后宫、纪念北洋水师将领邓世昌的邓公祠，以及钟楼、戏楼等建筑。

改建后的始皇庙是主祀秦始皇还是主祀滕国祥，徐复昌与成山当地士绅之间还发生过一场辩论，结果是徐复昌主祀始皇帝的主张占了上风[2]，但人们仍将信奉的其他神祇或敬仰的忠烈牌位保留在始皇庙一并享受祭祀，这与明清以来祠庙由单一功能嬗变为供奉各类神祇共同场所的现象是一致的。也许正是由于其广泛的包容性，成山头始皇庙才成为历史上有据可查的十余处秦始皇祠庙中的硕果仅存者[3]。

（三）近现代的航海设施

成山头航海设施建设始于清道光初年。清嘉庆年间，一艘江南货船北上时在成山头附近遭遇海难，幸存者中有一位名为徐复昌的账房先生，就是《荣成县志》所说的道人徐复昌，获救后在成山头出家。按照《荣成县志》的说法，当年的秦皇宫仅是正德年火灾后当地居民在原址所立的一间小庙。徐复昌大难不死，发愿募资修庙，并在庙外建设灯楼、铸造巨钟，为过往船只提供导航服务。清代中期邑人林培玠在《废铎呓》中这样记载："庙外筑一最高灯楼，中置巨甕，满贮膏油，捻絮作炬，大如儿臂，其油俱江苏吕洪吉供备，燃之通宵不熄，光烛数十里，夜行舟楫见灯则迤逦东下。更铸一巨钟，声闻数十里，遇阴晦风霾，不辨昏晓之辰，则击钟不辍，舟闻钟声，亦知趋

---

[1] 明景泰《寰宇通志》卷76。
[2] 威海市文登区地方志办公室：《废铎呓》卷四《徐道士》。
[3] 鹿习健：《秦始皇祠庙考论》，《中国地方志》2019年第5期。

避。"[1] 徐复昌所建灯楼和钟楼已经具备了后来所称目视航标、音响航标的功能。晚清时期设立大清海关，保障航经成山头船舶的安全是海关的第一要务。1874年，英国人把持大清海关将成山头钟楼改建为花岗岩块石砌筑的灯塔[2]，成为北方地区最早建立的近代化灯塔之一。1946年解放战争爆发后灯塔被毁，1950年交通部门重修，并增加了雾号、雾炮等音响航标设施，后来又陆续建成无线电指向标、卫星导航等声、电子导航系统，大大降低了船舶行经成山头海域遇险的几率。

三、成山头遗址是北方海上丝绸之路重要文化遗产点

成山头遗址保存着丰富的秦汉时期历史遗迹、始皇庙等纪念遗存以及近现代航海设施。文献记载和考古工作成果表明，成山头及周边区域很早就通过海洋与北方的辽东半岛和东方的朝鲜半岛甚至日本列岛建立了联系，并形成了成熟的古代海洋贸易线路。先秦时期，南方吴越等地的铜剑铸造技术通过"环黄海之路"水路经齐国沿海地区传播到朝鲜半岛[3]，在石岛湾留下了镆铘岛的地名和干将、莫邪的传说。20世纪70年代，石岛湾沿岸出土了大量战国时期齐刀币，与古文献《尔雅》"东北之美者，有斥山之文皮"的记载相印证，可知原产朝鲜半岛的"朝鲜之文皮"经由海路输送到山东东部成为"斥山之文皮"。秦汉时期，秦皇汉武仿效古代圣贤巡守疆土，又派方士入海求仙，客观上促进了东北亚地区不同族群之间的经济和文化交流，可视为北方海上丝路开辟的标志性事件。隋唐五代，山东半岛与朝鲜半岛形成从青山浦（成山）、赤山浦（今石岛）横断黄海直达朝鲜半岛和日本的海上航路，大唐和新罗间海洋贸易十分活跃，曾在大唐军中效力的新罗人张保皋在赤山浦高秀处兴建的新罗佛教寺院——法华院，接待日本高僧圆仁长期居留，成为一寺连三国的历史见证。宋金元时期，成山及周边港口仍在东西和南北两个方向的海上交通中发挥着重要作用。明清时期东部沿海以海防为主，但山东半岛与朝鲜半岛、日本列岛之间的民间商贸往来却不曾中断，至清代中晚期，成山头周边形成了威海卫、俚岛、石岛等著名商业港口。近年荣成渔民在镆铘岛东南海域30海里处打捞出一件大型船舵，其位置恰处于胶东半岛与朝鲜半岛、日本列岛海上贸易运输之必经通道，其出发港或目的港应该

---

[1] 威海市文登区地方志办公室：《废铎呓》卷三《成山》。
[2] 海关副税务司班思德：《中国沿海灯塔志》，上海海关总税务司，1933年。
[3] 白云翔：《公元前1千纪后半中韩交流的考古学探究》，《中国国家博物馆刊》2018年第4期。

就是成山头周边的商业港口。

北方海上丝绸之路是东北亚地区以渤海、黄海为媒介的海上贸易通道,为海上丝绸之路的重要组成部分。成山头在北方海上丝绸之路中占有重要地位,而成山头遗址集秦汉时期日主祠及相关遗迹、始皇庙等纪念遗存、近现代航海设施于一体,是北方海上丝绸之路重要的文化遗产点。

浅谈城市化进程中涉水文物的保护利用

——以日照沿海为例

刘红军　苏红波　王　娟

日照市文物保护中心

该文中所称的涉水文物,包括水下文物,即遗存于我市水域的具有历史、艺术和科学价值的人类文化遗产和与水文化有关系的具有历史、艺术和科学价值的人类文化遗产。

一、涉水文物工作的开展

（一）法律法规方面的支持

1989年10月20日,李鹏总理签发国务院令,公布了《中华人民共和国水下文物保护管理条例》,并于1989年10月20日起施行。2019年3月19日,司法部就《水下文物保护管理条例（修订草案送审稿）》征求社会各界意见。2010年9月29日,山东省第十一届人民代表大会常务委员会第十九次会议通过并公布了《山东省文物保护条例》,定于2010年12月1日实施。2018年12月27日,日照市人民代表大会常务委员会印发了2019年地方立法计划,《日照市文物保护条例》制定提上日程。2020年9月25日,山东省十三届人大常委会第二十三次会议经过审查,正式批准《日照市文物保护条例》于2021年1月1日起施行。国家、省、市法律法规的完善,充分发挥了法律的规范、引导、保障、促进作用,促进了水下文物保护工作开展,为传承优秀水下历史文化遗产提供了法规制度支撑,为努力建设中国特色、中国风格、中国气派的考古学，更好地认识源远流长、博大精深的中华文明，为弘扬中华优秀传统文化、增强文化自信提供了坚强支撑。

（二）涉水文物考古工作的开展

2016年12月28日，山东省水下考古研究中心日照工作站水下考古工作启动，山东省首家市级水下考古工作站在日照成立。2018年4月至5月、7月至9月，国家文物局水下文化遗产保护中心联合山东省水下考古研究中心、日照市文物考古研究所组成调查队，对日照古代海防遗址进行了系统调查。2018年8月22日至9月20日，山东省水下考古研究中心、日照市文物考古研究所在日照开展了"2018年日照海域水下文物资源调查"工作。2019年6月至9月，国家文物局水下文化遗产保护中心、山东省水下考古研究中心、日照市文物保护中心、日照市文物考古研究所组成考古队在日照地区开展"山东省日照市海岸线考古调查"工作。2020年5月8日到6月27日，山东省水下考古研究中心安排考古队在日照市文化和旅游局、日照市文物考古研究所的配合下，组织开展了对日照桃花岛周边海域的探测工作。

二、涉水文化遗产情况

（一）海域文化遗产

通过前期对部分乡镇、办事处的走访调查，发现两城街道安家村一村有一部分沉船板子被海水冲上岸，现存于村委办公室。东河南村东，有年代久远的大铁锚。在此基础上，2018年8月22日至9月20日，山东省水下考古研究中心、日照市文物考古研究所在日照开展了"2018年日照海域水下文物资源调查"工作。共获取水下障碍物坐标3000余个，筛选近海水下障碍物坐标959个、沉船坐标193个。2020年5月中旬至7月初，山东省水下考古研究中心与日照工作站联合开展了日照市桃花岛及周边海域水下文物资源调查工作。物探共覆盖水下线索点136处，排除线索点124处，发现异常点12处，其中重要疑点5处。

（二）海防文物

包括墩、岗楼、掩体、坑道、烽火台、王家滩烽火台、碉堡、灯塔、寺庙、码头、城、集、口岸、古镇、遗址、碑刻、银号、汇昌银号、商号、海战等文物。

三、城市化进程对涉水文物的影响

日照市地处黄海之滨,位于山东东南部。东临大海,与日韩隔海相望;西靠沂蒙山区腹地,与临沂相依;北连本省的潍坊、青岛;南接江苏省连云港。日照现下辖东港区、岚山区、莒县、五莲县2区2县以及日照经济技术开发区、山海天旅游度假区和高新技术产业开发区。沿海乡镇、街道办事处有岚山头街道、安东卫街道、虎山镇、前三岛乡、涛雒镇、奎山街道、北京路街道、石臼街道、秦楼街道、卧龙山街道、两城街道。随着沿海城市化进程加快,对沿海涉水文物的保护受到冲击,新城建设、企业工厂建设、村庄搬迁、道路建设等,大量的涉水文物面临着被毁坏的风险。这些项目的实施需要大量的土地,这些土地上有大量的文物,很多文物没有保护级别,甚至没有被文物部门登记掌握,加之项目方的文物保护意识淡薄,很大程度上对涉水文物的保护都为新城建设、企业工厂建设、村庄搬迁等施工项目让了路。

在城市化进程中涉水文物受到破坏的主要原因有:一、对文物的界定、认识模糊,使大量涉水文物得不到认知;二、对文物知识的匮乏;三、对于习近平总书记对文物工作作出的重要指示"保护文物也是政绩"的认识不足。

四、对涉水文物的保护利用

随着日照市城市化进程的加快,城市规划对于涉水文物的保护利用起到了积极的影响。一是城市规划论证,邀请文化和旅游部的领导和专家参与,对于涉水文物的保护利用起到了重要作用。二是历史文化名城、历史文化街区、代表性建筑的评审。三是项目规划中充分利用文物资源,在规划中做好保护利用,形成以文化遗产保护展示为重要内容的区域景点。2016年开始,日照市启动了海龙湾"退港还海"修复整治工程,并开工建设。海龙湾项目,对工业岸线进行生态恢复,退港还海,使金沙滩自然串联。作为全国首个工业"退港还海"修复工程,这一项目将部分港口空间让给城市,使港城矛盾得到改善。新煤炭堆场将采用最新防尘抑尘技术,搬迁腾出的约2公里自然海岸线和2000多亩港口工业用地,将用于建设博物馆、展览馆。海龙湾项目建成后,日照港保留下来的20世纪文化遗产——煤码头、栈桥及部分有代表性的港口设施,将作为港口历史文化要素被保留下来,供游客参观。省级文物保护单位石臼灯塔也将得到有效利用和保护。

日照市涉海文物古迹保护与研究概述

李 玉

日照市博物馆

日照市位于山东省东南部黄海之滨，东临黄海，西接临沂市，南与江苏省连云港市毗邻，北与青岛市、潍坊市接壤。南北长约82公里，东西宽约90公里，总面积5358.57平方公里。

日照市属鲁东丘陵，总的地势背山面海，中部高四周低，略向东南倾斜，山地、丘陵、平原相间分布。全市河流分属沭河水系、潍河水系和东南沿海水系，较大河流有沭河、傅疃河、潮白河、绣针河、潍河、巨峰河等。

日照海岸位于黄海中部，岬湾相连，北起甜水河口，南到绣针河口，全长168.5公里，属于比较平直的基岩沙砾质海岸。近陆岛屿有桃花岛、出风岛；远有平岛、达山岛和车牛山岛组成的"前三岛"，面积0.42平方公里。日照海岸线上现有石臼湾、佛手湾两大天然港湾与日照港、岚山港组成的日照港群。由于位置和基岩沙砾质海岸等原因，历史上曾有多处海航天然口岸，主要有荻水、岚山、栈子、涛雒、夹仓、石臼、王家滩等口岸，通称"七口"。这些海口古码头则成为了日照涉海文物的前沿，具有重要水下考古价值。

一、古码头概述

根据地方志书等资料以及山东省水下考古中心的调查报告，我们在此可以对日照沿海古海口古码头进行梳理。除了前面提到的"七口"：荻水、岚山、栈子、涛雒、夹仓、石臼、王家滩等口岸外，历史上安家口，新口也是重要的海口码头，影响较大。初时这些海口船民以捕鱼为业谋生，大风帆船多到南方海域捕猎，逐渐就近兼经商业，内运轻工日用品，外运本地农副土特产品，始形成日照民间海运业。

明朝以前，日照古海口已经有风船开展海上运输活动，后因倭寇骚扰受到影响，戚继光平倭后风船输进工业品和日用杂货。

清末民初，日照古海口船行林立，拥有远海运输大风船近200只，北通旅顺，南达广州。此时为日照历史上海运业之鼎盛期。民国年间，日照海运业畸形发展，开船行置轮船，曾一度兴旺，客货均运，通上海、青岛等港口。

（一）安家口

安家口位于安家河入海口西部，两城镇安家村南。明末清初附近宋口码头淤积，来往船只改泊安口。据《日照县志》载：清康熙二十二年（1683年），清兵攻占台湾，海禁大开。日照海运遂畅，商贾渐集。安氏家族利用东海口得天独厚的天然地理优势，修建船坞，兴建码头，招揽国内外商船进行贸易。英国的商船也经常过往。

（二）王家滩口

王家滩口位于日照海岸线最北端，滩头系泥质。民国七年（1918年），王家滩口得以利用，各大商号集资修建小码头，海运业有较大发展。1936—1937年间，王家滩称镇，有商业铺号72处。王家滩口每天进出口商船百余只，政府设置税务机构收海运税。1952—1953年，人民政府在王家滩成立水陆联运转运站，兼营海运。自1954年，王家滩口海运业逐渐消迹，转为渔业口岸。

（三）石臼口

石臼建村，始于北宋之前。因石臼所北有一片石场，其上有大片碓臼状坑，而得名"石臼"。宋元祐二年（1087年）置日照镇，石臼属于日照镇。金大定二十四年（1089年）日照镇升级日照县，石臼属于日照三个半镇之一。又因其东南方突出在海内形成岬角如半月岛，故称石臼岛。石臼所介于青岛、连云港之间，自古就是军事要塞。清光绪《日照县志》载："县治东石臼岛口，宋李宝破金兵泊舟处也。"南宋绍兴三十一年（1161年），浙西总管李宝率舟师由海道北上，遇大风屯兵于石臼岛，借助南风，突击靠泊唐岛（位于胶南市）的金军舟师，并取得全胜。

石臼口的兴起源于渔盐之利，至唐宋年间由于受密州、胶西舶司的影响，商船渐集，海上运输业兴起。元朝时期石臼岛的海运业逐渐兴盛，每年从淮安等地入海的漕粮船源源不断，由石臼口转运，每年有大批面、米、粮先河后海输送京畿，此景况一直沿至明初不衰。后由于倭寇侵扰和朝廷封海御寇，石臼所海运业大受影响，近乎停滞，清朝康熙十八年,沿海开禁,石臼所海运业又得迅速发展,与广东、台湾乃至日本陆续通航经商。至民国廿年代（20世纪30年代）,石臼所拥有船行近20家,专业运输船五桅风船50余条,装载量2000—6000饼（每饼约52斤）,三桅风船20余条,分东、西两处停泊,装卸货物分东、西两个作业区域。

（四）夹仓口

夹仓口位于夹仓镇南1.5公里,日照市第一大河傅疃河在此入黄海。夹仓口处于石臼口和涛雒口之间,一度齐名,是良好的天然口岸。作为通商口岸上溯至明代,皆先于日照其他口岸,自元代开埠,明朝设巡检司于此,明末年间海运业已初具规模。明清时屡遭盗匪,历来有兵民抵御倭寇捍卫家园的光荣传统。清康熙开海禁后,夹仓口有大风船40余只,载重都在20万—30万斤之间,每天进出百余船只,年吞吐量为5万余吨。

（五）涛雒口

涛雒口位于新口北、小海村东南。因临近小海村,又称小海口,是小海河入海口,属自然港湾。

涛雒因海口和滩涂之便,鱼盐利绕,汉代即设盐官,宋代已有海上运输,明代已成鱼商良港。清朝后期,由于涛雒镇商业发展迅猛,大小商号百余户,商贾大户购进或改造大型机帆船,以涛雒贸易市场为中心,以小海为通商口岸,故称小海口为涛雒口。清光绪《日照县志》载:"（涛雒口）贾客云集,南连栈子新口（即旧张洛口）,货船萃焉。"至民国初期,涛雒口的海运贸易业已达到空前未有之盛况,年吞吐量万吨以上。"七·七"事变后,日寇实行封海禁运,涛雒口海运业急剧萧条。1939年日寇入侵涛雒,涛雒海运业随之衰败。

（六）栈子口

栈子口古时称张洛口,位于涛雒镇东南4公里、栈子村东约500米。栈子村清朝道光四年碑文记载:"栈子古无人烟,地四面皆水,尽砂壁,不可种植,虽系海口,商舟不可泊,贫民无住所,剩其便渔筑室而居,渐有数十家。乾隆二十一年夏,大水,庐舍一空……"清朝乾隆之后,因海岸线自然变化,河口淤塞等,使张洛口延至东南营村东北角,故名为新口。

（七）龙王河口

明代以前，龙王河向东直接入海，此时已有村民以渔业为生。明末清初，龙王河入海口慢慢淤积，附近村民人工挖掘出一条"江沟"，"江沟"南通龙王河东部，向北通新口至栈子河。此时新口潮水入口后直接南下、经东湖村东、往西南到韩家营子村前（船可行至此）十三孔桥，"江沟"内停泊少量小型渔船。1974年后，此"江沟"逐渐淤塞，"江沟"内人工栽植苇柴、开挖虾池等，后遂人工开挖龙王河，使其向东直接入海，此时少量渔船停泊在龙王河入海口处。现今龙王河入海口两侧大面积建设钢厂（北侧为山东钢铁厂，南侧为日照钢铁厂），周边村落全部拆迁，渔船大都迁至其他现代渔港。

（八）岚山口

岚山口俗称岚口，位于岚山头南侧，西距安东卫3公里。海口依山临海，耕地少，世代鱼商为业。明清渔货贸易渐成规模，闻名苏北鲁南。清末民初时，随着安东卫商业的繁荣，岚口海运业相应得到了发展，全口各船行共有大风船80余只，载重量在2000—3000饼间，最大风船载重量万余饼，每天进出口贸易船只110余只。民国时期，岚山头商业有所发展，有商行铺号10处，海运业逐渐扩大规模。民国后期，政治腐败，海匪猖獗，贸易船只出海靠偷航偷运，颇多凶险，岚口海运业已很不景气。1939年日军来犯，封闭岚山海口。

（九）荻水口

荻水口古时地势低洼，分别于元朝初年和明朝初年两次建村。明朝洪武十九年，沿海设卫所，安东卫乃其中一卫，荻水口随之逐渐繁荣。清朝时期，内陆商贾慕名而来，置风船，开商行，建庙寺，当时清朝废除之前的海禁政策，荻水口海运业获得了一定发展，并设"荻口司"，掌管海关税务。1958年后，荻水口转为渔业口岸。

二、涉海文物古迹保护状况

2018年8—9月，受市文物局委托，山东省水下考古研究中心联合日照市文物考古研究所共同开展日照海域水下文物资源陆地调查工作，调查工作细致而有效。通过系统调查发现，受海岸线变迁、河流淤积等因素影响，再加上当地开发建设（填海造陆、开辟海产养殖区等）活动破坏,日照的古港口、古码头遗址保存状况均很差。各个海口古码头或荡然无存,或已经被现代生产生活的民居等覆盖,保存下来的多为其衍生文物古迹。

安家口、王家滩现已被水产养殖业覆盖,周边见有少量明清时期瓷片;石臼口及周边已被日照港完全覆盖,港内保存有1930年建设的石臼灯塔,为省级文物保护单位;岚山口及周边被岚山港覆盖,岚山口西现存有海神庙（始建于元代,后经多次修补）,庙南存一处海上摩崖石刻——海上碑（刻于明末清初）,为省级文物保护单位;夹仓口原址地貌变化极大,现已开发为水产养殖业基地,周边见有少量明清瓷片。史料载,夹仓口南有夹仓古城,原址属现在的夹仓社区,古城四城门的大字题额现存三块,分别刻有"聚奎""宗岱""表海"。古城现存有一小段东城墙,墙外沟壑内见有极少量宋元瓷片和较多明清瓷片,应为夹仓口海航贸易的遗物;涛雒口、龙王河口、狄水口均已被现代民居或水产养殖业覆盖,周边未发现遗物;新口也已被现代民居占压,据走访,渔民曾在其东约2公里的海域内捞出大量铜钱,锈腐严重,仅保留2枚至今,铜币刻有"崇宁重宝""崇宁通宝"字样,为北宋时期筹造。项目调查岛屿2个,分别为桃花岛、出风岛。桃花岛东北石滩上散布着大量的清代瓷片,但由于潮水冲刷和人为捡取,现存瓷片普遍较小,能辨器型的少之又少,此处应是沉船考古的重要线索。

随着海口码头兴起,海口所在地域的商业必然兴盛,相关设施也会随之配套。如涛雒古城、夹仓古镇商业发达,文化繁荣,为日照著名古镇。如两城镇天后宫、夹仓四村关帝庙、岚山头海神庙等都是随着海上渔业、贸易的发展而兴建的,并保存至今,成为日照优秀古建筑。海上碑、石臼灯塔已成为日照地标。这些涉海文物遗迹是我们今后保护的方向和研究重点。而对这些涉海古迹的研究,一定要和水下考古结合好,工作中不能孤立考量。下面我们列举一些保护较好的涉海文物古迹。

（一）两城天后宫

位于山海天旅游度假区两城街道两城三村,建于明朝中叶,民间又称"两城南庙""两城娘娘庙"。整个框架为杉木建筑结构,气势宏伟壮观,古朴典雅。初为一处宗教文化建筑群,由于历史原因,现仅存"天后宫"。宫内上顶分两层,呈"弓"字形。建筑所用瓦当都有人物和花草图案,前檐下有鲁智深倒拔垂杨柳及飞马骑射木质浮雕。天后宫也是革命纪念地。1932年10月中共日照县委组织领导的农民武装暴动,北路队伍在天后宫进行整编,成立中国工农红军鲁南游击队。天后宫是一处典型的南方风格的庙宇建筑,具有较高的艺术、宗教价值及革命历史教育意义。第三次全国文物普查时被登录为两城天后宫革命纪念地。2009年被日照市政府公布为市级文物保护单位，名称为两城南庙革命纪念地，2013年更名为两城天后宫。

（二）海上碑

是一处明末清初的海上石刻，位于岚山区岚山头街道黄海岸边的自然岩石群上，涨潮时被海水淹没，落潮时才露出水面。岩石西侧上方刻有碑文"星河影动""撼雪喷云"，为明末监察御史苏京所书；下方刻有碑文"难为水"，为清代安东卫守备阎毓秀所题。此三碑文为横书。岩石东侧上方刻有碑文"万斛明珠"和下方刻有碑文"砥柱狂澜"的竖书碑文，为明末礼部尚书王铎所书。该石刻对研究明清时期的政治、社会和文化提供了非常宝贵的历史资料。2013年被山东省政府公布为省级文物保护单位。

（三）岚山头海神庙

岚山头海神庙位于岚山区岚山头街道岚阳路社区南、海安路南100米，海上碑公园内。现存五间房，东西长15米，宽5.2米，面积约75平方米。海神庙为渔民祭海祈福之所。始建于元代，明嘉靖三十一年（1552年）重修。庙南20米处即为市级文物保护单位海上碑。原庙内有龙王、雷神、风婆等神像，供当地渔民祭拜。近代以来，庙内陈设或毁坏、或遗失。2009年，因建设海上碑景区，海神庙得以重新修缮。庙北面立有石碑，篆刻"重修海神庙记"。岚山头海神庙对研究古代的庙宇和岚山的祭海民俗有重要意义。

（四）关帝庙

夹仓四村关帝庙，为第三次全国文物普查时新发现，位于日照经济技术开发区奎山街道办事处夹仓四村。正殿青砖黑瓦，室内有四个大木柱，支撑石两块，旁边二立柱已消失。两边原各有一耳屋，已消失，后建右耳屋尚在。西屋六间，楠木结构，为20世纪30年代修建而成；东屋六间已消失，南屋已消失。庙西北十米处存有三块石碑，均长96厘米，宽43厘米，为大理石岩，有祭祀碑文，为关公庙附属文物。关公庙为清代时建造，对于研究清代建筑具有重要价值。

（五）石臼灯塔

石臼灯塔位于石臼街道日照港一公司食堂东侧，是由贺仁庵倡导，石臼所长及轮船行与日照商民共同捐资建造的。灯塔始建于1932年，1992年4月停止使用。该灯塔外墙使用的材料为花岗岩石，一至四层为花岗岩石砌垒，原五层为八角帽式木板房，塔体形状为柱体八边形。塔高16.6米，自下向上依次缩小，塔内楼梯呈逆时针旋转,楼梯为铁质扶手。楼层之间隔板为木质结构,塔南侧有花岗岩石镶边的纪念碑,通高4.4米,宽1.58米。该灯塔总体占地面积约100平方米。2013年被日照市政府公布为市级文物保护单位。2015年6月被公布为第五批省级文物保护单位。

三、对涉海文物古迹加强保护的思考

随着社会发展,海岸线变迁,以及大量渔业生产活动和沿海工程实施,许多古码头古海口遗迹纷纷消失。仅2005至2014年,日照港和岚山港填海面积分别达到了845.2万平方米和716.2万平方米,原石臼口、岚山头等口岸遗址基本完全消失。当前,对沿海水下文物的研究保护工作日趋紧迫,凸显重要。

(一)加强水下考古研究

水下考古是陆地田野考古向水域的延伸。主要研究水下遗址、文物、人类遗迹和景观,对淹没于江河湖海下面的古代遗迹和遗物进行调查、勘测和发掘。同时,水下考古学又是一门边缘学科,需要诸多相关学科的技术支持,如海洋勘探技术、潜水工程技术等等。国家有关部门、大学院校等应该设立水下考古专业,加强学术研究,加强培养专业人才队伍,丰富完善学科建设。

(二)完善法规条例的制定

1989年10月国家出台《中华人民共和国水下文物保护管理条例》,2011年1月8日根据《国务院关于废止和修改部分行政法规的决定》修正;2001年联合国教科文组织通过的《保护水下文化遗产公约》旨在促进各国更好地保护其水下文化遗产。《公约》规定了国际保护水下文化遗产的基本原则,提出了国际合作计划的有关规定,为处理水下文化遗产问题提供了行动指南。国家文物局组织编写了《水下考古操作规程》。这些条例等都对水下考古事业发展起到很好的指导作用。

(三)加强机构和队伍建设,持续开展水下考古项目

1987年发现的南宋古沉船"南海一号",是迄今为止世界上发现的海上沉船中年代最早、船体最大、保存最完整的远洋贸易商船,已有800多年历史。"南海一号"的整体打捞,也见证了中国水下考古从无到有、迅速发展的历程。同年,中国历史博物馆(现国家博物馆)成立水下考古学研究中心,以这两个事件为标志,中国开始有了

水下考古学。

2012年6月,"国家文物局水下文化遗产保护中心"成立,负责组织实施全国水下文化遗产调查、发掘、研究和保护等工作。

2018年11月6日,位于青岛市即墨区"蓝色硅谷"的国家文物局水下文化遗产保护中心北海基地正式启用。

2015年6月山东省水下考古研究中心正式揭牌成立。

为填补我省东南部海域水下文化资源空白,推动日照海域水下文物资源调查工作。2016年12月,经省文物局批复同意,山东省水下考古研究中心在日照设立水下考古工作站。日照市文物局协助省水下考古研究中心,做好日照工作站建设的有关筹备工作。2016年12月28日上午,山东省水下考古日照工作站水下考古工作启动仪式在日照举行。山东省水下考古日照工作站是省内首家水下考古工作站,同时也标志着日照海域水下考古工作正式启动。工作站的选址位于日照市山海天旅游度假区两城街道后河西村村后龙山一路东延段路南,原为两城镇扬水工作站,范围包括管理房和扬水站,总投资60万元。管理房改建成办公及休息用房,扬水站改建成水下考古展览馆。

随着学科水平的发展,机构和队伍的建设日趋健全,日照水下考古工作也随即开展,并取得丰硕成果。经过国家文物局水下文化遗产保护中心、山东省水下考古研究中心、日照市文物考古研究所等机构的多次考古工作,我市沿海地区的古码头、海防等相关遗迹以及水下沉船等线索都得到了系统调查整理,逐步变得清晰明确。这对今后的沿海古码头以及相关遗迹研究保护奠定了很好的基础。

(四)对今后工作的思考

水下考古的迅速发展,是和国家重视、政府持续投入分不开的。现在,国家以及部分省设有专门机构开展此项工作,但是地市级一般都不会单独设立水下考古部门了。原因很多,除了自然因素外,经费和队伍是主要方面。基层的水下考古和相关文物保护工作,由于水下考古专业人才和设备技术等匮乏,工作重点应该是开展涉海(水)文物课题研究和具体文物保护,如沿海海防调查研究、陆地线索征集整理、涉海古迹保护等,水下考古研究也要综合考虑,视野思路要开阔,发散思维,要延展到因海洋运输、海口码头而兴建、兴盛、衰败的古镇、庙宇、设施等。视野的开阔会增加研究范围、对象,把沿海许多传承有序、特色鲜明的涉海(水)文化遗产纳入到水下考古的范畴,对水下考古的发展也起到重要作用,更能促进地方文物保护研究工作的开展。

潍坊区域与唐五代时期东方海上丝绸之路的繁荣

徐晓宁[1] 王伟涛[2]
1. 昌邑市博物馆 2. 昌邑市文物非物质文化保护中心

海上丝绸之路是古代中国与外国交通贸易和文化交往的海上通道,著名的有广东西洋道、泉州南洋道、明州东洋道、登州朝日道。登州朝日道的历史可以追溯到春秋战国时期,齐国在胶东半岛开辟了"循海岸水行"直通辽东半岛、朝鲜半岛、日本列岛的黄金通道,这条通道又被称为"东方海上丝绸之路"。隋朝在向西积极经营陆上丝绸之路的同时,将山东半岛的青州地区作为跨海向东扩张的跳板,在征服高丽后,又以朝鲜半岛为跳板,向日本列岛和周围的岛屿进行贸易往来和输出[1]。唐五代时期,与东北亚诸国的往来更加密切,潍坊区域由此成为连接东方海上丝绸之路与陆上丝绸之路的枢纽。

一、唐五代时期的押新罗渤海两蕃使

唐代的青州先后是青州总管府与平卢淄青节镇治所所在,位置显赫。"安史之乱"以后,唐中央政府负责东亚诸国的外交机构"押新罗渤海两蕃使",衙门也设在青州,并一直延续至五代时期,潍坊区域的外事活动和海外贸易持续活跃。

---

[1] 唐太宗、唐高宗时期也曾东征高丽。2018年末至2019年初,山东省水下考古研究中心与昌邑市博物馆在胶莱河渤海入海口处发掘的"昌邑古船"经碳十四测年确定制造年代为隋唐时期,该古船残存构件巨大,应与隋唐东征高丽的军用海船有关。

（一）押新罗渤海两蕃使及其职责

唐武德四年（621年），置青州总管府，治青州，辖青、潍、登、牟、莒、密、莱、乘八州。贞观元年（627年），撤销总管府，但安史之乱之后，又设平卢淄青节镇，治青州，辖青州、淄州、齐州、沂州、密州、海州、登州、莱州、德州、棣州、曹州、濮州、徐州、兖州、郓州等十五州。

唐代平卢军节度使衙门原在营州（今辽宁省朝阳市），代宗年间因受奚[1]所侵，当时的平卢军节度使侯希逸"拔其军二万余人，且行且战，遂达于青州"。代宗诏"希逸为平卢、淄青节度使"，所以，"淄青节度皆带平卢之名也"[2]。后来，侯希逸的姑表兄弟李正己（高丽人，本名怀玉，其姑母是侯希逸的生母）取代侯希逸，被授为平卢淄青节度观察使、海运押新罗渤海两蕃使、检校工部尚书，兼御史大夫、青州刺史，不久加检校尚书右仆射，封饶阳郡王，负责管理辖区的海运及新罗、渤海两国使节出入唐境时的安置、护送等外交事务。

新罗原在朝鲜半岛东南部，公元675年在唐王朝的帮助下统一了朝鲜半岛清川江以南地区。渤海在今丹东、沈阳、哈尔滨以东，包括今朝鲜半岛清川江以北地区，及今俄罗斯海参崴以北部分疆土。万岁通天元年（696年），营州发生了少数民族起义，居住在营州的粟末靺鞨首领大祚荣率部东逃。圣历元年（698年），大祚荣在今吉林省敦化县敖东城建立震国，自称震国王。对此，唐朝采取了灵活政策，迅速承认其属国地位，并授予大祚荣左骁卫大将军、渤海郡王之身份，因其所统为忽汗州，加授忽汗州都督一职。大祚荣随即去靺鞨号，改以"渤海"为国号和族称，最后定都于上京忽汗城（今黑龙江省宁安县东京城），立国长达200余年。

作为属国，渤海有向唐朝贡的义务。《渤海国记下篇·朝贡中国》载："渤海在唐营州之东二千里，自国都忽汗州西至长安，史言八千里。而遣使如中国有朝贡、谢恩、祈请、贺正、进奉端午诸名。贡道陆行渡辽入幽州境，水行渡海入青州境。"[3]据统计，渤海国共向唐朝贡140余次。《唐会要》载：

> （开成）二年（837年）三月，渤海国随贺正王子大俊明，并入朝学生共一十六人。敕：渤海所请生徒习学，宜令青州观察使放六人到上都，余十人勒回。
>
> 又，新罗差入朝宿卫王子，并准旧例，割留习业学生，并及先住学生等，共二百十六人，请时服粮料，又请旧住学习业者，放还本国。敕：新罗学生内，许七人，

---

[1] 北方部落，居住在今内蒙古西拉木伦河一带，后渐与契丹人融合。
[2] （后晋）刘昫等：《旧唐书》，中华书局，1975年，第2403页。
[3] 黄维翰：《渤海国记下篇·朝贡中国》，《渤海国志三种》，天津古籍出版社，1992年，第107页。

准去年八月敕处分。余时十马畜粮料等,既非旧例,并勒还蕃[1]。

以上说明,青州观察使受朝廷之命负有控制新罗、渤海遣唐使团(包括留学生)的入京人数和未能入京人员的就地安置与放还本国的职责。

《渤海国志长编》载:"代宗以后,置渤海馆于青州,以待渤海之使,其交易船舶,亦泊于是。"[2]割据一方的李正己也充分利用了自己掌控的有关权力,"货市渤海名马,岁岁不绝。法令齐一,赋税均轻,最称强大"[3]。

李正己去世后,其子李纳于兴元元年(784年)继任"平卢及青淄齐节度营田观察海运陆运押新罗渤海两蕃使"。贞元八年(792年),李纳去世,其子李师古继任。李师古去世后,他的同父异母弟李师道仍然掌握着平卢军实权,兼任"管内支度营田观察处置陆运海运押新罗渤海两蕃等使"。其家族先后把持新罗与渤海两国的外交事务及辖区海陆交通多达六十年余年。

唐王朝铲除了李氏家族的割据势力后,平卢军节度使管辖的势力范围大为减少,但仍然掌控着包括今潍坊、淄博在内的山东东部地区,并且继续被授权代表朝廷负责对新罗、渤海两国的外交事务。如唐穆宗时(821—824年),"以(薛)平为节度观察等使,仍押新罗渤海两蕃使"[4]。开成四年(839年)六月二十八日,日本圆仁和尚就在赤山法华院(院址在今荣成市石岛镇西车村)遇到了"大唐天子差入新罗慰问新即位王之使青州兵马使吴子栋、崔副使、王判官等卅余人"[5]。唐昭宗(889—904年)时,仍任命青州刺史王师范兼"平卢军节度观察押新罗渤海两蕃等使"[6]。

(二)押新罗渤海两蕃使薛平

在驻青州的历任平卢军节度使兼押新罗渤海两蕃使中,薛平应被特别提及。

薛平,绛州万泉(今山西万荣县)人,其曾祖父是唐高宗朝名将薛仁贵。唐宪宗元和十四年(819年)三月,朝廷任命"薛平为青州刺史,充平卢军节度淄青齐登莱等州观察等使"[7]。宝历元年(825年)四月,"以右神策大将军康志睦检校工部尚书兼青州刺史平卢军节度使"。五月,"以前平卢军节度使薛平检校左仆射兼户

---

[1] (宋)王溥撰:《唐会要》卷三十六《附学读书》,中华书局,1955年,第668页。
[2] 金毓黻:《渤海国志长编》卷十七,《渤海国志三种》,天津古籍出版社,1992年,第547页。
[3] (后晋)刘昫等:《旧唐书》,中华书局,1975年,第2402页。
[4] (后晋)刘昫等:《旧唐书》,中华书局,1975年,第316页。
[5] [日]圆仁著,白化文等校注:《入唐求法巡礼行记校注》,花山文艺出版社,1992年,第169页。
[6] (后晋)刘昫等:《旧唐书》,中华书局,1975年,第504页。
[7] (后晋)刘昫等:《旧唐书》,中华书局,1975年,第316页。

部尚书"[1]。薛平"在镇六周岁任,兵甲完利,井赋均一。至是入觐,百姓遮道乞留,数日乃得出"[2]。

薛平在任期间为制止贩卖新罗人口,也做了大量工作,得到了新罗朝廷的赞许。《唐会要》载,长庆元年(821年)三月,平卢军节度使薛平奏:

> 应有海贼诱掠新罗良口,将到当管登、莱州界及缘海诸道,卖为奴婢者。伏以新罗国虽是外蕃,常禀正朔,朝贡不绝,与内地无殊。其百姓良口等常被海贼掠卖,于理实难。先有制敕禁断,缘当营久蹈域中,承前不守法度。自收复已来,道路无阻,递相贩鬻,其弊尤深。伏乞特降明敕,起今已后,缘海诸道应有上件贼诱卖新罗良人等,一切禁断。请所在观察使严加捉搦,如有违犯,便准法断。敕旨:宜依[3]。

由薛平的奏章可知,李正己家族控制山东半岛时,贩卖新罗人口的活动非常猖獗,虽经唐王朝明令禁止,但由于李氏家族,特别是李师古、李师道等"不守法度",致使海盗"诱掠新罗良口",贩卖到登州、莱州和其他的沿海州郡。唐王朝消灭了李氏割据势力后,"道路无阻",又逢新罗宪德王十三年(821年)春"民饥,卖子孙自活",[4]更为人口贩子提供了可乘之机。在此背景下,薛平上书朝廷,要求加大对贩卖新罗人口的打击力度,并得到批准。

长庆三年(823年)正月,新罗国使金柱弼进状:

> 先蒙恩敕禁卖良口,使任从所适。有老弱者栖栖无家、多寄傍海村乡,愿归无路,伏乞牒诸道傍海州县,每有船次,便赐任归,不令州县制约。敕旨:禁卖新罗,寻有正敕。所言如有漂寄,固合任归。宜委所在州县切加勘会,责审是本国百姓情愿归者,方得放回[5]。

由金柱弼进状可知,薛平在朝廷支持下所采取的禁止买卖新罗人口的重大举措取得了显著成果。

(三)五代时期的青州平卢军节度使兼押新罗渤海两蕃使

五代时期,平卢军节度使兼押新罗渤海两蕃使仍驻青州。因为当时高丽、新罗等

---

[1] (后晋)刘昫等:《旧唐书》,中华书局,1975年,第349—350页。
[2] (后晋)刘昫等:《旧唐书》,中华书局,1975年,第2398页。
[3] (宋)王溥:《唐会要》卷八十六,中华书局,1955年,第1571页。
[4] [高丽]金富轼:《三国史记》,吉林文史出版社,2003年,第142页。
[5] (宋)王溥:《唐会要》卷八十六《奴婢》,中华书局,1955年,第1571页。

入贡的陆路通道已被北方的辽国所阻断,海路就成了唯一选择,高丽、新罗等国通过驻青州的平卢军节度使兼押新罗渤海两蕃使与中原王朝的联系更加频繁。《五代会要》载,后晋"天福三年(938年)八月,青州奏:高丽国宿卫质子王仁翟,乞放归乡里,从之"。[1] 高丽国的质子要求回归故里由青州上奏,说明高丽国质子住在青州。《五代会要》载,后周广顺元年(951年),高丽国王遣使到后周,使节之一通事舍人"顾彦浦溺海而死"[2],说明高丽使者走的肯定是海路。《新五代史》载,后梁开平元年(907年),渤海国"国王大諲撰遣使者来,讫显德(后周世宗年号,954—961年)常来朝贡。其国土物产,与高丽同"。[3] 通过这条记载可知,整个五代时期渤海国都与中原王朝保持着官方往来和朝贡贸易,渤海国的大部分国土原属高丽,所以"国土物产,与高丽同"。据统计,渤海国仅向后梁、后唐就朝贡了10次。

唐末至五代初,除新罗、渤海国外,黑水国(黑水靺鞨,大部分位于今俄罗斯境内)也"自登州泛海出青州"[4],与中原王朝保持着人员和贸易往来。《新五代史》载,后唐同光二年(924年),"黑水兀儿遣使者来,其后常来朝贡,自登州泛海出青州"[5]。《册府元龟》载:"后唐庄宗同光二年(924年)八月,青州市到黑水蕃马三十匹。"[6]《五代会要》载,后唐长兴二年(931年)五月,"青州奏黑水兀儿部至登州卖马";又载,长兴"三年(932年)二月,青州奏黑水桃李花状申父独鹿卒,所有敕赐朱记未敢行使"。[7] 黑水国的酋长胡独鹿死后,他的儿子桃李花做了酋长,请命中国,要求更换"敕赐朱记",也需要由青州转奏。

二、日本僧人圆仁与潍坊

唐五代时期,潍坊区域与东方海上丝绸之路的密切关系,还可以从日本僧人圆仁《入唐求法巡礼行记》中的涉潍记录一见端倪。

---

[1] (宋)王溥:《五代会要》卷三十《高丽》,杭州出版社,2004年,第2356页。
[2] (宋)王溥:《五代会要》卷三十《高丽》,杭州出版社,2004年,第2357页。
[3] (宋)欧阳修:《新五代史》,中华书局,2000年,第920页。
[4] (宋)欧阳修:《新五代史》,中华书局,2000年,第920页。
[5] (宋)欧阳修:《新五代史》,中华书局,2000年,第920页。
[6] (宋)王若钦等:《册府元龟》卷九九九《外臣部·互市》,中华书局,1960年,第11728页。
[7] (宋)王溥:《五代会要》卷三十《黑水靺鞨》,杭州出版社,2004年,第2330页。

（一）日本遣唐使的北行路线

隋代，日本曾四次派出遣隋使东赴长安。唐朝代隋以后，沿袭旧制，继续遣使入唐。第一次遣使在贞观四年（630年），最后一次在开成五年（840年）。二百六十余年间，除三次任命而未成行外，正式的遣唐使计有十二次。遣唐使团的规模初期约一二百人，仅一二艘船，到中后期规模庞大，一般约五百余人，四艘船，最多是开成五年（840年）一次，竟达651人。使团官员有正使、副使、判官、录事，使团成员除约半数的舵师、水手之外，还有主神、卜部、阴阳师、医师、画师、乐师、译语、史生，以及造舶都匠、船师、船匠、木工、铸工、锻工、玉工等各行工匠，还有从事保卫的射手。随行人员有留学僧、留学生和将随同一使团回国的还学僧、还学生。

遣唐使在难波（今日本大阪）登舟，通过濑户内海，由博多（今日本福冈）出发。从7世纪30年代到70年代约四十年间，航线沿袭遣隋使开辟的北路（计6次走北路），即顺朝鲜半岛西岸北行，再沿辽东半岛南岸西行，跨过渤海，在山东半岛登莱一带海口登陆，再由登莱青大道，经今潍坊区域的昌邑、寒亭、奎文、潍城、昌乐、青州等地，西赴洛阳、长安。这条航线大部分是沿海岸航行，比较安全，船只遇难的情况较少。之后新罗灭百济、高句丽，统一朝鲜半岛，与日本关系一度紧张，于是遣唐使船在7世纪70年代到8世纪60年代这一百年间，改取南岛路，即由九州南下，沿南方的种子岛、屋久岛、奄美诸岛，向西北横跨中国东海，在长江口登陆，再由大运河赴洛阳、长安。

遣唐使团在中国受到盛情接待，有关州府会派专差护送获准进京的使团主要成员去长安，路途一切费用均由中国政府承担。遣唐使臣在长安和内地一般要逗留一年左右，可以到处参观访问和买书购物，充分领略唐朝风土人情。遣唐使归国前照例有饯别仪式，除优待使臣外，还赠送日本朝廷大量礼物，最后由内使监送至沿海，满载而归。

（二）圆仁及其涉潍记录

跟随遣唐使及商船入唐的日本僧人，著名的有最澄、空海、圆仁等。圆仁（793—864年），俗姓壬生，下野国（今枥木县）人。幼丧父，九岁出家，师事广智，十五岁师事最澄，学天台教义。二十一岁在东大寺受具足戒，二十四岁就最澄受圆顿大戒，旋于比睿山北谷结庵苦行，6年后始讲学于法隆寺和天王寺等处。唐开成二年（837年）七月，以请益僧身份随最后一批日本遣唐使团由南岛路渡海来中国[1]，于扬州

---

[1] ［日］圆仁著，白化文等校注：《入唐求法巡礼行记校注》，花山文艺出版社，1992年，第8页。

开元寺就宗睿学梵语，从全雅受金刚界诸尊仪轨等大法。半年后，到达山东文登县，挂锡于赤山法华院（院址在今荣成市石岛镇西车村）。后巡礼五台山，于大华严寺、竹林寺从名僧志远等习天台教义，抄写天台典籍，并受五会念佛法等。旋入长安，住资圣寺，结识名僧知玄，又从大兴善寺元政、青龙寺法全、义真等受密法，从宗颖习天台止观，从宝月学梵语，前后历时10年。大中元年（847年），几经波折，携带佛教经疏、仪轨、法器等由登州渡海回国，于比睿山设灌顶台，建立总寺院，弘传密教和天台教义，并在"常行三昧堂"提倡净土念佛法门。854年，任延历寺第三代座主，继承最澄遗志，大力弘扬大乘戒律，住寺10年，使日本天台宗获得了很大发展，被尊为山门派创始人。卒后，清和天皇赐谥"慈觉大师"。其《入唐求法巡礼行记》四卷与玄奘的《大唐西域记》和马可·波罗的《东方见闻录》并称为世界三大旅行记。

圆仁一行三人在唐开成五年（840年）二月离开赤山法华院赴登州，沿着登莱青大道，踏上西行巡礼五台山之旅。三月十八日进入今昌邑，三月二十一日到达青州。在圆仁所著《入唐求法巡礼行记》中，对这段行程有详细记载：

> [三月]十八日，行五里，过胶河渡口。……傍河行十五里，到青州北海县界田庄卜家断中。主人殷勤，斋菜无乏。斋后。傍胶河行卅里，到芙容驿东耿村耿家宿。去耿家西一里有古城，时人唤之昌国城。城周十二里，东西阔，南北狭。城内见有百姓家三十户住。问村老，即云："废此城以来以前余年，不知何王住处。城内地中今拾得金银珠玉古钱马锁等，多有宝物散在地中，每雨下后拾得"，云云。耿家主人柔善。
>
> [三月]十九日，平明，发，行廿里，到王耩村赵家断中。主有道心，供菜饱足。斋后行卅五里，到北海县观法寺宿。佛殿僧房破落，佛像露坐。寺中十二来僧尽在俗家，寺内有典座僧一人。县中米一斗六十文，又小豆一斗三十文。县城东西二里，南北一里。是先代潍州，今为北海县。
>
> [三月]廿日，早发，西行廿里。野中逢渤海使[1]从上都归国。更行五里。到孤山村宋家修餐。主人悭极。一撮盐、一匙酱酢，非钱不与。斋后，卅里到寿光县界半城村里家宿。主人贪爱停客取宿钱。
>
> [三月]廿一日，发行卅里，到韭味店张家断中，主人心平。斋后，行卅里到青州龙兴寺宿。寺家具录来由报州。从登州五百四十里。
>
> [三月]廿二日，朝衙入州。见录事、司法。次到尚书押两蕃使衙门前，拟通

---

[1]《册府元龟》卷九百七十二"朝贡"条："（开成四年）十二月戊辰，渤海王子大延广……朝贡。"圆仁所遇可能是大延广及其部下。

入州牒，缘迟来，尚书入毬场，不得参见。却到登州知后院，送登州文牒一道。晚衙时入州，到使衙门。令刘都使通登州牒。都使出来传语，唤入使宅。尚书传语云："且归寺院，续有处分。"归到寺里，节度副使张员外入寺来相见。又见幕府判官，姓萧名庆中。

[三月]廿三日，早朝，赴萧判官请，到宅吃粥，汤药茗茶周足。判官解佛法，有道心，爱议论。见远僧，殷勤慰问。欲斋时，节度副使差一行官唤入州进奏院斋。官人六七人，饮食入法。

[三月]廿四日，春节，破阵乐之日。于周内毬场设宴。晚头，直岁典座引向新罗院安置。

[三月]廿五日，为请公验，更修状进尚书：日本国求法僧圆仁。右，圆仁等归心圣迹，涉海访寻。欲往台山，经夏修道；从登州文登县至此青州，三、四年来蝗虫灾起，吃却五谷，官私饥穷，登州界专吃橡子为饭，客僧等经此险处，粮食难得。粟米一斗八十文，粳米一斗一百文。无粮可吃，便修状，进节度副使张员外乞粳食。……（节度副使张）员外施粳米三斗，面三斗，粟米三斗。便修谢状。

日本国求法圆仁谨谢：员外仁造，给米面，不胜感戴，难以销谢。

[三月]二十八日，登州留后官王李乌来院相看。便闻渤海王子先日来到，拟归本乡。待敕使来发云。

[四月]一日，朝衙得公验。尚书赐给布三端、茶六斤。斋时当寺有斋。

[四月]二日，早朝，萧判官宅吃粥。……入节度副使张员外院辞别，员外唤入衙里，给茶饼食。……暮际，幕府判官施给粮米二斗，驴料小豆二斗。黄昏，入幕府判官宅，谢施路粮。

[四月]三日，平明发，幕府判官差行官一人送过城门。幕府从初相见之时心极殷勤，在寺之时每日有恩施，慰问不绝。发行之时差人送路，兼示道路。今日尚书、监军诸神庙乞雨。从寺里过州城。西北去城十里有尧山，山上有尧王庙——尧王昔游此界行过之处，遂建其庙矣。相传云："每乞雨时，多感降雨。"出城向北，行廿里到益都县石羊村陈家餐。主人心平[1]。

由此，可以看出以下几点：

一是青州不仅是新罗国、渤海国进入唐帝国的必经之地，也是他们办理出入关手续的主要场所。圆仁一行巡礼五台山路过青州，不仅要向押两蕃使衙门报告，"通入

---

[1] [日]圆仁著，白化文等校注：《入唐求法巡礼行记校注》，花山文艺出版社，2007年，第233—243页。

州帖",离开青州时,也必须"得公验"后,才能成行。青州设"登州知后院",并配有"登州留后官",登州知后院的官员到圆仁下榻的"新罗院"看望,并协助办理通关文牒,说明登州知后院是淄青平卢节度使押新罗渤海两蕃使属下专门负责接待管理从登州进出青州及内地的外国客人的专门机构。青州还设有"新罗院",也说明了新罗与青州往来之频繁。

二是青州地方官员和当地百姓给予圆仁一行热情款待和无微不至的照顾。圆仁在三月二十五日的日记里有这样一段记载:"从登州文登县至此青州,三四年来蝗虫灾起,吃却五谷,官私饥穷,登州界专吃橡子为饭,客僧等经此险处,粮食难得。"这里提到"登州界专吃橡子为饭",没讲青州界吃什么,只是记录下青州"粟米一斗八十文,粳米一斗一百文",而圆仁在三月二日路过登州时,所记当地"粟米一斗三十文,粳米一斗七十文"[1],青州的米价明显高于登州,说明青州界的饥荒比登州界严重得多。在这样的饥荒之年,淄青平卢节度使、节度副使、幕府判官不仅热情地接待了圆仁一行,"汤药茗茶周足","每日有恩施,慰问不绝",还分别赠送了"布三端、茶六斤","粳米三斗、粟米三斗","茶饼食","粮米二斗、驴料小豆二斗"等,使圆仁一行"不胜感戴,难以销谢"。在普通百姓家中,圆仁一行同样受到了友好招待。北海县界田庄卜家断"主人殷勤,斋菜无乏",王耨村[2]赵家断"主有道心,供菜饱足"。

另外,相关记录也是今天研究潍坊区域历史的珍贵资料。仅以"三月十八日"一节为例:圆仁所谓"昌国城",当指昌邑都昌故城。该城始建于春秋,曾为齐国别都,齐景公以之封晏婴,晏婴不受,战国为齐七十二城之一。西汉初年设都昌侯国,封功臣朱轸为都昌侯,历五世,国除为都昌县。圆仁关于都昌故城遗址规模的记录,是目前所见最早且唯一的记载,为考古研究提供了文献佐证。乾隆《昌邑县志》谓"昌邑其地,一名芙蓉"[3],未知所本。由圆仁对芙蓉驿的记载,可知县志实非空言。

---

[1] [日]圆仁著,白化文等校注:《入唐求法巡礼行记校注》,花山文艺出版社,1992年,第222页。
[2] 今昌邑市都昌街道王耨村。
[3] (清)周来邰修,于始瞻纂:《昌邑县志》卷一《图考》,乾隆七年(1742年)刻本。

周村——古丝绸之路旱码头

闫文静　闫　涛

淄博市周村区文物管护服务中心

周村区，位于我国山东省淄博市，面积160平方公里（不含文昌湖旅游度假区、北郊镇），人口25万，共设有二个镇、四个街道和一个省级经济开发区，是山东省乃至全国范围内最重要的纺织工业基地，也是我国首个最早的"保税区"，在我国的发展历史上有着重要的地位。周村不仅在我国纺织业的进步与发展中具有重要作用，更是我国丝绸之路中的关键一环，在历史和文化层面都有着举足轻重的地位。在我国，周村享有"天下第一村"和"丝绸之乡"的美誉。

一、周村古城的历史进程

周村的历史可以追溯到我国的春秋战国时期，根据相关历史资料的记载，在当时的条件下，周村的丝绸制造技术已非常发达，其出品不仅广受人民百姓的追捧，还受到帝王将相的赞赏。两汉、唐朝时期是周村的丝绸制造业的顶峰时期，其制造出的丝绸成为了当时陆路丝绸之路和海上丝绸之路的源头产品。来自日本、俄罗斯的贸易航线，都将周村出产的丝绸作为贸易的源头，将周村制作的上好丝绸出口至其他国家。当时以丝绸命名的街道一直沿用至今，由此可见当时其丝绸制造行业的繁荣程度。随后，周村的丝绸制造技艺一直维持在全国最高水平，并未因时间的冲刷而有所退步。到了明清期间，周村大力开展养蚕事业，其目的是创造出更好的丝绸产品，作为与外国互相交流的文化产品。

时间来到了清末民初，即使在国家经济十分落后、科技手段发展处于困境之时，周村仍然拥有2000余台的纺织机器，能够制造三十多种不同工艺水平的丝绸。在抗日战争爆发前，周村共拥有近一万两千台纺织器械，世人如是评价周村："中国的纺织产业看山东，山东的纺织产业看周村。"由于战火的洗礼，原本繁荣的周村纺织产业几近凋零，而新中国成立后，党和政府积极恢复周村的纺织业，将原本松散的近三百五十家个体经营纺织工厂和个体手工业者串联起来，并引进先进技术，使原本效率低下的手工制造业转变为机械制造业，大大提高了工作效率，节约了人力成本，为周村丝绸业的复兴提供了巨大的技术支持。1981年，国家成立了山东省淄博市的淄博丝绸公司，有效推动了周村丝绸业的健康可持续化发展。

二、周村是历史上首个"保税区"

对于现代人而言，保税区的概念已深入我国许多的制造行业中。而周村由于作为丝绸之路的源头，向国外输出众多质量优秀的丝绸，是我国历史上最早的保税区，实现了境内生产、境外输出的功效。甚至在"出口""贸易"的概念还未清晰出现时，周村的生产输出已达到了上述功能，为中国带来了经济效益的同时，还有力地输出了文化资源。在周村大街、丝市街和银子市街三条街的交汇处，立有一块六边形的石碑，上刻有"今日无税"的四个大字，这也是周村作为我国历史上第一个"保税区"的由来。而周村保税区的建立，离不开一位清朝时期对周村带来巨大经济贡献的人物——李化熙。在清朝建立伊始，周村原本的官吏采用了非常严苛的征税制度，严重滞后了周村的经济水平，官府的苛捐杂税和豪猾恶棍的敲诈盘剥，影响着周村商业的进一步发展。为发展家乡经济，辞官回乡的李化熙，代替商人缴纳税款，在周村城内开设义集，在周村大街立"今日无税"碑，自己承担了全部市税，使周村成为中国历史上第一个"保税区"。

三、周村作为丝绸之路源头的探究

（一）周村旱码头为丝绸之路提供了贸易氛围

所谓旱码头，是指不经过水路贸易航线，由于陆路交通发达，因而通过陆地途径积极发展贸易交换工作。在我国历史上的隋唐时期，由于京杭大运河的开通，其流域的山东沿线贸易得以充分发展，加之当地乡绅鼓励百姓们从商经商，当地百姓对进行商品贸易的热情非常大。此外,周村所在的山东淄博地区物产资源非常丰富,为开展丝绸制造业提供了天然优势。在清朝时期,周村更是成为我国历史上第一个保税区,周村积极发展贸易的势头达到了鼎盛。正是因为有着如此积极的贸易经济氛围,加之周村出产质量较高的丝绸产品,使得国外使者在出使中国时,非常容易融入当地气氛,并将产品带回自己国家。这样的个人贸易往来促使了国家层面的经济交流,最终日本、俄罗斯甚至是美洲大陆的国家,都纷纷开辟了贸易航线,来采购周村的优秀丝绸产品,销往自己国家以谋取利益。

(二)气候地理因素为生产丝绸提供了条件

古代淄博地区属于风调雨顺、气候温和湿润的区域,这样的气候最适宜桑麻种植生产。而山东桑麻的种植需要追溯到春秋战国时期,当时山东属于齐国领土,齐国的开拓者姜太公实行了两大政策。首先是推行女红产业。所谓女红产业就是积极鼓励当地妇女进行桑麻制品的制作,女性除了相夫教子外,最重要的任务就是进行丝绸的制作,在当时几乎每一位妇女都有着高超的编织技艺。其次,齐国大力鼓励经济贸易,许多的周村居民除了发展必要的农业外,将大量精力投入纺织业中,并将许多的纺织产品出口至邻国,以换取其他的资源或金钱。这里两方面的综合因素,使周村地区的纺织业得到了积极的刺激。

(三)众多的历史文献证明了周村的源头

我国西汉时期司马迁的著作《史记》与东汉史学家班固的《汉书》,是目前我国公认最具有说服力与公信力的历史文献。二者都详细记载了在春秋战国时期齐国周村地区纺织产业的发达程度,其桑麻种植产业也十分繁荣。而从周村的丝绸物品已传播至全国各地,不仅是平民百姓对其爱不释手,各地的王侯将相对周村产的丝绸产品也是赞赏有加。根据唐代官修志书《唐六典》中的描述,全国的蚕桑丝纺业出现了山东、河南、河北、四川和江南五地争艳的局面,但山东丝织品无论是质量还是数量,仍占据着第一把交椅的位置。更有当时家喻户晓的民谣"桑植满田园,户户皆养桑;步步皆闻机声,家家织绸缎"流传至今。

浅析明清利津海防、海运及盐运

——以铁门关遗址为中心的考察

杨小博[1]　马绪红[2]

1. 山东省水下考古研究中心　2. 威海市文登区博物馆

为加强对山东地区的统治，金章宗于明昌三年（1192年）建利津县。至明，利津已建有较为完备的海防、海运及盐运管理体系，并一直延续至清。利津县管理海防、海运的机构有哪些？地点又在哪里？作为港口的铁门关遗址有何特点？本文依据铁门关遗址的考古发现，结合地方志记载对上述问题作一初浅论证，不足之处，还请方家指正。

一、铁门关遗址考古发现情况

铁门关遗址位于东营市利津县汀罗镇前关村[1]，今北距渤海约40公里，南距黄河约12公里（图一）。遗址距海岸线较近，近大清河口。2017—2018年，山东省水下考古研究中心对遗址进行勘探，遗址东西长约725米，南北宽280—360米，面积约25.4万平方米。文化堆积普遍在距现地表3米以下，堆积厚在1—2米之间。已发现有砖基类建筑21处，垫土类房基1处，夯土类遗迹16处，道路7条等遗迹。从疑似城墙的夯土类遗迹的分布推断，铁门关遗址早期阶段的主体部分为城址。城址周长约2.6公里，面积约14.7万平方米。2019—2020年，山东省水下考古研究中心对遗

---

[1] 山东省水下考古研究中心：《2017至2018年利津铁门遗址考古勘探工作报告》，内部资料，待刊。

址核心区进行发掘,面积约450平方米。发现有清至民国时期房屋和道路遗迹[1],其中砖基类房屋3座,另见有少量灰坑。发现的3座房屋中有2座面积较大,虽未被完全揭露,但从形制上可推断为更大型的公共建筑,当属清时期官方建筑。遗物发现有建筑构件、瓷器等,主要为瓦当、滴水及瓷碗等。出土的青瓷器中胎质较好的多半带有底款,当为来自南方的官窑。综上推测,铁门关遗址是清时期的港口城市。

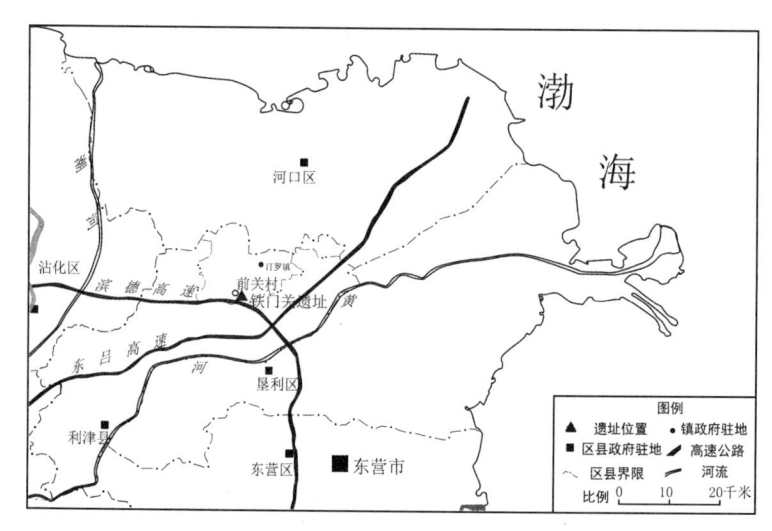

图一 利津铁门关遗址位置示意图

二、明清时期利津县海防、海运机构及其位置

(一)明清时期利津县海防、海运机构的变迁

利津县的海防机构是武定守御千户所。该机构建于洪武元年(1368年),最晚至康熙时已废弃。康熙《利津县新志》载:"武定千户所,在县北七十里,与丰国镇相连,土城遗址尚存。"[2] 武定守御千户所的前身为乐安守御千户所,隶属后军都督府。咸丰《武定府志·兵制·武定所》记载:"洪武元年,置乐安守御千户所。宣德元年平汉王高煦,前所军与官俱以叛逆废,后置武定守御千户所。乃调德州左卫所官

---

[1] 山东省水下考古研究中心:《2019—2020年利津铁门关遗址考古发掘报告》,内部资料,待刊。
[2] (清)韩文焜:《山东省·利津县新志》,《中国地方志丛书》,据康熙十二年刊本影印,成文出版社,1976年,第53页。

与军充之,直隶后军都督府。"[1]根据马光先生的考证,乐安守御千户所即为乐安卫[2]。

明朝统治者专设武定守御千户所这一海防机构于利津,可见其对利津海防的重视。《明史》载"利津在州东。东北滨海,有永阜等盐场。东有大清河,流入海。又东北有丰国镇巡检司"[3],协同武定千户所管理日常海防事务。康熙《利津县新志》载:"(丰国镇)巡检司在县北七十里,(海运)分司左。"据此可知,直至清康熙年间,明时所设的丰国镇巡检司仍在发挥其海防职能。

隆庆开海后,明穆宗在丰国镇设海运分司管理利津海运事务,该机构于康熙时弃用[4]。乾隆元年(1736年)又于利津设海防同知署。对此,乾隆《利津县志补》和咸丰《武定府志》均有记载。现摘录如下:

> 乾隆《利津县志补·公廨》:"同知署,系武定府分防利津。乾隆元年建于丰国镇,十七年坍废。今就城内旧民居寄治。"[5]

> 咸丰《武定府志·公署》:"海防同知署,旧在牡蛎嘴,乾隆元年建于丰国镇,十七年坍废,货民居。"[6]

上述两条史料相互印证,可知乾隆《利津县志》所载同知署,就是咸丰《武定府志》中的海防同知署。

乾隆《利津县志续补·官师志·同知》载:"马兆登,监生,浙江山阴人,乾隆元年任,升东分司。"[7]又,光绪《利津县志·职官表·海防同知》统计了雍正至光绪年间担任利津海防同知的59人,马兆登就是其中一员。据此,我们知道乾隆《利津县志续编》中马兆登所任同知就是海防同知,治所在利津县丰国镇海防同知署。分析

---

[1] 咸丰《武定府志(一)》卷十三《兵制·武定所》,《中国地方志集成·山东府县志辑》第21册,凤凰出版社,2004年,第161页。

[2] 马光:《明初山东倭寇与沿海卫所建置时间考——以乐安、雄崖、灵山、鳌山诸卫所为例》,《学术研究》2018年第4期,第127—128页。

[3] (清)张廷玉:《明史·地理二》卷四十一,志第十七;《明史·二十四史全译》第二册,世纪出版集团·汉语大词典出版社,第682页。

[4] 康熙《利津县新志》载:"海运分司。隆庆年建,在县北七十里丰国镇,今废。"(清)韩文焜纂:《山东省·利津县新志》,《中国地方志丛书》,据康熙十二年刊本影印,成文出版社,1976年,第70页。

[5] (清)程士范:《山东省·利津县志补》,《中国地方志丛书》,据乾隆三十五年刊本影印,成文出版社,1976年,第18页。

[6] (清)李熙龄修,邹恒纂:《武定府志》,咸丰九年刻本,见《中国地方志集成·山东府县志辑·咸丰武定府志(一)》,凤凰出版社,2004年,第84页。

[7] (清)程士范:《山东省·利津县志补》,乾隆三十五年刊本,成文出版社,1976年,第36页。

不同时期利津县志对海防同知署和海防同知的记载,我们可以作出如下判断:海防同知署作为海防同知的治所,仅存在了17年(乾隆元年至十七年)。但是海防同知这一主管利津海防事务的官员却一直保留至清光绪年间,且最晚在雍正年间就已设置。我们进一步推测,乾隆元年马兆登任海防同知,同年又升任东分司。这里的东分司当指"分府衙门"。有关分府衙门的介绍,我们在乾隆《利津县志续编》中找到,方志如是记载:"分府衙门,在丰国镇。"这里,直接把位于丰国镇的公署称"分府衙门","分府衙门"所分之"府"就是利津县所在的武定府。从地理位置看,丰国镇确实位于利津县驻地的东侧。也就是说,马兆登于乾隆元年任利津县海防同知,治所在丰国镇海防同知署。同一年又升任分府衙门官员,治所仍在丰国镇,未变。又根据"同知署,系武定府分防利津"这一记载,我们推测,海防同知署是分府衙门的下辖机构之一。海防同知署、分府衙门等机构均设于丰国镇,反映出清代统治者对丰国镇海防、海运工作的重视。

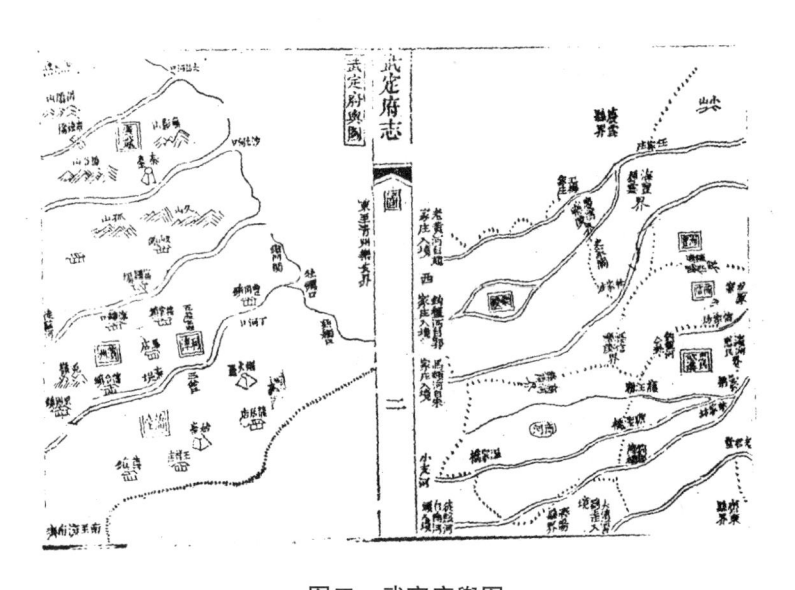

图二 武定府舆图

由图二可直观看出,丰国镇、铁门关是大清河入渤海的必经之地[1]。丰国镇建于宋朝,铁门关建于明朝,《广舆记》:"关梁·鹿角关(临邑),铁门关(利津)……"[2]"铁门关"这一名称最早出现于金,是金人所建大营城的别称。《齐乘》"大营城·滨

---

[1] (清)李熙龄修,邹恒纂:《武定府志》,咸丰九年刻本,见《中国地方志集成·山东府县志辑·咸丰武定府志(一)》,凤凰出版社,2004年,第19页。

[2] (清)陆应阳原纂,蔡方炳增辑:《广舆记》卷之四,康熙二十五年,早稻田大学图书馆藏。

州西二十五里金人屯兵所筑故丁河口,金号铁门关"[1]。参考咸丰《武定府志·武定府舆图》所绘武定府地图,我们知道丁河口位于丰国镇。据此推测,金人所建的"大营城"当在丰国镇内。现铁门关遗址西侧不足 200 米处有若干村庄以"汀河"命名,如汀河一村、汀河三村等。1944 年所绘地图,汀河西侧即为旧黄河入海通道的位置,属丰国镇,划定为民国时期的第四区(图三)。笔者推测汀河村可能位于原来金、清两代丁河口区域。这进一步印证了,金大营城位于今铁门关遗址处。

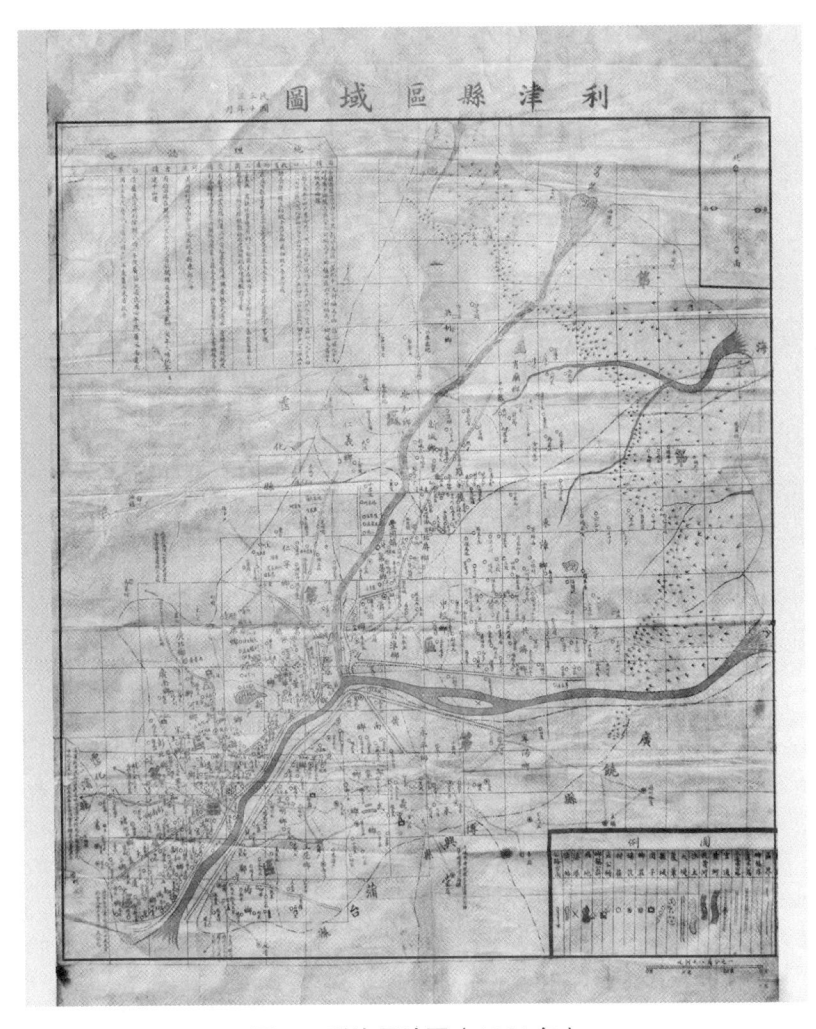

图三　利津县地图(1944 年)

明朝前期在利津设武定千户所和铁门关统筹当地海防事宜,后期又增设丰国镇巡检司。清乾隆元年设海防同知署,管理利津海防。乾隆十七年(1753 年),海防同

---

[1] 中华书局编辑部:《齐乘》,《宋元方志丛刊》第一册,中华书局,1990 年,第 583 页。

知署废弃。同知署所在地逐步发展为一处贸易集散地。明朝倭患平息后,隆庆开海,统治者设海运分司管理对外贸易。

上述海防、海运机构均集中于利津县丰国镇。这与丰国镇的地理位置(大清河和渤海的交汇处)密切相关。山东省水下考古研究中心在利津县进行考古调查时,发现有古贝壳堤(今盐窝镇小牟里村,位于古丰国镇内)。古贝壳堤的发现说明,人类在此生活能获取相对丰富的淡水资源。康熙《利津县新志·古井甘泉》载:"古井甘泉,在县北七十里官灶城西南隅诸水皆咸,独此水味甘𪻐者也。"[1]县志记载也反映出丰国镇附近有丰富的淡水资源。淡水资源丰富是明清在丰国镇设置机构的重要条件。

考古勘探表明,铁门关遗址在据地表4米深处有夯土堆积,该夯土堆积共16块、断续分布、呈围城状,周长约1500米,清制约2.6里[2],面积约14.7万平方米。咸丰《武定府志》详细记载了该地城的周长,现列如下:明清时期利津县"城周七里十八步"[3],滨州城"围九里"[4],青城县"周三里许"[5],海丰县"周围三里许"[6],乐陵县"周围三里许"[7],商河县"周围三里"[8],阳信县"周围六里十三步"[9],惠民县"周围十二里"[10]等。根据上述记载可知,明清武定府城的周长以3里居多,且大多始建于元代。惠民与利津县城建城更早,在宋金时期。从城的规模看,铁门关比县城略小。

---

[1] (清)韩文焜:《山东省·利津县新志》,《中国地方志丛书》,据康熙十二年刊本影印,成文出版社,1976年,第58页。

[2] 清制,300步=1里,1里=576米。

[3] (清)韩文焜:《山东省·利津县新志》,《中国地方志丛书》,据康熙十二年刊本影印,成文出版社,1976年,第63页。

[4] (清)李熙龄修,邹恒纂:《武定府志》,咸丰九年刻本,见《中国地方志集成·山东府县志辑·咸丰武定府志(一)》,凤凰出版社,2004年,第75页。

[5] (清)李熙龄修,邹恒纂:《武定府志》,咸丰九年刻本,见《中国地方志集成·山东府县志辑·咸丰武定府志(一)》,凤凰出版社,2004年,第73页。

[6] (清)李熙龄修,邹恒纂:《武定府志》,咸丰九年刻本,见《中国地方志集成·山东府县志辑·咸丰武定府志(一)》,凤凰出版社,2004年,第73页。

[7] (清)李熙龄修,邹恒纂:《武定府志》,咸丰九年刻本,见《中国地方志集成·山东府县志辑·咸丰武定府志(一)》,凤凰出版社,2004年,第74页。

[8] (清)李熙龄修,邹恒纂:《武定府志》,咸丰九年刻本,见《中国地方志集成·山东府县志辑·咸丰武定府志(一)》,凤凰出版社,2004年,第74页。

[9] (清)李熙龄修,邹恒纂:《武定府志》,咸丰九年刻本,见《中国地方志集成·山东府县志辑·咸丰武定府志(一)》,凤凰出版社,2004年,第73页。

[10] (清)李熙龄修,邹恒纂:《武定府志》,咸丰九年刻本,见《中国地方志集成·山东府县志辑·咸丰武定府志(一)》,凤凰出版社,2004年,第72页。

以城市规模论,海防同知署旧址极有可能在现铁门关遗址上。参考清代《万里海防图说》[1]（图四）可知,利津县区域内并没有大型卫所,距利津县城最近的大型卫所是天津的卢龙卫和现烟台的莱州府卫。笔者查阅文献,也未发现清代在利津设立卫所的记载。

图四　1725 年《万里海防图说》节选（美国国会图书馆藏·G7821.R4 1725.W3.gm71005020）

（二）盐业管理机构

自明设海运分司以来,盐运司钱就是政府的税务来源之一。明代在山东设置都转运盐使司,其下又设胶莱分司和滨乐分司（治所在乐安县东北六十里）。利津县内的宁海场盐课司、丰国场盐课司、永阜场盐课司由滨乐分司管辖。三处盐课司的设置说明,利津县是重要的盐业生产基地。

（三）运行特点

1. 海防机构:明朝设置武定千户所管理利津海防,后加设丰国镇巡检司。至清,武定千户所废弃,加设海防同知署。乾隆十七年,海防同知署废,但海防同知一直延续至清末。对此,铁门关遗址出土的石碑（图五、六）与光绪《利津县志·职官表·海防同知》所载恰好相互印证。

2. 海运机构:明隆庆年间设海运分司管理利津海运事务,直至康熙时废弃。清后期开埠后,设置利津县铁门关口（东海钞关,俗称常关）。因利津清河口与天津商

---

[1] 图像来源：https://www.loc.gov/item/gm71005020/.

图五　石碑（利津县博物馆供图）

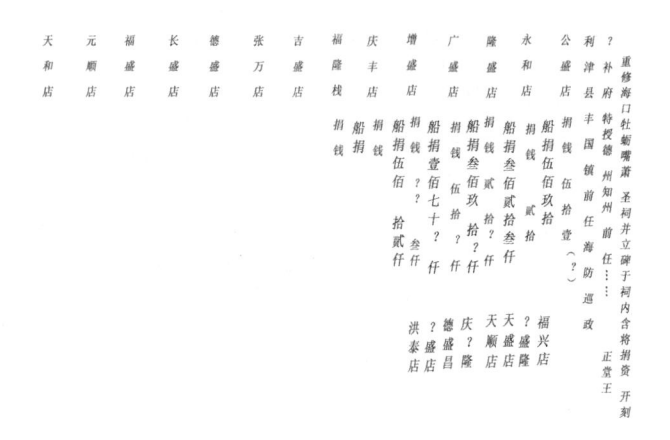

图六　可辨识文字

可辨识文字（按列，自右至左）：

? 利津县丰国镇前任海防巡政正堂王……

重修海口牡蛎嘴萧圣祠并立碑于祠内含将捐资开刻

公盛店 捐钱伍拾壹（?）
永和店 捐钱贰拾
隆盛店 捐钱叁拾
广盛店 捐船叁拾?仟
庆盛店 捐船伍拾玖?仟
福盛店 捐船贰拾?仟
增盛店 捐船叁拾?仟
吉盛店 捐钱?
张万店 捐船壹?仟
德丰店 捐船钱伍佰七十?仟
长盛栈 捐钱
福隆店 捐钱
元顺店 捐
天和店 捐钱

福兴店
天顺店 ?隆
?盛店 庆?隆
德?盛店 ?昌
洪泰店

贸往来密切,政府对当地海运海防相对重视。铁门关出土的《重修海口牡蛎嘴萧圣祠客商捐碑》记载了天津商号所捐的大批物资,这也进一步印证了利津与天津的密切往来。

3. 盐业机构:明设永阜、丰国、宁海三大盐场,清康熙十六年(1677年)合三大盐场为永阜盐场,并由盐场大使进行日常管理[1]。从地理位置上看,丰国镇铁门关是距永阜盐场最近的一处官方机构所在地。考古勘探时,我们发现铁门关遗址存在大范围的砖基建筑。同时,铁门关遗址发掘出土大型房基,疑似官式建筑。这些从侧面说明,该区域长期存在官方管理机构。

---

[1]　(清)李熙龄修,邹恒篡:《武定府志》,咸丰九年刻本,见《中国地方志集成·山东府县志辑·咸丰武定府志(一)》,凤凰出版社,2004年,第158页。

三、作为港口的铁门关

（一）面向海洋的铁门关

铁门关遗址地处大清河口，是山东地区一处重要的出海口。初步考古研究表明，清时期遗址应当存在大型公共建筑，疑似官方管理机构。大清河是沟通山东内陆与沿海的重要通道，直至黄河夺大清河入海后，仍处于重要位置。

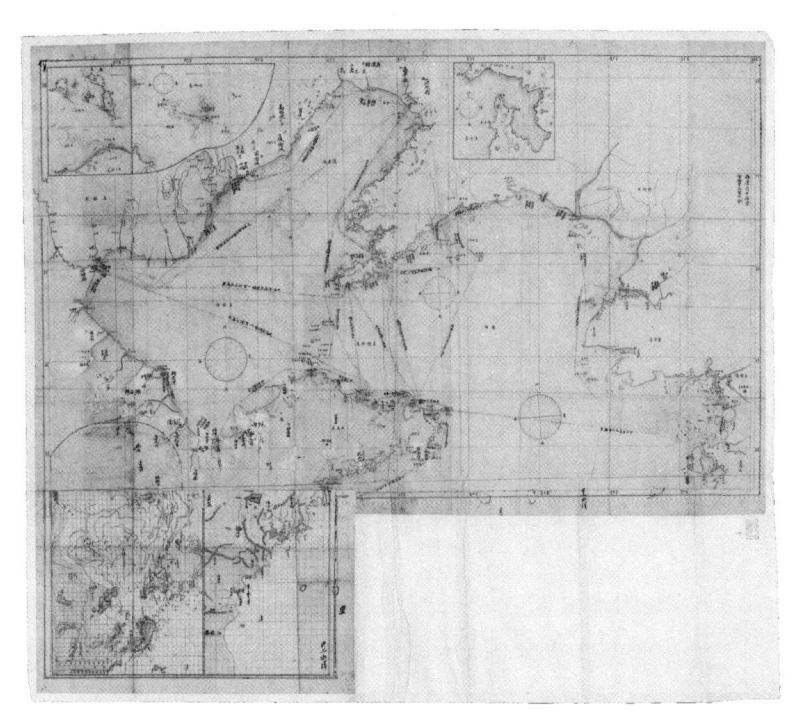

图七　直隶山东航海图（1875—1908年）
（现藏哈佛大学图书馆）

如图七清末《直隶山东航海图》（1875—1904年）[1]标示了山东地区重要的航海线路。在图七利津县铁门关处，标注有"小清河"至利津铁门关有三十二海里。根据图七结合考古发现可知，直至清末，铁门关仍是一处重要海港。在1855年黄河

---

[1]《光绪水道图》卷三十三（https://curiosity.lib.harvard.edu/chinese-rare-books/catalog/49-990101363740203941）

夺大清河入海之后，铁门关仍发挥着重要作用。因此可以反推，在大清河相对稳定时期，利津铁门关当是环渤海地区的一处重要海港。

元至元二十年（1283年）至二十六年（1289年），为沟通江淮，开凿了济宁任城区的运河。运河通江淮，向北走安山入清水沟，在东阿入大清河。之后由于海口淤塞，运河改道，从东阿走陆路至临清入御河。又，考虑到运转问题，开凿会通河。根据梁山县前码头村出土的《新开会通河碑记》可知，会通河起点当在今梁山县前码头村。

元代山东会通河段河口淤塞是否与黄河泛滥有关？东营地区有两处重要的码头遗址，一处为宋元时期的海北遗址，一处为金至明清时期的利津铁门关遗址。海北兴盛于宋金，至元衰落。宋朝，开封五丈河—梁山泊—大清河是从陆地通向海洋的一条重要水道。海北的兴盛，与当时发达的海上贸易有关。其衰落则与国家政策及黄河的改道和泛滥有关。明代海禁政策直接导致渤海沿岸码头的衰落。同时黄河淤沙不停地把海岸线往前推，使原本重要的码头也失去了作用。

（二）面向内陆的铁门关

综合上述文献分析与相关考古发现可知，铁门关也是一处重要的面向内陆的码头。从元至明清时期利津铁门关遗址及其周边，一直是重要的盐业生产区。铁门关与东津渡共同构成了重要的盐运集散地，因此大清河又被称为"盐河"。大清河是沟通渤海湾至济南的重要水上通道。渤海湾畔的永阜场、丰国场、宁海场的原盐溯河而上，可以途经省城济南，通过大运河边，再转运到其他州府。光绪《利津县志》载，利津县境内大清河沿岸的重要渡口有东津渡、宁海镇渡、十六户渡、薛家涯渡等9处。

由于黄河河道淤塞，1855年后铁门关逐渐失去其港口功能，并被东津渡替代。从实际调查情况看，东津渡主要以商运为主，东津渡作为港口一直延续至民国，可见其重要性。铁门关及其周边区域失去盐业生产中心的地位后，铁门关逐步衰落。据此分析，清末民国时期的铁门关主要以内河航运为主，兼有海港的部分功能。

铁门关作为一处重要港口城市，经历了从军事防御到商贸港口的转变。作为商贸港口，铁门关既是一处重要的盐运码头，也是一处面向渤海地区的重要港口城市。铁门关对于山东地区海防、海运及盐运的发展具有重要作用。

渤海明珠龙口港

王志萍

烟台龙口市博物馆

龙口市地处胶东半岛西北部,地理位置优越,自然资源丰富,经济、文化发展迅速。龙口自古被称作"商业之乡",龙口人"善谋生计"。明朝永乐年间,龙口的商品交换规模逐步扩大。清末民初,市内逐渐形成了贸易街市,民国初期至20世纪30年代中期,龙口的民族工商业迅速壮大,各类商号和实业达600余家,产品远销欧美和东南亚诸国。龙口街市商贾会聚,店铺淹市,人如潮涌,仿佛一座大型都会。1937—1948年,因战争原因,全国经济随之萧条,龙口也受到了极大冲击,半数以上商号关门,民族工商业面临全面崩溃。新中国成立之后,随着国民经济的恢复和发展,龙口也重新恢复了活力,经济发展十分迅速,综合实力不断增强。1991年龙口市跨入全国综合实力百强县行列,至今近30年的时间里,不仅年年入围,且排名始终位列山东省入围县(市)前茅。

推动龙口经济快速发展的因素很多,其中龙口港的作用不可忽视。龙口的经济是随着龙口港海上漕运的兴起,而逐步发展起来的。最为直接的证明便是"龙口市"名字的由来。自秦始皇二十六年(前221年)于境内置县以来,本地始终以黄县为名,直到1986年设立"龙口市"才更名,"龙口"之名即因龙口港的存在。

龙口港的重要性不仅表现在城市名字的变更上,更为重要的是以港口发展为契机,带动全市的经济发展。最初龙口经济的发展,基本是依托港口建设发展起来的。

龙口港真正成为重要的客货两运港口应该是在明清时期,随着港口航运的发展,黄县人闯关东、赴京津、走沪广、下南洋,远涉30多个国家和地区。同时,在海上渔业、商业活动的互相推动下,航运更趋兴旺。民国初年至20世纪30年代中期,地方民营航运事业羽翼渐丰,驳运行业随之兴旺,龙口港内从事客货驳运的舢板达200余艘,中外商船云集龙口,通航国家和地区达70多个,龙口的商贸及航运事业同时达到鼎盛。战争对港口航运的发展冲击巨大，在日军把持海关和码头后，往来于龙口港的轮船锐减，进出口货物减少到建港以来的最低水平，直至建国之后才迎来转机。中华人民共和国成立后，港口经过多次建设，港口形象发生了质的飞跃。1995 年龙口港吞吐量居全国地方港口之首，2010 年港口吞吐量突破 5000 万吨，成为烟台市规划建设的三大核心港区和两个亿吨港区之一。

如果将龙口市经济发展时间线与龙口港发展时间线做对比将不难发现，两条时间线基本吻合，高低起伏基本相同，那么依托龙口港存在的港口经济，对整个龙口经济的作用则不言而喻。而龙口港之所以能以自身发展带动城市进步，与港口得天独厚的条件和持续不断的发展密不可分。

首先，作为渤海湾内少有的天然良港，龙口港的自然条件得天独厚。龙口港地处龙口湾内，龙口湾是整个渤海湾内冰情最轻的海区，正常年份冰期不足两个月且冰层较薄，基本不影响港口的营运。

龙口港"波连辽、津、冀，地牵鲁、晋、豫"，地理位置极其优越。历史上就是南北海上漕运的必经之地、周边小港的主要中转港，同时也是渤海南岸直达东北、华北及连通全国沿海各港的重要枢纽。

龙口港腹地广阔，东至烟台地区西部，南至青岛北部，西至淄博市和潍坊市、惠民（现滨州市）德州地区，北和西北至辽、冀、津等省市，直接和间接腹地有丰富的天然资源，是工农业生产的发达地区，煤炭、原盐、粮食、建材等物资储量大，这些物资的外运均要通过龙口港实现。

其次，龙口港较早的起源与不间断的发展，为周边经济的起飞提供了依托。先秦时期，虽然港口的建设还没有开始，但生活在龙口的先民们已经依托海洋，开始了最早的渔猎和航海活动。西周初期，居于黄县的部落"莱夷"建立了"莱国"，莱国依山傍海，龙口湾渔产丰富，这时的先民们"刳木为舟"，开始了对海洋和港湾的探索。齐灵公十五年（前 557 年）莱国被齐国所灭，齐国获得了大量的海洋资源，逐步发展成为渤海西南岸最为强盛的国家，龙口港则随之成为齐国停泊船只和装卸渔货的重要口岸。秦始皇统一中国后，曾先后 5 次出巡，第二次出巡时，曾乘船沿渤海南岸绕行山东半岛，经过黄（龙口一带）、腄（今福山）、芝罘（今烟台）等重要口岸，由此可见，龙口港的起源可追溯到战国时期或秦代。隋代开始，龙口港成为了海防重地和贸易交通要津，元代时，龙口港又成为了漕粮转运的必经之地，最早的海上贸易活动也由此开始。至清康熙年间，南帆北船往来频繁，商运互促，集中为市。同治年间，各国商船进入龙口，抢占海上运输市场。民国初期，民营船运公司不断发展，龙口港的航运事业进一步发展，成为我国北方六大港口之一。

由此可见，龙口港自战国或秦朝开始就一直是一个海上渔猎与贸易的重要海港，渔商活动一直处于一种活跃状态。在港口发展的带动下，周边的餐饮住宿，农、渔副产品加工、冶炼制造业等产业也随之兴起，经济发展一片欣欣向荣。

再次，随着海洋运输业及周边工商业的不断发展，龙口港一直沿用的滩涂装卸和舢板过驳的原始作业方式已不能满足需求，港口建设被提上日程，先进的硬件设施成为了航运与经济发展的保证。

1914年，北洋政府迫于外界压力，为防止渤海门户被外国列强掌握，于1月8日，批准将龙口辟为商埠，本次开埠旨在"发达地方，振兴商务，巩固主权"。同时，政府下令筹建商埠新区和人工码头，筹建工作虽几经波折，但终于于1919年10月，完成栈桥码头全部工程。栈桥码头全长255米，宽8.97米，高5.95米。桩橛每排4根，共59排236根，其中两边为竖直桩、中间两排为内倾斜桩。桥面承重每平方米1500公斤，设有双轨小铁路，两条铁路间距6米，配有4轮平车，用于运送货物。码头还装有一台可运转式汽力起重机，起重负荷3000公斤，专司重物装卸。两侧设置距离相当的煤气灯7盏（亚拉丁灯，每灯照度1000支烛光），用于夜间照明。每支灯杆上配置救生圈2个，以防落海事故。为大船泊系，桥上设置铸铁系缆桩16个，小船靠泊则有系缆铁环24对。上下码头配置铁梯10具，桥边布设十字形防擦护木等。这是中国第一座钢筋混凝土栈桥码头，其布置设施，一切均与当时西欧相仿，堪称"东亚河海工学业上第一声"，开创了龙口港大船直靠码头的先例，影响深远。从此龙口港轮船骤增，航线也随之扩展，南到厦门、香港，北达苏俄远东诸港。抗日战争爆发后，龙口港受损严重，直至新中国成立才逐渐恢复航运。国家多次投资建设港口，龙口港于1957年建成第一座钢筋混凝土岸壁码头，1959年建成两个3000吨级泊位的砼方块重力式客货码头，迈出了建设中等泊位的重要一步。70年代初，龙口港进入了快速发展时期，至1978年，正式步入了中型港口行列。改革开放以来，龙口港不断发展，1987年首座万吨码头兴建，2006年10万吨级泊位投产，时至今日，龙口港已成为中国最大非散杂货出口贸易口岸、首批对台开放的直航港口。

从龙口港建设的百年历史不难看出，硬件设施建设始终走在时代的前列，而正是在先进的硬件设施保障下才有了发达的航运和周边经济的发展。

最后，龙口港客货两运的发展模式催生出龙口市全面的经济发展。龙口港的客货运输是伴随着明清时期的漕粮北运而逐渐发展起来的。货物运输经历了由装卸货种单一、运量较小的漕运，到装卸货种复杂、装卸方式多样的变化过程。至清末民初，龙口已与大连、营口、丹东、天津等黄渤海沿岸港口通航，仅1912年，港口就承载近1300余艘各类船只运客载货，往返566航次，总吨位达286845吨。1915—1928年间，货运吞吐量达 70.50 万吨。

旅客运输则由初始的货船捎带发展到客运设施齐全、客轮定线定班、有序的运输格局。民国初年，经龙口去东北及苏俄地区逃难、务工、经商者每年达十余万人次，在大批百姓渡海"闯关东"的移民大潮中，1915—1928 年，龙口港客运量达到了 148.24 万人次，1978 年十年间，旅客运送 148069 人次。

自 1919 年龙口栈桥码头建成之后，龙口在国内外的知名度进一步扩大，许多有远见的商家，纷纷在龙埠投资，制造业等行业不断发展。而龙口港客运的兴起，则促进了龙口配套行业的发展，饭店、客栈的数量迅速增加。送客担货等服务行业也应运而生。在商业与航运的相互促进下，龙口的经济随之不断发展，龙口成为各行业全面发展的城市。

1914—1978 年是龙口港厚积薄发的孕育期，1978 年至今则为港口蓬勃崛起的成长期。这与龙口市经济发展基本一致。港口自形成至今一直承载着货物运输、人员运送等重要职责，在经济全球化的推动下，龙口港成为龙口与外部沟通最为重要的通道，龙口市始终充分利用港口发展的有力条件，以港口发展为依托，不断推进经济全面发展。

纵观整个百年发展史，龙口港为天然的港口，水路可以致远，陆路便于集散，为历代商家所青睐，也是兵家必争之地。

春秋时期，齐国因广获大海资源而富强，海上交通也发端较早，那时的龙口就是泊停船只和装卸鱼货的口岸。秦始皇统一中国后，数度出巡，曾乘船绕行山东半岛。临黄县，登莱山，封月主，留下了许多的历史足迹。魏晋隋唐明一直是重要的海防重地和交易交通要津。元朝期间，龙口港成为了漕粮转运必经之地，海上贸易活动由此萌生。明、清时期，龙口以渔产丰富而闻名于世，南帆北船往来频繁，商运互促。清同治年间，中、英、法、日等轮船涌进龙口，抢占海上运输市场。民国时期，各种运输公司，船业相继诞生，不断壮大。各国的轮船和民间帆船纷至沓来，龙口港的海运事业进入了盛期，成为中国北方六大港口之一。建国后，特别是改革开放以来，龙口港的发展日新月异。由于其地理位置优越，文化、商业也很繁荣。龙口港开创了建设大港口的新时代，广开港门发挥优势，融入世界经济的大循环，共绘海洋文化的新篇章。

烟台开埠与潍坊区域近代化的发端

王伟波

昌邑市博物馆

道光二十二年（1842年），因第一次鸦片战争失败，清政府被迫签订了丧权辱国的中英《南京条约》，开放了广州、厦门、福州、宁波、上海5处通商口岸。但西方列强的侵略野心并没有得到满足，19世纪50年代，英、法、美等国为了进一步打开中国市场，扩大侵略利益，向清政府提出修改条约，要求中国全境开放通商、鸦片贸易合法化等。遭到清政府拒绝后，英、法两国便以"亚罗号事件"和"马神甫事件"为借口，发动了第二次鸦片战争。咸丰八年（1858年）6月、咸丰十年（1860年）10月，英、法等国强迫清政府先后签订了不平等的《天津条约》和《北京条约》，增开汉口、九江、南京、镇江、牛庄、登州（蓬莱，后改为烟台）、台南、淡水、潮州、琼州、天津11处通商口岸。

经过短暂的筹备，咸丰十一年（1861年）8月22日烟台正式开埠。4个月后，清政府总理衙门大臣奕䜣奏请登莱青道移驻烟台，专司中外税务。同治元年（1862年）3月，登莱青道由莱州移驻烟台，时任道台崇芳兼任东海关监督。

因与外国商船征税言语不通，英国人汉南于同年冬被委任为东海关第一任税务司，烟台海关权和港口管理权从此旁落。在此后的80余年里，东海关税务司之职一直由外国人把持。

烟台开埠后，列强纷纷涉足。从咸丰十一年（1861年）到1932年，先后有英国、法国、美国、挪威、瑞典、德国、日本等17个国家在烟台山设立领事馆。同治三年（1864年），英国商人在烟台山下首设和记、汇昌两洋行，经营进出口贸易和航运代理等业务。至光绪十七年（1891年），烟台山下已经有英、德、美、日等国洋行11家。甲午战争后，中日《马关条约》承认外国在华投资权，烟台遂成为外商争夺的主要市场之一，洋行急剧增加，到光绪二十七年（1901年）发展到26家，光绪三十二年（1906

年）增加到40家，其中以日本洋行最多，达19家，英、德、美次之。这些洋行，依靠其驻烟台的领事机构，基本形成了垄断性经营，他们将蚕丝、草帽缏、豆、豆饼、棉花、枣、咸鱼、粉丝、小麦等大量中国农副土特产品低价运出，把鸦片、棉布、煤油、火柴、铁制品、胡椒、糖等外国商品大量输入，到光绪三十一年（1905年），烟台的对外贸易额达到了1420万海关两，其中洋货进口960万海关两，土货出口仅为460万海关两，进口贸易额是出口贸易额的2倍。

烟台开埠对潍坊区域产生了深刻影响，主要表现在以下几个方面：

一是烟台开埠使潍县成为其出口货物的主要聚集地和进口货物的主要分销地。

烟台开埠后，因为独特的区位优势，潍县成为"山东最大也是最富有的贸易城市之一，芝罘（烟台）来的大部分货物首先到达这里，然后再经商人们分销到各地"[1]。从此，洋油、洋灰、洋蜡、洋火、洋针……出现于普通民众的日常生活中，传统生活方式悄然发生着变化。而当时青州府、沂州府、泰安府等地的土货，往往要先在潍县集中，然后再运往烟台。

蚕丝是居于烟台销售额第一位的出口商品，仅光绪二十九年（1902年）经东海关出口的蚕丝总值就达586500英镑[2]。

蚕丝有两种，一种是家蚕（桑蚕）丝，称为黄丝，主要出口至法国的丝织业中心里昂，青州府的益都和临朐两县是当时山东省主要的家蚕养殖区，尤其是临朐，"种桑之田，十亩而七；养蚕之家，十室而九；故蚕业之盛，为东省诸县之冠"[3]。光绪

---

[1] [德]费迪南德·冯·李希霍芬著，[德]E.蒂森选编，李岩、王彦会译，华林甫、于景涛审校：《李希霍芬中国旅行日记》，商务印书馆，2016年，第146页。

[2] [英]骆任廷著，马向红译：《山东纪行》，《威海足迹》2017年第8期。

[3] 周钧英修，刘仞千纂：《临朐续志》，青岛俊德昌南纸印局，民国二十四年（1935年）。临朐蚕业在民国初年至民国二十年（1931年）达到极盛。1915年，山东省桑蚕茧产量594.05万公斤，潍坊各县共产285.25万公斤，临朐县产茧达到225万公斤；1923年，临朐有缫丝厂300余家，占全省361家丝厂的84.1%；工人七八万人，占全县总人口的四分之一；产丝4000担，总值800万元（潍坊市地方史志编纂委员会：《潍坊市志·农业志》，中央文献出版社，1995年，第246页）。临朐、益都等地所产丝茧，除内销外，主要供应出口。民国之前，多将蚕茧销往烟台缫丝后出口；1912年津浦铁路开通后，多由当地缫丝，经胶济铁路与津浦铁路转运上海出口。

七年（1881年），苏格兰传教士韦廉臣[1]夫妇在巡回传教中途径青州，韦廉臣夫人有以下记录：

> 青州城中最重要的产业，就是织造丝绸的前端的原料生产。在青州府周边的很多地区，都大规模地养殖桑蚕。在对外贸易的刺激之下，这一产业呈现出欣欣向荣的景象。每一年都有大量的蚕茧被输送到港口城市烟台。在烟台，近几年来有外国商人在那里建立了规模宏大的缫丝厂。在专业化的加工处理之后，因为质量上乘，青州府出产的生丝已经创出品牌，在欧洲有良好的口碑。无论它们是销往欧洲的何处，其包装都是一卷一卷的。在山东的绝大多数地区，特别是在青州府的周边地区，丝茧都是最主要的贸易商品之一，产量非常巨大。这一产业的兴起，让成千上万的家庭女性有了谋生的手段，避免她们的家庭陷入贫穷的厄运[2]。

另一种是野蚕（柞蚕）丝，称为柞丝，主要销往纽约和日本。柞丝织就的丝绸被称为"茧绸"，也是烟台的重要出口商品，主要销往日本、澳大利亚和欧洲。山东省内的柞丝产地是临朐、五莲山区、胶东山区，省外的主要产地是辽宁南部，茧绸的主要产地则是昌邑、栖霞。这项产业，主要由昌邑人掌控。

麦草缏是烟台销售额位居第二的出口商品，烟台开埠后，草缏技术传入潍坊，并逐渐成为东海关位居第二的出口商品，仅光绪二十九年（1902年）经东海关出口的麦草缏就达37080英担，价值183943英镑[3]。昌潍大平原是山东省内主要的小麦产区，昌邑卜庄一带在光绪六年（1880年）前后即盛产麦草缏，产品由洋商买办收购，经加工整理后出口。光绪十七年（1891年）至1913年是草缏业的鼎盛时期，当时山东省多数县兴办了官办手工业局、手工业传习所，负责传授技术，潍坊区域内的潍县、

---

[1] 韦廉臣（1829—1890年）：生于苏格兰。1855年受英国基督教伦敦布道会派遣来华传教，三年之后因身体原因回国休养。1863年代表苏格兰圣经会再次来华，此后长期定居烟台，从事教育、学术研究、翻译等工作。1877年在上海召开的第一次在华传教士大会上，被推选为学校教科书委员会（即益智书会）干事。1887年，在上海创办同文书会，自任监办，是李提摩太的前任。同文书会后更名为广学会，为中国介绍、翻译、出版了大量近代西方书籍，对清末变法改良思潮的兴起产生过重要影响。1899年又创办了《万国公报》月刊，成为近代中国传播西方学术和西方政治思想的重要刊物。1890年卒于烟台。

[2] [英]伊莎贝拉·韦廉臣著，刘惠琴、陈海涛译注：《中国古道——1881韦廉臣夫人从烟台到北京行纪》，中华书局，2019年，第105—106页。该书第67—106页共有三章内容记叙了昌邑—潍县—昌乐—青州一路经历与见闻。

[3] [英]骆任廷著，马向红译：《山东纪行》，《威海足迹》2017年第8期。

青州、诸城、高密等县都有了草缏生产经营活动[1]。

二是烟台开埠使潍坊区域有了近代意义上的海关机构,近代航运业也得以发展起来。

同治元年(1862年),东海关正式成立,潍坊区域的昌邑县下营口被列为常关分口,潍坊正式拥有了近代意义上的海关机构,近代航运业也正式出现。同治四年(1865年),增设寿光县羊角沟口常关。

1930年,以上二口均归属于东海关税务司管辖(洋关),分别称下营口分卡、羊角沟分卡,隶属于龙口分关。羊口港开辟了通往大连、营口、秦皇岛、天津、龙口、烟台、海庙的几条货运线路,内河航运上溯小清河可到达济南,往来船只最盛时每年达数千艘。下营港也迎来繁荣时期,进出港口的船只每年可达300余艘。清末,进出两港的船只中,开始出现机动汽轮机船舶。

光绪二十九年(1903年),在胶济铁路修成前夕,威海卫首任文职行政长官骆任廷由威海卫赴济南拜访山东巡抚周馥。4月20日骆氏一行13人乘坐英舰抵芝罘(烟台)港,4月21日换乘坐中国的"靖海"巡洋舰,于4月23日晨到达寿光羊角沟,然后乘坐帆船沿小清河赴济南。在其留下的相关报告中谈及:

> ……到达羊角沟后,发现那里停泊着一艘太古公司的汽船——从事此地与芝罘之间的贸易往来。在前往羊角沟的途中,我们还遇到几艘小型日本汽船,同太古船只一样,他们按照《内陆水域章程》从事海湾贸易,把本地人运往满洲里。众所周知,长期以来大量山东人迁至满洲里,因为那里农业繁荣。近些年,俄国人在满洲里修铁路、搞建设,又吸引了大批山东人去打工。
>
> 1902年的芝罘报表显示,174326名本地旅客被运至该港口,173993人被外轮带走。
>
> ……大约16年前,盛宣怀任山东登莱青道台时(驻地在芝罘),将小清河改建成一条运河……该运河有102里的河道受潮汐影响。入海口处,潮水涨到5—8英尺;在距离入海口102里的桓台,潮水1—2英尺。冬季整个河道都结冰;雨季下游地区洪水泛滥时,河水涨至4英尺,吃水3英尺的小型汽艇可行至距离入海口236里远的沙河。中国人目前正计划将该运河的整条河道挖深至4.5英尺,以便汽艇能够驶往济南。两条疏浚船正在准备中。中国政府改良运河的目的在于发展一条独立于德国胶济铁路的贸易路线。据报道,德国人在修建铁路时并不知道这条运河的存在,现在他们急于想投资运河改良来取得控制权,但中国人

---

[1] 潍坊市地方史志编纂委员会:《潍坊市志·工业志》,中央文献出版社,1995年,第403页。

担心"鼠狼给鸡拜年,没安好心",同时充分意识到保留运河控制权在自己手中的重要性[1]。

由以上记录,可以看出羊口港在"济南—小清河—洋口港—烟台港及其他港口"这一内河与海上贸易线路中的枢纽地位[2]。

三是烟台开埠使潍坊区域拥有了近代邮政,为对外联络和经贸增添了新的渠道。

光绪二十三年(1896年),清政府准许东海关筹办烟台邮政业务。光绪二十四年(1897年),因当时青岛口为东海关分关,东海关在此设立邮局,兼辖青州、沂州、莱州共12个分局。同年2月20日,"海关邮政"改称"大清帝国邮政",东海关邮政随之改称"大清帝国邮政烟台总局",由东海关税务司兼任邮政司。光绪二十五年(1899年),潍县开办邮政局,主要通过三条邮路递送邮件:一条是潍县—安丘—莒州南接沂州,每周2次;一条是青岛—高密—潍县—青州—济南,每周3次;一条是潍县—寒亭—昌邑—烟台。各县也开办起现代邮政业务,逐步取代驿站[3]。

四是烟台开埠后,来山东传教和游历的外国人越来越多,使潍坊区域的中西文化碰撞与交流进入了一个新的时期,其中最为知名的是德国地理地质学家李希霍芬,他的考察直接导致了德国对胶州湾的侵占与胶济铁路的兴建及坊子煤矿的开发,潍县因之被辟为自开商埠,近代化进程进一步加速。

李希霍芬(1833—1905),出生于普鲁士上西里西亚卡尔斯鲁赫(今属波兰)。地理学家、地质学家,近代中国地学研究先行者之一。曾任柏林国际地理学会会长、柏林大学校长、波恩大学地质学教授、莱比锡大学地理学教授等。从同治七年(1868年)至十一年(1872年),李希霍芬以上海为基地,对中国18个行省中的13个进行了考察,内容涉及到山脉、气候、人口、经济、交通、矿产诸多方面。通过考察,他首先提出了"丝绸之路"的概念。

同治八年(1869年)3月13日—4月30日,李希霍芬从上海乘坐汽船到达镇江,然后沿大运河走水路到达淮安,再走陆路,于3月28日进入山东,经郯城、临沂、蒙阴、

---

[1] [英]骆任廷著,马向红译:《山东纪行》,《威海足迹》2017年第8期。

[2] 2019年3月12日,山东省政府新闻办召开的发布会宣布,本年山东将进一步加大交通基础设施补短板的力度,全年计划投资1622亿元,着力构建公路网、铁路网、港航群、机场群等,全力打造山东省综合交通圈。其中提及将开工建设小清河复航工程,并开展京杭运河黄河以北山东段复航、小清河与京杭运河连通的前期研究。此举可以说是百年前山东水上航运格局的升级版,对潍坊区域尤具意义。

[3] 1904年,胶济铁路全线通车后,潍坊的全境邮路即以铁路为轴心。1905年,烟台、胶州、济南各设总局。1911年,清政府邮传部接管邮政,邮政自此脱离海关。烟台、胶州两局改为副总局,隶属于济南总局。驿递组织于1913年撤销。潍县邮政局同时办理汇兑业务,随着工商业的发展,1922年增开电报汇兑和国际汇兑业务。与此同时,各区县邮局汇兑业务也相继开办。

泰安、济南、章丘、周村、博山、潍县一路向东到达芝罘（烟台），完成了其对山东的考察，在《李希霍芬中国旅行日记》中留下了他对潍县考察后的相关记录：

（4月21日）……潍县是山东最大也是最富有的贸易城市之一。芝罘来的大部分货物首先到达这里，然后再经商人们分销到各地。这座城市的富裕从围绕着的坚固的城墙就能看出来，城墙是用大块的火山岩垒成的，城门高大，使用的是石灰岩，因为石灰岩更加适合进行装饰，当地的能工巧匠们把城门装饰得十分繁复。在街边可以看到很多牌坊，有些还加了很多装饰物。据说这些牌坊是为年轻寡妇们立的，她们在丈夫死后选择终身守寡，并不改嫁，以此表明自己的忠贞。而夫家则在她们还活着的时候就立一块这样的牌坊表达赞扬之情。

在中国有一个现象很奇怪，那就是在一个富有的贸易地附近很少看到有钱人的庄园。他们习惯在城里盖房子。按照他们想象中豪华的样子建造，但是对于田庄生活的快乐这些有钱人并不怎么看重。马可·波罗曾经醉心于杭州城里的那些庄园，但是即使在杭州也不存在田园生活的乐趣。和欧洲的庄园生活没有任何的相似之处。在中国即使最小的村子看起来也像城里一样，房屋都拥挤地建在一起，通过狭窄的小巷子连接。到处都有小铺子、烧饼铺、菜馆等，使得村子看起来和城里没什么大区别。尽管住得非常拥挤，人们还要养大量的猪、鸡、狗。而且常常就让这些家畜住在人住的屋子里，并不单独给它们搭棚子。

（4月22日）今天我往南走了走，去看看潍县的煤矿。天气很好，空气清新。潍县和博山一样由两个城区组成，之间有一条小河穿过。满洲人居住的地方不允许进马车，高大的城墙上还有瞭望塔，看起来很雄壮威武的样子。商人和老百姓住的城区则远不如前者，里面有很多人居住，但是什么看起来都小小的。就连大商号的分号和仓库也是些低矮的小房子。

从南边出城后，看到一片肥沃的土地，其间有很多建有城墙的村子，房屋看起来还算结实，而且刷了白，还有高大的树木环绕，给人富裕的印象。大片的果园，果树正在开花，平添了此地的美景。西边还看得见火山群，一直向西南方延伸而去。而南边则是呈波浪状起伏的大片平地，直到极远处地势才开始逐渐抬升，但是也不过是几座圆顶山峰，这个方向上并没有其他山峰。可以想见南边不会有太大规模的煤层分布，也不会有特别值得考察的独特地形。当然了我没有去那里，所以也不敢断然下结论，也许那里很有意思也说不定。我们已经从冲积区不知不觉地过渡到了黄土地带，和其他黄土地带一样，这里也出现了很多沟壑。离开潍县20里后，在道路的右侧开始出现一些煤矿，但多是些已经废置的煤矿，一些穷人在矸石堆里搜寻煤块。从地面上只看得见黄土层,或许是当地人在打井的时候偶然发现了煤层。

虽然潍县煤矿的名气不如博山大,但是我认为潍县的煤矿更值得关注。这里煤层广阔,储量丰富,目前只有一部分被发现,而且它们当中只有较厚煤层的最上层被开采。当然具体情况还需要试钻才知道。无论如何,单是附近有金家港这一项,就足以说明潍县煤矿的价值了。据我打听得知,从潍县去往平度的道路很平坦,就算不以芝罘为起点,而以金家港为起点建造铁路,也将足以把以潍县为中心的山东内部巨大的贸易市场连接起来。从煤量蕴藏和煤层分布来看,我认为潍县的煤矿可以和沂州府的煤矿媲美,而且潍县所处的地理位置更为优越,更适合外国资本投入[1]。

尽管李希霍芬的"游历"是合法的,但他进行的国土调查从未依法向中国官方报备。相反,作为普鲁士人,李希霍芬把德意志帝国的统一和强大视为最高理想。即便在最艰苦的中国乡村,即便必须将行装节减到最低限度,他也一直坚持着"如果还有一张桌子的话,就铺一面德意志国旗在上面"的做法。为此,李希霍芬曾秘密致函普鲁士首相俾斯麦,提出德国"有必要发展海军以保护这些重要的利益和支持已订的条约;要求在万一发生战事时德国的商船和军舰有一个避难所和提供后者一个加煤站"[2]。在这次"游历"结束后不久,李希霍芬就立即向德国提议:夺取胶州湾及其周边铁路的修筑权,将使华北的棉花、铁和煤等更为方便地为德国所用,不但可就此将山东纳入势力范围,而且又拥有了广大的中国腹地。光绪三年(1877年),他又专门提交了《山东地理环境和矿产资源》报告,强调青岛的优越位置,并渲染胶州湾良港之说。光绪二十三年(1897年),德国借"巨野教案"之机,出兵占领胶州湾,把山东划为其势力范围,并于光绪二十四年(1898年)3月6日强迫清政府签订了《胶澳租借条约》,租期99年,在报请德皇威廉二世批准的军事计划中,德国海军司令梯尔皮茨多次引用了李希霍芬的考察结论。

凭借《胶澳租界条约》,光绪二十五年(1899年)至三十年(1904年),德国人在青岛与山东省会济南之间修建了一条贯通山东腹地的胶济铁路,全线共设60个车站,其中今潍坊区域就有22站。凭借《胶澳租界条约》,德国还攫取了胶济铁路沿线

---

[1] [德]费迪南德·冯·李希霍芬著,[德]E·蒂森选编,李岩、王彦会译,华林甫、于景涛审校:《李希霍芬中国旅行日记》,商务印书馆,2016年,第146—147页。
[2] 转自昱见:《他首创"丝绸之路"概念,还向德国建议夺取胶州湾》,《齐鲁晚报》2017年5月8日。

15公里范围内的矿藏开采权。光绪二十四年（1898年）4月，在《胶澳租界条约》签订仅一个月后，德国即开始在山东地区进行大规模工业采矿之前的探采取样。4月27日，德国地质工程师斯梅德在坊子勘探取样，发现地下160—180米处有1—4米厚的煤层，当时估计储量为350万吨[1]。光绪二十五年（1899年）9月23日，胶济铁路开工。同年10月10日，德华山东矿业公司在德国柏林成立，主要经营坊子、淄川煤矿和金岭镇铁矿，所采煤炭大部分供应胶澳租界及其远东舰队，所获利润按比例交付政府，用于兴建青岛港及胶澳租界政府费用和市政建设费用等。为开采坊子煤炭，根据"迁路就矿"的原则，本应一路西行的胶济铁路在坊子绕转向了东南。

胶济铁路的修建，直接促使潍县与济南、周村同时作为自开商埠于光绪三十二年（1906年）1月10日对外开放，潍坊区域近代化的进程全面加速。胶济铁路通车后，青岛在军事、经济上的地位益显重要，潍坊区域的进出口贸易随之改为以青岛为主要输入和输出市场，烟台退居次要地位。

---

[1] 坊子区地方史志编纂委员会：《坊子区志》，山东友谊出版社，1997年。

大嵩卫相关海防设施探索与研究

张春明

海洋市博物馆

明朝建立之初,东南海疆经历了前所未有的多事之秋,倭寇对东南沿海频频进行骚扰,山东半岛受害尤为严重,这主要是由其所处地理位置所决定的。对外,山东半岛三面环海,与朝鲜半岛、日本列岛遥望。自古以来,日本至中国的主要路线一般都是沿朝鲜半岛西海岸北上,先抵达辽东半岛,再横渡渤海湾,在山东半岛的登州、莱州一带登陆,登莱之地成为日本至中国的一处主要落脚点。对内,明永乐以后定都北京,登州处于京师东部,与天津共同成为拱卫京城安全的重要海上门户。因此,明初以来倭寇便频频侵扰山东沿海,使登莱之地成为倭寇入侵较为严重的地区。

一、大嵩卫的设立及海防设施配置

海阳位于山东半岛东南部,濒临黄海,境内"壮于山而雄于海",地势险要。秦汉、魏晋、唐宋、金元各代,均重此地利,据为镇疆屏藩。隔海与日本、韩国相望,有绵长、平坦的海岸线,是海上丝绸之路的重要通道,也是守卫渤海、黄海不可或缺的中坚要道。同时,海阳还是重要的食盐产区,与国家安全、国赋、民生等有着极为重要的联系。基于此,明洪武三十一年(1398年)正月,朱元璋命魏国公徐辉祖巡视山东东部沿海,征集民众,组建捕倭屯田军,并择要地拟设卫所。五月,其部下参将罗允成率侍卫夜宿今海阳凤城石人泊,察勘地形,认为在黄海之滨、嵩山之阳的凤城地势险要,战略位置重要,是建卫的理想之地。于是,据《海阳县旧志》记载:"明洪武三十一年五月,魏国公徐耀祖和都督朱复奉命设立大嵩卫和威海卫,又增设若干守卫所。并垛集沿海四万壮丁补充卫(所),成立捕倭屯四兵,并建立若干兵寨和烟墩。"另载:"大嵩卫城系砖城，明洪武三十一年指挥使邓清所筑，领中、前、后三千户所，周八里，高一丈九尺，厚一丈五尺，池（护城河）阔八尺，深一丈，四门东曰永安，西曰宁德，南曰迎恩，北曰翊清，并楼铺二十八座。"

大嵩卫设立后，置指挥使、指挥同知、指挥佥事共17员，指挥镇抚武略将军一员，千户10员，百户20员。卫设立中所和后所，都由千户充任。卫城内设有武库，储存甲胄、弓箭、刀枪等，南门外建有演武场、点将台、壁垒等。海岸沿线设有大量的军寨、烟墩、堡垒。其中墩台7座，分布于草岛嘴、望石山、新安寨、擒虎山、杨家嘴、刘家岭、麦岛；堡5座，分布于界河、青山、小山、黄山、管村；炮台1座，设于烟台山；寨前、北山等地设有军寨。设京操军，春戍745人，秋戍746人，定期戍边防倭；捕倭军246人，系即墨营驻兵防倭；城守军258人，负责把守城门及城内巡逻；屯田军428人，专事屯田；守墩军27人，守卫烽火台；守堡军14人，驻守堡垒。大嵩卫镇守范围东起文登浪暖口，与靖海卫衔接，西至即墨栲栳墩，与鳌山卫相联，海岸线长500余里，内陆面积4280余平方公里。明嘉靖三十二年（1553年），抗倭名将戚继光奔赴大嵩卫视察海防时，奋笔题词："金汤大嵩卫海防，民风淳厚昭四方，地利人和，取胜之本。"对大嵩卫的重要地位、作用和社会风尚等给予了高度评价。

二、大嵩卫相关联海防设施及建制演变

大嵩卫海防以卫城为骨架，配以所、城堡、军寨、墩台、炮台、港口等，再辅以即墨营及巡检司，达到了"设卫所巡司，以控之于陆"的目的。

即墨营：明永乐二年（1404年）设立，作为都指挥使司和卫的中间军事指挥机构，与沿海卫所相策应。即墨营下辖大嵩卫、安东卫、灵山卫、鳌山卫四卫。营中设把总为长官，与指挥同知、指挥佥事等武职官员共同掌管总营事。

海阳守御千户所：位于海阳所半岛与大陆接壤处，古称沙沟寨。明洪武三十一年（1398年）设立。所系砖城，周三里，高二丈，阔一丈二尺，设楼铺十五，池阔一丈，深一丈。所分内城和外城，两城相距约200米。所共屯兵1120人，设正千户1员，副千户2员，镇抚2员，百户10员，百户所领112人，设总旗2名，小旗10名。设墩、堡18座，分布于老鸦庄、帽山、寨前、大陶家、常家庄、安家、风台顶、到跟见等地。清顺治十三年（1656年）裁撤。

大山备御千户所：位于大嵩卫西大山东北麓。明成化十九年（1483年）十月设立。所系砖城，周四里，高一丈五尺，阔一丈五尺，门四，楼铺十五，池阔一丈，深七尺。

置正副千户、镇抚6员、百户10员，领守城军62人，守墩军6人。设墩台2座，分布于大山和虎巢山。堡2座，分布于双山和黄阳。明末清初，大山所绕村修筑了高六米、宽四米的围墙，东、西、南、北各建有城门，分别命名为耀德门、镇定门、靖海门、锁钥门。清顺治十一年（1654年）裁撤。

行村寨巡检司：驻守行村寨，设巡检1人，守寨弓兵11人，守墩军15人，守堡军6人。设墩台3座，分布于高山、灵山和田村。

乳山寨巡检司：明初设立，砖城，周二里。设墩台3座，分布于里口、长角岭和高家庄。置百户所，设巡检、副巡检等。

大嵩卫港：可容纳大、小战舰船60余艘（只），具有较强的海上作战能力。

自清顺治元年（1644年）山东驻扎绿营兵起，军队的建制和防地屡有调整。顺治十八年（1661年）设登州镇，镇设中、左、右、前4个营（各由游击统领，前营为水师营），此外还辖有城守营。康熙十九年（1680年），设宁福营。分防胶东沿海的为：登中营、登右营、宁福营、莱州营、文登营5营，均统辖于登州镇。营中还设有汛，其中，海阳县汛归属于顺治五年（1648年）设立的登州镇文登营：初置把总、外委千总各1员，领马兵16名、步兵64名；中期置驻城把总、驻黄岛外委千总各1员，领马兵8名、步兵35名；后期置把总、协防黄岛海汛外委各1员，领马、步兵54名。清初裁并卫所后，原卫所城防工事随之废除，海防设施主要集中在水师守兵所依托的炮台。雍正四年（1726年）二月，将山东沿海僻处炮台炮位撤回营汛操演，在冲要处修建广东式炮台，至雍正十年（1732年），山东沿海共建成海防炮台20座。时海阳的防务设施为城内财神庙处建造军械库一座，储存洋枪、土炮、大刀、长矛、弓箭、盾牌等兵器。沿海建造炮台三座：乳山口炮台，存威远炮1门；黄岛炮台，存子母炮2门，威远炮1门；丁字嘴炮台，存子母炮、威远炮各1门，行营炮4门。至雍正十三年（1735年），因倭患、盗匪等次第平定，卫所军失去了原来的作用，最终裁大嵩卫而改设海阳县。

三、大嵩卫相关海防设施保存现状

经历次考古调查，现大嵩卫及大山备御千户所城址地上建筑已不存，地下地基部分尚存，城内古建筑部分保存较好；海阳守御千户所行政区域已划归威海市乳山；大嵩卫港已建设新港；西小滩村烽火台、西赵家庄村烽火台、徐家村烽火台、徐家村军寨、烟台山炮台、桃源烽火台、六甲烽火台、小滩村烽火台等保存尚好。

徐家村军寨遗址，位于海阳市辛安镇徐家村北100米高台地上，东经

121°00′43.0″，北纬36°36′15.0″。该军寨基本为长方形，东西165米，南北210米，总面积约35000平方米。四边中间原各有一城门，城墙下石头为基，上有砖砌城墙。现城墙已毁，部分砖散落地表，约1.5米高的石基尚存。

烟台山炮台遗址，位于海阳市凤城街道西南部烟台山顶部，东经121°13′35.0″，北纬36°41′53.0″。该炮台现存台基平面呈圆形，底部二层台下底径27米，上底径14.6米，二层台高1.1米，总面积约1000平方米。炮台顶部有坍塌，整体高度受风雨侵蚀有所下降。据记载，该炮台原设有哨所和震远炮2门，明嘉靖三年（1524年）曾击沉侵扰的倭寇贼船一艘，被誉为大将军炮。

草岛嘴烽火台遗址，位于海阳市核电制造工业园区张家庄村北部50米，东经121°25′47.9″，北纬37°32′2.1″，县级文物保护单位。该烽火台是明清时期非常具有战略意义的一座烽火台，史书对其多有记载，如今尚余东西23米，南北10米，高3.5米的近似长方形土堆。

西小滩村烽火台遗址，位于海阳市行村镇西小滩村西500米，东经120°52′31.0″，北纬36°41′06.0″，县级文物保护单位。现存遗迹直径约30米，高约5米，外用夯土垒砌，内部碎石填充，保存较好。

西赵家庄村烽火台遗址，位于海阳市辛安镇西赵家庄村南100米，东经120°57′25.0″，北纬36°35′40.0″，县级文物保护单位。现存遗迹直径约15米，高约4米，由碎石和黄土夯筑而成。

大阎家村烽火台遗址，位于海阳市龙山街道大阎家村北1000米，东经121°07′04.0″，北纬36°41′57.0″，县级文物保护单位。现存遗迹直径约15米，高约3.5米。

小滩村烽火台遗址，位于海阳市留格庄镇小滩村西100米山坡顶部，东经121°22′37.0″，北纬36°45′29.0″，县级文物保护单位。现存遗迹直径约20米，高约3米。

四、结语

大嵩卫现存海防设施是几百年来沧桑历史的见证，是中华民族不畏强敌、团结抗战、抵抗外辱的象征。山东明清海防遗址考古调查等工作的开展，将进一步提高人们对大嵩卫重要遗迹的认识，持续加强加大调查与研究保护力度，深入挖掘文化内涵，制定合理有效的保护规划和保护方案，在为后续海防遗址的保护、研究乃至我省"海疆文化遗产带"建设工作提供重要资料的同时，也将为游客打造集历史、文化与旅游完美融合的一道沿海靓丽风景线。

甲午战后日本对定远舰的打捞

周 强
威海市博物馆

甲午战争是中国近代史上的重要事件，对近代东亚政治格局影响深远。战争中北洋海军损失了多艘军舰，沉没或搁浅于威海湾的船只有定远、靖远、来远、威远、宝筏等。战后日军占领了威海卫三年时间，到1898年5月才全部撤离，这期间日本完成了这些沉船的打捞工作，将出水物品作为战利品运回日本。

国内对甲午战争的研究成果众多，部分文章曾提到这些沉船，但却很少有人研究日本占领威海期间对这些沉船的打捞情况。本文根据日本亚洲历史资料中心网站公开的防卫省防卫研究所档案，查找其中21份关于威海湾内北洋海军沉船的打捞档案，将其翻译成中文，详细梳理，介绍日本对这些沉船的打捞情况。

一、定远沉没概况

1895年2月，日军攻占威海卫，北洋海军全军覆没。在最后一战中，定远号于1895年2月5日被日军鱼雷艇击中尾部进水（图一），航行至刘公岛东南部搁浅，为免资敌，于2月9日自爆[1]（图二）。战后，日军对沉没军舰拍摄了照片，并绘制了定远沉没的位置图（图三）。

---

[1] 陈悦：《甲午海战》，中信出版社，2014年，第453页。

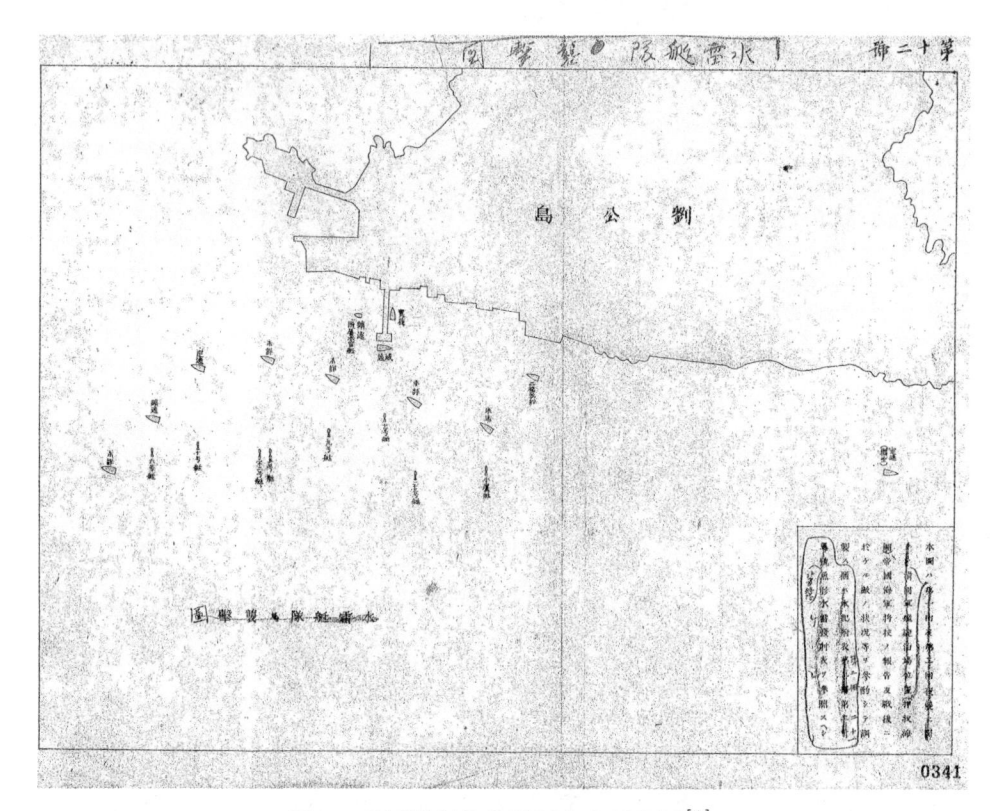

图一　日军绘制的鱼雷艇攻击示意图[1]

图二　1895年2月21日，日军拍摄的定远号搁浅自爆后的照片[2]

---

[1] [日]日清战史编纂委员会：《日清海战史》（山东役附表及附图），1895年。
[2] [日]小川一真：《日清战争写真图》。甲板附近一层白色，推测是海水退潮后结冰导致，白色即为涨潮时水平面。

· 甲午战后日本对定远舰的打捞 ·

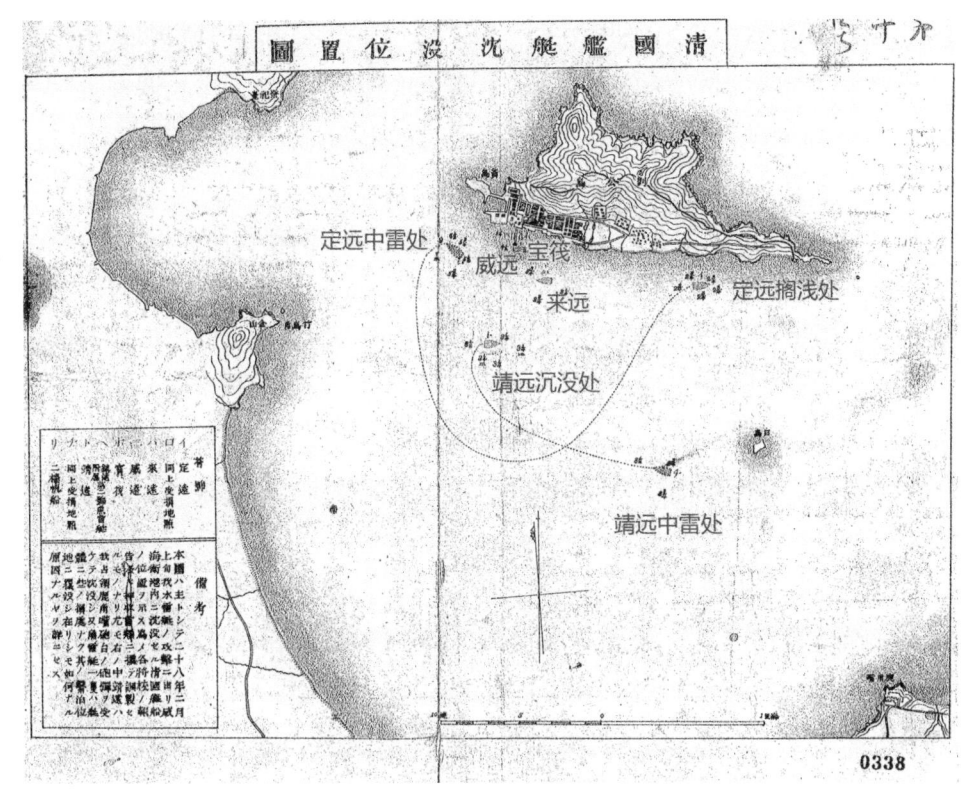

图三　日军绘制的威海湾内北洋海军沉没军舰示意图[1]

二、定远舰的打捞

（一）日本海军的调查

1895 年 2 月 12 日北洋海军投降，日本官方立即考虑如何处理这些沉没军舰。2 月 13 日，驻守威海的日本联合舰队司令伊东佑亨在给海军次官伊藤隽吉的电报中提出："即将进行威海卫港内沉没军舰之内部打捞，请给予办理打捞手续如何？"同日，海军省军令部副官山本权兵卫也向海军次官伊藤隽吉汇报："威海卫港内沉没之敌舰，决定由海军进行打捞，就探查之难而言，应事先做好准备，关于此事，另行缴纳□□。"[2]

2 月 14 日，海军伊藤次官电报回复山本权兵卫："威海卫港内沉没敌舰打捞之事，

---

[1] [日]日清战史编纂委员会：《日清海战史》（山东役附表及附图），1895 年。
[2] [日]参谋本部：《明治二十七八年日清战史》，东京印刷株式会社，1895 年。

考虑到是鱼雷等将其击沉的,因此打捞相当困难。无论如何都应亲临现场,能否打捞,经过充分研究调查之后,方能得到报告。因此,对于前期准备工作的调查,请先让其将实际情况详细报告后,再进行安排。考虑应下令让旅顺口知港事三浦大佐进行此项调查,若适当,请安排旅顺口根据地司令长官下达命令。"

2月17日,伊藤隽吉再次给山本权兵卫发电报:"十四日旅顺口植村参谋长发电报,有伊东联合舰队司令长官发出如下电报:威海卫港内沉没的军舰,估计可采用内部打捞方案,三日(三号)办理打捞手续如何?请按上述十四日电报所通知的那样,安排三浦大佐亲临实地进行考察,如何?"当天,山本权兵卫回复伊藤隽吉:"关于威海卫港内沉没军舰打捞一事,本日下令对沉没舰船之现状进行调查,还应对其打捞方法进行调查研究,并火速报告。希望由大本营下发根据地司令长官训令,上述情况望周知。"

3月13日,海军工程师古川庄八从横须贺出发,被派往威海卫调查沉船情况。3月24日,他到达威海卫,第二天登上刘公岛,见到从旅顺来的三浦海军大佐。两人共同进行打捞。3月28日派出潜水员探查沉没舰体的情况,到4月16日将全部完成舰体探查任务。11月7日,古川庄八回家探亲,向横须贺镇守府监督部长岩村兼善汇报了调查情况,并附图详细说明了沉船情况(图四)[1]。

根据古川庄八汇报的示意图显示,定远号坐沉在水中,海平面在主甲板附近,甲

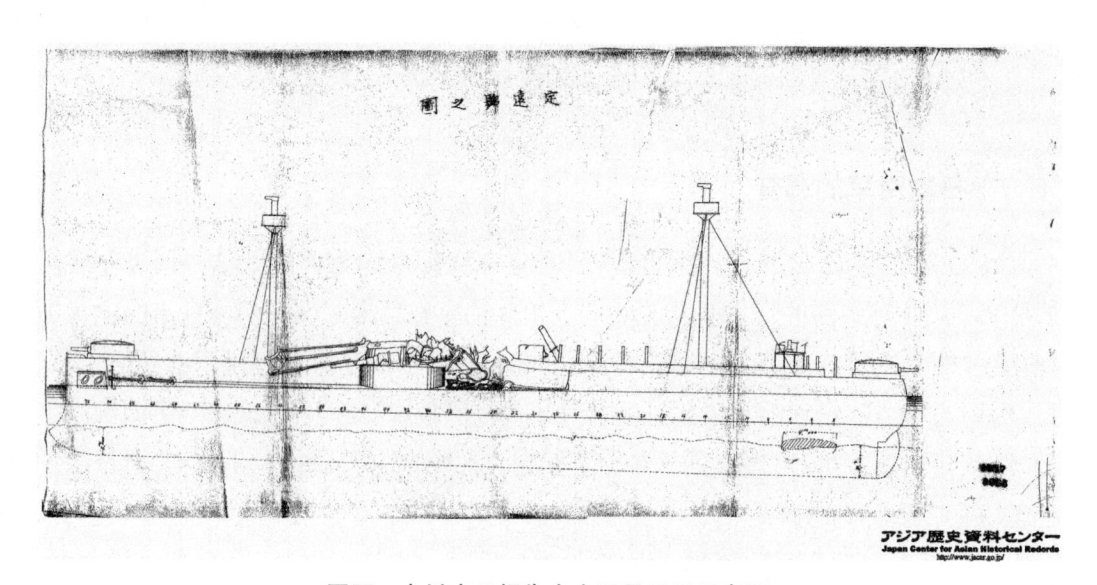

图四 古川庄八报告中定远号沉没示意图

---

[1] [日]参谋本部:《明治二十七八年日清战史》,东京印刷株式会社,1895年。

板以上露出水面。主炮上面的舰桥、烟囱已经被炸毁，主炮的炮管位置移动，其他位置保存较好。水面以上情况基本与日军2月21日拍摄的照片相同。船体下部陷入海床之中，船首陷入约3米，船尾陷入约4米。船尾左舷水线以下第2到第8横肋骨之间有一个长约4米开口，应为日军鱼雷艇攻击爆炸造成。

（二）各方申请打捞

1895年2月，日军攻克威海卫的消息传到日本国内，日本民间人士立即注意到威海卫的沉船。2月7日至14日，桥本清、小野隆助、鹿毛信盛、正木久吉和中村新助先后向日本海军递交了打捞威海卫沉没军舰的请愿书[1]。

2月7日，桥本清向大本营递交了打捞沉没军舰的申请书，内容如下：

> 我方之前获准开始打捞清国的沉没军舰广乙号，现正稳步开展打捞工作。今在威海卫，有定远号等数艘军舰被击沉。该地的战役不久便会结束，在该地沉没的军舰或是将其打捞出来用于我国军舰使用，或是扔弃在该地。我等有常年的打捞经验，而且之前也获准打捞广乙号，我等希望扩大工作范围，为国家做出贡献，打捞在威海卫沉没的军舰。特别是该水域较浅，便于打捞。对于在威海卫沉没的军舰，若贵方计划加以利用，请批准我方进行打捞；若计划放弃该船，请批准我方打捞沉船物品。我方将依照政府的指示，处置打捞物品。请贵方尽快批准上述两项，特此申请。

2月12日，小野隆助向海军中将桦山资纪递交打捞沉没军舰申请书，其中写道：

> 我国征讨清国之战无往不利，现已将威海卫各炮台全部占领，将港内定远号等数艘敌舰全部击沉，获得大捷胜利。我等齐声欢颂我国陆海军之万岁。之前贵方曾批准我方打捞在海洋岛的沉没军舰。希望这次也批准我方打捞在威海卫沉没的军舰。打捞出来的大炮等兵器类物品等将经贵方检查后上交。特此申请。

2月期间，鹿毛信盛向大本营递交了打捞沉没军舰、兵器的申请书，其中写道：

> 自明治诏谕发布以来，我国陆海军屡战屡胜。特别是这次在威海卫的战役，我国精锐舰队击沉了敌军的命脉——镇远号、定远号等数艘军舰。令敝社及我国四千万同胞欢呼雀跃。值此国家多事之秋，弃宝贵的兵器于海底泥沼之中实为憾事。敝社代理人及潜水商增田万吉等人现正在从事打捞工作。这次我方已通

---

[1] 舰船冲突并坐礁付沈没舰船引扬方出愿の件（2）《明治27·8年戦时书类卷5军舰水雷艇及船舶（4）止明治27年》防卫省防卫研究所 C08040699600

过电报申请打捞威海卫沉没军舰。我等本着精忠报国之心，希望为国家尽一份力量。请贵方给予特别审议，批准我方打捞沉没军舰。特此申请。

2月14日，正木久吉和中村新助递交了打捞船体申请书，内容如下：

对于这次在威海卫被击沉及摧毁的清国军舰，我等认为该军舰作为战利品可为我国带来巨大利益。我等这次基于如下几个事项，申请对上述军舰进行打捞。不论贵方作出何等指示，我均遵守下述事项。望贵方给予特别审议，批准我方进行打捞。特此申请。

正木久吉和中村新助还在申请书中提到以下三点：1. 由打捞申请人负担所有打捞费用。2. 我方将所有船内打捞军备上交给贵方，并希望将其他物品下发给我方。3. 由贵方对船体进行调查，若认为该船体可供使用，我方将上交贵方；若认为无法使用，申请下发给我方。

提出了打捞申请的不仅仅是日本民间，美国和俄国也希望介入打捞工作。3月13日，日本驻俄特命全权公使西德二郎致电外务大臣陆奥宗光，转达俄国黑海救援公司社长弗兰肯亲笔信。弗兰肯在信中详解介绍自己公司的业绩和船只情况，希望能参与威海卫沉船的打捞工作，表示日本可以雇佣该公司流星号用于打捞。很快美国也表达了类似的愿望。3月21日，美国贸易商会詹姆斯摩尔斯也提交了关于威海卫沉没军舰打捞的申请，称他们拥有舰船打捞的新方法。

日本对外国的打捞申请持谨慎态度。海军高千穗号炮术长海军大尉筑山曾在汇报中指出："日本在战争中战胜了清国的舰船，但是，我希望因战争而产生的造船、炮术上的成果，不要被外国人发现。"[1] 日本军方采纳了筑山大尉的意见，分别在4月18日和5月17日谢绝了两国打捞的申请[2]。

（三）日本大本营的批复

日本官方在收到打捞申请后并没有立即给予回复，而是派遣古川庄八和三浦海军大佐进行调查，同时海军内部试图打捞这些沉船，但是遇到了很多困难。1895年3月30日，西海舰队司令长官井上良馨在给海军大臣西乡从道的报告中曾经指出，预计无法打捞定远舰、靖远舰、来远舰等舰船。5月9日，井上良馨再次向西乡从道汇报：

---

[1] 沈没艦船引揚（1）《明治27·8年戦時書類卷5明治28年》防衛省防衛研究所 C08040732200 第40-41页第44-46页

[2] [日]参谋本部：《明治二十七八年日清战史》，东京印刷株式会社，1895年。

"因无法打捞,正在从事的工作主要为拆除战利品(即台场炮)及装船等。目前,已迎来进行海中作业的季节。因此,运完重要的陆上战利品后,我方计划尝试开展海上作业。"结合后期民间人士上报的打捞物品清单可以推断,这段期间日本海军将主炮、速射炮等武器进行了拆卸,其他物品大部分留给民间打捞。

也许是考虑到海军打捞力量的不足和民间打捞的热情,1895年5月26日,日本大本营最终批复了民间打捞的申请[1],威海湾的沉船打捞权分配给了五位民间人士,分别是:

1. 福冈县福冈市天神町筑前协会总代理小野隆助,仅限于打捞定远号。
2. 长崎县长崎市利浦町五十番户桥本清,仅限于打捞靖远号。
3. 东京市京桥区日吉町十二番地报国合资公司法人代表常务董事:鹿毛信盛,仅限于打捞威远号。
4. 兵库县神户市东川崎町1488号番地正木久吉和鹿儿岛县鹿儿岛市小川町十六番户中村新助,仅限于打捞来远号及宝筏号。

日军虽然批复了民间人士打捞,但对这些打捞人提出了四项要求:

1. 打捞结束后,须将打捞物品目录提交至大本营,听候其指示。
2. 抵达威海卫后,须先向日本陆军混成第十一旅团长申报后再开始打捞[2]。
3. 须由打捞人自费准备打捞所需船只、粮食以及各类物品。
4. 自得到本许可书后,若在一个月之内未离开本国,则视本打捞许可无效。且须在出发之际,申报出发日期。

(四)打捞情况

定远号的打捞工作从1895年7月开始,到1897年11月全部结束[3],期间冬季因为天气原因暂停打捞。在打捞期间,小野隆助共计四次向日本大本营汇报了打捞情况。

第一次汇报是在1896年2月19日,小野隆助汇报打捞的物品,并附上清单,主

---

[1] 舰船冲突并坐礁付沈没舰船引扬方出愿の件(2)《明治27·8年戦时书类卷5军舰水雷艇及船舶(4)止明治27年》防卫省防卫研究所C08040699600

[2] 1895年5月14日,日陆军第六师团混成第十一旅团进驻威海卫,同年12月13日,该旅团解散,将其各部变成威海卫占领军,1896年5月11日部队换防撤出威海。期间旅团长伊瀬知好成少将任占领军司令官。详见刘本森:《帝国的角落——英国租占威海卫研究(1898—1930)》,社会科学文献出版社,2018年,第247页。

[3] 《明治31年公文杂辑》卷4,现存防卫省防卫研究所C10126433000。

要包括兵器和船体构件。报告中还提到1895年11月之前打捞的物品，经刘公岛临时要港司令长官检查完毕，部分物品上交到海军佐世保镇守府。

1896年10月21日，海军大臣给佐世保镇守府的文件中指示，打捞物品中兵器全部保留，其他物品还给打捞人，关于兵器打捞的费用支付给打捞人，兵器均交给军务局处理。同日，海军省回复了小野隆助：以前申请所涉及的沉没军舰定远号打捞对象，其中，兵器全部需要，该项打捞所涉及的费用，应向本省军务局申请，其他物品的处理方法，向佐世保镇守府邸申请。佐世保镇守府支付给小野隆助兵器打捞费用共计1792日元[1]，其中枪炮部分892日元，鱼雷部分900日元，这是按打捞物品价值的1/10评估得出。1897年2月13日，小野隆助向佐世保镇守府造船部，申报定远号沉船打捞物品费用，包括白色橡胶板、窗玻璃、锚链等，总计1671日元。3月10日佐世保镇守府批准支付该项费用[2]。

第二次汇报是在1897年6月13日，小野隆助向海军大臣西乡从道汇报从定远号旁边打捞出三个鱼雷。1898年4月2日，海军省通知小野隆助，定远号旁边又打捞出三个88式鱼雷，其打捞费用可以向军务局申请。

第三次汇报是1897年5月4日，小野隆助向海军省军务局汇报，打捞出67枚定远号30.5厘米口径克虏伯炮弹，包括54枚钢铁榴弹和13个通常榴弹。5月9日，海军省通知小野隆助，打捞的67枚定远号30.5厘米口径克虏伯炮弹，可以向军务局申请费用。

这两次打捞军务局支付的费用没有档案记录。但是根据记录可以分析，定远号的弹药舱已经被打捞，弹药舱位于定远号下层，可见定远号的大部分船体都已经被打捞干净。而且小野隆助在定远号旁边发现三个鱼雷，可见他不仅是对船体进行打捞，对船体周边也进行了搜索。可以推断，定远号的主体应该已经基本打捞完成，才开始搜索船只周边。

第四次汇报是1898年9月15日，小野隆助向海军大臣西乡从道报告定远打捞完工报告。报告介绍了打捞时间从1895年7月开始到1897年11月1全部结束，附上全部103种打捞物品清单（详见附件1），涵盖兵器、船体构建等。其中主要包括：30.5厘米口径克虏伯炮弹150枚、15厘米口径克虏伯炮弹16枚、57毫米口径炮弹105箱、37毫米口径炮弹188箱，鱼雷9个，铅615千克，煤15.6吨，铁1047.81吨，

---

[1] 沈没军舰引扬に关する件（1）《明治27・8年戦时书类卷1明治29年》防卫省防卫研究所 C08040757000。

[2] 诸费（1）《明治27・8年戦时书类卷1明治30年》防卫省防卫研究所 C08040767900。

铸铁115.02吨,棉火药120千克[1]。

三、沉船打捞的原因

甲午战争结束后,日本立即开展了对北洋海军沉没军舰的打捞工作。日本急于打捞北洋海军沉没的军舰,有很多原因,主要有如下几点:

首先,研究沉船有利于改进军事技术。1895年3月15日,日本海军次官伊藤隽吉在给海军大臣西乡丛道的信函中写道:"关于沉没的军舰一事,日本海军有很多需要研究的技术问题。但是,我方完全不了解沉没的敌舰的具体构造,也不了解炮弹贯穿的局部及破坏的形状等事项。因此,无法深入研究沉没的原因。我方只能对在技术上熟知其构造的舰船,判断其沉没的原因。目前,我方只能想象敌舰沉没的原因。技术官表示,正如上文所述,只有详细了解敌舰的构造,并弄清炮弹破坏的形状,才能充分地进行研究。有了敌舰,才能充分地进行研究。日海军高千穗号炮术长海军大尉筑山也指出:总而言之,这是日本人进行的前所未有的实验,因此,我迫切地希望日本人亲手探究其结果,并把其利益应用于造船、炮术上。日本在战争中战胜了清国的舰船,但是,我希望因战争而产生的造船、炮术上的成果,不要被外国人发现。"[2]甲午战争不仅仅是东亚近代史的重大政治事件,同时也是近代海战史上的重要事件,因为这场战争中爆发了世界近代史上第一次蒸汽动力装甲战舰的大规模海战,世界各国都急于了解战争的情况,了解这些军舰在战争中的表现。通过研究沉船的信息,可以检验这些新装备的性能,分析军舰的火力和防护能力,进而改进火炮和军舰的建造水平。因此,日军在占领威海卫后立即启动了打捞工作,希望通过研究沉船的构造和破损情况改进技术,提升海军的实力。

其次,沉船上的物品可以补给日本海军,缓解财政的紧张。日本发动甲午战争时财政捉襟见肘,勉强支撑。战争结束后,日本军方尽可能将能掠夺的资源全部带走,以弥补财政的紧张。北洋海军缴械投降后,所有兵器武备作为战利品被带走,威海卫各个炮台的火炮全部被拆卸,北洋海军尚能使用的船只全部航行回日本。虽然沉船

---

[1]《明治31年公文杂辑》卷4,现存防卫省防卫研究所C10126433000。原文为:铅164.8贯,煤炭4160贯,铜及黄铜类22565贯,铁类材料279416贯,铣铁类材料30672贯,硝化棉火药32贯。贯为日本旧制度重量单位,1贯等于3.75千克。

[2] 沈没艦船引揚(1)《明治27·8年戦時書類卷5明治28年》防衛省防衛研究所C08040732200 第40—41页第44—46页

的打捞工作面临很多困难,并且花费不小,但是回报也非常丰厚,沉船上的武器、机械、粮食等物资的价值远远多于打捞的支出。日本战时大本营在批复民间人士打捞时就曾要求"船舰及粮食等,理当要尽力打捞"。同时,北洋海军主力军舰上的武器和设备都是当时国际普遍使用的,可以直接补给日本海军使用。比如武器中的120毫米后射炮、75毫米后膛炮、57毫米速射炮、47毫米速射炮、37毫米速射炮、356毫米鱼雷发射管等[1],船上的锅炉、轮机、航海、发电、燃料、船体构建等等。定远号同级别的镇远号被日本俘虏,作为军舰继续使用,定远上的物品打捞之后,可以作为镇远号的备份使用。因此,日本需要打捞这些物品来缓解财政的紧张。

最后,打捞沉船物品可以作为战利品炫耀战胜国的地位,向日本国民证明对清宣战的正确。北洋海军曾经是亚洲第一的舰队,给日本很大的心理压力。甲午一战日军终于将这个曾经仰视的敌人打倒,对于日本国民来说是非常重大的心理转变,日本国内对战争的热情空前高涨,因此很多民间人士向官方提出打捞申请。日本官方也希望向国民展示这些打捞出水的沉船物品,证明对清宣战的正确,借机展示自己国家的强大,宣扬多外扩张的政策。

日本在打捞沉船之前,曾就沉船的所属权进行论证[2]。日方认为:依照马关条约,沉没在威海卫的军舰属于清国所有,但该条约并无关于军舰所属权的正文。1895年2月日本联合舰队司令官伊东佑亨与清国牛道台签订的条约第八条规定:"日方于2月16日上午9点,在刘公岛登陆,着手接收炮台及军用品,以及各军舰。伊东司令长官在该谈判结束之后,可随时应必要派遣日本数艘军舰进入港内。清国海军士官等中国人及外国人可留在各自船内,直至2月16日9点。但于2月15日正午、即自日本陆军士兵登陆之后,须按照与日本陆军相同的陆地路线,将现在清国海军水兵等人员护送至日本军战线之外。"因此,日本认为根据伊东佑亨与牛道台签订的条约规定,日方已经获得威海湾沉没军舰的所属权,可继续对其进行打捞。

四、结论

在防卫省防卫研究所找到的有关威海卫沉没军舰的档案多达21份。通过对这

---

［1］ 陈悦:《甲午海战》,中信出版社,2014年,第492—514页。
［2］ 艦船衝突並坐礁付沈没艦船引揚方出願の件(2)《明治27・8年戦時書類巻5軍艦水雷艇及船舶(4)止明治27年》防卫省防卫研究所 C08040699600

些档案的梳理研究可以发现,日本人投入大量时间、人力、财力对沉船进行打捞,对这些沉船的重视程度非常之高。

时间方面,威海湾内北洋海军船只于1895年2月沉没,从5月份日本大本营批准打捞,到1898年9月15日,小野隆助向海军大臣西乡从道报告定远打捞完工报告,总共历时3年多时间。其中主要打捞时间是从1895年夏天开始,到1897年12月结束,期间冬季因为天气原因工作暂停,实际的打捞时间也有三年之多。

人力方面,最开始派遣海军工程师古川庄八和三浦海军大佐到威海卫调查,派出潜水员水下探摸,绘制沉船示意图;然后批准民间人士小野隆助组织人力进行打捞,在这个过程中,应该有大量人员,尤其是潜水员参与其中。在中间环节中,从大本营到海军、陆军、大藏省等各个级别的多个官员都曾参与到该工作中,其中包括海军大臣西乡从道、海军参谋中将子爵桦山资纪、大本营参谋本部副官大生定孝、联合舰队司令兼大本营参谋长伊东佑亨、大本营副官广濑胜比古、大本营副官牛田从三郎、海军次官伊藤隽吉、海军副官山本权兵卫、海军经理局长川口武定、海军第三课课长佐双左仲、横须贺镇守府监督部长岩村兼善、佐世保镇守府司令长官柴山矢八、西海舰队司令长官井上良馨、陆军参谋长中将川上操六、混成第十一旅团伊濑地好成等。海军大臣作为海军的最高长官就曾经多次批示沉船打捞的文件。除此以外,还有负责看管打捞物品的人员、登记人员、检查人员、评估价格人员、运输人员等等。在北洋海军沉舰打捞一事上,可以说,日本官方和民间都对此事给予高度重视。

财力方面,档案中记载,海军省支付小野隆助定远号打捞费用3463日元。后期小野隆助又打捞出鱼雷和30.5厘米口径克虏伯炮弹,军务局再次支付打捞费用。海军在打捞物品的看管、运输、登记、评估过程中,还有大量费用支出。在北洋海军沉舰打捞一事上,日本花费了大量财力。

日本官方没有同意美国和俄国打捞的请求,虽然明知他们有更先进的技术,但还是将打捞工作委托给国内民间人士,这是出于多方面原因。一方面是因为不想让国外势力通过打捞沉没军舰了解本国海军的实力,另一方面也是想让打捞工作在自己的掌控之内,不想与外人分一杯羹,同时让民间人士参与打捞,大大节省了海军的花销。此外还有另一方面考虑,让本国人参与打捞工作,很多打捞品会流散到民间,这些打捞品就是国家强大的象征,无形之中也是一种非常好的宣传。

日本投入大量时间、人力、财力打捞沉船,基本取得了预期的效果。很多兵器被补充进入军务局,供海军使用,节省了军费。民间人士并没有全部将打捞物品变卖赚钱,小野隆助在福冈县太宰府利用打捞定远的物品修建了定远馆,以宣扬战胜国的国威,留存至今。日本因为甲午一战,从蕞尔小国脱亚入欧,成为与列强平起平坐的东亚文明之国,东亚的历史格局因此改写,日本蒸蒸日上,大清奄奄一息。

转眼间120年已过,2017至2020年连续四年的威海湾一号甲午沉舰水下考古调查工作已经有了显著成果,位于刘公岛东村的沉船遗址发现有装甲、圆管等遗物,定远舰铁甲成功出水,这应该是当年小野隆助打捞定远号时留下的物品。虽然战争已经结束多年,但是这些遗物对于今天的中国人来说,仍然有着的特殊的意义。希望本文能对近现代沉舰的研究工作有所助益,进一步开拓水下考古研究的新领域。

附录一　1898年9月15日小野隆助上报的定远号打捞物品清单

序号	名称	数量	单位	备注
1	鱼雷	6	个	已上交给佐世保镇守府。其中有1个配有新型头部装置的鱼雷、5个旧式鱼雷。
2	鱼雷发射管	3	个	配有气筒。
3	通风器	1	个	铜制头部零件100贯(注:1贯为3.75千克)、铁制零件20贯。
4	仪表	23	个	大小23个,其中10个已上交给佐世保镇守府。
5	电动反光玻璃	1	个	
6	电动器械	4	个	
7	8光电灯罩	1	箱	共106个。8光(译者注:旧时亮度单位)。
8	24光电灯罩	12	个	
9	白色橡胶板	4	张	已上交给佐世保镇守府。长7米、宽900毫米,2张。长8米、宽900毫米,1张。长1米、宽500毫米,1张。
10	牛皮	5	张	
11	军舰用潜水器械	3	个	连同附属品。
12	37毫米炮弹	188	箱	已上交给佐世保镇守府。
13	30毫米手枪子弹	4	个	
14	火药	111	个	1罐100磅装。
15	六分仪	2	个	
16	ケッチン(1.6寸)	16	节	已上交给佐世保镇守府。
17	钢索	4	捆	1.2寸粗:1捆; 0.5寸粗:1捆; 0.6寸粗:1捆; 0.15寸粗:1捆。

续表

序号	名称	数量	单位	备注
18	上推栓	2	个	7寸。
19	ストッバルフ	2	个	
20	方形接头	3	个	
21	马尼拉麻绳	16	捆	3寸粗：1捆； 2.5寸粗：2捆； 1.6寸粗：7捆； 1.2寸粗：6捆。
22	大ブルック	6	个	
23	小ブルック	30	个	
24	圆形窗玻璃（大）	62	张	已上交给佐世保镇守府。
25	圆形窗玻璃（小）	84	张	已上交给佐世保镇守府。
26	玻璃板	61	张	
27	室内吊灯	4	个	
28	黄铜方形煤油灯	16	个	其中大煤油灯11个、小煤油灯5个。
29	带手柄仪表栓	15	个	
30	通用栓	10	个	
31	三面栓	3	个	
32	蒸汽栓	15	个	
33	水管管口	6	根	
34	镀铂水管	1	个	
35	发射管管口	1	个	
36	吸水管接头	7	个	
37	0.6寸蒸汽水管	2	个	
38	系船水管	1	个	
39	电导火线	1	个	
40	升降器	2	个	已上交给佐世保镇守府。
41	电子试验器	1	个	已上交给佐世保镇守府。
42	三接口水艇用电器	1	个	
43	军乐器	50	个	

续 表

序号	名称	数量	单位	备注
44	帆布及船帆类物品	30	个	
45	57毫米炮弹	5	箱	已上交给佐世保镇守府。每箱24个。
46	内炮筒	6	个	已上交给佐世保镇守府。
47	橡胶管	40	个	
48	钢条	4	个	大小4个。
49	红色橡胶板条	3	把	0.7寸方形。
50	帆管	8	个	
51	发射管内扳手	4	个	
52	擦鞋器	12	个	大小12个。
53	三行分度仪	1	个	
54	圆形玻璃板	2	张	大中2张。
55	2寸半橡胶管	20	尺	
56	小形黄铜栓类物品	1	箱	
57	内筒炮附属品	11	箱	已上交给佐世保镇守府。
58	电动磨刷	1	个	
59	大炮固定器具（30.5厘米）	6	箱	已上交给佐世保镇守府。
60	80年式克虏伯炮瞬发引信管	307	个	已上交给佐世保镇守府。
61	螺旋摩擦管	2170	根	已上交给佐世保镇守府。
62	水兵刀	80	把	
63	量液玻璃管	20	支	大小共20支。
64	系船吊钩	50	个	
65	甘油探子上门	2	个	
66	旋盘	4	个	
67	ウュストンブルック	6	个	3吨卷：2个； 1吨卷：1个。 3吨卷：3个。 已上交给佐世保镇守府。
68	马尼拉麻绳	10	捆	大小共10捆。

续　表

序号	名称	数量	单位	备注
69	舷灯	30	个	
70	松脂	2	个	
71	15厘米炮钢铁弹	9	个	已上交给佐世保镇守府。
72	15厘米普通榴弹	7	个	已上交给佐世保镇守府。
73	手枪子弹	30	箱	
74	57毫米子弹头	100	箱	
75	方针（大）	1	个	
76	测量用器具类	30	箱	大小30箱。
77	手枪	6	把	已上交给佐世保镇守府。
78	水雷发射管清洗棒	1	组	3个。
79	架线盘	5	个	已上交给佐世保镇守府。
80	中国国旗	1	面	已上交给宫内省。
81	时钟	1	个	已上交给宫内省。
82	スクルーバ子	8	个	
83	スタージメートル	1	个	带台座。
84	定时引信管螺丝刀	2	个	已上交给佐世保镇守府。
85	长75大炮固定器具	1	箱	已上交给佐世保镇守府。4个1箱。
86	大炮瞄准器	2	个	
87	大炮引信管螺丝刀	1	个	已上交给佐世保镇守府。
88	电动设备	1	个	
89	大炮附属机械（名称不详）	1	个	已上交给佐世保镇守府。
90	发射管气缸	3	个	
91	气泵（名称不详）	1	个	
92	57毫米子弹撞针	2	个	已上交给佐世保镇守府。
93	电桥	1	个	已上交给佐世保镇守府。
94	アンケル（重800贯）	1	挺	由镇远号购买。重3吨。
95	电缆（直径2寸）	18.5	节	由横须贺镇守府经理部购买。
96	30.5厘米克虏伯炮弹	150	个	其中67个由吴镇守府购买。

续　表

序号	名称	数量	单位	备注
97	铅	164.8	贯	约 618 千克。
98	煤炭	4160	贯	约 15.6 吨。
99	铜及黄铜类	22565	贯	约 84.61875 吨。
100	铁类材料	279416	贯	约 1047.81 吨。
101	铣铁类材料	30672	贯	约 115.02 吨。
102	硝化棉火药	32	贯	约 120 千克。
103	鱼雷	3	个	由吴镇守府购买。

甲午战争中的国产海防利器：地阱炮

刘文杰
中国甲午战争博物院

一、前言

两次鸦片战争的惨败，让清朝统治阶级中一部分开明人士逐渐认识到了清朝军事技术和武器装备与西方的巨大差异，也让清政府在内忧外患的逼迫下，走上了以洋务运动为中心，旨在"自强求富"的道路，以维护自身统治。在这一过程中，清政府在持续购进西方先进军事装备的同时，还积极发展近代军事工业，依靠引进和仿制西方武器装备和技术，通过筹建新式海军陆军与建设海防等举措，在国防体系的近代化建设方面取得了积极成效。

位于山东半岛最东端的威海卫，与辽东半岛的旅顺口互成犄角之势，是拱卫京畿的海上门户，素有"渤海锁钥"之称。此外，威海卫还是北洋海军的驻军之地，海防重要性不言而喻。其极为重要的军事战略地位，使得清政府极为注重威海卫的海防建设，花费重金构筑了数量众多的新式海防炮台。至1891年，威海卫共建成海岸炮台20多座。其中，位于威海湾内的日岛炮台装备的2门国产火炮，在甲午战争中发挥了重要的作用，给予进犯日寇以有力打击，它们就是江南制造局制造的海防利器——地阱炮。中国甲午战争博物院中展出有一门残炮，及两副炮架，据考证正是出自日岛炮台的两门国产地阱炮[1]。

---

[1] 王记华：《甲午战争残炮身世辨疑》，《中国港口》2016年第S1期。

二、日岛地阱炮及炮台保存现状

日岛地阱炮现仅存一门残缺的火炮身管（图一）及 2 副升降臂（图二）。火炮为阿姆斯特朗式钢制后膛大炮，现仅剩中后段，通长 255 厘米，通宽（耳轴处）127 厘米，断裂处口径 20.7 厘米，药室部分口径 22 厘米，长 105 厘米；炮门位置可见断隔螺纹，炮门等部件已散失。炮膛内刻有膛线，但磨损严重，阴线与阳线呈基本平齐状态。炮身表面有 6 道加强箍，尾端药室正上方有模糊圆形图案，图案右侧至炮尾端，炮箍表面有一长约 40 厘米、深约 3 厘米由窄渐宽的裂缝。1958 年，残炮于威海市祭祀台炮台附近出土。升降臂有 2 副共 4 件，钢制，呈纺锤臂形，通长 246 厘米，最宽处 68 厘米，横截面呈"工"字形，中间部位厚 3 厘米。升降臂顶端有半圆形叉状缺口（直径约 23.5 厘米），中部、尾端留有圆形安装孔（直径分别为 22 厘米、14.5 厘米）。1989 年，炮架于日岛炮台附近海域出水。

图一　日岛地阱炮火炮身管残部

图二　日岛地阱炮升降臂（2 副）

日岛 2 处地阱炮台保存较为完好。炮台掘地为阱，井口呈正圆桃形，直径约 9 米，深约 2 米，井壁及底部由花岗岩及水泥构筑（图三）。两处炮位紧邻布设，通过地下坑道相连互通。

图三　日岛炮台地阱炮位现状

三、地阱炮的技术特点

地阱炮作为一种"藏于地下"的岸防武器,其特殊的技术构造和运转模式,相较于同时代常见的安装在地面的"台座"式火炮而言堪称是一种"奇门利器"。所谓地阱炮,即掘一深井,将火炮置于其中,顶部安装一井盖与地面平齐。平时火炮隐蔽于阱中,遇敌则通过井盖上的狭长开口升出地面痛击来犯敌舰,随后立刻降入井中隐蔽,再度装弹。

作为一个复杂的结构体,日岛地阱炮按照英方技术手册命名,应被称为"安装于液气驻退复位隐显炮架上的8英寸12吨阿姆斯特朗后装线膛炮",(图四)整个系统由火炮、隐显炮架、地阱工事3大部分组成。

现有资料表明,19世纪中叶以来,火炮与炮架的研发过程并不

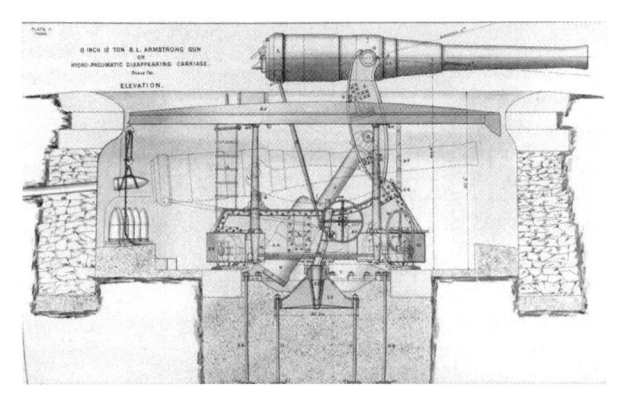

图四 地阱炮结构图

是整体进行的,其研发往往是火炮先行,然后根据不同的需要按照不同型号的火炮研发针对型号的炮架。地阱炮的研发即采用这一模式,火炮直接采用技术上非常成熟、已经投入量产的型号。19世纪70年代以来,英国曾在其本土及殖民地沿海要塞,广泛建造地阱炮台,装备5英寸、6英寸、8英寸、9.2英寸口径的,采用断隔螺纹式炮门的阿姆斯特朗后装线膛炮。其中,日岛炮台装备的是清政府消化吸收英国技术,自行制造的8英寸口径地阱炮,而刘公岛公所后炮台装备的9.2英寸口径火炮,则是直接进口自英国。

地阱炮架(即隐显式炮架),是根据火炮尺寸、威力有针对性地研制的相对应的型号。其由升降臂、底座、液压驻退复位系统、井盖等部分构成。每一升降臂上端与火炮耳轴连接,臂中部经安装孔由一轴承与另一升降臂连接,轴承中部与液压驻退复位系统连接,下端则通过轴承与底座连接。火炮尾端两侧对称安装有2支金属杆,杆的另一端则与底座中的升降齿轮、转动手轮一同组成火炮的高低机,用以调整火炮仰角高低。底座分为上下2部分:下半部分呈低矮圆柱体,通过数根螺栓固定在混凝土

地基之上，其上表面外缘有齿轮状均匀分布；上半部分则通过贯穿于上下2部分的中央枢轴、4个承重轮与底座下半部分连接成为一体。上半部分除与液压驻退复位机构、升降臂、高低机控制杆、井盖相连接外，其内部还有一对传动齿轮与下半部分外缘齿轮紧密啮合在一起，通过分布于炮口一端两侧的2个转动手轮构成方向机，用以调整火炮的瞄准方向，使得火炮可以全向开火。液压驻退复位系统主要由液压杆、液压缸、气缸等结构组成，需要注意的是，当时液压系统中的液体和气体分别是水和空气。火炮开火后，后坐力迫使火炮后坐带动液压杆挤压液缸中的水经节流阀高速流入气缸中并压缩空气储能。在这一过程中，后坐力被可控吸收，火炮在液压阻尼的作用下得以平稳而迅速地落入地阱中隐蔽起来；重新装填完毕后，释放锁止机构，压缩空气驱动液压杆再度将火炮升上射击高位。

与现代管退火炮全自动化的驻退复进行为比较起来，地阱炮的液压驻退复位过程由于理念、技术方面的原因，仍然需要人为干预，属于半自动化操作，但其驻退复进技术基本原理、技术已于现代火炮十分接近，处于技术突破的前夜。

与当时常见的布设于地面上的架退式火炮（En barbette）[1]相比，地阱炮有3大优点：1. 采用隐显式炮架，在最危险、也最为耗时的装弹环节，火炮可以隐蔽在地阱中，仅在短暂的开火环节，炮管部分露出地面，且击发后旋即迅速落入阱中。此种设计，大幅度降低了炮位被敌方直射火力命中的危险，在很大程度上保障了火炮阵地及炮组成员的安全。2. 采用弹性炮架，诸如复位困难、耗时等火炮后坐力带来的问题因此得到极大改善。3. 建造成本低，拥有建设周期短，耗费少的优点。

四、地阱炮的诞生及国产化

（一）地阱炮的诞生

自然辩证法关于社会需求与技术发展的经典论断——"社会需求是推动科学技术发展的原动力"[2]，同样也适用于军事科技领域。地阱炮的诞生，正是出于保障国土安全、加强海岸防御的需求而诞生的。1853年，给交战双方带来巨大人员伤亡、彻底改写当时欧洲政治格局的克里米亚战争爆发。在2年后的塞瓦斯托波尔要塞攻

---

[1] 弗·恩格斯：《炮座》；中共中央马克思恩格斯列宁斯大林著作编译局：《马克思恩格斯全集》第十四卷上册，人民出版社，2006年。

[2] 刘大椿：《自然辩证法概论（第2版）》，中国人民大学出版社，2008年，第317页。

坚战中,一段因遭到炮击而严重受损的胸墙,引发了一位名叫"亚历山大·蒙克利夫"的年轻英国尉官的深入思考:"当时的火炮,炮手无论是在瞄准射击时,还是装弹的时候,都只能暴露在外。炮手们相信,(暴露在外的)炮位很容易遭到敌方炮火和步枪手的压制。"[1]在攻击的同时,如何减少甚至避免火炮及其成员遭到敌方直射火力的打击,保证己方安全,成为一个颇为现实的"战场需求"。在这一思路的引导下,蒙克利夫自50年代起,开始研发地阱炮。从前期以前膛炮为基础的"杠杆——配重"式,到80年代以后装线膛炮为基础的"液压制退复位"式的隐显炮架,地阱炮技术变得日趋成熟、实用,并被广泛列装于英国各海岸重地,用以加强其海岸防御力量。

(二)地阱炮的国产化

鸦片战争以来,以林则徐、魏源等为代表的开明知识分子,提出了"师夷长技以制夷"的先进主张,揭开了近代中国主动向西方学习、引进先进军事技术的序幕。洋务运动的推行,则将大规模引进西方先进的科学技术、兴办近代化军事工业活动逐步推向了顶峰。引进西方先进的军事技术及武器装备,为地阱炮技术的引进和国产化提供了契机。

洋务运动期间,清政府创建了一批规模较大、设备较齐全的机器局和兵工厂。其中,创建于1865年的江南制造总局,是当时设备最齐全、规模最大的兵工企业,堪称近代中国军事工业和造船业的发祥地之一。作为清末洋务派创办的最为重要的兵工厂,江南制造局自创立之初起规模就不断扩大,到1867年夏已拥有汽炉厂、机器厂、熟铁厂、洋枪楼、木工厂、铸铜铁厂、火箭厂、轮船厂等配套工厂[2],此后还建设了栗色药厂、无烟药厂、气锤厂和枪厂,被誉为"机器母厂"。

完备的工业基础和技术储备,为国产兵器的研制创造了必要条件和重要基础。日岛地阱炮,这一在甲午战争中发挥重要作用,给予敌人痛击的奇门利器,就诞生于江南制造局。作为记述江南制造局制造始末的重要档案史料,由其末任总办魏允恭主编的《江南制造局记》,在其第三卷中,以"制造表"的形式简明扼要地记录了江南制造局从同治四年创办之初,直至光绪三十一年所生产的机器、舰船、武器、弹药等产品型号、数量。其中,在光绪十四年、光绪十五年的表格"枪炮水雷"一栏中,都明确地记录了这样一段文字:"一百八十磅子阿姆斯脱郎钢藏地炮一尊并炮架一座。"在

---

[1] "CAPTAIN MONCRIEFF'S SYSTEM OF MOUNTING GUNS", *THE ENGINEER*, 1868 (March 20), p.205.

[2] 中国近代兵器工业档案史料编委会:《中国近代兵器工业档案史料(一)》,兵器工业出版社,1993年,第57页。

图五　1887年，在纽卡斯尔博览会上展出的最新型号地阱炮

光绪十七年的这一栏中，则记录有："一百八十磅子阿姆斯脱郎藏地炮钢罩二副。"[1]一百八十磅子，即点明了火炮的口径——发射质量为180磅炮弹的火炮，即英国制式的8英寸口径火炮，也就是口径为203.2毫米的火炮。阿姆斯脱郎即Armstrong的音译，即今天的阿姆斯特朗。光绪十七年，即1891年，江南制造局才将2门完备的地阱炮全部制造完毕，这与1890年，奉山东巡抚张曜之命查勘沿海各口炮台的候补知县萨承钰在汇报中所描述的有关日岛地阱炮台正在建设当中的情形在时间节点方面是一致的："二十日，到威海口……海中有一岛曰刘公岛……岛之南有日岛焉，四面环海，山势突兀，现建地阱暗炮台，安炮位二，以为威海之防。"[2]口径、制式、藏地炮、钢罩、数量、时间与日岛炮台地阱炮各项关键指标一一吻合，至此我们可以确认，制造表中这三条记录对应的火炮就是日岛炮台中的两门国产地阱炮。而这一时间节点距离英国埃尔斯维克军械公司研发出该新型地阱炮（图五）仅间隔了4年时间[3]。

五、地阱炮与甲午战争

关于技术与军事之间的关系，恩格斯曾精辟地指出："一旦技术上的进步可以用于军事目的并且已经用于军事目的，它们便立刻几乎强制地，而且往往是违反指挥官的意志而引起作战方式上的改变甚至变革。"[4]19世纪中叶以来，以旧式炮台和战船为代表的旧有海防军事技术和设施，已被残酷的现实证明无法抵御西方坚船利炮

---

[1] 魏允恭：《江南制造局记》，文海出版社有限公司，1973年，第359—370页。
[2] 张侠等：《清末海军史料》，海洋出版社，1982年，第270—271页。
[3] "NEWCASTLE EXHIBITION-SIX-INCH B.L.GUN ON DISAPPEARING CARRIAGE", *THE ENGINEER*, 1887(May13), p.369.
[4] 中共中央马克思恩格斯列宁斯大林著作编译局：《马克思恩格斯全集：第3卷》，1995年，第514、515页。

的轰击。出于国防安全的需要,清政府于甲午战前,斥重金采用先进技术、在沿海各战略要地,构筑了一大批新型的要塞炮台。其中,威海卫基地作为拱卫京师的前沿基地和海防重地,成为清政府着力打造的重点对象,而位于日岛上的地阱炮台,就是"先进技术"得以应用的代表之一。

1891年5月,威海卫基地的主要缔造者,直隶总督兼北洋大臣李鸿章会同山东巡抚张曜校阅北洋海军的过程中,对威海卫的海岸防御设施进行了细致的查勘。在这期间,2门进口自英国的最新型地阱炮给李鸿章留下了深刻的印象:"刘公岛……新筑地阱炮台,凿山通穴,夹层隧道,安设二十四生特后膛炮,机器升降,灵速非常,能阻击敌船,而炮身蛰藏不受攻击,为西国最新之式。"[1]随后,又特别说明了日岛地阱炮的情况:"岛南相距七里之日岛,矗立水中,亦设地阱炮台,与南岸赵北嘴炮台相为犄角锁钥,极为谨严。"1894年5月,李鸿章再次校阅北洋海军并查勘基地防务。18日,李鸿章来到日岛,"试放地阱大炮,于隔海数里外置靶,一击而中。瞬息升降,灵准非常"[2]。在一番"周历履勘"之后,李鸿章给出了"工程并极精坚,布置更臻完密"的结论。可以说,李鸿章至此对威海卫防区的防务设施,尤其是日岛炮台的建设,是较为满意的。事实上,日岛炮台在甲午战争中的表现,也确实如李鸿章所描述的那样,可圈可点。

在李鸿章校阅完海军仅仅过去一个多月后,丰岛海战爆发,中日双方旋即正式宣战。随着战争局势的不断恶化,1895年初,日军登陆山东半岛,开始海陆夹击北洋海军,威海卫之战由此打响。1月30日凌晨,日本联合舰队在日本陆军的配合下,开始对刘公岛及港内的清军发起攻击。在日趋白热化的战斗中,北洋海军各战舰与刘公岛、日岛炮台相互配合,依据有利地形对敌反击。日岛炮台因为所在地理位置险要,对阵敌舰首当其冲,遭到了包括日舰、被日军占领后的南帮炮台群的日军火炮的轮番进攻、重点打击。日岛守备清军依靠地阱炮这一海岸防御领域的"奇门利器",顽强抵抗了8昼夜,打退了日军的多次进攻,直至弹药库被日军炮火命中摧毁,一门地阱炮被摧毁并导致另一门不能使用。事实上,据日方史料记载,这门被摧毁的地阱炮正是在露出地面之时被摧毁的:"次日,在炮击日岛中,正当敌军隐现炮(所谓隐现炮就是只在发炮时炮身露于炮垒外部,发炮后在振动中炮身退至炮垒内部,装药后再次出现于炮垒外部的一种火炮)出现在外部时,筑紫舰一发炮弹把它击碎。"[3]

---

[1] 张侠等:《清末海军史料》,海洋出版社,1982年,第274页。
[2] 张侠等:《清末海军史料》,海洋出版社,1982年,第282页。
[3] 戚其章主编:《日清战争实记选译·山东半岛之役》,《中国近代史资料丛刊续编——中日战争(第8册)》,中华书局,1994年,第237页。

六、结语

通过引进并消化吸收外国先进设备和技术,清政府大大缩短了与西方列强之间在军事技术及装备方面的差距,缩短了其自身国防近代化的探索时间和发展历程,但却终究未能改变甲午战争的结局,未能改变任人宰割的结局。一种特殊的火炮虽然在战斗中发挥了重要作用,但对于一场旷日持久的战争而言,终究是微不足道的。不过,地阱炮作为一件在当时极为先进的武器,从其发明至清政府引进国内生产的历程,足以证明在某些方面,以江南制造局为代表的晚清兵工企业在努力紧跟世界军事技术发展潮流,并在本国军事工业的基础上,为积极研发仿制国产武器进行着的不懈努力和积极探索。地阱炮的国产化,也从一个微小的点反映出了晚清军事工业取得的重大进展,以及海防建设的成效得失。地阱炮作为甲午战争的重要文物,在为研究清末兵工科技和产业发展历史提供重要的实物史料的同时,也为开展国防教育和爱国主义教育提供了重要"教材",在近代中国兵工科技史上应占有一席之地。

陈干与中英交收威海卫交涉

王伟涛[1] 徐晓宁[2]
1. 昌邑市文物非物质文化保护中心 2. 昌邑市博物馆

陈干（1881—1927），字明侯，山东昌邑人，中国近代民主革命家。1904年，入湖北陆军学堂。1905年，赴日本加入中国同盟会。不久，受孙中山派遣，回东北以及故乡昌邑开展反清革命。1908年，与商震、景定成等人赴青岛，创办震旦公学，发展革命组织。同年，与刘冠三、于洪起等人发起成立山东保矿会，反对德国侵占山东矿权。此后，在长春组织山东同乡会，为革命积蓄力量。1912年元旦，南京临时政府成立，被黄兴任命为山东民军统领，光复徐州，后任陆军第三十九混成旅少将旅长。同年冬，解散所部，改任陆军部咨议，晋陆军中将。1914年，日本侵占青岛，奉命赴胶东调查民间损失。1916年，任山东省政务厅厅长，因看不惯派系斗争而辞职。1920年，任陕西省实业厅厅长。1922年，被各界推举参与中日交收青岛谈判，在青岛土地权、内地开放、中日海底电缆等问题上为国力争，做出了重要贡献，后任鲁案协定善后委员会委员、胶澳商埠督办公署顾问。1923年，奉命办理中英交收威海卫交涉。1924年，归里，《鲁案》《威案》《欧战拾遗》《旅大问题汇纂》等多于此时编写整理而成。1926年，任国民革命军总司令部参议、第二支队司令。1927年8月18日，在南京被桂系军阀杀害，终年46岁。

一、中英交收威海卫交涉前期经过

威海卫位于山东半岛之东北角，扼渤海出入口，隔海峡与位于辽东半岛的旅顺相望，形势险要。英国于光绪二十四年（1898年）借口维持远东均势，抵制俄占旅顺，强迫清政府与其签订《租借威海卫专条》，该专条要点为：

1. 威海卫全湾及湾内刘公岛等岛屿及沿岸十英里以内之地划为租借地，总面积约1600平方公里，并自东经120°40′以东之海岸，准英方建筑炮台及驻军。

2. 期限以俄租旅顺之期25年为限。

3. 威海卫城仍归中国管辖。

4. 租借区内只准中英两国驻军及停泊军舰。

1921年12月3日，在华盛顿会议远东问题委员会第12次会议上，中国代表顾维钧提出宣言，大意谓：昔年各国强迫中国出借租借地，所持的理由是维持各国的远东均势。但自欧战后，国际情势已大变，德国由于战败，已不复再扰远东，俄国革命后，因政权的改变，对外侵略势力已消失，故远东的均势已无维持的必要。因此，中国代表要求各国将租借地交还中国。至于各国在租地内合法取得的利益，中国当尊重之。

上述宣言提出后，首先回应的是法国，表示愿意在一定的条件下交还广州湾。1922年2月1日，英国代表白尔福在第五次大会上亦宣称：因香港地位重要，九龙则是香港的屏障，英国不能放弃九龙，但愿意将威海卫交还中国。2月3日，白氏更进一步致函中国与会代表施肇基，阐明交还时需要双方互相解决的事项，并建议设立中英委员会协商解决。白尔福来函报告外交部后，外交部即令施肇基于2月5日复函表示愿意组织中英委员会协商谈判。同年4月，英国政府训令其驻华公使根据白尔福来函内容向北京政府外交部正式提出五项具体要求，大意谓：

1. 威海卫之行政权交还中国。

2. 威海卫湾之刘公岛应准英舰夏令停泊，作避暑之所。

3. 威海卫市政由中英双方派员组成委员会管理。

4. 外人权利应受保障。

5. 改善港口对内地的交通联系。

根据白氏公函和英使的要求，北京政府于4月27日成立"收回威海卫督办处"，派梁如浩为督办，从事筹措接收事宜。又于9月11日组织了"接收威海卫委员会"，派梁如浩为委员长，吴应科、吴佩洸为接收委员，并决定于10月2日与英派委员长翟尔士等在威海卫开议。

梁如浩受命后，即致函北京各机关，征求接收威海卫的意见。旅京山东社团接到消息后，认为政府对英方要求不立加拒绝且计划与英方展开谈判是丧权辱国，遂在山东会馆召集会议商讨对策。传闻梁如浩曾表示如允许英国军舰在威海卫避暑，则中国人可以与他们交易土产货物，对中国有利；对外人开放市政，上海、天津已早有先例，并非自威海卫开始；既要外人纳税，自应许以代表权等等。与会人士认为梁如浩既然有这样的态度，在谈判中一定会同意英国的要求，于是一致反对他为督办，并决定联合全体在京山东人于10月2日赴国务院请愿,要求政府对英国要求完全拒绝,威海卫须无条件即时收回;英国未表示无条件交还前,不能设立接收机关;为避免有承认英国要求之嫌,应将梁如浩为接收督办的命令撤销。同时,威海卫商学联合会也呈文政府,反对梁如浩为督办,并建议将其更换。

北京政府对以上抗议不加理会,接收委员会一行按时由天津乘船赴威海卫,于10月2日与英方正式展开谈判。在威海卫开会5次后,至11月初,主要争议集中到最难为中方接受的以刘公岛为英国军舰避暑地一款。双方僵持不下,英方委员乃以请示政府为借口,将会议无形停顿。1923年2月,谈判在北京恢复,中方提出协议案23条,英方提出33条,互相交换后,作为制定草约的依据。其后因交涉吃紧,中国于4月19日加派陈绍唐帮办交涉事宜,为避免外界干扰,双方磋商自此转入秘密状态。至5月31日,共召开会议34次,始议定《接收威海卫协商意见书》(即《草约》)24条,附件4件,其主要内容有:

1. 英国无偿将威海卫及刘公岛交还中国划为专区管理。
2. 中国允许英国海军无偿使用刘公岛房产及设施作为消夏养疴之用,以10年为限。
3. 将威海卫区内之爱德华埠(即码头区)作自治区,对外开放通商居住,并准外人参政。
4. 外人在威海卫购得之公私土地,准免费续租30年,并准继续租借。
5. 中国尽速修建公路、铁路联系威海码头与内地。

6月初,梁如浩一面将《草约》呈请政府核定,一面与外交部接洽签字手续。但当《草约》条文发表后,即遭到山东人民的强烈反对,认为梁如浩非但未能将威海卫无条件收回,反而变成了10年租借,且加以土地永租权。于是山东各界联合会向政府抗议,拒绝签字,并要求将梁如浩撤职。梁如浩遂于7月向政府辞职[1],推荐顾问钟文耀自代,但政府因交涉事宜始终由梁一手办理,坚决不允。同时,外交总长顾维钧答复将《草约》由外交部修改,将来再征求国会意见。

二、陈干对威案交涉的主张

就在北京政府对威案交涉进退两难之际,山东乡绅等公推陈干出面调查,希望协

---

[1] 1924年5月,再度辞职获准。

调政府与民意分歧,促使威案顺利解决。

陈干接任后,除走访威海地方各界人士外,还仔细研究了早年租借威海卫的背景档案和有关威海卫的华府会议议事录等资料,并与梁如浩晤谈。他将梁如浩与英方代表翟尔士所议订的《接收威海卫协商意见书》与《青岛接收条约》的内容做了对比,认为两案得失利害不同:

> 青岛案因一隅之地而开放胶澳全区;威海则以全区而开放一隅。青岛案土地作为悬案;威案土地作为三十年。青岛案房子由日本人保留,余作价收回;威案房子英人除借十年后两国同意始能续借外,概无价归还。青岛案商埠章程至今未颁,故所需财政由中国商人片面负担,日方警察亦擅行派出,中国虽提出抗议而丝毫不理;今威海案英人所要求者赋税与华人同等,财政支出参乎其间。是为我国人所不满,但较青岛案如何?弱国外交无便宜,两害相比,权其所轻,国人无他意见。不然,只恐此案悬搁,坐使英人得以从容拓辟,俾威海再作青岛第二[1]。

陈干认为《接收威海卫协商意见书》好处是能守定范围,不好处在措辞含混。当时情势:国内南北政府对峙,南方广东革命政府未被列强承认,北京政府则为军阀势力所操纵,派系复杂,政治紊乱,财政困难,整个国家呈分崩离析之状。国际上,华府会议后,英美日法签定《四国协约》,终止了自1902年以来续存的英日同盟关系,随着日本对华势力的扩张与英国远东利益发生冲突,英国除积极着手新加坡军港的建设外,还将归还威海卫问题作为对日政策的一部分。因为威海卫在军事上的重要性,英方绝不会轻易放弃其海军对刘公岛的使用。有鉴于此,陈干主张尽快将《接收威海卫意见书》由外交部负责与英方代表协商修正,只要大体无伤,得了则了。他在致外交总长顾维钧函中指出:

> 威案解决有三利:一、土地收回;二、外交不孤立;三、可进行旅大及广州湾。不解决有三害:一、土地放弃,英人在威海尽可从容经营,将来结果,契约有效,与青岛案同等之害;二、外交孤立,所有各种应收回之事恐说不着;三、此关一破,恐各国协以谋我,虽欲呼冤,不知向何国呼起[2]。

为此,他在不断致函外交总长顾维钧敦促抓紧处理的同时,还提出了一些具体意见。如:

> (甲)董事会可否改为顾问,一于华府条约不抵触,二于社会方面亦免其

---

[1] 陈干:《威案·论威案》,《陈干集》,香港天马图书有限公司,2001年,第184—185页。
[2] 陈干:《威案·论威案》,《陈干集》,香港天马图书有限公司,2001年,第178页。

惊疑。

（乙）爱德华市将来扩充云云，最好按梁督办咨文，将范围规定。

（丙）三十年免租等语，当鲁案规定三十年免租，因外人所买之地，要求永租，我国不允，讨论再三，作收回地代价，细目协定由片面起稿，故此事极含混，斯时若能规定明白，即补救匪浅[1]。

鉴于山东旅京同乡极力反对梁如浩，坚持英方无条件将威海卫归还，陈干去信解释劝说：

威海卫在文登县，三面负山，前临黄海，刘公岛横其前，分东西二口，西口水深，东口多礁，气象雄伟，洵为天然军港。光绪二十年前，为北洋海军重镇。甲午败绩为日方所据时，李文忠持远交近攻之策，日本退出，租与英以二十五年为期满。兼根据华府会议，英代表正式表明，将威海卫交还中国，一增进两国友谊，一保持东亚和平，诚为庆幸。但当其事者，须格外谨慎。要知外交与兵事一样，不可负气，不可失机，尤不可自相携贰。语曰："知己知彼，百战百胜。"又曰："当机立断，稍纵即逝。"不见青岛之事乎？如去岁解决，何若五年前解决？往事矣，愿来者内审国势，外察舆情，勿再贻误也可[2]。

陈干还函致英国驻京公使麻克类，望其以中英两国长远利益着想，能加让步，迅速将此案解决，信中称：

干受地方父老委托，参与威案，故始终谨慎，不敢稍有疏忽。诚因此案办理妥协，不但增进中英两国友谊，并且于世界也能博极大荣誉。尚有不妥协或别有误解，将此案搁置，则恰中某方阴谋。阴谋者何？即专思借威海问题，激动中英两国恶感是也。干为抵制此种鬼蜮起见，是以足不少息，各方奔走，总期双方让步，迅速解决，不仅干一人之幸，中英两国通商福利，实利赖之[3]。

为了实现对威案的主张，陈干又致信山东省长熊炳琦和两湖巡阅使吴佩孚，希望借助他们的影响力，将威案迅速解决。同时，针对山东省议会关于威案声明的强硬措辞，陈干深为不满，故去信谴责。此举引起省议会强烈反弹，通电辱骂其与梁如浩朋比为奸。省议会攻讦陈干的通电，引起了省长熊炳琦的注意，来信过问，陈干遂回信自白：

---

[1] 陈干：《威案·致顾总长》，《陈干集》，香港天马图书有限公司，2001年，第213页。
[2] 陈干：《威案·致旅京同乡》，《陈干集》，香港天马图书有限公司，2001年，第213—214页。
[3] 陈干：《威案·致英使麻克类》，《陈干集》，香港天马图书有限公司，2001年，第210页。

干自十六岁束发外出,于今二十六年,颠沛流离,艰难困苦备尝之矣。惟生性顽梗,至今依然故我,良足愧也。但论及服务国家,效力地方,辗转跋涉,亦似有微劳。即以山东言之,辛亥前山东保矿、山东移垦。辛亥后烟台解兵、周潍善后;避居青岛时,反对济南水利借款、反对郑州商埠借款、反对中英铁道借款。张少卿、马子贞均劝干不可言,在日本势力范围,干绝不稍怯。自问此种爱国心理,甚对得起"山东"二字,较之交结党类,欺诈地方者,则截然不同。若名为民意代表,专为外人作奸细,斯又降而下矣。干尝言:"我之不能得神圣之拥护者,厥有数事:一、未插日本旗子买制钱;二、未能为地方借外债;三、未耸动官府加地丁。"除此以外,诚不知有何罪过?辱蒙下问,敢以实告[1]。

鉴于山东社团的反对,外交部就英海军借用刘公岛避暑及外侨市政参与权等事项多次向英方代表提议修改,英方代表根据白尔福宣言,只答应修正文字,不同意做实质上的更改,并称倘若中国政府必欲坚持,英国政府宁作悬案。后又经往返磋商,英方代表答应再次致电政府考虑,但此时因为英政府更易,未即答复。

1924年6月12日,外交总长顾维钧与英方重开谈判,磋商十数次,英方始稍作让步,但争议最大的刘公岛仍准英海军避暑。10月23日,北京政府国务会议通过经修定的专约草案29条及附件,同时也获得了英国政府批准签字。但想不到的是,就在正式签字前4天,北京政府发生了"首都革命",曹锟被迫去职,段祺瑞任临时执政,英国借口中国政局不稳,遂将此案无限期搁置。陈干所担心的事,终于还是发生了,无奈之下,遂结束协调工作。

1929年6月,南京国民政府外交部就威案问题再向英方提出交涉,英方最初坚持《交收威海卫专约草案》已经于1923年议定,须照原案签字,中方则以时过境迁为由,提出修订要求,双方争执数月,英方始答应重新开议。经过半年多的谈判,方于1930年2月13日将《交收威海专约》与《租借刘公岛协定》(草约)议定。经两国政府批准后,于10月1日在南京互换文件,自即日起生效。《专约》详述了威海卫的收回,《协定》则规定了刘公岛的租借,基本内容与梁如浩与英方所拟意见书大致相同,争议最激烈的刘公岛继续允许英国海军消夏,仍以10年为期无偿借与。1940年9月,南京汪伪政府宣布英国在刘公岛所受之权益期满,无意予以展期。同年11月15日,英国正式宣告撤退其驻威海卫舰队,才彻底结束了其租借威海卫的历史。

---

[1] 陈干:《威案·致熊省长》,《陈干集》,香港天马图书有限公司,2001年,第208—209页。

刍论济水尾闾的东夷文化

宋鹤翔

东营市政协文史馆

自20世纪70年代以来,在东营市广饶县西南部先后发现了"营子遗址""傅家遗址""西大张遗址"等包括后李文化、大汶口文化、龙山文化、岳石文化在内的多处古文化遗址。2016年发掘的"西大张遗址"后李文化资料证明,早在8000多年前就有人在这片土地上繁衍生息,是中国最早踏入文明门槛的地区之一。1985年发掘的大汶口文化时期的"傅家遗址"与"五村遗址",其文化面貌因与其他地区明显不同而被称作"傅家类型"或"五村类型"。以傅家遗址的"傅家大汶口文化古国"为发源地,先后形成了广饶、临淄、博兴交汇地区的龙山文化古国、岳石文化古国和蒲姑方国,一度成为山东地区的政治、经济、文化中心,保留了自成一系的特色文化,积累了雄厚的物质基础,为后来齐文化的形成奠定了基础。随着时间的推移,以东夷文化为基础、融合中原文化与商文化的齐文化,融合于中华传统文化之中并成为主要内容之一,广饶西南部由是亦当成为统一的中华传统文化的来源地之一。流经此地的济水尾闾及其支流,则是其发生发展全过程的承载者。

一、济水滋养的东夷文化

济水,也作泲水,又名沇水、齐水,为中国古代"四渎"之一,发源于河南省济源市,在山东省东营市广饶县丁庄镇流入渤海,是一条古文明内涵十分丰富的自然水道。考古发现,夏王朝曾在它的源头定都,是兖州、青州曾经的贡道。今天仍在沿用的济源、济宁、济南、济阳等城市名称,都是因其流经而得名。"济者齐"(伏生《尚书大传》),齐地、齐国的名称,也是因为地处古齐水流域而得名。据《尚书·禹贡》记载,济水在今东平县与汶水汇合后的走向为："又北,东入于海。"经考释,此"东入于海"的济水下游,沿泰沂山北麓山前冲积平原北端与黄河淤积平原的交叠地带顺势流向东北,经今济南市天桥区泺口街道、历城区、章丘区、滨州市邹平区、淄博市高青县进入滨州市博兴县,在博兴境内东经"蒲姑故城"(今湖滨镇寨下村)北,至汉"利县故城"(店子镇历城村)西,北至店子镇梨园村屈而过"圈子(今大刘村)""毛家道口"进入广饶县。"入广饶境自'石村湖'始东行"(民国二十四年《续修广饶县志》),至东关村西折东北,经省级文物保护单位"乐安故城遗址(今草桥村)"南、"甲下邑(今北口村)"、"马车渎(今高港村)"、"琅槐古城",在丁庄镇"沙子滩"入海。此济水下游河道,犹如一柄硕大的"梳子背"横亘于泰沂山北麓山前冲积平原与黄河淤积平原的交叠地带,山前冲积平原上"梳子齿"似的支流之水皆汇入其中。由于此地区地势向东北倾斜,又不再受到黄河的侵扰,济水便在此表现得很安宁。于是,山前冲积平原上的"梳子齿"与山前冲积平原与黄河淤积平原交叠地带的"梳子背"两边的小高地,便成为远古先民"逐水而居"的理想聚集地。马克思主义经典作家认为,地理环境是人类活动的场所,它为人类提供生活资料和生产资源,是人类赖以生存的根基。人类的生存发展与栖息地环境的优劣以及可以提供的生活、生产资料密切相关。同时,地理环境与活动场所提供的生产、生活资料对人类历史进程又会有重大影响,在很大程度上既可以限制也可以催生本地区古代文明的萌芽,并规定其发展模式,决定其特质。进入新石器时代,东夷人获取食物的方式已开始由攫取猎物向生产食物过渡,居住地也逐渐由山岭向低山丘陵谷地或平原水边高地移居。从东夷人的文化遗址来看,主要分布区是鲁中南山地丘陵和东部半岛丘陵区,其中东部半岛丘陵区遗址较少,几乎全部集中于泰沂山区中部周围,说明泰沂山区中部周围应具有东夷人赖以生存的根基和生产、生活资料。泰沂山北侧的山前冲积平原地带,由于能够享有山地各类物质资源和平原地带适宜农耕的双重自然条件,特别是具有济水这条山东地区最大的河流,为他们提供能够随时取用的水源,故成为古代人类繁衍、生息、劳作的理想之地。于是,东夷文明的萌芽便率先在这一地区产生,成为我国古代文明起源的重要发祥地区,位于泰沂山北麓淄河以西山前冲积扇中尾部的广饶县西南部地区,亦因其优越的地理和自然条件,成为我国史前文明的重要发祥地。

这里所说的广饶县西南部,是指小清河以南的乐安街道西部、广饶街道中西部和李鹊镇全境,面积约为150平方公里。此地区南部属于山前倾斜平原,中部与北部属于山前冲积平原的沉积洼地。县城以南大部分属于沉积洼地的交接洼地,由冲洪物质组成,黄海高程15—30米;县城以北属于河间洼地,由冲积物质组成,黄海高程5—15米。山前倾斜平原大部分在淄博市临淄区境内,由洪坡积物组成,以卵石、砾石、粗中细沙为主,数层叠加。其含水层接受河流渗漏、侧面径流与深部灰岩水的顶托,具有极强的富水性。淄河地堑西侧的岩溶水径流至此,受临淄区内刘营、辛店地质断层阻截,沿构造裂隙顶托出露为泉,一些较大的泉群形成了长年不竭的径流,具有十分丰富的地表水。"石桥子（临淄北部的一个村名,距广饶地界8公里）刮风——摇稻子（"摇稻子"的谐音"摇道子"是临淄方言,意为开路、出发）",这句若干年来一直流传在临淄北部的著名歇后语,证实临淄北部地区曾是一个种植水稻的丰水区,间接地证明与其接壤的广饶县西南部同样具有丰沛的水源。在生产力水平还很低下的新石器时代,水是古代先民生活、生产的第一需求,哪里有方便使用的水源,哪里就会成为他们聚集的选择地。以此看来,广饶县西南部自然会成为东夷人聚集的选择地。除了具有丰沛的水源,广饶县西南部还有如下特点:地势向北微斜（每公里约下降1米）,排水顺畅;缓岗地貌（高者5—6米）,适宜居住;土层深厚肥沃,土质多为褐土和潮土,适宜耕耘播种和制造陶器;由出露泉水形成的自然水道分布其间,成为济水这柄"梳子背"的最后几条"梳子齿"。居于此地,沿济水顺流而下可至渤海,逆流而上可达中原,南下又可进入泰鲁沂山脉腹地,能够同时享用南部山区与东部渤海的各种资源,是一片农耕渔猎皆宜的乐土。如此四通八达的山、海、原三位一体的优越地理环境,自然是东夷人生产生活的理想之地。于是,伴随着东夷人的聚集,东夷文明的萌芽便率先在这片被济水滋养的土地上应运而生,成为东夷文化的生长点和增长极。早期定居于此的东夷人,便成为"西大张遗址"后李文化层遗存的创造者,使这里成为最早的东夷文化发源地之一。

考古资料证明,至大汶口文化时期,傅家遗址的东夷部落已发展成为大汶口文化古国,伴随着人口的不断增多、国土的不断扩大与国都迁移,发基于傅家遗址的广饶、临淄、博兴交汇地区的东夷文化,终于创造了区域历史文化的辉煌,成为东夷文化的重心之地。

二、东夷文化的重心之地

在广饶西南部的"淄（水）渑（水）之间",分布着多条来自淄博市临淄区山前倾斜平原的自然水道,这些水道"水势极其纡曲,俗称九里十八弯"（明代万历《乐安县志》）。河深2—3米,河宽10—30米,较大的有三条。西边的一条,自临淄区齐都镇北流至敬仲镇河沟村南侧折西,经村西南"龙山文化遗址"北侧至"姬王冢"（位于临淄区敬仲镇西姬王村北,西姬王村即因此冢而名。相传,此冢为周文王后裔"姬荧之墓丘",故又称荧丘。笔者认为,此荧丘即齐初都城"营丘")东折西北,入于李鹊镇张郭村,此河当地俗称为"运粮河"。至张郭村南由东南折北,西傍明代"淄水故道"北流,经该村两个龙山文化遗址之间北流至"黄草墩"分为东西两支:西支右折后北流,经西张庄至西孙村南又一分为二,向东北流的一支经西孙村南汇入"九龙口";向北流的一支入小张村"牌坊沟",在小张村西南部折西北,经"沙窝"折东北与淄水"合抱"于杨家、赵寺一带,明代万历《乐安县志》称此河段为"沙水"。沙水经郝家村南入今广饶街道的西南部,自"兴隆山"西至东安德村龙山文化遗址北,在西花村以西折北至西十里龙山文化遗址东,北过"天鹅池"、牛家龙山文化遗址、白坞村等地入"北贾沟",北经营子龙山文化遗址东部,向北汇于折为东西流向的济水中。自黄草墩流向东北的一支,经梨园、安里村汇于西孙村东北的"九龙口",又东北经太和村(原名泰河,因河而名,演称为今名太河)南、沟头村西北、"西杨庙龙山文化遗址"西,经蒋家窑至"傅家遗址"南,是为"泰河"。位于中间的"大张沟",经临淄区敬仲镇呈羔村入广饶境,经前大张至"西大张后李文化遗址",受遗址以北"张家崖"的阻挡折西,至"营盘"西南折北,经李鹊村永宁寺东、"西辛龙山文化遗址"东南、"东辛龙山文化遗址"西、蒋家窑东,与泰河同汇于傅家遗址南侧。东边的"大涝沟",东傍淄河北流,经敬仲镇白兔丘村流入李鹊镇,经"西水龙山文化遗址"东、北水、黄垆、王庄、南十里堡、"东辛龙山文化遗址"东、广饶街道的南张庄西,至傅家遗址南侧。上述水道中的泰河、大张沟、大涝沟,同汇于傅家遗址这个"顶盖子"的南侧,其水量自然是可观的,考古发现的傅家遗址南侧沼泽地很可能就是由此三河之水所汇成。沼泽地之水自傅家遗址西侧北流,经十村、尹蔡、西康、张官、闫李等村,经两次分流又合而为一汇入今"陈家大沟",经东秦、西秦北流,于"东关龙山文遗址"东侧注入济水。这三条水道,是济水尾闾在淄河以西山前冲积平原上最靠东的支流。

　　上述地貌与水道,直至1972年大部分仍存在,但经过1973—1976年原李鹊公社、小张公社的一次大规模农田规划建设后,境内的所有坡地被推平,大量的"顶盖子""斜坡子""插花地""鸡爪沟""弯弯路""小斜道"被消灭,新开凿了"团结沟"等排水系统,田野上的古河道因此而全部消失在"成方连片"的平整农田中。目前,除村内、庄头尚有少许"沟头"、"崖岭"外,田野上已经很难再见到那些古河道的迂曲踪影了(见《广饶文史资料》第25辑)。

　　在上述济水支流与济水主河道附近,已发现新石器时代古文化遗址三十多处,部分遗址的文化层延续至汉代。这些古文化遗址,大部分处在河道两旁的缓岗上,少部分位于河道转弯处。例如:营子大汶口文化遗址、寨村北岭大汶口文化遗址位于济水河右(此段为南北流)向右拐弯的折角内,东面则是其支流"北贾沟";东关大汶口文化遗址,处在东西流向的济水南岸;西大张遗址后李文化遗址位于"大涝沟"向西拐弯的河左小高地上;傅家大汶口文化遗址则位于泰河、大张沟、大涝沟所形成水泊北侧的"顶盖子"上;其余龙山文化、岳石文化遗址也都是处于上述济水支流的两岸。事实证明,位于淄河以西山前冲积扇与黄河淤积平原交叠地带的济水尾闾与淄河以西山前冲积扇上的支流,不仅是广饶县西南部两岸稼穑的滋润者,而且是此地区东夷文化的催生者和发展全过程的滋养者。

在此区域(不包括淄河以东)已发现的史前文化遗址中,已被公布为省级、国家级文物保护单位的后李文化、大汶口文化、龙山文化、岳石文化遗址有:西水遗址、西辛遗址、西杨庙遗址、晋王遗址、傅家遗址、五村遗址、前安德遗址、钟家遗址、牛家遗址、西十里遗址、丁村遗址、营子遗址、韩疃遗址、寨村北岭遗址、东关遗址、西杜疃遗址计16个,大约每9平方公里一个。若将博兴境内距离广饶地界600—1000米的"梨园龙山文化遗址""利城龙山文化遗址""利戴龙山文化遗址""北营龙山文化遗址"与临淄境内距离广饶张郭村(有龙山文化遗址两处)约1000米的"河沟龙山文化遗址"、距离"西水遗址"约600米的"蔡王龙山文化遗址"计算在内,不到7平方公里就一个。若将已经发现尚未作考古发掘的遗址计算在内,大约5平方公里就有一个,是山东境内罕见的新石器遗址聚落群。目前,该地区已建立起"大汶口文化""龙山文化""岳石文化"及商周秦汉时期文化的完整发展序列,虽然尚未发现"北辛文化"遗存,但"从西大张后李文化遗址"与"傅家大汶口文化遗址"相距仅6公里,且同处一条河流上下游岸边来看,二者之间具有传承关系并非不可能。

在这些遗址中,年代最早的是后李文化时期的"西大张遗址",该遗址是目前山东省发现并发掘的年代最早的古文化遗址之一。具有鲜明特色的遗址有:大汶口文化时期的"傅家遗址""五村遗址""营子遗址";龙山文化时期的"西辛遗址"(也发现过大汶口时期的文化遗物)、"钟家遗址"、"西十里遗址"等。"五村遗址"的大汶口文化属于中晚期,遗址文物包涵十分丰富,中心部位的大汶口文化堆积层厚度为2米多,最厚处达5.2米,几个文化层上下相互叠压,说明古代先民在此居住的时间非常久远。傅家遗址是为数不多的宏大的大汶口文化中心聚落之一。在傅家遗址的一件陶鼎内曾发现过粟粒,说明此时傅家部落的农业生产已得到很大发展。发掘时还发现了集中排列在一起的水井4眼,这是大汶口文化时期先民的一项重大发明。有了水井,人们就减少了对河流、湖泊的依赖,就可以到广阔肥沃的冲积平原用水井灌溉来从事农业生产,这是社会生产力发展的重要标志,在人类文明史上具有划时代意义。在出土的一个墓主人头骨中,颅骨右侧顶骨的靠后部发现一个近圆形的颅骨缺损。经由山东省文物考古研究所邀请的国内考古学、人类学、医学界等著名专家共同组成的鉴定委员会论证，认为此颅骨缺损是人工开颅手术后形成的，缺损边缘的断面呈光滑均匀的圆弧状，应该是墓主人在开颅手术后长期存活、骨组织逐渐修复形成的结果，比以前发现的其他开颅手术成功案例早了1000多年，距今已有5000多年，是中国迄今发现的最早的开颅术成功案例。发现的食物残骸或加工骨器的余料，以野生动物为主，以鹿类为多，水生动物有鱼类及蚌类包括文蛤这种栖息在海水盐度较低的河口"两和水"动物，说明生活在傅家遗址的东夷人，能够享有河、海、原三者生态资源，反映了当时渔猎经济在社会生活中所占的重要地位。傅家遗址的文化面貌特征与胶莱平原西部弥河流域的大汶口文化基本一致，与鲁南地区的大汶口文化有明显区别，构成鲁北地区大汶口文化新类型，被称为"傅家类型"或"五村类型"。此类型对研究鲁北地区大汶口文化的地方类型和文化分期、东夷文化起源、先齐文化、环渤海考古、山东古史等课题都有重要意义。从上述新石器遗址的文化内涵来看，至大汶口文化时期，广饶县西南部已发展成为以"傅家遗址""五村遗址"部落为中心的东夷文化重心之地。

　　傅家遗址在大约700平方米的发掘区内，发现了500多座墓葬，分布相当密集，说明这个聚落的人口数量已很可观。这些墓都是小墓，多数没有随葬品，最多的也只有8件器物，说明这只是下层社会成员的墓地，中上层社会成员应该另有墓地，同时说明此时已经出现社会分化、财富分化。有学者分析认为，此时的傅家部落已经转化为国家。对傅家部落的发展历程，考古专家张学海先生认为："傅家大汶口文化古国，发展成临淄、广饶、博兴交汇地区的龙山文化古国。这时候古国的人口与村落得到明显发展，国土相应扩大……但国都似已南移至临淄田旺龙山文化城……田旺龙山文化古国可能发展为田旺岳石文化古国。即使其间可能发生过'易宗别主'，但国家未曾间断。商代后期……博兴、临淄、广饶地区有个强盛的方国蒲姑国……今博兴县城以东的寨郝镇寨下村北，有蒲姑故城址。"（《广饶文物概览》）《左传·昭公十七年》曾记载了公元前522年齐国大夫晏婴对齐景公说的一段话，说此蒲姑部族方国"昔爽鸠氏始居此地，季萴因之，有逢伯陵氏因之，蒲姑氏因之，而后太公因之"。以此看来，傅家遗址的东夷人很可能就是始居此地的东夷族团的爽鸠氏一支。另据《汉书·地理志》记载："少皞之世，有爽鸠氏，虞夏时有季萴，汤时有逢公伯陵，殷末有蒲姑氏，皆为诸侯国，国此地。至周成王时，蒲姑与四国共作乱，成王灭之，以封师尚父，是为太公。"这个以蒲姑国作为初封地而发展起来的国家就是齐国。齐国人以东夷文化为基础，创造了辉煌的齐文化。

三、齐文化的宗源之地

公元前1045年，周灭殷商，姜太公封于蒲姑而建立齐国。齐国人创造了别具一格的传统地域文化，即极具东夷地方特质的齐文化。所谓齐文化，就是齐国人所创造的，存在于特定历史时空的物质文化、规范文化和精神文化的总和。存在时间主要是姜太公封齐立国至田齐被秦所灭，存在空间主要是春秋后期齐国疆域的圈定范围。内容包括一切生产、生活样式，行为方式，礼仪制度、风俗习惯、宗教信仰、伦理道德，赖以创生的思想、情感、观念、知识、科学、技术等，以及蕴藏着齐文化信息的人工制品等。

齐文化是在继承东夷文化的基础上发展起来的。从文献记载来看，齐国的初封地并不是很大，大致为百里，又处在许多古老氏族部落及殷商遗民的包围之中，时常受到东夷人的反抗。蒲姑国所在的广饶、临淄、博兴交汇地区，曾一度是山东地区的政治、经济、文化中心，又一直保留有自成一系的特色文化。如此环境下的人心向背，必然会影响甚至决定着新王朝统治的安危，为了巩固统治，姜太公不能不接受当地的东夷文化和殷商文化。于是，姜太公审时度势、因地制宜地提出了"因其俗，简其礼"的政治路线和务实开放的建国方针。所谓"俗"，就是当时当地东夷人的生活方式；所谓"礼"，就是当时当地东夷人的礼仪制度；"因其俗，简其礼"就是尊重东夷人的文化传统，不强制推行周礼，务实地创造了既让人们乐于接受，又不太悖周礼的新制度。同时，倡导"农、工、商"并举、"通商工之业，便渔盐之利"的经济政策，使齐国在姜太公当世便跨入了富强大国之列，为齐文化的形成奠定了物质基础。

齐文化的发祥地是齐国都城临淄。临淄是当时中国最大的丝绸贸易和海盐集散地，其制陶、制车、冶金、铸镜、纺织业、手工业等都很发达，是周代至汉代中国最大的工商业城市。如此发达的临淄工商业经济为齐文化的形成与繁荣发展奠定了雄厚的物质基础。而它的文化基础则是"在蛮夷戎狄当中……发展水平曾经是最高的"东夷文化。以东夷文化为基础，齐国人通过融合中原文化与殷商文化，形成了具有浓郁东夷地方特质的齐文化。广饶、临淄、博兴交汇地区的土著文化，历经少昊时代的爽鸠氏、夏代的季萴、商代的逄伯陵、殷周之际的蒲姑氏等有序传承，文化积淀十分厚重，而且这些国家不管是立都于"傅家遗址""田旺遗址"还是"蒲姑遗址"，距离齐国都城临淄都不远，最远的蒲姑城也就50里之遥。该土著文化，自然会对齐文化的形成产生巨大影响。由此看出,早在齐文化形成以前,齐文化的东夷特质基因就已经孕育在上古时期的东夷文化之中了,正如严文明先生在《东夷文化的探索》一文中所说:"(齐文化)……其始原应根植于更早的史前时期。"溯其源流,齐文化当是发源于傅家部落的大汶口文化甚或是西大张遗址的后李文化,广饶西南部乃是齐文化的宗源之地。

秦国灭齐后,齐文化并没有随之消亡,仍然继续对秦代以及西汉前期的文化产生着巨大影响,它与儒学一起融合在了统一的中华文化之中,成为中华民族传统文化的重要来源之一。以此看来,济水尾闾的广饶县西南部地区亦当是中华民族传统文化的来源地之一。

综上所述,广饶县西南部的西大张后李文化遗址,是济水尾闾文明滥觞的发育之地,是东夷文化最早的发源地之一。以"傅家遗址"为中心的大汶口文化古国,是特色明显的东夷文化重心之地。发轫于傅家遗址大汶口文化古国的广饶、临淄、博兴交汇地区的东夷文化,历经龙山文化、岳石文化、蒲姑方国文化等时期,在全国一直处于领先地位,正是在此文化繁荣和经济发展的基础上,形成了极具特色的齐文化并创造了区域历史文化的辉煌。济水尾闾的广饶县西南部既是齐文化的宗原之地,也是中华民族传统文化的重要来源地之一。

菏泽地区堌堆遗址考古及其收获

孙 明

菏泽市历史与考古研究所

菏泽地处黄河下游,是黄河南流由淮入海、东北流向由渤海湾入海的南北摆动区域的中心地带。除巨野县有少许山丘外,余皆为黄河、古济水冲积平原。

根据文献记载,今天的菏泽地区,是我国三皇五帝时期的"伏羲之桑梓、尧舜之故里",是商族先公的重要中心活动地带,是周汉时期的"天下之中"。

进入新世纪后,特别是近年来,菏泽地区的考古事业得到了快速发展,菏泽地区堌堆遗址的考古也取得了一系列重要收获。

一、菏泽地区堌堆遗址的形成与分布

堌堆的形成可以分为两部分,一是自然部分,二是人为部分。

自然部分主要形成于第四纪后期,距今25000—10000年。这个时期,菏泽地处属于华北平原新沉积盆地的一部分,是地势较为低洼的平原地区。由于古黄河与古济水流经该地,形成境内著名的"四泽(菏泽、雷夏泽、大野泽和孟渚泽)、十三水"。河水、湖水的漫溢、冲切,使得这个地区岗丘、平地相间,岗丘则多分布在河的两岸及湖泽的周边。这些岗丘的本体地层堆积基本上是略带粘性的粉砂土,其下便是钙质结核(料姜石)层。

七八千年前,这个地区得益于"四泽、十三水",有着充足的水源、茂密的丛林和肥沃的土地,具备原始社会人们生存的基本条件。先民们来到这里临水而居,并依赖于水中的生物、丛林中的果实、植物、动物和原始农业生存了下来。耸立于广袤平原上的那些岗丘也就自然成为了时人理想的栖身之所和不时之需,如居住、防御、窖藏、祭祀、会盟、墓地、宗教、军事等等。随着环境的变化和人们在堌堆上各种频繁活动的需求,这些岗丘也不断地被人为筑高,最后成为了我们今天所看到这些台地遗址,当地群众称之为"堌堆",考古界称其谓"堌堆遗址"。

这些堌堆在不同的历史阶段有着不同的主要用途。大致规律是:史前至先秦时期,主要用于居住、防御、祭祀、会盟等,两汉时期主要是用于家族墓地,南北朝时期至今,则成为了宗教场所。

目前,菏泽地区已发现堌堆遗址二百余处。这些堌堆遗址多暴露在地面以上,呈覆锅状或台地形,高者近10米。文化层堆积的厚度一般是在5至10余米不等。从现行政分布区域看,大多集中在牡丹区、定陶区、成武县以及单县和曹县的北部。

二、菏泽地区堌堆遗址考古学文化及基本特征

1. 代表性堌堆遗址

菏泽地区已经正式考古发掘的代表性堌堆遗址有:

A. 安邱堌堆遗址

位于开发区佃户屯办事处曹楼村东南。遗址面积9000平方米,其中,现存堌堆南北75米,东西83米,高3.5米。

北京大学考古系于1984年9月17日至11月初对其进行考古发掘,共开9.5个方,面积210平方米。发现晚商、早商、岳石文化和龙山文化四叠层,其中商代文化堆积可分六期。发现龙山房基12座、灰坑4个、灰沟3条、墓葬2座;岳石灰坑3个、灰沟1条;商代陶窑1座、灰坑5个;另有石器、陶器、铜器、骨器、蚌器及大量陶片。通过这次发掘,对菏泽地区堌堆遗址中新石器时代至晚商时期的文化面貌、文化发展序列和文化性质有了一个初步的了解。

B. 成阳尧陵遗址

位于山东省菏泽市牡丹区胡集镇尧王寺村,是文献中秦汉时期的"成阳尧陵"。遗址南北长300米,东西宽260米,面积近70000平方米,文化层堆积厚达9米。2008年,山东省文物考古研究所、牡丹区文物保护管理所对其进行发掘,发掘面积160平方米。发现有龙山文化至商周时期的灰坑、窖穴、灶、房址和大型夯土台基等,其中商代的房址4座,部分墙体保存高达1.5米。出土有石器、骨器、陶器、卜骨和汉代的"中山夫人"残碑等。

C. 十里铺北遗址

位于山东省菏泽市定陶区仿山镇十里铺村。遗址南北长约350米、东西宽约300米，总面积9万多平方米，由北部堌堆和东南、西南部岗地组成。2013年由菏泽市历史与考古研究所发现，2014—2015年山东省文物考古院、菏泽市历史与考古研究所和定陶县文物局对其进行考古发掘，发掘面积2000平方米。发现有大汶口文化、龙山文化、岳石文化、商、东周、汉、唐等不同时期的文化遗存。其中，岳石文化时期在堌堆边缘修建有一周夯土墙，并使用至晚商时期。

D. 何楼东遗址

位于定陶区仿山镇何楼村东南300米。遗址南北350米、东西150米，面积50000平方米。2015年由菏泽市历史与考古研究所发现，2018年由首都师范大学、山东省文物考古院、菏泽市历史与考古研究所和定陶区文物局对其开展发掘工作，发掘面积300平方米。该遗址文化内涵较为单一，主要是北辛文化晚期至大汶口文化早期的文化遗存。另有汉代墓葬和金代的一些文化遗存。

E. 青邱堌堆遗址

青邱堌堆遗址位于山东省菏泽市牡丹区马陵岗镇寺西范村，遗址面积4万余平方米，2018年山东大学、菏泽市历史与考古研究所和牡丹区文物保护管理所对其进行考古发掘，发掘面积1000平方米。发现有龙山文化居住区、岳石文化及商周时期地层堆积、汉代家族墓地和清代农田等。主要遗迹有祭祀坑（用牲主要为牛、马等大型动物）、窖穴、房址、水井等。出土遗物有陶器、铁器、铜器、玉器等。

2. 基本文化面貌

目前，菏泽地区发现的最早古文化遗存是牡丹区胡集遗址出土的北辛文化中早期的几片陶片和两段残石磨棒，北辛文化中、晚期的文化遗存也已发现于定陶区的何楼遗址和高新区的孙大园遗址中。这批考古资料正在整理中。

大汶口文化遗存见于莘冢集、郗堌堆、安邱堌堆、西侯楼、何楼和孙大园等遗址中。在十里铺北遗址中，发现了一个完整的灰坑，出土了几件完整的陶器。这批资料也正在整理过程中。综合其他遗址所采集到的陶片可以看出，这个时期的陶器分夹砂和泥质两种，以夹砂橙黄陶为主，细泥红陶次之；多为手制，少数器物口部经快轮加工，器表多为素面。可辨器形有钵、鼎、罐、盆、豆等。

龙山文化遗存见于绝大多数堌堆遗址中，文化层堆积普遍较厚，遗物也颇为丰富。

这个时期的房址较集中，形状多样，有圆形、圆角长方形和长方形等。从地层关系和遗迹相互关系上看,这三种形式的房址存在着时间上的差异,圆形房基较早,圆角长方形次之,长方形房基相对较晚。这些房址均为地面建筑,面积一般在10平方米左右,大者30余平方米,有的墙外还有散水。房基部分均夯筑而成,有的还有用黄砂或碎陶片筑成的柱础。室内壁和居住面经过火烤。个别门道下有人祭现象。

灰坑分为圆形、椭圆形和不规则形三种,基本都是直壁、平底,口径略大于腹径。

生产工具以骨、蚌居多。骨器均为磨制,加工较精致,有镞、锥、凿、针、镖、匕等。蚌器有各种式样的刀、镰、镞、刮削器等。陶制工具除较多的网坠外,还有纺轮、陶拍等。石质工具较少,质料多为花冈岩,有斧、铲、刀、锛、镞等,形状以扁平者居多,均为磨制,钻孔技术发达。

生活用具主要是陶器,灰陶占绝对优势,黑陶、褐陶占一定的比例,红陶较少,白陶偶见。这里的黑陶多为黑皮陶,即使是内外均黑,亦不像典型的山东龙山文化中那样黝黑发亮,而是多呈黑褐或灰黑色。蛋壳黑陶极少发现,厚度均超过一毫米。陶质是泥质略多于夹砂。以轮制为主,壁薄、火候高,也有少量大型器物为手、轮兼制。器表以素面和磨光者最多,其中素面约占三分之一。拍印纹饰以方格纹居首,篮纹次之,两者约占二分之一,绳纹最少。弦纹多用于盆、杯、器盖之上。此外还有少量的乳钉、镂孔等装饰。器型主要是平底器,三足器和圈足器较少。最为常见的是夹砂方格纹深腹罐、斜直壁平底盆、直筒杯、碗、豆、磨光小口罐等,亦有少量的鬶、鼎、大口罐、带流壶、器盖等。不见河南龙山文化的典型器物如斝、双腹盆等。

自1984年在安邱堌堆遗址发掘中发现岳石文化并得到初步认识之后,也陆续地见于其他遗址。其文化层堆积基本为灰绿色粉砂土,较松弱,其厚度不及商文化层和龙山文化层的堆积。

灰坑近似圆形、大口、斜壁,坑底不太平整。

生产工具中较为典型的器物是磨制的半月形双孔石刀和长方形扁平石铲。

陶器以夹砂褐陶和泥质灰陶为主,有少量的泥质黑皮陶和黑陶,桔红陶极少。陶质疏松厚重,火候较低。泥质陶器多为轮制,胎质细腻。如甗、罐等夹砂陶多为手制。器内壁泛白、外壁显绿,内外壁有手抹痕,夹砂陶器表面颜色大都不均匀。器表以素面、磨光占半;纹饰中绳纹最多,方格纹和篮纹次之,弦纹、凸棱、附加堆纹占有一定比例,还有少量指窝纹、彩绘等。与龙山文化时期相比,这个时期的纹理印痕普遍较浅、不太清晰。炊器以甗、罐为主,盛贮器有尊形器、盆、豆、瓮、钵等,多子母口。器盖较发达,大都有蘑菇形钮。在十里铺北遗址和青邱遗址中发现有下七垣文化因素与岳石文化共存现象。

依据安邱堌堆遗址提供的地层关系,商文化可分为早商和晚商两个阶段。

菏泽地区商文化早期者可以到二里冈上层阶段。发现的遗迹除大灰坑外,还有陶窑等,其他遗迹的发现远不及龙山时期和晚商阶段的数量。此时的陶器有夹砂和泥质两种,几乎全为灰陶,颜色较纯正,绳纹居多,且清晰规整,也可见到一些三角划纹、圆涡纹和镂孔等。器形有鬲、盆、尊、豆、甗、罐等。

晚商阶段的文化遗存在这个地区分布的较为普遍。地层土质较杂、较硬,土色呈灰、褐、黄等。主要遗迹以灰坑最多,近似圆形,壁直,平底。陶器的突出特点是夹砂陶占绝对优势,泥质陶占的比重较小。器身厚重,火候高。夹砂陶多为红、红褐色和黑褐,泥质陶多为灰、灰褐色。纹饰以绳纹为主,约占百分之七十多,大多为通体绳纹,加工过程中口部被抹去,但其痕迹仍很明显。器形最常见的是甗、鬲、瓮、盆、罐、豆等,其中鬲、甗占三分之一,瓮也占三分之一多。

三、对堌堆遗址文化内涵的几点认识

1. 史前时期,菏泽地区气候温和湿润,雨量充沛,草木蓊郁,土壤肥沃,河流纵横,湖泽密布,一副水乡泽国之景象。大约在北辛文化时期,先民们便在此择地而居,至少在龙山文化时期开始,较为发达的渔猎经济、原始农业和手工业,组成了先民们的主要经济生活。可以肯定的是,在漫长的历史发展过程中,这些堌堆是时人重要的生产、生活经营场地,起着不可或缺的作用。

考古资料证明,这个地区的堌堆遗址,在龙山文化时期到岳石文化时期、商朝中晚期、战国晚期再到汉代是快速增高、扩大的三个阶段。或筑墙用于防御洪水、抵御异族侵入,或扩充家族墓地使用面积,其共同的作法就是挖取堌堆周边的包括钙质结核层之土来进行营建。这些行为有效地巩固了堌堆的粉砂基内核,使得这些堌堆遗址历经数千年而得以保存下来。同时,也致使这些堌堆周边普遍存有大范围的洼地和坑塘,并最终形成浅湖沼沉积。

2. 从这些堌堆遗址的分布看,似乎具备多处聚落构成一个聚落群的时空条件。如此,每一个聚落群可能是代表了一个区域政治实体,而更大的遗址应是当时该政治实体的中心部分。所以,一些学者很有远见地对其进行了归纳,并结合文献资料把这些聚落群划分为青丘遗址群、陶丘遗址群、楚丘遗址群等等。

3. 以上述几处遗址的考古发掘为基础,结合其他考古工作成果来看,菏泽地区的史前北辛文化时期至商代之间的考古学文化序列是:北辛文化、大汶口文化、龙山文化、岳石文化和商文化。目前这几种考古学文化中有明确地层关系的是安邱堌堆遗址中的龙山文化、岳石文化、早商和晚商时期的地层堆积。但除早商和晚商之间承袭关系较明显外,其他文化之间无论从时间上还是从文化面貌上似乎还有一定的缺环,因此,只能说这个地区已知的这些考古学文化的关系还只是时间上的一种编写。

4. 作为这个地区最早的北辛文化遗存,由于出土遗物太少,其早期的文化基本面貌还看不出有什么特别之处。从胡集遗址和孙庄遗址出土的这个时期的文化遗物来看,都具有北辛文化早中期的基本特征。值得注意的是,这些遗址均地处《禹贡》中雷夏泽的岸边上,传说是伏羲出生的地方。

至于北辛文化中晚期的文化遗存,现已发现于境内多个遗址中。其中的红顶钵在陶器中占的比例较大,并成为这个地区、这个时期文化内涵的一大特色。但目前对这些文化的认识不太一致,甚至有学者认为其近似于西水坡遗址中的文化遗存,这有待于我们今后高度的关注和研究。

5. 大汶口文化时期的遗存,虽也受考古材料数量的限制,但还是能看出其与山东中东部地区的同时期文化遗存基本是一致的。这个地区应该属于大汶口文化分布的西部边缘地带,是大汶口文化由此向西、向南传播的主要通道之一。

6. 综观菏泽地区龙山文化时期的陶器,可知其在器类和器型上所含典型的山东龙山文化的因素较多,但在纹饰、陶系方面,则更倾向于河南龙山文化。

与典型龙山文化相比,这个地区也有一定数量的黑陶和极少量的黑衣陶,器形接近的有鬶、鬼脸式鼎足、直筒杯和少量稍厚于蛋壳陶的高柄黑陶杯等。但作为主要炊器的深腹罐和带流壶、大量的方格纹和绳纹,却在典型龙山文化中少见。

与河南龙山文化相比,一些器物的特征明显地受到中原地区后冈二期文化和王湾三期文化的影响。有些器物如深腹罐、直腹盆、甗、侧三角鼎足、直筒杯、大口碗、器盖等,与南部邻近的王油坊类型则更有许多相同之处。但也应该看到其自身的特点,如房址中很少见白灰面,不见后冈二期、王湾三期文化中的斝、折腹盆、鬲等代表性器物,且鼎、大口罐的数量较少,方格纹和甗的数量也多于王油坊类型等。

既如前述,我们认为菏泽地区的龙山时期文化遗存,强烈地表现出典型龙山文化与中原地区龙山文化交汇的特征。它既包含有较强的中原龙山文化因素,又有典型龙山文化因素,同时,它本土的文化成份也得到明显的体现。在这个地区之所以存在这种文化上的南北差异,除时处东夷文化和中原文化两大文化系统的边缘地带外,雷夏泽和大野泽也成为了这种文化差异的天然屏障。这种特定的历史时空和地理环境,使这里成为了不同文化相互冲击、传播的中心。尽管这种外来的影响、冲击时强时弱,但其本地固有的文化因素并没有因此而消失。基于这点,有的学者笼统地将其归于中原地区龙山文化或划归到典型山东龙山文化中,我们认为似有不妥。它应是既独立于二者之外,但又与它们有密切关联的同一时期不同类型的考古学文化。

7. 岳石文化时期,这个地区还是与典型的岳石文化属于同一考古学文化体系,如这个时期的代表性器类也是半月形双孔石刀、红褐陶甗、盆、碗形豆、子母口尊和蘑菇形钮器盖等。但与东部地区相比,其文化面貌显然也有其自身的特点,故早年就有学者提出"岳石文化安邱堌堆类型"说。另外,近年来发现的部分下七垣文化遗存与岳石文化遗存并存的现象,也已引起了学术界的高度关注。

关于商族起源于东方和成汤都亳的议题,一向是史学界和考古学界的热门话题。菏泽地区是文献中商族先公活动的主要区域之一,商出于夷、岳石文化是东夷文化的重要组成部分也是众多学者的共识。换句话说,先商文化也有可能包括了广布于菏泽地区的这支岳石文化。

8. 到商代,尤其是商代的中、晚期,菏泽地区的考古学文化的地方性特征也较为突出。如这个时期陶器中夹砂红陶、红褐陶在陶器中占居多数,夹粗砂红陶甗的数量几乎取代鬲而成为主要的炊器之一。这有别于殷墟文化的陶器以夹砂灰陶为主,红陶较少,鬲的数量远多于甗。另外,这里常见的宽大叠唇鬲和甗,也见于殷墟遗址中。有些学者通过对其相关性检测后的结果认为,殷墟遗址中这些文化因素直接来源于菏泽地区。可见,菏泽地区在商晚期阶段还与商朝的统治中心保持着密切联系。

9. 在已发掘过的堌堆遗址中,很少发现有西周时期的文化遗迹和遗物,意味着进入西周后,人们对堌堆的经营意愿在下降、在堌堆上面的日常活动也在急骤减少。这种状况到了战国时期有所变化,遗址中出土的该时期的文化遗物又开始增多,其基本文化面貌与周边地区没有太大差别。

两周时期至汉代,菏泽地区开始兴建城市,有文献记载的就有近20座。目前,我们已经发现了成阳故城址、郜国故城址、昌邑故城址和冤句故城址等,这些古城址是菏泽地区迄今为止,在堌堆下面平地上发现的最早的古文化遗址。

相比于两周时期,两汉时期对堌堆的利用又进入了一个高峰期,那就是时人对家族墓地的营建。据调查,在菏泽地区已发现的所有堌堆遗址中,绝大多数都埋葬有这个时期的墓葬,并在东汉时期达到了高峰。

在对青邱堌堆遗址的发掘过程中可以观察到,时人为加大墓地的规模,就在堌堆周围取土,然后堆积、夯筑于堌堆的边沿,以此来扩充墓地的使用面积;这些墓葬无论大小,其填土和封土也多经夯打。这些重要发现,基本上解决了这个地区遍布于堌堆之上夯土的文化性质问题。

在堌堆上进行大规模的墓地营建,标志着从这一时期开始,这些堌堆彻底失去了包括居住在内的诸多原有功能。南北朝之后,人们又在堌堆之上开始经营宗教场所,直至今天。

　　菏泽地区是中华文明的重要发源地之一。始自于七千年前的堌堆型古聚落文化遗址，是菏泽历史文化七千年的重要载体，是黄河文化的重要组成部分。上古时期的"四泽十三水"成就了这里良好的生存环境，为先民们提供了生活和文化创造之独特的天然条件。特殊的地理位置使中原文化与东夷文化在这里得以相互冲撞、渗透、交融，并最终发展形成了这个地区的特色文化。反映到考古学文化上，就是自北辛文化以来，特别是大汶口文化时期，本地文化就开始在这个地区占居着主导地位，并一直发展到二里冈上层时期。之后，才被强大的中原商文化系统所取代，即便如此，一些地方性的文化因素仍然顽强地延续着生命，并影响着商王朝晚期的统治中心地带。大约进入西周之后，菏泽地区才与山东其他地区一样，逐渐形成了文化面貌上的大一统。

菏泽境内古"四泽"考

马 静
菏泽市文化和旅游局

第四纪后期,菏泽市境内属于巨大低洼沼泽水域。在漫长岁月中,经西来黄河和东来汶水、泗水的汇集,渐渐形成菏泽、雷夏泽(雷泽)、大野泽(巨野泽)、孟诸泽四大古泽以及著名的济水、菏水、氾水、沮水、灉水等古十三水系。约在七、八千年前后,走下高原的中华先民陆续到此并开始定居于四泽十三水岸边,渔猎、农耕,繁衍生息。目前,在菏泽境内古四泽十三水岸边已发现有二百余处堌堆型古聚落遗址,包含有北辛、大汶口、龙山、岳石、商周乃至秦汉等不同时期的古文化存在。

汉以后,由于黄河的泛淤,四泽十三水陆续淤浅;金以后,黄河长期泛淹菏泽,境内平均被黄河泥沙覆盖6—8米,四泽十三水彻底淤为平地。长期以来,古往今来的众多学者为探研"四泽"的确切方位,作了大量研究梳理,各抒己见。本文依据《禹贡》《水经注》等地理著作,参照境内已发现堌堆遗址的分布,梳理一下"四泽"的方位,供方家指正。

一、菏泽

菏泽,是秦汉以前古代中国名泽之一,是营造陶为天下之中的交通枢纽,也是菏泽市名的来源之本。

菏泽之名,首见《禹贡》[1]。菏泽西纳济水,通黄河;东出菏水,接江水(泗水),再南通淮河、长江、东海;东北出济水入大野泽,又东北,经济南北,东流入海。菏泽还

---

[1] 《尚书·禹贡》:"导菏泽,披孟诸。"

北连雷泽,通濮水、羊里水、瓠子河;南纳黄沟枝流,通孟诸泽。

今在何县何方?《汉书·地理志》云:"《禹贡》'菏泽'在定陶东。"汉定陶县城,在今城北五里[1],而《汉书》未说在定陶东的距离。唐《括地志》云:"菏泽在曹州济阴县东北九十里,故定陶城东,今名龙池,亦名九卿陂。"唐《元和郡县图志》曹州济阴县下云:"菏泽在(济阴)县东北九十里,故定陶城东北,其地有菏山,故名其泽为菏泽。《禹贡》曰:'导菏泽,被孟猪。'"宋初的地理著作《太平寰宇记》济阴县下云:"菏泽在县东北九十里,定陶城东北。"

唐宋地理文献表明,菏泽在定陶城东北,距济阴县城九十里。据《太平寰宇记》,唐宋时的济阴县城,在左冈之阳[2]。左冈即春秋之左丘,亦名左山,因左丘明生于此,故又名左氏丘。该丘在定陶县马集乡左山寺之北,20世纪50年代,左山尚高十五米,周千余米,属龙山文化遗址。左冈西南五里即唐宋曹州州城;城东即济阴县城,在今曹县青岗集乡张志高村一带。以此为基点,往东北九十里,作扇状测量,其位置正在今定陶县孟海乡北境与巨野县的交界处。这一带就是唐宋时菏泽所在的地理位置。菏泽的这个位置,也正是北魏《水经注·济水》下所云的济水、菏水分流处。按《太平寰宇记》,汉乘氏县在巨野县西南五十七里[3],古菏泽东岸。查巨野县柳林镇东北毕庄有龙山文化遗址一处,今名左堌堆,应是古乘丘遗址,是汉乘氏县的源头,乘丘距巨野县城五十七里许,汉乘氏县正在此丘西张表村一带。菏泽的东岸在巨野县柳林镇西北境乘氏城之西。济水从乘氏城西出菏泽而东北,流入巨野泽;而菏水,则出菏泽东南,流经乘氏城及乘丘南、甲父亭、昌邑城北、金乡城、鱼台城南,东南流入泗水。菏泽的东岸在巨野县柳林镇西北境乘氏城之西。

史书上没有留下关于菏泽水域的面积,但我们可以从古人生活遗址的分布来判断四千年前菏泽的水域。《康熙字典》引用汉时文献《风俗通·山川篇》云:"水草交厝,名为泽;泽者,言其润泽万物,以阜民用也。"这说明,泽不同于湖。泽能蓄水,但水又不深,且长满水草,生有万物,是人类生存之所在。菏泽周围就分布着众多龙山文化遗址。这些古人生活遗址,应是四千年前菏泽的四界。

东岸是乘氏城,有古代乘丘为证;乘丘西北二十五里,菏泽市牡丹区沙土镇东南境曹寺村,古名曹坨[4],系龙山文化遗址,应是菏泽的东北岸;从曹寺往西十里,定

---

[1] 见本书潘建荣《陶丘历史文化考》。
[2] 见《太平寰宇记》"曹州济阴县"条。
[3] 见《太平寰宇记》"曹州乘氏县"条。
[4] 见菏泽市牡丹区沙土镇曹寺村明教寺明正德三年《重修明教寺》碑文"曹州东六十里地名曹坨有明教寺,古刹也"云云。

陶县半堤乡北境,有柏林寺龙山文化遗址,应是菏泽的北岸;从柏林寺往西二十里,陈集镇赵庄村有棠林寺古遗址,应是菏泽的西北岸;从棠林寺古遗址往西南十五里,是牡丹区佃户屯乡东北境的观上村古遗址;从观上村往南二十里是定陶县杜堂乡戚堌村龙山文化遗址,观上村和戚堌遗址应是菏泽的西岸;菏泽的南岸是今定陶县半堤乡潘楼村古荆城遗址和孟海乡孟海村、苗堌店村两个古遗址。如此看来,古菏泽是一个东西长五、六十里,南北宽十几里的狭长水泽。

大泽本身就是低洼之地,天雨客水多时,则泽域扩大;天旱时,则水域减少。泽中蚌、鱼、薏、藕、菱等水中的动植物,则成为先民的重要生活来源。

由于黄河的泛滥,菏泽水域由西向东,由南而北不断的缩小,至春秋战国之时,菏泽的东北境没有大的变化,而南境、西境则已大大退缩。

尧舜禹时连续洪涝十三年,豫东、鲁西洪水滔天。尧舜二先祖任命当代治水能手崇伯鲧治理洪水。鲧领导人民把居住点筑高,以避洪水,成了当时人民生存的有效保证。后世史书称鲧偷了天廷的法宝"息壤",能使土地无限增高,以使百姓安居。今天看来,鲁西、豫东的众多先民生活遗址,有的至今仍耸立地面七、八米以上,加上被黄沙掩埋的八米,竟达十几米之高。这些遗址,无疑是"息壤"法宝的源头。《世本·作篇》载"鲧作城郭""鲧作城""鲧作堤",也是指用土筑堤,把居民点包围起来,以避洪水。

鲧能使人短时避水,而不能治水。于是尧舜就用鲧的儿子禹治水。禹用疏导的办法,"导菏泽,被孟渚",使"雷夏既泽""大野既都",把一片汪洋又变成四大水泽,人民又开始在泽边、河岸耕作渔猎。

史籍没有明确记载史前黄泛之事,但漫长的岁月,肯定会不断地发生黄泛。黄河泥沙把菏泽水域面积逐渐淤小。据《皇览》,济阴郡定陶县荆城是齐国孙膑和魏国庞涓的相持处。荆城在定陶东北二十里。《山东通志》:"荆城在今定陶东北二十五里。"查验今地,今定陶县半堤乡潘楼村西荆城殿遗址即是。这说明,在战国时,菏泽的南岸已退缩到半堤乡的南境。

汉武帝元光三年(前132年)河决瓠子,泛淹兖、豫23年[1],菏泽之境平均被黄沙覆盖近一米;两汉之交的六十年间,黄河又不断泛淹菏泽之境[2],菏泽水域由西向东退缩;西晋至北魏的二百多年间,兖、豫二州水患不绝[3],这使菏泽水域面积

---

[1] 《史记·河渠书》《孝武本纪》。
[2] 《汉书·显宗孝明帝纪》《五景传》。
[3] 《晋书·五行志》《宋书·五行志》等。

忽大忽小，淤积更加严重。北魏郦道元《水经注》对菏泽的记载已很模糊。其引《郡国志》曰："乘氏有泗水，此乃菏泽也。"其《济水》下曰："济水自是东北流，出钜泽。"清人胡渭讥郦氏不言菏泽为疏漏。而《水经注疏》的作者杨守敬、熊会贞认为不是疏漏，而是把"菏"字误写成"钜"字[1]。这说明，公元500年前后，菏泽的东岸仍在乘氏县一带。据《宋书·灵徵志》记载：北魏天安、皇兴年间（466—470年），黄河决口，洪水泥沙淤于菏泽，水面东缩，乘氏县城毁人亡；太和六年（482年）、二十二年（498年），景明元年七月（500年），鲁西、豫东皆大水，百姓民宅存者仅十之四五。如此，菏泽水域则时大时小，周边百姓流离故园，流亡他乡。北魏朝廷终于在太和十二年（488年），把乘氏县城从菏泽东岸迁往菏泽西北，即菏泽今城。此时菏泽的水域面积，根据西来济水的流量和当地雨量的多少，时大时小，其四岸不易界定。

隋唐五代时期，是菏泽的日渐萎缩期。隋炀帝大业元年（605年），朝廷下诏，发河南诸郡男女百余万人开通济渠[2]。渠自西苑（隋帝宫殿在洛阳西）引洛水达于（黄）河，自板渚引河通于淮（板渚在今荥阳县氾水镇东北）。这条河渠从洛阳开始，由洛口入黄河，再从板渚引河水，东经开封，东南流经今商丘、永城、宿县、灵璧、泗县，在盱眙之北入淮河。同年又发淮南民十余万，开刊沟，自山阳至扬子入江[3]。通济渠成了中央政府通达江淮的经济交通命脉，这使济水沟通东西南北的地位日益下降。随着泥沙的淤积，济水流量越来越少，菏泽的主要水源之道淤干，泽水面积只有随着降雨量的多少而不断变化。唐初《括地志》已把菏泽称为龙池，反映了水域较小，故称为"龙池"，又把菏泽称为九卿陂。陂者，说明菏泽水已很浅。尽管黄河之水通过济水入菏泽水量渐少，但在隋唐年代的三百七十多年间，由于洪涝灾害频繁，菏泽的水域面积仍能保持一定规模，但其水的深度已变得更浅。

据《旧唐书》《新唐书》之《五行志》记载，唐代三百年间，菏泽一带洪旱交替。前期以旱灾为主，菏泽的水少干枯；后期洪涝不断，加之唐大和四年（830年）、开成三年（838年）夏、乾宁三年（896年）四月，黄河多次决口[4]，大水浪荡菏泽，此时的菏泽当为大泽之陂。

晋天福六年（941年），段凝决河于滑县，大水东流，直奔曹、濮，水阔七十里，居民登丘冢之上，为水所隔[5]。此时的菏泽又茫茫无际了。

---

[1]《水经注疏》"济水"条下。
[2]《隋书·帝纪第三·炀帝上》。
[3]《资治通鉴·隋帝纪》。
[4]《旧唐书·五行志》。
[5]《旧五代史·段凝传》《新五代史·段凝传》《资治通鉴》。

北宋前期是菏泽的丰水期,中期是菏泽的淤积期,后期是菏泽的淤塞期。据《太平寰宇记》《宋史》记载,五代后期后周广顺年间(952年),周朝廷于定陶镇建廪庾,榷盐廕之利[1]。说明从菏泽,通济水,入大野泽,出大野泽东北入海,仍是一条水上通道,菏泽仍有一定水面。但从定陶至后周京师开封,已无水上通道。因此,在定陶建仓库[2],以存海盐;再由陆路运往东京。公元960年,宋王朝建立,面对如此转运周折、费工、费时、费财的盐运状况,宋太祖建隆二年正月"遣使往定陶规度,发曹、单丁夫数万浚之"[3],黄河之水通过五丈河进入菏泽,再经济水、入野泽,再东入海以利漕运。《太平寰宇记》载:"乾德元年(963年),东疏菏水,漕转兵食于(定陶)镇,置发运务。开宝元年(968年)寻改为转运司;太平兴国二年(977年),转运使何岘奏请升定陶镇为广济军;至四年(979年)转运使运张去华又奏请分曹、单、濮、济四州之境民,置定陶县,以隶军。"如此看,东京通往菏泽的漕运十分畅通,"帛粟自广济河而西至京师者,京东之十七州"[4]。漕运的水源是黄河之水,位于定陶、巨野交界处的菏泽,又有了水源保障。

好景不长。太平兴国八年(983年)五月,黄河大决滑州韩村,"泛澶、濮、曹、济诸州民田,坏居人庐舍,东南流至彭城界入于淮。诏发丁夫塞之,堤久不成"[5]。这次河决,使广济河淤塞。菏泽进一步淤浅。咸平三年(1000年)五月,"河决郓州王陵埽,浮钜野入淮、泗,水势悍激,侵迫州城。命使率诸州丁男二万人塞之"[6]。这两次河决,基本淤塞了广济河(五丈河),进一步淤浅菏泽、大野泽及二泽之间的济水,广济河运中断。为了漕运之利,宋朝廷于景德三年(1006年)采纳内侍赵守伦的建议:"自京东分广济河,由定陶至徐州入清河,以达江湖漕路。役既成,遣使覆视,绘图来上,帝以地有隆阜,而水势极浅,虽置堰埭,又历吕梁滩碛之险,非可漕运,罢之。"[7]漕运虽不成,然菏泽之源五丈河(广济河)却得到了进一步疏通,菏泽之水尚存。

宋仁宗天圣年间,广济河曹州以下改道,菏泽水源断绝。宋真宗"天禧三年(1019年)六月乙未夜,滑州河溢城西北天台山旁,俄复溃于城西南,岸摧七百步,漫溢州城,历澶、濮、曹、郓,注梁山泊,又合清水、古汴渠,东入于淮,州邑罹患者三十二"[8]。

---

[1] 《太平寰宇记》"曹州济阴县"条。
[2] 《太平寰宇记》"曹州济阴县"条。
[3] 《宋史·河渠》"广济河"条。
[4] 《宋史·河渠》"广济河"条。
[5] 《宋史·河渠》"黄河"条。
[6] 《宋史·河渠》"黄河"条。
[7] 《宋史·河渠》"广济河"条。
[8] 《宋史·河渠》"黄河"条。

大水漫淹菏泽全境八个月之久。尽管天禧四年二月决口被塞，但同年六月大河又决滑州天台下。"大水走卫南，浮徐、济，害如三年而益甚。帝以新经赋率，虑殚困民力，任其浸流，不再堵塞。"[1] 其黄河主流就走今东明城、菏泽城北、鄄城南入雷泽、大野泽，南流菏泽、孟诸泽。此时的广济河下游，南北濮水，瓠子河等诸水淤塞以尽。黄河走今郓城武安镇一带，直冲东南，经巨野西龙固镇、大义镇、谢集、昌邑入菏水，再由金乡、鱼台入泗水，再南流入淮。这条支流被《宋史》称为夹黄河。直到天圣五年（1027年）十月，宋仁宗发夫三万八千、率二万一千，耗钱50万缗，始塞决河[2]。经过八年的漫淤，菏泽市全境受害，此时的百姓，已由原农业为主，变为渔业为主了。

为了漕运，天圣六年（1028年）七月，礼部员外郎阎贻庆建议："五丈河改道，自曹州而下，开一河，经乘氏县南、东，过今安兴镇、胡集南、郓城县黄安南，（济州合蔡镇）入夹黄河。诏命计功料以闻。"[3]

元丰五年（1082年）三月，"罢广济辇运司，移上供物自淮阳军界入汴，以清河辇运司为名"[4]。从此，广济河漕运渐废。这反映出菏泽水域已完全淤浅，不能行舟。宋熙宁十年（1077年），河决澶州曹村，洪水漫淹曹、濮二州达二十余年；宋建炎二年（1128年），东京留守杜充于滑州李固渡决黄河，水漫曹、濮，以阻金兵。黄河在菏泽市全境由北往南漫流达四十年之久，菏泽水面彻底淤平。

二、雷泽

雷泽，又名雷夏泽、龙泽。雷泽之名，首见《禹贡》："济、河惟兖州，九河既道，雷夏既泽，灉沮会同。"雷泽是中国古代历史上，养育中华先民的生命之泽。《山海经·海内东经》云："雷泽中有雷神。"汉代的《诗含神雾》、晋代皇甫谧的《帝王世纪》皆云："华胥履迹雷泽生伏羲。"华胥是6400年前生活在雷泽一带的母系部落领袖，她在雷泽岸边踏了雷神的脚印而怀孕，诞生了中华第一个有姓名的男性始祖伏羲。《史记·货殖列传》说："尧作成阳。"《汉书》说："尧冢在成阳。"[5] 成阳在雷泽东南岸边已明。《史记》之《五帝本纪》《货殖列传》皆载："舜渔雷泽。"伏羲是

---

[1]　《宋史·河渠》"黄河"条。
[2]　《宋史·河渠》"黄河"条。
[3]　《宋史·河渠》"广济河"条。
[4]　《宋史·河渠》"广济河"条。
[5]　《汉书·地理志》"济阴郡成阳县"条。

中华民族乃至东亚不少民族共同敬奉的始祖;尧帝、舜帝是中华先民由蒙昧走向文明的圣祖。他们都与雷泽息息相关,可见雷泽的神圣地位。

那么雷泽在哪里?晋人周处曾说太湖为雷泽,受到后人批评。有人硬把山西蒲板之雷水称为雷泽,意与舜联系在一起,受到晋代学者皇甫谧等后人的否定。南宋学者罗泌在《历山考》中说:"雷泽不闻有二,耕、渔必不相远,即此为是,今曹、濮间有舜豢龙井,定陶城皆其足迹也。"[1]罗氏认为雷泽在濮州(即今鄄城县)。

《禹贡》曰:"济河惟兖州。九河既道,雷夏既泽,灉沮会同,桑土既蚕,是降丘宅土。"古代黄河与济水之间被称为兖州。大禹治水,使黄河水流入众支流;位于今菏泽市北部的灉水、沮水,在雷泽的上源汇合,流入雷夏泽。老百姓从避洪水的岗丘之上走下来,又开始种桑养蚕,安居乐业。所以,汉朝学者郑玄说:"雷泽,兖州泽,今属济阴。"[2]《汉书·地理志》:"济阴郡九县:定陶、冤句、吕都、葭密、成阳、鄄城、句阳、乘氏、秺。"其在"成阳县"下特别注明:"有尧冢、灵台。《禹贡》'雷泽'在西北。"《汉书》明确指出雷泽的位置在济阴郡成阳县的西北。北魏《水经注》"瓠子河"下记载:"瓠河又左径雷泽北,其泽薮在大成阳县故城西北一十余里,昔华胥履大迹处也。其陂东西二十余里,南北一十五里,即舜所渔也。泽之东南即成阳县。"唐初《括地志·濮州·雷泽县》云:"雷夏泽在濮州雷泽县郭外西北。"至此,我们发现成阳县地理名称变为雷泽县。该书又载:"濮州雷泽县,本汉成阳县,在州东南九十里。《地理志》云:'成阳属济阴郡。'"唐濮州在今山东省菏泽市鄄城北二十五里旧城镇。该镇东南六十里左右应是雷泽的位置。据考古发掘证明,汉成阳县、唐宋雷泽县城,位于今菏泽城东北六十里胡集村东。其三面城墙已勘探清楚,并出土元、明雷泽寺碑。以胡集为基点,向西北测十里,即唐、宋时雷泽的东南岸。对雷泽的位置,唐《元和郡县图志》,宋《太平寰宇记》《元丰九城志》《舆地广记》都作了类似的记载。雷泽在今菏泽城东北六十里、鄄城东南三十里、郓城西南六十里无疑。此泽已被金、元、明三代黄河泥沙淤塞为平地,要搞清其水域面积,还必须从古人生活的遗址入手。

雷泽的东南岸是成阳城。现已探明,成阳城下为北辛文化遗址;城西一千米为汉尧陵遗址(龙山文化时期)。故而确定,雷泽的东南岸有两个龙山文化遗址。

雷泽的西南岸是历山。《史记》曰:"舜耕历山,渔雷泽、陶河滨。"[3]西汉人高诱注《淮南子》曰:"历山,在济阴成阳。"《太平御览》百六十卷引应劭语:"历山,

---

[1]《路史·国名纪》之《历山考》。

[2]《史记·五帝本纪》之《集解》引郑玄语。

[3]《史记·五帝本纪》。

即雷泽中山也"。西晋学者皇甫谧曰:"舜耕历山,今济阴历山是也。"[1]北魏《水经注》曰:"雷泽西南十许里有小山,孤立峻上,亭亭杰峙,谓之历山。"[2]唐《元和郡县图志》、宋《太平寰宇记》,皆谓历山在(雷泽)县西北十六里。鄄城县阎什镇历山庙村正合此方位,经文物部门勘查,该村属龙山文化遗址。清乾隆朝学者孙星衍来此考察时,谓"山高平地二丈许"[3]。

雷泽的西岸是犬丘,或曰垂都。《左传·隐公八年》:"宋公、卫侯遇于犬丘。"历史文献告诉我们,犬丘是尧舜禹时期伯益氏族的居住地。伯益氏族是有虞氏的姻亲,又是大禹治水的主要助手。舜耕于历山、渔雷泽,伯益氏族不会离此地太远。《水经注·瓠子河》篇载:"濮水枝渠又东北径句阳县之小成阳东,垂亭西,而北入瓠河。"又载:"今济阴句阳县小成阳东五里有故垂亭者也。"犬丘的急读即垂,故犬丘也称垂、垂都。

《左传·庄公二十八年》:"凡邑,有宗庙先君之主曰都。"看来,伯益氏族的宗庙在犬丘无疑。这说明,从四千二百年前的尧舜禹时期,到两千七百年前的春秋时期,犬丘有伯益氏族的宗庙。《战国策·魏策》载:"文台堕,垂都焚。"战国末年,诸侯征伐无度;秦国、赵国乃伯益之后人,魏人在战争中有意把敌国秦、赵祖先宗庙所在地垂都焚毁。秦统一中国后,凡是废弃的古代氏族发祥地皆立亭纪念,如陶丘亭、甲父亭、楚丘亭等。犬丘也不例外,曰垂都亭。此亭在北魏时尚存,故有"瓠渎又东径垂亭北"之说。魏晋时的地理学家京相璠曰:"今济阴句阳县小成阳东五里,有故垂亭者也。"[4]说明从三国至北魏,垂亭尚在。魏晋时的句阳在今牡丹区小留镇西境平堌堆龙山文化遗址一带。小成阳遗址在鄄城县富春乡国营林场,清乾隆年间所修帝尧陵在此。从帝尧陵往东南五里,有郑营乡西境之刘堌堆。走访村民曰:明初移民至此,此地就叫刘堌堆,至今未更名。村中有地隆起,已被民房占压。按《水经注》记载,此处为犬丘遗址是非常可能的。如确,民居之下当有龙山文化遗存。

雷泽之北岸,即炎帝的发祥地羊里水。因而其北岸应在鄄城县引马镇之南。

雷泽的东北岸在今鄄城县红船镇张堌堆,是大汶口文化遗址。附近又有成都故城遗址[5],是三千年前周文王第七子姬武的始封之成国。《太平寰宇记·濮州·雷泽县》下载:"雷泽县,本汉城阳县也,古成伯姬姓之国。史曰:周武王封弟季载(应为武)

---

[1] 《帝王世纪》第二。
[2] 《水经注·瓠子河篇》。
[3] 孙星衍《岱南阁集》之《历山虞帝庙碑铭》。
[4] 《汉唐地理书抄》之《京相璠春秋土地记》。
[5] 《汉唐地理书抄》之《京相璠春秋土地记》。

于成,今县北三十里成都故城是也。"[1]后因水患,成迁国都于成之阳,即汉晋之成阳、唐宋之雷泽城。张堌堆位于雷泽东岸,是中华始祖伏羲的诞生地。

四千年前雷泽的水域,依今天的地理范围看,即东南岸为牡丹区的胡集村及尧都成阳和尧陵遗址;西南岸为鄄城闫什镇的历山庙村历山遗址;西岸是郑营乡的刘堌堆犬丘遗址;东北岸是鄄城县红船镇张堌堆大汶口文化遗址。今鄄城县的东南部全为雷泽的水域。

在两千年的漫长岁月中,由于黄河的不断泛淹,雷泽水面由西向东、由北向南不断淤浅和退缩。到北魏时,其水域仅有东西二十里,南北十五里。五代、北宋时期的黄河屡决滑州和濮阳,大水东注,首先灌淤雷泽,然后再淤大野泽。《新五代史·段凝传》说:段凝为阻唐兵,自酸枣(今延津县)决黄河,水往东注,为患曹、濮,淤雷泽、大野泽。1128年,北宋东京留守杜充于滑州李固渡决黄河阻金兵,洪水主流先入雷泽,后入大野泽。金朝廷只顾打仗,不修黄河,其水在菏泽境内漫流,雷泽、大野泽成了黄河的主河道,一直到黄河泥沙把雷泽、大野泽和菏泽淤为平地。黄河淤沙还把雷泽东南的雷泽城淤埋,金朝廷只好于贞元二年(1154年)降雷泽县为雷泽镇。金大定二十七年(1168年)以后,黄河在菏泽境内南北反复改道;元代至元中(1287年),大儒张须为历山庙题写碑文,云:"须来游于鄄。知帝庙在雷泽北,瓠河所经,是为姚墟,亟往拜焉……"此文可证,在元朝初年,历山东北已无水域,而历山南反而有水,时人称之为雷泽。此雷泽正是黄河屡决的故道渚水而已。

元、明时期,黄河自菏泽西南安陵镇东北,流经曹州城(今菏泽城)东之双河集,过安兴镇、汉成阳尧陵东和胡集村,冲入雷泽故域,又形成大泽水面,明、清人又称此水为雷泽。菏泽县1898年的地图,就在帝尧陵东北、胡集村北画出一椭园形水面,称之为雷泽。此雷泽不过是黄河余流濉河的余渚而已。

三、大野泽

大野泽,又名钜野泽,还有大泽、广野泽和东海[2]之称。《山海经》中记载炎帝女儿精卫衔石填东海的故事,就是指的大野泽。《禹贡》"大野既猪,东原底平",就

---

[1] 此云为季载之封成国;按《史记·周本纪》,封成国者,应为文王第七子姬武;季载乃文王少子,封冉,即今冉堌。

[2] 《史记·项羽本纪》"项羽定东海"云云。

是大禹治水涉及大野泽的记录。《尔雅》云："大野泽、钜野泽乃一泽二名。"汉以前文献称大野，《史记》始有钜野泽之称[1]。《说文》："钜，大刚也。"大野、巨野同义，故二名并称；唐、宋以后，多称巨野。该泽是炎帝部族的发祥地之一。炎帝蚩尤带领八十一氏族生活在大野泽周围。黄帝战蚩尤，蚩尤被杀，身葬两处：一葬大野泽南岸（今巨野城东北九里），一葬大野泽东岸（今嘉祥县梁宝寺乡阚城遗址）。《皇览》曰："蚩尤冢在东平郡寿张县阚乡城中，高七丈，民常十月祀之。有赤气出，如匹绛帛，民名为蚩尤旗。肩髀冢在山阳郡钜野县重聚大小与阚冢等。传言黄帝与蚩尤战于涿鹿之野，黄帝杀之，身体异处，故别葬之。"该泽西纳濮水而通雷泽；西南纳济水连通菏泽；东北出济水，再东北经济南流入海；东南出黄水入菏水，通泗水，入淮，入海。因交通之便，水产丰富，自古是先民生存争夺之地。西周时属成、鲁两国共管。鲁哀公西狩大野，获麟，麟死，麟冢在巨野城东十二里。《括地志》云："获麟堆在郓州钜野县东十二里。"《春秋·鲁襄公十四年》："西狩获麟。"《国都城记》云："钜野故城东十里，泽中有土台，广轮四五十步，俗云获麟堆，去鲁城可三百余里。"

按《中国历史地图册》标绘，春秋时巨野泽在今巨野城西、北、东三面，呈门字型，环城而水。泽东西长约百里，南北宽约三十里。按，巨野泽周边龙山文化堌堆遗址对大野泽界标如下：

南界：巨野城东北九里是炎帝蚩尤墓冢；西北八里是商文化遗址冯堌堆。以此往西南六里，是春秋郧氏邑，即太昊氏族裔鹎鸟图腾聚居之地（后来人称会盟台）；以此往西三十里是古文化遗址龙固镇。

西岸：牡丹区胡集乡孙堌堆遗址；郓城徐垓乡春秋之村老陈庄。

北岸：郓城镇南春秋老村吕堌堆；往北五里即商都庇（今郓城县城），第十四代商王祖辛，及其后开甲、祖丁、南庚等四位商王都此；往东北十里是金线岭高地，春秋古郓就在其上。

东岸：嘉祥县梁宝寺镇阚乡蚩尤墓，巨野县麒麟镇获麟台遗址。秦末汉初，已在今城之南建县。东汉人班固作《汉书》，郑玄为《汉书》作注，皆言大野泽在巨野县北；晋人杜预、何承天则说在县城东北。说明以汉元光河决23年[2]、两汉之交河患60年为害[3]，大野泽自西往东淤缩。济水、濮水乃大野泽之源，长期河决，使二水淤塞，大野水源渐枯，以至在东晋泰和四年，桓温伐燕至金乡时，泽已枯水，只好谴毛虎

---

[1]　《史记·魏豹·彭越列传》云"彭越者，昌邑人，字仲。常渔钜野泽中，为群盗"。
[2]　《史记·孝武本纪》《河渠书》。
[3]　《后汉书·显宗孝明帝纪》《五景传》。

生开挖巨野河道三百里,引汶水、合清水,引舟自济入河[1]。义熙十四年刘裕伐秦,遗王仲德前锋,开巨野入河,进据滑台[2]。这都说明巨野泽不断东移并不断淤浅。

二次引黄河水,使巨野泽水一度丰盈。刘宋元嘉时人何承天亲见巨野泽后说:"钜野泽广大,南通洙、泗,北连清、济,有旧县城正在泽内。宜修复隶竭,给轻舰百艘,寇若入境,引舰出战,随宜应接,于事为便。"[3]此时县城被困水中,何承天建议在此设立水军基地,以防秦兵。至隋时,由于挖汴水运河通淮,使济水日枯,大野泽水源日少,泽水渐微[4]。唐《括地志》记载,巨野泽已在县城东北;唐中后期《元和郡县图志》称巨野泽在县东五里,春秋遗址获麟堆已在四面水中;五代晋开运元年,晋将段凝决滑州黄河,淹汴、曹、单、濮、郓五州之城,大水环梁山而合于汶水,巨野之水与梁山泊通,弥漫数百里[5];宋天禧三年,滑州之河复决,历澶、濮、曹、郓四州,水注梁山泊[6]。此时为巨野泽最大之时,所谓八百里梁山泊是也。宋咸平五年,帝诏漕运大臣赴梁山泊考察,议开渠疏梁山之水入淮事宜[7]。当时梁山泊水不通泗水,为南旺西南水脊高地所阻。宋天圣六年,大臣闫贻庆奏言,广济河(曹州之河)出济洲蔡合镇(牡丹区胡集乡与巨野太平乡交界处),水逼梁山泊,请治夹黄河,引水注之[8];从宋宣和年间宋江纵横梁山、泗水一线来看,宋政府已经疏通了梁山泊与泗水的水道[9]。金天会六年,杜充决滑县黄河,以阻金兵,水淹曹、濮、济三州达四十年之久,洪水主流直冲雷泽、巨野泽;金、元二百年间河患不息,湖泽日浅,黄河南迁后,巨野泽遂为平陆,明、清两代移民垦殖,遂成沃土。

四、孟诸泽

孟诸泽是菏泽市境内四大古泽之一。《左传》称之为盟都;《禹贡》称之为孟猪,即"导菏泽,被孟猪"是也;《周礼》称之为望诸;《史记》谓之为明都;《汉书》谓之盟诸。

---

[1]《晋书·桓温传》。
[2]《宋书·王仲德传》。
[3]《宋书·何承天传》。
[4]《太平寰宇记·曹州济阴县》。
[5]《新五代史·段凝传》。
[6]《宋史·河渠·黄河篇》。
[7]《宋史·河渠·黄河篇》。
[8]《宋史·河渠·黄河篇》。
[9]《菏泽日报》2006年《宋江起义研究》。

清人王念孙在《广雅疏证》中云："孟猪、明都、望都，皆同声假借。"明、清以后的文献皆称此泽为孟诸，今从。

孟诸泽是四千前有虞部落的发祥地之一，是夏朝第六代国君少康的复兴地，商汤氏族的龙兴地。孟诸泽如此重要，其地望何在？《周礼·职方》曰："青州薮曰望诸。"汉人郑玄注："即孟诸。"《尔雅》："宋有孟诸。"《汉书·梁国》载："盟诸泽在东北。"《史记·司马相如传》云：梁孝王刘武"游孟诸"。

宋即春秋之宋国，都城在今河南省商丘市南，时孟诸泽属宋国。梁国是汉景帝爱弟梁孝王刘武的封国，都城在睢阳，即春秋时宋之国都。《汉书》谓孟诸泽在睢阳东北不会有误，汉时孟诸泽属梁国，故有刘武游孟诸泽之说。

唐《元和郡县图志·河南道·宋州》载："虞城县西南至州七十里，本虞国，舜后所封之邑，后汉及晋属梁国……。孟诸泽在县西北十里，周回五十里，俗号盟诸泽。"唐、宋时的虞城县即今河南虞城北三十里之利民镇。该镇北十里即明、清黄河故道。

黄河故道是河南省商丘市与山东省菏泽市的分界线，其大部在山东省菏泽市的曹县和单县境内。如上所云，利民镇西北十里就是周围五十里水面的孟诸泽，其水域几乎全在菏泽市的单县西南境，今所谓浮岗水库，即唐朝孟诸泽的北部。

四千年前的孟诸泽水域面积十分广阔。今虞城县利民镇北十里，是孟诸泽的南岸；由此往东北二十里是古黎丘遗址[1]；往东北四十五里是龙山文化张堌堆遗址，此应为泽之东北岸，为尧舜时单父氏族所居；往西十里是位于莱河镇的龙山文化吴堌堆遗址；往西南六里是莱河镇大陵山龙山文化遗址；此二处当为孟诸泽的北岸；由此往西六十里是曹县青堌集古文化遗址；由此往西二十里是古唐邑遗址（汉己氏县），由此往西三十里是曹县土山集商汤陵龙山文化遗址；此三处应为孟诸泽的西北岸。

古孟诸泽的水域面积覆盖今单县西南部和曹县的南部。该泽西纳源于黄河的古汳水，东出汳水，入泗水，通连江淮；北出黄沟枝水，通济水入菏泽。如《禹贡》："导菏泽，被孟诸。"《禹贡锥指》："言治菏泽之水，衍溢则使被及孟诸，不常入也。林氏曰：菏泽水盛，然后覆被孟诸。金氏曰：自菏泽（南）至孟诸，凡百四十里，二水旧相通。"笔者认为，相通即通黄沟枝水。古孟诸泽是上古水上交通的一个重要枢纽，经过千百年黄河泥沙的淤积，至春秋时，孟诸泽已一分为二：西曰蒙泽，东曰孟诸泽。钱穆《史记地名考》"宋国蒙泽"条即认为古孟诸泽与蒙泽为一泽，笔者亦然。汉时，单县西南曹庄乡东境林台集是水陆码头[2]，说明此时孟诸泽已南缩，其水域已退至单县西

---

[1]《太平寰宇记·宋州》"虞城县"条。
[2]《单县志》之《重要地名考》。

南部的浮岗乡和高韦庄二地。

孟诸泽在唐时尚有周五十里的水面。天宝三年,李白、杜甫、高适曾同游孟诸泽,写下了游孟诸泽的诗篇[1]。宋《元丰九域志》虞城县下尚有孟诸泽的记载。

蒙泽,最早见于《左传》:"南宫长万于蒙泽杀宋闵公。"《水经注·汳水》载:"获水又东径长乐固北、己氏县南,东南流径于蒙泽。"《太平寰宇记》宋城下载:"蒙泽在城北三十五里。"可知,春秋至唐宋时的蒙泽在今曹县境内梁堤头、青堌集二镇的南部、黄河故道中。

孟诸泽、蒙泽,最后消亡在金、元、明、清七百年的黄河之患中。

---

[1]《全唐诗》。

单县黄河故道文化遗存的调查与研究

曹广法
单县博物馆

一、单县概述

单县地处鲁西南黄泛平原，位于四省（山东、江苏、河南、安徽）八县交界处。南依黄河故道，北临东鱼河，区内地势平坦，但由于历史上黄河多次决口冲刷沉积而形成波状起伏、岗洼相间的微地貌形态。属暖温带大陆性气候，四季分明。单县辖20个乡镇，502个行政村，2480个自然村，总面积1647平方公里，耕地面积147万亩，人均耕地1.43亩，总人口116万，农业人口105万人。

单县古称单父，舜帝的师父单卷曾在此居住，因而得名，迄今有2800多年的建县史。在漫长的历史长河中，朝代更替，物换星移形成了深厚的文化沉淀，龙山文化遗址多达十几处，孔子周游列国在此曾留下足迹，其弟子宓子贱施行仁政留下了"身不下堂、鸣琴而治"的历史佳话，现存有琴台遗址；汉朝刘邦之妻吕雉就出生在单县，单县也是清朝兵部尚书刘峨的故乡，清末义和团的先驱刘士端在单县率先起义；精美的石雕建筑"百狮坊""百寿坊"为全国重点文物保护单位，其精湛的雕刻艺术闻名遐迩；唐代诗人李白、杜甫、高适曾多次联袂游单，留下几十首诗篇；位于琴台脚下的仙人湖公园，风景宜人；湖西革命烈士陵园庄严肃穆。

单县属湖西革命老区，原湖西专署所在地。在抗日战争和解放战争时期创造了许多可歌可泣的英雄业绩。单县共有县级以上文物保护单位39处，其中全国重点文物保护单位1处、省级文物保护单位7处、市级文物保护单位21处、县级文物保护单位10处，不可移动文物点200余处，可移动文物8000余件，其中红色文物保护单位及文物点20余处。

二、黄河故道单县区域概况

（一）区域总体概况

黄河故道系指1855年（清咸丰五年）黄河于河南省铜瓦厢决口改道，夺大清河北徙入海后，不再汇淮而遗留下来的一条废弃河道。在单县境内，黄河故道呈带状横贯南部，西起高韦庄镇二郎庙南，经浮岗镇、黄岗镇、杨楼镇、蔡堂镇义和村南入安徽省砀山县境，成为单县与河南省、安徽省之间的一条自然分界线。黄河故道单县段总长44260米（44.26公里），平均宽度2.5公里，高韦庄镇境内长8850米，浮岗镇境内长13550米，黄岗镇境内长9070米，杨楼镇境内长7920米，蔡堂镇境内长4870米。故道区共辖76个行政村，239个自然村，2.79万户，总人口12.70万人，其中，滩区10.79万人。

（二）区域内文物分布状况

黄河故道流经乡镇的文物分布状况：古遗址3处、古墓葬8处、古建筑12处、石窟寺及石刻4处、近现代史迹及代表性建筑9处。

1. 高韦庄镇

高韦庄镇有不可移动文物3处，其中有1处古建筑，1处石窟寺及石刻，1处近现代史迹及代表性建筑。

（1）前唐村古双庙

前唐村古双庙位于山东省菏泽市单县高韦庄镇前唐庄行政村前唐庄村南，为一处清代建筑。

据庙碑记载：观音堂与关帝庙合称双庙，双庙坐北朝南，砖木结构，梁架结构均为抬梁式。关帝庙面阔三间7.85米，进深5.65米，有前檐壁廊，一门两窗。关帝庙东有一长4.3米，宽3.5米，高约5米的民国时期的炮楼。关帝庙院内有1株二百多年的柏树，位于庙门前偏东南5米处，此树树围1.37米，主干高3.75米。观音堂位于关帝庙西临，观音堂面阔三间12.9米，进深5米，一门两窗。双庙始建于唐天宝年间，明清时期曾两次修复，于2006年又再次修复，分别塑观音像和关羽像。

（2）顺河集泰山行宫碑

顺河集泰山行宫碑位于山东省菏泽市单县高韦庄镇二郎庙行政村顺河集村西，为一处清代碑刻。

顺河集泰山行宫碑，碑阳面向正南，青石质地，通高1.6米，宽0.55米，厚0.17米，碑座长0.84米，宽0.58米，厚0.4米，碑首阳刻：万代流芳，上题阴刻正楷"泰山行宫进香圆满记"，正文阴刻正楷记载建庙原由，11行212字，下跋阴刻正楷"清乾隆十七年立"。该碑立在庙址上，北为新建泰山庙，老庙在20世纪50年代被人为破坏。

（3）前唐村苗圃门楼

前唐村苗圃门楼位于山东省菏泽市单县高韦庄镇前唐庄行政村前唐庄南，为一处近现代重要史迹及代表性建筑。

前唐村苗圃门楼，在20世纪50年代初建园林，原为果园，一直使用至今，现被本村万道华承包，载种杨树，属林业局，在西山墙有沙灰书字，上书有"山东单县国营苗圃"，左"大地园林处处□□□□"，右"沙荒变绿洲遍地花果香"，园林东山墙有30年前的房子，有用白灰写的"农业学大寨"五个大字，现已无人使用。

2. 浮岗镇

浮岗镇有不可移动文物12处，其中有2处古墓葬，6处古建筑，2处石窟寺及石刻，2处近现代史迹及代表性建筑。

（1）谢楼村西谢氏墓

谢楼村西谢氏墓位于山东省菏泽市单县浮岗镇王堂行政村谢楼村西谢吉云家西北30米，四周皆为基本农田。

谢楼村西谢氏墓为一处清代墓地，墓向东南，南北长3米，东西宽3米，占地面积9平方米。墓地原有很多石件，均于20世纪六七十年代破坏，仅存1通清代墓碑立于墓地中，碑座大部分埋于地下。墓碑为青石质，碑高2.0米，宽0.60米，厚0.18米，碑额为抹角，碑额阴刻"延绵无疆"，碑身正文阴刻"清处士显考谢公暨妣董、魏氏之墓"，下跋阴刻"龙飞雍正十三年岁次乙卯仲春穀旦"。

（2）口门王楼村王书升夫妇合葬墓

口门王楼村王书升夫妇合葬墓位于山东省菏泽市单县浮岗镇聂王楼行政村口门王楼西村西北角，四周皆为树林。

口门王楼村王书升夫妇合葬墓为一处清代墓地，占地面积24平方米，原有柏树、石桌子、石条几等，均于20世纪六七十年代被破坏，现仅存1通清代墓碑立于墓地中。上题阴刻"大清同治拾壹年岁次壬申荷月穀旦"，正文阴刻"皇清邑庠生王公讳书升字口口配韩孺人之墓",下跂阴刻"口口口曾孙崇富、靖基勒石"。

(3) 李北刘氏民居

李北刘氏民居位于山东省菏泽市单县浮岗镇李北行政村李北村内,始建于清道光二十三年(1843年)。

李北刘氏民居现存大门和堂楼,座北朝南,砖木土结构,占地面积1250平方米。大门面阔五间16米,进深5米,明间屋顶略高于东西次间。单檐硬山建筑,干槎瓦屋面,设两垄合瓦,清水砖墙,建筑面积80平方米。明间青砖墙体,墙厚60厘米,前后各有一扇门,前门高2.9米,宽2.7米。东侧次间三间,前面中间有门,高2.0米,宽1.3米。后墙有一门两窗,门中下部已用砖封堵,西侧窗木质条棱结构,东侧窗双扇门式,为1989年重修时改建。梁架结构为抬梁式结构,梁与蜀柱均为圆柱形,上梁直径35厘米,下梁直径40厘米,蜀柱直径为28厘米,上梁与脊檩间蜀柱高80厘米,上下梁间蜀柱高50厘米。西侧次间一间,前墙中部有一扇圆形木质方格窗棂,直径84厘米,有一圈窗沿,外围直径1.4米,梁以上结构施熟桐油断生,本色。后墙中部有一扇门,北面坡屋顶中下部现已部分塌陷。东西次间墙体外层青砖结构,内施土坯,当地俗称"里生外熟"。

穿过大门,向北39米处是堂楼。堂楼为二层,高12米,面阔三间9.9米,进深5米,建筑面积49.5平方米。单檐硬山建筑,干槎瓦屋面无垂脊,两边各设三垄合瓦,清水砖墙,木质门窗,山面拔檐博缝由18块浮雕莲花纹饰的青砖堆砌。一层正前方有出厦,青砖小瓦,出厦长2.4米,宽1.4米,高1.3米,坡面长1.9米,内施三根檩条,厦柱与墙之间施双步梁,前瓜柱高40厘米,后瓜柱高90厘米,檩及梁断面均为圆柱形。厦柱高3.2米(含柱础),直径20厘米,相距2.42米,石质柱础,柱础下部边长为33厘米,柱至墙面1.28米。堂楼门高3.2米,宽1.4米,门两侧各有一扇木质双扇窗棂,为1989年重修时改建,距地面1.22米,至山墙1.5米,高1.6米,宽1.26米。一层面宽三间9.9米,其中明间面宽3.5米,次间面宽各3.2米,进深均5米,屋内墙面现已用白灰粉刷。西南角处有木质楼梯,12级梯面,每阶相距30厘米,宽75厘米,木楼梯位于一层东南角。二层木质地板,楼板厚5厘米,棚条直径30厘米。二层前面有三扇券顶木质方格窗棂,距地面4.67米,高1.62米,宽0.6米;后墙有一扇券顶木质方格窗棂;东墙有一扇圆形木质方格窗棂,外围直径1.1米。梁架结构为抬梁式结构,上下梁均为圆柱形,上梁直径35厘米,下梁直径45厘米。瓜柱为圆柱形,直径为24厘米,脊瓜柱高65厘米,直径24厘米,瓜柱高50厘米,直径24厘米。梁以上结构(包括梁)施熟桐油断生,本色。三根檩条,次间檩条均入山墙。椽上施望砖,盖板瓦,檐口置连檐,勾头滴水,板瓦垒脊。李北刘氏民居现状完好,民居东侧有两栋民房是用原配房拆掉的砖木所建。

2009年，第三次全国不可移动文物普查时发现并对其进行了调查。2010年，李北刘氏民居被单县人民政府公布为县级文物保护单位，2018年12月，李北刘氏民居被菏泽市人民政府公布为市级文物保护单位。

（4）玄帝庙

玄帝庙位于山东省菏泽市单县浮岗镇浮岗北街行政村安新庄村内，周围为民居。始建年代不详。

玄帝庙坐北朝南，砖木石结构，东西长11.3米，南北宽9.1米，建筑面积102.8平方米。大殿面阔3间，明间面宽4.8米，次间面宽3.25米，墙厚50厘米，室内地面为土。抬梁式构架，梁与瓜柱均方形，上梁边长40厘米，下梁边长45厘米，梁下均有12厘米宽的梁枋，至地面4.7米。后金柱与墙之间施双步梁，上部单步梁为圆形，直径22厘米，下部梁为方形，长1.24米，边长26厘米，一根瓜柱，直径18厘米。每根檩条下均有15厘米宽的檩枋，两侧檩条均入山墙。檐柱、金柱、梁、檩条、椽子及门窗现均施红漆。椽上施望砖，盖筒瓦，檐口置连檐，勾头滴水，板瓦垄脊。玄帝庙大殿台基高0.8米，长2.75米，宽0.55米，四步台阶，每阶高25厘米，阶沿石与檐柱之间用青石铺筑。前檐辟廊，高4.5米，长10.3米，宽2.47米，檐柱高3.21米，直径28厘米，至墙3.2米，两柱相距3.2米，鼓形柱础，最大径位于中部，直径28厘米。门楣之上为原木质方格结构，东次间上部已损毁；下部为2004年修缮时改建，中间为铁板双扇门，两侧是上铁质花菱下铁板结构，整体施以红漆。檐柱与前金柱之间施双步梁，梁下均施梁枋，瓜柱上承前下金檩。前檐柱和金柱用鼓形柱础，最大直径28厘米，现柱身施以红漆。

玄帝庙硬山式起脊建筑，铺灰陶小板瓦，圆形瓦当，屋檐有三角形滴水。前檐大殿高4.5米，至屋脊高8.3米，下部现施以宽80厘米的水泥墙裙。两侧山墙均有八边形窗口，直径1.6米，边宽25厘米，至地面4.1米，内部为2004年改建的长方形双扇窗。西山墙下部至南墙76厘米处有一扇券顶小门，高2.05米，宽60厘米，现已用水泥封堵。后墙有三个长方形窗口，高1.8米，宽0.5米，距前墙1.54米，至地面2.4米，窗间距1.95米，现已用砖封堵。

玄帝庙大殿前东侧立有重修玄帝庙碑，高3.4米，宽0.8米，厚0.27米，碑身高2.18米，碑座长1.1米，宽0.45米，碑首高1.0米，碑首透雕二龙戏珠图案，碑额阴刻"重修玄帝庙碑记"，边栏饰花卉纹，上题和正文字迹剥脱，下跋为"明崇祯三年"。大殿前西侧为皇经碑，青石质，为一清代碑刻，通高3.49米，碑身高2.34米，宽0.80米，厚0.24米，碑座长0.91米，宽0.65米，厚0.15米，碑首高1.0米，碑首透雕二龙戏珠图案，碑额阳刻楷书"皇经碑"，碑身边栏饰花卉纹，上题阴刻楷书"祖师殿□载皇经序"，正文阴刻楷书8行,每行43字,大致记载了皇经序的部分内容,下跋阴刻楷书"雍正十二年桂月上浣之吉,兖州府儒学廪膳生员郭南木竭诚撰文,邑儒学增广生员张彬沐手题额并书丹"。

2009年,全国第三次不可移动文物普查单县普查队对玄帝庙进行了调查,2009年12月,玄帝庙被菏泽市人民政府公布为市级文物保护单位。

(5)新四庄村石氏祠堂

新四庄村石氏祠堂位于山东省菏泽市单县浮岗镇浮岗行政村新四庄村村民石正先家,四周皆为民房。

新四庄村石氏祠堂为一处清代硬山式建筑,砖木结构,坐北朝南,前檐辟廊,面阔三间,长10米,进深7米,建筑面积70平方米,梁架结构为抬梁式,窗户为木质棱条,整个建筑结构稳定,现为居住场所。

(6)新四庄村孙氏祠堂

新四庄村孙氏祠堂位于山东省菏泽市单县浮岗镇浮岗北街行政村新四庄中街,为一处清代建筑。

新四庄村孙氏祠堂,面阔3间,长11.2米,进深6.45米,建筑面积73平方米,为一清代硬山式古建筑。祠堂坐西向东,青砖瓦房,砖木结构,前檐辟廊,梁架结构为抬梁式,窗户为木质棱条,整个建筑结构稳定,具有典型的鲁西南建筑风格。

(7)西姚庄村水井

西姚庄村水井位于山东省菏泽市单县浮岗镇浮北行政村西姚庄村中心偏西黄汝荣家西2米。

西姚庄水井为一清代古井,有圆形井圈,青石,井为青砖砌成,井口为圆形井圈,凿刻而出,井口直径0.70米,井口厚0.20米,现井内仍有井水,井水距地表3米,约20世纪80年代后无人使用。

(8)李东村悬井

李东村悬井位于山东省菏泽市单县浮岗镇李南行政村李东村西北角,浮岗水库南岸西段路北。

李东村悬井为一处清代古井,有圆形井圈,青石,井为青砖砌成,井口为圆形,井口直径1.3米,现井内仍有井水,井水距地表3.5米,约20世纪80年代后无人使用。村民为保护此井,先后又在原井上加高约2.5米。

(9)孙庄村重修四神碑

孙庄村重修四神碑位于山东省菏泽市单县浮岗镇张楼行政村孙庄村西北角顾海法家西20米处。

孙庄村重修四神碑为一处清代碑刻，碑阳正南，高1.5米，宽0.64米，厚0.21米。此碑原为庙碑，庙址已无地可查。碑为青石质地，方形碑首，碑阳面碑额阳刻篆书"永垂不朽"。碑身边栏阴刻花卉纹，上题阴刻楷书"重修四神碑记"，正文主要记载了建庙原由，下跋阴刻楷书"大清光绪十九年八月上浣之吉"。碑阴面阴刻楷书主要为捐款人名单。碑座埋于地下。因年代久远，长期风吹、日晒、雨淋，致使碑身部分字迹模糊不清。

（10）石老家村石正祥烈士纪念碑

石老家村石正祥烈士纪念碑位于山东省菏泽市单县浮岗镇石老家行政村西石老家村石永立家东侧。

石正祥毕业于菏泽市一中，当时发动学生抗日，石正祥被共产党派到国民党做特派员（地下工作），1927年在郑州被日军飞机炸死，年仅27岁。石老家村石正祥烈士纪念碑为一处中华民国碑刻，青石质，通高1.24米，宽0.43米，厚0.10米，中华民国二十七年为第一战区抗日战士石正祥立的纪念碑。碑首阴刻"精神不死"，正文阴刻"抗日战士石正祥君之墓"，下跋阴刻"旅长乘蒙，长官厚爱□□□□"。纪念碑经风吹雨淋，以及人为损毁，致使碑体上部分字迹模糊不清。

（11）浮龙湖水库

浮龙湖水库位于山东省菏泽市单县浮岗镇政府南1000米，南为黄河故道大堤。

浮龙湖水库为一处近现代重要史迹及代表性建筑，东岸长1.34公里，西岸长2.31公里，南岸长8.58公里，北岸长8.15公里，水域面积为19.13平方公里。蓄水1亿多立方米，水库始建于1958年，当年7月底竣工，9月蓄水，地下水位大幅度上升，导致土地盐碱化。1962年停蓄还耕，20世纪80年代，旱灾严重，恢复启用该水库。并自1994年陆续建设，1995年对该水库围观进行修复，2002年对库闸进行改建，现为4A级旅游景区。

（12）大王庄村排灌站

大王庄村排灌站位于山东省菏泽市单县浮岗镇大王庄行政村大王庄村东南角黄河故道库区西岸。

大王庄村排灌站为一处近现代重要史迹及代表性建筑，始建于1960年，有水闸1座，闸板上顶建有机房1座，内有2台柴油发动机，为第三代发动机，机房于80年代重新修建，水闸两侧有两个铁质排水管，通向排灌渠，排灌渠长2公里，现排灌站仍保存较好，水闸涵洞石板上刻有"自己动手 丰衣足食 毛泽东"。此排灌站为菏泽市第一大排灌站，万亩灌区试验点。

3. 黄岗镇

黄岗镇有不可移动文物11处,其中有1处古遗址,3处古墓葬,2处古建筑,1处石窟寺及石刻,4处近现代史迹及代表性建筑。

（1）渡口王庄村渡口遗址

渡口王庄村渡口遗址位于山东省菏泽市单县黄岗镇政府西南4公里处渡口王庄村南,黄河故道的北岸。

渡口始建年代不详。渡口码头有一董姓人家在此负责,他手下有许多码头工人,大多为王姓。时间一长,这些码头工人就开始定居下来,逐渐形成一处村庄,又因村中有一黄河渡口而得名"渡口王庄"。该村现有人口1208人,耕地面积1280亩。渡口王村现有姓氏30多个,人口较多的姓氏有郭、孙、刘、张等,多为在渡口以搬运谋生,后在此定居者。村中有当时远近闻名的郭家老店、刘家老店、董家货场。20世纪70年代村中居民在货场遗址上取土时,还能发现一些生活用具、农用工具、煤块等。

村中有一河王庙位于村南黄河岸边,当地人称"大王庙"。该庙为四合院建筑,占地面积约1亩左右。三间正房内正中供奉泥金河神塑像一尊及其他神像若干。解放前有庙祝1人。每遇黄河泛滥季节,人们都要提前去庙里烧香叩头许愿。解放后被拆除。

（2）邓庄邓广进夫妇合葬墓

邓庄邓广进夫妇合葬墓位于山东省菏泽市单县黄岗镇赵楼行政村邓庄村东5米处。

邓庄邓广进夫妇合葬墓为一处清代墓地,为邓氏家族分支墓地,墓向东南,面积16平方米。原墓地有石羊、石桌等,在20世纪60年代被人为破坏。现仅存一通墓碑立于墓地中,碑阳东南,为青石质地。碑身高2.18米,宽0.6米,厚0.21米;碑座长0.9米,宽0.6米,厚0.4米。碑阳碑首龙纹,边栏阳刻万字花卉纹,上题阴刻正楷"龙飞光绪三十年四月初一日",正文阴刻正楷"皇清处士例赠孺人显考邓公讳广进府妣孟太君之墓",下跋阴刻正楷"男呸烈显孙何勒石",碑额阳刻篆书"题名",两边及两侧素面。墓碑碑首右上方残缺。

（3）赵庙村赵氏墓

赵庙村赵氏墓位于山东省菏泽市单县黄岗镇赵庙行政村赵庙村东南角40米。

赵庙村赵氏墓为一处清代墓地,面积18平方米。墓地原有很多墓塚、墓碑、石桌、石香炉等,20世纪60年代被人为破坏,现仅存一通墓碑立于墓地中,为青石质地,碑阳正南,碑阳碑首阳刻篆书"皇清",碑额阳刻宝瓶花卉,正文阴刻正楷"赵氏祖茔"。

碑阴碑首无纹饰，正文阴刻正楷"道光四年岁次甲申十月朔，世孙口谨识"，边栏无纹饰。1989 年赵氏家族为保护墓碑，重新把墓碑修复完整并为其建立碑楼。

（4）后孙庄孙三聘夫妇合葬墓

后孙庄孙三聘夫妇合葬墓位于山东省菏泽市单县黄岗镇前花园行政村后孙店村南 100 米处。

后孙庄孙三聘夫妇合葬墓为一处清代墓地，南北长 4 米，东西宽 4 米，占地面积 16 平方米。墓向东南，墓碑为青石质地，高 2.0 米，宽 0.6 米，为孙氏家族第五世先祖之墓碑，立于乾隆三十四年，文系清兵部尚书刘峨亲笔题书，是刘峨为其外祖父所立。碑阳："郜掾奉政大夫东路同知前南路同知，宛平县知县曲阳县知县加三级记录王次姐晚生刘峨顿首拜题，皇清太学生讳三聘字华贤孙公暨配王、刘宜人之墓。"

（5）东街黄氏民居

东街黄氏民居位于山东省菏泽市黄岗镇东街行政村东街黄岗医院院内。为一处清代硬山式二层楼建筑。

东街黄氏民居座北朝南，砖木结构，青砖墙面。楼高 9.5 米，东西长 10.6 米，南北宽 5.5 米，建筑面积 58.3 平方米。单檐硬山两面坡屋顶，青砖瓦房，四条垂脊檐下由一组浮雕莲花纹饰的青砖堆砌。民居面阔三间二层，堂楼一层面宽三间 9.4 米，其中明间面宽 3.4 米，次间面宽各 3.0 米；进深 4.3 米，木质门窗，门高 2.6 米，宽 1.34 米，门两侧各有一扇窗口，高 1.3 米，宽 1.0 米，距地面 1.23 米，至山墙 1.82 米，窗扇为"文革"期间更换。西南角处有木质楼梯，10 级梯面，梯长 4.0 米，宽 0.7 米，每阶相距 40 厘米，台阶宽 30 厘米，扶手长 2.67 米，宽 55 厘米。屋内墙面现已用白灰粉刷，室内方形大青砖铺地。二层木质地板，楼板厚 5 厘米，八根棚条，直径 30 厘米，至地面 3.45 米。二层内外均青砖垒砌，前面有 3 扇券顶窗口，高 1.24 米，宽 0.6 米，窗间距为 2.35 米，至墙 1.95 米，距地面 4.6 米；后墙有一扇券顶窗口，窗高 1.24 米，宽 0.6 米，至屋檐 0.98 米；东西山墙各有一扇八边形窗口，外围直径 1.2 米，前窗、后窗及东西两侧窗的窗扇均为"文革"期间更换。梁架结构为抬梁式结构，梁及瓜柱均为圆柱形，上梁直径 40 厘米，下梁直径 50 厘米，脊瓜柱高 90 厘米，直径 20 厘米，瓜柱高 60 厘米，直径 20 厘米。三根檩条，次间檩条两侧均入山墙。棚条、楼板、梁以上结构（包括梁）及梁以下的柱、门窗施熟桐油断生，本色。椽上施望砖，盖板瓦，檐口置连檐，无勾头滴水，板瓦垒脊。

2009 年，第三次全国不可移动文物普查时发现并命名东街黄氏民居，2015 年 3 月，东街黄氏民居被菏泽市人民政府公布为市级文物保护单位。

（6）北老窝村黄氏民居

北老窝村黄氏民居位于山东省菏泽市单县黄岗镇齐庄行政村北老窝村村内。

北老窝村黄氏民居为始建于中华民国时期，为一处农家院落，南北宽 5.4 米，东西长 8.7 米，占地面积 47 平方米，坐北朝南，面阔三间，进深 5 米，砖木结构，一门两窗，门窗均为木质，内部梁架为抬梁式结构。

（7）前阁村弥陀禅院碑

前阁村弥陀禅院碑位于山东省菏泽市单县黄岗镇前阁行政村前阁村北侧。

前阁村弥陀禅院碑为一处清代碑刻，青石质地，碑阳正南，碑身高 2.38 米，宽 0.93 米，厚 0.31 米，碑首高 1.25 米，碑座高 0.5 米，宽 1.03 米。此碑为赑屃座，赑屃座首已残缺。碑阳碑首浮雕二龙戏珠，碑额阳刻正楷"万代流芳"，碑身边栏阳刻二龙戏珠，上题阴刻正楷"创建弥陀禅院碑记"，正文阴刻正楷主要介绍建此庙时的情景，下跋阴刻正楷"清康熙岁在丙午仲冬吉日"。

（8）刘新庄交通桥

刘新庄交通桥位于山东省菏泽市单县黄岗镇烟庄行政村刘新庄村中心偏西处，通南北小路，东西为河沟。

刘新庄交通桥为一处近现代重要史迹及代表性建筑。桥南北长 5.6 米，东西宽 4.0 米，面积为 22.4 平方米，原为刘家地主寨门，为青砖所建，桥栏为砖砌，高 0.60 米，宽 0.36 米，整个桥栏用沙灰所捆，桥下中心部位有一拱形涵洞。

（9）蒋堤口村窑厂

蒋堤口村窑厂位于山东省菏泽市单县黄岗镇朱堤口行政村蒋堤口村西北角。原名黄岗公社"五七"窑厂，建于 1967 年，为一处近现代重要史迹及代表性建筑。

蒋堤口村窑厂东西长 376 米，南北宽 360 米，占地面积 135360 平方米，现有主席台、窑体、砖机机房、成坯棚等建筑。窑体南北长 100 米，东西宽 20 米，高 3.5 米，其上建有高 55 米的烟囱，上书毛体字"为人民服务"。窑体东西各有 13 窑门，南北各有一个顶子门，共有 26 扇窑门，窑体有火眼、烟道，四角各有一岗楼供工人休息之用，窑体正前方为运煤通道。窑体东侧建有成坯棚，南北长 35 米，东西宽 6 米，占地面积 210 平方米。窑体正前方建主席台，中堂彩绘毛主席像，两侧分别书毛主席语录，南为"指导我们思想的理论基础是马克思列宁主义——毛泽东"，北为"领导我们事业的核心力量是中国共产党"，下额是"毛主席万岁"五个大字。窑体北侧现存有砖机机房 2 间，机房北侧为窑坑，面积约 80000 平方米。蒋堤口村窑厂一直是集体使用，制作砖瓦，以供民需。1982 年起，蒋堤口村窑厂陆续由个人承包。2015 年蒋堤口村窑厂坯亭、砖架等结构被破坏，2016 年停止使用。窑厂是农村工业朝气蓬勃而不可或缺的组织部分，此窑厂为研究建国初期人们的农村工业生产技术提供了翔实的实物资料。

2009年，第三次全国不可移动文物普查时发现蒋堤口村窑厂并对其进行了调查。2018年12月，蒋堤口村窑厂被菏泽市人民政府公布为市级文物保护单位。

（10）安庄村水闸

安庄村水闸位于山东省菏泽市单县黄岗镇安庄行政村安庄村东南。安庄村水闸为一处近现代重要史迹及代表性建筑。

安庄村水闸又称上滩路水闸分水闸，公元1976年建成，砖混结构，现已被废置。水闸南北52米，东西62米，占地面积共3224平方米。主水闸高5.5米，东侧分水闸高4米，西侧分水闸高3.7米。南端为主分水闸，向北约20米东西两侧各有一分水闸，三闸连为一体，东侧分水闸为单闸门，闸上有一块青石板，两侧各有七级步阶；西侧分水闸为双闸门，闸上有两块青石板，两侧各有八级步阶。东西分水闸两侧各有一条小桥，有桥栏扶手，大部分桥栏扶手已断裂。此水闸早期为安庄下游的农业灌溉提供了保障。

（11）安庄村上水滩水闸

安庄村上水滩水闸位于山东省菏泽市单县黄岗镇安庄行政村村南800米处。

安庄村上水滩水闸为一处近现代重要史迹及代表性建筑。南北长55米，东西宽27米，占地1485米，于1976年竣工完成，此水闸为主水闸，闸两端有4步台阶，水闸东、西两侧各有环水分散池，现已停止使用。

4. 杨楼镇

杨楼镇有不可移动文物5处，其中有2处古墓葬，2处古建筑，1处近现代史迹及代表性建筑。

（1）孟新楼村孟传印夫妇合葬墓

孟新楼村孟传印夫妇合葬墓位于山东省菏泽市单县杨楼镇孟新庄行政村孟新庄村东北100米，为一处清代墓葬。墓地四周皆为基本农田。

孟新楼村孟传印夫妇合葬墓，现墓地为树林，墓向东南，面积10平方米，墓地原有石桌子、石香炉等均于20世纪六七十年代被人为破坏。原有封土已平毁，现有封土为新堆筑，仅存一通清代光绪八年的墓碑立于墓地内。碑通高2.42米，碑身高1.92米，宽0.23米，厚0.20米，该墓碑上题阴刻正楷"光绪八年荷月"，正文"大清皇清乡饮介宾例增孺人显祖考孟公孟传印字孟宗壁妣刘太君太府君之墓"，下跋"男孙口口继哲孙口口敬立"。

（2）姜李庄村朱世勤墓

姜李庄村朱世勤墓为一处名人墓,位于山东省菏泽市单县杨楼镇大姜庄行政村姜李庄村东南角200米的黄河滩。

姜李庄村朱世勤墓,墓向东南,面积14平方米,20世纪六七十年代原墓碑被损毁,封土被平毁,现有封土均为新堆筑。朱世勤（1904.6—1942.5）,汉族,字俭堂,乳名朱五妮,国民党爱国抗日将领、抗日志士,国民党第十一区督察专员兼保安司令暂编三十师中将师长,1942年5月4日与千余日军作战殉死,年仅39岁,墓碑为后人于2001年为其所立,刻有"抗日将领朱世勤墓"。

（3）苏暗楼村苏氏祠堂

苏暗楼村苏氏祠堂位于山东省菏泽市单县杨楼镇苏门楼行政村苏暗楼村村民苏克金家前10米,为一清代古建筑。

苏暗楼村苏氏祠堂面阔三间10.5米,进深8.4米,建筑面积88.2平方米。苏暗楼村苏氏祠堂原有东配房,四合院,有五脊六兽,相当壮观,于20世纪六七十年代被人为破坏,现仅存三间大殿。20世纪50年代曾做过学校,在距今四五年前本村村民苏克金承包此祠堂,在此做家具,现该苏氏家祠座北朝南,砖木结构,呈前出后包式,梁架结构为抬梁式,一门两窗。因长期风吹雨淋,苏氏家祠房正上顶部分坍塌。2014年,苏暗楼村苏氏祠堂用原木重新揭瓦,四周用水泥捆绑。

2015年苏暗楼村苏氏祠堂被菏泽市人民政府公布为市级文物保护单位。

（4）孟寨西村孟氏民居

孟寨西村孟氏民居位于山东省菏泽市单县杨楼镇孟寨行政村孟寨西村西南村民孟祥景家,为一处清代古建筑。

孟寨西村孟氏民居,始建于清末,为孟氏地主所建,原有五进大院,有五脊六兽,于20世纪六七十年代被破坏,仅存第三进院的西配房,长10.60米,宽5米,坐西向东,砖木结构,面阔三间,重梁起架,现仍为居住场所。

（5）郑堤口村水闸

郑堤口村水闸位于山东省菏泽市单县杨楼镇王呼庄行政村郑堤口村村南150米。

郑堤口村水闸,始建于1976年,1977年落成,总面积4550平方米。闸总长100米,主闸宽6.2米,主要用于农业灌溉蓄水和农业灌溉。水闸为组合水闸,由一主闸及三个分水闸口和两个汲水渠组成,主闸上建有砖混结构的四间闸房,内置机械闸门开关装置（机械装置现已损坏）,闸南东西两侧距主河道15米处各有一汲水渠,为一组,主闸正北50米处为一组分水闸（由北、东、西三个闸口组成,呈三角形式分布）,主闸和分水闸由中间稍宽的人工水道连接。此水闸现已停用。

5. 蔡堂镇

蔡堂镇有不可移动文物 5 处，其中有 2 处古遗址，1 处古墓葬，2 处古建筑。

（1）乔庄村关帝庙遗址

乔庄村关帝庙遗址位于山东省菏泽市单县蔡堂镇后刘行政村乔庄村中心偏北张玉革家前 30 米，为一处清代古遗址。

乔庄村关帝庙遗址南北长 40 米，东西宽 25 米，占地面积 1000 平方米，原遗址在解放初期被拆掉，庙碑在 20 世纪 60 年代被拉倒，在 1972 年重新立于遗址内。碑阳朝南，为一中华民国十二年重修关帝庙碑。该碑青石料，碑身高 2.1 米，宽 0.56 米，厚 0.22 米。碑首浮雕二龙戏珠图案，碑额篆刻"亘古一人"，边栏饰花草纹，碑身上题阴刻楷书"重修关帝庙碑记"，单邑城东南六十里乔庄，正文阴刻楷书 15 行，每行 40 字，大致记载了重修关帝庙的原因和经过以及捐资人员名单，下跋阴刻楷书"中华民国十二年巧月吉日"。

（2）许堂村许家庙遗址

许堂村许家庙遗址位于山东省菏泽市单县蔡堂镇河滩行政村许堂村东小学院内，为一处清代古遗址。

许堂村许家庙遗址，南北长 80 米，东西宽 40 米，占地面积 3200 平方米，庙内原有哼哈二将，六间大殿，东西廊坊各八间，供全神。解放初期曾做学校，20 世纪六七十年代被破坏，仅存一通未立的大清光绪八年的重修庙工碑。碑高 2.30 米，宽 0.68 米，厚 0.22 米，右下角残，下跋为"大清光绪八年岁次元武敦版小阳月毂旦"。2004 年在原庙址建小学，使用至今。

（3）鹿湾村朱曦夫妇合葬墓

鹿湾村朱曦夫妇合葬墓位于山东省菏泽市单县蔡堂镇安楼行政村卢湾村东南 500 米，为一处清代墓地。

鹿湾村朱曦夫妇合葬墓，墓向东南，面积 26 平方米，原有林门、石条几、石猴等石件，于 20 世纪六七十年代被破坏，仅存墓塚一座和一通 2008 年重新立于墓地内的宣统年间的墓碑。碑通高 3.03 米，碑身高 2.7 米，宽 0.72 米，厚 0.25 米，碑首断裂后又黏合，边栏刻回纹，上题阴刻楷书"□□□□□岁进士□□□顿首拜题"，正文阴刻楷书"皇清乡饮介宾朱公讳曦字□□暨德□张、王孺人之墓"，下跋阴刻楷书"宣统□年□□□浣毂旦"。碑阴面记载了朱曦德生平及家族捐资名单。墓地现为基本农田。

（4）羊庙村酒厂旧址

辛羊庙村酒厂旧址位于山东省菏泽市单县蔡堂镇辛羊庙行政村辛羊庙村中心街

东邻,为一处清代古建筑。

辛羊庙村酒厂旧址,南北长40米,东西宽30米,占地面积1200平方米。现酒厂仅存20个发酵池,其中西南角处有8个清初的发酵池,其余12个发酵池为1973年建造,仓库内另有5个盛酒的木罐,木质为柏木。酒厂在抗战时期毁于日军扫荡,1972年又重新恢复生产,后因经营不善于2006年停产。

(5)辛羊庙村水井

辛羊庙村水井位于山东省菏泽市单县蔡堂镇辛羊庙行政村辛羊庙村中心辛羊庙酒厂东侧70米,为一处明代水井。

辛羊庙村水井为一口井上井,明朝大迁民后,此地居民在此挖井,掘至三人深处,发现地下有一处被黄土埋没的古井,青砖砌成,有大小不一的29道井绳沟。第一个井口直径为0.75米,井深4.5米,第二个井口直径1.2米,井深4.5米。向下逐渐加大呈圆形,此井内现仍有井水,辛羊庙酒厂酿酒即用此井水,2006年后无人使用。

三、单县黄河流域红色文化资源的保护及利用

湖西人民会议厅旧址为第五批省级文物保护单位,是湖西老区遗留下来的一处大型建筑,县政府利用其条件成立了平原省革命纪念馆,是菏泽市爱国主义教育基地。2018年对全县进行了一次红色文化调查,发现一大批红色文物点,同年将其中的9处红色文物点,申报成了菏泽市文物保护单位,苏鲁豫边区根据地旧址成为县政府重点打造的爱国主义教育基地。2018年底苏鲁豫边区根据地旧址申报了山东省第六批省级文物保护单位。

黄河故道的红色文化:单县黄河故道处于苏鲁豫边区革命活动的中心地带,抗日战争时期,黄河滩区发生过岳寨阻击战等几次战斗,解放战争时期,单县黄河故道成为湖西武工队的重要活动区域,为了弘扬红色文化,传承红色基因,县政府利用有利条件正努力打造单县的红色文化品牌。

文亭山、文亭湖与郜国故城关系分析

郭 立

成武县博物馆

成武县老城西北隅有一自然形成的湖泊，名曰"文亭湖"，环湖四周有长约三十里、跨度约三十米的护城大堤。文亭湖内有文亭山，根据考古资料、出土文物、采集标本及有关专家论证，郜国都城也埋藏在文亭湖下。《史记》《读史方舆纪要》《城武县志》等资料对文亭湖及文亭山均有记述，且一些专家和学者对此也做过考证，但对郜国故城的研究却不多，针对三者的关系也未见系统分析。三者成因及内涵是什么？产生的先后顺序是怎样的？笔者通过多年对成武历史文化的了解和文亭山、文亭湖出土文物的见证，结合历次考古调查成果，现简述如下。

一、文亭山成因及内涵

（一）文亭山遗址成因

文亭山，又名云亭山，现高约八米，突兀于文亭湖之中。南北长191.5米，东西宽125米，总面积约为23938平方米。

究其成因，还得从远古时期说起。那时，这里为古黄河、济水的冲积平原，土质松软，地势平坦肥沃，这一地域内有济水、灉水、沮水等多条河流流经此地，并且有菏泽、大野泽、孟渚泽等大片沼泽水域，这些水域为古代先民提供了赖以生存的条件。大约在五千多年前，我们的祖先就居住在这些河流的两岸和沼泽边地势稍高的地带，进行渔猎刀耕，繁衍生息，成为了中华文明的一部分。

成武地处孟渚泽、菏泽与大野泽之间，那时生活在这里的人们以亲缘关系结成原始部落,傍水择高处而居。为躲避经常袭击的洪水,他们便随着洪水的不断上涨而逐渐加高居址,久之,便形成了一个又一个的高台(也称堌堆、山等)。据统计,在成武县境内已掌握资料的堌堆遗址已有59处,目前尚有堌堆封土遗存的有23处,文亭山遗址就是保存封土较多的其中一个。

(二)文亭山遗址内涵

文亭山遗址早期并未被人们所重视。1949年以前,文亭山面积庞大,封土较多,山上建有泰山行宫,山右建有曾子祠,并有汉代柏树数棵。抗日战争期间,山上庙宇被敌人作为据点,人民群众为抗击日军,在这里与日军进行了英勇战斗,致使寺庙被毁,古柏树也被烧掉。1949年以后,县劳改队在文亭山周围建土窑三座,利用文亭山上大量的封土烧制砖瓦,其间曾出土过大量陶制文物,但当时并未引起人们注意,出土陶器也都被毁掉了。1950年,县劳改队在取土过程中发现了大量青铜器墓葬,成武县政府遂停止了劳改队在文亭山取土烧砖,并迅速报请上级有关部门处理。湖西专署抽调了地方文物干部,在成武县文化部门的配合下,清理出了大量周代至汉代青铜器和陶器。清理完毕,即将出土较为完整和精美的青铜器与陶器运送到了湖西专署所在地单县城里,并在单县制作了一个以成武县文亭山遗址出土文物为主题的专题展览。展览后,除部分一般青铜器移交给单县文化局保管外,其余大量青铜器均被运送到当时的平原省省会新乡保存。目前,单县博物馆保存的28件青铜器和一批汉代陶器均标记有"文亭山出土"等字样,成武县仅留下当时没有被运送到单县的十余件一般青铜器和部分陶器。1958年单县博物馆成立后,利用湖西专署移交的成武县文亭山出土的陶、铜器和本县原藏历史文物制作了一个陈列展览(图一)。

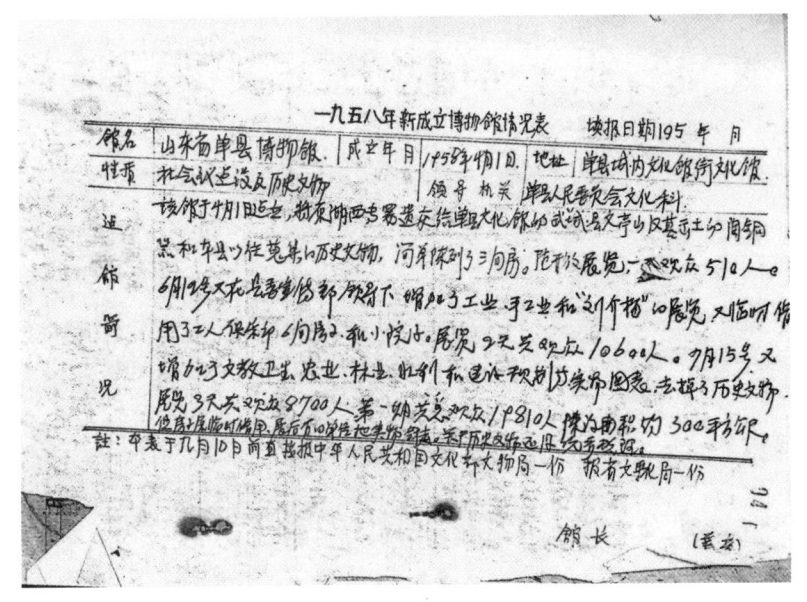

图一 1958年单县博物馆接收湖西专署有关文亭山出土器物布展情况表

1963年4月,菏泽地区文物工作队高广仁与胡秉华等对文亭山遗址进行了实地

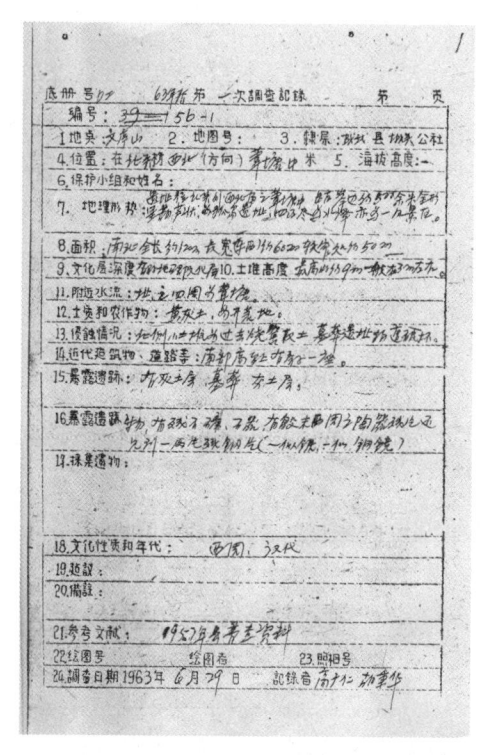

图二 1963年高广仁与胡秉华等调查资料

调查（图二）。资料显示，当时文亭山已被分为南北两个土丘，最高处达9米许，北侧土丘封土有烧窑取土痕迹，发现有"灰土层、墓葬、夯土层"，许多墓葬址遭人为破坏。暴露遗物有残石镰、石器、殷末西周陶器残片等，所定年代为"西周、汉代"。

1973年2月，菏泽地区文物调查组柳昂然、张耀华、李玉凤、王省文与王学聚等再次对文亭山遗址进行了调查（图三），在遗址西侧发现灰坑、烧土，并出土一批石、骨、陶、铜器。发现并采集标本有"夹砂红陶陶鼎腿、鬲足、泥质方格纹灰陶片、夹砂绳纹灰陶片、泥质红陶素面细长鼎腿、蚌刀、石箭镞、鹿角"等（图四）。

1976年4月19日至4月26日，菏泽地区文物工作队对文亭山遗址进行了试掘。据现场观察、考古勘探、试掘和对两个土丘的包含物、连接部状况及距离分析，判断两土丘原应为一体，为人为分开而成，同时也证实了当时文亭山的规模较大。

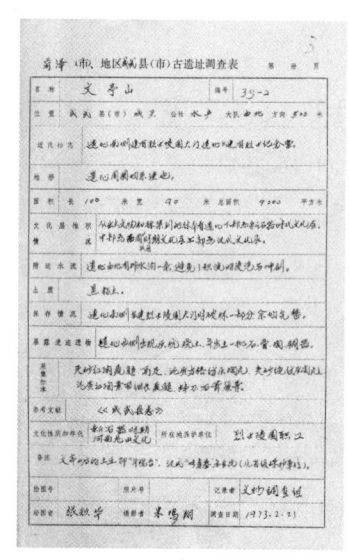

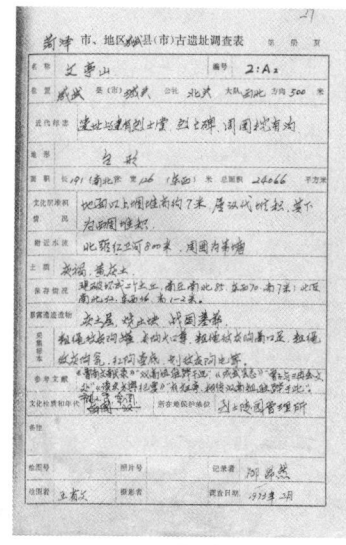

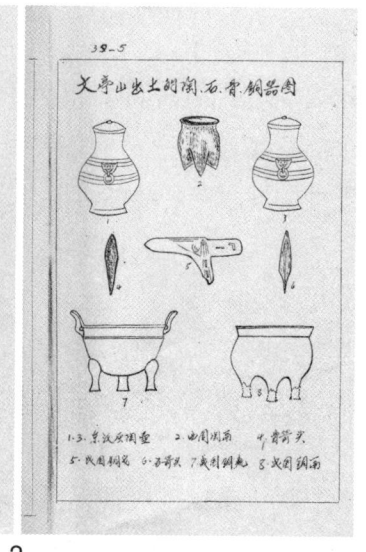

图三 1973年2月柳昂然、张耀华等调查资料

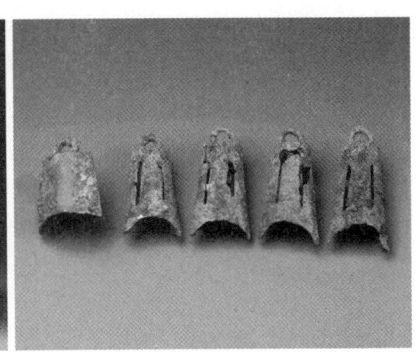

图四　文亭山遗址出土物

试掘位置在北边土丘的东侧,距西南方向烈士纪念碑10米,探方为正方向,东西长10米,南北2米。采取先坑后层、先晚后早的原则进行工作。挖掘深度为140—170厘米,共有四层。第一层为地表土层,二、三、四层为文化层。第一层地表土层10—65厘米,第二层为灰黑土,深度为30—95厘米,厚度为5—40厘米,土中夹有大量黑灰,土质较松。共出土陶片146片,其中红陶占52%,灰陶占48%;泥质为多,占68%,夹砂次之(红陶夹砂36片、灰陶夹砂10片)占32%;以粗绳纹为主,素面和细绳纹少量,刻划纹1片。器型有殷、鬲、豆、罐等。从出土器物分析,应属西周晚期至春秋初期。第三层为灰色土,深度为80—120厘米,夹有少量淤泥土块,较二层颜色稍浅,土质稍硬。出土陶片164片,其中红陶占60%,泥质多于夹砂,灰陶占40%,全是泥质。红陶中以粗绳纹为主,素面次之,细绳纹较少。灰陶中细绳纹为主,粗绳纹较少。器型有罐、豆、尊、鬲等。此外还出土蚌镰二把、骨镞一件。此层应属西周。第四层为灰褐土。因未做到第五层,厚度和深度都不能确知。此层夹有少量红烧土块和黄沙,土质比第二层稍硬,出土陶片也较少。灰陶占70%,红陶占30%;夹砂占45%,泥质占55%;以细绳纹为主,粗绳纹次之,方格纹1片。从器型上看,有鬲、罐等。从出土器物分析,该层应属周代(图五)。

对出土文物进行分析如下。

周代文化遗物:

鬲口(分Ⅱ式),Ⅰ式为夹砂红陶,方唇,沿外敞,壁外弧,饰绳纹;Ⅱ式为夹砂红陶,方唇,沿外敞,内有折角,饰绳纹。

鬲口,夹砂红褐陶,袋足部分饰绳纹,实足部分素面,尖稍内勾。

瓮口,泥质红陶,方唇,沿外折平,颈部抹平,下饰粗绳纹。

豆盘,泥质红陶,方唇,口微内敛,浅盘。

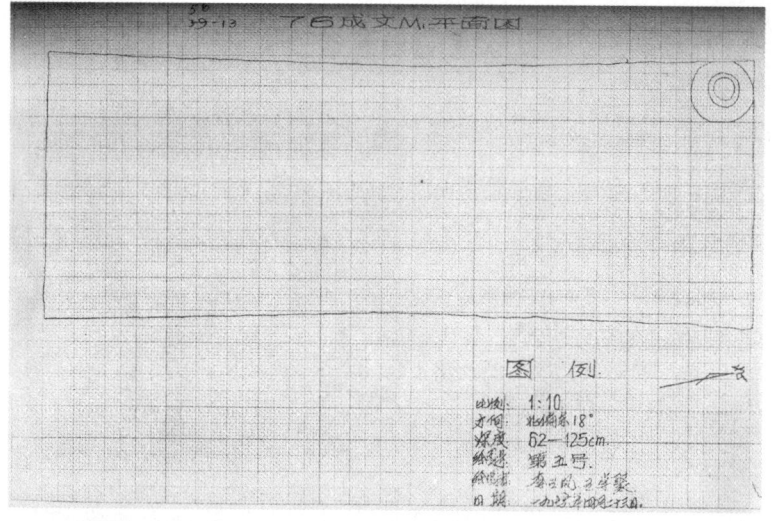

1. 探方平面图

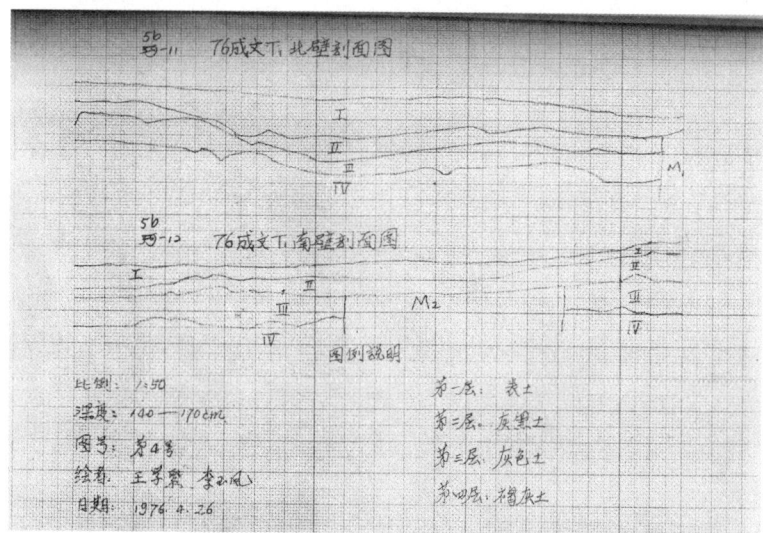

2. 北壁剖面图

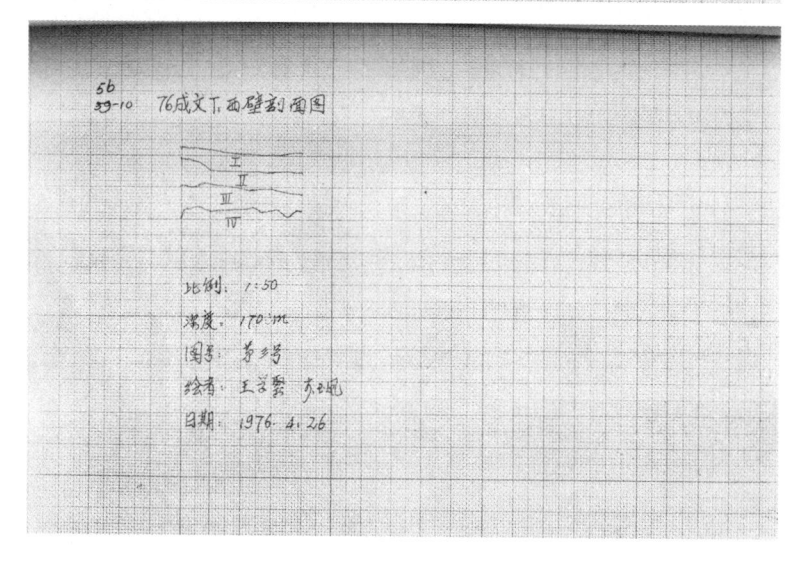

3. 下西壁剖面图

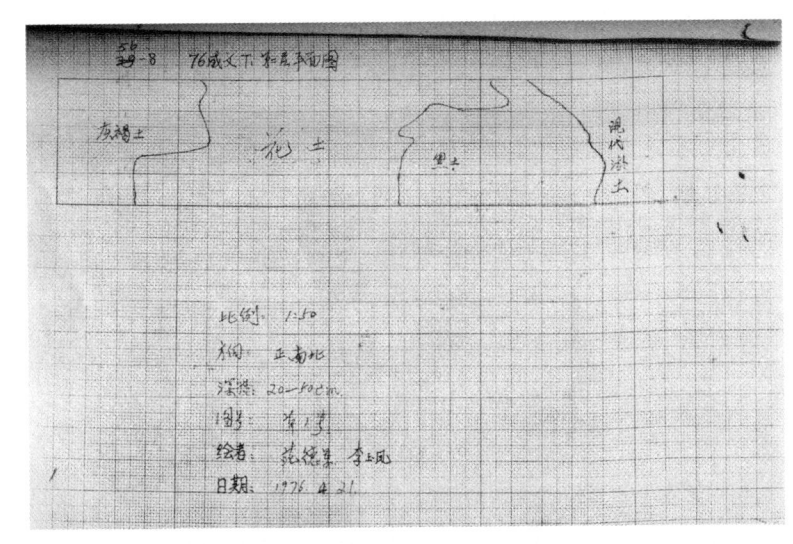

4. 下第二层平面图

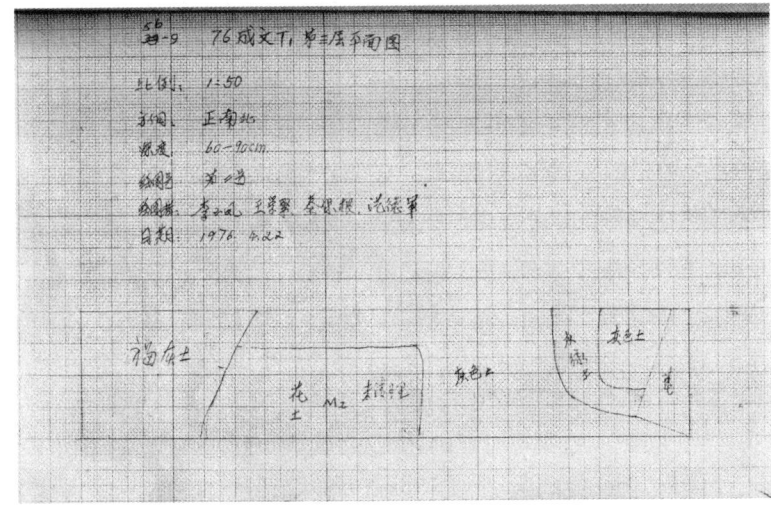

5. 下第三层平面图

图五　探方平剖面图

汉代遗物：

尊，泥质浅灰陶，方唇，沿外敞或直口，壁较直，饰绳纹，由弦纹隔断，颈部饰附加堆纹。

根据试掘结果和出土文物及采集标本分析，遗址下部为新石器时代文化层，中部为西周、战国时期文化层、上部为汉代文化层。故该遗址应为新石器时代至汉代的文化堆积。

二、文亭湖成因及内涵

（一）文亭湖成因

文亭湖系指成武新城以北、旧城的护城堤以内的广大区域，由于处于成武县老城西侧，所以人们也称城湖、西湖等，因湖内有文亭山而得名。

五万年前，菏泽市境内是一个巨大的低洼沼泽水域，在漫长的岁月中，经西来黄河、东来汶、泗挟带泥沙的填充，距今1.5万年前后，渐渐形成菏泽、雷夏泽、大野泽、孟潴泽和济水、菏水、氾水、沮水、灉水、汳水、黄沟水、包水、黄沟枝水、羊里水等四泽十三水水系。约在距今八千年左右，随着人们治水技能的逐渐提高，洪水已不再是危害人们生存环境的主要灾害，人们便逐渐走下台来，开始了筑堤护城。尽管人们已逐渐掌握治理水灾的技能，但仍不能阻挡经常来袭的洪水，每年甚至几年还要对人们造成威胁，于是护城堤也像当时的文亭山等堌堆遗址一样被人们逐渐筑高。

（二）文亭湖内涵

文亭湖内现存有两个堌堆遗址，一是文亭，二是大台遗址。在这两处堌堆遗址上均可以采集到新石器时代龙山文化、商、周至汉代的遗物，在坑塘内也常有商周时期的标本出现，但一直也未引起人们的注意，总是把这两个堌堆遗址作为单体文物所对待。1986年春，水产大队在南隅地段开挖鱼塘时，大面积暴露了古代文化遗存，方引起文物工作者的注意。经过细致的考古调查和勘探，基本摸清了该遗址的范围。即西起原城关镇窑厂西侧，东到刘楼村，南到南护城堤以内，北达北护城堤，有的地方如张瓦房一带便越过了北护城堤。东西长3525米，南北宽1800米，总面积632.5万多平方米。在此范围内的坑塘、水渠、壕沟中均能采集到与其文化特征基本相同的遗物。面积如此大的遗址，当时在菏泽地区尚属首次发现。

由于城湖内地势低洼，坑塘积水，地下水位较高，无法开方试掘，地层堆积情况没能确切认定。据南隅开挖鱼塘可以看出其底层大致情况：第一层为黄色微红胶土，土质纯厚，无包含物，厚70—100厘米，应为黄河水淤积而成；第二层为灰褐黏土，有的含有一定数量的细沙，土质松软，厚240—270厘米；第三层为黄黏土，有夯打痕迹，虽久经水浸，仍呈块状，但不见包含物，应是建筑基址；第四层是黄沙土，土质疏松、纯净，当为生土。这里遗迹和遗物较为丰富，特别引人注目的是陶圈井，在约一万平方米的鱼塘内,陶圈井竟达20余座。陶圈井是用陶井圈一节一节叠砌而成,井圈高度一般在26—42厘米,直径70—90厘米,壁厚4—4.5厘米,外饰竖绳纹或左右斜绳纹。内壁抹平,有指印痕。陶土内夹杂少量杂草,制作较为规整。井口多用青砖垒砌,高80—110厘米,砖长30厘米,宽15厘米,厚4.5厘米,其中一面饰有斜绳纹。由于地下水位较高,当时只挖掘到5米处便出现大面积塌方而无法继续施工,故陶圈井深度及是否有遗物均不清楚。在城湖内采集标本多为陶器残片,以泥质为主,夹砂次之,灰陶、灰褐陶、浅灰陶最多,红陶少量,未见黑陶。纹饰以粗绳纹、中绳纹、浅细绳纹为多,凸凹弦纹、瓦纹、素面亦占一定比例,乳丁纹、菱形方格纹、回形纹仅见于建筑材料。最常见的器物有陶壶、陶罐、陶豆、陶盂、陶盆、陶洗、陶瓮、陶鬲等,建筑材料有筒瓦、板瓦、瓦当、陶弯水管、空心砖等,还有汉半两、汉五铢、开元通宝、熙宁通宝等大量以宋代钱币为主的铜钱。分析这些遗物的时代,有商、西周、春秋、战国、汉代五个时期。

经过调查勘探得知,该遗址只是局部商代遗物丰富,而大面积却都经过了西周、春秋、战国时期,一直延续到汉代。尽管古代在此建筑无史可考,遗址内的布局、设施等因未挖掘也不太清楚。但是,从其面积之大、遗址之众多、遗物之丰富,建筑材料俯首皆是,足以证明这就是一个古城遗址无疑。从勘探资料表明,该遗址的平面系东西长于南北的长方形。

史载,西周初年武王封郜国于此。郜,姬姓,子爵,文王十一子。这里在商代为郜邑,西周、春秋时期为郜国都城,战国时又为郜邑,秦至汉代为成武县治所。

《春秋左传》载,隐公十年,《经》云:"辛未,取郜,辛巳,取防。"条下注曰:"济阴城武县东南有郜城,高平昌邑县西南有西防城。"《传》曰:"壬戌,公败宋师于菅。庚午,郑师入郜,辛未,归于我。庚辰,郑师入防,辛巳,归于我。"桓公二年,《传》曰:"夏,四月,取郜大鼎于宋。戊申,纳于大庙,非礼也。"《十三州志》曰:"今成武县东南有郜城,俗谓之北郜者也。"《汉书·地理志》云:"山阳县也,王莽更名之曰郜城矣,故世有南郜北郜论也。"《兖州府志·古迹》云:"郜城,

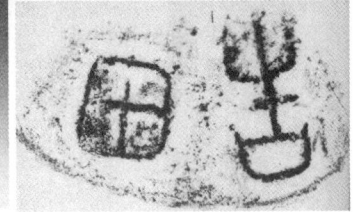

告田觯

一在县东南十八里,春秋取郜大鼎于宋,纳于太庙,是也,谓之北郜。"其后,地方志均沿袭此说,文献均载郜城在今县城东南18里的郜鼎集。为解决这一问题,文物工作者在郜鼎集一带进行了考古调查。发现这一区域内不但没有较大面积的遗址,也没有发现先秦时期的文化遗存。仅在郜鼎集村西端发现一个堌堆遗址,东西约40米,南北约60米。通过考古调查,并未发现早期遗存,仅采集元代之后标本数件。显然,他作为郜国故城是不可能的。故而,我们认为,文亭湖区故城址就是两周时期的郜国故城址。

三、郜国都城考

清道光庚寅《城武县志》之"沿革":"周武王封弟于郜。"《说文》之"邑"部有"郜,周文王子所封国"。《中国通史全编》记载:"周的分封诸侯,在武王时即已开始,但大规模分封是在成王及其子康王时期,据传周初所封有七十一国,其中与周王同为姬姓的占四十国。其中文王之子、武王之弟15人及武王之子……最先分封,皆为王畿之地。"《春秋》及其三传记录了很多国家的历史,成武作为古郜国基本无异议,近年来考古资料也明确了成武古城即为郜国都城所在。

根据史料记载,自新石器时代这里就有人类居住,夏、商为郜邑(城市雏形),西周封国建都成城。《说文》:"郜,周文王子所建国,从邑,告声。"邑,国也,从口,先王之治,尊卑有大小,从卪。《汉语大字典》解释为:①古代称国为邑;②国都、京城;③指古代无先君宗庙的都城;④人聚居的地方;⑤古代行政区划名;⑥泛指一般城镇;⑦旧时县的别称;⑧分封城邑居住;⑨封地;⑩古代土地面积单位,四井为邑。在这里,至少应为人居住的地方或初始一般城镇、抑或封地或方国等。但周代以前,因缺乏详尽的资料记载,已无法考证成武为何名郜及何时为郜。

(一)新石器时代的郜地

远古时期,郜地处于菏泽、孟潴泽、大野泽之间的平坦地带,这里属大陆性季风型气候,四季分明,有利于动植物的繁殖和生长。根据考古资料和出土文物证实,这里至少在新石器时代大汶口时期就已经有人居住了。在龙山文化时期,郜地居住点更广为分布,尤其是在以成武古城为中心的地带,遗址更多,有文亭山遗址、大台遗址、小台遗址、盆罐窑堌堆遗址、张瓦房遗址等,人口较为密集。根据潘建荣《关于呈请中华探源工程专家组赴菏泽市探研古遗址的报告》一文和苏鸣《关于成武城湖出土仰韶文化尖底瓶的追忆》等资料说明，郜地当属新石器时代仰韶文化与大汶口文化叠加区域，是人们新石器时代理想的居住地带。

（二）夏代的郜地

随着中国原始氏族社会组织的逐渐解体，聚居在中原地区黄河中下游两岸的夏族部落，通过与周围地区其他部族联盟的形式，建立了中国历史上第一代王朝——夏朝。其统治年代约从公元前23或前22世纪（一般说公元前21世纪）至公元前17世纪，约五百年左右。大致西起今河南省西部（豫西）与山西省南部（晋南），东至河南省与山东省交界处，北入河北省，南接湖北省。地处鲁西南的成武县正是河南省与山东省的交界处，在夏朝时，郜地已成为中原地带。

那时，郜地地处广袤的中原平原，四季分明，非常适宜人类居住。大禹治水的成功为夏代农业生产发展奠定了基础。同时，夏代的手工业、文化艺术等也有了新的发展。生产力的进步，为人类生存提供了有利条件。同时也为富集人口、向邑发展提供了有利条件。

（三）郜邑的形成

《中国通史》载：从公元前17世纪商汤灭夏后建立国家，至公元前14世纪中叶盘庚迁都殷，及公元前11世纪商王纣被周武王同西南各族攻灭，共传十七世、三十一王，历时六百年左右。商代已进入有文字记载的历史时期，其农业比较发达，已开始用多种谷类酿酒。手工业已能铸造精美的青铜器和白陶、釉陶等，交换也逐渐扩大，并出现了规模较大的早期城市。

商初的郜，已由夏朝的边疆成为国之中心，甚至曾数次成为王畿之地。历史证明，郜地在盘庚定都于殷（今河南安阳）前，周边的商丘、郓城、曲阜等均曾经成为商朝国都，郜地无疑是王畿重地，成为郜邑必是大势所趋。尤其是盘庚迁殷后273年间，政局稳定、经济繁荣、社会发展，作为商都东南王畿之地的郜邑，必将成为经济、文化重镇，为向早期城市发展奠定了基础。

（四）郜都的存在时间

西周时期，由于王室实力强胜，各诸侯国之间基本相安无事。自公元前770年周平王东迁洛邑到公元前476年周敬王卒的这一历史时期，因鲁史《春秋》记录了这一段的历史而得名。由于周的东迁，历史上称这一时期为东周。周东迁后，实力大为削弱，全国处于分裂割据状态。见于《左传》的大小国家120多个，到春秋末期仅剩下原来的三分之一了。那么郜国究竟存世于何时呢？

2007年，刘滢在《郜邑通考》中考证，《春秋·僖公二十年》记载："夏，郜子来朝。"杜注："无传。郜，姬姓国。"孔疏曰："二十四年传富辰所云，郜之初封，文王之子，聃季之弟。以后更无所闻，唯此年一见而已。无时君谥号，不知谁灭之。"僖公二十四年，《左传》记载周天子准备率领狄人攻打滑国，周王室大夫富辰在劝阻时提到："昔周公吊二叔（指夏、殷叔世，也有说指管叔、蔡叔的）之不咸，故封建亲戚以蕃屏周。管、蔡、郕、霍、鲁、卫、毛、聃、郜、雍、曹、滕、毕、原、酆、郇，文之昭也。"杜预注："十六国皆文王子也。"西周初，周公把同姓伯叔子弟分封建为诸侯来保卫周王室，郜国就是其中之一，僖公二十二年来朝的这位郜子就是郜国的某一位国君，《春秋》仅仅在这一年提到郜国的国君，且没有提供任何一位郜君的名字或谥号。《春秋·隐公十年》记载，鲁国和齐国、郑国一起攻打宋国，"辛未，取郜。辛巳，取防"。《左传》补充说："壬戌，公败宋师于菅。庚午，郑师入郜；辛未，归于我。"杜预注"郜"："济阴城武县东南有郜城。"《春秋·桓公二年》又记载了一件事，宋国的华父督杀死了宋殇公和大臣孔父，把宋庄公从郑国召回并立他为国君，又拿"郜大鼎"贿赂于鲁桓公，齐国、陈国、郑国也得到了贿赂，于是这些国家都支持宋庄公了。鲁桓公还把这个郜鼎"纳于太庙"。《左传》上说华父督"以郜大鼎赂（鲁桓）公，齐、陈、郑皆有赂，故遂相宋公。夏四月，取郜大鼎于宋。戊申，纳于大庙，非礼也"。鲁国大夫臧哀伯就此事劝说过桓公"国家之败，由官邪也。官之失德，宠赂章也。郜鼎在庙，章孰甚焉"，"郜鼎在庙"一词还成了典故。杜预对"郜大鼎"作了注释："郜国所造器也，故系名于郜。"《谷梁传》说："郜鼎者，郜之所为也。曰宋，取之宋也，此鼎本郜国所作，宋后得之……孔子曰：'名从主人，物从中国。'故曰郜大鼎也。"《公羊传》说："器从名，地从主人。宋始以不义取之，故谓之郜鼎。"何休注："（器）从本主名名之，（地）从后所属主人……宋始以不义取之，不应得，故王之谓之郜鼎。如以义应得，当言取宋大鼎。郜本所以有大鼎者，周家以世孝，天瑞之鼎，以助享祭。诸侯有世孝者，天子亦作鼎以赐之。"

这里的"郜大鼎"中的"郜"可以肯定的说就是指名为"郜"的国家，和僖公二十二年来朝的郜君的那个国家应是同一个地方。鲁隐公十年，鲁国从宋国"取郜"，鲁桓公二年，鲁国又从宋国取得了"郜大鼎"，那么这两处出现的"郜"是否都是指"郜国"呢？对于郜国和郜邑的说法，刘滢认为比较合理的解释是隐公十年之"郜"和桓公二年之"郜"、僖公二十年之"郜"都是指"郜国"，复封的可能性很大。或者至少它们都属于郜国，可能宋曾夺走了郜国的一地且因为郜鼎在那里就顺便带走了郜鼎。这个地方对于宋国来说不大，但对郜国这个小国而言可能会很重要，尤其在政治意义上。如果事实就是如此，郜国王室即在剩下的一小块土地上继续维持他们的国家，郜君作为一国之君的实际意义似乎也不剩多少了。鲁国要么无视郜国的实际情况继续称呼郜君为郜子，要么出于同姓之谊给予郜君一些帮助和支持使其能够维持郜国，这样和复封也就差不多了。至于南郜与北郜，《水经注》的说法比较可信。北郜就是郜国都城遗址所在地。《汉书》里的郜城县就是邛城县，王莽时期改邛城为告城。"邛"后来被错写成"郜"，于是又出现了一个南郜城。在春秋时期恐怕就没有南北郜城之说了。

在战国时期长达250多年的兼并战争中，作为中原地带较为发达城市，必定是兵家必争之地。战国时期，郜国不复存在成了郜邑，但作为中原之地带的发展城市，郜都变身郜城，虽然不再是政治中心，但依然是经济文化中心。综合刘滢的分析和研究，郜国在春秋时期应是遭到了宋国的侵袭，虽遭重创，但在鲁国的庇护下，仍能继续存国至春秋末期。在500多年的历史长河中，郜国历经枯荣和沧桑巨变，无疑见证了时代的发展。据载，这里曾以农工商贸发达而号称"天下之中"。

四、护城大堤考

成武古城周围有护城大堤，西起牛角梢，东至程堤口，南弦北弧，呈元宝状，号称三十里长堤，将成武古城环抱其中。且堤内比堤外平均低约3米。

该堤始建年代无文字记载。为搞清护城大堤与该遗址的关系，20世纪80年代，文物工作者在南护城堤的中段挖了一条南北向探沟。由于地下水位高未挖到生土，暴露部分可分为四层。一、二层无包含物，时代难以确定；第三层发现有元代瓷罐和陶爵，可以说此层系元代晚期或明初所筑。第四层为黑灰土，不但包含有西周时期的陶片，而且坚硬，可较大面积地取起。夯层清晰，每层12—20厘米。最上层夯面平整，不见夯窝；其下各层层面夯窝满布，甚是密集，且排列有序。夯窝呈圆形圜底状，口部直径6厘米，与曲阜鲁国故城第三期城垣夯窝基本相似，其年代至少应为东周时期。它是成武先民由筑台避水发展到筑堤治水而主动改造自然环境的历史产物。这一古代防洪工程规模之大，并保存至今仍较为完整，实难能可贵。

护城堤围内，不仅有城池，还有不少村庄。历代为防御黄水侵害，又对大堤不断修缮加固，使古堤继续发挥着捍城防洪作用。该堤就其工程技术而论，也反映了古代水利科学成就。工程定线合理，布局科学，施工技艺精湛。鲁西南地区地形西高东低，黄河由西南方向顺势而下，来自西南方向的洪水威胁最为严重。堤围形状东西狭长，呈椭圆形，西南端呈牛角尖形，有利于抵御洪水冲击，符合现代水利工程要求。大堤修筑，层土层夯，密实坚固，内外边坡设计合理，显示出两千多年前，我国水利科学技术方面的高超技艺。由于黄河不断泛滥，堤外淤积益高，历代筑堤用土使堤内更加低洼。环堤皆水，水边种藕，夏多荷花，堤旁多植垂柳，堤上广栽果树，秋天柿树叶红果赤，别具风格，堪称胜景。

五、文亭山、文亭湖与郜国故城关系

  文亭山是新石器时代成武先民为避水而逐年堆积而成，由于春秋时期曾子与三冉曾在堌堆上会文，后人为纪念此事便在堌堆上建"会文亭"，文亭山由此而得名。大禹治水成功之后，人们便开始筑堤抵御洪水，使以后再发洪水时不再对堤内生活的人们造成威胁，由于洪水淤积的原因，致使堤外地面逐年增高。文亭山处于文亭湖之中，湖因文亭山而得名。郜国都城始于西周时期大分封，都城就处于文亭湖内的水下，而护城堤处于湖的周围，起到抵御洪水侵袭保护城池的作用。显而易见，三者具有不可分割且相辅相成的的关系。

  由于成武较早采用筑堤护城防水的办法，故而古城和整个护城堤内淤积较少，一堤之隔，内外地面落差竟达 3 米之多。15700 米长的护城堤内形成了水波荡漾的万亩城湖。县城偏东而建，水包三面，呈现"烟楼水半城"的景象。这样由护城堤防水而形成如此之大的盆地，又积水成湖，城湖合一，历史悠久又保留至今的城镇湖泊，在我国是非常罕见的。

  如果把湖区的"文亭山""大台"等原始先民的避水居址、环城蜿蜒数十里的堤防工程，城湖里出土的汉代陶井群及水利设施联系起来看，它集中反映了数千年来黄泛区先民由筑台避水，到筑堤治水，发展到打井灌溉开发水利的历史状况和发展进程，它像一部无字志书，记述着成武历代先民与自然作斗争的英雄业绩，可称得上黄泛区古代水利发展史的实物博物馆。

前王庄"石头寨"防御型聚落浅析

张慧敏

山东省菏泽市巨野县博物馆

巨野县前王庄石头寨位于山东省菏泽市巨野县东部核桃园镇政府驻地东约3公里处，聚落东西约220米，南北260米，占地面积约57200平方米，地势西高东低，约呈长方形。据《村志》记载，前王庄早期居民由明洪武年间，自山西洪洞迁此建庄，繁衍至今。由于明清时期当地匪患严重，居民因地制宜，利用自然地势，建造了防御性极高的民居建筑群。解放战争时期，鉴于其良好的防御性，刘邓大军曾驻扎此处，作为羊山战役的后方战地医院。该古民居群是目前鲁西南发现的规模最大的精美石砌建筑群，并于2019年被国务院认定为第七批历史文化名村。由于房屋围墙全部是用石头垒起来的，所以，这个村过去就叫石头寨。

一、石头寨的建筑形制及特点

石头寨北临青龙山，西临虎山，东临凤凰山。整个村子呈长方形，据统计，村内现有建筑主体结构保持原貌的古民居50余栋，160余间，建筑面积约2300平方米，均分布于该村中心街的南部。

石头寨是在一定的地理环境和社会条件下形成的、以防御为主要特征的建筑模式，它在满足人们生产生活需要的同时，还具有较强的防御功能。其基本形态为三合院或四合院，院落以四合院为基本单元多依开间方向展开，以家族为单位，由外向内由门楼、一进院、二进院等依次布置。门楼处院落设监控防御用房。除大院门楼外，大院内部巷道也设门，形成由外至内的多道防御体系。民居房屋以单层木石结构为主，建筑墙体由青石垒砌而成，部分建筑为双层，墙体采用底层石墙二层青砖砌筑，屋顶包含平顶和硬山起脊两种。整体建筑风格古朴、很少装饰，封闭性较强。

院落通常于正房东或西过道处留置一后门，利于疏散。建筑群内有一座屋基最高的四合院，地基比其他民居高出50厘米，正堂是一栋二层小楼，室内木质楼梯直通楼顶。楼顶为瞭望台。也有几户人家共用一个门楼，各家又有大门围墙为界。门楼可上人，供瞭望、防御使用。战乱期间，各家轮流在门楼站岗放哨，共同防御。部分院落沿街建筑局部为二层，一层屋顶上人，女儿墙为垛口状，并设置射击口，屋顶放置石块便于防卫。

村子四周用石墙包围，只留南、北两个寨门，西寨墙原有多个碉堡楼，在山寨围墙外有四五米宽、两米多深的护城河。寨内的胡同四通八达，有的胡同口还架有门栓。寨门是用槐木板做的，大约有五厘米厚，一般的土枪是打不透的。寨门上面有牌楼，牌楼里能住四五个人，牌楼两边各有一门土炮，土炮有千多斤，可惜的是，在"文革"大炼钢铁的时候用来炼钢铁了。

二、石头寨的地理环境和历史背景

据本村王氏家谱记载，前王庄自明洪武十三年迁此建庄，由于处于古驿道旁，酒馆商铺林立，民风淳朴富饶。清末，时局动荡不稳，中国社会内在矛盾尖锐，封建统治陷入危机，贫富差距悬殊，社会吏治腐败，处于社会底层的百姓揭竿而起，朝廷为了镇压起义军，鼓励当地村民修筑建筑自卫。在咸丰七年的时候，山上土匪强盗横行，对村子里的百姓绑架、烧杀抢掠，无恶不作，将村里大部分的房子都给烧了。后来，先祖们为了保护自身的安全，动员百姓利用优越的自然地势修寨墙、挖海壕子（护村河）、建牌楼，渐渐地将村子建成了以防御为主要功能的建筑模式，直至发展成了一座堡垒似的古村落。

据村里老人说，抗战时期，驻扎在独山镇的日军多次攻打村子均未得逞。后来气急败坏，将寨门泼上汽油烧了之后才进到寨子里。这时的村民早已悄悄地从北边安全地转移到山上去了。解放战争时期，在鲁西南战役（羊山战役）中，国民党在解放军的追击下，慌忙中向羊山方向逃跑，并依靠羊山的险恶地势，试图阻击解放军南下，挺进大别山。刘、邓首长看中了距离羊山8公里的前王庄石头寨，鉴于其良好的地理优势和防御性，刘邓大军将此处作为羊山战役指挥部和后方战地医院。据村里90多岁的王道兴老人回忆，羊山战役最激烈时，国民党的飞机搜索解放军的战地医院，解放军和村民就把伤员转移到后山上，山上成片的柿子树，把伤员的帐篷挡得严严实实的,伤员和村民毫发未伤。

石头寨的防御体系从开始就是村民为了自身的安全修筑的居住场所,也具有临时防御功能,坏人来了,村民们打得过就打,打不过就跑到后山去,等土匪走了再回来继续生活。在它的历史存在过程中,也起到了军事防御作用。

三、石头寨的防御特征和防御理念

天津大学建筑学院王绚教授将防御性聚落分为"外围线性设防""局部点式设防"两类。外围线性设防就是建筑外部一圈都是高大的寨墙,村民在寨墙内生活居住,也可以防御土匪强盗。局部点式设防就是一些民居局部带有碉堡炮楼等设施的建筑,炮楼为主要防御,在建筑四周加瞭望台、枪眼炮眼等设施。

(一)石头寨外围整体防御

首先,选址于山地处,村落三面环山,依山就势,沿等高线布置,前面有蔡河流过,形成一个半包围的空间(图一,1)。村落的入口位于西南处的白虎山中,在开山辟路之前,进入村落内部较为困难,使得村落易守难攻。百年以来,房屋建造材料均以开山采石的方式获得(图一,2),多年积累使得矿坑形成了一个巨大的天坑,岩壁陡峭且极深,形成了天然屏障,极大加强了跃山进入村落的难度。而且寨子的四周用高大的石墙包围(图一,3),只留了南、北两个寨门(图一,4),并且在山寨围墙外还有两米多深的护城河。这就将整个寨子跟外界分隔开来,对内具有安全性,对外还有防御性。

(二)石头寨内部点式设防

寨门排楼上设有两门千斤大铁炮及多个射击口,在寨墙的四周还修建了9个碉堡楼,每个炮碉堡里都配备土枪和射击口,村民轮流站岗放哨,发现情况及时警惕并予以还击(图二)。村民家家户户都设置有供瞭望和防御功能的设施。整个村落布局看似凌乱,却体现着防御型村落"相互守望"等特点;村落内巷道四通八达,以纵向为主线,或呈丁字,或呈十字,横向无序排列,犹如迷宫,从一定程度上限制了外来入侵者的活动(图三)。其中部分主巷道口还架有厚重的木门,当前方发现敌人时,可以封上巷道的木门,奔向后山隐蔽于山林之中,形成了由内向外层层防御的体系。村里100多幢老宅院,房顶不少都是相通的,这样一家被袭击,多家可支援。

1. 地理环境 　　2. 古村局部

3. 残存寨墙 　　4. 残存北寨门

图一　石头寨

图二　瞭望楼、射击孔、门楼瞭望口

图三　极具迷惑性的巷道

石头寨的防御体系就是一个坚固的堡垒，它是逐渐形成的一种在传统的建筑基础之上增加了防御功能的建筑模式。并且村内王姓人居多，内部关系紧密，面对外患时，能齐心协力，共同对敌，具有很强的向心力。石头寨的防御功能是从不同的角度用不同的设防手段来进行由内而外的层层防御，做到了进可攻退可守，从而最大限度的保护了村民的自身安全，这也是先民们智慧的结晶。

四、石头寨聚落的发展规划

特定的历史环境及自然环境造就了石头寨的曲折有致、高低错落的村落格局。这种建筑模式具有强烈的地域特征，在鲁西南这一地区很多村子里的建筑都带有防御功能，这也是鲁西南地区人民抗击敌人、自我保护的一种防御模式的见证。目前只有前王庄石头寨很好地保留了下来，并且国家加大对该镇的旅游投入，政府乡村振兴工作蒸蒸日上，依靠石头寨特有自然环境和历史背景全力打造历史文化古村落，大力发展乡村旅游，村民收入增加，民族文化和历史文化也得到了传承。

德州运河考古回顾与展望

——以大运河德州段为例

张立明
德州市文化旅游事业发展中心

一、大运河德州段遗产概况

（一）河道

大运河德州段主河道全长 127.8 公里。以四女寺枢纽为分界，上游承卫运河，自德州夏津白马湖镇师堤村入德州境，流经夏津武城两县，止于四女寺枢纽，长 82.8 公里；下游自四女寺枢纽称南运河，流经德城区，自德城区二屯镇第三店村入河北境，长 45 公里。同时，卫运河自四女寺水利枢纽又分出四女寺减河和岔河两条分洪河道，流经德州武城、德城、宁津和河北吴桥，在山东宁津县大曹镇郭红村西北（河北吴桥县大王铺村东）交汇后，统称为漳卫新河。

2014 年 6 月，南运河德州段作为"南运河沧州—衡水—德州段"遗产区的重要组成部分参加中国大运河申遗，被联合国教科文组织列入世界文化遗产。

（二）重要遗产点段

按照《山东省大运河文化保护传承利用实施规划》确定的核心区范围，德州市大运河核心区自南向北包含夏津县、武城县和德城区，核心区运河主河道是隋唐永济渠、元代京杭运河的重要河道，至今依然保留"三弯抵一闸"古代水利工程"九曲十八弯"的原真性生态；自金代在德州设立水次仓，经明清时期延续发展，形成运河沿线四大仓储之一；宋元时期德州瓷窑遗址的考古发现，证实了磁州窑系制瓷文化沿运河向外传播路径;明代德州卫所和州城设立、哨马营滚水坝及减河、四女寺滚水坝及减河以及主城区四次重大改道,确立了德州明清以来的空间地理格局和重要的战略区位优势;苏禄王墓作为明代客帝陵寝,是海上丝绸之路向内陆延续的最直接证据;近代建成的德州码头、仓储、电厂、水厂等城市配套设施,是运河带动德州城市兴起的核心体现。

二、大运河德州段考古工作回顾

大运河德州段考古调查工作始于2007年的大运河遗产保护和申遗工作总体部署,陆续开展了运河遗产资源普查等系列工作,确定大运河核心区的夏津县、武城县和德城区各类文物保护单位共计82处,为开展大运河文化保护传承利用提供了第一手资料。

(一)考古调查工作

自2007年以来,德州先后多次开展运河遗产调查工作,与运河有直接和密切关系的重要遗产点自南向北依次为:

1. 卫运河夏津—武城段

卫运河自夏津县白马湖镇白庄村进入,向东北流经夏津县郑保屯镇、渡口驿乡,武城县老城镇、甲马营镇、鲁权屯镇和四女寺镇,至四女寺水利枢纽,全长82公里,武城境内设恩县洼滞洪区。1949年后,为治理海河水患,卫运河多处裁弯取直,现河道及堤防平顺宽阔。夏津和武城两县分别于2009、2010年被公布为县级文物保护单位。

2. 武城老城遗址

位于武城县老城镇西关村西卫运河河滩,北距武城运河大桥500米。该遗址呈长方形,南北长约1140米,东西宽约500米。遗址地表上层发现瓦片、瓷片等。《嘉靖武城县志》有文字、示意图记载。根据出土物和文字记载判断时期为隋唐至明代。

3. 运河武城大桥

位于武城县老城镇东关村西卫运河之上,是连接山东与河北两省的运河交通工程之一。1958年由山东省交通厅承建,桥长150米,宽6米,主孔净跨50米,为系杆式拱形大桥,引桥5孔单跨20米。1973年运河展宽,1974年加长引桥537米,为"工"型梁板桥,双柱计37孔,净跨14米,桥宽6米,与主桥承载相同。该桥为山东河北两地商贸往来、经济发展发挥了巨大作用。

4. 东阳县遗址

位于武城县甲马营村西卫运河河床内。据《中国历史地图集》注,汉之东阳县城址应在今甲马营一带,由于淤积较深,早年未被发现。2009年全国第三次文物普查时发现,河道内暴露大量灰陶器物残片,以及青砖、瓦等建筑痕迹。南北长1200米,东西宽500米,遗址向东延伸,被运河河道覆盖,深3米,根据其年代范围等特征分析,该遗址应为"东阳古城遗址",其年代应为汉代,是武城县迄今为止发现的最早遗址。

5. 达官营清真寺

位于武城县四女寺镇达官营村北首,卫运河南岸,建于民国二十六年(1937年)。大门坐西向东,北侧建有男水房,南侧建有女水房,二门内正西为大殿,坐西向东,面阔3间、两侧各建一间耳房,进深3间,卷棚三联脊、灰瓦、硬山,大殿前南北两侧分别建有南讲堂和北讲堂各4间,部分墙体因1960年洪水浸泡而损坏。

6. 四女寺枢纽

坐落于四女寺镇运河之上,是海河水系重要的水利工程,也是当代卫运河和南运河的分界点。四女寺枢纽是在明代四女寺减河滚水坝基址上于1958年建成,由南进洪闸、北进洪闸、南运河节制闸和船闸组成。

7. 南运河河道(德州段)

南起武城县四女寺枢纽南运河节制闸,北至二屯镇第三店村入河北,全长45公里。其上游为卫运河,下游至天津三岔口均称南运河。为隋之永济渠,元至元十九年(1282年)始开通济州、会运河后称大运河,至清初始称南运河。遗产核心价值为"弯道代闸"的水利工程技术和原真性生态环境,河道呈现九曲十八弯的"龙形"走势,河道上开口宽80米,河床底宽30米,堤内分布着宽窄不一、面积不等的滩地。明清时期多次改道形成现有走向。

8. 窑上窑址

位于德城区城南漳卫新河两岸,窑上、伙房村之间,南北长约1000米,东西宽约

500 米，占地约 500000 平方米，是德州构筑砖城及外销青砖的历史见证，对研究明清贡砖的烧造技艺起到了重大作用。

9. 德州一水厂旧址

位于德城区运河街道办事处杨家圈村东南，占地面积为 238 亩。相传奉系军阀张宗昌督鲁期间，为了抵御战患和备战需要，在德州城内外囤兵数万，为解决饮水问题，在现九龙湾公园引南运河水修建饮用水设施，主要有：水库（池）、积淀和过滤等水生产工序，时称"水营"。日伪时期又进行扩建。1951 年，新中国成立后在此设立"德州第一自来水厂"，由预沉池、过滤池、反应池、水射澄清池和清水泵机组等组成，产能从日供水约 2000 吨逐步增至日供水约 10000 吨。20 世纪 80 年代停产。

10. 金氏家族墓

位于德城区运河街道办事处杨家圈村东北河圈内，原建有高大的封土和神道，建国后拆毁。墓地东西长约 50 米，南北宽约 80 米，占地 4000 平方米左右。在豆腐巷发现的一方明代"金氏"家族墓志，就是在这里出土，据《德州志》记载，金炼本人曾官至河南布政使。墓地的发现为研究德州大运河文化、明清时期德州历史以及德州金氏家族历史提供了实物依据。

11. 德州码头

位于德城区东风西路和三八西路之间的南运河东岸护堤内，占地面积 36000 平方米左右，由 4 座卸落台和一栋 2 层瞭望楼组成，卸落台原为圆木构架，因河水侵蚀，20 世纪 70 年代末改为混凝土浇筑；瞭望楼二层，红砖砌筑，内有木质楼梯。码头与河道、货场、仓库形成完整的四位一体运河航运格局。

12. 德州仓储建筑群

位于德城区三八西路以南的南运河东岸堤脚外侧，建于 20 世纪 50 年代，面积约 3000 平方米，现存仓库 5 栋、铁路站台一座。与南运河河道、码头和货场形成四位一体的功能建筑，是南运河德州段航运最后辉煌的见证。

13. 德州电厂机房旧址

位于德城区天衢西路 42 号的南运河东大堤堤脚，青砖木结构，总面积为 850 平方米。原为日伪时期的"德县电灯厂"，1938 年装机容量为 175KW，日本投降后毁坏而进入停产期，1946年德州解放后，人民政府恢复发电，后因国民党轰炸将设备迁走。1949年初"德州市电力公司"在废墟上修建发电机房，引运河水，增设汽轮发电机组和燃煤锅炉，1950年初投产发电，1959年电厂搬迁，电厂机房功能终止。

14. 德州窑址

位于德城区迎宾路德州方向机厂院内，西距德州段运河故道约100米。地表现为厂房和民居，遗址东西长约60米，南北宽约100米，占地6000平方米左右。在遗址上曾采集到大量宋元时期白釉瓷盘、瓷碗、划花瓷枕以及加彩瓷人、执壶、瓷篮等器物。2006年7月，德州方向机厂拆迁时，在其院内地表下约2米，发现早年废弃瓷窑址一处，窑体南北方向，上部残损，底部砖墙基本保存完整；窑底部呈马蹄形，窑门、火膛位于窑室南部，窑室南北约3.2米，东西约3.1米，烟道残存0.7米左右。窑室回填土残存遗物有瓷碗、瓷盘残片和窑具垫饼、绍圣元宝铜钱等。德州窑址为研究宋元时期北方瓷器烧造技术提供了实物资料。

15. 德州城墙遗址

位于德州市德城区晶峰玻璃厂西墙外，西邻津浦线铁路。为明清德州城西门城墙残留部分，墙砖已荡然无存，残留墙体高约10米，宽约10米，长约15米。

16. 苏禄王墓

苏禄王墓是中国境内唯一一座保存完整并有后裔守墓的外国国王的陵墓，约20000平方米，建于明永乐十五年（1417年），包括东王墓、神道、王妃墓和王子墓，是我国历史上利用京杭大运河对外进行政治、经济、文化交流的重要遗迹之一。

17. 北厂漕仓遗址

位于德城区二屯镇北厂村东北0.5公里，东西长约150米，南北宽约100米，占地约15000平方米，相传遗址南侧为明清德州运河"上码头"和漕运官邸所在，遗址早年曾出土过沉船，目前是一处堆积十分丰富且又十分典型的仓储文化遗址，为研究德州运河河道变迁、槽运仓储和城市发展提供了重要依据。

18. 闸子遗址

位于德城区天衢街道办事处闸子村西，分布面积20000平方米左右。东岸现存基石4块，呈长条形，暴露部分长50-80厘米，宽40厘米，厚38厘米，为明清运河水利设施。闸子遗址的发现为研究明清时期"哨马营减河"及运河河道规划提供了重要的历史资料。

（二）考古勘探工作

在运河遗产普查的基础上，为配合工程建设和文物保护单位保护区划工作，大运河德州段陆续开展数次考古勘探工作：

2015年4月，德州码头考古勘探。勘探面积73780平方米，勘探任务是了解位于运河东大堤以东、与德州码头相关联的区域地下文物埋藏分布情况，主要收获是发现货场、建筑基址、排水系统和路土，为研究德州码头的配套设施提供了初步资料。

2015年5月，卫运河治理工程武城东阳县遗址考古勘探。勘探面积约80000平方米，勘探任务是配合清淤工程了解遗址分布和文化内涵，为工程建设开展文物保护提供依据，主要收获是：①发现了古代码头遗迹；②发现了宋元时期墓葬；③发现了运河旧河槽，结合古码头的位置，说明了卫运河河槽的变迁。

2015年12月，武城恩县洼滞洪区建设工程卫运河河堤草皮护坡项目考古勘探。勘探面积约35000万平方米，勘探任务是避免地下文物遗存在工程施工中遭到破坏，主要收获是确定了工程涉及段的卫运河河堤修建于建国后，草皮护坡段河堤经历过四次堆垫，自北向南、自内而外经历过四次较大的堆垫，逐渐增高增宽。同时对当前河堤的地层堆积、宽度、深度等情况有了具体了解。

2016年3月，德州方向机厂（德州窑址）考古勘探。勘探面积14580平方米，勘探任务是了解遗址分布、为划定保护范围和建设控制地带提供依据，主要收获是初步探明了厂区范围内大部分区域属坑洼地，东侧较西侧略高，勘探范围整体扰乱严重，宋元时期的瓷片和明确至民国时期的青砖瓦混合回填堆积层最深处达2米以上，除在厂区东侧有幸发现瓷窑一座，通过试掘确定为宋元时期废弃瓷窑，未发现其他古代文化遗存。

2019年8月，北厂漕仓遗址考古勘探。勘探面积约200000平方米，勘探任务是了解遗址分布、为划定保护范围和建设控制地带提供依据，主要收获：①发现有运河支流，或为支流入运河的交汇处，另有一种可能是运河故道的港湾停泊处，所以在10—20米宽的范围内都钻探出黑色淤泥，故有古沉船在此发现才成为可能；②大型夯垫场地，极有可能是当时储粮仓附近的一处晾晒粮食的场地，或者是一处大型的操场地，至于其功用还有待于进一步考古证实；③明清仓储或桥梁建筑石材等。为下一步文物保护和考古研究提供了初步资料。

2019年12月，窑上窑址考古调查勘探。勘探面积326200平方米，勘探任务是了解遗址地下遗址分布,为划定保护范围和建设控制地带提供依据,主要收获是发现"正德十年德州窑造"(2块)、"正德十年"、"十年德州窑造"、"成化十七年四月　日德州窑造"字样的城墙砖、马蹄形砖窑和鸭梨状砖窑等,基本摸清了文物分布范围。

2020年10月,四女寺枢纽北进洪闸除险加固工程考古勘探。勘探面积约20000平方米,勘探任务是了解除险加固工程闸底板下部及河床相关区域文物埋藏情况,为工程实施提供文物保护依据,但最终未发现古代文化遗迹和遗物,地层均为自然堆积,这也说明历史上的四女寺滚水坝并不在北进洪闸位置,未来工作中,应加强对南进洪闸等区域的地下考古工作,以探寻明代四女寺减河滚水坝具体位置、形制、结构和年代等信息。

三、关于德州运河考古的思考

德州运河考古调查和勘探工作起步较晚,文中所列考古调查和勘探多是围绕现有河道、河道两侧文物点及辐射区域内与运河关联性较强的文物点,目前为止尚未开展运河考古发掘工作,虽不足以全面揭示运河文化真实面貌,但也为后续工作提供了第一手资料。

虽然德州地处黄河冲积平原,黄泛区的自然环境影响了这一地区的物产、人口、经济和城市的发展,但永济渠的开凿和京杭运河的贯通,拉近了德州与南北城市之间的距离,在其与周边城市物资、人口和文化的往来过程中,促进了德州城市的兴盛与发展,比如金代设立"将凌仓",明初政治中心迁移至现德城区"德陵互易",德州成为"全国三十三大工商业城市之一"[1],上述考古调查和勘探成果,体现在文物构成中,大量明清至近现代重要史迹的集中发现,使我们越来越能感受到运河对于促进德州城市发展具有重要的关联性,目前考古调查确定的文物点(段)均被纳入县级以上文物保护单位名录。

前期已经开展的运河考古调查和勘探让我们积累了部分运河遗产的第一手资料,重要发现大多集中在南运河范围,对于德州运河全线的河道改线和堤防险工规划、码头和仓储货栈的设立、沿线衍生文化遗产等方面,尚需做大量考古工作,以尽可能全面了解古代运河水利科技发展,揭示运河文化对城市发展的作用。鉴于此,

---

[1] 梁国楹:《德州运河文化变迁及其特点》,《德州学院学报》2020年第5期。

未来德州运河考古工作一方面应按照《大运河山东德州段遗产保护规划》（2010—2030）要求，在做好北厂漕仓遗址和哨马营减河（闸子遗址）等考古勘探的基础上，加大主动性考古发掘工作，以期在摸清和解决水城关系、河道变迁、运河相关设施以及运河衍生文化遗产上做更广泛的文章。

大运河的开凿是历史时期国家战略的一部分。运河遗产保护和申遗工作，带动基层文物工作者对运河活态、线性遗产的认识，考古工作的视野更多投向对古代内陆水运交通设施建设及其科技价值的发现和解读，以及在总结古代水利科技智慧结晶的同时，更加发挥运河作为活态文化遗产，以其自然的、物质的和人文的资源优势，对当今城市经济社会发展的作用。所以，未来运河考古必须围绕国家战略部署，在《山东省大运河文化保护传承利用实施规划》和《山东省大运河国家文化公园建设》框架下，加快德州运河考古向更深入拓展，挖掘、保护、传承和弘扬运河文化，重视运河文物的社会和文化价值阐释，在服务社会、服务城市发展，促进文旅融合发展等方面做出贡献。

浅谈苏禄文化与大运河文化的融合

艾激光　刘天宇

德州市苏禄王墓博物馆

一、大运河与古苏禄

隋代疏浚通济渠、邗沟、永济渠、江南运河，使得大运河初见雏形。唐代二凿丹灞水道，三治江南运河，四疏汴渠，五浚山阳渎，让大运河成为了连通我国东部地区南北的交通主道。由于我国政治中心在北、经济中心在南，大运河自开通起，就承担着漕运的任务，成为中国古代封建王朝的生命线，也因此从隋代至清代，政府极为重视对大运河的维护，以保证运河的畅通。大运河在连通南北的同时，也带动了沿岸城市的经济的发展，甚至由此产生了许多新的城市，形成了独特的运河经济圈，对我国封建社会后期的经济文化以及中央集权制国家的统一，发挥了巨大作用。

古苏禄国的主要领土都在现今菲律宾所属的苏禄群岛上，由数百个火山岛、珊瑚岛、无数岩滩和暗礁组成，其具体位置在《瀛寰全志》中又作记载："苏禄群岛（一作苏禄）在菲律宾之南，凡三大岛，东北曰巴息兰，中曰苏禄，西南曰达维，各周三里……"[1] 从民答那峨西南的巴西兰岛向西南延伸270公里，至马来西亚的沙巴东海岸附近。其中重要岛屿有霍洛岛，霍洛岛也称和乐岛，旧称苏禄岛。今天古苏禄国的疆域已成为菲律宾共和国的巴西兰省、苏禄省和达维达维省[2]。

元代时期，苏禄与中国正式建立通商关系。明清时期，中国与苏禄关系交往最为频繁。明永乐年间，明成祖实行"通好他国，怀柔远人"的和平外交政策，派三保太监

---

[1]　《瀛寰全志》编七。

[2]　艾激光、杨佳慧：《故苏禄国东王墓——一座见证海上丝绸之路繁盛和中菲传统友谊的外国国王陵墓》，《文艺生活·下旬刊》2019年第3期。

郑和担任使团正使,率领船队,出访南洋、西洋,进行友好访问和文化交流,郑和曾三次遣使访问了苏禄群岛,进一步促进了两国之间的友好交往。明永乐十五年(1417年),苏禄三王率眷属340多人到中国朝贡,受到了明成祖朱棣的隆重接待。在京访问27天后,使团顺大运河南下归国,途中苏禄东王不幸病故,明成祖命以王礼将其葬于德州,东王王妃葛木宁、二王子温哈喇、三王子安都鲁及部分侍从留居德州守墓。

德州素有"九达天衢""神京门户"之誉,自隋朝开凿永济渠,元朝开挖卫运河起,德州便成为沿运河的重要城市,承担了运河漕运仓储重地的功能。到明清时期,德州因发达的运河漕运成为全国经济文化繁荣之地,因此德州是一个典型的因运河而生、因运河兴的城市。在德州定居的东王后裔的生活自然深受大运河的影响,其传承下来的苏禄文化也逐渐与大运河文化相互影响、相互融合。

二、大运河经济对苏禄文化的影响

元代中后期,随着农耕技术的提高,华北地区对南方江南地区的粮食的依赖度逐渐下降,尤其是到了明代,玉米、马铃薯、甘薯等粮食作物引入中国,极大缓解了粮食不足的问题。航行在京杭大运河上的粮船在满足基础粮食漕运的同时,也开始捎带其他种类的商品,由此运河沿线的商品经济得到迅速发展,对传统的封闭式的小农经济产生了冲击,使得沿线地区的手工业开始萌芽。因为运河,德州的主要城市功能也从原本的军事、屯兵转变为南北漕运、交易枢纽,城市规模得以迅速扩张。

在促进经济发展的同时,大运河把南方的商业文明带到北方,明清时期,随着德州商业的发展,手工业、餐饮业、零售业等服务行业也日益兴盛。同时,随着运河的开通利用,原本聚居在西北地区和江南地区的回民开始向运河沿岸迁移,回民商人从经营海外贸易向经营国内区间贸易转型,加快了从大城市向运河沿岸的扩散,围绕大运河逐渐形成了独具特色的回民商圈。居住在北营的东王后裔也受到运河经济的影响,逐步从自给自足的小农经济加入到了运河的回民商圈中。

清雍正年间,苏禄东王后裔以温、安二姓入籍后,即成为中国普通百姓,不能继续领取清政府发放的俸粮,原本的小农经济不足以支撑后裔的日常生活需要,为了减轻经济压力,他们围绕运河开始经营餐饮业。在穆斯林文化的影响下,后裔所做食物多为烧牛肉、烧羊肉、烙饼等,他们在运河两岸及码头附件处支起摊子叫卖,或在城内的北长街、顺城街、西关、米市角等处,租赁几间门面,由夫妻或父子二人亲手经营。牛羊肉放于木桶内,桶边沿挂一方形木牌,刻有"西域回回"字样。由于温、安两家的长期经营,他们所售卖的这几种食品,都逐渐成为德州名吃,为市民所喜爱[1]。东王后裔和德州原有回民,彼此互相帮助,还有少数青壮年到运河码头成为搬运工人。

三、苏禄文化与大运河文化的融合

　　大运河作为我国古代贯通南北的唯一交通大动脉,不仅促进了我国古代经济发展,而且在其发挥重要作用的过程中,吸纳沿线各个地方特色和民族特色的文明成果,积淀形成了内涵深厚、千姿百态的运河文化。因此,运河文化不单是一种乡土文化或商业文化,而是一种以交流、开放、融合、进步为特点的动态文化[2]。苏禄东王后裔经过二十余代人在"燕齐扼塞之冲,水路通会之道"的德州定居,他们同运河沿岸其他地方的回民先民一样,也在汉文化的汪洋大海中,闯出了一条汉化的路子,并最终汇入到大运河文化中。

　　古代苏禄实行奴隶制,但并不像古代欧洲的奴隶制那么典型。苏禄奴隶制中阶级意识相对淡薄,贵族、自由人、奴隶三类身份是可转化的。在苏禄文化中,有一大特色即女性具有较高的社会地位,女性受到法律的尊重和保护,在家庭地位中夫妻地位平等,拥有继承权,甚至在没有部落首领的时候女性也可以参加竞选,明代苏禄三王访华中的峒王叭都葛巴喇卜就是一位女酋长。在苏禄文化中,苏禄人重视家庭和宗族关系,同姓的人聚族而居,族人之间多义务帮助[3]。温、安家族所代表的苏禄文化是自南洋而来的穆斯林文化,这使其习俗文化与中国穆斯林文化有所不同,具有独特性。

　　相对于内地其他地方的回族相比,北营回民的来源、变迁、经济、文化诸方面有很多特殊的地方,自明永乐年间东王后裔为其先祖守墓直到清末,作为后裔聚居地的北营村,因受苏禄文化的影响,北营这一后裔聚居地的社会文化与当时中国的社会文化有所不同。在北营村内阶级意识较为淡薄,没有封建地租和劳役带来的压迫,至多也只有某种意义上的,而且是自苏禄东王守墓后人中就存在并日趋淡薄,尽管在名义上存在的主仆关系。引起这一不同的原因有二,其一是其宗教和民族,其二是中国对邻邦历来敬重的传统。因东王后裔留居德州守墓,仍属于外国王室,明成祖赐其良田并

---

[1] 王守栋:《古代苏禄东王的后裔考》,《传承》2007 年第 8 期。
[2] 姜师立:《大运河及流淌其间的文化》,《徐州日报》2019 第 2 页。
[3] 郑钊:《融合与认同:明清以来德州苏禄东王后裔研究》,聊城大学学位论文,2014 年。

免除徭役赋税,又迁济南历城夏、马、陈三姓回民供其驱使,生活条件较为优越,明、清两代常有赏赐。明政府从历城拨来的夏、马、陈三姓回民也因东王后人的关系也得到了豁免一切封建赋役和劳役的待遇。他们为东王后人们耕种着几百亩祭田,收获着除了供苏禄东王祭祀和其后人们有限的生活用粮以外的全部劳动产品。北营村落人口不多,加之相互间通婚形成的姻亲关系,以及宗教、民族的认同感,北营的东王后裔的生活体现了一种小国寡民的和睦生活景象。一直到清代入籍中国,清政府取消俸粮以及运河沿岸商品经济的发展,打破了这一生活方式。

温、安家族继承了古苏禄的苏禄文化与南洋穆斯林文化,又逐渐受到中国传统儒家文化的影响,从而形成了以伊斯兰为基本信仰、以传统儒学家法为门风,具有南洋穆斯林血统的独特家族[1]。在德州北营生活的六百余年中,大运河沟通的南北文化也不断浸入到苏禄后裔的生活中,温、安家族的生产、生活方式受其影响逐渐转型,与鲁北回族日渐相似。在文化层面,东王后裔长期受到儒家文化的熏陶,尤其在运河区域的山东,更是儒家文化的集大成之地。随着东王后裔的汉文化水平日益提高,他们也逐步接受了儒家文化,原本的苏禄文化开始与儒家文化相互碰撞融合,东王后裔大多在年少时就同时学习儒家典籍和伊斯兰经籍。尤其是清代东王后裔入籍中国以后,安、温家族正式成为中华大家庭的一员,后裔得以参加科举考试,安、温子弟纷纷进入府、州、县学,这使其更加重视对儒家文化的学习,以儒学光耀门庭,从而形成具有多元文化元素的家学门风。在入籍中国前就有温泮征辟为官,官至广东按察司知事,清代入籍中国后,后裔温宪通过科举官至凤阳府知府,是东王在华后人接受儒学的代表人物,据记载温宪"所指之处,明能察吏,勤政爱民",其事迹至今为东王后裔所津津乐道。

四、结语

从德州城蜿蜒而过的京杭大运河,曾使德州经济富庶、文化繁荣,在明中期至清中期成为齐鲁大地的隆起带。位于德城区北营村的苏禄东王墓,属于国家重点文物保护单位,是德州市重要的运河历史古迹,也是我国明清时期国力强盛、"万国来朝"的真实写照。

大运河文化、苏禄文化在这604年中相互交融,运河带来了德州的兴盛繁荣,又

---

[1] 安立柱、温芳:《海上丝路的友好使者——苏禄王及其后裔》,《德州学院学报》2019年第5期。

影响了东王后裔的生产生活，苏禄东王访华历史成为大运河历史中浓墨重彩的一笔，这都展现出苏禄文化与大运河文化在历史长河中的融合发展。

考古学视野下的聊城大运河文化遗产

杨 燕[1] 张召刚[2]
1.聊城市文物事业服务中心 2.东阿县文物事业发展中心

聊城历史悠久，早在四、五千年前就出现了以大汶口文化、龙山文化为代表的新石器时代文化类型，特别是龙山文化时期的遗存十分丰富。考古工作者先后发现了以景阳冈、教场铺为中心的两组八座龙山文化城址，为探索黄河流域文明起源问题提供了丰富的材料。

一、聊城与大运河

聊城因水而生，与水结缘，大运河与黄河、卫河、马颊河、徒骇河在境内穿流而过，有"江北水城·运河古都"的美誉。水就是这座城市的灵魂，市区湖、河水域面积多达13平方公里，城市呈现"湖水相连，城湖相依，城在水中，水在城中"的江南水乡风情。

聊城境内大运河主要包括卫河聊城段和会通河聊城段两部分。卫河聊城段始凿于隋，流经现临清市，其中主河道全长12.5公里。会通河聊城段始凿于元至元二十六年（1289年），流经现阳谷县、东昌府区、临清市境，全长97.5公里。明清时期，会通河成为南粮北运以及南北经济文化交流的重要通道，聊城也得益于漕运的兴盛，成为运河九大商埠之一，被誉为"漕挽之咽喉，天都之肘腋""江北一都会"，经济繁荣、文化昌盛达400年之久。

二、大运河聊城段相关文化遗产及特征

大运河聊城段并存着多种遗产形式，包括物质文化遗产、非物质文化遗产和文化景观遗产。以下从文物考古的角度，对其中部分遗产做简要介绍：

（一）河道遗址

5 处。以会通河和卫河为主河道，在其沿线流经的临清戴湾村和东昌府区分别存有两段月河遗址，还有东昌湖和阳谷县阿城镇陶城铺运河支线。东昌府月河元代修建，长 900 米。戴湾月河明代修建，长 620 米。陶城铺运河是大运河支线，清光绪七年（1881 年）开凿，长 7.2 公里。东昌湖原为宋代护城河，经历代开挖而成，水域 4.2 平方公里，是江北最大的人工湖泊。

（二）航运工程设施遗存

24 处，是全国重点文物保护单位京杭大运河山东聊城段的核心内容。包括荆门上闸、荆门下闸、阿城上闸、阿城下闸、七级上闸、七级下闸、周家店船闸、李海务闸、永通闸（辛闸）、梁乡闸、土桥闸、戴湾闸、砖闸（二闸）、会通闸（会通桥）、临清闸（问津桥）、陶城铺闸、水门桥码头、七级码头、运河大码头、运河小码头、三元阁码头水门桥、迎春桥和月径桥。

这些航运工程设施分别建于元至清代，多为青石砌筑。闸形制基本相同，由墩台、雁翅、石防墙、闸板等构成；码头有台阶可供上下；桥梁由青石或砖砌筑而成，跨跃河道，部分桥梁为闸桥，兼顾船闸和交通的双重功能。

（三）古代运河设施和管理机构遗存

3 处，分别是阿城盐运分司、魏湾钞关分关和临清运河钞关，始建于明宣德至清乾隆年间，均为木结构建筑，由多进院落组成。其中临清运河钞关是明清两代中央政府设于运河上督理漕运税收的直属机构，是目前国内仅存的一处运河钞关，魏湾钞关则是临清运河钞关下设的分关。

（四）砖窑遗址

1处，河隈张庄明清砖官窑遗址，位于临清市戴湾乡河隈张庄村东侧。遗址面积约30万平方米，现存残窑10余处。窑室呈马蹄形或圆形，其中保存最完整的一处窑址为Y1窑址，平面呈马蹄形，高出地面2米，窑室为红烧土掩埋，整个窑址占地面积175平方米。地表存留有带明、清印记的大砖残块。

聊城运河文化既有运河沿线城市的共性，同时也有自己鲜明的特征，主要表现为：

线性分布：从地域分布看，聊城段运河从最南端的阳谷县张秋镇入境，至最北端的临清市入卫运河出境，跨阳谷县、东昌府区、临清市3个行政区域，都是连贯的线性和带状的区域。从社会发展看，沿聊城段运河形成了一条经济繁荣带、城镇隆起带、文化昌盛带，呈现出跨越流域广泛、历史信息丰富、沿河遗迹密布、文明形态复杂、文化样式多元的线性特征，是大运河作为文化线路、文化廊道的微观体现。

类型多元：大运河聊城段遗产类型丰富，包括河道、堤坝、涵闸、码头等水利工程设施；运河沿岸公署、钞关等管理机构遗存；运河沿岸兴建的附属建筑；因运河而兴盛繁荣的城镇；形成的各种运河文化景观遗产；与大运河相关的各种非物质文化遗产，充分体现了类型多元的特点。

水工设施众多：为了解决聊城地势悬殊、缺少水源的困难，运河聊城段上设置了大量的涵闸、码头、桥梁等水工设施，为运河长达四百余年的畅通提供了保证。聊城运河沿线水工设施遗存数量在整个会通河段首屈一指。

三、大运河聊城段的重要考古发现

20世纪90年代开始，文物部门开始对大运河聊城段文化遗产进行广泛的考古调查发掘，并获得了一系列重要发现。

（一）南水北调工程中的考古发现

1. 土桥闸考古调查发掘

2010年8—12月，山东省文物考古研究所、聊城市文物局、东昌府区文物管理所对土桥闸一带进行了调查发掘。船闸由迎水燕翅、闸口、分水燕尾、裹头、闸墩、底板、木桩、弧形石墙、荒石等组成,调查发现了月河、大王庙、关帝庙、减水闸遗迹,出土器物上万件,主要为明清青花瓷,还有部分青瓷、白瓷、青白瓷、蓝釉瓷、粉彩瓷、釉上彩瓷等;器形有碗、盘、壶、杯、盒及人物塑像;纹饰有植物、人物、动物及文字等,底部有花草、文字、年号、符号等。出土铁器近千件,包括生活用具、船上用具、造船或加固船板器具、船闸相关设施附件等,如木桩铁套、锔扣、戈状勾刺等,另外还有镇水兽、"永乐通宝""康熙通宝""乾隆通宝"等明清钱币。考古发掘证明土桥闸是目前大运河上保存条件最好的船闸之一。

2. 七级码头考古发掘

2011年3—4月,山东省文物考古研究所、聊城市文物局、阳谷县文物管理所对七级码头遗址进行了全面发掘。确定了码头的结构、尺寸、构筑方法。码头由石砌台阶状慢道、顶部平台及台阶下夯土平台组成。发现了水线和大量反复插拔的木桩痕迹,出土清代、民国石碑六方,碑座、碑首若干,还出土了数量较多的青花瓷、少量的白瓷、青瓷、蓝釉瓷、彩瓷及日常生活陶器、陶砚台、小型石器和少量铜钱等。2012年七级码头、土桥闸与济宁南旺分水枢纽遗址作为一组入选"2011年度全国十大考古新发现"。

3. 七级下闸考古发掘

2012年12月至2013年1月,山东省文物考古研究所对七级下闸进行了考古发掘。发现船闸由闸口、迎水燕翅、跌水燕尾、翼墙、裹头、墩台、闸底板、木桩、荒石等组成,基本了解了七级下闸的形制、结构、尺寸以及改建状况。出土了较多青花瓷,少量白瓷、青瓷、蓝釉瓷、黄釉瓷、彩瓷,可辨器形有碗、盘、碟、杯、笔洗等。另外出土了绞关石、锔扣、石桩、陶模。

4. 河隈张庄砖窑址发掘

2010年11月至2011年5月,山东省文物考古研究所在河隈张庄村东南部展开大规模发掘,揭露面积近5000平方米。发现明清窑址18座,道路、灰坑、活动面等遗迹。窑址结构基本一致,由长梯形斜坡式操作间、火门、长方形火塘、马蹄形或长方形窑室及方形烟囱构成。出土大量青灰砖,其中完整者且戳印款铭的约100多块,有款铭的残块数百块,款铭为长方形单线框内单行楷书,内容有纪年、窑户及作头姓名,如"天启五年上厂窑户王甸作头张义造""乾隆四十二年窑户孟守科作头崔成造""道光十年临砖程窑作头崔贵造",以丰富的实物资料填补了史籍中有关窑址形制、结构及窑厂规模大小等记载的阙如。

（二）大运河维修整治中的考古发现

1. 周店船闸考古调查发掘

2013年7月至2014年5月，山东大学文化遗产研究院、聊城市文物局、东昌府区文物管理所对周家店闸一带进行了调查发掘，清理了南闸、月河涵洞、月河河道南段、南闸与北闸之间的运河河道。发现南北闸结构基本相同，由闸口、燕翅、金刚墙、底板、铸铁绞磨组成，出土物以青花瓷、白瓷、青釉瓷为主，少量蓝釉、黑釉、褐釉以及酱釉瓷器、陶器及紫砂器，考古调查发现通济桥石碑两通、碑座两方。

2. 维修工程及河道整治中的发现

2012年至2014年，为配合申遗工作，聊城先后开展了临清钞关、会通闸、临清闸、砖闸、阳谷荆门上下闸、阿城上下闸、陶城铺闸、东昌府区梁闸、辛闸的维修工程。同时，对部分运河河段如聊城城区段、临清城区段、阳谷阿城至张秋段进行疏浚和整治。施工过程中陆续发现了碑刻、镇水兽、绞关石、瓷器、钱币等遗存。在国保单位临清钞关的维修中，勘探出公堂、中轩、后堂、皂隶房、巡栏房、书办房基址，作为建筑群的重要组成部分，予以标识和展示。

（三）河道整治工程中的考古发现

1999年，聊城市文物部门在聊城市区运河河道清淤过程中发现大量元、明、清时期的瓷片、钱币等。

2002年4月13日，在聊城市区段运河疏浚的过程中，在现闸口（明清通济闸）北100米，运河河床东侧发现一艘古船残骸，聊城市文物局进行了抢救性发掘。船为长条状，残留部分多为船底木板，底长16.2米。古船的两端窄，中间宽，残存八个区，由七道横梁相隔。船虽已残损，但船底和船身结构基本保存，形状清晰。长条木板拼接成平底船底，两端另结档板，系平底船，具有元代运粮船的特征。船残存48块木板，两根圆木，为杉木料。古船底舱内出土了完整的铁胎瓶、青釉瓷豆、白釉瓷碗。

2003年，聊城市文物局在运河沿线五百米范围内调查发现了不可移动文物93处，碑刻数百块。

三、大运河聊城段文化遗产的研究和保护

2014年6月22日,在卡塔尔首都多哈召开的第38届世界遗产委员会会议上,中国大运河被列入《世界遗产名录》。2019年2月,中办、国办印发了《大运河文化保护传承利用规划纲要》,把大运河文化带建设提升为国家战略,为新时代大运河文化保护传承利用描绘了宏伟蓝图。"后申遗时代",如何加强运河文化遗产的保护利用和内涵研究,是当下文物工作者需要重点思考的问题。

(一)充分认识大运河考古对于遗产保护的重要作用

大运河考古包括对大运河本体、航运设施、管理机构与设施、运河沿岸、城市城镇乡村与文化遗迹,以及石刻与相关遗存的考古发掘和研究。

在申遗过程中,考古工作对其价值阐释发挥了关键作用。以聊城为例,运河船闸、码头的发掘,使运河河水与河道的变化状况、船只停靠岸边的方式逐渐清晰。七级古街的清理,确定了古镇的历史及古街铺设构成方法,与码头和两侧店铺相结合,重现运河古镇交通畅达、商业繁华的景象。碑刻、古船、大量瓷器、铁器的出土,再现了运河漕运的繁华。应充分认识到,大运河考古是研究大运河遗产的基础性工作,对于推动构建大运河世界遗产体系、文保体系、博物馆体系、考古遗址公园体系和综合性的大运河文化带有着重要作用。

(二)持续系统地开展大运河考古工作

2010年8月,《大运河遗产山东聊城段保护规划》由聊城市政府正式公布实施。该规划对聊城运河遗产进行了梳理,为遗产的保护利用提出了主导性意见。近年来,聊城市以规划为蓝本和准绳,加快各项运河遗产保护工程的开展实施,取得了良好效果。

因为聊城大运河考古工作的滞后,《大运河遗产山东聊城段保护规划》无法对部分遗产点段、少数航运设施编制具体保护方案,及时指导采取保护措施。因此需要系统地开展考古工作,立足重点,以点带线,全面推进。尤其要深入开展运河河道、航运设施、码头遗址的考古工作,重点围绕东昌府月河、戴湾月河、陶城铺运河河道等因淤埋占用、保存状况不佳的遗址,针对李海务闸、水门桥码头、三元阁码头、迎春桥、魏湾

钞关分关等无法准确定位的遗址,有计划地开展短期、中期乃至长期的考古调查、勘探和发掘,形成有价值的考古研究材料,增强实证性。

(三)加强运河文化遗产的科学研究

聊城对比其他运河沿线城市,在大运河科学研究方面较为薄弱。今后,应该加强线性遗产研究,展现大运河文化带的独特内涵,让大运河更有生命力。

一是促进本地区文物科研单位和高校间的合作。

聊城大学运河学研究院成立于2012年6月,是国内首家以运河及其区域社会为研究对象的院级科研实体单位,研究领域涵盖历史学、文学、地理学、社会学、人类学等多个学科门类,在国内运河研究领域居于领先地位。可充分发挥文物科研单位考古工作优势,促进合作研究。通过联合举办"运河学术研讨会"等方式广泛地开展学术对话,搭建研究平台,提高大运河研究的力度和水平。

二是整理出版高质量的运河学术研究著作。

目前,聊城市已编辑出版《聊城运河文化研究》《聊城运河备览》《运河图鉴》等著作。还要进一步收集与运河相关的古舆图、水利志书、地方志等文献资料,与运河相关的碑刻拓印、释读,以及覆盖运河的老航片、卫片等资料,建立专门的运河文物档案,形成历史文献汇编;加强与相关城市的交流对话和学术互动,全面、深入地挖掘聊城运河文化遗产内涵,形成权威的分析阐释和科学的论证,促进学术成果转化。

三是充分发挥博物馆的功能,对运河遗产进行宣传展示。

博物馆具有收藏、研究、展示的功能。可以充分利用博物馆馆藏资源,打造宣传展示平台。聊城中国运河文化博物馆2009年开馆,是国内第一座以运河文化为主题的大型专题性博物馆。馆内设立了以运河文化为主题的基本陈列。目前为了更好宣传和展示运河文化遗产,博物馆正在组织策划基本陈列的改造提升。

四是在考古工作中应用新技术。

面对大空间和长时段的大运河,需要打破传统考古方式,尝试利用空间信息技术等新技术和新方法,结合历史舆图的判读,进行考古调查和发掘,从而直观地揭示出运河遗产的本质特征与演变规律,为运河遗产判别提供依据。

千年古运河,逢春展新姿。在大运河"后申遗时代",文物考古工作必将在大运河的保护、遗产利用、文化带建设中发挥重要作用,为大运河城市及大运河文化作出更加系统、鲜活的解读。

聊城运河文化保护利用工作浅析

吴明新

聊城市文物事业服务中心

聊城是受京杭大运河文化影响较早的地区。隋代开凿的永济渠就流经现在的临清,对于隋之后唐、宋、金时期经济社会的发展起到了积极的作用。元代对古运河进行了比较大的改造,特别是开凿了纵贯聊城腹地的会通河,它自阳谷县张秋镇入境,经过东昌府区、临清入漳卫河,在聊城境内全长97.5公里。元之后,明、清两代又对会通河进行了多次疏浚和改造,使会通河成为南粮北运以及南北经济文化交流的重要通道,聊城也得益于漕运的兴盛,成为运河九大商埠之一,被誉为"漕挽之咽喉,天都之肘腋""江北一都会",经济繁荣、文化昌盛达400年之久。2019年2月,中央两办印发了《大运河文化保护传承利用规划纲要》,对大运河文化带的建设提出了明确要求,也对我们在新形势下如何做好大运河保护传承利用提出了新的课题。

一、聊城运河文化遗存现状

在聊城广袤的鲁西平原上,因当年运河漕运而兴起的城镇、文物古迹等,涵载着运河文化的信息,成为古老运河一组特色鲜明的文化景观。此外,还有世代相承、不断演变的文化艺术、民俗风情和传统产品等。以上构成了聊城运河文化资源的主体,也是聊城成为国家历史文化名城的重要因素之一。

(一)聊城运河物质文化遗存

大运河聊城段是一条积淀丰厚的历史文化遗产长廊,并存着多种遗产形式,包括物质文化遗产、非物质文化遗产和文化景观遗产。2010年聊城市政府公布的《大运河遗产山东聊城段保护规划》中统计的文化遗产总计45点、段,其中包括6段河道、24处航运工程设施、3处古代运河设施和管理机构遗存、7处与运河遗产相关的古建筑、3处运河城镇、1处古遗址、1处运河生态与景观环境。

1. 水利工程遗产

聊城境内不同历史时期开凿的古运河河道以及建造的涵闸、堤坝、码头等遗迹极其丰富,展示了我国古代水利航运工程技术的杰出成就,为研究运河水利工程史、管理史等提供了丰富的资料,是聊城作为"运河古都"的重要历史见证。

河道:聊城古运河河道包括卫运河一段和会通河两段。卫河聊城段始凿于隋,流经现临清市,其中主河道全长12.5公里。会通河聊城段始凿于元至元二十六年(1289年),流经现阳谷县、东昌府区、临清市境,全长97.5公里,现保存较好的有临清和阳谷两段河道。

航运工程设施:大运河聊城段沿线现存闸、码头和桥梁等各类航运工程设施共计24处,包括荆门上闸、荆门下闸、阿城上闸、阿城下闸、七级上闸、七级下闸、周家店船闸、李海务闸、永通闸(辛闸)、梁乡闸、土桥闸、戴湾闸、砖闸(二闸)、会通闸(会通桥)、临清闸(问津桥)、陶城铺闸、水门桥码头、七级码头、运河大码头、运河小码头、三元阁码头、水门桥、迎春桥和月径桥。

古代运河设施和管理机构遗存:阿城盐运分司、魏湾钞关分关和临清运河钞关。其中临清运河钞关是明清两代中央政府设于运河督理漕运税收的直属机构,是目前国内仅存的一处运河钞关,成为研究古代运河钞关的实证孤本。

2. 运河城镇

运河水从聊城这片古老的土地上穿流而过,带来了富庶和繁华,也使运河流域成为人才荟萃之地、文化昌盛之区,孕育了一个个璀璨繁盛的运河城镇、村落和历史街区。在这里,风情民俗、饮食服饰、宗教信仰等方方面面无不融汇南北之精华,最终形成聊城独特的运河风情和民俗文化。《大运河遗产山东聊城段保护规划》中所列运河城镇有三处:聊城古城区、临清老城区、七级运河古街区,除此之外,还有张秋、阿城、七级等众多运河城镇。除了上述的几处运河城镇,大运河还造就了周店、博平、梁水镇、魏湾、戴湾、北馆陶等一个个商贸重镇。

3. 其他运河物质文化遗产

聊城段运河沿岸还分布着许多能够见证大运河历史发展进程、与运河经济和文化发展相关的各类遗存。

古遗址：河隈张庄明清砖窑遗址位于临清市戴湾乡河隈张庄村东侧，遗址面积约30万平方米，现存残窑10余处。临清贡砖烧制兴于明初，自明永乐间（1403—1424年）起，每年向京城输送皇家建筑用砖百万块左右，成为明、清两代京城建筑的主要供砖基地。明清中央政府在临清曾专设工部营缮分司督理贡砖烧制。清末，官窑停烧。该窑址是研究古代宫殿建筑、运河漕运、临清手工业和城市发展史等的重要运河文化遗存。

古建筑：与大运河聊城段遗产相关的古建筑有7处，包括阳谷县张秋镇的山陕会馆，聊城市山陕会馆、光岳楼，临清市的鳌头矶、清真寺、清真东寺、舍利塔等，这些建筑体现了大运河南北融合的特点。

4. 运河生态与景观环境

大运河聊城段生态与景观环境为龙山，位于临清卫河南支东岸。明代永乐十五年（1417年），在开挖临清运河南支时，堆土成山，并在高约数丈、长约二里左右的山上，植树造林，移花接木，既解决了运河开挖的土方倾倒问题，又制造出了人文景观，体现了我国先民在水利工程、园林设计方面高超的创造力。

2014年6月22日，在第38届世界遗产大会上，中国大运河成功入选世界遗产名录，我市境内有3段河道（临清元运河段、临清明运河段、会通河阳谷段）、6个遗产点（阿城上闸、阿城下闸、荆门上闸、荆门下闸、临清运河钞关、鳌头矶）被列入大运河遗产名录。大运河申遗成功，填补了我市世界文化遗产的空白，聊城成为世界文化遗产城市，为"江北水城·运河古都"城市品牌注入了新的文化内涵。

（二）聊城运河非物质文化遗存

京杭大运河漕运的兴盛与发达，促进了运河沿线的经济繁荣，也给本地传统文化带来了快速发展的重要机遇，外来文化的不断涌入，引进、改良了部分手工艺、艺术、美食等技艺，孕育了新的、带有浓烈运河文化特色的非物质文化遗产资源，主要包括传统手工艺、民间艺术、特色小吃等。

手工技艺方面，有临清中州古城竹竿巷的竹器，东昌府的雕刻葫芦、毛笔制作，茌平剪纸、冠县郎庄面塑等；民间曲艺方面，有山东快书、聊城八角鼓、临清时调、运河伞棒舞等；市井民俗方面，融汇了中国南北各地方的民俗风情、宗教信仰、饮食服务、官民仪礼等，形成了独特的运河风情和民俗文化。如每年节日及庙会、集市等活动中，走高跷、舞秧歌、耍龙灯、跑旱船，热闹非凡，络绎不绝。此外，还有运河的传统产品，如临清的哈达、皮袄、济美酱菜,东阿阿胶、茌平乌枣、冠县鸭梨等,通过运河销往大江南北。

二、运河保护利用概况

近年来,聊城市在运河文化资源的保护利用,尤其是配合运河申遗工程中,开展了大量卓有成效的工作,运河遗产保护利用水平得到很大提升。

(一)以遗产保护与展示工程为抓手,提升遗产保护水平

以实施运河申遗工程为契机,积极筹措资金,修缮遗产点,整治遗产环境。我市先后对运河沿线的部分重要文物建筑如聊城山陕会馆、阳谷阿城盐运司、临清运河钞关、鳌头矶、清真寺、舍利塔等进行了修缮。同时,对部分运河河段如聊城城区段、临清城区段、阳谷阿城至张秋段进行疏浚和整治,对河道上的大码头、小码头、水门桥、临清会通闸、临清闸、砖闸、阳谷荆门上闸、荆门下闸、阿城上闸、阿城下闸、陶城铺闸等水利工程设施进行了保护、修缮。同时,实施河道垃圾清理、河面清污、清淤疏浚、修整河堤护坡以及运河钞关周边环境治理等一系列环境整治工作。

(二)加大运河遗产保护监管力度

一是将运河遗产纳入文保单位体系。聊城市大运河遗产点绝大多数都被公布为文保单位,由文物部门负责遗产保护管理工作,其中,列入全国重点文物保护单位的有5处(共计26点),列入省级文物保护单位的有6处,列入市县级文物保护单位的有6处,列入国家级历史文化名城的有1处,列入省级历史文化名城的有1处。在文保单位体系内,文物部门积极争取上级文物保护资金,实施了一批文物保护工程,使众多的运河遗迹得以保护和延续。

二是编制保护规划,指导运河遗产保护利用工作。早在2009年,聊城市就委托中国文化遗产研究院编制完成了《大运河遗产山东聊城段保护规划》,并于2010年8月由市政府批准正式公布实施。该规划对聊城运河遗产进行了梳理,为遗产的保护利用提出了主导性意见。

三是依据法规加大运河遗产保护和监督力度。2013年7月8日,山东省人民政府第9次常务会议审议通过《山东省大运河遗产山东段保护管理办法》。为贯彻落实《办法》要求,9月18日,聊城市政府办公室印发了《加强大运河聊城段遗产保

护管理工作的通知》，要求各县（市、区）人民政府、市属开发区管委会、市政府有关部门要严格执行《山东省大运河遗产山东段保护管理办法》规定，进一步加强大运河聊城段遗产保护管理工作，切实保护好大运河各类水工遗存、历史遗存和相关附属设施。

（三）运河文物收集和展示取得良好效果。

聊城市于2004年开工建设了面积达15000平方米的中国运河文化博物馆。该馆是国内第一座以运河文化为主题的大型专题性博物馆，集文物收藏、保护、研究、陈列、宣传教育等功能于一体。博物馆对外开放后，吸引了大量的观众参观学习，对运河的认知和申遗的宣传起到了良好的效果。

三、面临的形势及存在的问题

大运河成功申遗带动众多沿河城市掀起了新一轮的运河保护开发热潮，做规划、投巨资、创特色，在运河保护开发上做足了文章，进行了有益的探索。聊城是一座因运河而兴的城市，特别是元明清三代，运河对聊城的兴盛和繁荣曾做出过决定性的贡献，运河水默默孕育、滋养、造就了聊城这方土地，孕育了聊城城市格局，带动了聊城经济，奠基了聊城文化。悠久的历史发展进程中，聊城形成了独有的运河文化特性。对这些独特的运河物质文化和非物质文化资源的保护开发，对于我市建设"宜居、宜业、宜游"城市具有非常现实且深远的意义。大运河申遗成功，填补了聊城市世界文化遗产的空白，聊城一跃成为世界文化遗产城市，为"江北水城·运河古都"的城市品牌注入了新的文化内涵，也为这座古城带来了新的发展机遇。但大运河申遗成功不是一劳永逸、万事大吉，后续还有大量的保护工作要做，保护永远在路上，而且责任更重，面临的问题主要有：

一是运河遗产点段展示利用工作有待加强。河道和水工设施方面：大运河聊城段河道均为不通航河段，现主要作为排灌、行洪及景观河道。按水体的使用功能以及有无水的状态等分为五类：排灌河道（有水）、排灌河道（无水）、城市景观河道、被掩埋河道、输水干渠。水工设施基本丧失水利航运功能，大部分经整修改为交通桥使用。城区段运河经过近年整治，水质、生态环境取得明显改善，配套基础设施较为完善，成为城市景观河道，展示利用开发起步较早、比较成熟；处于农村郊野的运河河道及水工设施由于各遗产点分布零散，交通不便，缺少配套基础设施，且形制、结构雷同，可供开发利用的空间较小。运河遗产点对外开放方面：目前对外开放的遗产点有东昌湖、运河大小码头、光岳楼、山陕会馆、临清鳌头矶、临清运河钞关、临清舍利宝塔。东昌湖、光岳楼、山陕会馆已建成风景名胜区，因知名度较高，旅游设施比较完善，旅游开发较为成熟，参观人数较多，其他遗产点知名度较差，游客较少。

二是列入遗产名录的遗产点段经过维修、整治，保存状态较好，但部分未列入申遗名单的遗产点段如东昌府月河、李海务闸、三元阁码头等保存状况不佳，多已淤埋或被占用，其真实性、完整性遭到不同程度的破坏。

三是运河沿岸民间工艺亟待抢救。依托运河畅通，大运河沿岸产生了众多的民间工艺，但在新经济形势下，这些工艺的传承保护遇到困难，受到忽视，正日渐消亡，抢救工作迫在眉睫。一些运河传统产品如聊城毛笔、年画等知名度不高，销路不广，附加值较低，经济效益不明显。此外，遗产点段价值挖掘不够深入，利用不充分，还没有真正"活起来"。

四、聊城大运河保护利用思路

（一）推动运河沿岸地区共建大运河文化带

大运河文化带建设应做好顶层设计和战略规划，推动运河全线合作，整合各地运河沿线文化资源，整体实现大运河文化的保护和传承。汲取大运河申遗过程中建立的协调联动机制的经验，转化升级为"大运河文化带建设"协调联动机制，加强国家和省级层面的协调指导，打破行政区划界限和壁垒，建立会商合作及定期联席会议制度，实行"总体规划、统筹协调、整体保护、统一利用、共同推进"的管理运行模式，在保护上联动、传承上联手、利用上联合，加强文化交流互鉴、产业融合互动，共筑大运河文化产业带、经济增长带。

（二）处理好大运河保护利用与经济社会发展之间的关系

在做好运河文化遗产保护的基础上，充分发挥运河周边的丰富资源和产业基础优势，统筹人口分布、经济布局与资源环境承载能力，引导产业合理布局、融合发展，促进结构升级，大力发展现代农业、休闲农业、高新产业、新兴产业、文化创意产业、健康养老服务产业。大力培育运河特色经济，推动运河经济长廊繁荣复兴，促进运河沿岸城市实现传统产业与资源型城市转型，将大运河打造成为全国重要的经济长廊。

（三）推动部门沟通与合作

大运河保护管理长期存在"九龙治水"的现象，涉及的管理部门除了水利、航运、文化文物、旅游等部门以外，还有环保、国土、渔政、建设、规划、城管、园林等多个部门。一些具体的运河遗产点段也是分属不同部门管理，管理头绪较为复杂。运河文化带建设要注重部门协调，在规划之初就要形成协同发展、跨专业领域合作的态势，从而构建不同功能的运河文化廊道或文化产业园区，避免同质化竞争。大运河文化带建设启动后，将有众多的遗产保护、旅游开发、生态保护等项目要开展实施，必定涉及立项、审批等众多环节，国家和省级层面能否针对大运河文化带建设项目开设"快速通道"，加快立项、审批进度，保障重点项目优先实施，将会对大运河文化带的建设起到重要影响。

（四）充分发挥大运河在提升文化自信中的作用

采用虚拟现实、全景展示、历史文化纪录片等，建设漕运主题公园，重现大运河沿岸地区的重要历史文化面貌，打造表现和传播运河文化的艺术作品，展示大运河在促进和巩固中华民族统一、推动南北经济文化交流、促进沿线城市繁荣中的积极作用。结合大运河历史兴衰和运河发展中的制度变迁，讲述中国传统治国理政理念中的仁爱思想和民本思想。借助各地文化馆、博物馆、图书馆等，举办各类运河主题的书画展、摄影展，开设运河民俗文化活态体验馆，展现运河沿岸的风土人情、历史文化，彰显千年运河的风采。坚持以社会主义核心价值观为引领，实施中华优秀传统文化传承提升工程，推进运河文化、儒家文化、红色文化、泰山文化、黄河文化、民俗文化等进学校、进家庭、进机关、进社区、进村庄、进企业，使优秀传统文化成为社会主义核心价值观的重要源泉。

大运河泰安段遗产保护及文化带建设思考

邢向前　魏　国

泰安市文物保护中心

习近平总书记指出:"大运河是祖先留给我们的宝贵遗产,是流动的文化,要统筹保护好、传承好、利用好。"大运河泰安段是中国大运河的重要组成部分,做好大运河泰安段的遗产保护,建设好大运河泰安段文化带,讲好大运河文化带的"泰安故事"具有重要意义。

一、大运河遗产泰安段概况

京杭大运河流经泰安市东平县,根据历史文献记载,东平段运河(会通河)开凿于元代。由于后来运河河道变迁,年久河废,元代会通河遗址已难以考辨。明代永乐九年(1411年)二月,朝廷命工部尚书宋礼等率山东六郡及徐州应天镇民众30万人修复运河,因为袁口以北运河淤塞,安民山南安山、寿张等闸频受河患,乃自袁口左改道北移20余里,并将东平境内安山湖设为水柜,自是漕运直达通州。明清时期多次修复,清光绪二十七年(1901年),京杭大运河改由各省分管,漕运终止。古运河在东平境内的一段也完成了其历史使命。

京杭大运河泰安段是明清大运河的重要组成部分,作为大运河上重要的节点,现存有运河故道、东平湖、"两坝"、"两闸"、"一城"及其他重要文物遗存,为研究运河流经路线及其规模提供了重要的实物资料。

(一)运河故道

根据调查,泰安境内现存运河故道有两段,一段是元代运河故道,由东平湖水域南来的柳长河和东平湖内聚义岛东侧济水故道组成。另一段为明永乐九年宋礼疏浚运河时,为解决寿张附近的运道淤塞,把会通河中心北移二十里,从济宁市汶上县进入东平县新湖乡小河崖村,沿东平和汶上两县县境西北方向,经大安山进入东平湖,出东平湖西北进入戴庙乡,至十里堡以西黄河东岸。途径东平县新湖、商老庄、戴庙三个乡镇,全长约 40 公里。运河沿线群众多称为"运粮河"。运河河道为废弃河道,部分遗迹尚存,遗存最宽处 200 余米,最窄处不过 40 米。

(二)东平湖

东平湖古时称大野泽、巨野泽、梁山泊、安山湖,到清朝咸丰年间定名称为东平湖。《尚书·禹贡》有载:"大野既潴,东原底平。"今东平西部、南部一带,因古时地势低洼,加之济水、汶河流经,山泉集会,时常形成或大或小的水域,与今巨野县处古代水域通称大野泽或巨野泽。黄河的泛滥也是东平形成大面积水域的主要原因。元末明初梁山泊堙涸,仅存东平湖(古称安山湖)遗存水域,时建有安山闸、戴庙闸,蓄水济运,是大运河的水柜,起着调节运河水量的作用,常年积水面积 209 平方公里,蕴涵着丰富的运河文化和水浒文化。湖周边有洪顶山摩崖、棘梁山石刻、腊山古建群等众多文物资源,湖下沉埋着商周时期至宋代的须昌城、唐代洄源亭、隋代清水石桥等文物古迹,自 2015 年起,省水下考古中心对东平湖水域及其周围淹没区遗址进行了考古调查。通过运用多波束、旁测声纳、浅地层和磁力仪等地球物理探测技术,获取了东平湖底高精度水下三维地形地貌信息和部分湖底浅层地层剖面信息,采集标本数百件,为东平湖和周边历史研究以及划定文物保护区提供了基础数据。

(三)"两坝"(即堽城坝、戴村坝)

堽城坝遗址位于宁阳县堽城镇堽城里村西北的大汶河内。始建于元代,现存遗址 13 万平方米,由西向东依次为石堰、斗门(西闸)、双虹悬门(东闸)、东大闸和挡水墙等,其作用是拦截汶水,流经洸河,注入济宁大运河,抬高运河水位,使南来北往的船只畅通无阻。同时灌溉济宁兖州之间的农田,在历史上起了重要作用。溢坝西去的滔滔汶水注入东平湖,进入黄河水系,从而形成了黄淮水系的分界线。元代堽城坝作为大运河沿线的一处重要水利工程配套设施,在历史上发挥了巨大的作用,成为京杭大运河著名的分水枢纽工程。

戴村坝位于东平县彭集镇南城子村北大汶河上。始建于明永乐九年(1411 年),最初为土坝,明万历年间,曾三次对其加固、改造,清代也曾多次对其加固、增建,逐渐使其成为三位一体且科学完善的遏汶济运枢纽工程。坝分主石坝、窦公堤、三合土坝三部分，全长 1600 米。其中主石坝分玲珑、乱石、滚水三坝，长 414 米。主要是拦蓄大汶河水，使趋南旺，三分南注，七分北流，以济运道，其功能等同于人的"心脏"，故戴村坝也被誉为"运河之心"。戴村坝保障了明清两代漕运畅通，对我国南北经济交流、文化融合、社会发展起到了重要作用。其设计之巧妙，木桩与石条自身与相互之间结合之科学，四季向南旺持续供水之准确，充分体现了中华民族的创造精神，是劳动人民智慧的结晶，在世界水利史上享有盛誉，可与都江堰相媲美。

（四）"两闸"（即戴庙闸、安山闸）

戴庙闸位于东平县戴庙镇戴庙村南的运河故道上，具有调节运河水流，控制漕船荷载，保障古代运河畅通之作用。始建于明代景泰五年（1454 年），清光绪五年《东平州志》载："戴家庙闸，在州西四十里，安山闸北三十里，明景泰五年建，西邻安山湖，旧有进水二口，曰安济，曰私沟。"1973 年修建 220 国道时在原坝基础上增高加宽改为石桥。增修时改为长 10 米、宽 5 米、高 4 米的石桥。由于 220 过道的通过和常年河水淤积，原闸大部分淤积地下。

安山闸位于东平县商老庄乡东平湖南堤北侧、潘孟于村南，具有调节运河水流，控制漕船荷载，保障古代运河畅通之作用。始建于明成化十八年（1482 年），清代光绪五年《东平州志》载："安山闸，在州西十二里，靳家口闸北三十里，明成化十八年建，西邻安山湖。"20 世纪七八十年代增修该桥时在原桥基础上将桥面增高加宽成为石桥。现桥长 7 米，宽 5 米，东西燕翅长 13—31 米。

（五）"一城"（即宋代州城）

自宋咸平三年（1000 年）立城，是北宋、金代郓州和东平府的治所，是山东境内两大政治、贸易中心之一，元、明、清运河畔的货物集散地，文化繁荣，历史上曾建制府、路、州。有闸坝和码头多处，存有宋代以来的衙署、父子状元府、元报恩禅寺、明清真寺等许多古迹。

（六）其他历史文化遗产

禹王庙位于堽城坝下游大汶河南岸，为其附属文物，座北朝南，占地 16132 平方米。清咸丰元年重修《宁阳县志·秩祀》记载："汶河神庙，在堽城坝，明成化十一年（1475 年）员外郎张盛建坝，因立庙。"庙内所立碑刻，记载了堽城坝的易址、建造过程、结构及所起的作用，具有较高的历史、艺术、科学、水文价值。

上泉古泉群位于岱岳区满庄镇上泉村。由驴带泉、灵应泉、郑家泉、荆枣泉、龙泉等五大主泉和众多小泉组成。泉水自源头向西流经纸房村北经北臭泉汇聚泉水，西入马庄镇萨家庄，渐折西南经小河崖西复入齐家管庄、武家庄西进入肥城流入大汶河，长达 8 公里，而大汶河自东而西流入东平湖。引泉水补给运河，是汶河流域济运的一大创举。上泉古泉群是目前保存下来的为数不多的济运泉水之一。

洪顶山摩崖位于东平县旧县乡屯村铺村东北茅峪内南北摩崖上。刻字面积 2000 余平方米，现存经文、题记近千字，其中的"大空王佛"四字，高近 10 米，仅"佛"字，高达 4.6 米，是目前我国境内同时期最大的刻字，被中国社科院专家学者誉为"北朝佛教刻经的大字鼻祖"。

二、大运河遗产泰安段保护利用现状及存在问题

大运河泰安段，沟通了济宁、泰安、聊城段运河，河道清晰，沿线闸坝、渡口及周边文化遗迹 89 处，其中，世界文化遗产 2 处，国家级文物保护单位 4 处，省级 13 处，市级 24 处，都具有较高的历史、艺术和科学价值。近年来，泰安市高度重视大运河保护，采取一系列保护措施，保护运河两岸文化遗产，弘扬民族优秀传统文化。

一是科学规划。根据大运河泰安段的实际，突出地域特点，科学编制了《大运河遗产（泰安段）保护规划》，将大运河保护工作纳入当地的经济和社会发展规划。建立了大运河保护管理长效机制，提高科学管理水平。对重点遗产段点编制保护方案，先后编制了《大运河泰安段宁阳堽城坝遗址及附属文物禹王庙修缮保护工程设计方案》《大运河泰安段东平县安山闸、戴庙闸修缮保护工程设计方案》《大运河遗产东平戴村坝保护与展示方案》等。

二是实施重点文物保护与展示工程。加强对戴村坝、元代堽城坝遗址、安山闸、戴庙闸等坝闸的修缮保护，对堽城坝遗址河道护坡加固、大堤路面硬化，实施堽城坝遗址考古勘探，基本摸清了石堰、斗门、双虹悬门、东闸、东大闸等坝体结构关系，为下一步实施保护奠定了基础。建设了戴村坝博物馆，面积 2000 平方米，征集水工文化遗迹遗物，设置文物展厅、模型展厅、图片展厅、引水展览厅、3D 影院等，展示戴村坝的价值、功能及大运河发展的历史文化，是大运河沿线最具特点的一处水工文化博物馆。编制戴村坝遗址公园规划及环境整治规划，着力建设"中国第一坝"和"运河之心"世界文化遗产遗址公园；积极打造"运河文化""水浒文化"品牌，将丰富多彩的运河文化元素运用到旅游、影视、演出上，讲好运河故事，把运河保护好、传承好、利用好。

三是深入挖掘文化遗产内涵，促进文旅融合发展。对戴村坝至东平湖、大运河至黄河约150公里的水道，进行全面疏浚改造，修建沿岸15个码头节点，40余处景点，新建"清河公园"，游客乘船可直达东平湖，游览大清河和东平湖风光。建设了罗贯中纪念馆、稻屯洼湿地公园、水上森林游乐园、运河渔村、渔家风情园、水浒古镇等景区景点，展示大运河文化遗产内涵。成立了影视城，拍摄了新《水浒》，已成为国家级文化产业示范基地。对州城进行抢救保护，修复城门楼、宋代一条街、历史上原有的10余处古建筑，基本恢复了运河畔明珠城市的历史景观。原来的护城河、水塘，以观光农业为主，种植蒲苇莲荷等，再现"夏秋之交，荷花半城，渔舟唱晚，风景清幽，不亚江南"的美景。

存在的问题：虽然大运河泰安段文化带建设取得了一定成就，但按照"文化带"的内涵要求和大运河文化带国家战略要求来看，还面临诸多挑战。从整体上看，目前大运河泰安段文化功能亟待提升，对非核心区遗产的保护力度不够，运河文化研究不深入、不系统，文化旅游作用发挥不充分，运河文化建设亟须深化发展。

三、大运河遗产泰安段保护利用及文化带建设思路

在大运河文化带建设成为国家战略的背景下，应加强大运河泰安段遗产保护及文化带建设，以东平县核心区遗产为中心，发挥文化集聚和辐射功能，形成点状结合、线状延伸的保护、传承、利用一体化的带状文化区域。

一是科学规划，确保运河遗产的真实性和完整性。坚持历史的真实性、风貌的完整性、文化的延续性。在继续做好遗产本体保护后续工程和环境整治的同时，进一步加大运河沿线资源调查和考古工作力度，并在此基础上分类登记物质和非物质遗产清单，制定遗产分级保护制度。

二是统筹协调，提高科学管理水平。建立健全有关运河文化遗产的法律法规，对沿线运河文化遗产管理机构提出具体要求，为运河文化遗产保护工作创造条件。要摒弃传统的政府管理方式，打破刚性束缚，通过制定大运河文化带内的文化管理规则和制度，加强区域协同合作，形成跨域文化管理下的衔接、协调与配合。建立大运河治理的社会多元参与机制，构建政府、公众、企业、社会组织、专业机构五方协同治理体系。

三是加强研究与宣传，做好运河遗产的展示利用。以泰山学院、省水下考古研究中心泰安工作站等为依托，吸收各方面的专家、学者及其他专业人士，共同推动运河

文化研究工作的发展，并做好研究成果的转化工作。要加强对有关运河及运河文化的文献资料的搜集、整理和保护，努力发掘、抢救和保护有关运河及运河文化的物质文化遗产。要加强运河文化宣传，增强社会保护意识，让群众认识运河文化的价值，传播、弘扬运河文化，坚持做好运河遗产的展示利用和文化公园建设，充分发挥运河文化遗产的教育作用，把保护传承与促进经济发展结合起来，发展运河文化产业，打造"运河文化""水浒文化"品牌，开发运河文化遗产旅游精品，讲好运河故事，把运河保护好、传承好、利用好。

党的十八大以来，党中央、国务院高度重视大运河文化遗产保护传承利用工作。中办、国办印发了《大运河文化保护传承利用规划纲要》，国家文物局等部门印发《大运河文化遗产保护传承规划》，为大运河文化遗产保护传承利用提供了政策保障。当前，保护好、传承好、利用好大运河丰富的文化遗产，推动大运河沿线文化和旅游全方位、深层次、宽领域融合，是增强"文化自信"的重要抓手。泰安是中国大运河沿线重要的节点城市，在中国大运河文化带建设中，理应走在前列，发挥示范、带头作用。深入挖掘大运河优秀传统文化精神内涵，加大文化遗产考古研究与保护展示力度。加强对运河文化、运河艺术、运河故事的研究阐发，推动运河文化创造性转化、创新性发展，促进运河文化与泰山文化、大汶口文化深度融合，不断提升价值引导力、精神原动力、文化软实力。立足泰安实际，努力实践和探索大运河文化带建设的"泰安模式"，全方位、立体化地展示大运河泰安段文化特色。

东平段京杭大运河与"东平运河文化"

杨 浩 刘桂林

东平县博物馆

对于东平段京杭大运河,是在2007年根据上级文物部门的通知要求围绕运河"申遗"展开调查的,根据实际调查资料,并查阅《清史稿·河渠志》、靳辅《治河方略》及《东平州志》等与运河相关的史籍,逐步了解东平段运河情况。

一、东平段运河现存状况

经过调查,东平段运河全长43423米,遗存最宽处200余米,最窄处不过40米,首先从汶上县张坝口进入东平小河涯村,流经东平县新湖乡、安山乡、戴庙乡三个乡镇,于十里堡段进入黄河。总体流向是东北西南向,但其中河段多曲折,有许多河湾、河滩、堤湾。我们采取从南向北、划分分段、徒步调查并测量的方式进行调查。调查情况如下:

(一)小河涯段运河

位于东平、梁山、汶上县三县交界处,是京杭运河从汶上入东平处,全长750米。

小河涯、西张庄、北陈庄三个自然村属于一个行政村,村委会驻地小河涯,我们以行政村小河涯命名该段运河。小河涯段运河位于小河涯村南、村西,运河从东南汶上县张坝口向西北进入东平小河涯段运河,大体呈东南西北向,河道遗址尚清楚。村南东西向房台是原来的运河北堤,约长500米。村东南有一处土台子,原来是砖窑遗址,也是运河北堤,从土台子向东属于汶上县界。村地西南角处树立一件东平、汶上、梁山三县界碑,运河由此向北进入梁山县境靳口段,与东平段运河隔开,所以我们将小河涯村作为单独的一段运河进行调查。小河涯段运河属于汶上、梁山县境内一侧的运河土堤已完全消失。

通过走访得知，原来此段运河河堤不是很大，遇大水时几乎漫满河堤，人们就要去防险。运河宽度不一样，宽者特别是有河滩处一二百米，窄处五六十米。1960年库区内试蓄洪时居民搬出，迁回后，垫房台、烧砖窑，河堤逐渐消失。1990年左右还有部分河堤残存高3米、顶宽4米、底宽15米左右。现在河道内全是庄稼。

（二）臧庄—王思口段段运河

在臧庄西南处，运河由西南梁山县靳口段运河处入东平臧庄段运河，西北流向王思口村。此段运河全长3430米。

臧庄、南袁庄、前李楼、周庄四个自然村属于一个行政村，村委会驻地臧庄。王思口村和轩场两个自然村属于一个行政村，村委驻地轩场。臧庄，据《臧氏族谱》记载，明代崇祯年间，臧姓自唐营村迁此建村，以姓氏命名"臧庄"。王思口村，据《王氏族谱》记载，明朝初期王姓人在此建村，因村民王思在村边运河上开设渡口，惯称"王思口"，故以渡口命村名。

臧庄段运河中，臧庄西北600余米处有房台坐落在运河东堤上，河堤部分清晰可见，长310米。王思口村段运河河道遗址基本清晰，部分河道内有水。村西北400米处有房台坐落在运河东堤上，河堤部分清晰可见，长130米。村东400米处群众俗称"口子门地"，传说原来这里河堤经常开口子。村东南河道原有河滩（属于梁山县）。

根据群众反映，有的河段基本属于地上河，河堤当时高10米左右，有时水大了几乎溢水。顶宽不一，4—10米。河道宽30米左右，河滩宽处200米左右。还有"长滩""少滩"之说，长滩宽大，少滩稍小，滩上有时还能种庄稼。在河道底部，原来运河底一里一块"地平石"（有的说一二百米距离铺设一块），方形石柱，高近1米，上有刻字"运河基底"，是为察看河道内水的深度而设的。

在臧庄东南运河北岸有一坟墓，直径10米左右，高近2米，群众传说是"娘娘坟"，有的说叫"贵妃墓"，但不知具体是谁。传说该坟上原来有碑刻，后来迷失。

（三）王仲口—鲁庄段运河

由王思口至于王仲口至鲁庄，基本呈东南西北向，此段运河全长2900米。

王仲口村西一段运河保存完整，长660米。与王仲口村相对的西王仲口村坐落于在西河堤上，属于梁山县。王仲口村东北原来属于河滩，连同河道宽200余米，今为田地。鲁庄村西南一段房台复连运河河堤，长260米，坡度约20米。

王仲口村,群众反映原名"刘老庄",建于元朝。又据《王氏族谱》记载,明代洪武年间王姓人迁居此村,因村位于运河渡口处,故称"王渡口",后演变为"王仲口"。鲁庄,群众反映明代永乐年间鲁姓在此建村,以姓氏命名"鲁庄"。

据群众反映,原来河堤很陡,基本呈直上直下,高七八米,宽50余米,河内有水,其余河道遗址轮廓较为清晰。常有维修,1959年蓄洪以后,河堤不再维修,除房台处堤段外,其余逐渐毁坏掉。现在保存较为完好的王仲口段运河河堤高6米左右,河道变深是因为村民垫房子用土挖深的。运河河道曲折有滩,是因为便利行船,能借四面之风。王仲口村向西北860米的老砖窑处原来是个河湾,露出的柏木桩一排一排很清晰,可能是过去这里正面迎水,河堤易于溃决,竖立木桩进行加固。

当时王仲口渡口处河道内放置一船,河堤两面设置一粗绳子,两头各固定一人,过河时来回拉绳子。此二人生活每年由其所属村庄供给。调查队员还从王仲口村征集到运河河道里出土的2件陶瓷瓶(图一),双唇口,凸腹,一高16厘米,一高12厘米,应为当年运粮船工盛酒或饮水用具。在王仲口村东杨岗村,发现一方"免丁夫差役碑",此碑位于村东南小桥上,正面向上,文字磨损严重,碑文大体记载该村免运河差役事项。

调查过程中在鲁庄房台树林中遇到一位拾柴的老人,通过交谈得知老人叫张新海,79岁,鲁庄人,曾是经营船运的人(图二)。老人说,他23岁开始在运河里使船,去过上海、扬州、杭州、苏州、瓜洲。从安山洼(安山湖,即今东平湖)到清河进入黄河,从黄河里行道济南由罗口大闸顺黄河行舟到刁口入海。船上一般四五个人,他的船是四家合伙的,收入的钱平均分,一次挣四百元左右。

图一 运河调查组征集运河内出土的陶瓶

图二 运河调查队员与鲁庄老船工张新海老人合影

（四）常仲口—北王洼段运河

此段运河全长 4217 米，基本呈南北方向。

常仲口人口 700 余人，北王洼人口 300 人左右。两村居民生活以农业为主，均无少数民族居住。

常仲口村是明代洪武年间常姓人迁此建村，因在村边运河上设渡口，故名"常渡口"，后演变为"常仲口"。其西原有"御河堤村"。北王洼和西王洼两个自然村属于一个行政村，据《王氏族谱》记载，明代洪武年间，王姓自应天府江宁县铁板桥迁此建村，因地势低洼，故名"王洼"。北王洼是 1968 年西王洼部分居民移居建村，因位于西王洼北侧，故名"北王洼"。

常仲口村向南一段运河、北王洼村西一段运河因为村庄坐落在东河堤之上，所以村庄段联结运河东河堤保存较为完好，其中常仲口段东堤长 500 米，坡度 6 米左右，河道宽 30 米左右（图三）。北王洼段长 480 米。其余处河堤已完全毁坏掉，河道轮廓尚清晰。

常仲口群众反映，村民在河堤上建房子时因为河堤非常坚固，不用再打夯打基础。此段运河在 1947 年以后就不行船了，1964 年左右两面河堤保存还很完好，在"大寨田"建设时西河堤被梁山县拉土、砖瓦厂、垫房台挖掉，只留东堤一段。现河道内部分变成养鱼塘（属于梁山县），在用机器"喝坑子"（挖河道中的泥土）时出土一些陶瓷酒瓶和"制钱"。

在常仲口村南发现清代光绪年间李振鲁墓碑一方（图四），碑文记载其家族在明朝永乐年间由河南迁居于此，祖上以功封"东平所世袭百户"，居运河岸边。

北王洼群众反映，该村西河道处是大河滩，有八九十亩，属于王姓两家地主。运

图三　常仲口段运河（从北向南摄）　　　　图四　东平世袭百户李振鲁墓碑

河废弃后,西河堤被毁掉,成为田地,原来以河道中间为界,后来梁山村民逐渐东侵,侵占到属于东平境的河道。

在常仲口庄村南河道处调查时,有一位 60 余岁的老先生见我们测量河道,反映在河道东堤处水中有一块运河上的石碑,去看后见石碑基本没于水中,仅露碑角。老先生说碑中间有一行大字,好像是运河堤岸界碑,具体记不清楚了。

(五)大安山—潘孟于段运河

此段运河从大安山南接北王洼段至东平湖入湖口处潘孟于村,全长 1500 米。

京杭大运河东平段由此趋西北进入黄河已全属东平境,不再是东平、梁山两县的分界线。

大安山村原属大安山乡政府驻地,属于梁山县,1985 年 5 月,经山东省人民政府批准,大安山乡与商老庄乡、戴庙乡等乡镇一起划归东平县。2001 年 2 月,调整合并乡镇,与商老庄乡合并为商老庄乡,乡政府驻地商老庄。大安山村人口近 1400 人,系半农半渔村。村内设有集市,物资交流方便,市场较为繁华。运河入湖口处现为潘孟于村(图五),群众反映,1965 年 6 月,潘庄、孟庄、于庄居民自东平湖内迁出至此(运河北堤)新筑房台居住,三村自然合并,亲如一家,故取三村名首字,命名"潘孟于"。该村系湖内村庄,人口 930 余人,系渔业村。

此段运河堤基本无存,河道轮廓尚清晰,从州(城)商(老庄)公路向南尚能看出部分河道轮廓。

潘孟于村前、东平湖堤北现存一段河道即是原来运河入湖口处,河道宽约 60 米。向西 250 米处为著名的安山闸,现在看到的安山闸是 1975 年维修的,维修时在原来老闸的基础上加高加宽了,下半部分仍是老闸原来样式。今闸为全石质结构,宽 5.7 米,长 7.8 米,连燕翅总长 43 米(图六)。

《元史·河渠志》中所记"安山闸南至开河闸八十五里,至元二十六年建"非指此闸,明永乐年间运河改道,走袁口、靳口、安山、戴庙一线之后,成化十八年(1482 年)建安山闸,才是此闸。

群众反映,原来河堤很高,此段河道在 1954 年时还在行船,从此处过济宁可达上海和苏州、杭州。

另据《漕渠志》记载,安山闸东南八里湾村有"八里湾闸","南距孟阳泊二十五里,宣德八年建",我们在该村调查时群众反映,这里也是老运河河道,村东北有石闸,不知毁于何时。另据地方志载明代景泰五年徐有贞建八里湾闸,为"湖口闸",与《漕渠志》记载不符。

图五 安山段运河—运河入东平湖处　　　图六 安山闸（从西北向东南摄）

（六）东平湖段运河

此段运河全长 14400 米，沿东平湖南堤走向，从安山向西至于东平湖西南堤金山坝南端处接戴庙段运河。

根据群众反映，五六十年代东平湖新筑河堤时，从大运河安山处向西至戴庙一段筑在运河南堤上，运河河道现在已完全没入东平湖中，沿线没有运河古迹，故我们把这段运河称为东平湖段运河。东平湖也是运河岸边的重要水柜（图七）。当时运河北岸村庄较多，根据五六十年代东平地图上所标示，有三里铺、二道坡、头道楼、亭址、桑园等 20

图七 运河水柜——东平湖

余个村庄。今湖堤近处仅有桑园村（原名头道楼村），该村位于湖堤以内，属于湖内村庄，建于明代成化年间，后因村周多植桑树，故更名桑园村（图八）。人口 56 余人，系渔业村。

东平湖堤上有现在新建的八里湾提水闸，是即将复行的京杭大运河上的最后一级提水闸（图九）。

东平湖为古代大野泽遗存水域，曾名梁山泊、安山湖，明、清之际为运河水柜，清代咸丰五年改称东平湖。

图八　桑园段运河（从东南向西北摄） 　　图九　南水北调工程中的东平八里湾提水闸

（七）戴庙—五里堡段运河

此段运河从东平湖西南角处金山坝至五里堡村西全长4910米。有的群众也把这段运河叫做"宋金河"或"宋江河"。

戴庙村原是戴庙乡驻地，属于梁山县，1985年5月经山东省人民政府批准，戴庙乡与大安山乡、商老庄乡等乡镇一起划归东平县，仍为戴庙乡。戴庙村村民反映明代洪武年间，有戴姓在此建村，并在村边修庙宇一座，故名"戴庙"。人口近3000人，有李、郭、白、展姓回民居住，人口100余人。

戴庙闸东、西一段运河保存完好，长2750米，河道宽近80米，堤高近20米（图十）。

戴庙闸（图十一）位于220国道之上，在原来基础之上加高、加宽了。现在桥面宽23米，长6.3米，燕翅长22米，地方志载"明代景泰五年建"。其东面100米处还有一残石闸，闸口还较为清晰。

图十　戴庙段运河 　　图十一　戴庙闸（从东南向西北摄）

五里堡村，据《杨氏族谱》《杜氏族谱》记载，明代初期有杨姓、杜姓自山西洪洞县迁此建村，因位于戴庙集五里，故名五里堡。有人口400余人，无少数民族居住。由于该村建于运河北堤上，所以与村庄相连一段运河南堤保存较好，长450米，高1—1.5米。村庄向西运河只有河道轮廓清晰，为杨树林或田地（图十二）。

　　在该村东小石桥上，我们发现有古代碑刻4方(图十三)，龟形碑座1件，石柱1件，多残，小柱础3件完整。根据碑文可知，此地原来有一处庙宇，内有观音殿、三教堂、地藏殿、伽蓝殿等殿宇，明清有维修。因为时间关系，我们仅测量其尺寸及简单内容。

图十二　五里堡段运河西堤（从北向南摄）　　图十三　五里堡石刻（从东北向西南摄）

　　在五里堡村南于庄村我们走访到一位当年在运河上行船的老人李明华，96岁。老人说他祖上就是跑船运粮的，老家原在南旺湖，过去跑粮船船工都在船上住，他祖上是从船上搬下来居住到这里的。他家的运粮船在抗日战争时期，日本鬼子来这里时就卖掉了。当时他们家的船七米宽，长十五六米，装货在五万斤左右，有时也在济南装货，什么货物都装。十里铺闸宽一丈二尺，和戴庙闸、安山闸、靳口闸等宽度是相同的。五里堡、十里堡村是因为到戴庙村的距离命名的，运河上一般是距离十里地左右一个闸。运河宽度不一样，河底宽15米左右，深度不匀。与五里堡村相对的南堤上原来有于庄村，1959年黄河放水时南移200余米至今位置。

（八）十里堡—黄河段运河

　　此段运河从十里堡村东接五里堡村段至黄河全长1816米。

　　十里堡村，据说明朝时有商姓人迁此建村，因距戴庙村十华里，故名十里堡，有人口500余人。其东北与张垓村乡连。

　　此段运河除十里堡村西南一段运河河道轮廓尚存外，其余河道基本看不出（图十四）。十里堡村东北向东现为杨树林地，是运河故道，树林北缘原是运河北堤。原来这里河道宽一二百米。

在村东南黄河大堤西深水坑处,原为十里堡运河闸,水深已看不到闸迹。我们在几年前来调查时,尚能看清闸基残石。村民张立秋同志反映,十里堡闸上的石头基本被全部扒掉了,闸石上有很多铁扣,每个六七斤,仅他就卖了二十多个。

群众反映,现在的黄河大堤是1942年修的,正好横占于运河之上。当时运河里漕船往往有数百只,有时在这里停一个多月,依次进入黄河。

75岁的村民王传声同志讲,村南扬水站处原来是黄河管理衙门,有黄河道台驻扎,后来房子让黄河部门扒掉狮头运走了。我们前去察看,在扬水站内发现古代石刻数方。"黄河衙门"位置在扬水站外东侧,现在迹象皆无(图十五)。传说这里单独一个围子(院落),有大厅,大厅里放着好多"牌位",还有东西配房、花园,后来还设有电报局。王传声同志回忆他看过衙门里的碑,碑上有官员名,都是二品大员。

图十四　十里堡段运河(从东北向西南摄)　　图十五　十里堡黄河官厅遗址(从西北向东南摄)

在扬水站石刻中,有民国九年山东上游河物分局局长谢陈玉德政碑一方(图十六),郓城、范县、寿张三县绅民公立,保存完好。一方"文革"期间在古碑上刻毛主席语录"水利是农业的命脉",一方刻"敬祝毛主席万寿无疆"语。另有两件浮雕云文碑帽。

在十里堡闸北沿,原有关帝庙,现存一间现代所盖瓦房庙(图十七)。群众反映,庙内原有大铁钟一个,重500多斤,1949年防汛时被管理黄河段的人拉走了,在十里堡砸毁。庙前立古碑二方,一为康熙二十年碑,碑面水垢严重,碑文有"东平郡"及"寿张进士刘士庸撰文"等,其他内容不详,清代道光十一年重修关帝庙碑记,记载关帝庙重修情况,"穀邑廪膳生员杨嘉照撰文,□生汪龙书丹",并有泥匠、画工、石工姓名。

在五里堡、十里堡村西黄河东岸还建有四个黄河大闸,即十里铺分洪进湖闸、林

图十六　十里堡扬水站内现存民国"功追汴堤"德政碑　图十七　十里堡运河边关帝庙遗址

辛进湖闸、石洼分洪进湖闸、国那里引黄进湖闸。

二、史料中的东平段运河

东平段运河历史志书中记载较多,清代《东平州志》中记载:

> 运道在东平者六十里……闸三:曰靳家口,明正德十二年建;安山,明成化十八年建,西邻安山湖,减水有通湖闸;戴家庙,明景泰五年建……三闸各设闸官一,闸夫三十八名,浅铺东平汛十三,靳家口、上杨家桥、瓦碴湾、营门口、十里铺、戴家庙、上元武庙、罗汉庙、小坝头、娘娘庙、吴家口、三去桥。额设河兵四十名,原设七十八名,雍正五年改设河兵。东平汛所四,老堤头、邢家浅、陈家园、五里墩。额设浅夫二十名……东平州东岸十四段,自八里湾至戴家庙,土工共长三百九十六丈二尺;西岸五段,自八里湾至裕国台,土工共长二百二十四丈五尺,具雍正七年修;东平所东岸三段,王佳洼等土工,共长一百七十九丈六尺,雍正九年修。

如明万历二十四年《兖州府志》中对明清东平段运河的记载:

> 至世祖至元二十年,以江淮水运不通,命兵部尚书李奥、鲁赤等自任城开渠达于须城安民山,凡百五十里……其西北流者,至须城之安民山,入清济故渎,经东阿至利津入海……二十六年,寿张县尹韩仲晖、太医院令史边源请引汶水属之御漳,比陆运利相十百,诏从其清,遣礼部尚书张孔孙、兵部郎中李处巽同都漕运副使马之贞主其役,乃复自安民山西南开河,由寿张西北过东昌,又西北至临清,

达于御漳,凡二百五十里,建闸三十有一,名会通河。

永乐九年……遣工部尚书宋礼、都督周长、侍郎金纯发山东济兖东青四府丁夫十五万并登莱赴工人一万五千疏凿元人会通河故道,自济宁至临清三百八十五里。又用汶上老人白英之谋,筑坝于东平戴村,横亘五里,过汶水入海之路,使全流尽出南旺,分而为二……又于戴村之北留坎河,口溢则决之以入海,涸则塞之以济运,由是汶水不复入洸,而会通河复矣……至明开渠,则于戴村遏汶,南旺分水,而汶始以全流济运矣……万历元年,侍郎万恭因汶水决入盐河,遂于坷河之上垒石为滩,以防其溢。十六年,都给事中常居敬奏筑滚水石坝以备蓄泄……夏秋水盛则由戴村漫入大清,以疏其溢。春冬水涸,则由戴村过入南流,以防其涸,此戴村坝所为要害也。汶水由戴村南流,谓之席桥河。

入汶之泉八十有八……东平十有七:曰坎河、曰灰泉、曰八头、曰王老沟、曰大黄、曰小黄、曰源泉、曰芦泉、曰席桥、曰净泉、曰徐家、曰安圈、曰独家泉、曰铁海、曰冽泉、曰吴家、曰张湖郎。

由汶上而北入东平州境,州在漕渠东北十五里应管河岸。南自汶上之靳家口,北至寿张之戴家庙,长三十里。内东平千户所应管七里。州东六十里为戴村坝,汶水故道在焉,流而为大清河。运河之左为安山湖,其右为亭子泊。

三、水柜东平湖

东平湖是古代大野泽、唐代小洞庭、宋代梁山泊、元明清时期安山湖的遗存水域,咸丰五年(1855年),黄河决口铜瓦厢,北徙会大清河,倒灌入安山湖,为防水面南侵,遂从棘梁山西北十里堡至东平解河一线修筑围堤(今称旧临黄堤)拦截,形成新湖区。时因位于东平州境内,故改称为东平湖,沿用至今。明清运河期间,东平湖为当时的水柜,如清乾隆三十六年《东平州志》卷四"漕渠志"记载:

水柜旧有安山湖,永乐九年,尚书宋礼设四大水柜,以济漕运,安山湖其一也……正统三年,开安山积水湖,在州西十五里,漕河西岸,萦回可百里,四面有堤。知州傅霖置减水闸于河岸,规其三十八里,四面筑堤。水涨则泄漕水入湖,水涸则出湖水入漕,谓之水柜……(万历)十七年,筑土堤共长四千三百二十丈,又于似蛇沟八里湾增建二闸,以为蓄洪永利……雍正三年,内阁学士何国宗查勘运河,议将安山湖复设水柜,重筑临河,并圈湖等堤,修通河似蛇沟二闸,并于八里湾十里堡两闸间建一石闸,名曰安济闸,闸下各设支河一道,通入湖心;又请开柳长河，引鱼营陂、宋家洼两处积水入湖。

亭子泊。在漕河东岸，即故安民亭也。北阻金螺诸山，安山湖水溢而东注，则汇于此。其南为麻王泊，南旺湖水溢而北流，则汇于此。凡此皆古巨野泽之东畔，宋所为梁山泺者矣。

清靳辅《治河方略》中记载："旧称自南旺，下至卫河四百余里，其间全赖安山一湖以济运。"

《州志》中还附记有补充运河的泉水，即《东平汇河流域诸泉并附泉河图》载：

新沦泉、奔喜泉、南奔喜泉、源远泉、安宅泉、半亩泉、卷耳泉、胜水泉、双鸣泉、单眼泉、安圈泉、东席桥泉、河边泉、口头泉、三眼泉、大成泉、浮问泉、张货郎泉、徐家泉、近汇泉、冷河泉、新近汇泉、东席泉、席桥泉、新西席泉、北席泉、润席泉、王老沟泉、永旺泉、新旺泉、新永旺泉、二黄泉、大黄泉、北席新泉、大黄东泉、大黄北泉、孙泉、涌泉、游龙泉、吴家泉、神灢泉、小王泉、有本泉、静深泉、郝家泉、独山泉、芭头泉、浮泉、烈泉、源泉、高庄泉、高家泉、坎河泉、铁沟嘴泉。这五十四泉俱流入汇河，而后入汶河至南旺分水口济运道。

四、运河水工设施戴村坝及小汶河

戴村坝位于东平境内大汶河之上，初建于明永乐九年（1411年），运河开通以后，当时朱英登《筑堤行》诗中有"工程浩大人力繁，锹畚如云汗如雨"之句，形象说明了工程的巨大。

在运河疏浚工程竣工之后，运河却仍不能畅通，这是因为济宁到临清运河段多丘陵，地势高，时称"水脊"，"河道时患浅涩，不胜重载"。尤其是济宁向北至南旺段地势更高，运河终因水势不足，时常干涸。工部尚书宋礼、刑部侍郎金纯等官员采纳汶上老人白英提出的"引汶济运"建议，在大汶河下游高程高出南旺地段十三米之处的戴村附近筑坝，"使趋南旺，以济运道"，同时于坝南新挖河道即小汶河，使汶水顺小汶河南流至于南旺，再分水四六南北注入运河，即民间所谓"七分朝天子，三分下江南"。从此，汶河之水源源不断流向京杭大运河，漕船畅通无阻，保障了我国京杭大运河600余年的漕运畅通。每年数百万石粮米等物资运往京师，也造就了大明王朝国富民强的"永乐盛世"。

由于戴村坝在运河漕运中的重要作用，历史上先后有官府的十九次维修，尤其明万历和清道光、光绪年间几次较大规模修葺。戴村坝为东北西南走向，基本呈"U"形，全长1600余米，由三部分组成。从南向北依次为：主石坝、窦公堤（太皇堤）、三合土坝，三坝连接，之间均筑有坝台。三部分既各自独立，又相辅相成，互为利用，互为保护，形成了"三位一体"的独特布局。滚滚汶水东来，经过鸡嘴滩迎水、挑水，使汶水北折，窦公堤首先接水，再南流至于主石坝，减缓了汶水对主石坝的冲击力。当汶水势大主石坝水面超过2米时，汶水首先在窦公堤东侧相连的三合土坝漫水分流，减缓冲击力。主石坝南北向横亘于汶河之上，长4372米，东迎水面稍呈弧形，增强了对水的冲击力，它又分三段即玲珑坝、乱石坝、滚水坝，三坝高低不同，随着汶水水位的升降，三坝分级漫水，可调蓄汶水储量，它始终保障着南流小汶河向运河供水源。主石坝多为巨石垒砌，石重1吨至6吨不等，镶砌精密，为防止洪水冲塌，石与石之间采用束腰扣榫结合法，一个个铁扣把大坝锁为一体，石间并有铁穿、铁锔。整个戴村坝可以说是气势磅礴，雄伟壮观。

在主石坝西部500米处有一块东西向面积很大的隆起地土滩，也称"鸡心滩"，主石坝来水绕其南侧，三合土坝来水绕其北侧，实际上也起着缓水护坝的作用。

戴村坝南端是流向南旺段汶河的小汶河，东平段流经彭集镇和沙河站镇，全长20多公里。戴村坝至后戴村东南河段较直，其他河段曲弯较多，河道宽窄不一，最宽处200余米，窄处30余米。河道大部分是东平、汶上两县的分界线。明清两代曾多次疏浚治理。1959年春，在济宁地区和汶上县的一再要求下，省水利厅派员会同两地、县代表达成了小汶河束水工程的协议，结束了大汶河分水南流的历史。

五、运河运畔大都市——州城

州城，位于东平县西南部，西邻东平湖，北靠大清河，地处平原，土地肥沃。州城始建于宋咸平三年（1000年），历史上是我国的北方重镇，知名的大都市，鲁西南名胜之地，曾为国、路、府、州、县驻地，是有名的一处千年古城。因其地处古老的大运河岸边，古有"北翊燕赵、南控江淮"之说，它有着无数的辉煌和悠久灿烂的历史，出现过父子状元梁灏、梁固，儿科之圣钱乙，著名画家梁楷和老一辈革命家万里等无数英士名才。历史上的州城，类似现在的平遥古城，其形如龟，民间称之为龟城。龟是吉祥之物，不怕水患，生命久长，取其形，寓寿长万年之意。

元代的州城，因扼京杭大运河之要津，执水旱码头之枢纽，又是元杂剧之重镇，从而不仅成为华北政治、军事、经济重地，更居于文化学术中心的地位。此乃东平历史之鼎盛时期。13世纪意大利旅行家马可·波罗从元大都出发，顺运河南下，至州城游览后，曾惊讶不已，他写道："这是一座雄伟壮丽的大都市，商品与制造品十分丰盛……大河上千帆竞发，舟楫如织，数目之多，简直令人难以置信……"一生多次来州城并曾在此久居的大诗人元好问，在《出东平》一诗中写有"高城回首一长嗟，市声浩浩如欲沸。东园花柳西湖水，剩著新诗到处夸"的赞美，形象地描绘出了当时州城的壮观与繁盛景象。

京杭大运河的开通，是历史上东平兴盛的关键因素。明清两朝以来，运河是中国的南北交通大动脉，在那种特定的历史时期，运河兴，沿岸城市兴，运河衰，沿岸城市亦衰。1855年，黄河夺大清河入海，使运河淤塞，漕运终止，渐渐失去交通要道的功能，州城亦渐趋衰落。这是历史留给州城的不幸。然而，这座美丽的城市，自有它顽强的生命力，它以其历史悠久和文化积淀的厚重，依然在中国的史册中占据着重要位置。

六、由闸而兴的安山镇、戴庙集

京杭运河开通后，济宁至东昌府150多公里的河道上，安山镇是最大的水旱码头，是一重镇，"为南北通衢，市井繁华"。元末以前，运河走袁口、安民山、沙河湾时，安山镇只是一个渔船停泊、鲜鱼交易的市场，湖村小店，明永乐年间，运河改道，走袁口、靳口、安山、戴庙一线之后，南至靳口北去戴庙均30公里的安山因其地理优势，于成化十八年建起安山闸，即成市镇。商务发达，帆樯林立，商船、渔船、各行业作坊店铺渐渐云集于这个重要的水旱码头之上，仅"粮行营业至数十家之多"，由大清河转贩而来的盐及当地农副产品，通过东平运抵安山再转贩南下，而南来的商货也多于此再向内地转贩。到清朝中、晚期，发展到鼎盛时期，全镇6条街800多户，再加上后新街、后屯达千户，可称大镇，是上下百余里的其他口岸码头无法比拟的。安山镇文武衙门皆有，由此足可见其地位的重要。一是建有分州衙门，为东平州的派出机关。在建制方面，东平曾一度为直隶州，同知为六品，分州为正八品，代表州官管理以安山为中心的西五保的政务与漕运、湖闸等事。衙门设在运河北岸闸东。二是设厘金局。任务是收取河道货物过境税。三是建兵营。安山河北大集口以西建有营房，坐北朝南，在运河岸上建有营门。明朝驻军一营，平时屯田，漕运过境时护漕，保护粮仓等。清朝驻兵100余人，形同外地都司。安山镇的经济，不仅百里内的集镇不能比，就连东平、汶上、寿张县也难以相比。运河穿镇而过，顺河三里长街，河南岸300余户，多系船户、渔户、农户；北岸六七百户，则多是工、商、行会、饭店等业主，"五行八作"皆有，还有山西会馆一处。史载安山闸"临河多楼",是一个"粮食码头"。每月五、十是安山大集,商家生意更是兴隆。安山镇每年春秋两季还各有一个三天的"粮船市"。粮船将来之时,镇商会便向数十里以内集镇张贴告示,还邀请戏班子来唱大戏,附近群众都来安山镇到粮船上购物。期间,闸上闸下,彻夜灯火,满河大船,"舸舰迷津,舳舻相接"。

另一个水陆码头是戴庙集,原是运河上的一个大集镇,称为"戴庙集",即现在的戴庙村,前傍运河及戴庙闸。现村内有100多个姓氏,多是运河开通以后来此经商定居此地的。村内原有"八大街"(大街、牌坊街、东关街、河崖街、后海子街、后店子街、当铺街、朱庙街)。村内原有大小庙堂二十余座。现存有"恩褒三代坊",系明代朝廷褒奖进士宋祖舜及其父、祖三人的石牌坊。有明晚期"重修玄帝宫碑",碑文行草,"二王"风格,可谓古代书法珍品。

七、运河上的石刻碑刻

东平境内运河石刻碑刻较多,戴村坝上有明清镇水兽、维修碑刻9方、王仲口"该管堤岸碑"、杨岗村明代"免拉银两差役碑"、常仲口村清代世袭百户李振鲁墓碑、王仲口清代重修渡桥碑等等以及州城内各种记事碑中刊列的商铺店铺名号。

戴村坝主石坝北坝头上原有白公祠、龙神庙等,其中一方乾隆三十七年重修龙神庙碑,碑下的赑屃独具特色,"龙生九子,不成龙,各有所好:一曰赑屃,形似龟,好负重,今石碑下龟趺是也"。这件赑屃不是常见的头向前伸,而是转头上扭,呈仰望碑身的动作。这是因为它背负的是自己的父亲即"龙神",为表示出对父亲的尊敬之意,才不可背对长辈。赑屃这一小小的扭首动作,不仅仅是展示给人们的一件石刻文物,更重要的是雕刻者融入了中华民族的传统思想,可谓珍贵的艺术品。

另一方清光绪六年重修东平州戴村坝碑记,则对戴村坝的修筑时间、原由、白英老人创议、坝名和各坝长、高、顶以及两坦坡的宽、跌水宽、深等等做了详细记载,"凡石工重修之处,均内用铁闩,铁锯连笋,灰浆构抿面石,合缝处由灰锤炼,与旧工顶面均加铁扣锁连。至于祠宇官廨,亦以新之,姑略其瓴。旧建曰龙神、曰白公,新建曰将军,历八阅月,到六年四月全功以竣,凡用银七万四百九十两四钱一分九厘"。赐进士出身、兵部侍郎兼都察院右副都御史、巡抚山东等处地方督理营田兼理粮饷、兼提督衔统师全省军务节制各镇、兼理盐政加三级周恒祺立。

八、非物质文化遗产

　　在东平段运河岸边,产生了数量众多的非物质文化遗产,经过挖掘、保护、论证,共有10大类别、308个项目,其中民间文学148项,民间美术3项,民间音乐2项,民间舞蹈1项,戏曲1项,曲艺3项,民间手工技艺51项,传统医药33项,传统体育、游艺与杂技15项,民俗55项。目前,有国家级名录3项即腊山道教音乐、端鼓腔(敬河神)、四音戏,省级3项东平硪号子、中华子午门功夫、王家炖鱼,市级20项、县级69项。

　　其中腊山位于水柜东平湖西岸,山上有道教建筑群,腊山道教音乐初时由道教龙门派始祖邱处机所创,他的弟子龙门派第十代住持杨清荣,乃江苏镇江人氏(1478—1548年),在腊山修建了"祥龙观"。杨清荣擅长笙、管、笛、箫等乐器,继续对道乐的研究和发展。经过历代道徒反复演练、创作、改进,形成了自为一体的腊山道教音乐。兴盛时道徒多达300余人,有时边舞边奏,像"达教"就是一种演奏与舞蹈相结合的表演形式。腊山道教音乐的曲谱由于多种原因,现在挖掘整理的仅有《临清歌》《小拜门》《清河柳》《水锣音》等不足二十首,几近失传。一九八六年,泰山道教协会和东平县文化局录制了十二首曲牌,发表在《中国民族民间音乐·山东卷》上。

　　四音戏又名"四弦戏""四根弦",它是由民间流传的小曲逐渐演变发展而成。1900年前后,东平县老湖镇郭楼村张振朝、张振邦兄弟二人组建了"四弦"戏班,伴奏乐器主要用四弦胡琴,在鲁西一代沿运河流动演出。1919年,张振朝之女张秀兰、张秀琴跟班学艺,1921年张秀兰登台演出,在唱腔方面进行了改革创新,形成了自己独特的唱派,观众送艺号"半碗蜜"。1956年,当时的东平四音剧团在济南演出时,受到了文化部和山东省领导的接见,并与团长孙树森(张秀兰之夫)合影留念。现在"四音戏"已至第四代传人七十多岁的孙庆江先生。

　　东平渔鼓,渔鼓最早的名称叫道情,原为道教宣讲经卷时所唱的一种道曲,并有乐曲和声乐相伴。南宋时始用渔鼓和简板作为伴奏乐器,所以称"渔鼓"。渔鼓曾一度活跃于山东各地,主要有南口、北口、东口三大支脉,发源于东平境内的南口唱派影响最大,多是运河行船、东平湖渔船之人闲暇时演唱。如今,在东平及鲁西南以大官腔、寒韵唱腔为特色的渔鼓演唱,流传最为广泛,形成了魅力独具的"东平渔鼓"。

　　东平许多传统名吃也多与运河相关,如回族的杨家扁食、陈家烧饼、东平糟鱼、东平粥、侯家烧鸡,尤其东平粥、东平糟鱼更是名扬九州。

九、东平运河文化

　　东平境内现存的京杭大运河河段是明清运河河段,明初疏浚运河时在元运河的基础上东移20里,东平境内全长43公里。从汶上县张坝口进入东平小河涯村一段,向北经靳口、臧庄村,再向西北流经王思口、王仲口、鲁庄、常仲口、北王洼、安山段进入安山湖,再往西北行经戴庙、五里堡、十里堡段向北连接阳谷县运河段。总体流向是东北西南向,但其中河段多曲折,有许多河湾、河滩、堤湾。

　　东平段运河历时600余年,沿岸集镇商旅云集,店铺遍布。河道上下,白天船只云集,樯桅林立;夜间桅灯高挂,渔火满天。人们把这一壮观称之为"会河帆影",为东平古八景之一。东平段运河包括其水工设施戴村坝、济运水道小汶河、水柜东平湖、安山闸、戴庙闸、运河城市东平州城以及安山镇、戴庙集等,也包括石刻碑刻和非物质文化遗产。这些沿运河而产生的文化遗产也形成了东平运河文化。尤其水工设施戴村坝,更是显示出我国古代劳动人民高超的聪明智慧,是运河之上的一颗"璀璨明珠"。

　　从2000年冲毁的一段坝体中看到,坝体下端使用松杉、柏木和楸木桩作为根基,插入河沙之中。木桩的高度在210至260厘米之间,桩的顶径在14至26厘米之间,有的桩上有施工主持者钤盖的朱红印记,并有编号。桩的顶面排列齐平,桩间及上部坝石结合部用白沙灰填充粘结,以实现每根桩的牢固,并力求实现木桩的共同承受力。木桩上覆压的巨石条,都是用铁扣锁为一体的;巨石条之上为白沙灰砌垒的小型石条,铺设精密,灰浆饱满,坝的最上层过水部位,是用巨石条顺汶水流向铺设且用束腰扣隼结合法加以牢固的。一个个铁扣,把巨石条锁为一体,形成合力,保证洪水通过的同时,也有效地保护了自己。主石坝的木桩层,承担着桩上巨石的压力,石条的稳固,全仗木桩的顶力;而木桩的稳固,又全仗石条的压力,木桩受压后因下端尖状,将更进一步钉入泥里,促使坝基更加牢固。巨石、木桩之间的相得益彰,相互作用,把力学原理运用得十分到位。

　　在主石坝向东1000米处、三合土坝西坝头之南的汶河南地上,有伸入河中一段长100余米、宽50余米的河滩一道,呈东南西北向,称为"鸡嘴滩",也称"挑水滩",滚滚汶水东来,首先冲击鸡嘴滩,它挑动汶水流向西北,冲击到长长的太皇堤上。太皇堤在主石坝、三合土坝之间,长900余米,东北西南向,亦呈弓形,而与主石坝相反,弓背内敛。经过鸡嘴滩而来的汶水首先接触到其东部（三合土坝西侧），再沿堤面西南流，到达主石坝时，水势已经消减大半，最大程度地减少了汶水对主石坝的冲击力。为保证太皇堤的牢固性，在堤的背水面人工筑起一个大沙丘，做为抵御洪水的后盾，只有太皇堤的稳固，才能保证主石坝的稳固。

主石坝和三合土坝的两端均建有坝台，俗称"坝头"。看似普普通通的坝台，连接石坝，并无奇特之处，实则它也是利用力学原理而设计的。主坝体如果没有两端的坝头，只能是孤零零的存在，尽管自身构造严密，也难抵洪水冲击。为增加主石坝的稳固性，坝头三面也是全石质建成，如两座小山一样稳固，而石坝的两端又插入坝头腹部，坝头把坝体牢牢镇住，再加之主石坝呈弓形，弓背应水的压力由坝台作为后盾，牢牢支撑住，这一巧妙的力学工艺，是我国古代阻水坝之独有的特色工艺。

戴村坝历经数百年，任洪水千磨万击，仍横卧清汶两水之间，这是我国水利史上的一大奇迹。它遏汶济运，保障了我国京杭大运河 600 年的畅通，等同于人的"心脏"，故把戴村坝誉为"运河之心"。它又以设计科学、建造难度大、历史作用大、年代久远、保存完好在 201 年被中国申遗小组誉为"中国古代第一坝"。历史上的康熙皇帝、民国时美国水利专家方维观后都曾大加赞誉，毛泽东也称"这是一个了不起的工程"。2014 年成为我国京杭大运河中的世界文化遗产节点。

运河的开通，也极大地促进了东平商业文化的繁荣，州城可谓运河岸边繁华都市的代表。在乾隆三十七年知州沈为基所写的《改筑东平州城记》中记载：

> 州西北十五里为埠子坡，故郓州城也，遗址犹隐约可睹。考之州城，宋咸平三年河决水漫，城因以坏。春三月，州守姚铉奉真宗诏，移建州城于今地……旧城周广一十六里，计二千七百六十七丈六尺，其西面一隅，多旷地及污池苇荡，以十六里之城垣包罗空旷无用之地，甚无谓也，将西面城墙基址撑进缩短二里三分有余，城之表尽砌……庀材鸠匠，起工于三十四年岁次己丑三月二十七日……全城共长二千三百四十七丈，高二丈，顶宽一丈二尺，底宽二丈一尺，拔檐裨墙垛墙高五尺，里皮筑灰土，沿边上下均宽二尺，中心夯筑素土，上筑海漫灰土三步，砌海漫砖二层。城门五：东二门曰龙虎曰瞻岱，南曰望鲁，西曰秩成（原为大西门名，小西门名"夕阳"），北曰拱极。城楼五，马道五，月城五，月城门五，券台十，角台六，炮台一……北门大券台、月城券台跟下各添砌明沟一道，深三尺口宽六寸，沟两旁砦以大石金刚墙，沟底亦砦以石。大券台下计长四丈八尺，月城券台下计长二丈四尺。

州城内现存的一些石刻上商号也能反映出当时的商业繁华，如乾隆七年重修《修

□□后殿两配庑题名碑》（残）中有：

　　广义店、三和店、公祥号、恒升店、仪成店、日增店、义盛号、裔恒店、泰益店、永通店、义兴店、万成店、如恒店、和顺店、和义店、通顺店、泰孟号二、义和堂

《……庑钟楼墙垣并置香火地亩题名碑》（残）中有：

　　通顺店、三合店、恒吉店、协兴店、恒盛店、同升店、永通号、复畀号、鲁盛店、万顺店、义兴店、东兴店、悦盛号、义和店、畀宁店、近堂店、三和店、义盛店、荣兴店、洪升店、广聚店、仪成店、两成店

　　东平州儒学训导王充鲁　施钱一千　东平州督捕厅　计陈钦

　　乡进士出身管梁山营东平州把总事加二级马景隆　施银六两

　　住持僧通　鋕　徒心□　仝立

清《永结善缘碑》中有：

　　协和成、恒聚店、恒兴店、油粮行、兴隆店、丰裕店、同元店、发兴店、公聚店、义兴店、来元店、长春堂、玉盛店、聚兴店、天庆店、益和店、恒昌店、庆源店、合泰号、协聚店、长盛店、裕昌店、玉店、和义成、合和店、恒德店、泗龙店、祥泰店、恒升号、裕泰店、春茗斋、德隆店、同德店、广茂号、人和德、万隆店、中和店、天和号、福春堂、万盛楼、贞元号、復聚店、同心号、协盛公、增盛、世善堂、元亨泰、天兴店、清源店、天祥店、兴盛店、三合堂、隆聚号、万春堂、世兴店、恒隆号、同祥店、荣华楼、致和店、宏盛号、聚合店、恒兴店、宝恒和、三泰和、隆兴店。

此碑中还有《东原考古录》一书的作者清代进士蒋作锦进行捐资的事迹。

另外，在新湖段运河边唐营村清嘉庆五年《重修兴隆桥碑》、银山镇《重修丈八佛》碑等众多的明清碑刻中也多出现店铺商铺，也是运河商业文化的一种体现。

以州城为中心，形成了安山镇、戴庙集等有名"东平八大集"，也有流传较广的"东平八大家"首富被编成了民谣："堤子李，昆山赵，古台寺郑家钱铺道。梯门王，王台王，林台林家钱垒墙。桃元吴家紫金箩，金盆玉碗苇子河（赵）。"

安山镇当时有"文武衙门"，一是建有分州衙门，设在运河北岸闸东，为东平州的派出机关，代表州官管理以安山为中心的西五保的政务与漕运、湖闸等事；二是设厘金局，任务是收取河道货物过境税；三是建兵营，安山河北大集口以西建有营房，坐北朝南，在运河岸上建有营门。明代驻军一营，平时屯田，漕运过境时护漕，保护粮仓等。清代驻兵100余人，形同外地都司。运河穿镇而过，顺河三里长街，河南岸300余户，多系船户、渔户、农户；北岸六七百户，则多是工、商、行会、饭店等业主。"五行八作"

皆有。五行，是指车行、船行、秤行、斗行和牙行。车行，由安山周围六七个村的30多辆车组成，主要是从船上接货往四乡分送；船行，有100多条船，负责外送粮食和各种水产品，还有官差。秤行，集市交易中管过秤的经纪人的行会；斗行，是粮食市中量斗的经纪行会；牙行，是大宗货物、牲口、船口交易中的经纪人行会。"八作"，即八大作坊——粉坊、面坊、油坊、曲坊、纸坊、香坊、豆腐坊、宰坊，是与人们日常生活密切相关的八大手工业。

州城内的清真寺，坐西面东，两进院落。前殿起脊灰瓦顶，立山建筑，面阔五间，内为四梁八柱结构，顶脊砖雕浅浮雕图案，脊中有宝鼎一座，两侧均饰以龙吻，庄重大方。前殿和后殿中为拱沟相连，后殿镇以攒尖式顶，内为斗拱结构，造型奇巧，巍峨耸峙，高出前殿之上，与北京天坛祈年殿的上顶有异曲同工之妙。殿内西墙中部有一似门样的拱形浅窑，称"米哈拉布"，是众教徒面西诵经、做礼拜的地方。清真寺整个建筑气宇轩昂，雄伟壮观，建筑主体四周木门窗全用楠木雕刻，阿拉伯文组成的花纹图案，表现了高超的技艺和独特的民族风格。据寺内保存的数方碑刻记载，寺院初建于明代，寺院的建设与枣庄、济宁等地清真寺是同一时期，与大运河过境有直接关系，在运河文化里，民族大融合是重要的组成部分。其中清道光十二年和二十年的两幢重修碑记，成为研究伊斯兰教历史的重要实物资料。

在碑刻中也见到一些少见或罕见姓氏，如绪、车、神、计、遽、致（州城）、豆、寂、那、时、臧、藏、玄、油、权、訾、扬、谈、艾、登、荣、化、岑、彐、朝、木（腊山）、豆、滑、聂、仇、皮㸚、俎、弋、河（接山镇）、玄、沙、河（棘梁山）、轩辕、檀、符、宏、智、火、崑、佛、容、刁（银山村）。这些少见姓氏增加了运河文化的研究内容。

运河流经东平，沿岸设有渡口，遂有常仲口、王仲口、王思口、靳口、安山、戴家庙等"一溜十八口"之说，也丰富了运河的地名文化。

东平府学文化也是随着运河修建而兴盛，尤其元代东平万户侯严实主政东平路时期，他崇儒学兴礼乐，重学术倡戏曲，大兴东平府学，招揽文人学士，"四方之士，闻风而至"，许多著名文学家、诗人如王磐、元好问、杜仁杰、康晔等都曾在东平任职或讲学，使"齐鲁之风为之一变""朝廷内外要职，半出东平学府"，东平成为我国北方文教兴隆的学术文化中心。

在运河成为世界文化遗产之后，根据国家和省政府有关大运河总体规划和相关政策，东平县委县政府先后投资1亿多元对大运河遗产进行了保护，进行了环境改造，修建了戴村坝博物馆，依托戴村坝、大汶河、东平湖及安山旅游码头、老湖旅游码头等，积极打造运河文化带这张黄金名片，讲好运河故事。沿运河以运河附近的山神庙八路军115师后方医院、金山兵工厂、鲁西行署、香山战斗纪念地、东平工委纪念馆等红色革命文物,打造"红色旅游线",不忘初心,讲好红色故事。随着京杭大运河在我县的重新开通,东平将会再现运河繁荣的辉煌景象。

东平段运河的存在,对于研究运河流经路线及其规模提供了实物资料,也对东平一带经济、文化发展与交流以及工农业经济的发展和城镇兴起起到了重要作用,从而也形成"东平运河文化"。

沉睡在东平湖底的隋唐著名桥梁

——清水石桥

赵 苹

山东东平县博物馆

马克思在《政治经济学批判》序言中曾说过:"人类始终只提出自己能够解决的任务,因为只要仔细考察就可以发现,任务本身,只有在解决它的物质条件已经存在或者至少是在生成过程中的时候才会产生。"隋运河的开挖,其本意是由于战争的需要,自然也是人力、物力(财力)和科学技术水平达到相应条件的必然。

隋朝的开国皇帝是杨坚,隋文帝登基后实行"减赋敛,轻刑罚"的政策,励精图治,不仅完成了中国的统一大业,还获得了"国讵之富者莫如隋"的历史赞誉。

隋文帝时代,社会安定,户口锐长,垦田速增,积蓄充盈,科技文化也获得前所未有的大发展,东原一带受惠多多,其中,横架在济水(大清河)之上的"清水石桥"便是其留下的踪迹之一。

在施耐庵《水浒传》中描写的一百单八将八百里水泊闹宋朝的东平湖,有一座被淹没在湖底的石桥,叫做清水石桥。这座桥建于隋代仁寿元年(601年),比赵州桥还早5—10年,堪与赵州桥相媲美。先后有很多专家学者来到东平县,探寻这座沉睡湖底的清水石桥。

在山东,隋代修建的桥梁,见于史籍的有两座。一座是隋开皇八年(588年)修建的"高一丈,为洞有九"的滕县官桥;另一座就是位于东平县境内"石作华巧,与赵州石桥相埒"的清水石桥。

隋唐时期,东平地区经济、文化都比较发达。当时东平治所在须昌城,是西通濮州、郓州,东达兖州的交通要冲,境内济水(大清河)成为当时较大的障碍。所以隋仁寿元年官府在须昌城(今东平县老湖镇埠子坡村西)西1.5公里处,跨济水之上,兴建了一座长近140米的巨石桥，名曰"清水石桥"。建成后"可前临官道，乃南北通衢，车马辐辏，万里风烟直达京畿"。此桥在《元和郡县志》、《东原考古录》、《须昌城考》、《读史方舆纪要》、清代《东平州志》、1989年出版的《山东公路史》、1993年出版的《泰安公路史》等书中均有记载。

关于清水石桥的位置和构造，史籍多有记载。唐宰相李吉甫在《元和郡县志》中记载："东平清水石桥，在县西三里，隋仁寿元年造，石作华巧，与赵州桥相埒，长450尺。"《太平寰宇记》载："清水石桥，在县西三里，隋仁寿元年造，石作华巧，与赵州石桥相埒，长四百五十尺。"《山东公路史》载，这座桥与赵州桥相比，一是修建时间更早：比建于隋大业年间（605—616年）的河北赵州桥早5—10年；二是长度更长：唐代1尺等于31.1厘米，450尺近于140米，而赵州桥仅长50.82米；三是技术水平相当高，"石作华巧，与赵州桥相埒"同为单孔敞肩石拱桥，说明建造这座桥的建造技术水平也是相当高的。

由于大桥宏伟壮观，桥南水泊风景秀丽，唐朝官员将东平湖比作"小洞庭"。唐天宝十二年（754年）七月，东平太守苏源明建"洄源亭"（现东平湖中聚义岛南）于湖上，落成之时，宴请周围四郡太守于亭上，兴会作诗，居亭叙旧，赏泊中美景，品东原佳肴，邀客人登上方舟，扬波抒怀，觞酒作歌。苏源明即兴赋诗："小洞庭兮牵方舟，风袅袅兮离平流，牵方舟兮小洞庭，云微微兮连绝垠。"诗人高适也曾作《鲁西至东平》诗一首，其中有"沙岸泊不定，石桥水横流"的诗句。

清水石桥的修建在当时对当地经济发展起到了巨大的推动作用，须昌城也因此发展成为相当规模的城市。唐贞观年间，东平西境的须昌城一度成为天平军节度使、郓州、须昌县三级政府的所在地，是当时的政治、经济、军事中心。此时东平地区的经济继汉代之后出现了一个空前繁荣的局面。

须昌城历史可上溯到商周时的须句国，至秦汉定名"须昌"。隋末唐初，须昌一度成为天平军节度使使治、东平郡郡治、郓州州治、须昌县县治四级政府所在地，地位相当于今天的山东省省会济南。宋真宗在位的咸平年间，黄河决口，淹没须昌，形成《水浒传》中"八百里水泊"的景观，须昌则沉入水底。民国《东平县志》记载：须昌"距须句三十里"，"沦没陂泽中旧址无存。埠子头东岳庙其东关也；西南陂中有石刻'南门'二大字，为南门遗址。遗址今淤水中"。清代进士蒋作锦所著《须昌城考》记载，埠子村西有东岳庙，系须昌城东关，埠子村西南有石刻"南门"二字，系县城南关。

根据文献资料提示的清水河的流经方向，以及须昌城、洄源亭的方位，清水石桥的位置应座落在现州城西北约22里，东北距前埠子村约7里，西南距亭子村约4里，桥北就是土山。清水石桥很可能是在宋咸平三年（1000年）黄河决口后，连同须昌城洄源亭一并被冲淤掉的。须昌城迁至今东平县州城镇,著名的清水石桥就此淤没,再也看不到它的本来面目。现在因东平湖长年积水,桥已深淤地下,桥址处仍为一片水泊。

2015年,国家文物局水下文化遗产保护中心将《东平湖水下考古项目》作为中国内陆水下考古第一站,全面开展水下定位勘测工作。山东省为推动水下考古工作的开展,填补我省内陆河流湖泊水域考古调查的空白,建立山东省水下文化遗产数据库,成立了山东省水下考古研究中心。

同年八月,国家文物局和省水下考古研究中心在全国抽调了十几名水下考古业务人员在东平湖进行了为期一个月的水下考古勘探。东平湖水下考古项目涉及东平县老湖镇埠子村以及周边大面积水域。在考古过程中发现了多处水下疑点,在湖底发现大量凸起和长条状迹象,采集了大量水下遗物,至今项目仍在不断探寻。

也就在这一年,东平湖水域及其周围淹没区遗址调查研究项目正式启动,并且延续至今。2016年在东平湖进行调查时,抽沙船的抽沙设备直径有数米,抽上沙来后,通过过滤发现抽出来大量的陶片瓷片。2017年水下考古人员去扫测时,又收获了一些令人惊喜的发现。

东平湖底的清水石桥和须昌城是我们重点搜索的两个目标,这也是我国首次以宋代黄河淤积和淹没遗址为调查目标进行的水下考古调查。水下考古人员先尝试用磁力设备来寻找清水石桥,水下的桥还在虚无缥缈之中,就拿赵州桥做考古实验。我们与中船重工第715研究所合作,用陆地磁力设备测量距离赵州桥不同高度时的磁力值。我们发现石桥是有磁性的,于是就打算把这种方法引用到水下。后来在水下探测中,我们的确发现了一批磁力数据与赵州桥数据相似的多处可疑点。东平湖湖面非常大,要重点区域重点突破。我们通过文献分析推测须昌城城址应该位于东平湖中间的土山岛东侧和土埠村西侧之间区域。

现在掌握的最确切的末端点是州城,这座千年古城是实实在在存在的。当年皇帝允许搬迁的位置在东南角,便从东南角往西北角找。偌大的湖区,怎么找呢?第一阶段先进行磁力扫测。在湖区内可行驶船舶的水域进行大范围拉网式扫测,发现磁力异常点随时标注。然后再对这些异常区域,采用多波束、侧扫声呐和浅地层剖面仪相结合的方式进行探测,探索水下及淤泥层下掩埋遗迹情况。水下考古人员的设备有个矛盾很难解决。设备靠物探声波方式下到水下,遇到介质通过返回声波来分析介质。功率低的设备剖得比较深,但是清晰度低,功率高的尽管更清晰但剖得浅,遇到特殊地质,声波根本打不下去,这至今还是一个世界难题。水浅的地方,干扰也就比较厉害。比如两米深的水域刚打下去声波"啪"就返回来,会造成二次回波甚至多次回波,波比较乱。水下考古人员需要解决怎么才能探明掩埋淤积下的遗迹问题,现在多数采用的是海洋测绘设备,但水下考古是比海洋测绘更专一的门类,有些工作海洋测绘设备满足不了。像抽泥设备等很多都是我们自己改造的,针对东平湖区内存在大量渔网的问题,水下考古人员们专门研发了水上自行车式拖曳磁力仪器。再不断探讨怎么把一些满足于其他行业的设备逐步应用到水下考古。

前几年东平湖有养殖区,水下考古人员在工作中还受抽沙船干扰,扫测难度很大。再加上东平湖水浅,这里经过1000多年黄河历次侵扰,淤积比较深,有的地方水深才一米多一点,水下考古人员的扫测效率大大受到影响。东平湖的水下地貌还有个很奇特的地方,湖内很大区域长期抽沙,抽出很多很大的沙窝,经过探测发现最深的地方有27米深。这些沙窝给水下考古人员们带来了很大风险,尤其是在东平湖水下能见度极低的情况下,水下的潜水工作基本靠摸。水下考古人员们曾经下到水下18米,能见度最多10厘米,连表都看不清。粗重的大抽沙头砸到泥底下,把沙抽完后形成了一个塌陷的窝,直径能达5米多。水下考古人员潜水看不清,靠手摸会感觉碰到一个坡,顺着坡上到一个高度停一下,接着又顺着一个坡下去了,就这样在一个个沙窝里上下翻滚。沙窝深度5到7米,水下考古人员发现有大量沉了的铁船,本来是用来拉沙的,有的呈不规则的断裂状态,沉船船舱容易掉,在水下黑暗环境中,这都是隐患。

这几年水下考古人员在东平湖进行调查时,看到抽沙船的抽沙设备直径有数米,抽上沙来后,通过过滤发现抽出来大量的陶片瓷片。定位 GPS 点进行登记,发现这些残片基本都是隋唐时期的,最晚的是元代的,证明这片区域应该有遗址,即使不是座城,至少会有村落分布。水下考古人员还怀疑,抽沙的过程扰乱了一些湖底地形,比如会不会因为抽沙,使得沉船滑入到一些坑中,而和底下暴露出的早期遗迹掺和到了一块儿。有可能正好有艘船沉在这个地方,在抽沙过程中船正落在桥面上,当然这都是猜想。在数据分析的时候还遇到一个很奇怪的问题,用海洋磁力设备扫测铁船,这些运沙船的磁力值都非常小,到底为什么出现这种情况,谜底至今还没有揭开。

水下考古队员在东平湖水下探摸时,好像摸到了桥。但是在黑暗的水下,不知道处于什么位置,周边是什么样的环境。下到水里,只有一块入水石沉在水底下,出水的时候必须回到这个石头上,拽着一根出水绳上去。要从底下慢慢上,因为在水底下没有任何参照物的情况下,很容易被水流带走。必须一手挡着头,慢慢往前摸,另一只手拽着搜索绳,还要照顾到潜伴。在没有能见度的情况下,要一伸手就能摸到潜伴。

在长期失重的状态下,要在水下拿着锤子和一米多的钢钎,拉线划定探方。有次下水,物探设备发现水下有线索,突然摸到一个平面,上面有凹痕,就像凿石头的痕迹。平面下面还有个竖面，上面摸到一个圆弧，水下考古人员的脑子里突然闪过一个念头:会不会是桥拱？出水后,潜水人员却说那是艘铁船。第二天考古队员们带着磁铁又下了水,的确有艘铁船,但是船上没有摸上去像圆弧的东西。抛下去的锚提上来后再想找原来具体的那个点,太难了。摸到的那个"桥拱"至今是谜,水下考古队还会继续去探索。

2018年的工作环境好一些,东平湖的水位涨了,调查历时40天,物探扫测航迹达600余公里,磁法扫测面积约15平方公里,声学扫测面积约3平方公里,发现水下疑点19处（磁法7处、声学12处）,潜水探摸5处,确认铁质沉船1处。在扫测中发现一片区域内,有个掩埋的地方有片硬面,延续长度一百多米,我们推测这或许是清水石桥的位置。这个位置也是水下考古人员今年东平湖区域工作的一个重点。

水下考古人员通过磁力设备再进行后续数据处理后,处理出来很多数据,要想挨个排查是很复杂的,现在遇到的瓶颈是怎么排查,因为淹没区域的淤积能达五六米深,如果用抽沙的方法,这么多点挨个去抽效率很低,一两年也做不完,水下考古专家们在考虑通过水面钻探的方式来看一下,或者继续派人去水下探扎。

该项目至今已进行六年,仍在不断探寻史料中记载的被东平湖淹没的须昌城和清水石桥。找到神秘的水下古城和清水石桥,是全国考古人员多年来的一个心愿。近年来,随着针对东平湖水下须昌古城和隋代清水石桥考古项目的推进,东平湖下深埋千年的秘密也将逐渐被发掘,东平湖调查项目,在水下考古领域,是全国首次依据明确史料记载来寻找一个失踪的古城,而且这个城还有桥的遗迹。通过水下考古,还要探明须昌城迁移的历史。在发现可疑点的基础上,考古人员将继续探寻这座神秘古城,期待早日揭开它的面纱,填补上那段被水淹没的历史。

京杭大运河济宁段文化记忆的载体

张中华[1,2] 王京传[2]

1.济宁学院纪委办公室 2.曲阜师范大学历史文化学院

文化记忆以人为主体,以历史书写、仪式活动、文化遗产、现代技术等为媒介,通过情感交流构建身份认同,而且能以特定的形式在变化更新的社会框架中再现。中国语境下的文化记忆表现为历史长时段中的延续性、整合性、丰富性和多样性[1]。京杭大运河作为世界文化遗产,其凝结的文化记忆构建了中华民族的身份认同。大运河济宁段文化记忆是大运河文化记忆的构成部分之一,其载体主要为文字记载、文化遗产和记忆群体。与大运河相关的历史文献、文学艺术作品、物质或非物质文化遗产都是大运河文化记忆的直接存储形式;大运河沿岸区域生活的群体,与其所处的社会环境和文化传统相互影响,可以进行关于京杭大运河文化记忆的自我提取,也可以在交往中形成新的文化记忆。

一、大运河济宁段的文字记载

文字是大运河文化记忆的重要媒介,古代对运河水利工程修筑、运河治理和运河行政管理等均有记载,这为提取大运河文化记忆提供了充足的来源。济宁作为大运河的交通枢纽,大运河济宁段的管理以及因运河而兴的经济、政治、文化等各方面都有丰富的文字记载,包括官修史书、运河专著、地方志、诗文、碑刻等,都是大运河济宁段文化记忆的存储器。

---

[1] 连连:《历史变迁中的文化记忆》,《江海学刊》2012年第4期。

（一）运河著述中的记载

《元史·河渠志》记载了济州河的开凿，各处闸坝修建时间、相距里程等，济宁段运河的开凿成为大运河贯通南北的基础。《明史·河渠志》记载了济宁段南旺分水枢纽的修筑及其发展过程，由此奠定了京杭大运河在国家机制中的重要地位。《清史稿·河渠志》见证了大运河的衰废过程，漕运逐渐改为海运最终被废除，大运河济宁段文化记忆进入了沉淀期。除此之外，在运河泉源、治水通运、漕运等方面的著述中均有关于大运河济宁段的记载，以下选择部分文字记载阐述大运河济宁段文化记忆的提取。

1. 漕运的有关记载

明王琼撰《漕河图志》卷一为漕河图、漕河建置、诸河源委及漕河，通过漕河图可以看出济宁漕河段落、闸坝分布等概况。卷二为漕河水源，其中记述了汶河与济宁州、汶上县的济运关系，梳理了济宁段运河的开凿过程。卷三为漕河夫数、漕河经用、漕河水程及漕河职制，其中记载了济宁州闸夫和溜夫、济宁卫浅铺夫和捞沙夫的人数和籍贯。卷四是关于漕运的大臣奏议，比如明永乐时期《始议从会通河攒运北京粮储》和《始罢海运从会通河攒运》[1]等，从相关奏议中可知济宁是当时重要的粮米交纳转运地。卷五和卷六主要是运河碑记。

明杨宏、谢纯编撰的《漕运通志》中记述了济宁与漕运的关系、济宁闸坝修治及河道疏浚等。该书《漕渠图》绘制了当时的漕运路线，图中清晰标注了济宁州天井闸、在城闸、分水闸、上中下新闸和南旺南北闸等。卷二《漕渠表》记载了济宁东路漕渠，包括济宁州天井闸、济宁北闸、草桥闸等各处闸口、济宁州砚瓦沟等十二处浅。卷三《漕职表》中记载明代各类漕运职官设置及其隶属关系，例如工部尚书宋礼。另有运河公署表，记载了治理运河和管理漕运的专门机构，包括济宁漕运行府（在城东门外洸河南岸）、济宁管闸厂（在县治之左）等。卷四《漕卒表》记录济宁卫运粮卫所职员构成、造船数目、运粮数量。卷五《漕船表》对济宁每年造船数和运粮数作了介绍。通过卷七《漕数表》、卷八《漕例略》可知济宁仓是当时重要的漕粮转运地点。卷十《漕文略》收了廖庄《重修济宁月河闸记》、揭傒斯《重修会源闸记》、俞时中《重修济州任城东闸记》、李如圭《济宁治水行台记》、以及无名撰《南旺庙祀记》[2]

---

[1]（明）王琼撰，姚汉源、谭徐明点校：《漕河图志》，水利电力出版社，1990年，第177—178页。
[2]（明）杨宏、谢纯撰，荀德麟、何振华点校：《漕运通志》，方志出版社，2006年，第258—312页。

等关于运河疏浚、庙宇祭祀的碑文。

清杨锡绂编撰的《漕运则例纂》中主要记载了清代漕运管理的相关事项,其中记载了济宁卫漕粮额数、卫帮船数,济宁州漕运官制设置、漕粮盘查、漕米交卸等。卷二《通漕运艘》载济宁等卫帮船数以及历年裁减情况、漕船岁修等。卷五《督运职掌》介绍了济宁漕运官制的设置,当时设有任城卫,于康熙二十五年(1686年)改并济宁卫管辖[1];山东运总下设有济宁卫前帮、济宁卫后帮等,两帮又于雍正四年(1726年)分为前后左右四帮,运山东粮。卷十六《漕运禁令》记载了关于济宁漕运盘查的规定,比如"粮船至济宁总河同济宁道盘诘一次""其济宁盘诘之例久",说明当时济宁漕运盘查规定严格,也反映了济宁在漕运航道中具有重要地位。

2. 泉源、河道的有关记载

明谢肇淛撰《北河纪》卷一《河程纪》重点记述运河驿站,包括济宁州南城驿、汶上县开河驿等。卷二《河源纪》记载了包括济宁等地汇入"北河"的泉源、河流流向,交代了元初为运输漕粮开通济宁州河渠,减少了水陆转运的消耗。卷三《河工纪》载会通河开凿过程及明代疏通治理洸河的情况等。卷四《河防纪》中记述了济宁船闸修建过程。卷五《河臣纪》记录了管理运河、漕运的机构和职官,济宁州在运河中的地理位置非常重要,明代设置的漕运官职驻扎济宁的有总督河道都御史、提督泉源兼理南旺济宁闸座都水司主事、管理河工水利济宁兵备道副使、济宁州管河判官、闸官等,此外还记载了南旺行署的位置。卷六《河政纪》涉及济宁州挑河事务、水源管理、闸坝启闭等方面的管理制度。卷七《河议纪》记载了济宁州闸河管理、漕粮运输事宜,尤其是嘉靖年间河南道御史王廷奏请设置济宁马场湖、南旺湖等水柜之议。

清傅泽洪辑录的《行水金鉴》卷81—85为《济水》,记载了济水源流始末,摘录历代水利史料,前后贯通,包括洸水、泗水、汶水等济水支流的变迁及运河利用,以至明代遏汶水于南旺分流,引汶济运等事件均有叙述。傅泽洪遍历其中将众多河道变迁溯源古今,从中得以窥见大运河凝聚古人之大智,而运河各段归结于整体,其中之一河道或淤塞或干涸或因地形之变改道则影响大运河整体通航,需另辟他路或改道行之。当代社会以全局观念传承大运河文化,倡导大运河国家文化公园建设乃至大运河文化带建设实是与其相通。

---

[1] (清)杨锡绂:《漕运则例纂二十卷》卷五《督运职掌》,北京出版社,2000年。

3. 河神信仰的有关记载

明谢肇淛撰《北河纪》卷八《河灵纪》记载了因运河而兴起的河神祭祀，包括庙宇或神祠名称、建筑位置及祭祀时间等，其中记录了济宁漕河神祠、龙神庙、宋尚书祠、报功祠等祭祀情况。明胡瓒的《泉河史》收录了大量艺文志、秩祀志，其中有济宁龙神庙、宋尚书祠、报功祠、白老人祠等相关记载，对于研究运河沿岸民间信仰的文化记忆具有重要的史料价值，是济宁段河神信仰的溯源所在。卷末载有碑文，与河神信仰相关的有《重建会通河天井闸龙王庙碑记》《宋尚书祠堂记》《重修报功祠记》《重新分水龙王庙记》[1]等。

清李绂的《漕行日记》以日记的形式详细记录了他以催漕官的身份沿运河北上督催漕粮运输的经历，是独特的个体记忆。由于该书为日记体裁，故李绂在记叙催漕之事以外，常记物境之情，从中得见清代时期的运河风貌。《漕行日记》共有四卷，前两卷起于雍正元年（1723年）五月二十九日，止于九月十二日，记叙了从济宁督催漕运到天津之事[2]。日记中除了记述改定济宁漕规、挑河清淤等事件之外，关于河神信仰仪式的记载是其他文献中所少有的。李绂到达济宁后，巡察南旺分水枢纽、拜谒宋尚书祠，尤其是关于济宁金龙四大王庙演剧祭神仪式的见闻，承载了仪式类的大运河济宁段文化记忆，从中可见当时济宁金龙四大王崇拜盛行之风。

4. 南旺分水枢纽的有关记载

明万恭《治水筌蹄》上卷记黄河，下卷记运河。其中运河部分记载了南旺分水、河道分挑制度、南北设闸调节水源等，还有四水柜之马场湖、南旺湖、蜀山湖、马踏湖[3]，对现在南旺分水枢纽遗址的保护具有重要史料价值。《治水筌蹄》的文字记载不仅对于其后历代河臣治河通运的著述提供了重要经验借鉴，而且是当代社会追溯大运河文化记忆的源头之一。

清白钟山撰《豫东宣防录》卷四《奏复南北柳林闸》议疏中对于南旺分水比例进行了详细调查。南旺分水口柳林闸、十里闸两处南高北低，水分比为"北六南四"，而原任直隶河道总督朱藻上奏由于多次修筑导致闸座北高南低分水比成为"南七北三"。白钟山通过查阅治河书、实际测量、询问当地世居老民认为朱藻所奏不实，且

---

[1]（明）胡瓒：《泉河史》卷十四《秩祀志》，《四库全书存目丛书》史部222册，齐鲁书社，2001年。

[2]（清）李绂：《漕行日记》，《清人文集地理类汇编（第6册）》，浙江人民出版社，1990年，第914—959页。

[3]（明）万恭撰，朱更翎整编：《治水筌蹄》，水利电力出版社，1985年，第75、109—110页。

两闸基座皆稳固不需拆除另建[1]。

清张伯行著《居济一得》,共八卷。张伯行曾于康熙年间任山东济宁道,该书为其在任期间实际经验积累所得。《运河总论》开篇即言"运河乃宋尚书未成之工也",强调了宋礼建设南旺分水枢纽工程的开创之功,并围绕南旺分水济运提出了河道治理、闸坝运作等方面的建议[2]。书中还记载了沂泗入运、南旺分水、马场湖等,详细记录了寺前铺闸启闭、南旺各斗门、南旺分水蓄泄和南旺大小挑等运河治理方法等。张伯行的记载偏重于实操,对于研究大运河济宁段水利工程具有重要价值。

5. 运河图的有关记载

明谢肇淛撰《北河纪》卷首《北河全图》当中绘有济宁工部司、南旺工部分司、天井闸和在城闸、济安桥、马场湖、龙王庙等沿线重要城市的布局、官署位置、闸坝、桥梁、湖泊、庙宇等,标注了济宁州南、北界以便识别管辖区域。图中清晰标注了济宁浣笔泉与河水的位置,对于了解浣笔泉历史地理位置及周围河道位置变化具有重要作用。

明潘季驯撰《河防一览》中《全河图说》标注了各府州县、山川河流、闸坝位置,对于重要湖泊、河道等以文字补充说明,尤其在南旺分水处注释了南旺湖、马踏湖开浚时间、堤长等,图中分水龙王庙、宋礼祠、南旺上下闸、分水闸等皆标注清晰。

清叶方恒撰《山东全河备考》和清路耀撰《山东运河备览》,两书作者都曾任职济宁河道,书中所记来源于运河管理经验。两书开卷皆载有运河图,前者载有《山东泉源图》《五水济运图》等,后者载有《山东运河图》《泉河总图》(其中绘有济宁州边界与泉源脉络)等。还有清代黄春圃辑《山东运河图说》以文释图,清晰介绍了济宁州河道、济宁卫河道里程及沿线各处闸坝等,阐明了五水(汶、泗、沂、洸、济)的概况、流经和功能等。

除了运河著述中的运河图,现今保存的运河图更是承载运河文化记忆的珍贵史料,比如藏于台湾图书馆的《山东通省运河泉源水利图》[3]是非常珍罕的清代运河图,涉及山东省30多个县城,沿路河流、泉源等皆有注明。清代刊印的《江苏至北京

---

[1] (清)白钟山:《豫东宣防录》,广陵书社,2006年。
[2] (清)张伯行:《居济一得》,中华书局,1985年。
[3] 世界数字图书馆:山东通省运河泉源水利全图(https://www.wdl.org/zh/item/15116/#q=%E6%B1%9F% E8%8B%8F&qla=zh),2020年2月20日。

运河全图》[1]清晰地绘制出了包括济宁段在内的运河沿线支流、水利枢纽、湖泊、闸坝、斗门、桥梁,还有神庙、祠堂、寺院等,对于各地距离、重要节点作了标注。这些运河图具有重要的历史价值,形象直观地展现了大运河的面貌,是提取大运河文化记忆的重要参考。

（二）地方志中的记载

地方志相较于运河类专著,其记载范围更广,内容涉及建置、城池、古迹、风俗、河防和漕运等各个方面,有利于从多层次、多角度提取大运河济宁段文化记忆。如明万历和清康熙《济宁州志》、清乾隆和清道光《济宁直隶州志》、民国《济宁县志》和光绪《济宁州乡土志》等。还有明嘉靖和清康熙、雍正、乾隆、宣统《山东通志》和明万历《兖州府志》中关于大运河济宁段及其运河产物的记载,以及明万历《汶上县志》中关于南旺分水枢纽等历史信息。大运河济宁段文化记忆的变迁在不同时期的地方志记载中体现出来。例如,在道光《济宁直隶州志》记载中佛寺、河神庙、宗祠等形式统划为《秩祀志》,而在民国《济宁县志》中出现了《宗教篇》,包括佛教、道教、基督教和天主教等,宗祠祭祀等内容则归为《风土篇》。这些是提取大运河济宁段文化记忆的重要文字记载,也是探究大运河济宁段文化记忆变迁的存储记忆来源,后文中多次引用相关地方志论述大运河济宁段文化记忆的变迁过程,在此不详加阐述。

（三）诗文、游记中的记载

京杭大运河作为古代的交通要道,备受文人墨客的青睐,在流传下来的诗文或文学作品中都可以看到大运河的身影,比如清乾隆皇帝驻跸济宁时就留下了许多诗文,诸如《过济宁州作》《题分水龙王庙》《题南池少陵祠》等[2]。还有元明清各时期关于修筑济宁运河闸坝、游历济宁运河名胜等散文,这些作品中的济宁运河形象更加贴近生活,所承载的文化记忆更容易寻找到栖息之地,有利于大运河济宁段文化记忆的延续。

此外,元明清时期外国来华人士的游记中也有关于大运河济宁段的记载。比如元代来华的意大利旅行家马可·波罗及之后的鄂多立克,还有明代来华的日本高僧策彦周良、意大利传教士利玛窦等,从他们留下的游记中可以领略到当时大运河济宁

---

[1] 世界数字图书馆:江苏至北京运河全图（https://www.wdl.org/zh/item/7097/）,2020年2月20日。

[2] 山东省济宁市政协文史资料委员会:《济宁运河诗文集粹》,济宁新闻出版局,2001年,第235—237页。

段在异国人眼中的风貌。比如日本高僧策彦周良于明朝嘉靖年间两次入明,沿着大运河往返。《初渡集》和《再渡集》中收录了策彦周良的日记,首次入明策彦就三登济宁太白楼,记录了太白楼的匾额、诗文且作诗以记之,还有关于济宁浣笔泉、南旺分水龙王庙的记载等[1]。策彦周良两次入明都途经济宁并留下了有关记叙,而鄂多立克等人的游记中也是如此,不同之处在于记录的侧重点有所区别。鄂多立克主要记录了济宁的商业贸易、人文风貌或者宗教传播方面的情况等。通过这些外国来华人士对济宁的记载,济宁在大运河中的地位可见一斑,同时他们的个人记忆丰富了大运河济宁段文化记忆,是在他者角度上对文化记忆的补充。

(四)碑刻、砖刻中的记载

碑刻、铭文砖刻中记载了济宁河道开凿、祭祀庙宇修建等事件的时间节点或过程。南旺分水枢纽考古遗址公园现存有《宋尚书祠堂记》等九座石碑,记载了南旺分水枢纽相关的时间、事件和人物,反映了当时的运河管理制度。在南旺分水枢纽砖堤遗址中发现了模印铭文砖,现在部分砖刻依旧清晰可见,例如"弘治十年造河道官砖"字样。砖文分两种类型,一是"弘治十年造河道官砖"为同一砖上连续文字(图一),二是"河道官砖"与"弘治十年造"中间以分割线划分在同一砖不同方框中(图二)。根据河道铭文砖可以推测南旺分水向北会通河段河堤为明代弘治十年或其后修筑。

图一 "弘治十年造河道官砖"铭文砖　　图二 "河道官砖｜弘治十年造"铭文砖

保存下来的近现代济宁运河老照片也是大运河济宁段文化记忆的载体。在这些济宁老照片当中,可以看到清末至20世纪五六十年代的济宁老运河及运河产物的面貌,包括清末挑工挑河的场景、玉堂酱园商铺和经营场景,20世纪50年代仍然繁忙

---

[1] 李泉、王云:《山东运河文化研究》,齐鲁书社,2006年,第328—331页。

的运河码头、热闹的老运河南门口、原济宁八景之一的观莲亭,以及曾经气势恢宏的砚王池、未拆除的河道总督衙门签押房、原生态的竹竿巷等,还有一天门、北门大石桥、小闸口桥等[1]。

二、大运河济宁段的文化遗产

运河文化遗产是文化记忆的凝结形式,是文化记忆的重要承载。一方面,运河文化遗产具有符号性,是文化记忆的媒介,也是文化记忆的对象之一,包括运河文化遗产自身、周边环境及其所在空间与时间上的关联;另一方面,运河文化遗产和大运河文化记忆相互构建,相互支撑。对于大运河济宁段而言,沿岸的物质文化遗产和非物质文化遗产沉淀了不同历史时期大运河济宁段的文化记忆。

(一)物质文化遗产

依据2012年文化部颁布的《大运河遗产保护管理办法》,京杭大运河遗产包括运河水工遗存,各类伴生历史遗存、历史街区村镇,以及相关联的环境景观[2]。大运河济宁段文化遗产的富集区域主要是济宁任城区老运河沿岸,集中于古槐街道、阜桥街道和越河街道等。古槐街道有崇觉寺铁塔、声远楼、太白楼、慈孝兼完牌坊、僧王祠、吕家宅院、望仙桥等;阜桥街道有浣笔泉、人和桥、耶稣教长老会礼拜堂等;越河街道有顺河东大寺、柏舟坚节坊、李守信门坊等。这些物质文化遗产作为符号化的运河文化记忆,成为济宁老运河的象征。

1. 运河名胜古迹类

民国《济宁县志》中记载县境名胜古迹大半圮废,所存唯太白酒楼、南池、观莲亭及浣笔泉等,春秋佳日犹有人联袂偕游[3]。民国时期,济宁的古迹遗存很多出现了坍圮,而太白楼、浣笔泉等成为当时人们游览的常去之处。现在,这些名胜古迹经历重修或重建,仍然是大运河济宁段风貌的重要展示(表一)。

---

[1] 李木生、孙业旺:《济宁历史文化丛书·济宁老照片》,中国社会出版社,2015年。

[2] 文化部:《大运河遗产保护管理办法》,《中华人民共和国国务院公报》2012年第33期,第66—68页。

[3] (民国)潘守廉修,袁绍昂纂:民国《济宁县志》卷四《故实略·名胜篇》,成文出版社,1968年,第455页。

太白楼,始建于唐代,唐咸通二年(861年)改为"太白酒楼",明洪武二十四年(1391年)于济宁南门城墙之上重建,名为"太白楼"。现在的太白楼是1952年济宁市政府在旧城墙上重建而成,亦称为李白纪念馆。

浣笔泉原为大运河济宁段水源之一,经由通济桥流入运河。相传为李白浣笔处,明清时期浣笔泉有二贤祠,祀贺知章、李太白,春秋秩祀,曾并祀杜少陵为三贤祠[1]。1917年修浣笔泉改建祠宇及围墙,次年重新修浚了浣笔泉池,又明年重建浣笔泉亭[2]。现在浣笔泉处遗迹有墨华亭及明代王毂所书《墨华》石碑。墨华亭于明嘉靖五年(1526年)由主事白旌建造,明万历二十六年(1598年)经都水司主事胡瓒重修并且建造方亭名之为"墨华亭"[3]。抗日战争期间毁于战火,于20世纪80年代修复,目前济宁市文物局正在进行浣笔泉环境整治修复工程。

崇觉寺铁塔为全国重点文物保护单位,位于济宁市博物馆内。铁塔寺原名崇觉寺,建于北齐,铁塔造于北宋崇宁四年(1105年),民国十年寺庙住持募化重修山门等其他几处[4]。声远楼始建于北宋,现位于济宁市博物馆内。楼上悬挂邑绅杨毓泗题"响遏行云"四字匾额,高为汉书"凌霄瞰野鹤,惊梦吼蒲牢"楹联。

顺河东大寺,综合刘致平[5]和袁静波[6]两人对于不同时期出土的碑刻来看,济宁东大寺初建于明代洪武年间,明成化年间马化龙父子出资扩建迁移至现在位置,清康熙和乾隆时期大加修建,保存至今。在明清以至民国时期,东大寺与西大寺遥相呼应,两者风格不同。西大寺是清代建筑规制相当高的一座清真寺,规模宏伟,建筑完备。随着漕运的废除,西大寺的辉煌在清末时期结束,到了1968年被全部拆毁,文化记忆的载体随之消失。

慈孝兼完坊,始立于清乾隆二十一年(1756年),是一座仿门楼式石质牌坊,雕刻技艺颇为精湛,现位于济宁市翰林街南首,保存相对完好。李守信门坊隐匿在竹竿

---

[1] (清)徐宗干修,许瀚纂:道光《济宁直隶州志》卷五《秩祀志》,《中国地方志集成·山东府县志辑》(第76册),凤凰出版社,2004年,第245页。

[2] (民国)潘守廉修,袁绍昂纂:民国《济宁县志》卷四《故实略·杂稽篇》,成文出版社,1968年,第523页。

[3] 政协山东省济宁市任城区委员会文史资料研究委员会:《济宁文史资料(第2辑)》,文史资料研究委员会,1986年,第151页。

[4] (民国)潘守廉修,袁绍昂纂:民国《济宁县志》卷二《法制略·宗教篇》,成文出版社,1968年,第207页。

[5] 刘致平:《中国伊斯兰教建筑》,新疆人民出版社,1985年,第82页。

[6] 山东省政协文史资料委员会:《山东文史集粹·民族宗教卷》,山东人民出版社,1993年,第359页。

巷与东大寺之间的小院落内。这处遗产虽小，但是将其至于历史环境当中，却有着不同的意义。李守信门坊建于万历十六年（1588年），横额上书"旌表孝行生员李守信之门"，其独特之处在于该门坊为济宁市目前仅存的一座表彰男性的石坊，牌坊上刻有巡抚山东右副都御史李同芳、巡按山东监察御史温如璋等多个人物及其职务，反映了当时济宁的孝贤风气。

南池始建于唐代，杜甫赋有《与任城许主簿游南池》，描绘了南池水渠相通、舟楫荡漾的图景。南池原有观莲台，亭枕城濠，濠内植莲，为明代治河都御史李瓒建[1]。清代时南池曾作为公馆接待官员，清李绂在其《漕行日记》中记载"莲亭者，即古南池，在济宁南城下，今为河、漕二督公会之所"[2]。南池现在改建为公园，夏季时节依然是赏荷的好去处。

凤凰台原称凤花台，始建于北宋，在济宁城西十里，原本是湖中小丘，四周皆荷花，清芬扑人，风夕倍胜[3]。南宋时期有道士在此建寺居住，相传引来凤凰[4]，因此得名。清康熙皇帝南巡时经过此地，曾作诗描绘凤凰台湖光山色，而"凤台夕照"也是济宁古八景之一。

南旺分水龙王庙建筑群遗址，位于会通河与小汶河交汇处，历经明清两代多次修建而成。现在分水龙王庙建筑群许多建筑已经没有地表遗存，目前对建筑遗址作了修复，每个基址处设置一个说明牌，用以指示原址建筑的规制、用处等。

相对时间较近的文化遗产主要是近现代的教堂建筑等，包括黄家街教堂、牌坊街基督教礼拜堂和戴庄天主教堂，建于清末或民国时期，主体建筑保存至今且仍在使用。

除建筑之类，保留下来的古树是济宁老运河沿岸特有的文化遗产。济宁最有特色的是古槐树，分为南槐和北槐，所在街道以之命名为古槐路。北槐位于古槐北路东侧，南槐位于古槐南路中间且靠近老运河北岸。南槐大约有五百余年的历史，枝干粗壮，红绳缠枝，时至初一、十五常有老人祭拜古树，祈求平安。南槐所处的地理位置为市区繁华地段，往来车辆如织，却在马路中间为其开辟一方生存空间，相当难能可贵。

---

[1]（清）岳浚修，杜诏纂：雍正《山东通志》卷九《古迹志》，文渊阁四库全书本，第791页。

[2]（清）李绂：《漕行日记》，《清人文集地理类汇编》（第6册），浙江人民出版社，1990年，第924页。

[3]（清）张伯行：《居济一得》，中华书局，1985年，第21页。

[4]（清）徐宗干修，许瀚纂：道光《济宁直隶州志》卷二《山川志》，《中国地方志集成·山东府县志辑》（第76册），凤凰出版社，2004年，第70页。

表一　大运河济宁段沿岸重要文物

名称	现在位置	年代	文物保护级别
崇觉寺铁塔	任城区铁塔寺街	北宋	全国
顺河东大寺	任城区上河西街	明成化	全国
慈孝兼完坊	任城区翰林街	清乾隆	全国
南旺分水龙王庙建筑群	汶上县南旺镇	明清	全国
太白楼	任城区太白路	唐咸通	山东省
浣笔泉	任城区浣笔泉路	明嘉靖	山东省
吕家宅院	任城区文昌阁街	清末	山东省
戴庄天主教堂	任城区李营街道	清光绪	山东省
基督教礼拜堂（含教士楼）	任城区牌坊街	民国	山东省
黄家街教堂	任城区县前街	民国	山东省
凤凰台	任城区南张镇	北宋	山东省
柳行清真寺	任城区柳行南街	明万历	济宁市
柏舟坚节坊	任城区下河西街	明万历	济宁市
李守信门坊	任城区上河西街	明万历	济宁市

2. 运河水利工程类

运河水利工程类物质文化遗产主要是按照文物遗迹在历史上发挥的功能进行分类的，包括水利枢纽、桥梁、闸坝等（表二）。南旺分水枢纽遗址位于济宁市汶上县南旺镇，始建于明永乐九年（1411年），现今遗存为几处重要闸坝、斗门、登岸口、河道砖石等，目前正在建设大运河南旺枢纽国家考古遗址公园。会源闸位于济宁市任城区老运河之上，建于元至元元年（1321年），明万历时期改称天井闸，民间俗称大闸口。会源闸是大运河济宁段导水南流的枢纽闸口，北接汶、泗、洸、济之水，合于闸东折向会通河[1]。清代时济州分水闸坍圮失修，只剩会源闸和任城闸。民国时期，会源闸废弃。现今已经实施改造修复，仍作桥梁使用，是大运河济宁段核心区域的重要景观。太和桥于明代修建，位于济宁枣店阁西小洸河上，2015年对其进行保护性修缮，至今仍在使用。望仙桥于明代修建，俗称大石桥，位于济宁北关小洸河上，现在仍作桥梁使用。

---

[1] （明）谢肇淛：《北河纪》卷八《河灵纪》，文渊阁四库全书本，第296页。

表二　大运河济宁段水利工程类遗址

名称	现在位置	年代	保护情况
南旺分水枢纽	汶上县南旺镇	明永乐	分水口处保存大致原貌
袁口闸	梁山县袁口村	明正德	仅存河道遗址
开河闸	汶上县开河村	元至元	
十里闸	汶上县十里闸村	明成化	石砌闸基保存完整
常鸣斗门	汶上县南旺镇	明永乐	石砌闸基和部分闸体存留,木质闸板无存
邢通斗门		明永乐	
徐建口斗门		明	
柳林闸	汶上县柳林闸村	明成化	石砌闸基保存完整,现在闸改桥
寺前铺闸	汶上县寺前铺村	明正德	
通济闸	任城区安居镇	明万历	桥面和两侧翼墙保存完整
天井闸（会源闸）	任城区越河街道	元至元	闸基基本完整,改造保护
利建闸	微山县建闸村	明嘉靖	石质闸座基本保存完整
会通桥	任城区济阳街道	元末	保护修复,现仍作桥梁使用
南门桥	任城区济阳街道	元	改造修建,现仍作桥梁使用
望仙桥（大石桥）	任城区古槐街道	明	改造修建,现仍作桥梁使用
太和桥	任城区阜桥街道	明	基座完整,现仍作桥梁使用
夏桥	任城区金城街道	明初	保护修复,现仍作桥梁使用

（二）非物质文化遗产

在文化记忆的承载上,非物质文化遗产相对于物质文化遗产具有流动性,其保存和延续也相对困难,但是非物质文化遗产形成的仪式传承是独特的记忆类型。明清时期大运河济宁段民间戏曲蓬勃发展,济宁渔鼓戏、枣梆和平调流传较广,充满运河劳动色彩的运河夯号、渔灯秧歌等,既体现了运河文化的影响,也融合了济宁独特的乡土气息。目前鲁西南鼓吹乐、端鼓腔、山东梆子、山东落子和四平调已列入国家级非物质文化遗产名录。济宁民间戏曲的发展深受运河文化的影响,济宁八角鼓是鲁西南传统音乐的代表曲种之一,是北京八角鼓和河南鼓子曲结合的产物,兴于晚清时期,民国初期济宁潘家大楼仍有表演艺人常驻[1]。与八角鼓类似,枣梆、平调等也是

---

[1] 李永:《鲁西南传统音乐史》,苏州大学出版社,2014年,第141页。

汲取了其他地方曲艺的长处,结合济宁当地百姓的喜好逐渐形成的。运河劳动号子是一种体现漕运特色的传统音乐,凝聚了大运河劳工的辛勤汗水,比如济宁打排斧、拉粮船等是由运河劳动号子演化而来的音乐和舞蹈形式,方言韵律的劳动号子配合船夫或纤夫的动作,整体上欢快有劲、节奏鲜明。

除此之外,还有济宁歌谣、传说故事等传统口头文学。如济宁玉堂酱园的故事在当地流传甚广。玉堂酱园始建于清康熙五十三年(1714年),创办者戴阿大祖籍为苏州,戴阿大为图吉利按照"天干地支"的算法取名"玉堂",俗称为姑苏戴玉堂[1]。玉堂酱园至今坐落在老运河边上,济宁人说起玉堂酱菜的时候,时常忆起老运河边上玉堂老店的位置。老辈们对于玉堂酱园的回忆和运河是紧密相连的,大运河文化记忆融入了生活之中,但是维持这种代际记忆是相当困难的,尤其是后代与父辈、祖辈之间缺乏关于大运河的交流,文化记忆很容易在个体记忆中消亡。

与大运河济宁段相关的传说故事在济宁当地生根发芽,充满了神秘色彩,有民间广为流传的大石桥神龟传说、古槐树佳话等。清代乾隆皇帝南巡时几次驻跸济宁,留下了许多精彩的故事,比如济宁美食糁汤的"糁"在当地的特殊读法、龙行胡同的来历等。这些传说在无形中融入了日常生活,但是文化记忆是超乎日常生活的传统,应该使其内化为大运河文化认同的一部分,并且将之传递给下一代。

此外,以漕运神祠祭祀为主形成的节庆仪式,也是大运河济宁段的重要非物质文化遗产,承载大运河济宁段的特色文化记忆。明清时期漕运祭祀逐渐成为大运河济宁段沿岸的固定节庆活动,具有稳定的仪式,信仰人数由少数人群发展成为庞大的群体,通过"经历"仪式来巩固文化记忆,借助仪式性的活动来传承文化记忆。大运河失去漕运功能以后,这个隆重的纪念性仪式也退出了历史舞台。

三、大运河济宁段的记忆群体

大运河济宁段自元代开凿至今已有七百多年的历史,"人"始终是文化记忆的主体。无论是文字记载还是遗留下来的文化遗产,都是通过人与这些记忆媒介发生关联。文化记忆是知识当中与我们的身份或者说认同有关的那一部分,以身份认同为核心才形成了共同记忆[2],大运河文化记忆同样需要身份认同与代际传承。对于

---

[1] 李泉、王云:《山东运河文化研究》,齐鲁书社,2006年,第172页。
[2] 王若千:《记忆与遗忘》,《新京报》2015年12月12日第B12-B13版。

大运河济宁段而言,生活在运河周围的居民以及其他群体等,对大运河文化记忆的形成具有至关重要的作用。明清时期济宁由于运河商业的发展逐渐形成了不同文化群体的集合,包括常住居民、外来商人和回族聚居群等。

因大运河而兴的济宁商业街道,像竹竿巷、打绳巷等都是运河昔日繁荣景象的印证。但是目前当地的大部分群体,并不了解运河沿岸文物保护单位、历史文化街区的文化意义,缺乏对大运河文化资源的认识,没有形成认同感和归属感,导致了大运河文化语境的缺失。2000年左右济宁老城区改造拆毁了部分老运河沿岸的古建筑、商铺等,此时济宁周边村落沿经的运河早已夷为平地,运河文化记忆失去了承载,文化记忆群体也随之越来越少,原有的运河地方文化与生活方式消失,由此导致了大运河济宁段记忆的遗忘。

美国学者康纳顿在《社会如何记忆》中揭示了社会记忆的主体即社会群体如何传播和保持记忆,提出了记忆作用的两个特殊领域——纪念仪式和身体实践[1]。大运河记忆主体的减少使得文化记忆失去了保持者,相关的纪念仪式逐渐衰落,进而导致了大运河文化记忆的断裂。在清末废除漕运以后,京杭大运河失去了其主要功能,它在历史社会上由于政治、经济需要所构建起来的参照框架已经消失,记忆群体也在代际更迭中迅速减少。济宁老运河沿岸的居民逐渐忽视了运河对其生活的影响,尤其在年轻群体中大运河是非常模糊的,生活在大运河文化的辐射圈中却将大运河置于"故乡记忆"之外。在南旺大运河分水枢纽遗址的所在地,即使柳林闸、寺前铺闸等运河闸口遗迹被列为京杭大运河重要遗产点,然而当地生活的居民大多数却不了解何为世界文化遗产,不知道分水枢纽是世界文化遗产,更不清楚被列入世界文化遗产名录的意义。对于文化遗产而言,文化遗产的空间和时间有着较强的持续性,而这种持续性的长短受到记忆巩固形式的影响。大运河济宁段失去了其原有功能,随着时间的推移济宁段及其环境空间被严重压缩,其代表的形象意义和精神意义也逐渐消失在代际更迭之中。

---

[1] [美]保罗·康纳顿著,纳日碧力戈译:《社会如何记忆》,上海人民出版社,2000年,第1—2页。

泇运河的历史渊源

——兼议大运河中河台儿庄段的水文化遗产

尹秀娇

枣庄市博物馆

泇运河（现在称大运河中运河）指的是明代万历年间（1572—1620年）开凿的一段"避黄（河）行（漕）运"人工河道，全长约260里，从山东省微山县夏镇的李家口到江苏省邳州市的直河口，在邳州泇口与泇河相会，因这段运河主要水源为泇河，且利用泇河从泇口以下的下游河道作为运道，所以历史上称之为泇运河。

一、开通泇运河的自然条件

枣庄市位于山东省南部，东与本省临沂市，北、西与本省济宁市为邻，南与江苏省徐州市接壤，现辖市中、峄城、山亭、薛城、台儿庄5区和代管滕州市（县级市），面积4573平方公里，人口420余万。境内地形东北向西南倾斜，东部和北部属泰沂山脉的低山丘陵，西部和南部是黄淮海平原的重要组成部分。境内河流也大多呈东北西南走向，主要有泇河、薛河、城河、峄城大沙河（史书上称承水）、薛城大沙河、陶沟河、伊家河、周营沙河等，属淮河水系大运河流域[1]。在枣庄市台儿庄区中部，横贯东西有一道地势低洼的走廊，这些都为泇运河的开通提供了得天独厚的自然条件。"县南境之山自泇河既开，运道东徙，所有境内川渠泉源，一一疏浚，下济漕河。"[2] "峄

---

[1] 《枣庄年鉴》（2019年），中华书局，2019年。
[2] 光绪三十年《峄县志》卷五·山川。

之水又敝于运,盖数百年矣。念昔泇河未开之先,峄之水东皆入武泇,西皆入薛许由,分行注泗,未尝以泛滥为忧也,自乎黄夺泗流泇,受漕徒并截诸水,下趋东南,此河道之大变也……置闸以蓄之,浚泉以济之。"[1] 另据有关资料记载,枣庄段运河的补给水源主要有河流8条,泉244处[2]。枣庄市域是山东省的富水区,历史上也一直以降水充沛而著称,再加上遍布全境众多的泉水资源,足以补充枯水期的运河主航道。这就是为什么明代历任总河契而不舍地上书朝廷开挖泇运河的自然原因。

二、开通泇运河的历史背景

万历三十二年（1604年）之前京杭大运河经由现在的微山湖西侧的航道,主要借助不牢河和黄河行漕运,是不经过枣庄地区的,由于明代隆庆、万历年间,黄河频繁地决口、泛滥、改道,作为明王朝最重要生命线,京杭大运河上的漕运受到了致命的打击,为了保障京城的供应,维护王朝的统治,中央政府千方百计治理黄河和漕运。

泇河,是一条古老的河流,先秦时期其沿岸就孕育了众多东夷古国,鄫、郳、徐等东夷古国就在此繁衍生息[3]。它有两个源头,一是发源于临沂市费县箕山,经兰陵县下庄西南流向,叫东泇河;二是发源于枣庄市山亭区和临沂市兰陵县交界处的抱犊崮,东南流向,叫西泇河,在江苏省邳州市岔河镇会合,始称泇河,并于邳州市泇口镇汇入京杭大运河,成为这段运河最为重要的补给水源[4]。

明代早期的京杭大运河在山东南部借助黄河行漕运,过徐州,一直到淮安清口,联通邗沟。明隆庆三年（1569年）七月,黄河在沛县决口,下游的徐州茶城被黄河泥沙淤塞,2000余艘漕运的粮船在邳州受阻,严重影响京城的粮食供应。当时应天巡抚、都御史总理河道翁大立上书要求开挖一条新河道,"上下八十里间,可别开一河为漕,即所谓泇河也"[5]。这是有明确记载的最早开挖泇运河的动议,可是没过多久,黄河水位下降,漕运又可借助黄河通航,翁大立的奏折也就不了了之。隆庆四年（1570年）九月,黄河在邳州再次决口,翁大立再次上书:"经久之策,在开泇河以避洪水。

---

[1] 光绪三十年《峄县志》卷五·山川。
[2] 枣庄市水利志编纂委员会:《枣庄市水利志》,内部资料,1989年。
[3] 谭其骧:《中国历史地图集》,中国地图出版社,1996年。
[4] （清）张廷玉等:《明史》卷八十七·志第六十三·河渠五,中华书局,1974年。
[5] 《明史》卷八十五·志第六十一·河渠三·运河上,中华书局,1974年。

乞决择于二者。"[1]不久，翁大立因延误漕运被革职，开挖泇运河再度搁浅。翁大立深知黄河泛滥的巨大威力，为了明朝廷的长治久安，为了黎民百姓的安康，他是在广泛调研的基础上，才郑重地向朝廷提出开挖新运道的建议，他所作的努力，为后来泇运河的开挖打下了初步基础[2]。隆庆五年（1571年）四月，黄河再次决口于邳州王家口，损失漕船运军数以千计，淹没漕粮四十万余石[3]。工部尚书朱衡再次提出开挖泇河，不久，又因黄河漕运恢复而作罢。

万历三年（1575年）二月，总河都御史傅希挚上书《开泇疏》，详陈了开泇运河的重大利好，对开挖泇运河的几大技术难题进行逐一剖析。他的奏折深刻精辟，入情入理，深深地打动了年轻的万历皇帝[4]。这份奏折让朝廷上下对开挖泇运河的必要性和紧迫性有了更清醒的认识。万历责成工科都给事中侯于赵，会同傅希挚和巡漕御史刘光国一并拿出一个共同的意见来汇报。由于朝廷当时治理黄河和治理漕运的官员各行其是，使得泇运河的开挖又往后推迟了18年。万历"二十一年（1593年）五月，恒雨。漕河泛溢，溃济宁及淮河诸堤岸"[5]。时任总河舒应龙通过彭河开挖了一条宣泄微山湖及其他上游积水的韩庄中心沟，这是泇运河最早的雏形，因此舒应龙也被史学界公认为"开泇第一人"。万历二十五年（1597年）黄河又在单县黄堌口决口，河道南迁，徐州、邳州漕运再次受阻，朝廷上下开挖泇运河的呼声又起。万历二十六年（1598年），总河刘东星力主继续开挖韩庄中心沟，拓宽、挖深以能行船，上奏朝廷获批准，泇运河始通[6]。

三、泇运河的开通

万历三十一年（1603年），总河侍郎李化龙再提开挖泇运河，第二年李化龙的《请开泇河酌浚故道疏》[7]列举了开通泇运河的六大好处（避黄行运、缩短航程、治理黄河、节省费用、造福百姓、全年通航），另外，还可保护安徽凤阳的皇陵免遭灾难，又

---

[1]（清）张廷玉等：《明史》卷八十三·志第五十九·河渠一·黄河上，中华书局，1974年。
[2] 王玉芬、王德椿主编：《京杭运河·齐鲁风情（枣庄卷）》，山东人民出版社，2013年。
[3]《明史》卷八十五·志第六十一·河渠三·运河上，中华书局，1974年。
[4]（清）陆耀：《山东运河备览》卷三，江苏广陵古籍刻印社据清同治刻本影印。
[5]《明史》卷八十五·志第六十一·河渠三·运河上，中华书局，1974年。
[6]（清）张廷玉等：《明史》卷八十四·志第六十·河渠二，中华书局，1974年。
[7]（清）陆耀：《山东运河备览》卷三，江苏广陵古籍刻印社据清同治刻本影印。

能替徐州以下沿黄的老百姓抵御灾害,这份奏折获得万历皇帝首肯。"迦河成,则他工可徐图,第毋纵河入淮。淮利则洪泽水减,而陵自安矣。"[1]万历三十二年(1604年)春,李化龙大开迦运河,"自直河至李家港二百六十余里,尽避黄河之险"[2]。"今迦河一成,自直隶以至夏镇,以三百六十里之迂途,易而为二百六十里之捷径,此后黄河在山东、直隶间,能系运道之命脉者寡矣。"[3]不久,李化龙因母亲病逝离职,工部侍郎曹时聘接任总河侍郎,他首先上书替李化龙等请功,"舒应龙创开韩家庄以泄湖水,而路始通。刘东星大开良城、侯家庄以试行运,而路渐广。李化龙上开李家港,凿都水石,下开直河口,挑田家庄,殚力经营,行运过半,而路始开,故臣得接踵告竣"[4]。万历三十四年(1606年)曹时聘向朝廷上奏了著名的《迦河善后事宜疏》,向万历系统陈述了他对迦运河的看法以及治理黄河、运河和漕运的基本方略。共列出了六项措施以加强迦运河的管理:一是增设河官,专人管理;二是设置闸官,配备闸夫;三是增置邮驿,加派邮差;四是设置巡检司,加强防范;五是制定闸务管理制度,依章办事;六是修筑残堤,疏浚浅滩,拓宽河床。奏疏言简意赅、主题突出,论据充分、陈述详尽。万历对这份奏折十分满意。第二年"工部复议,迦河善后六事,俱依议行,从总督河道曹时聘之请也"[5]。这是从制度层面上把迦运河上升到国家命运的高度,是迦运河历史上一个重要的转折点。

万历三十八年(1610年)九月,直隶巡按苏惟霖上疏朝廷,力陈黄河、迦运河各自的利害,请求朝廷集中财力物力加大对迦运河的综合整治。"自直河口而上,历邳、徐二州达镇口,长二百八十余里,是谓黄河。又百二十里,方抵夏镇。其东自猫窝、迦沟,达夏镇,止长二百六十余里,是谓迦河,东西相对,舍此则彼……(黄河)其流汹涌,自天而下,一步难行。由其水挟沙而来,河口日高……溺人损舟,其害甚剧。迦河一水安流,岁修有利,既无溺溜,终鲜风波,率而由之,计日可达……盖自河流至则闸水积,山泉之脉止有此数。河身高则高受,低则低受,深浅相随……不三五年,缺略悉补,成数百年之利也……伏乞敕下工部,详酌利害,一意修迦,以济新运。"[6]同年十月,工科给事中何士晋上奏朝廷:"运道最称险阻,人力难施者,无如黄河……于是

---

[1] (清)张廷玉等:《明史》卷八十四·志第六十一·河渠二,中华书局,1974年。
[2] 《明史》卷八十五·志第六十一·河渠三·运河上,中华书局,1974年。
[3] 《明史》卷八十五·志第六十一·河渠三·运河上,中华书局,1974年。
[4] 《明史》卷八十五·志第六十一·河渠三·运河上,中华书局,1974年。
[5] 江苏省地方志编纂委员会办公室:《江苏省通志稿》第三十七卷明万历(三),江苏古籍出版社,1991年。
[6] (清)张廷玉等:《明史》卷八十五·志第六十一·河渠五,中华书局,1974年。

开泇之议始决……用之六年,通行无滞。今岁忽有舍泇由黄之议……以故今运抵湾甚迟,汲汲有守冻之虞。由此言之,黄之害大略可见,然泇亦未竟之工也……谓宜拓广浚深,令与会通河相等……而水常充盛,舟无留行……督以廉能之吏,为期三年,可以竣工。然后循骆马湖南岸,东达宿迁……尽避黄河之险,则泇河之事讫矣……不知泇源远自蒙沂,近挟徐塘、许池、文武诸泉河,大率视济宁泉河略相等……则山东诸水总合全收,加以闸坝堤防,何忧不足?……然近日由黄之说,盖因泇河二百六十里旷野新辟,人迹荒凉,万艘蚁泊,公私旅困,恐生意外之虞……由之既久,渐成乐郊,何必徐土,此破纷纭之一说也。"[1]面对朝野上下一股舍泇由黄的暗流,何士晋有理有据、掷地有声予以批驳,从而确定了泇运河在以后400多年的走势。

四、泇运河的水文化遗产概述

关于全长260里泇运河的历史地位,清代康熙年间治河专家、河道总督靳辅作过精辟的论述:"有明一代治河,莫善于泇河之绩。"[2]由于泇运河的开通,使维系中央王朝的漕运彻底摆脱了依赖黄河行漕的历史。为此,明清两代格外重视泇运河的日常维护,特别是满清王朝,不但继续沿用明末的管理模式,并于康熙二十二年(1683年)还在台儿庄设置正三品的参将署以确保泇运河的安全。

由于这段运河完全是人工开凿,沿线留下了为数众多的文化遗产,包括境内众多水系和泉源以及为了济漕而兴修的数量可观的桥涵、闸坝、河渠等,这些文化遗产包含着丰富而深刻的历史文化信息,值得我们认真细致地加以研究、继承和弘扬。而悠悠运河水恰恰成为这一线性文化遗产的重要载体和纽带,是水文化遗产的核心构成。鉴于当前我国水文化遗产的研究相对薄弱,关于水文化遗产的分类体系也尚未构建起来,因此,对于泇运河水文化遗产内涵和外延的认定只能概述。

研究水文化遗产,首先要理清水文化的概念。水文化有广义和狭义之分。广义的水文化是指人类在社会历史过程中围绕着水、水事、水利所创造的物质财富与精神财富的总和。狭义的水文化指的是人类从事水事活动过程中所形成的观念、心理、方式及其所创造的精神产品,包括与水有密切关系的思想意识、价值观念、行业精神、行

---

[1] 江苏省地方志编纂委员会办公室:《江苏省通志稿》第三十七卷明万历(三),江苏古籍出版社,1991年。

[2] (清)陆耀:《山东运河备览》卷三,江苏广陵古籍刻印社据清同治刻本影印。

为准则、政策法规、文学艺术等[1]。

因此,泇运河水文化遗产构成丰富、分布范围宽广,大致可以从物质形态水文化遗产和非物质形态水文化遗产两个层面来进行认定。

首先就物质形态水文化遗产而言,泇运河沿线与水相关的历史文物、历史建筑、人类文化遗址等都属于运河水文化遗产的范畴。沿岸保留与运河相关的、具有历史内涵的古代水利工程、水利碑刻、桥涵码头、水利古籍文献、水文化遗存等都是运河水文化遗产。由于泇运河的特殊位置和走势,历史上这段运河被称为"闸河",就是因为短短的近 90 里的运河竟然有 8 个闸口,分别为韩庄闸、德胜闸、张庄闸、万年闸、丁庙闸、顿庄闸、侯迁闸、台庄闸等[2](图一),如今韩庄闸、万年闸和台庄闸(新闸)

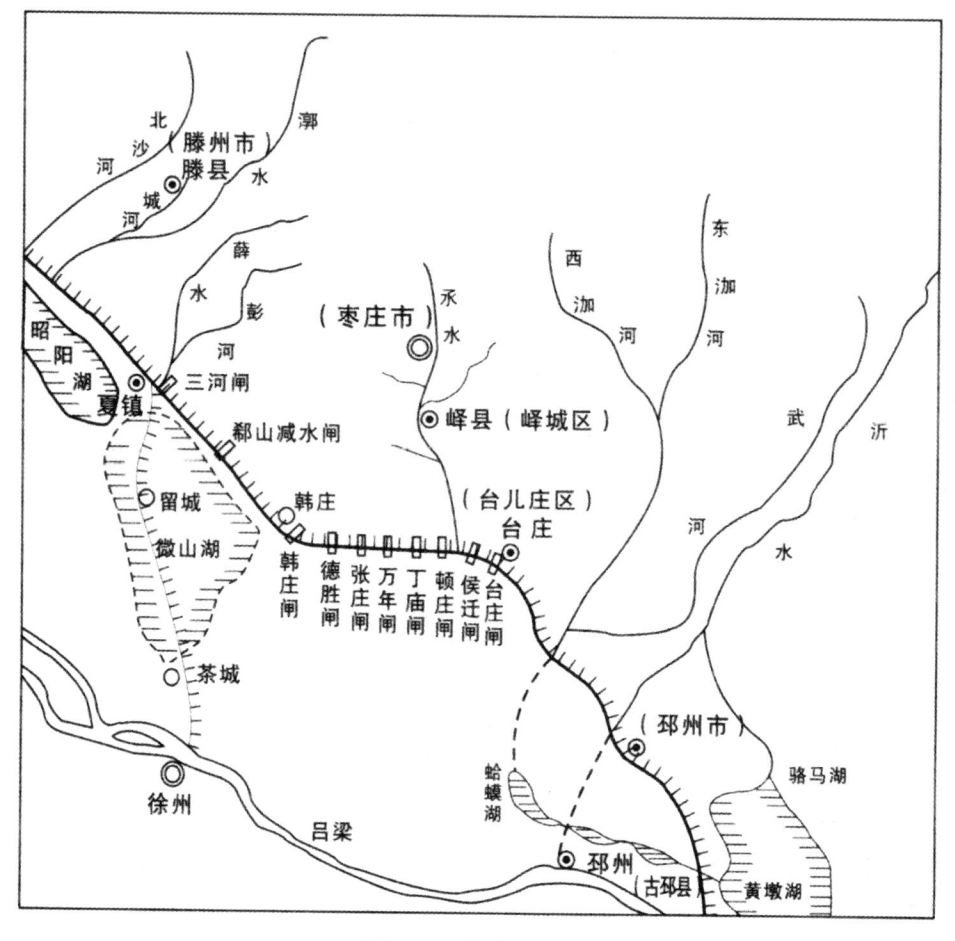

图一 明代泇河运道
(摘自《京杭运河·齐鲁风情·枣庄卷》,王玉芬、王德椿主编,山东人民出版社 2013 年版)

---

[1] 张志荣等:《大运河杭州段水文化遗产的内涵与价值》,《中国文化报》2012 年 8 月 16 日。
[2] 光绪三十年《峄县志》卷十二·漕渠志。

仍在使用，其他闸口均淹没在滔滔运河水下，成为历史的绝响。2009年枣庄市文物部门曾利用南水北调工程间隙，抢救性清理了顿庄闸，气势宏伟的闸口、科学合理的设计、闸下400多年前的杉木桩给考古工作者留下了深刻印象。发掘过程中考古人员将出土的上百块条石逐一进行了编号，为将来顿庄闸的异地重建打下了基础。

㳅运河水系异常发达，因水而生的桥梁是这一地区生产生活的重要基础设施，更是这一发达水系的重要表征之一。据《滕县志》和《峄县志》记载，枣庄境内的桥梁共有100余座，著名的有西仓桥（图二）、鲁封桥、官桥、霸陵桥、东邵桥[1]、沧浪桥（图三）、清漳桥（图四）、通济桥、王沟桥、孺子桥[2]等，这些与㳅

图二　西仓桥（摄影　孙晋芬）

运河密切联系的、千姿百态的桥梁成为了人与自然和谐共生的最美风景，是水文化遗产的重要组成部分，也是㳅运河成为大运河主航道的重要支撑。

图三　沧浪桥（摄影　李猛）　　　　图四　清漳桥（摄影　孙晋芬）

坝则是指拦截江河渠道水流以抬高水位或调节流量的挡水建筑物。为了保障㳅运河的水源，先民们在明清时期的枣庄地区建造了数量可观的水坝，及时调节注入㳅运河的水量，确保运道通畅。这些体现古代先民聪明智慧的古坝主要有薛河石坝、东邵坝、黄甫坝[3]、微山湖滚水坝、韩庄石坝、泥沟石坝、马兰屯土坝[4]等。

京杭运河防务碑刻于明崇祯十二年（1639年），原位于山东省与江苏省交界处

---

[1]　道光二十六年《滕县志》卷五·建置。
[2]　光绪三十年《峄县志》卷八·建置。
[3]　康熙五十六年《滕县志》卷九·艺文志。
[4]　（清）陆耀：《山东运河备览》卷三·㳅河厅河道，江苏广陵古籍刻印社据清同治刻本影印。

的枣庄市台儿庄区邳庄镇黄林庄运河岸边，现矗立在大运河台儿庄复线船闸附近（图五）。碑主体高2.68米，宽1.18米，厚0.37米，重约5000千克。

碑文大意为：在京杭运河淮阳所属，大约南自清河县起，北至台儿庄止的三百余里地域，尤其是黄河、骆马湖一带，"民穷盗起"，数以万计的"土寇水贼"布满河湖，昼夜活动，干扰过往官商市民，经常劫掠官银船只，对南北交通大动脉京杭大运河这一咽喉要道及过往船只的安全构成了极大的威胁。为保障连接南、北二京漕运的通畅，维系水路治安，建议朝廷尽快铲除漕河上的这一大隐患，允许建立行之有效的防御体系，可以在黄河、骆马湖一带运河沿岸修筑墩台，上架鸣钟报警，一

图五　矗立在台儿庄复线船闸附近的京杭运河防务碑（摄影　龙峰）

台鸣钟，声闻左右，依次相鸣，众兵可以立至，联合抵御。

碑体两侧各有一突起的小石柱，似为石碑的护楹扣节。经碑文拓片辨识、研究后确认，这是明代崇祯年间钦差督漕御马监太监杨疏名写给崇祯皇帝的奏章以及皇帝批红，兵部议办、各司职官员执行的抄出文本。立碑的主要目的是震慑运河沿线活动频繁的所谓"土寇水贼"，以期扭转漕运治安混乱的局面。到目前为止，在京杭运河沿线，除台儿庄外，还没有发现第二个运河防务碑。由此可见，明代的台儿庄已经是中央王朝漕粮运道上的一个重要关隘。运河防务碑是京杭大运河上遗存的重要历史文物。它通过运河漕运这个载体，客观地反映了明朝末年这段历史时期的政治、经济、军事、吏治和社会现象，为我们研究运河文化、解读《明史》提供了不可多得的原始资料，为抢救、保护、利用运河文化遗产增添了新的内容[1]。

泇运河的开通使台儿庄这个不知名的小村庄一跃成为沿运重镇，"台（儿）庄跨漕渠，当南北孔道，商旅所萃，居民饶给，村镇之大，甲于一邑，俗称'天下第一庄'"[2]。这是对明末清初台儿庄的真实描述。目前国内有的专家还认为，台儿庄

---

[1] 王玉芬、王德椿主编：《京杭运河·齐鲁风情（枣庄卷）》，山东人民出版社，2013年。
[2] 光绪三十年《峄县志》卷八·村庄。

具有千年运河上最完整的运河文化遗产体系。城区内仍保留长达3千米的古运河河道及明清时期的街巷、石驳岸和码头等遗址（图六、图七、图八），古城城市肌理、道路和水系框架基本完整，台儿庄是中国最后一座"活"着的运河古城。

泇运河在台儿庄城区段还留下了数量可观的码头，主要有当典后码头、四十万码头、阎家码头、郁家码头、双巷码头、王公桥码头、骆家码头、谢家码头等11处，是当年台儿庄工商业繁荣兴盛的重要历史见证。

台儿庄还是一座南北交融、中西合璧的典型城市。台儿庄地处南北过渡带，运河落差大，又是近代华东地区唯一的煤炭供应地、最大的瓜果梨枣集散地和最发达的民间制陶基地，徽商、晋商、浙商、闽商、粤商等各路商贾纷纷云集于此，定居经商，带来了不同的文化，使台儿庄成为运河文化的典型代表。清末民初，城内还建有晋派、徽派、闽南等八种建筑风格的商铺、民居、书院，荟萃了包括道教、佛教、伊斯兰教、基督教、天主教等世界主要五大宗教，以及文昌阁、关帝庙、泰山娘娘庙、妈祖庙等中国主要民间信仰的众多庙宇，形成了三千里运河沿线独有的南北交融、中西合璧的鲜明文化特征。

就非物质形态水文化遗产而言，泇运河所蕴含的水文化遗产也十分丰富，各种因运河而生的以水为题材创作的

图六　大运河中河台儿庄段被水石驳岸（摄影　孔闯）

图七　台儿庄古码头遗址（资料照片）

图八　台儿庄纤夫村旧址（资料照片）

大量神话传说、诗词歌赋、音乐戏曲等都是我国优秀的运河水文化遗产。概括来说，泇运河自通航以来，就逐步凝聚了一个日益丰富的文化空间，这个以运河为脉络、以台儿庄及其周边为活动范围的文化空间在不断地生产着各种各样的精神产品。这些形式多样的精神产品作为一种具有浓厚文化价值的文明成果，对峄滕铜邳地区乃至周边地区的经济、社会起到了正向的推动作用。这样一个内涵丰富、韵味十足的文化空间的形成，一方面得益于这一地区本身的自然环境具有造化天成的优势；另一方面则是同大运河息息相关，运河的开凿和投入使用让这片区域的经济、政治影响力不断提升，借其优越的自然地理环境，文化吸引力日渐显著，多姿多彩的特色运河文化由此诞生。最具影响的当属柳琴戏，如同其他戏剧流派一样，明末清初是中国地方戏曲发展的黄金时期，起源于泇运河两岸的柳琴戏也不例外，"当乾、嘉盛时，江浙湖广诸行省，漕粮数千艘，皆道峄境北上，商旅岁时往还不绝，奇物珍货衍溢，居民皆仰之，以赡身家。而本地所有麦豆及煤炭诸物，亦得善价，而行销数千里……邑之商民皆得衣丝帛、食粱肉，安于富乐……"[1]。繁荣的经济是民间戏剧产生的沃土和基础。另一方面，运河文化的兴起与发展促成了柳琴戏这一崭新的剧种的最终定型。明末清初具有原始戏曲形式的说唱艺术，如运河号子、渔灯秧歌、运河花鼓、民间小调等流行于泇运河两岸，这些表演大多带有祭祀性质，融说唱、歌舞于一体。在不断借鉴姊妹艺术的基础上，柳琴戏应运而生，成为苏鲁豫皖接壤地区受众最多的一个剧种，影响异常广泛，这不能不说是泇运河的一大功劳。2006年枣庄市申报的柳琴戏入选第一批国家级非物质文化遗产名录（207 Ⅳ-63 柳琴戏 山东省枣庄市）[2]。高派山东快书、山东皮影（山亭、台儿庄派）、运河大鼓、枣庄小鼓、鲁南鼓吹乐、鲁南花鼓、渔灯秧歌等一大批省级非遗名录也是泇运河两岸广大民众的艺术创造。

泇运河从明隆庆三年（1569年）翁大立开始提议，到万历三十二年（1604年）建成通航，再到万历三十八年（1610年）黄惟霖、何士晋对泇运河的高度评价，经历了40多年的时间。期间，不仅有万历皇帝的决断，更多的是舒应龙、刘东星和李化龙为代表的治河督漕官吏们恪尽职守、锲而不舍的精神所起到的决定性作用，一直到今天仍在通航的泇运河，现在被称为大运河中运河，是人类利用和改造自然的伟大水利工程，是全人类共同的珍贵遗产，值得我们倍加珍惜。

2014年6月22日，联合国教科文组织第38届世界遗产大会一致通过决议，同意将包括泇运河在内的中国大运河列入世界遗产名录，从而掀开了泇运河新的历史篇章。

---

[1] 光绪三十年《峄县志》卷七·物产略。
[2] 《国务院关于公布第一批国家级非物质文化遗产名录的通知》（国发〔2006〕18号）。

陈介祺藏石述论*

崔永胜
潍坊市寒亭区文物保管所

陈介祺（1813—1884），山东潍县（今潍坊市）人，晚清金石学的代表人物，"收藏之富，穷绝古今"[1]。

与三代彝器、古印相比，碑刻、造像等非陈介祺收藏重点，故往往被研究者所忽视。对于其石刻藏品的著录，目前所见最权威的本子是陈氏家藏陈介祺《十钟山房藏石目》稿本（以下简称《目》），该《目》收录凡一百一十六种，其中东汉四、晋一、后凉一、北朝造像五十三、隋造像七、六朝无年月石三十一、唐十六、宋一、金二[2]，仅仅是时代之下列目，然后简单标注几面、或存几行几字，体例非常简略。

民国后期，叶恭绰曾至潍城陈介祺故居，见其"藏物星散，而残砖碎石犹满庭除"[3]，此后遂彻底流失。目前所知，其旧藏较重要的碑版造像原件部分流散海外，部分归国内公立博物馆，而其他藏品多有拓片存世，据以梳理，仍可见其藏石之大概，目力所及得145种，列表如下（表一）。

---

* 本文为潍坊博物馆孙敬明先生主持的国家社会科学基金项目（编号：13BF052）"陈介祺研究"阶段性成果。

[1]（清）吴云：《两罍轩尺牍》，文海出版社，1968年，第777页。

[2] 陆明君：《簠斋研究》，荣宝斋出版社，2005年，第57—58页。另据笔者查询，苏州图书馆藏有民国三十年（1941年）富晋书社影印《簠斋藏石目》，无缘寓目；潍坊陈介祺纪念馆藏有陈介祺稿本《十钟山房藏石目》因潮湿板结，无法打开；而陆心源在《金石录补》中称陈介祺藏"魏晋六朝造像数百"，不知所据。

[3] 叶恭绰：《〈六朝诸家石佛造像原搨〉跋》，《簠斋藏金石拓片三种》，荣宝斋出版社，2008年。

表一 陈介祺藏石统计表

序号	名称	时代	出土地	铭刻内容	入藏年月	现存地	资料出处	备注
1	君车画像石	东汉	临淄于家庄	"君车" "铃下" "门下书左" "门下小史" "主簿"	光绪八年（1882）	法国巴黎博物馆	《簠斋金石文考释》《善本碑帖录》	
2	"大山之石"（又名黄神石刻、王子移葬表）	汉	潍县寒亭东埠	大山之位黄神宗伯土府土／主分□王子移葬易居子／不誉留者已留去者已／□□青与祖□夷角用／三□什人有寿肖□人之□	光绪十年（1884）正月前	故宫博物院	《潍县金石志》《潍县志稿》《善本碑帖录》《北京图书馆藏中国历代石刻拓本汇编》（第一册）	
3	"贰用"等字残碑	汉		□民贰用□係			《增补校碑随笔》	
4	"爵干"等字残石	汉		……爵干……			《烟潍路工赈纪略·古物调查》《上海博古斋2009年春季大型艺术品拍卖会图录》	
5	"处士"等残碑阴	晋		土城阴徐□／处士北海徽□公□／处士北海徐□□□／处士东莱□炽文昌		故宫博物院	《增补校碑随笔》《善本碑帖录》《魏齐唐佛造像》拓本册 http://www.gucn.com/Service_CuriosStall_Show.asp?Id=11543738	《增补校碑随笔》著录为汉

续 表

序号	名称	时代	出土地	铭刻内容	入藏年月	现存地	资料出处	备注
6	李节造像	后凉太安元年（386）		李节今依上祖舍口子坡口/福严下寺后住仙师上口/伏恩口下口口口东至河/南至口口口高山师至河西口/十日 大安元年立			《簠斋藏古目（石）》《簠斋藏金石拓片三种》《宝簠斋金石目》	《攈古录》定为北魏
7	王银堂等五人造像残石	北魏天赐三年（406）		天幽崇如口/绝有形之口/口里口言/超数量之/外是弥以能口/口口言于/鹿林渚真/向然钦法/师识度洁旷/邑主秦从卌人/口三年岁在丙/午四月十五日造（余为题名，略）			《簠斋藏金石拓片三种》	
8	鱼玄明墓志残石	北魏皇兴二年（468）		皇兴二年戊申岁十一/月癸卯朔十九日辛酉/安西将军雍州刺史/明康公鱼玄明之铭			（日）清原石门《陈介祺的收藏》后附所附拓片	施蛰存藏拓本陶冷月题为"北魏鱼玄明砖铭"
9	赵琚造像	北魏皇兴三年（469）	黄县	唯大魏皇兴三年定州中山郡/赵琚为亡父母亡兄侯弥勒像一/区若任三途速令解脱生人间/王侯子孙舍身口口与佛会/常口与佛会/愿从心使一切众/生咸同斯愿		山东省博物馆	《簠斋藏金石拓片三种》，山东省博物馆藏像拓本，《北京图书馆藏中国历代石刻拓本汇编》（第三册）	
10	刘女共姜造像	北魏太和十四年（490）		造像背后，左右皆刻字，漫漶不清，略			《簠斋藏金石拓片三种》《宝簠斋金石目》	
11	道民王伯安造老口像	北魏太和十四年（490）		正书,太和十四年岁次庚口九月四日			《南北朝存石目》	

续 表

序号	名称	时代	出土地	铭刻内容	入藏年月	现存地	资料出处	备注
12	张相造像	北魏延昌二年（513）	陕西泾阳	延昌二年/岁在癸巳三/月乙卯朔廿九/癸未胡女/息男舍口/息女罗朱/胡妻杨兴女			《宝簠斋金石目》《簠斋金石拓片三种》	
13	崔勤造像座	北魏神龟二年（519）	潍县城西	正面：魏员外散骑常侍中坚将/军三公郎中中散大夫高□阳□司徒府右长史/州主簿参军汤寇将军齐/州长流参军东中郎九州别驾司徒府城阳/参军中郎二郡贾板合/使徐鸿平仓曹参军崔鹏/齐州灵寿参军广川/太守崔鹏/魏神龟二年岁次己/亥九月戊黄朔十一日辛已/齐州东清河郡俞县人崔/勤削减身资造石像/一躯一侍菩萨/下三公主像/上为皇帝陛/下三公主后为/居家眷/属咸同斯福/像主崔勤用钱九千/五百裁佛金色（以下人名，略）侧面：法仪兄弟廿五人各钱一百裁佛金色	同治十三年（1874）四月前	故宫博物院	《潍县金石志》、崔勤造像座拓片、《簠斋尺牍》《宝簠斋金石目》	
14	周存妻造像记残石	北魏正光元年（520）	临淄	正面：……□光元年二月……/……王贞去武……/……宜遭……发心背面：……妻……			《北京图书馆藏中国历代石刻拓本汇编》（第四册）	
15	严小洛造像	北魏正光二年（521）	陕西泾阳	正面：清信士/严小洛/息男/阿儁/清信女/杜阿尧背面：正光二年岁/亥/严小洛兴/慈心减口/造石像一区□/所愿□在辛丑七月□□/□三日已/□属/复为七世所生/龙花□会/□□□□首左侧：口严小陵右侧：□□男/妻孙小陵			《宝簠斋金石目》《簠斋金石拓片三种》《北京图书馆藏中国历代石刻拓本汇编》（第四册）	

续表

序号	名称	时代	出土地	铭刻内容	入藏年月	现存地	资料出处	备注
16	赵清女等四百人造像残石	北魏正光六年（525）	广饶段家庄		同治十一年（1872）		《陈介祺年谱》	商河拓工刘泰荤来，断为五
17	宝渊造像	北魏正光六年（525）		大魏正光六年岁在乙巳朔廿二日丙寅比丘尼宝渊上为亡父母口师敬幻容一躯敬造像一躯愿令亡者口西方妙乐口土恒在龙华树下三会说法常与佛居若下生人间口为国王长者及众生普同斯愿所愿如是比丘宝渊比丘尼宝宣比丘尼纪比丘尼宝口建比丘尼宝悦比丘尼宝像一切众生咸同成仏			《宝簠斋金石目》，（日）宫泽正顺《杨幻容的佛教与道教》，《佛学研究》2007年第1期，《陈介祺年谱》	商河刘泰所致
18	曹望憘造像	北魏正光六年（525）	临淄桐林村	大魏正光六年岁次口／口三月乙巳朔廿日甲／子夫法道初兴则十／方趣一释迦境启建剜合／生归伏然神渥槃入／子空境坐口使玄宫惜／后轨襄威将军柏仁／令齐州魏郡魏县曹望憘／珍因思三宝之踪／恨口逢如来之际减己／勒下生石像／敬下着境亲内／家立之功使津通之益／仰为家国己身神升净福／建苦因常与佛会七世／先亡神升净福堂汤溢／齐冰法泽一切等类／共沾惠液／堂堂福林汤汤／难名知／财非己竭家精成佛潜／已今方现形外非直普／闻六合扬名	同治十一年（1872）前	美国费城大学博物馆	《宝簠斋金石目》，曹望憘造像拓片，《簠斋研究》、《陈介祺拓片三种》	
19	杨丰生造像	北魏孝昌三年（527）		大魏孝昌三年岁次丁未口月／戊巳朔廿日王子佛弟子杨丰生减／蜀家珍为亡父天宫下生人间朋王敬造石像一区愿／亡者上生天宫下生人间朋王长者杨洛三途待口诸佛速令解脱／佛弟子杨嵩子杨口兴			《宝簠斋金石目》，《簠斋藏金石拓片三种》	

续表

序号	名称	时代	出土地	铭刻内容	入藏年月	现存地	资料出处	备注
20	王阿善造像	萧宝寅隆绪元年（527）	陕西出土	正面"王皇士"，侧面"隆绪元年十一月廿五日女官王阿善/造像二躯愿母子长为善居"，背面"道民女官/王夫冯阿树/亡息冯义显""姪/冯母冯妨乘马上/息冯法兴乘马上		国家博物馆	《宝簠斋金石目》、王阿善造像拓片	
21	比丘口道勇造像	北魏建义元年（528）	临淄	口口齐口临淄县阳侯寺比丘口道勇造弥勒口口四面尊像，正书，建义元年岁次戊申六月丁亥朔十口日辛口			《南北朝藏石目》	
22	张神远造像	北魏永安三年（530）		大魏永安/三年五月/十日清信/士张神远/敬造石像/一躯供养/上为亡父/母现前见/弟妻子/眷属愿感/形受妙身/常处妙境/口佛闻法/悟元生忍/一切众生/咸蒙斯口			《北京图书馆藏中国历代石刻拓本汇编》（第五册）	《南北朝存石目》作清信士张仲远造石像
23	太昌造像	北魏太昌元年（532）	潍县	太昌元年十二月……一张佛……老弟三人为父/母造像一区	光绪十年（1884）正月前		《簠斋尺牍》光绪十年（1884）正月廿三日致王懿荣函，《魏齐晋唐佛造像》拓本册 http://www.gucn.com/Service_CurioStall_Show.asp?Id=26251	
24	赵和等造像残石	北魏		为题名，略			《簠斋藏金石拓片三种》	

续 表

序号	名称	时代	出土地	铭刻内容	入藏年月	现存地	资料出处	备注
25	天平二年造像残石	东魏天平二年（535）		天平二年五/月十四日比丘/僧更造石/像一区……			《南北朝存石目》、《宝簠斋金石目》、《魏齐晋唐佛造像》拓本册 http://www.gucn.com/Service_CurioStall_Show.asp?Id=26251	《南北朝存石目》作比丘僧□爱造石象残字，《宝簠斋金石目》作天平二年比丘□曾受造像残石
26	宝藏造像座残石	东魏兴和二年（540）		大魏兴和二年岁/次庚申七月/十五日豫姊比/丘尼宝藏为/之管建□□/愿□□□□/归佛……		山东博物馆	《北京图书馆藏中国历代石刻拓本汇编》（第六册），山东博物馆藏拓本	
27	昙陵造像座残石	东魏兴和二年（540）		大魏兴和二年岁/次庚申七月丙子/朔廿五日比/庚子比/丘尼昙陵为师僧/父母内外眷属敬/□观世音像一/□□切众生咸……			《北京图书馆藏中国历代石刻拓本汇编》（第六册）	同治九年簠斋题张允勷赠"三字拓"云："同治庚午春，郭君子嘉子溪邱北滩邑南之王峻寺访得魏兴和残石"。或即指此。

· 陈介祺藏石述论 ·   · 397 ·

续 表

序号	名称	时代	出土地	铭刻内容	入藏年月	现存地	资料出处	备注
28	马都爱造像座	东魏兴和二年（540）	临淄	大魏兴和二年／岁次庚申十月／日朔七日新亥／夫至口湛然非／神冑无踪莫以泛其／昏非／大觉莫能悟／冥踪迦如／来修功德于旷／劫之前收妙果／法云之后故能／绝踪尘外道证／群生者也／马都爱敬造石／像一躯仰为／父母愿往生西／方妙乐国土发／愿兄弟姊妹一切愿所生之／眷属闻法一切愿生愿侍／勒怆登先首（后为题名,略）			《北京图书馆藏中国历代石刻拓本汇编》（第六册）	
29	孙思宾等三十七人造像座	东魏兴和二年（540）		大魏兴和二年岁次／庚申十二月甲辰朔／口九日青州北海郡／口东县人孙思宾法／又卅七人敬造石像／一躯上为国王帝主／口僧父母居家眷属／口为一切众生普同／口福（后省题名,略）			《北京图书馆藏中国历代石刻拓本汇编》（第六册）	
30	尼静悲造像	东魏兴和四年（542）	潍县城内撞钟院巷	兴和四年／六月八日佛弟／子静悲敬造／观音像一躯／上为皇帝陛／下后为师曾／父母及自己／身居山眷肉外／后为法界群／生有形之类			《宝蕙斋金石目》《潍县金石志》《北京图书馆藏中国历代石刻拓本汇编》（第六册）	
31	成休祖造像	东魏兴和四年（542）		正面：成休祖／妻李苣／息绍宗 背面：兴和四年三月七日清信佛弟子／成休祖敬造观世音像一躯愿使夫／善老者延／年小者益寿聪明住官远／迁所来而愿 成绍宗记			《金石千秋——纪念陈介祺诞辰二百周年藏品展》图录，《北京图书馆藏中国历代石刻拓本汇编》（第六册）	
32	刘目连造像	东魏兴和五年（543）	临淄	大魏兴和五年岁次癸亥正月／壬戌朔二日癸亥雍州长安刘／目连敬造观世音像一躯／愿使夫姜见世安稳			《北京图书馆藏中国历代石刻拓本汇编》（第六册）	先归诸城李氏,后归盖斋

续表

序号	名称	时代	出土地	铭刻内容	入藏年月	现存地	资料出处	备注
33	曹全造像座	东魏武定元年（543）		大魏武／定元年／岁次任／亥九月／戊子朔／清信士／女佛弟／子曹全／为亡夫／己息囗			《宝簠斋金石目》《北京图书馆藏中国历代石刻拓本汇编》（第六册）	
34	巩伏龙造像	西魏废帝元年（552）（一说北魏太和十七年（493），又说太武帝延和元年（432）		四面，背面：大魏国元年岁次壬申／六月丁酉朔十一日丁未／正信佛弟子巩／伏龙为亡消常生亡比丘慧囗／造石像一区愿／业囗永消常生净／住大乘海为／囗尊首　清信女妾囗女左右侧题名，略			《宝簠斋金石拓片三种》《宝簠斋金石馆藏中国历代石刻拓本汇编》（第三册）	
35	道常造像	北齐天保四年（553）	寿光	正面：大齐天保／四年岁次／癸酉八月／辛卯朔十九日己酉／过末寺比／丘道常减／割衣钵之／资敬造太／子像一躯／普为一切右侧：众生国王／帝主师僧／父母眷囗／斯福		上海博物馆	《宝簠斋金石目》，《潍县金石志》，《北魏齐普唐佛造像》拓本册 http://www.gucn.com/Service_CurioStall_Show.asp?Id=11543685	
36	兵曹参军兄弟等残造像	北齐天保七年（556）	潍县东南上庄	非……幽……是……自……造石囗像……求无尽……却诟谓仍……之功姚姊……还……仓仪兄……母居家眷属……弥勒下生愿……大齐天保七年十二月辛未朔八日兵曹囗军……兄弟等刊石……骑兵参军……府士曹参军……（以下人名，略）			《宝簠斋金石目》《潍县金石志》	

续 表

序号	名称	时代	出土地	铭刻内容	入藏年月	现存地	资料出处	备注
37	王频造像座	北齐天保九年（558）	潍县治西撞钟院菩萨庙	正面：大齐天／保九年／七月十／五日清／信士／女／王频敬／造弥勒／石像一躯／仰为亡／□／夏显 右侧：伯愿令／亡夫托／生西方／妙乐国／土师僧／父母居／眷大小／一切 后面：众生咸／同斯福／夏客生／妻树 左侧：夏显伯／妻王频／女明照／女提费／息桓域 像座上面：比丘／尼乔／星		民国时归山东图书馆	《潍县金石志》、《县志稿》、《魏齐晋唐佛造像》拓本册 http://www.gucn.com/Service_CurioStall_Show.asp?Id=1154373 8	
38	张康张双兄弟造像	北齐天保八年（557）		座四面：大齐天／保八年／三月廿／日佛弟／子张／康张双／兄弟二／人敬造／观世音／像一躯／愿七世／父母及／法界众／生咸登斯／果			《北京图书馆藏中国历代石刻拓本汇编》（第七册）	
38	张归生造像记	北齐天保九年（558）		大齐天／保九年／三月廿／三日张／归生托／造户舍／那像一／躯愿生／父母生／□佛国／居士眷／属常与／善会法／界咸登斯／愿			《北京图书馆藏中国历代石刻拓本汇编》（第七册）	
40	张瓶造像（又名"清信士□海岑等造像记""龙兴邦等造像"）	北齐天保十年（559）	临淄	十方像主张瓶／大齐天保十年岁次己卯六／月□□□朔八日癸巳清信士□北海太守龙兴邦／给知／□□□□□幽□□□积珍难同／是□□□心清信士张□／□□□敬造十方□迦□□□躯未及□就邦□□□□□□□竭家珍□□□□□□□□□□□□□隆□／□□□众生皆同斯愿（以下题名，略）			《宝簠斋金石目》《北京图书馆藏中国历代石刻拓本汇编》（第七册）《簠斋藏古目（石）》	《宝簠斋金石目》作"天保十年龙兴邦等造像幢。上十面，下六面"。

续表

序号	名称	时代	出土地	铭刻内容	入藏年月	现存地	资料出处	备注
41	王鸭脸造像	北齐天保十年（559）		背光后：天保十年腊月八日十四人造石佛一丘／王鸭脸镜盛端尼盛真尼／逢由陈王影辽明好王／宠桃／李光陈骈王赏蘑胜逢／上为皇帝陛下一／切／众生有刑之类俱福座下：尼叶口口报			《北京图书馆藏中国历代石刻拓本汇编》（第七册）	
42	都昙口造像	北齐天保十年（559）	潍县西南小许家庄庙中	天保十年门……月十六日丁亥……任辰日阳郡都昙……为亡父母亡姊／像一躯			《宝簠斋金石目》《潍县金石志》	
43	宇文仲造玉像	北周武成元年（559）		正面：周武仪元年口口／己卯九月乙卯朔口／日己未仪司三司大／都督宇文仲为亡／父过去眷属及／亡兄上／弟过去眷属／七世父母造玉像／敬造卢合那／像一区愿口口口左侧：口口口口口／口善一切众生／咸同斯福			《宝簠斋金石目》《簠斋藏金石拓片三种》	
44	智念造像	北齐乾明元年（560）		大齐乾明一／年岁次庚辰／五月辛亥朔／十五日乙丑／像主智念等／仰为皇帝陛下知／眷属法界合／生间升妙乐（下为题名，略）			《藏帖浅识》、《魏齐晋唐佛造像》册 http://www.gucn.com/Service_CurioStall_Show.asp?Id=11543738	
45	欧伯罗夫妻造像	北齐乾明元年（560）		惟大齐乾明元年口口／年岁次甲辰口／月庚戌朔十日／己未／摩河大檀越欧／伯罗造口／女华姜敬造口／舍那一躯口口转命／耳无量口／洋远垢法界供口／见在父母亡／过七世目前子／孙并及一切口／斯并开福		山东博物馆	《北京图书馆藏中国历代石刻拓本汇编》（第七册）、山东博物馆藏拓本	

续表

序号	名称	时代	出土地	铭刻内容	入藏年月	现存地	资料出处	备注
46	许俊三十人等造像	北齐皇建二年(561)		大齐皇建二年/岁次辛巳十月/癸酉朔卅日王/寅许俊孙洪珍/其执回田野禄/法又卅人等知/身无常制舍依/资敬造卢舍那/像上帝主师僧父/母居家眷属亡者生天现/为国/王帝主帝一切众生天现/存护/宗一切众生普/同斯福（以下题名，略）		山东博物馆	《宝簠斋金石目》《北京图书馆藏中国历代石刻拓本汇编》(第七册)、山东博物馆藏拓本	
47	马落子造像	北周保定元年(561)		保定元年四月三日道/民马落子皂落西王老/像一区上为七世/父母所生父母□缘/□成道（余为题名，略）			《簠斋藏金石拓片三种》	
48	秦回嗳造像	北周保定元年(561)		秦回嗳为亡父造像，正书，保定元年六月十一日			《南北朝藏存石目》	
49	郭贤造像	北周保定四年(564)		维周保定四年岁次甲申五月/八日使持节骠/骑大将军开府/同三司大都/督郑/州柱/国吴/国公/总管陌长史昌/乐县开国公郭/贤敬造释迦石/尼像一区			《宝簠斋金石目》《簠斋藏金石拓片三种》《北京图书馆藏中国历代石刻拓本汇编》(第八册)	
50	李明显造像座	北周保定五年(565)		保定五年岁次乙酉八月廿四日口/弟子李明显为亡/支阿他亥孙女赵/长妃敬造石像/一区阿他愿他成/面奉慈等及法/佛道			《宝簠斋金石目》《簠斋藏金石拓片三种》《北京图书馆藏中国历代石刻拓本汇编》(第八册)	
51	法仪百余口等造定光像	北齐河清年间					《南北朝尺牍》《宝簠斋金石目》《宝簠斋金石目》	

续 表

序号	名称	时代	出土地	铭刻内容	入藏年月	现存地	资料出处	备注
52	比丘明空等七人造像	北齐河清三年（564）	益都旧弥陀寺旧址	大齐河清三／年岁次甲申／三月己未朔／十八日丙子／比丘明空等／七人仰为口／现师父母口／王帝主及一／切众生敬造／卢舍那像一／躯愿善道资／身福因闻识／等悟思修齐／鉴我净长乖／四生永登一／实	咸丰初年		《益都金石记》卷1，《北京图书馆藏中国历代石刻拓本汇编》（第七册）、梦石山房藏清拓本	先归益都李令世，咸丰初归簠斋
53	严口顺兄弟四面龛造像座（又名"法义优婆姨等造像"）	北齐天统元年（565）	益都西关西坡城隍庙西	口口昌随缘口／口逐感深明口／口口自达无生口／口前尚书严口／顺兄弟仰为／亡考宁远将／军东海大守口／口都督带郑城／戍主亡妣叶／神识／等敬造龙华四／面龛像阿难迦／叶萨诸天口／于大齐天统元／年五月十五日／管就光明竟口／万日之绕口口／口口之旋壁庑／口口妣神居口／口口九有而口／口口口口着属四口／口口口口而辞		山东博物馆	光绪《益都县图志》，《北京图书馆藏中国历代石刻拓本汇编》（第七册），山东博物馆藏造像拓本	原藏益都古西关房氏，后归簠斋，光绪《益都县图志》"严"作"口顺"口慎
54	吴莲花造像座	北齐天统元年（565）	潍县东南全河头庄（古桑椹坡故址）	大齐天统元年岁次／乙酉七月辛巳朔十五日乙未／盖道原冲邈至理幽／识俱祥生禀灵事等／两照倏忽将移不殊／同法义水日六尘之乐易／过三涂之苦难越如／优婆姨掌知／财是败身之毒明福／依归之业舍割／资／珍敬造娑罗像一躯／能镂真容不异名如／指掌知／咸同斯见上为皇帝／师曾物证诸错镁和光未殊／火兄新见上为皇帝／师曾父母居眷一切／咸同居晓得知深／初性未别禀识有相回寻／和福保身财将败躯殊／迷逐谓浅晓者知深／初性未别禀识败躯（以下人名，略）	同治八年（1869）		《宝簠斋金石目》《潍县金石拓片三种》《簠斋藏石拓本汇编》《北京图书馆藏中国历代石刻拓本汇编》（第七册）	

续表

序号	名称	时代	出土地	铭刻内容	入藏年月	现存地	资料出处	备注
55	董桃树残造像	北齐天统二年（566）		背面：构楼万仞非凭基……地取圆会托因而……／佛弟子董桃树根……火宅焚煎遂追聚……石像一龛采画薄……藉此微善愿呈祚永隆八方……存亡眷属遂形／侧面：大齐天统二年岁次……			《北京图书馆藏中国历代石刻拓本汇编》（第七册）	
56	□德造像	北齐天统三年（567）		背面：天统三年七月十五……／德父在时失象……／待处后愿家□			《北京图书馆藏中国历代石刻拓本汇编》（第七册）	
57	曹景略造像	北齐天统五年（569）	益都	大齐天统五／年岁次己丑／四月庚申朔／廿三日壬午／佛弟子曹景／略为亡息户舍／那舍一躯／愿使托生宫／殿恒在佛所／又为居家／眷属舅见／在安隐（以下题名，略）		山东博物馆	《宝簠斋金石目》，《北京图书馆藏中国历代石刻拓本汇编》（第七册）／《簠斋藏金石拓片三种》，山东博物馆藏拓本	
58	天统造像残石	北齐天统□年		……岁次……齐天统……			《魏齐晋唐佛造像》拓本 http://www.gucn.com/Service_CurioStall_Show.asp?Id=11543744	
59	司马冶中造像座	北周天和五年（570）		天和五年□／次庚寅七月／壬子朔十八日／己巳□□□／司马冶中□／□□上为□□／□□□□／音像一区			《宝簠斋金石目》《北京图书馆藏中国历代石刻拓本汇编》（第八册）	

续 表

序号	名称	时代	出土地	铭刻内容	入藏年月	现存地	资料出处	备注
60	慕容士建造大像座	北齐武平二年（571）		大齐武平二年六月／八日前杨领□开府／行参军慕容士建自／心投诚竭／以禀形气像资荫□／□奉法倾仪／三司前杨州道□□／□大将军开府／□北□□□荆蛮／□南苑颍城□阳／□□胶州颍州赵州／□州合十三州□□／□□城□西□县开／国伯阳城郡开国／□氏县开国公食□／□阳郡于新陈光州刺／史文安王并仪同□／□十一人等造阿□／□陀像并观世音大势／至菩萨三躯愿主□／□四大长享万国积已传位无劳仍／□亡考神灵托生西／方妙乐国土今／□善缘相逢见在内／□长蒙康善兄弟五／□并愿主有／□□之徒沾心无形之／□并愿同日离苦俱／时登乐			《宝簠斋金石目》《北京图书馆藏中国历代石刻拓本汇编》（第八册）	
61	辛洪略造像	北周天和六年（571）		天和六年／五月廿日／□佛弟□／略为亡父／敬造世加／陀像一区／今得成就（下略为题名，略）			《宝簠斋金石拓片三种》《北京图书馆藏中国历代石刻拓本汇编》（第八册）	
62	邹道隆尔僧香造像	北周建德元年（572）		背面：尔僧香先愿造像一区□□□□就／建德元年造托 正面，左右侧为题托			《宝簠斋金石拓片三种》	
63	王马居造像座	北齐武平三年（572）	益都	大齐武平三年十一月乙／卯朔一日壬／清信佛弟子／故人王马居／眷属等敬／造观世音／菩萨一躯／上为皇帝／陛下七世父／母一切有形／咸同斯福／像主王马居（下为题名，略）			《宝簠斋金石拓片三种》《北京图书馆藏中国历代石刻拓本汇编》（第八册）	

续 表

序号	名称	时代	出土地	铭刻内容	入藏年月	现存地	资料出处	备注
64	曹高高造像座	北齐武平三年（572）	益都	大齐武口三／年十一月乙／卯朔一日王／正信佛弟子／故人曹高春／属等敬造卢／舍那像一躯／上为皇陛下／七世父母／一切有形咸／同斯福（下为题名,略）			《宝簠斋金石目》《簠斋藏金石拓片三种》《北京图书馆藏中国历代石刻拓本汇编》（第八册）	
65	法细造像	北齐武平四年（573）	益都	大齐武平四年九月十五日比丘尼法细割衣钵之余遂荆衣钵之余虚有知灭灭之父爱始成就上为师僧百官又为过现未来三世师僧父母一切法界众生俱同斯福			《烟潍路工赈纪略・古物调查》（据《山左金石志》《益都县图志》,称在青州府署财神阁,不知执是）	
66	淳于元皓造像座	北齐武平五年（574）	诸城	大齐武平五／年岁次甲午／戊戌佛／弟子淳于元／皓为亡弟双／皓敬造无量／寿佛一躯并／二菩萨愿亡／者托生西方／常愿闻法待／佛见存同福			《宝簠斋金石目》《簠斋金石拓片三种》《北京图书馆藏中国历代石刻拓本汇编》（第八册）	
67	比丘尼慧远造像	北齐武平六年（575）		口齐武平六年／乙卯朔一日比／丘尼慧远为亡／师敬造卢舍那像父／母敬造界众／生口升净土／比丘尼净口／比丘尼像主阿书／比丘尼法仟／比丘尼法思／比丘尼法阿书／比丘尼香男			《魏齐晋唐佛造像》拓本册 http://www.gucn.com/Service_CurioStall_Show.asp?Id=11543744	
68	高道乾造像残石	北齐武平七年（576）		信士佛弟子口口高道乾题名,正书,武平七年岁次			《南北朝存石目》	

续表

序号	名称	时代	出土地	铭刻内容	入藏年月	现存地	资料出处	备注
69	背光佛造像	北朝		……敬造……家眷……父母……	光绪三年(1877)八月廿一日前		《金石千秋——纪念陈介祺诞辰二百周年藏品选》图录	友人谭君所赠
70	王太等题名八面残石（又名绥远将军宋承祖等题名残石）	北朝	潍县东南马石坟庄小汶河畔	俱为题名,略	同治八年(1869)末		《宝簠斋金石目》《潍县金石志》《陈介祺年谱》	
71	冯宣等题名残佛背光	北朝	潍县坡南（一说出诸城）	俱为题名,略			《宝簠斋金石目》《潍县金石拓片三种》	
72	木笪邨人口登造像残石	北朝	潍县坡南	岁……寅八月壬……朔十八日己……木笪邨人……登兄弟等……家珍敬……母			《宝簠斋金石目》《潍县金石志》	
73	两面佛龛碑额成贤等题名残石	北朝	潍县东南盛盆社庄	俱为题名,略			《潍县金石拓片三种》《簠斋藏金石志》	

续　表

序号	名称	时代	出土地	铭刻内容	入藏年月	现存地	资料出处	备注
74	刘子欢造像	北朝		背部漫漶，正面俱为题名，略			《簠斋藏石拓片三种》	
75	耿僧文造像座	北朝		俱为题名，略			《2013年西泠印社秋季拍卖会图录》《簠斋尺牍》	
76	造像残石	北朝		……清口……大魏……年……			《魏齐晋唐佛造像》拓本　册　http://www.gucn.com/Service_CurioStall_Show.asp?Id=26251	
77	阴口口造像残石	北朝		……阴口敬造……像一躯上……母兄弟……眷属……同斯……			日本友人赠陈介祺纪念馆拓片	
78	口妙胜造像	北朝					《宝簠斋古目》《簠斋高金石目（石）》	
79	言財造像残石	北朝					《宝簠斋古目》《簠斋高金石目（石）》	
80	李楚等造像残石	北朝					《宝簠斋古目》《簠斋高金石目（石）》	
81	佛经残石	北朝	青州	隶书，存七字			《宝簠斋古目》《簠斋高金石目（石）》	
82	残碑	北朝	青州	五行，"胜皇王有"十六字			《宝簠斋古目》《簠斋高金石目（石）》	

续 表

序号	名称	时代	出土地	铭刻内容	入藏年月	现存地	资料出处	备注
83	残碑	北朝	青州	六行，"宝运辨矣"十九字			《宝簠斋金石目》《簠斋藏古目（石）》	
84	塔主朱刚造像残碑	北朝		二面，都邑主□买奴十七人等造像，塔主朱刚像			《簠斋藏古目（石）》《南北朝存石目》	
85	菩萨光明生（应为"主"）□僧□□僖终罗□□僖等题名残石	北朝					《南北朝存石目》	
86	随那主□韩残石	北朝					《南北朝存石目》	
87	维那比丘等字残石	北朝					《南北朝存石目》	
88	□□董僧佛□那逢子光等石残石	北朝					《南北朝存石目》	
89	□□景文□那解苟等名残石	北朝					《南北朝存石目》	

续表

序号	名称	时代	出土地	铭刻内容	入藏年月	现存地	资料出处	备注
90	口丰口口明王命过等名残石	北朝					《南北朝存石目》	
91	口过孙兀字灸过孙都憘等名残石	北朝					《南北朝存石目》	
92	法义口口王匡等字残石	北朝					《南北朝存石目》	
93	造石口贾氏供养等字残石	北朝					《南北朝存石目》	
94	比丘仰比丘法口等字残石	北朝					《南北朝存石目》	
95	耿玄张兴等名残石	北朝					《南北朝存石目》	
96	衣定民荣显等名残石	北朝					《南北朝存石目》	
97	口龟陈胤伯等名残石	北朝					《南北朝存石目》	

续 表

序号	名称	时代	出土地	铭刻内容	入藏年月	现存地	资料出处	备注
98	□郎陈□等名残石	北朝					《南北朝存石目》	
99	为皇家母师僧父儿过亡等字残石	北朝					《南北朝存石目》	
100	盖生灭□等字残石	北朝					《南北朝存石目》	
101	息□同有邑等字残石	北朝					《南北朝存石目》	
102	见生等字残石	北朝					《南北朝存石目》	
103	一躯愿使亡者托化金霍等字残石	北朝					《南北朝存石目》	
104	安永齐圆等字残石	北朝					《南北朝存石目》	
105	菩萨萨福等字残石	北朝					《南北朝存石目》	

续表

序号	名称	时代	出土地	铭刻内容	入藏年月	现存地	资料出处	备注
106	房纷池造像	隋开皇三年（583）	潍县坡西	房康……姊房康……房纷池……口魏/开皇三／口岁次癸卯／口月丙／口青信女房／口池为父母／口造观音像／口躯上愿生／生世伴值佛／闻法			《宝簠斋金石目》《潍县金石志》《簠斋藏金石拓片三种》	
107	姚长宽造像	隋开皇三年（583）		像主姚长宽／口口供养／为家口大小／所生父母／七世父／母开皇三年／七月二日成			《宝簠斋金石目》《簠斋藏金石拓片三种》	
108	侯延造像	隋开皇十二年		岳女张兰一心供养／开皇十二／年三月口／日／侯延为／女夫张仕／岳敬造释／迦像一区／岳妻侯陵一心供养			《宝簠斋金石目》《簠斋藏金石拓片三种》	
109	王僧伽造像残石	隋开皇十五年（595）		……彼岸大……十五年岁次乙卯五月／戊午朔十日丁卯清信／佛弟子荆州主簿王／僧伽江东琅邪人也左／菩萨主镇远将军故……			《北京图书馆藏中国历代石刻拓本汇编》（第九册）	
110	张信造像	隋开皇十七年（597）		开皇十七年岁次丁／巳五月丁未朔一日丁／未佛弟子张信为／亡息来富敬造阿／弥陀石像一区愿／形躯托生西方二／界凭碍七世归永离诸苦（左、背、右俱为题名，略）	光绪七年(1881)		《宝簠斋金石拓片三种》《北京图书馆藏中国历代石刻拓本汇编》（第九册）《陈介祺年谱》	
111	齐慎略造像	隋仁寿元年（601）		辛酉仁寿元／年七月佛弟／子大都督齐慎／略为息齐口／善造石像／一区合家齐小／口口供养			《宝簠斋金石目》《簠斋藏金石拓片三种》	
112	许昌（月丙）造像	隋仁寿二年（602）		大隋仁寿二／年岁在戌八／月丙午朔九／日甲黄（月丙）四／人有难（月丙）发／愿得丁敬造／石像一躯今得／成就保佛慈／恩像主许昌／（月丙）发心主礼口（后分为题名，略）			《宝簠斋金石拓片三种》	

续 表

序号	名称	时代	出土地	铭刻内容	入藏年月	现存地	资料出处	备注
113	刘师政造像座	唐显庆四年（659）		大唐显庆／四年七月／□一日清信／佛弟子／刘师政／为七世父／母现存父／母等敬造／属阿弥陀像／内外眷／小一区			《宝簠斋金石目》《宝簠斋藏金石拓片三种》《北京图书馆藏中国历代石刻拓本汇编》第十三册）	
114	麟德二年残石	唐麟德二年（665）	青州	存三面，十五字			《宝簠斋金石目》《宝簠斋藏古目（石）》	
115	张武例造像座	唐咸亨四年（673）	无棣	咸亨四年岁／在癸酉二月／丁巳朔四日／庚申张武／例为亡父见／在母造弥陀／像一铺上为／皇帝陛下／□亡过一／切众……			《宝簠斋金石目》《宝簠斋藏金石拓片三种》《北京图书馆藏中国历代石刻拓本汇编》第十五册）	
116	管均墓志	唐调露元年（679）	陕西西安	大唐故绵州万安县令管／君讳均之墓志／府君讳均／私坡阳人也乾封元／年正月十二日遘疾薨于／第春秋六十有九以调／露元年十月十四日息弘／福寺僧嗣泰收青起塔子／终南山鸣埠禅师林左			《宝簠斋金石目》《宝簠斋藏古目（石）》《北京图书馆藏中国历代石刻拓本汇编》第十六册）	
117	管俊墓志	唐调露元年（679）	陕西西安	大唐故营州都督上柱／国渔阳郡开国公孙管／俊墓志／讳俊城阳人也乾封二／年五月廿日终于私第／春秋一十有三以调露／元年十月十四日于鸣／埠鸣埠禅师林左			《宝簠斋金石目》《宝簠斋藏古目（石）》《北京图书馆藏中国历代石刻拓本汇编》第十六册）	
118	管真墓志	唐调露元年（679）	陕西西安				《宝簠斋藏古目（石）》《西泠印社》第九辑"陈介祺研究专辑"第46—47页照片）	

续表

序号	名称	时代	出土地	铭刻内容	入藏年月	现存地	资料出处	备注
119	武干造像	唐永淳元年（682）	陕西	永淳元年／七月廿六日／丁巳雍州／美原县频阳府校尉／上柱国同／（王帝）并妻绫／为男思／□猛行／□遭行／□猛行／陀阿弥／陀像一区／思约兄思／哲弟思济／□思贞／淑骑都尉／武秀淑才／骑尉武／淑文林郎／武德			《宝簋斋金石目》《簋斋藏金石拓片三种》	
120	比丘尼妙英造弥勒像记、宋文师修弥勒像铭（二种合刻一石）	唐圣历二年（699）、先天二年（713）					《宝簋斋藏古目》《簋斋藏金石（石）》	
121	路思慎造像	唐神龙二年（706）	陕西	佛弟子飞骑尉武军／思慎神龙二／年十二月十二日／灵武军／行阵亡为造／石象一区口／为天皇天口／下为法界众／生共成佛口／路慎一心供口			《宝簋斋金石目》《簋斋藏金石拓片三种》	
122	口明澄造像	唐开元十年（722）		维开元十年岁／次王戌十月己亥／朔十三日辛亥口／明澄为亡母敬造／石像一铺上为／国王帝主			2013年西泠印社秋季拍卖会网络照片	
123	开元残字残石	唐开元二十四年（736）		……大唐……／……十四年岁……／……景子十月……／未朔……			《北京图书馆藏中国历代石刻拓本汇编》（第二十四册）	

续表

序号	名称	时代	出土地	铭刻内容	入藏年月	现存地	资料出处	备注
124	苏君残墓志	唐贞元二年（786）	陕西	……随夜壑之迁建中二年……欧里之私第春秋历一百八十六/甲子癸鸣呼生也有涯古今之大分来而必往终南口之旧茔/之屈申以贞元二年五月六日迁窆于终南口之旧茔/礼也询时之制以塔代封略述斯文刊于贞石铭曰／于嗟苏君运何促兮怨焉为坟往（火余）／幽篆兮萧萧悲风／生拱木兮莽莽方坟在林麓兮			《宝簠斋金石目》《北京卓德2012年夏季古籍拍卖会图录》《北京图书馆藏中国历代石刻拓本汇编》（第二十八册）	
125	樊口言残墓志	唐贞元九年（793）	陕西西安	……果毅都尉樊……／右金吾引 驾……／乡党称孝焉……／气雅度高深冰雪／……三年岁次戊子／……贞元九年……／岂信存逝水无……／故得披……			《宝簠斋金石目》《北京图书馆藏中国历代石刻拓本汇编》（第二十八册）	
126	陈义墓志	唐永贞元年（805）	陕西西安	略			法帖馆的博客（http://blog.sina.com.cn/s/blog_64cca3710100tcv1.html）、《北京图书馆藏中国历代石刻拓本汇编》（第二十九册）	
127	右领军墓志残石	唐元和年间		大唐故右领军卫左闱门焉 皇……代厥德仁游艺……临盍县人也特禀异秋七十有八元和……地久人……尼之叹由悲逝川……口买地建先修胜……			《魏齐晋唐佛造像》拓本册 http://www.gucn.com/Service_CurioStall_Show.asp?Id=26251	诸城刘氏旧藏，后归簠斋

续 表

序号	名称	时代	出土地	铭刻内容	入藏年月	现存地	资料出处	备注
128	灵璨造翠堵波塔刻经	唐大和二年（828）		铭为经文，略			《宝篆斋金石目》《北京图书馆藏中国历代石刻拓本汇编》第三十册）	
129	陈立行墓志	唐大中十一年（857）	北京丰台	略			《宝斋金石目》《北京图书馆藏中国历代石刻拓本汇编》（第三十二册）	
130	刘洽妻姚氏权葬石表	唐大中十一年（857）	陕西西安	略			《北京图书馆藏中国历代石刻拓本汇编》（第三十二册）	
131	佚名造像座	唐咸通□年		咸通□□□四□/日弟/□□□/□□□/□□□/边/属释迦牟尼像/一区一心供养			《篆斋藏金石拓片三种》	
132	敬延祥墓志	唐中和三年（883）	北京大兴（《石刻名汇》云昌平出土）	略			《宝篆斋金石目》《北京图书馆藏中国历代石刻拓本汇编》（第三十四册）	吴式芬旧藏，后归篆斋
133	北海县令顾口昌造佛顶尊胜陀罗尼经幢	唐	潍县东南许营庄	为陀罗尼经文及北海县官员题名，略			《宝篆斋金石目》《潍县金石志》	

续 表

序号	名称	时代	出土地	铭刻内容	入藏年月	现存地	资料出处	备注
134	左金吾卫残石	唐	潍县城中	乌杨……羽林卫翊□……□左金吾卫□□			《潍县金石志》	
135	造像残石	唐		存三行，"造像愿皇祚永隆"等十字			《宝簠斋金石目》《簠斋高藏古目（石）》	
136	残石片	唐		存三行，"见贰兴相近"等十字			《宝簠斋金石目》《簠斋高藏古目（石）》	
137	福当寺僧残石	唐	青州	……污毁者……非地之灵□……测圣化难穷……福当寺僧智明……□□□稽……			《宝簠斋金石目》、《簠斋高藏古目（石）》、《魏齐晋唐佛造像》拓本册 http://www.gucn.com/Service_CurioStall_Show.asp?Id=11543738	
138	真草《千字文》法书残石	唐		"朗曜""指薪修"等字			《宝簠斋金石目》、《魏齐晋唐佛造像》拓本册 http://www.gucn.com/Service_CurioStall_Show.asp?Id=11543685	
139	真草《千字文》法书残石	唐		"户庑古古"等字			《宝簠斋金石目》、《魏齐晋唐佛造像》拓本册 http://www.gucn.com/Service_CurioStall_Show.asp?Id=11543685	

续表

序号	名称	时代	出土地	铭刻内容	入藏年月	现存地	资料出处	备注
140	法胜造塔铭石	北宋天禧元年（1017）	河南	略			《宝簠斋金石目》、《北京图书馆藏中国历代石刻拓本汇编》（第二十八册）、《北京卓德国际拍卖有限公司2013年春季艺术品拍卖会——郑爰居先生秉松堂旧藏碑帖专场图录》	
141	王存等造香炉记	北宋元丰元年（1078）	潍县洪福寺	维州北海县尌坡乡马柳保程傅村／王存等纠集众人创建香炉一坐／永充供养各具姓名于后为题名，略）			《宝簠斋金石目》《簠斋藏古目（石）》《潍县志稿》	
142	牟懿等建伏烟龙王行宫题名残石	北宋崇宁三年（1104）	潍县西南乡	潍州北海县尌坡乡马柳保……村社官牟懿头领下巷（后为题名，略）			《宝簠斋金石目》《簠斋藏古目（石）》《潍县志稿》	
143	孙锡等题名残石	北宋					《宝簠斋金石目》《簠斋藏古目（石）》	潍县郭麟旧藏，后归簠斋
144	郑公墓记碑	金大安二年（1210）	益都县城东北房家庄	略			《宝簠斋金石记》《北京图书馆藏中国历代石刻拓本汇编》（第四十七册）、《2012年德宝夏季拍卖会图录》	益都段家亦亭旧藏，后归簠斋
145	庆姐题名残石	金	潍县坡中	俱为题名，略			《宝簠斋金石志》《潍县志稿》	

综合以上统计,对陈介祺藏石形成四点认识。

一是藏石之时代,起于汉,迄于金。上表所列有汉石4件,晋石1件,北凉造像1件,北魏造像(座)18件(含萧宝夤隆绪元年王阿善造像),东魏造像(座)9件,西魏造像1件,北齐造像(座)26件,北周造像(座)8件,北朝无年月残石37件,隋造像7件,唐石27件,宋石4件,金石2件。《表》与《目》相比较:汉、晋、后凉石数目相符;《表》北朝带纪年造像63件,《目》53件;北朝无年月石,《表》37件,《目》31件;隋造像数目《表》《目》均为7件;唐石《表》27件,《目》16件;宋石《表》4件,《目》1件;金石《表》2件,《目》1件。《表》《目》相比,《表》略多,由此可见,《目》可能不是最终定本。

二是藏石出土地之范围,主要集中于山东、陕西两地。上表有出土地可稽考者,山东40件,其中潍县18件,益都(青州)12件,临淄6件,寿光1件,诸城1件,广饶1件,黄县1件,无棣1件,陕西10件,北京2件,河南1件。山东出土石刻,应为当地友人或古董商人代为购集,陕西出土石刻应为陕西古董商人苏亿年兄弟等代为购集,北京2件可能为早年寓京时所购置,河南1件出处不详。

三是部分重要藏品今日之收藏地,国内有故宫博物馆、国家博物馆、山东博物馆,国外有法国巴黎博物馆、美国费城大学博物馆。其中故宫博物院3件,国家博物馆1件,上海博物馆1件,山东博物馆6件。故宫博物院、国家博物馆藏品来源不详,可能为中华人民共和国成立后陈氏后人捐献或山东调拨。山东博物馆藏造像6件,当为1931年8月时任山东省立图书馆馆长兼山东金石保管所负责人王献唐购于潍县陈氏后人者。此次共购藏陈介祺旧物计"泉币一千四百八十七品,石刻二十石,砖类一百〇八件,瓦类三百件,陶器二百五十五件,陶片豆棨一千六百四十九件,杂件七件,共计三千八百廿六件"[1]。这批藏品于当年9月16日运抵山东省立图书馆[2]。后划归山东博物馆,山东博物馆所藏造像当在此二十石内。

另外,国外的法国巴黎博物馆藏1件,美国费城大学博物馆藏1件。

四是收藏标准以精审为宗旨。清末人论北魏初期碑刻文字:"孝文以前,文学无称,碑版亦不著。今所要者,惟有三碑。道武时则有秦从造像、王银堂题名,太武时则

---

[1] 《山东省立图书馆点收陈氏古物》,《庸报》1932年10月15日;《浙江省立图书馆月刊》第1卷第9期,1931年11月30日。转引自李勇慧:《民国时期清代山左陈介祺金石学文献流传整理与文献学价值——以山东省立图书馆(山东金石保存所)为例》,《历史文献研究》2014年第1期。

[2] 王献唐:《双行精舍书跋辑存续编》,齐鲁书社,1986年。"水云诗钞二卷"条下有王献唐先生跋:"是日,图书馆购潍邑陈氏砖瓦石刻,于午后运馆,内有大齐武平八面石像,字里像间,尚存鎏金,海内孤品也。"

有巩伏龙造像、赵𧙗造像,皆新出土者也。虽草昧初构,已有王风矣!"[1] 其中,北魏天赐三年(406)王银堂等五人造像残石、北魏皇兴三年(469)赵𧙗造像、巩伏龙造像皆为陈介祺所藏,由此不难看出其石刻收藏的标准。

---

[1] (清)康有为:《广艺舟双辑》("艺林名著丛刊"本)"北魏第十",1983年。

田野考古发掘中的文物保护技术要点探讨

祝延峰

巨野县博物馆

一、研究背景

考古是一个科学严谨的研究过程。其主要环节大致有调查、发掘、整理和研究。用伦福儒和巴恩的话来说就是"考古学部分是搜寻古代的珍宝,部分是科学工作者细密的探究,部分是从事创造性的想象。她既是在伊拉克沙漠里烈日下的辛苦发掘,在阿拉斯加冰天雪地里对爱斯基摩人的观察,对佛罗里达海域西班牙沉船的潜水考察,在约克市罗马时代阴沟里的勘探,她也是进行解释的艰巨工作。以便了解这些工作和发现在人类历史上的意义。因此考古学既是野外的一种体力劳动,又是在书房和实验室里智慧的创造。这正是考古学所具有的巨大魅力之所在"。

简单地说,考古包括两个主要过程,一个是田野过程,一个是实验室过程。田野过程就是调查、勘探、挖掘、田野记录;实验室过程就是在实验室中对考古发掘得到的东西进行处理,比如清洗、修复、测年、测成分等。

本文主要介绍的是田野考古,首先简单介绍一下田野考古的现状。田野考古学这一名称是20世纪初被正式提出来的,由来已久,以往的田野考古主要集中在地面部分,依照绘制的地图进行调查,有时还需要根据现场实地的调查结果,测绘地图,作为日后考古的参考资料。现如今科技日益发达,相关技术的精进也为考古技术带来了新的发展,考古发掘技术日益完善,可以为后期的发掘工作奠定良好的基础。

田野考古对研究历史有着很大的影响,考古发掘提供了很多以前并不为人所知的先秦史料。最为著名的就是曾国墓地的发掘工作,从开始的曾侯乙,到后来的苏家垄、叶家山,再到去年刚刚拿下十大考古新发现的枣树林墓地,考古工作者通过数十年的发掘,逐步将曾国世系补充完整,以考古发掘构建了最完整的周代封国历史材料。曾国历史从传世文献记载不明,到考古揭示出清晰的国君世系、社会阶层、文化面貌,体现出考古写实的重要作用和意义。而且今年在枣树林的发现还为学术界长期争论的曾随之辨画上了圆满的句号,曾随一国也成为新的学术认识。除了曾国的发现,在山西晋南地区考古工作者还通过对绛县衡水墓地和翼城大河口墓地的发掘,找到了两个史书上没有记载的古代封国——佣国和霸国,对于更加深入地了解两周时期的历史有着极为重要的作用。

二、田野考古的过程

考古发掘首先是确定发掘地点、发掘面积、发掘单位、发掘领队等。然后上报国家文物局,取得国家文物局的发掘许可,之后才能进行相关发掘工作。在拿到许可以后,首先要联系发掘所在地的文物主管部门,出示批准文件,请求协助工作。接着是联系发掘涉及区域的土地使用人,谈好征地赔偿的问题。做好这些以后需要采购工具,解决考古队员的食宿问题,安排技工、雇佣民工。这些做好以后,可以开始进入正式的考古发掘工作了,开展田野考古工作,必须严格按照国家文物局颁发的《田野考古操作规程》进行。领队要时刻掌握发掘进展,及时就特殊遗迹现象和遗物等的处理作出决定,组织技工民工安全且高质量地完成发掘工作,处理好与所在地居民和工地民工的关系。写好工地日志,定时向单位汇报发掘进展。

(一)准备

首先是根据发掘地点,查阅田野工作对象的有关资料,并对其保存程度、学术价值进行认真估价。其次在去发掘地点进行勘察之前,要对工作地点的交通、住宿、气候、雇工的工作条件进行了解,提前做好相关的准备,然后制好工作计划。在进行实地勘察前还需要办理审批手续,征得主管部门的同意,争取当地县乡村等有关部门机构的支持,才可以进行实地勘察,之后筹集发掘调查经费,组建田野工作队,最后准备工作所需的工具物品。包括测绘工具、摄录设备、探查工具、发掘工具以及生活用品等。

(二)工作

调查、发掘、清理等野外工作是田野考古的第一阶段。在工作队队长的指挥下,有秩序地进行。对可能发生的危险和困难,要有充分的考虑,并准备一定的应急用品,预先制定一些应变措施。

(三)室内整理

室内整理是把采集品或发掘品运回到工作站或营地后,在室内对其作登记、处理、修复、鉴定、分类、制卡、统计、分析研究,以便于长期保存遗物资料,为编写田野考古报告做好准备。

(四)写报告

田野考古报告是把田野工作情况、获得的遗存资料系统地报道出来,使这些资料能够为其他研究者利用。因此,编写田野考古报告是田野考古工作的最后一环,只有田野工作报告发表了,田野考古工作才算真正结束。

三、田野考古发掘中文物保护技术

文物寿命主要取决于:①文物制成材料本身的耐久性,即载体材料各种理化性能的稳定性;②保护文物的外界环境;③最主要的还有温度、湿度、光线、空气污染物、地质环境和有害微生物及有害昆虫等因素。我们不能决定文物的制作材料,所以只能在挖掘文物时对其进行一定程度上的保护,在发掘出来之后对其进行修复等措施,下文主要介绍有关田野考古发掘中的文物保护技术。

(一)防护技术

一般来说,文物的埋藏地总会有迹可循,在进行勘察时,若是发现泥土的颜色有所异样,就需要当心,需要进行一定的知识经验的积累,才可以明确地辨别出所要寻找的图层,例如灰层、"夯土"等。

在进行发掘之前,要研究好地图,确定好大概的位置,按照计划逐层向下发掘,不可胡乱进行发掘。在进行文物发掘的过程中,一定要注意仔细小心,发掘时应遵守以预防文物损伤为主,修复为辅的方针,使文物的完整性得到最大限度的保护。

发掘出文物之后,要在不对文物本身造成损伤的情况下,对文物的种类及性能进行分析,有的文物不适合移动,例如壁画等,这时,需要根据文物本身的特点对发现文物的现场进行保护,例如进行防潮、防漏、防火防雷防震等一系列措施对文物现场进行防护，同时利用所有的技术，对文物现场进行一定的处理，使其能最大程度上维持原有的样子，不受损毁。同时需要采取一定的工程技术，使文物能够最大限度地保持自身的原有样子。

发掘过程中也可能出现一系列的问题，在识别好文物的种类之后，需要根据不同类型的文物，采取不同的防虫害、鸟害等措施，防止有飞鸟等生物对文物造成损害，可以利用工程技术与化学技术相结合的方式对文物现场以及文物进行防护。

有些文物因为地质的变化原因，经过漫长的岁月被埋藏在土层之中，受到泥土中各种微生物以及化学元素、微量元素的影响，可能在一定程度上受到了污染，沧海桑田，时间飞逝，文物可能受到一定程度的侵蚀或者变质，此时，可以在勘察过程中对土层中的元素进行分析，找到对文物造成损毁的物质，对其进行处理，在相关规定的标准范围内，降低和土壤污染程度的同时，对新的污染源进行控制，使文物能够得到最大限度的保护。

有些文物是可以被带出所在地的，但是在发掘之后，需要对放置地点的空气质量和整体环境进行检测，防止对文物造成影响。可以采取一系列的防潮防震等措施，使文物能得到有效的针对性的防护，同时也避免了文物与空气接触产生一定的物化反应，这也是环境保护的一种方式，可以避免影响文物的使用寿命。例如一些青铜器容易受到腐蚀、珍贵的丝绸容易受潮发霉等，可以针对不同种类的文物的特点采取不同的防护措施。

（二）修复技术

虽然在田野发掘的过程中进行了防护措施，但还是不能避免某些文物在一定程度内的损伤，这时就需要进行科学修复。作为人类历史生活发展历程中遗留下来的具有历史研究、艺术、科学考古价值的珍贵文化遗产，所有文物的共同点就是不能再生产。挽救已经腐朽、破损的文物，使其重获新生，文物修复起着重要的作用。

因为技术原因，有的文物并不能保证百分百的还原，例如有的文物有些破损，修复起来十分困难，很难达到完好如初的效果，所以在进行修复时，需要按照相关准则来进行，例如能小修就不大修，尽量只进行局部的修正，尽量保持文物的完整性，在尽量减少对文物破坏的基础上，尽可能地维持和保留文物的原始结构和完整特征，在修复时按照文物的原来特征进行修复，尽量对文物进行还原，由于文物是不可再生的，所以要尽可能保留住文物的文化价值。

在进行文物发掘时，也可能遇到很多带有艺术构件的文物，例如木雕、石雕等，对这些易碎的文物，在进行修复时，需要时刻保持谨慎，尽量不更或者少更换，减少修补的面积和大小范围。在修复可移动文物的时候,也可以借助现代技术与传统技术的完美融合,根据文物本身的损毁程度以及文物本身的特点进行修复,使文物的修复更具科学性、严密性。例如,有的铜器受空气中的氧分和水分影响出现锈蚀现象,可以利用现代机械,运用电解质的方法除锈;有的竹木漆器容易出现脱水现象,可以采用自然干燥法或者高分子材料渗透聚合法,使化学物质能够散发出一定的水分,增加器具的水分;对于一些丝网绢帛制品,在文物出土时需要进行杀菌,但是由于丝织品的特殊性,可以使用熏蒸法进行杀菌,同时保证文物的干净整洁。文物的修复是一个复杂的过程,除了需要对文物的历史价值和整体性能进行考量,还需要在修复时考虑文物的颜色、大小等物理特征,例如在运用笔绘技术对文物重新上色之前,就需要考虑文物本身的颜色,防止前后出现色差,在一定程度上保证文物的完整性。

对于文物修复,有一个职业是文物修复师,他们看似平平无奇,却又用自己的双手化腐朽为神奇,"整旧如旧"一直是文物修复师对中国古文物和古建筑修复、修缮的主要原则。现如今科技发展,但很多人对文物修复师的印象还停留在手工阶段,但我国是科技大国,科技造就未来,现在很多修复技术都有科技产品和科学技术的参与,例如我们所熟知的三维技术、超声波技术等,修复文物是一项复杂而又神奇的工程,以文物医院的一个陶器修复个案为例:有一只清代乾隆时期的黄地绿彩云龙纹碗,破裂成了9块,修复流程有6步,应用到了测绘、超声波、化学、笔绘等技术。有了科学技术的支持,更多的文物能得到很好的复原,更多珍贵的历史文化瑰宝能够得到保留和传承。

(三)考古发掘现场出土文物的提取

田野考古发掘工作中,由于出土遗址复杂性较强,在土层中历经的时间长,容易受到土地中微量元素以及微生物的影响,文物的保存状况不一,这也给文物的保护工作带来了一定的困难。因此,在田野考古发掘之前,对于遗物遗址,必须提前了解保护的步骤,按照规定的流程进行操作,应坚持文物性能最大化的原则,自觉遵守文化保护现场以及国家相关部门规定的各项规范,自觉践行相关的细则,保证文物提取工作的科学顺利进行。对现场的实际情况全面了解之后,开始文物提取工作,由于是现场提取,文物的体积和重量不同,因此,需要采取机械加人工的方式。在文物边角部分施加一定的作用力,详细鉴别出文物的质地和强度等,应注意尽量不破坏文物,保持其完整性,保证文物提取的安全性与规范性。需要注意的是,如果出土文物腐蚀严重,应在加固后进行处理。

（四）现场出土文物的保护技术

1. 湿度控制

在进行文物发掘之时，应对文物的性质特点进行全面了解，可以结合周围的环境情况以及文物本身的特点，采取相应的密封措施，避免文物与外界直接接触，减少外界环境对文物带来的影响。如果外界潮湿，有必要时可以使用干燥剂，避免出现腐蚀现象。

2. 密封处理

文物出土后，由于地下环境与地上环境的差异性，文物出土时会与地上的相应物质发生化学反应，影响文物的原有性质。所以，需要在出土时对文物采取密封处理，避免其与大气直接接触。

3. 虫害的早期防治

由于土层之中含有很多昆虫和微生物，而众多文物遗址的土质一般含有丰富的有机营养物质，对昆虫和微生物的生长非常有利，因此，虫害的防治是考古发掘过程中必不可少的一项工作。一般使用熏蒸剂进行防护，效果显著，对文物的保护作用也很好。

4. 氮气保护

有些文物是不可以被带出原出土位置的，例如壁画，很典型的一个例子就是敦煌壁画，这时候需要利用特殊的物质抑制遗物的风化，氮气就是一个很好的选择，所以袖珍型的空气制氮设备是进行田野考古发掘时必不可少的设备之一。文物刚出的时候，将文物与空气、水进行隔绝的同时对文物进行氮气保护，最大程度保持其原有性能。

四、小结

通过对文物保护技术的研究，可以弄清各种不同文物的损坏机理和运动变化规律；可以为制定和选择文物保护方法，采取文物保护手段及措施提供科学依据；可以最大限度地延长文物寿命,为长久发挥文物价值服务。同时,只有通过文物保护技术的研究,才可以更好地保护古代文化遗产,为经济建设和精神文明建设做出贡献;文物保护技术是文物科学的重要分支科学之一,其研究可以丰富、完善文物科学的研究,为文物保护研究的繁荣做出应有的贡献。本文就田野考古发掘中的相关文物保护知识进行了简介,希望能对日后的工作有所帮助。

浅谈考古勘探中平面地图数字化校准及应用

孟 杰[1]　王 月[2]
1. 山东省水下考古研究中心　2. 荣成市文化和旅游公共服务中心

一、引言

　　人类在生存发展中留下了珍贵的资源,这些资源包括遗址、遗迹、文物等各种形式,如中国长城、埃及金字塔、良渚文化遗址等。这些有价值的遗物遗迹,从不同的侧面反映了各个历史时期人类的社会活动、社会关系、意识形态以及利用自然、改造自然和当时生态环境的状况[1]。考古的目的在于复原历史,然而人类生产生活留下的痕迹,经过千万年的沧海桑田已变的面目全非[2]。考古工作者主要通过考古调查、考古勘探、考古发掘等方法获取资料,其中考古勘探是为了了解地下古代文化遗存的性质、结构、范围、面积等基本情况而进行的钻探工作[3]。在考古勘探工作中,往往会遇到如何确定勘探线路或范围的问题,以前多采用纸质地图导航或者将纸质地图手工校对、绘制在 Google 地图再导航的方法,这两种方法往往存在着导航精度不高等问题。

　　在勘探线路的研究中董琼[4]等应用奥维地图与 CAD 的协同技术完成了铁路工

---

　　[1] 王华忠:《考古发掘数据处理分析关键技术研究与实现》,浙江大学硕士学位论文,2013年。
　　[2] 陶囡:《基于痕迹考古方法的纺织材料起源研究》,东华大学博士学位论文,2015年。
　　[3] 别康、石战结、田钢等:《电容耦合式电阻率法在城市遗址考古勘探中的应用》,《CT理论与应用研究》2017年第2期。
　　[4] 董琼、张青华:《奥维地图在工程前期考察中的应用》,《江西建材》2017年第9期。

程前期线路勘测及临时工程设施的规划布置。李鸿宇[1]等在城市勘测规划中基于节点向量同名节点（无几何畸变）的快速转换模型匹配方法，并通过 Arc Objects / ArcGIS Server 发布地图服务,使不同坐标系下的矢量数据与在线地图进行同步匹配，实现了在 WebGIS 平台下用户对矢量文件的在线审查、分析等功能。孙坤君[2]等在水土保持野外作业中应用奥维地图软件使现场踏勘效率显著提高,同时还总结出关联点法将 CAD 文件导入奥维地图更具有普适性及推广意义。目前在考古勘探工作中使用 CAD 与奥维地图技术规划勘探线路较少,本文以东营市东营区庐山路南延工程和东营市广饶县康安路北延工程考古勘探为例,介绍在考古勘探路线设计过程中利用横轴墨卡托坐标导入法和关联点转换坐标法两种将 CAD 格式勘探地图导入奥维互动地图的方法,以及两种方法如何应用于手机定位和导航,从而实现勘探线路或范围的精确定位和导航,同时通过实例方法的应用也证实了本研究的可行性与现实应用价值,为今后考古勘探线路和范围规划提供技术支持。

二、考古勘探中校准方法

（一）横轴墨卡托投影坐标法

1. 高斯——克吕格投影

地球是个不规则球体,为了便于测算地球表面任意点坐标,在测量学中,往往会设想一个完全处于静止状态的平均海水面,向大陆下延伸所形成的一个封闭曲面,称为大地水准面,它所围成的形体称为大地体,用来近似表示地球的形状。用一个与大地水准面极为近似、并可以用数学公式表示的规则球面来代替,这个规则球面的球体称为地球椭球体[3]。由于采用了不同的地球椭球体,我国目前主要使用三种大地坐标系：1954 年北京坐标系、1980 西安坐标系和 2000 国家大地坐标系[4]。

---

[1] 李鸿宇、卢小平、王志军等:《动态矢量数据与在线地图的实时发布与实现》,《测绘通报》2017 年第 4 期。

[2] 孙坤君、梁刚毅、陈胜军等:《CAD 文件导入奥维地图的三种方法及其对比》,《亚热带水土保持》2017 年第 1 期。

[3] 刘建国:《考古测绘、遥感与 GIS》,北京大学出版社, 2008 年。

[4] 周朝宪、董少波、和志军等:《自定义坐标系的建立及其坐标变换实现》,《地质与勘探》2015 年第 4 期。

测量学中一般是通过地图投影将地球表面的点转换到地图平面上的。它将作为一个不可展平的曲面即地球表面投影到一个平面的基本方法,保证了空间信息在区域上的联系与完整。坐标投影公式：x=F1（L，B）、y=F2（L，B）式中L，B是椭球面上某点的大地坐标,而X,Y是该点投影后的平面直角坐标。

这个投影过程将产生投影变形,而且不同的投影方法具有不同性质和大小的投影变形。投影变形指:椭球面是一个凸起的、不可展平的曲面。将这个曲面上的元素(距离、角度、图形)投影到平面上,就会和原来的距离、角度、图形呈现差异,这一差异称为投影变形。投影变形的形式:角度变形、长度变形和面积变形。在我国,制作地形图通常使用高斯—克吕格投影。

高斯——克吕格投影的方法首先是把地球按经线划分成带,称为投影带,每隔6°（或3°、1.5°）划为一带,自西向东将整个地球划分成60个带,带号从首子午线开始,用阿拉伯数字表示,位于各带中央的子午线称为该带的中央子午线,任意一带中央子午线的经度可按下式计算：3°带 L=3n′, 6°带 L0=6n-3（n′、n为投影带带号）。在我国,一般城建规划测量多用3°带进行投影[1],如图一所示。

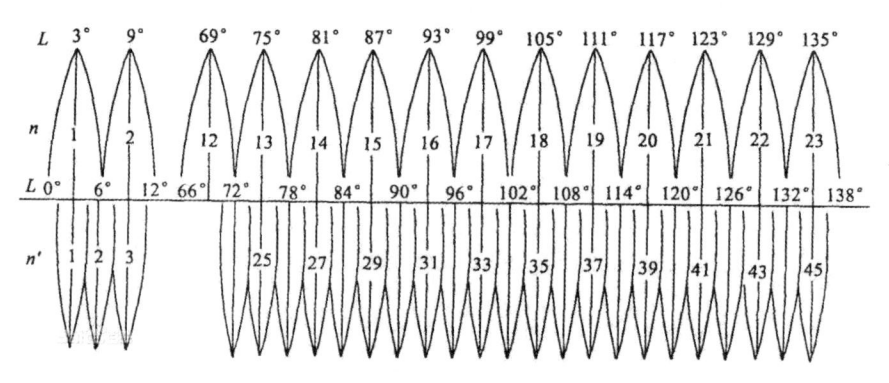

图一 高斯——克吕格投影投影带划分示意图

在这个平面上,中央子午线与赤道的投影成为相互垂直的两条直线,分别作为高斯平面直角坐标系的纵轴（x轴）和横轴（y轴）,两轴的交点O作为坐标的原点,同时规定x轴向北为正，y轴向东为正。为了避免与数学中的坐标系混淆,测量中的坐标一般使用北坐标N和东坐标E来表示,分别对应数学平面直角坐标系中的Y轴和X轴。由于高斯——克吕格投影每一个投影带的坐标都是对本带坐标原点的相对值,所以各带的坐标完全相同,为了区别某一坐标系统属于哪一带,在横轴坐标前加上带号,如（4231898m，21655933m）,其中21即为带号。具体算法可参看刘健

---

[1] 张凤举主编:《控制测量学》（第2版）,煤炭工业出版社,2014年。

等[1]论文高斯——克吕格投影下的坐标变换算法研究。

2. 七参数转换模型

CAD坐标设置中有关七参数坐标转换模型（Bursary-Wolf模型的简化形式）[2]对坐标系进行统一，通过参考李鸿宇[3]论文动态矢量数据与在线地图的实时发布与实现，数学表达式如下：

$$\begin{bmatrix} X \\ Y \end{bmatrix}_{54} = (1+K) \begin{bmatrix} \cos\theta & \sin\theta \\ -\sin\theta & \cos\theta \end{bmatrix} \begin{bmatrix} X \\ Y \end{bmatrix}_{80} + \begin{bmatrix} \Delta x \\ \Delta y \end{bmatrix}$$

式中，Δx、Δy、分别为平移参数；k为尺度因子。

（二）关联点转换坐标法

关联点即公共点，该公共点在平面坐标系中和西安80坐标系中表示同一位置。可通过选择一些比较有代表性的点，如道路交叉点、控制点等。为减少坐标系间转换带来的误差，选择的公共点个数一般不少于3个。

具体操作步骤参看董琼[4]论文奥维地图在工程前期考察中的应用。

三、校准实例与评价

（一）横轴墨卡托坐标导入法

获取勘探路线CAD地图后，与建设方协调获取线路测量参照标准等信息，即可对其进行校准操作。例如，东营市东营区庐山路南延工程是采用1980西安坐标系，为高斯——克吕格投影方法3°带，投影带号40，中央子午线120° E，明确以上信息后即可进行以下操作：

打开庐山路南延工程CAD图（dwg格式），寻找三个有明确参照的坐标点（至少保证三个点，本例中选择了公路拐角、线路起点和终点三个关联点），并记录三点

---

[1] 刘健、刘高峰：《高斯——克吕格投影下的坐标变换算法研究》，《计算机仿真》2005年第10期。

[2] 刘基余、李征航、王跃虎：《全球定位系统原理及其应用》，测绘出版社，1993年；王奇胜、朱长青、符浩军：《利用数据点定位的矢量地理数据数字水印算法》，《测绘学报》2013第2期。

[3] 李鸿宇、卢小平、王志军等：《动态矢量数据与在线地图的实时发布与实现》，《测绘通报》2017年第4期。

[4] 董琼、张青华：《奥维地图在工程前期考察中的应用》，《江西建材》2017年第9期。

的平面坐标（在 CAD 命令栏输入"ID"，点击回车键，左键点击选取的关联点即可在命令栏下显示该点平面坐标；仅记录 E（X）、N（Y）坐标，H 默认为 0），分别为"关联点 1"（E：40371001.8603，N：4138107.4649）、"关联点 2"（E：40372205.6222，N：4138083.5188）和"关联点 3"（E：40367288.0984，N：4124173.8484）；同时，打开奥维互动地图，将三个关联点分别标注在卫星地图上，如图二。

将 CAD 地图中的除线路外的其他信息全部删除，将勘探线路另存为 DXF 格式；打开奥维互动地图，选择"系统"—"导入对象"，将 DXF 格式的勘探线路图导入，"CAD 坐标设置"中选择"横轴墨卡托投影坐标"，如图三。

点击"设置"，坐标类型为"西安 80"，中央经线为 120°，若能从当地测绘部门获取转换坐标的七参数，则可以输入相关数值，点击"确定"，并进行数据解析（线路校对后精确度能达到 1 米以内，但当地的七参数数据往往属于涉密资料，比较难以获

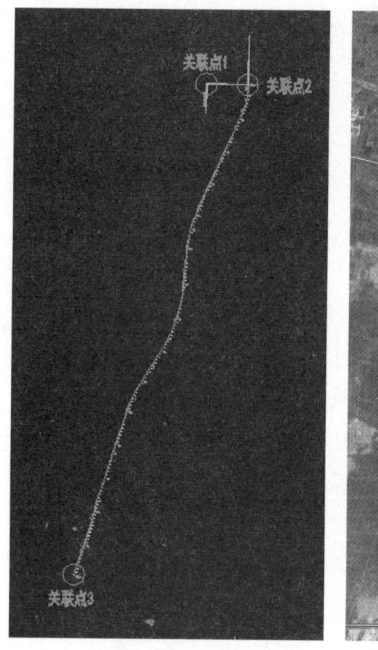

图二　CAD 地图和奥维互动地图中三个关联点对应关系示意图

图三　解析文件

取,即便获取也须遵守保密规定,所以建议如无必要,尽量不要向有关部门索取七参数数据);若无法获取七参数,则需进行计算,如图四。

点击"计算",在"计算七参数"对话框中点击"关联点",在"关联点管理"对话框中点击"添加",在"关联点"对话框中点击"选择标签",从收藏的关联点中选择"关联点1",将关联点1的E坐标和N坐标分别输入"CAD坐标"中的"x"框和"y"框(输入E坐标时要注意40371001.8603前的40为投影带号,所以只输入371001.8603),如图五。

图四 横轴墨卡托投影坐标

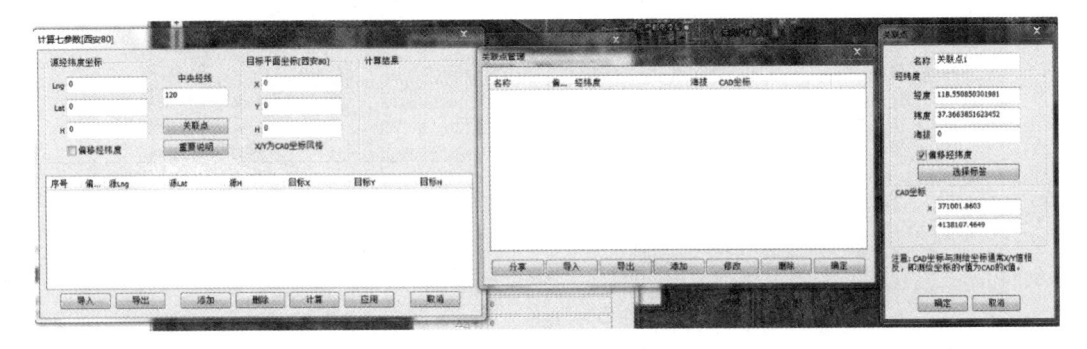

图五 计算七参数

点"确定",用同样的方法将"关联点2"和"关联点3"添加入关联点管理对话框中,如图六。

选择"关联点1",点"确定",在"计算七参数"对话框中点"添加",将"关联点1"添加为计算参照点;用同样的操作分别将"关联点2"和"关联点3"添加为计算参照点,如图七。

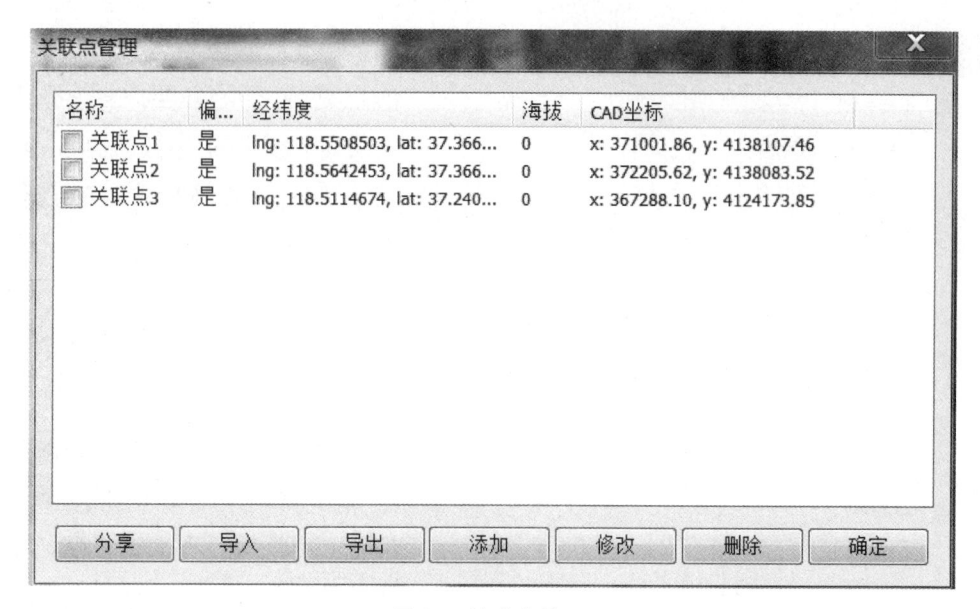

图六　关联点管理

图七　计算七参数参数设置

　　点击"计算",在"计算结果"一栏会出现七参数值,点击"应用",如图八。
　　点击"确定",在"解析文件"对话框中点击"开始解析",在"导入文件"对话框中选择线路,点击"导入",完成线路校准工作,最后效果如图九。
　　三个关联点全部处在线路上,则说明校对比较成功,精度应在10米以内。

图八　横轴墨卡托投影坐标七参数结果图

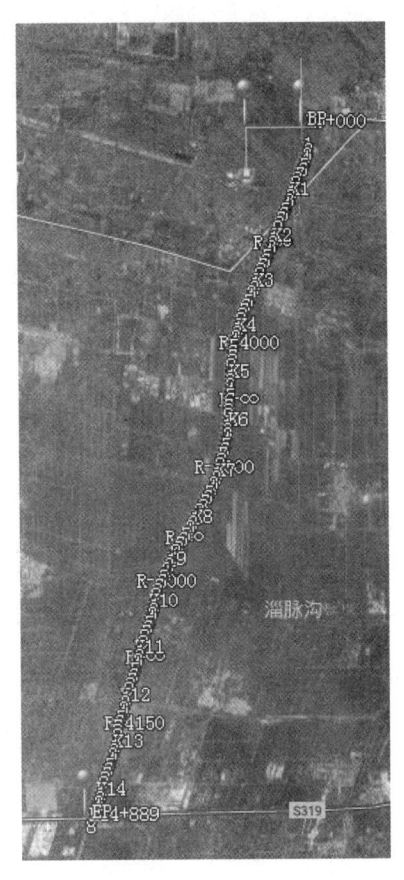

图九　横轴墨卡托投影坐标法校准结果图

（二）关联点转换坐标法

如获得的勘探线路资料中没有任何的大地坐标等信息，比较适合采用"关联点转换坐标法"导入奥维地图。下面以"东营市广饶县康安路北延工程"为例介绍这种方法。

观察线路走向、起点、终点及与其他道路交汇点等，获取广饶县康安路北延工程CAD地图中三个点的坐标（X、Y值），分别记录如下："康安路北延1"（X=498647.6739，Y=4103455.4146）、"康安路北延2"（X=498782.9128，Y=4104771.8576）和"康安路北延3"（X=499219.5350，Y=4110811.7160）；结合奥维互动地图，将三个关联点标注在地图上并添加为标签，然后复制CAD中关联点的X、Y值，粘贴在标签的备注栏（X、Y值之间用英文逗号分隔），如图十。

将CAD地图中的除线路外的其他信息全部删除，将勘探线路另存为DXF格式；

打开奥维互动地图,选择"系统"—"导入对象",将 DXF 格式的勘探线路图导入,"CAD 坐标设置"中选择"关联点转换坐标",点击"方案管理",如图十一。

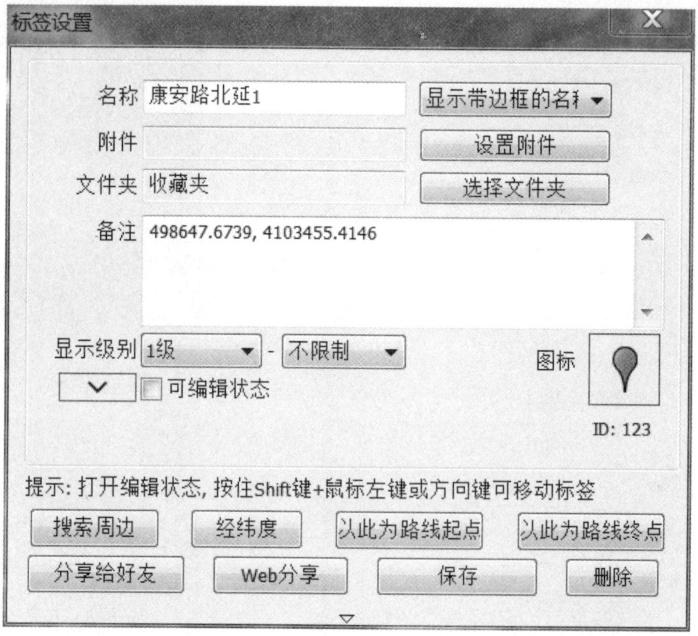

图十　标签设置

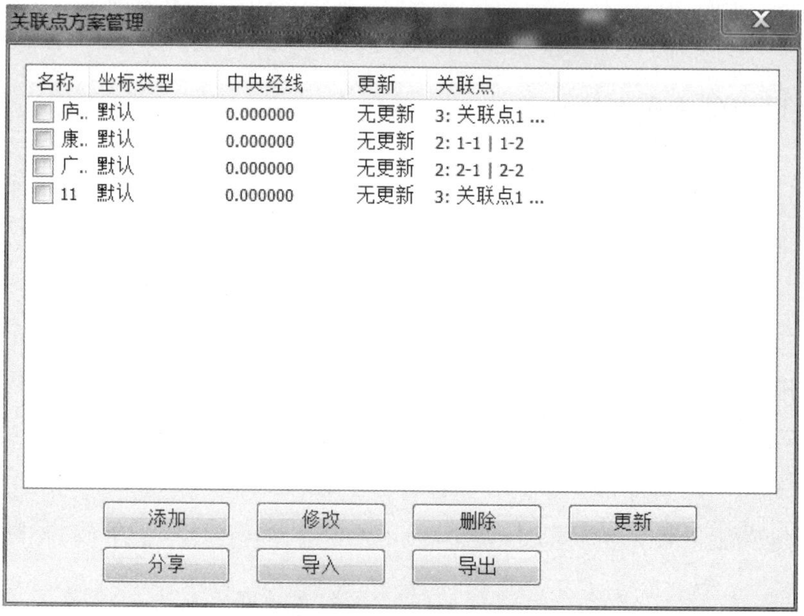

图十一　关联点方案管理

· 浅谈考古勘探中平面地图数字化校准及应用 ·

选择"添加",在"关联点方案管理"对话框中选择"添加",在"关联点方案"对话框中"名称"填写工程名称、坐标类型为"默认"、中央经线为0（默认）,点击"添加关联点",在"关联点管理"对话框中选择"添加",如图十二。

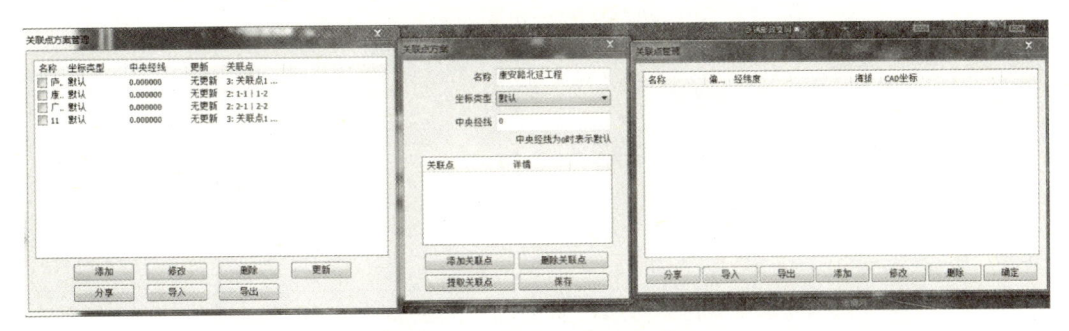

图十二　关联点方案管理设置

在"关联点"对话框中,选择"选择标签",将"康安路北延1"导入为关联点,用同样操作将"康安路北延2""康安路北延3"导入为关联点,如图十三。

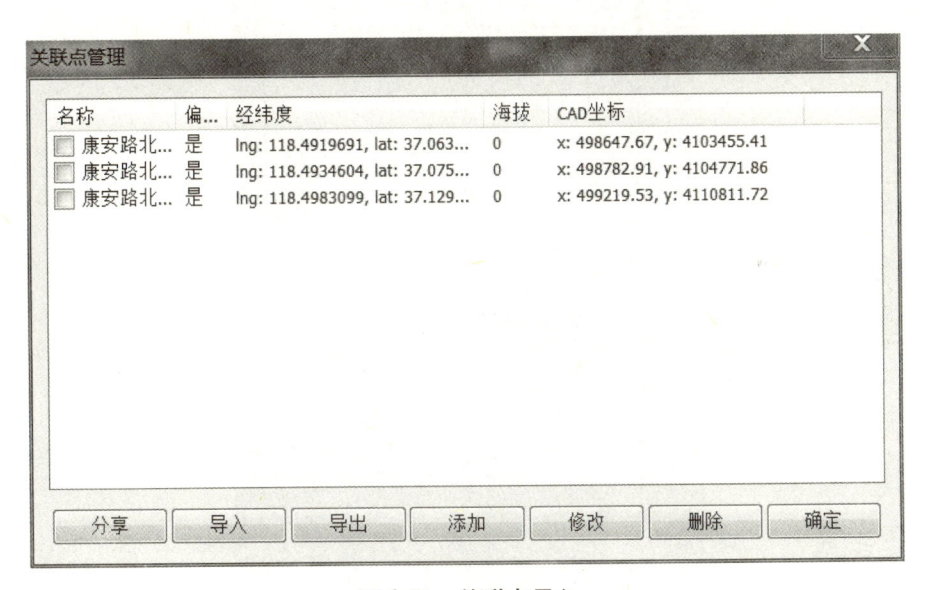

图十三　关联点导入

选中三个点,点击"确定",在"关联点方案"对话框中点"保存",康安路北延工程转换方案即保存在"关联点方案管理"中。

关闭"关联点方案管理"对话框,在"解析文件"对话框"当前方案"中选择"康安路北延",如图十四。

点击"开始解析",将康安路北延工程导入奥维互动地图中,效果如图十五。

图十四　解析文件

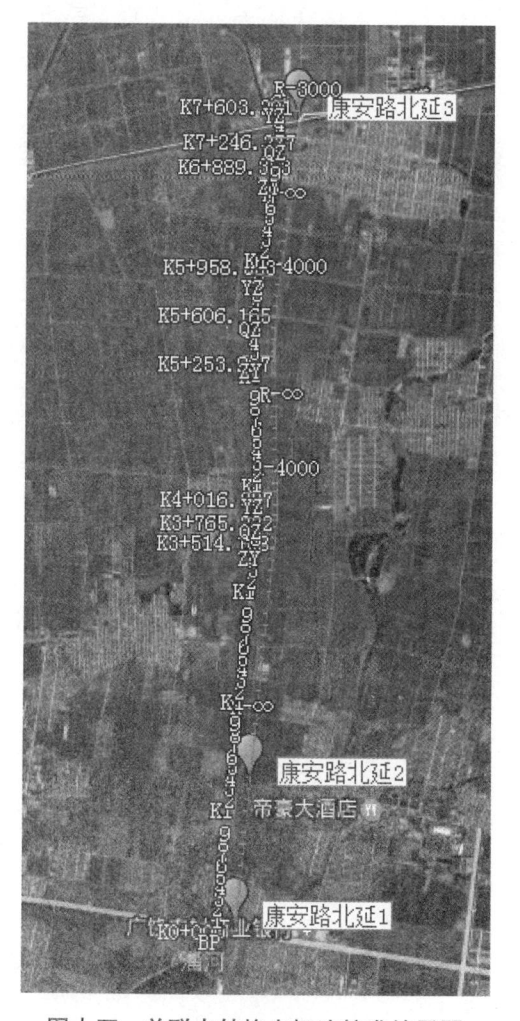

图十五　关联点转换坐标法校准结果图

（三）手机定位和导航应用

通过以上两种方法将勘探线路与卫星地图成功匹配后，选择"系统"—"导出对象"，在"设置对象"里选择要导出的路线文件，"格式"中选择"KML"格式，点击"导出"，如图十六。

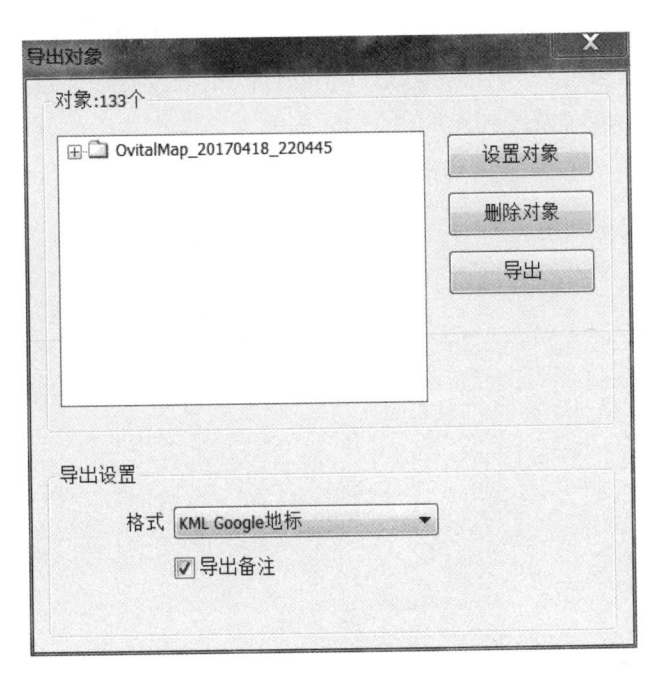

图十六　导出对象

导出 KML 格式文件后，可以将之导入奥维互动地图（手机版）或其他支持 KML 格式的手机导航软件中，最终实现对勘探线路的精确定位和导航。

（四）校准方法精度评价

横轴墨卡托坐标导入法、关联点转换坐标法都可以实现 CAD 地图与卫星地图的精确匹配，但在选取关联点时要注意精确选取，最好选取勘探线路与已有道路、河流、桥梁等交叉或者勘探线路周边有明确参照地标的位置来作为关联点，若勘探线路较长，则要选取三个以上的点做为参照点，以保证精度（匹配后的线路误差可保证在 10 米以内，若选取的控制点足够精确，还可以进一步减小误差）。同时这两种方法也有优缺点：首先，第一种方法比第二种方法匹配度精确要高，但需要平面地图的大地坐标等相关测量信息；其次，第二种方法比第一种方法应用广泛、简单快捷，但必须找准关联点才能保证足够的精确度。

四、结语

本文通过对坐标转换方法原理的研究，并以东营市东营区庐山路南延工程和东营市广饶县康安路北延工程为实例，分别采用横轴墨卡托坐标导入法和关联点转换坐标法详细介绍如何将勘探范围的CAD平面地图精确校准在奥维卫星地图上，最终实现了利用手机导航确定勘探路线或范围，为考古勘探工作提供精确定位，同时通过实例方法的应用也证实了本研究的可行性与现实应用价值，为今后考古勘探线路和范围规划提供了技术支持。

后 记

《考古学视野下港口与码头学术研讨会论文集》即将付梓出版，这是山东省水下考古研究中心自2021年开始推出的"山东省涉水文化遗产保护研究系列丛书"之一，是2020年10月29—31日在东营市垦利区召开的"考古学视野下港口与码头学术研讨会"的学术成果。会议的召开和文集的出版，是我们关注研究黄河入海口、渤海文化片区、海上丝绸之路等相关文化遗产，引领带动涉水文化遗产保护研究的重要举措。这也着力发挥出考古学学术体系和话语体系作用，彰显出我们考古工作者的责任担当。

一、会议召开背景

2013年10月，中国国家主席习近平提出建设"21世纪海上丝绸之路"的合作倡议，旨在与沿线国家共同打造人类命运共同体；2019年9月，习近平总书记提出加强与推动"黄河流域生态保护与高质量发展"；2020年9月28日，习近平总书记在中央政治局集体学习时对考古工作做出重要论述，提出"要做好考古成果的挖掘、整理、阐释工作"。以黄河三角洲为核心的区域是山东省文化遗产保护片区规划"七区三带"中的"渤海文化片区"，这里的文化遗产富有特点，如盐业遗址、港口与码头、革命文物等，积极开展相关文化遗产的研究阐发传承弘扬，是我们考古工作者的责任和使命，是贯彻落实习近平总书记重要讲话精神的实践和体现。

十几年前东营市垦利区海北遗址出土大量宋金时期瓷片，引起学术界高度关注与重视，这里地处黄河入海口，出土诸多窑口的瓷器，应与贸易交流相关。之后，山东省文物考古研究院、山东博物馆、山东大学、山东省水下考古研究中心陆续开展考古调查、勘探、发掘和研究工作，取得了诸多成果。结合海上丝绸之路申遗点的筛选工作，山东省水下考古研究中心近几年连续对垦利区海北遗址进行了重点考古勘探、两次大规模发掘,对利津县清代铁门关遗址进行了考古勘探与发掘,为港口与码头、瓷器与盐业等重要课题的深入研究提供了新资料。2020年、2021年我们对黄河三角洲地区的盐业遗存、港口与码头进行了专题调查,取得许多新资料,填补了一些学术研究空白。

在编制"十四五"工作规划中,我们将黄河文化遗产带、渤海文化片区、海上丝绸之路、盐业考古等作为重要工作内容。在配合工程文物保护、土地出让考古前置的背景下,我们将东营市、滨州市作为重点支持地区之一。从工作层面,我们将以"山东水下考古东营工作站(垦利)"为平台,引领带动东营、滨州文化遗产保护研究工作再上新台阶。通过友好协商,在垦利区召开"考古学视野下港口与码头学术研讨会",是我们实施和提升涉水文化遗产保护研究工作的一次重要实践。

二、会议主题与规模

1. 会议名称:考古学视野下港口与码头学术研讨会

2. 会议举办:山东省水下考古研究中心、东营市文化和旅游局、垦利区人民政府联合主办,垦利区文化和旅游局承办。

3. 会议主题:港口、码头考古发现与研究,涉水文化遗产保护传承利用,海上丝绸之路研究,海洋文明研究,黄河文化研究,大运河文化研究,文化交流与融合研究,文明比较与互鉴研究等。

4. 会议地点:垦利区蓝海汇洲大酒店(民丰路与万兴路交汇处)

5. 会议规模:来自上海博物馆、天津市文化遗产保护中心、河北省文物考古研究院、山东大学、山东师范大学、曲阜师范大学、山东建筑大学、山东省文物考古研究院、山东省水下考古研究中心、山东博物馆及山东省15个地市的代表,122人参加会议。

6. 会议特点:一是代表人多面广,参会代表年轻学者占比较高,地市县考古所长、博物馆长比较多。二是会议收到论文51篇,交流发言23人,内容非常丰富。三是学术水平高。四是会风会纪好,务实高效。五是组织有序,会议硬件设施、管理服务均为上乘。

10月30日晚上,我们组织本省的与会代表召开了"山东省涉水文化遗产保护传承利用工作座谈会",大家介绍了当地相关文化遗产保护和考古工作情况,提出了诸多好的意见建议。

7. 会议文集：收录文章 43 篇，主要包括海上丝绸之路、港口、盐业与瓷器、黄河文化遗产和大运河文化遗产保护研究等专题。

三、会议收获

1. 会议致辞

开幕式阶段山东省文化和旅游厅党组成员、副厅长，省文物局副局长王廷琦，东营市人大常委会副主任李永元出席会议并讲话；垦利区区委书记刘斯杰、山东大学海洋考古研究中心教授姜波先后致辞发言，我代表山东省水下考古研究中心主持开幕式。闭幕式阶段东营市文化和旅游局副局长、文物局局长常光兴，山东大学历史文化学院特聘教授江林昌，山东大学历史文化学院教授王青，山东省文化和旅游厅文物保护与考古处处长王守功和我先后致辞与总结。

2. 会议主要内容

（1）研讨交流

山东省水下考古研究中心杨小博重点介绍了垦利区海北遗址和利津县铁门关遗址的考古成果和基本认识。目前初步认为海北遗址是宋金时期的码头，出土大量多个窑口的瓷器，应以瓷器为主要贸易商品；铁门关遗址为明清时期的港口，应以盐为主要贸易商品，这两处遗址的考古成果为深入研究渤海海运与河运及其连接关系等诸多重要学术问题提供了新资料。垦利区文化和旅游局局长王春青介绍了垦利区文物保护的基本情况。

王守功、马光等围绕海洋文化遗产保护研究进行研讨，王守功建议各省要加强联合，共同完成国家文物局大遗址保护规划中"一圈"中的海疆廊道建设。

姜波、朱亚非、孙敬明等围绕海上丝绸之路研究进行研讨，姜波教授介绍了沙特塞林港遗址考古发掘与收获，展示了异域水下考古工作的特色，丰富了海港研究的资料和案例，也为海上丝绸之路研究提供了重要考古资料，为今后开展多学科合作的国际学术交流提供了良好的经验。朱亚非教授提出，北方海上丝绸之路的出现要早于汉武帝时张骞出使西域开通的丝绸之路和南方海上丝绸之路，它在中国历代对日本和朝鲜半岛的交往中起到了重要作用。

李振光、王京传等围绕大运河文明进行研讨发言，李振光研究员依托山东运河考古发现,讲述了运河与海上丝绸之路、内河航运、内陆交通、漕运等的关系,以考古实证文化交融与历史传承。

王青、燕生东等围绕黄河文化保护传承弘扬开展研讨,王青发言中提出,渤海南岸地区是我国东部沿海海盐生产的主要地区,随着制盐工艺的提高和盐法制度的改革,海盐的行销范围也不断扩大。商和西周时期应主要供应沿海的燕齐等地以及晚商都城一带,东周时期齐盐已销往中原腹地,汉代以来海盐逐步扩大到京津冀鲁地区。海盐的运销方式主要采用水运和陆运,沿着河、济等主要水道和陆上官道销往各地,制盐需要的大量物资也随之输入产盐区。这是盐业考古与涉水考古相结合、进一步开展田野工作和相关研究的有利条件,具有极好的发展前景。

我以"山东省涉水文化遗产保护研究利用相关问题的认识与思考"为题,提出涉水文化遗产的概念和涉水文化遗产保护研究与利用的设想。

（2）会议学术总结

王青教授进行了学术总结。本次会议,一是会议安排汇报了一批近年来取得的重要考古发现。如垦利区海北遗址,利津县铁门关遗址,黄骅市海丰镇遗址,威海市和青岛市沉船的调查打捞,小清河沿岸遗址的抢救发掘,济宁市南旺遗址发掘,还有来自于外国的沙特赛林港发掘等等。二是提交论文多,围绕港口码头、运河、黄河、海丝、海疆、盐业考古的研究,代表了我国北方地区尤其是山东地区近年来对于涉水考古所取得的最新成果,反映了这一领域今后学术发展的趋势。三这次会议是山东涉水考古工作的一次盛会,相信各位代表在工作经验和研究等方面会有很大提升,对山东涉水文化遗产保护研究具有重要的推动作用。

对今后工作开展,王青教授提出：一是涉水文化遗产保护研究是一个新课题,需要整合各方资源统筹规划。二是加强多学科合作和研究,强调科技考古的开展。三是扩大涉水考古队伍建设,注重考古资料整理和学术研究。

（3）会议总结

王守功处长总结会议有以下几个特点：第一,会议是紧紧围绕着学习落实习近平总书记讲话精神召开的。总书记强调的4点要求,体现了考古发掘、科学研究、遗产保护、基础建设和人才培养的逻辑关系,体现了考古工作的传统。第二,会议是紧紧围绕着国家和省里的发展战略召开的。主要围绕海洋强省、黄河流域生态保护和高质量发展、运河国家文化公园建设,把学术研究跟国家和省里的重大战略联系在一起。第三,会议是紧紧围绕课题研究召开的,从各方面结合近期的一些考古成果和个人的研究进行了交流。第四,会议是紧紧围绕服务社会发展大局召开的,考虑怎样发挥考古与研究的作用,使遗产保护工作成为经济社会发展的新动能。

关于今后的考古工作，王守功处长提出：一要加强资料整理，加强价值阐释。二要加强学术交流研究，工作上要做好平台建设，带动一方事业。三要做好宣传工作，把研究成果宣传出去。四要加强考古成果转化工作，让考古成果惠及民众，做好考古工地宣传。五要加强考古装备、科研环境等基础建设，结合考古工地，开展地方专业技术人才培训。

四、领导要求

山东省文化和旅游厅党组成员、副厅长，省文物局副局长王廷琦在会议讲话中强调：新时代的今天，我们山东考古人要始终牢记总书记的殷切嘱托，守正创新，继往开来，扛起时代使命，拿出实干精神，自我加压，砥砺前行，收拾行装再出发，扎扎实实做好山东考古工作，凝心聚力，推动山东文物事业发展。山东考古界有责任、有信心、有能力，为发展有中国特色、中国风格、中国气派的考古学做出我们的贡献。

结合山东目前考古工作实际，就学习贯彻习近平总书记重要讲话，王廷琦副厅长提出三点要求：

第一，加强考古资源调查和政策需求调研，不断提高考古工作的规划水平。围绕重大历史问题，集中考古力量开展专项攻关。深入做好考古成果的挖掘、整理、阐释工作，汇集各专业领域力量，组织实施好跨学科多领域的协同研究。

第二，要始终让山东的考古工作和文化遗产保护工作走在全国前列。一是加强部门协作，落实山东省革命文物保护利用工程的实施意见，编制好山东省文物十四五发展规划，压茬推进重点工作。二是围绕继续探索未知，揭示本源，发挥考古工作在构建中华文明标识体系，中国古代文明起源，山东古代历史和海岱地区古代社会研究方面的重要作用。三是对接国家文化公园，黄河流域生态保护和高质量发展等重大战略部署，积极推动大运河山东段、齐长城重点段、山东黄河流域文物保护利用工程列入国家项目。四是引导各级博物馆找准定位，凸显文化特色，更好地实现发展。五是加强人才队伍建设，打造一批考古和文物保护领域领军人物。六是紧盯重点领域、重点部位和重点环节，建立权责清晰、流程规范、措施有力的监督管理机制，廉政风险防控机制，坚决防止各类违规违纪问题的发生。

第三，结合会议主题，以学习贯彻总书记讲话精神为契机，做好全省的水下考古工作。水下考古是考古学发展的分支和重要内容，山东也是唯一在全国设置省级水下考古研究中心的地方。山东水域资源广阔而多样，文化遗产富集，水下考古在山东省占的分量更加重大。在水下考古和涉水文化遗产保护方面，山东要多做工作，多做探索，为水下考古学科建设，做出我们应有的贡献，走在全国的前面。

五、致谢

考古学视野下港口与码头学术研讨会的召开，会议论文集的出版，一直得到了山东省文化和旅游厅领导的关心与文物保护与考古处的支持。山东省文化和旅游厅党组成员、副厅长，省文物局副局长王廷琦出席会议并讲话，文物保护与考古处处长王守功为会议文集撰写了序言。

会议的召开得到了东营市文化和旅游局、垦利区人民政府、垦利区文化和旅游局和垦利区博物馆的鼎力支持与帮助。

山东省水下考古研究中心的张宾、杨小博、魏泽华、古笑雷与垦利区文化和旅游局赵清华、柴立平、孙小光等同志们为代表的会务组，从会议筹备、组织实施、现场服务等各方面都认真细致、热情周到、辛勤付出。

古笑雷负责会议文章的收集、作者联络、与编辑对接等系列工作，她积极负责、认真努力，付出了大量艰辛劳动。

上海古籍出版社张亚莉、王璐、余念姿女士们友善沟通、规范编辑、严格要求，确保了文集能够高质量快速出版。

值此会议文集出版之际，对会议召开和文集出版给予关心、支持、参与和帮助的单位与个人表示诚挚感谢！

刘延常
2021 年 11 月 21 日
于泉城唐冶新城

图书在版编目（CIP）数据

考古学视野下港口与码头学术研讨会论文集／山东省水下考古研究中心编． -- 上海：上海古籍出版社，2021.12
ISBN 978－7－5732－0205－5

Ⅰ．①考… Ⅱ．①山… Ⅲ．①港口－考古－中国－学术会议－文集②码头－考古－中国－学术会议－文集 Ⅳ．① K878.44-53

中国版本图书馆 CIP 数据核字（2021）第 260919 号

考古学视野下港口与码头学术研讨会论文集

山东省水下考古研究中心　垦利博物馆　编
上海古籍出版社出版发行
（上海市闵行区号景路 159 弄 1-5 号 A 座 5F　邮政编码 201101）
（1）网址：www.guji.com.cn
（2）E-mail: guji1@guji.com.cn
（3）易文网网址：www.ewen.co
常熟市人民印刷有限公司印刷
开本 787×1092　1/16　印张 28.5　插页 5　字数 526,000
2021 年 12 月第 1 版　2021 年 12 月第 1 次印刷
ISBN 978－7－5732－0205－5
K·3117　定价：168.00 元
如有质量问题，请与承印公司联系